KB176244

마르쿠스 툴리우스 키케로(BC 106~43) 흉상

〈독서하는 소년 키케로〉 빈센초 포파의 프레스코화. 1464. 월리스 컬렉션

아르피움 별장에서 친구 아티쿠스, 동생 퀸투스와 함께한 키케로 리처드 윌슨. 1771~75.

키케로의 별장과 포추올리 만 리처드 윌슨. 1773~80.

키케로의 별장 아르피움 윌리엄 터너. 1832.

▲1547년에 간행된 《서한집》에 수록된 목판화

◀〈키케로에게 카틸리나의 음모를 알리는 풀비〉 니콜라 앙드레 몽시오. 18세기 무렵

▼〈카틸리나를 탄핵하는 키케로〉 체사레 마카리의 프레스코화
집정관 시절 키케로는 카틸리나의 음모를 분쇄하여 '국부' 칭호를 얻었다.

키케로 흉상 1세기. 로마, 카피톨리니 미술관

▲ 〈카이사르의 암살〉 빈첸초 카무치니. 1798. 브루투스는 거사 직후 피묻은 단검을 높이 치켜들고 키케로에게 이렇게 외쳤다. "이제 공화정을 회복시키시오!"(BC 44)

◀ 〈키케로의 암살〉 프랑스, 15세기 필사본 키케로는 브루투스가 있는 그리스로 달아나던 중 안토니우스가 보낸 병사들에게 살해당한다. 키케로와 함께 로마 공화정이 역사 속으로 사라져버린 것이다.

키케로 동상 로마, 주스티치아 궁전(팔라 디 주스티치아)

OFFICIA M·T·C·

Ein Buch/ So Marcus Tullius
Cicero der Römer/ zů seynem Sune
Marco/ Von den tugentsamen ämptern/ vnd zů gehörun=
gen/ eynes wol vnd rechtlebenden Menschen/ in Latein geschriben/ Welchs
auff begere/ Herren Johansen von Schwartzenbergs rc. verteütschet/
Vnd volgens/ Durch jne/ in zyerlicher Hochteütsch gebracht/ Mit
vil Figuren/ vnnd Teütschen Reymen/ gemeynem nutz
zů gůt/ in Druck gegeben worden.

M· D· XXXI·

세계사상전집90

Marcus Tullius Cicero

LAELIUS DE AMICITIA /CATO MAIOR DE SENECTUTE
IN CATILINAM/PRO ARCHIA POETA

우정에 대하여/노년에 대하여/변론에 대하여

M. 키케로/김성숙 옮김

동서문화사

디자인 : 동서랑 미술팀

우정에 대하여/노년에 대하여/변론에 대하여

차례

우정에 대하여

노년에 대하여

Laelius de amicitia

우정에 대하여

우정에 대하여

제1장

헌사

1 복점관인 퀸투스 무키우스 스카이볼라[1]는 이따금 자신의 장인인 가이우스 라일리우스[2]에 대한 일화를 마치 어제 일처럼 또렷하게, 또한 즐거운 듯이 이야기했는데, 그럴 때마다 그를 망설임 없이 현자라고 부르곤 했소. 내가 관례를 올리게 되자,[3] 아버지는 나를 스카이볼라의 제자로 들여보내시면서 나에게 할 수 있는 한, 또 허락되는 한 그 노인 곁을 떠나지 말라고 하셨소. 그리하여 나는 그분의 전문적인 논의와 간명하고 꼭 알맞은 말씀을 기억 속에 수없이 담아두고, 그분의 전문 지식에서 더 많은 것을 배우려고 노력했다오. 그분이 세상을 떠나자, 나는 대(大)제사장 스카이볼라[4]의 문호를 두드렸는데, 이분의 재능과 공명정대함이야말로 우리나라에서 가장 뛰어났다고 나는 망설임 없이 말할 수 있다오.

2 그러나 이분에 대한 이야기는 다음 기회로 미루기로 하고, 오늘은 복점관

---

*1 이 대화편을 듣는 사람. 구별을 위해 복점관(아우구르) 스카이볼라라고 불린다. 복점관은 옛날에는 귀족 셋, 카이사르의 시대에는 귀족과 평민 합쳐서 16명으로 이루어진 무리로, 원로원의 의뢰를 받아(자발적으로 하는 경우도 있었다) 새로운 정책에 대해 새점(鳥占)을 친 뒤 길조의 해석을 보여주었다. 신분은 평생 유지되었다.

*2 이 대화편을 말하는 사람.

*3 명문가의 아들은 소년 시절에 장래의 큰 꿈을 가지도록, 상급 정무관과 같은 보랏빛 천에 녹색으로 가장자리를 두른 시민복(토가)을 입다가, 열일곱 살이 되면 성인용의 하얀 시민복으로 갈아입었다.

*4 퀸투스 무키우스 스카이볼라. 복점관 스카이볼라의 사촌형제의 아들. 구별하기 위해 대제사장 스카이볼라라고 불렸다. B.C. 89년의 대제사장. 키케로의 법률 방면에서의 스승으로, 시민법에 대한 논고 18권을 써서 로마법 창시자의 한 사람이 된다.

스카이볼라의 이야기로 돌아가겠소. 그분은 기회가 있을 때마다 많은 이야기를 했는데 특히 그 가운데 잊을 수 없는 것은, 여느 때처럼 저택의 반원형 발코니에 나를 포함한 절친한 몇몇 이들과 함께 둘러앉아 그 무렵에 소문이 자자했던 그 이야기를 했던 일이오.

아티쿠스*5여, 당신은 푸블리우스 술피키우스*6와 가까운 사이였으니 틀림없이 기억할 것이오. 호민관 술피키우스가 그때까지는 두터운 우애관계를 유지하고 있었던 그즈음의 집정관 퀸투스 폼페이우스*7와 한 하늘 아래 함께 살 수 없을 만큼 원수가 되자 사람들이 얼마나 놀라고 안타까워했는지!

3 그래서 이 화제가 이야기의 초점이 되자, 스카이볼라는 라일리우스가 우정에 대해 말했던 이야기를 우리에게 들려준 것이오. 아프리카누스*8가 죽은 지 며칠 뒤에 라일리우스가 스카이볼라와 또 한 사람의 사위, 마르쿠스의 아들 가이우스 판니우스*9에게 해준 이야기라오. 나는 그 논의의 요점을 기억해 두었다가, 이 책에서 내 방식으로 그것을 되살린 것이오. 그들 자신을 화자로서 무대 위에 올린 것은, '나는 말했다'거나 '그는 이야기했다'는 말을 쉴 새 없이 되풀이해야 함을 피하고자, 또 그들이 나누는 대화를 눈앞에서 직접 듣는 것처럼 느끼게 하기 위해서라오.

4 당신은 나에게 우정에 대해 글을 써보라고 때때로 권유했는데, 그것은 모든 사람들이 알아야 할 가치가 있을 뿐 아니라 우리의 우정에도 특별히 어울리는 것으로 생각되어, 기꺼이 당신의 요구에 따라 많은 사람들에게 보탬이 되

---

*5 이 책을 헌정하는 대상인 키케로의 친구 티투스 폼포니우스 아티쿠스. B.C. 110~B.C. 32년. 내란이 일어난 로마에서 그리스의 아테네(아티카 지방)로 재산을 옮기고 약 20년 동안 그곳에서 생활한 것에서 '아티카 사람'이라는 별명을 얻는다. 키케로의 저작을 세상에 널리 알리는 데 힘썼으며, 키케로의 '아티쿠스에게 보내는 서간집'은 426통이 현존한다.

*6 푸블리우스 술피키우스 루푸스. 변론가. 처음에는 귀족파로 지목되었으나 B.C. 88년 호민관이 되자 민중파로 돌아서서 술라를 적대한다. 그로 말미암아 술라의 로마 진군을 초래하여 살해된다. 형제가 아티쿠스의 사촌자매들과 결혼한 인연으로 아티쿠스의 친척이 되었다.

*7 퀸투스 폼페이우스 루푸스. B.C. 88년 술라와 함께 집정관을 지냈다. 옛날의 친구 술피키우스의 법안에 반대하여 공격을 받고 아들을 살해당했다.

*8 라일리우스의 친구 소(小) 스키피오. 4절에서 푸블리우스 스키피오로 등장하는 인물과 같다. 아프리카누스는 아프리카에서 카르타고를 멸망시킨 공적으로 얻은 존칭. B.C. 129년 사망.

*9 이 대화편을 듣는 사람.

도록 노력한 것이라오. 그러나 당신에게 바쳤던, 노년에 대해 쓴 《대(大) 카토》에서 노인 카토*¹⁰의 입을 빌린 까닭은 누구보다 오랫동안 노인으로 있었고, 또 노년에도 누구보다 정정했기에 그분만큼 그 나이에 대해 이야기하는 데 걸맞은 인물은 없다고 생각했기 때문이오. 마찬가지로 가이우스 라일리우스와 푸블리우스 스키피오의 우정은 무엇보다 기억할 만한 것이었다고 조상들로부터 전해 들었기 때문에, 스카이볼라가 그 이야기를 잘 기억하는 것처럼, 라일리우스야말로 우정에 대해 논하는 데 가장 어울리는 인물이라고 생각했소. 또 이런 종류의 이야기는 큰 업적을 남긴 옛 인물의 권위를 빌려 말하면 어쩐지 훨씬 더 무게가 느껴지게 마련이어서, 나 자신도 내 작품을 읽으면서 마치 내가 아니라 카토가 말하는 것처럼 느꼈다오.

5 그 책에서 노인이 노인에게 노년을 이야기한 것처럼, 이 책에서는 우애의 정이 가장 깊은 이가 친구에게 우정을 이야기하는 것이오. 지난번에는 나이가 꽤 많지만 지혜로는 당대에 비할 자가 없었던 카토가 말하는 사람이었지만, 이번에는 현자이며—그는 실제 그렇게 여겨지고 있었소—우정의 본보기인 라일리우스가 우정을 이야기할 것이오. 당신은 부디 나란 사람은 잠시 머리에서 지우고, 라일리우스가 이야기한다고 생각해주기 바라오. 아프리카누스가 죽은 뒤, 가이우스 판니우스와 퀸투스 무키우스 스카이볼라는 장인을 찾아갔소. 그 두 사람이 대화를 시작하여 라일리우스가 대답하는 것인데, 그의 담론은 모두 우정에 대한 것이라오. 그것을 읽어감에 따라 당신은 거기서 자신의 모습을 여기서 보게 될 것이오.

제2장

6 **판니우스** 말씀하신 그대로입니다,*¹¹ 라일리우스 님. 아프리카누스처럼 뛰어나고 널리 알려진 인물도 일찍이 없었으니까요. 그러나 당신에게 모든 사람의 눈길이 쏠려 있음을 아셔야 합니다. 세상 사람들이 현자라 부르며 그렇

---

*10 마르쿠스 포르키우스 카토. B.C. 234~149년. 검소하고 강건한 로마의 고풍을 보호 유지하는 정치가이자 변론가. '라틴어 산문 문학의 시조'로 인정받을 만큼 다작이었지만, 현존하는 것은 《농업론》뿐이다. 키케로 《대카토·노년에 대하여》의 말하는 이.
*11 대화 중간부터 기록하는 스타일이다.

게 믿고 있는 사람은 당신 한 사람뿐입니다. 그 명예는 최근에는 마르쿠스 카토에게 주어진 적이 있고, 선조들의 시대에는 루키우스 아킬리우스*¹²가 현자로 불렸었지만, 이 두 사람의 경우에는 당신과 조금 다릅니다. 아킬리우스는 시민법에 조예가 깊었기 때문이고, 카토는 여러 분야에서 뛰어났기 때문입니다. 카토에 대해서는 원로원과 중앙광장에서 보여준 선견지명과 흔들리지 않는 행동, 날카로운 답변이 수없이 전해지고 있고, 그래서 노년기에 이미 현자라는 호칭을 얻었던 것이지요.

7 그런데 당신은 좀 달라서, 타고난 성격뿐만 아니라 부지런함과 박식함에서도 현자로 인정받고 있습니다. 그것도 통속적인 의미가 아닌 학자들이 보통 부르는 의미에서의 현자로, 그리스 그 밖의 장소에서는 한 사람도 없으며—그것은 이 문제를 엄밀하게 검토하는 사람들*¹³의 말을 빌리면, 이른바 7현인*¹⁴도 이 현자의 범위에는 들어가지 않습니다—다만 아테네에 단 한 사람, 아폴론의 신탁으로써 최고의 현자로 판정받은 사람*¹⁵이 있다고 하는데, 바로 그런 종류의 현자를 말하는 것입니다. 자신의 것은 모두 자신 속에 있다고 여기고, 인간사의 성하고 쇠함은 덕성으로써 극복할 수 있다고 생각할 정도의 지혜가, 당신 속에 있다고 세상 사람들은 생각하고 있습니다. 그런 까닭에 사람들은 당신이 아프리카누스의 죽음을 어떻게 견디고 계신지 저에게 묻고 있으며, 이 스카이볼라에게도 틀림없이 묻고 있을 겁니다. 이번 달 노나이*¹⁶의 날에 정례 연습을 위해 복점관 데키무스 브루투스*¹⁷의 별장으로 갔을 때, 여느 때에 그토록 열심히 참석하시던 당신이 오지 않으신 것을 보고 모두들 더욱 궁금해하

---

*12 카토의 동시대인. 12표법의 주석을 쓴 법률가.

*13 실천적인 생활의 모범으로서 키케로가 존경한 디카이아르코스는, 7현인은 현자도 철학자도 아니며 명민한 입법자일 뿐이라고 말했다.

*14 다른 설도 있지만, 밀레토스의 탈레스, 미틸레네의 피타코스, 프리에네의 비아스, 아테네의 솔론, 로도스의 클레오불로스, 코린토스의 페리안드로스, 스파르타의 킬론. B.C. 7, 6세기에 활약했다.

*15 소크라테스를 가리킨다. 플라톤 《소크라테스의 변명》 21A 참조.

*16 큰 달(3, 5, 7, 10월)의 7일, 그 밖의 달의 5일. 이 날 복점관들이 모여서 새점(鳥占)을 치는 연습을 했다.

*17 데키무스 유니우스 브루투스. B.C. 138년의 집정관. 새점은 하늘에 그린 구획(templum) 속에서 새가 나는 모습을 보고 점을 친다. 시야를 차단하는 것이 없는 교외의 정원 같은 넓은 장소에서 했다.

고 있습니다.

8 스카이볼라 그렇습니다, 가이우스 라일리우스 님, 판니우스의 말대로 저에게도 많은 사람들이 물어보는데, 저는 제가 생각한 대로 대답하고 있습니다. 즉, 당신은 둘도 없는 위대한 친구를 잃은 슬픔을 꿋꿋하게 견디고 계시지만, 그 일은 매우 놀라지 않을 수 없는 일이었고, 흔들리지 않는 것처럼 보인 것은 당신의 인간성 덕분이라고 말입니다. 그러나 복점관의 모임에 참석하지 않은 일에 대해서는, 슬픔 때문이 아니라 몸이 불편해서였다고 말했습니다.

라일리우스 잘했네, 스카이볼라. 바로 그대로야. 건강할 때 언제나 수행했던 그 의무를 개인적인 불행 때문에 게을리해서는 안 되고, 견실한 사람이라면 무슨 일이 있어도 그 의무의 이행을 멈추어서는 안 된다고 생각한다네.

9 그러나 판니우스여, 자네가 내가 인정하지도 바라지도 않는 이름을 얻었다고 말해주는 것은 고마운 일이네만, 카토에 대한 판단은 잘못된 것 같군그래. 현자는 이제까지 한 사람도 없었거나, 혹시 있다고 한다면—나는 없다고 생각하는 편이지만—그분이야말로 현자였으니까. 다른 것은 모두 접어두더라도, 그분이 아들들의 죽음을 어떻게 견뎌냈는지 생각해보게. 나는 파울루스[18]의 일도 기억하고 있고, 갈루스[19]의 경우도 다 보았네. 그러나 그 두 사람이 잃은 것은 아직 어린 아들이었지만, 카토의 아들은 앞날이 촉망되던 어엿한 성인이었지.[20]

10 그러므로 자네가 말하는 그 인물, 아폴론에게 최고의 현자로 인정받았다는 인물을 카토보다 위에 두지 않도록 주의하게나. 카토는 행위로써 칭송받지만, 그 인물은 말재주로써 칭송받는 것이니까.[21] 이제 내 생각을 자네들에게 이야기할 터이니, 잘 듣고 이해해 주기 바라네.

---

* 18 루키우스 아이밀리우스 파울루스 마케도니쿠스. 피드나전투(B.C. 168년)에서 마케도니아 왕 페르세우스를 격파하지만, 개선식 5일 전에 셋째 아들(열네 살)을, 사흘 뒤에 넷째 아들(열두 살)을 잃는다. 스키피오 집안에 양자로 간 소 스키피오의 친아버지.
* 19 가이우스 술피키우스 갈루스. B.C. 166년의 집정관. 천문학자. 피드나 전투 전에 월식을 예측하여 로마군의 혼란을 방지했다. 자식을 잃은 상황에 대해서는 불명.
* 20 아버지(대 카토)와 이름이 같은 마르쿠스 포르키우스 카토는 B.C. 152년 무렵 차기 법무관에 지명되고도 아버지보다 먼저 죽었다.
* 21 소크라테스는 평소의 대화를 통해 제자들을 이끈 것 이상으로 그의 삶 자체로써도 가르쳤으므로, 이 표현은 치우친 것이다.

제3장

만일 내가 스키피오를 잃은 슬픔에 마음이 흔들리지 않았다고 말한다면, 그것이 사실인지 아닌지는 현자들이 판단하겠지만, 틀림없이 그것은 거짓말이 될 것이네. 이제까지 아무도 없었고 앞으로도 없으리라고 단언할 수 있을 정도의 친구를 잃고 내가 흔들리는 것은 분명한 사실이네. 그렇지만 나에게 치유법이 없는 것은 아니라네. 스스로 나를 위로하고 있고, 특히 친구가 죽었을 때 대부분의 사람들을 괴롭히는 그 잘못된 관념에서 적어도 자유롭다는 위안을 받고 있다네. 나는 스키피오에게 나쁜 일이 일어난 것이 아니라고 생각하네. 나쁜 일이 일어났다면 그건 나에게 일어난 것이지. 다만, 그것을 나의 불행으로 여기고 지나치게 괴로워하는 것은, 친구가 아닌 나 자신을 사랑하는 자가 하는 행위라네.

11 정말이지 그가 인생을 훌륭하게 살았다는 사실을 누가 부정할 수 있겠는가? 만일 그가 끝없는 삶을 원했다면 이야기는 달라지지만—그런 것은 생각도 하지 않았을 것이네—인간으로서 바랄 수 있는 것 가운데 그가 이루지 못한 것은 아무것도 없었으니까. 즉 그는 소년 시절에 이미 국민들의 절대적인 기대를 받았고, 어른이 되자마자 곧 믿을 수 없는 능력을 발휘하여 기대 이상의 일을 이룩해냈다네. 또 그는 집정관 자리는 바라지 않았는데도 두 번이나 선출되었지. 첫 번째는 법정 나이가 되기도 전에, 두 번째는 그 자신으로서는 알맞은 나이에 선출되었지만 국가로서는 늦은 감이 있었지.*22 또 그는 로마의 패권에는 가장 큰 적이었던 두 도시를 멸망시킴으로써,*23 오늘의 전쟁뿐만 아니라 앞으로의 전쟁도 종식시켰다네.

그의 붙임성 있는 성격, 어머니에 대한 효성,*24 누이들에 대한 아량, 친척들

＊22 소 스키피오(B.C. 185년 무렵~B.C. 129년)는 B.C. 147년과 B.C. 134년에 집정관이 된다. 보통은 재무관, 조영관, 법무관의 순서로 명예로운 공직의 사다리를 올라가, 43살이 지나 집정관에 선임될 수 있지만, 소 스키피오는 B.C. 147년 조영관에 입후보하려다가, 시국이 원하는 대로 집정관에 선출되었다.

＊23 처음으로 집정관이 되어 카르타고를 섬멸하고(B.C. 146년), 다시 선임되어 누만티아를 무너뜨렸다(B.C. 133년). 이곳은 스페인에서의 반로마 저항 세력의 거점으로, 대 카토를 비롯하여 수많은 로마 장군의 공격을 물리친 곳이다.

＊24 스키피오의 어머니 파피리아는 남편 파울루스에게 이혼당하고 스키피오도 다른 집에 양

에 대한 친절, 모든 사람에 대한 공정함, 이런 것에 대해서는 더 무슨 말이 필요할까? 자네들도 잘 알고 있을 테니 말이네. 그가 국민들로부터 얼마나 사랑을 받고 있었는지는 장례식에서 그들이 보여준 애도가 그것을 잘 증명해 주었지. 그러니 목숨이 몇 년 연장되었다고 해서 그에게 무슨 이득이 있었겠나? 카토가 죽기 전해에 나와 스키피오를 상대로 한 이야기한 것처럼*25 노년은 무거운 짐은 아니라고는 해도, 짐짓 스키피오가 그때까지 유지하고 있었던 활력을 빼앗아가는 것이기는 했으니까.

12 그런 까닭으로 그의 생애는 행운이라는 점에서도 영광이라는 점에서도 더 이상 보탤 것이 아무것도 없었을 정도였기에, 그의 덧없고 갑작스러웠던 죽음도 거의 느낄 수 없었던 것이네. 사실 그 죽음에 대해서는 사정이 복잡해서 뭐라고 말하기 어렵네. 사람들이 어떤 의혹을 품고 있는지는 자네들도 잘 알고 있겠지.*26 그러나 한 가지 분명하게 말할 수 있는 것은, 푸블리우스 스키피오는 수많은 사람들에게 에워싸여 환희의 날들을 보냈지만, 그중에서도 이 세상을 떠나기 전날 저녁 무렵 원로원이 해산한 뒤, 원로원 의원과 로마 시민, 라티니인 동맹시민*27들에게 저택까지 배웅을 받았던 그 날이 그의 생애에서 가장 경사스러운 날이었다는 것이네. 그토록 높은 명예를 얻은 그는 지하의 죽은 자들의 나라에 내려간 것이 아니라, 천상의 신들 곁으로 올라갔으리라 생각하네

자로 보내졌으나, 스키피오는 큰어머니한테서 물려받은 재산을 어머니에게 주는 등, 효성을 다했다고 한다.

*25 《노년에 대하여》는 B.C. 150년, 84살의 카토가 30대의 라일리우스와 스키피오를 상대로 이야기하는 구상(構想)이다.

*26 몰락 농민을 구제하기 위해 급격한 토지 개혁에 나선 티베리우스 그라쿠스는 반대파에게 암살당했는데(B.C. 133년), 스키피오는 처남인 이 티베리우스의 암살에 찬성했기 때문에 국민의 인기를 잃었다. 그러므로 스키피오의 갑작스러운 죽음은 암살이 아닌가 하는 소문이 나돌았고, 그의 아내(티베리우스의 누나), 장모, 가이우스 그라쿠스(티베리우스의 동생), 가이우스 파피리우스 카르보(그라쿠스 형제의 지지자) 등에 혐의가 돌아갔으나, 스키피오의 친구 라일리우스는 조사(弔辭)에서 그의 죽음을 자연사로 돌렸다.

*27 티베리우스 그라쿠스의 개혁의 뼈대는, 공유지의 선취점유(황무지와 미개간지를 점유함으로써 사용권을 얻는 시책) 면적을 한 사람당 500유게라(약 125헥타르)로 제한하고, 초과분은 몰수하여 빈농에 나누어준다는 것이었다. 라티니인의 동맹시는 로마와 거의 대등한 관계에 있었으나, 그곳의 부유층은 선취점유 면적의 제한을 받아 초과분을 몰수당하는 한편, 빈농은 로마 시민이 아니기 때문에 토지 재배분을 받지 못했다. 그래서, 이 동맹시민은 그라쿠스의 개혁에 반대하는 스키피오를 지지했다.

제4장

13 나는 또한 영혼은 육체와 동시에 소멸하고, 죽음과 함께 모든 것이 사라진다고 최근에 주장하기 시작한 자들*28에게는 동의하지 않으니까 말일세. 나는 옛날 사람들의 영향을 더 강하게 받았네. 죽은 자에게 그토록 성스러운 권리를 준 우리 조상들과—죽은 사람은 그런 것과 아무 상관도 없다고 생각했더라면 조상들도 틀림없이 그렇게 하지는 않았겠지— 일찍이 이 땅에서 살았고 이제는 폐허가 되었지만 그때는 번영을 누렸던 마그나 그라이키아*29 사람들에게 제도와 교훈을 가르쳤던 사람들,*30 그리고 아폴론 신탁에서 최고의 현자로 판정받은 바로 그 사람 말이네.

그 사람은 때에 따라 이렇게도 말하고 저렇게도 말하는 일이 많았지만,*31 유일하게 일관된 말을 한 것은, 인간의 영혼은 신에게 속하는 것이고, 죽은 육체에서 떠나자마자 하늘로 돌아가게 되어 있다. 그리고 마음이 바르고 훌륭한 사람일수록 하늘로 돌아가기가 쉽다는 것이었네.*32

14 스키피오도 같은 의견이었지. 실제로 그는 마치 예감이라도 한 것처럼, 죽기 바로 며칠 전, 필루스*33와 마닐리우스*34를 비롯한 많은 사람들이 참석하고 스카이볼라 자네와 나도 있었던 그 자리에서 사흘 동안 국가에 대해 이야기했는데, 그 마지막 부분은 거의 영혼불멸에 대한 것이었네. 그는 그것을 꿈

---

*28 육체도 영혼도 원자의 집합에 지나지 않으며, 죽음이란 그러한 것들이 하나하나의 원자로 해체되고 감각도 사라져 버리는 일이라고 하는 에피쿠로스학파를 가리킨다. 원자론은 데모크리토스(B.C. 5, 4세기)로 거슬러 올라가는데도, 키케로가 특히 '최근'이라고 한 것은, 다음의 '옛날 사람들'에 비해 이쪽을 폄하하는 듯한 분위기를 풍긴다.

*29 대(大) 그리스라는 의미이며, 남이탈리아(때로는 시칠리아 포함)의 그리스인 식민지. B.C. 8~5세기, 농산물과 무역으로 번영했지만 나중에 로마화되었다.

*30 영혼불멸과 윤회를 믿는 피타고라스학파 사람들. 피타고라스(B.C. 6, 5세기)는 사모스 섬에서 태어나 남이탈리아의 크로톤으로 옮겨 활동했다.

*31 소크라테스에 대한 이 평가는 불공평하다. 키케로는 이때, 같은 명제를 긍정도 하고 부정도 해보는 신 아카데미학파의 카르네아데스(B.C. 2세기) 등을 염두에 두고 있었을 것이다.

*32 영혼불멸에 대해서는 《투스쿨룸에서의 대화》 1·26 이하, 《노년에 대하여》 79 이하 등에서 상세히 기술된다.

*33 루키우스 푸리우스 필루스. 《국가에 대하여》의 등장 인물. B.C. 136년의 집정관. 소 스키피오, 라일리우스의 친구이며 그리스 문학 애호가.

*34 마니우스 마닐리우스. 《국가에 대하여》의 등장 인물. B.C. 149년의 집정관. 법률의 대가.

속에 나타난 대(大) 아프리카누스에게서 들었다고 했네.*35

뛰어난 사람일수록 죽었을 때 그 영혼이 육체라는 감옥의 속박에서 쉽게 벗어날 수 있는 거라면, 스키피오만큼 신들 곁에 쉽게 갈 수 있었던 사람이 과연 또 있을까? 따라서 그에게 일어난 일을 슬퍼하는 것은 친구가 할 일이 아니라 질투심이 강한 사람이 하는 일이 아닐까 하는 생각이 드네. 한편, 만일 영혼의 죽음과 육체의 죽음이 같은 것이고, 뒤에 아무런 감각도 남지 않는다는 것이 더욱 진실에 가깝다면, 죽음에는 선한 것이 아무것도 없는 것과 마찬가지로 나쁜 것 또한 없는 것이 확실하네. 왜냐하면 감각이 사라지면 본디 태어나지 않은 것과 마찬가지가 되기 때문이지. 그러나 실제로는 그가 태어남을 기쁘게 생각하는 우리가 있고, 또한 이 나라가 존재하는 한 기쁨으로 여길 것이네.

15 그러므로 앞에서도 말했듯이 그의 인생은 최고의 인생이었지만, 나에게는 조금 불행이었지. 나는 그보다 먼저 세상에 태어났으니 떠나는 것도 먼저라야 공평하지 않겠나? 그러나 스키피오와 인생을 함께 할 수 있어서 내 인생은 행복했다고 생각될 만큼, 우리 두 사람의 우정을 떠올리는 것은 즐거운 일이라네.

공적인 일이든 사적인 일이든 그와 함께 마음을 모았고, 집에서나 원정 여행에서나 언제나 그와 함께였으며, 우정이 충분히 드러날 수 있는 지향과 열성과 의견에서 완전한 일치를 이루었지. 따라서 판니우스가 말한 현자라는 나에 대한 세평도 사실과 다르기 때문에, 우리 우정의 추억이 영원히 남을 거라는 희망만큼 기쁘지는 않다네. 더욱이 이 희망이 기쁜 것은 모든 시대를 통해 기억될 만한 우정의 본보기는 겨우 서너 쌍밖에 없다는 사실*36이라네. 스키피오와 라일리우스의 우정도 그 하나로서, 후세에 길이 알려지기를 기대해도 좋을 거라고 생각하네.

---

*35 《국가에 대하여》의 내용을 가리킨다. 거기서는 소 스키피오가 여기에 거명된 사람들 앞에서 이상국가를 논한다. 마지막 부분(6·9 이하)은 '스키피오의 꿈'이라 불리며, 대 스키피오(양할아버지)가 소 스키피오의 꿈에 나타나 그의 미래를 예언하는 동시에, 우주와 행성의 구조를 설명하고, 지구의 보잘것없음, 영혼불멸 등을 가르쳤다고 한다.

*36 그리스 신화의 테세우스와 페이리토오스, 오레스테스와 필라데스(24절 참조), 아킬레우스와 파트로클로스 등. 역사상에서는 하르모디오스와 아리스토게이톤(투키디데스의 《역사》 6·54), 다몬과 핀티아스(키케로의 《의무에 대하여》 3·45 외) 등.

16 **판니우스** 참으로 마땅하신 말씀이십니다, 라일리우스 님. 하지만 어차피 우정에 대한 화제를 꺼내셨고, 저희에게도 시간이 있으니, 평소에 다른 사람들로부터 여러 질문에 대한 답을 해주실 때처럼 우정에 대해서도 말씀해주신다면 저에게도, 또 틀림없이 스카이볼라에게도 더할 수 없이 감사한 일이 될 것입니다. 우정을 어떻게 느끼시는지, 또 우정은 어떤 것이라고 생각하시는지에 대해 어떤 교훈을 내려주실 수 있으신지요?

스카이볼라 정말 고마운 일이군요. 저도 바로 그 부탁을 드리려던 참이었는데 판니우스가 선수를 쳤군요. 그러니 저희 둘 모두 감사의 말씀을 드려야 할 일입니다.

제5장

17 **라일리우스** 나도 자신감만 있으면 얼마든지 응할 수 있는 건 분명하네. 훌륭한 주제인 데다 판니우스의 말처럼 우리에게는 시간이 있으니 말이네. 허나 내가 무슨 자격이 있고, 나에게 무슨 능력이 있단 말인가. 그러나 자네가 말했듯이, 아무리 문제가 갑자기 제시되더라도 그 자리에서 논리를 펼치는 것은 학자의, 그것도 그리스 학자의 관습이지. 그것은 꽤 어려운 일이어서 적지 않은 훈련이 필요하다네. 그러니 우정에 대한 논의는 그것을 전문으로 하는 사람들에게 맡겨야 할 것이야. 나는 다만, 인간에 대한 모든 것 가운데 우정을 가장 위에 두어야 한다고 자네들에게 권할 수 있을 뿐이라네. 우정보다 자연에 합당한 것은 없고, 순조로울 때나 어려울 때 이보다 도움이 되는 것은 없을 테니까.

18 그러나 맨 먼저 떠오르는 느낌으로는, 우정이란 뛰어난 사람들에게만 가능하다는 것이라네. 다만 나는, 이에 대해 지나치게 따지는 사람들*37처럼, 이 점을 철저하게 추구하고자 하는 것은 아니라네. 물론 그 사람들의 논의는 옳은 것이겠지만 상식적으로는 거의 도움이 되지 않는 것이거든. 무엇보다 현자만이 뛰어난 사람이라고 주장하니까 말일세. 확실히 그럴지도 모르지만, 그들이 주장하는 지혜란 이제까지 어떠한 인간도 다다른 적이 없는 그런 종류의 것이라네. 반대로 우리는 상상이나 꿈이 아닌 실제 경험과 일상생활 속에 있

---

*37 스토아학파 철학자들.

는 것을 찾아내야 한다네.

가이우스 파브리키우스*³⁸와 마니우스 쿠리우스,*³⁹ 그리고 티베리우스 코룬카니우스*⁴⁰ 등은 우리 조상들이 현자라고 여긴 사람들인데, 만약 그런 엄격한 잣대로 잰다면 결코 현자라고 할 수 없을 것이네. 그러니 그런 애매모호하고 질시의 대상만 될 뿐인 현자라는 이름은 그들을 위해서나 챙겨두라고 하게. 이 세 사람이 뛰어난 사람들이었다는 것만 인정해 준다면 말일세. 하지만 그들은 아마 인정하지 않을걸세. 현자 그 밖에는 인정할 수 없다고 하면서 말이야.

19 따라서 우리는 세상에서 말하는 '둔중한 미네르바'*⁴¹처럼 해나가야 하겠지. 신의, 청렴, 공평, 아량이 세상에서 인정받고 탐욕, 방종, 뻔뻔함을 조금도 내비치지 않으며, 견실함의 표본 같은 행동과 생활을 보여주는 사람들, 내가 방금 이름을 든 이 사람들이야말로, 일찍이 그렇게 인정받고 있었던 것처럼 뛰어난 사람으로 불러 마땅하다고 생각하세나. 그들은 인간으로서, 선하게 살기 위한 최고의 안내자인 자연(탈곡반/성질)을 최대한 따랐으니까 말일세.

말하자면, 모든 사람들 사이에는 서로 가까워질수록 더욱 끈끈해지는 어떤 유대감이 존재하듯이, 우리는 그렇게 타고났다는 것을 감지할 수 있는 것이지. 그리하여 같은 동포가 이방인보다, 또 친척이 아무 연고가 없는 사람보다 좋은 것은 가까운 사람에게는 저절로 우정이 생기기 때문이라네. 그러나 그런 우정은 굳세지 못해. 친족 관계에서는 호의를 없애도 상관없지만 우정에서는 그것을 없앨 수 없다네. 즉 호의가 없다면 우정은 사라지지만 친족 관계는 남는다는 의미에서, 우정의 힘은 친족 관계를 이기기 때문이라네.

20 게다가 우정의 힘이 얼마나 큰지는 다음과 같은 것에서 가장 잘 드러난

---

*38 가이우스 파브리키우스 루스키누스. B.C. 282, 278년의 집정관. 청빈, 엄격, 결백 등 로마인의 한 전형으로 일컬어진다. 에페이로스 왕 피로스를 독살하자고 제안한 배신자를 피로스에게 넘겨주었다.
*39 마니우스 쿠리우스 덴타투스. B.C. 290, 284(보궐), 275, 274년의 집정관. 에페이로스 왕 피로스를 격파한다. 황금의 선물을 거부한 일화가 《노년에 대하여》 56에서 소개되어 있다.
*40 법률가. 평민 출신으로서는 처음으로 대제사장이 된다(B.C. 254년).
*41 미네르바는 로마 종교에서 기술과 지적 활동의 수호신이다. 그리스 신화의 아테네와 동일시되었다. 정묘하고 난해한 철학적 논의를 펼치는 것이 아니라, 상식적으로 대충 고찰하려는 것이다.

다네. 말하자면 인간 세계에는 저절로 만들어지는 관계가 무수히 많지만, 우정의 관계는 매우 좁은 범위에 한정되므로, 우애의 정은 반드시 두 사람 또는 몇몇 사람 사이에서만 맺어질 수 있다는 것이라네.*42

제6장

즉 우정이란 하늘과 인간 세계의 모든 것에 대한, 호의와 애정을 바탕으로 한 견해의 일치, 바로 그것이라네. 그리고 불멸의 신들이 그보다 더 선한 것을 인간에게 주었던 적은 없지 않은가? 지혜를 제외하고는 말이야. 사람에 따라서는 우정보다 재물을, 또는 건강을, 또는 권력을, 또는 명예를 앞세우거나 쾌락을 우선하는 자들도 많다네. 마지막 것은 짐승들이 그렇지만, 그 앞에 든 것도 우리의 사려보다는 변덕스러운 운에 좌우되는 바가 크고, 쉽게 변하며 불확실한 것이라네. 그것에 비해 덕 안에서 최고선(最高善)을 발견하는 자들은 훌륭한 사람들인데, 바로 이 덕이 우정을 낳고 또 보호하기에, 이 덕이 없는 우정은 결코 존재할 수 없는 것이라네.

21 다음에는 덕이라는 것을 우리의 일상생활, 평소의 말투에 따라 해석해보세. 어떤 학자들처럼 과장된 말은 쓰지 않고, 세상 사람들이 말하는 뛰어난 사람을 뛰어난 사람에 넣어서 말일세. 파울루스와 카토, 갈루스, 스키피오, 필루스 같은 사람들 말일세. 그들로써 세상이 만족하고 있으니, 처음부터 이 세상 어디에서도 찾아볼 수 없는 사람들에 대해서는 생각하지 말기로 하세.

22 위에서 말한 그런 사람들 사이의 우정은 거의 말로 표현할 수 없을 만큼 좋은 점을 가지고 있다네.*43 가장 먼저, 친구 사이의 호의 속에서 평안을 얻지 못하는 인생이 어떻게 엔니우스*44가 말하는 '살 만한 가치가 있는 인

---

*42 강력한 유대일수록 많은 사람을 결속한다는 것을 생각한다면, 이 부분의 주장은 반대인 것처럼 보이기도 한다. 그러나 키케로는 인류, 민족, 시민, 친구, 가족으로, 범위가 좁아지면 좁아질수록 유대가 더욱 강해지는 이치를 말하는 것이리라. 15절에서 언급된 이상적인 친구도 2인조였다.

*43 아리스토텔레스 《니코마코스 윤리학》 1155a 이하, 크세노폰 《소크라테스의 추억》 2·4·5 이하에도 우정(친구)의 좋은 점이 열거되어 있다.

*44 퀸투스 엔니우스(B.C. 239~B.C. 169년). 그리스 문학을 공부하고, 서사시, 비극, 희극, 사극 등 수많은 분야를 섭렵하여 '라틴문학의 아버지'라 불리지만, 작품은 모두 소실되고 없다.

생*45이 될 수 있겠는가? 마치 자기 자신에게 이야기하는 것처럼, 안심하고 모든 것을 말할 수 있는 사람을 가지는 것만큼 기쁜 일이 또 있겠는가? 자신과 똑같이 그것을 기뻐해 주는 사람이 없다면, 아무리 번영하더라도 어떻게 그 기쁨을 누릴 수 있겠는가? 역경을 자기 자신보다 더 무겁게 나눠 마음을 함께 하는 사람이 없다면, 그것을 어떻게 견딜 수 있겠는가? 요컨대 사람들이 추구하는 다른 모든 것은 거의 한 가지 목적에 충실할 뿐이라네. 재물은 소비하기 위해, 권력은 숭배를 얻기 위해, 높은 관직은 명성을 얻기 위해, 쾌락은 즐거움을 위해, 건강은 고통을 모르고 육체적 봉사를 다하기 위해서라는 식이지. 그런데 우정은 매우 많은 것을 담고 있네. 어디에 몸을 돌리든 우정은 우리 곁을 지키고 있고, 어디서도 배제되지 않으며, 결코 그 자리에 어울리지 않거나 거추장스러운 존재가 되지도 않네. 그러므로 세상에 반드시 필요한 '물과 불'*46조차 우정만큼 도움이 되지 않는 것이라네.

참고로, 내가 여기서 말하는 것은 평범하고 흔한 우정—그것 또한 기쁘고 유익한 것이기는 하지만—이 아니라, 역사상 극소수의 사람들이 맺은 참된 우정, 완전한 우정이라네. 우정은 행복을 더욱 빛나게 하고, 고난은 서로 나눔으로써 가볍게 해주는 법이니까.

제7장

23 우정은 크고 많은 이점을 가지고 있지만, 의심할 것 없는 최대의 이점은 밝은 희망으로 미래를 비추어 영혼이 힘을 잃고 쓰러지는 일이 없도록 한다는 것이라네. 참된 친구를 발견하는 사람은 말하자면 자신의 닮은 꼴을 발견하게 되기 때문이지. 그러니 친구는 그 자리에 없어도 존재하고, 가난해도 부자이며, 약해도 강하고, 이것은 더욱 말하기 조심스럽지만 죽어도 살아 있는 것이라네.*47 친구들의 후한 예우와 추억, 애도의 정으로 그 사람을 떠나보내

*45 vita vitalis는 '생명이 있는 삶, 참된 인생'이라는 의미이겠지만, 여기서는 그리스어 bios biōtos(살 가치가 있는 삶)의 번역이 아닌가 한다. 그러나 엔니우스의 문맥이 불분명하여 어느 쪽이라고 단정하기가 어렵다.

*46 '물과 불'은 사회생활에서 가장 긴요한 것으로, '물과 불을 금한다'고 하면 공동체로부터의 추방을 뜻했다.

*47 키케로가 말하는 영혼불멸에는 내세에서의 영혼의 영생(《노년에 대하여》83, 84 참조)과, 후

는 것이 떠나는 자의 죽음은 행복한 것으로, 그리고 남겨진 자의 삶은 칭송해야 할 것으로 보이게 한다네. 그러나 만일, 이 세계에서 호의적인 유대 관계를 없애버린다면 어떤 집도 어떤 도시도 존재할 수 없고, 농사일도 이어 갈 수 없을 것이네. 만일 이 말이 이해되지 않는다면, 우정과 협조의 힘이 얼마나 큰지는 불일치와 불화를 생각해보면 알 수 있을 것이네. 증오와 배신이 있다 해도 뿌리째 뒤흔들리지 않을 만큼 안정된 집, 그만큼 튼튼한 반석 위에 있는 국가는 없을 테니까 말일세. 거기에서 우정에 스며 있는 선의 크기를 판단할 수 있을 것이네.

24 아그리겐툼의 어떤 박사*[48]는 그리스어 시를 통해 이렇게 가르쳤다 하네. '자연과 우주로 널리 확립되어 있고 움직이는 것은, 우정으로 결합되어 불화로써 분해된다'고 말일세.

이것은 모든 사람들이 이해하고, 사실로 인정하는 일이라네. 따라서 만일 위험을 감수하거나 함께 나누는 친구의 노력이 세상에 드러났을 때, 온갖 말로 그런 행동을 칭송하지 않을 사람이 있을까? 가까운 예로, 나의 손님이기도 하고 친구이기도 한 마르쿠스 파쿠비우스*[49]의 새 작품이 상연되었을 때, 극장 전체에서 솟아난 그 함성은 어떠한가? 어느 쪽이 오레스테스인지 왕은 모르는 가운데, 필라데스는 친구를 대신하여 죽으려고 자신이 오레스테스라고 말하고, 오레스테스도 사실대로 자신이 오레스테스라고 말하며 물러서지 않는 그 장면*[50] 말일세. 그 이야기에 관객들은 모두 일어나서 박수갈채를 보냈는

세 사람들에게 영원히 기억되는 것의 두 종류가 있다.

*[48] 시칠리아 섬의 아그리겐툼(그리스어로는 아그라가스) 출신의 철학자 엠페도클레스. B.C. 492 무렵~B.C. 432년. 《자연에 대하여》, 《정화(淨化)》 외에 의학문서, 비극, 찬가 등도 썼다. 일설에 스스로 신이 되기 위해 아이트나(에트나) 화산에 뛰어들어 죽었다고 한다. 세계는 불, 물, 흙, 공기의 4원소로 구성되어 있으며, 그것이 사랑의 힘에 의해 하나로 결합되는 시기와 투쟁의 증오에 의해 해체되는 시기가 교체된다고 주장했다.

*[49] B.C. 220~B.C. 130년 무렵. 엔니우스의 조카로 극작가이자 화가. 그리스 비극을 바탕으로 한 13편의 비극의 제목이 알려져 있다. 여기에 새 작품이라고 한 것은 《둘로레스테스(노예가 된 오레스테스)》, 에우리피데스 《타우리케의 이피게네이아》에서의 자유로운 번안이다.

*[50] 에우리피데스의 원작에서는, 오레스테스는 어머니를 살해한 죄를 씻기 위해, 아폴론의 명령에 따라 친구 필라데스와 함께 아득한 타우리케의 나라에 가서 아르테미스 신상을 훔치려다가 사로잡히고 만다. 이 아르테미스는 이방인을 인신공양으로 받는 여신으로, 무녀가 된 이피게네이아(실은 오레스테스의 누나)는 사로잡힌 둘 가운데 한 사람은 산 제물로, 한 사람은 조국에 보낼 사자로 삼으려고 한다. 두 사람은 서로 자기가 제물이 되겠다고 말

네, 그것이 실화라면 과연 어떻게 되었을까? 사람들은 자기는 하지 못하는 일이라도 그것이 올바른 행위임을 타인의 경우를 통해 판단한 것이며, 인간본성의 위대한 힘이 어려움 없이 저절로 나타난 것이지.

여기까지 우정에 대한 나의 견해를 밝혔다고 생각하네. 만일 이 밖에도 이야기할 것이 더 있다면—물론 많겠지만—이 문제를 논하는 학자들에게 물어보게나.

25 **판니우스** 아닙니다. 저희는 당신께 듣고 싶습니다. 그런 사람들에게도 질문하고 대답을 들은 적도 여러 번 있었지만, 당신의 의견에는 또 다른 묘미가 있습니다.

스카이볼라 만일 판니우스 자네도 최근에 스키피오의 별장에서 국가에 대한 토론이 벌어졌을 때, 그 자리에 함께 있었더라면*51 아마 더욱더 강력하게 졸랐을걸세. 그때 라일리우스님은 필루스의 정교한 주장에 맞서서 참으로 멋지게 정의를 옹호하셨다네!

판니우스 더없이 올바른 분에게는 정의를 옹호하는 일쯤은 아무것도 아니었던 게지요.

스카이볼라 그렇다면 우정에 대해서는 어떨까요? 절대적인 믿음과 절개, 정의로 우정을 지킴으로써 최상의 명예를 얻은 분에게는 우정을 옹호하는 것도 쉬운 일이 아닐까요?

제8장

26 **라일리우스** 이건 꼭 강제 집행 같군그래. 자네들이 어떤 방법으로 나에게 부탁하든 이건 완전히 강요야. 누가 뭐래도 이렇게 좋은 주제인 데다, 사위들의 간절한 바람을 외면하기는 어려울 뿐만 아니라 온당하지도 않을 테니까 말이야.

하는데, 야만족의 왕 앞에서 서로 '내가 바로 오레스테스'라고 말하는 것은 파쿠비우스의 새로운 방법이다.

*51 키케로의 《국가에 대하여》는 B.C. 129년에 소 스키피오의 별장에서 이루어진 대화를 기록한다는 설정이었다. 그 제3권에서, 피로스가 국정 운영에는 부정도 필요하다는 의견을 소개한 것에 대해 라일리우스는 부정이 아니라 정의가 필요하다고 반론을 편다.

나는 우정에 대해 기회가 있을 때마다 생각해 봤는데, 언제나 우리가 살펴봐야 하는 가장 큰 문제는 이런 거라고 생각했네. 우정은 나약함과 결여 때문에 필요한 것인가,*52 즉 봉사하거나 봉사를 받음으로써 저마다가 자신의 힘으로는 할 수 없는 것을 타인의 도움을 받아서 해내고 대신 이쪽에서도 갚아주는 그런 것인가. 그것도 우정의 타고난 성격이기는 하지만 우정에는 또 다른 기원, 더 오래되고 아름다우며, 한결 인간의 본성 자체에서 유래하는 기원이 있는 것인가 하는 문제라네. 왜냐하면 우정(^{아미}키_{티아})이라는 이름의 바탕이 된 사랑(_알모)이야말로 사람들의 호의를 맺어주는 원동력이니까 말일세. 실제로 우정을 가장하여 아부를 하거나 눈앞의 이익을 위해 존경을 표하는 것으로 실익을 얻을 때도 많지만, 우정에 거짓이나 허세는 조금도 있을 수가 없고, 우정은 오로지 진실하고 자발적인 것이라네.

27 따라서 나에게는 우정은 결핍보다는 인간의 본성에서 비롯되는 것으로 보이네. 거기에 실익이 있을까를 계산하는 것이 아니라, 사랑하는 감정을 담아 마음을 기울임으로써 우정이 태어나는 것이라고 말이네.

이것이 어떠한 성질의 것인지는 어떤 종류의 동물에서도 부모와 자식 사이의 정을 쉽게 볼 수 있듯이, 부모는 자기가 낳은 자식을 일정 기간 사랑하고 자식으로부터도 사랑받는다는 사실에서 알 수 있다네. 인간의 경우에는 그것이 더욱 뚜렷하여, 먼저 매우 끔찍한 죄*53를 지은 경우가 아니라면 서로 갈라 놓을 수 없는 부모 자식 사이의 사랑에서도 명백하고, 다음으로는 만일 공감할 수 있는 삶의 방식과 본성을 지닌 누군가를 발견하여, 그 사람한테서 진심과 덕성의 빛을 본 것처럼 느끼고, 거기서 사랑과 다름없는 감정이 생길 때도 분명히 알 수 있는 것이라네.

28 아무튼 덕성보다 더 사랑해야 하는 것은 없고, 덕성만큼 그 소유자를 사

---

*52 아리스토텔레스의 《니코마코스 윤리학》 1155a에는 친구는 빈곤에 빠졌을 때의 피난처, 무력한 노인의 구원이라는 생각이, 1169b에는 자족하는 사람에게는 친구가 필요없다는 생각이 소개되어 있다. 에피쿠로스학파의 사상을 이야기한 루크레티우스의 《만물의 본성에 대하여》 5·1011 이하에는, 인류는 용맹함을 잃고 나약해져서 우정을 맺게 되었다고 되어 있다.

*53 아들들을 반역죄로 처형하지 않을 수 없었던 루키우스 유니우스 브루투스(B.C. 509년, 왕정을 폐지하고 최초의 집정관이 되었다)와, 남편을 죽이고 아들 오레스테스에게 복수를 당한 클리타임네스트라(그리스 신화)의 경우를 생각할 수 있다.

랑하게 하는 것은 없다네. 이제까지 한 번도 만난 적이 없는 사람조차, 덕성과 진심으로 말미암아 어쩐지 사랑하고 싶은 마음이 드는 것을 보면 말일세. 가이우스 파브리키우스와 마니우스 쿠리우스를 만난 적이 없는 사람이라도, 그들을 마음속에 떠올리면서 호감과 따뜻한 마음을 느끼지 않는 사람이 누가 있을까? 반대로 타르퀴니우스 수페르부스*54와 스푸리우스 카시우스,*55 스푸리우스 마일리우스*56를 미워하지 않는 사람이 또 어디 있을까? 이탈리아의 패권을 두고 피로스*57와 한니발*58이라는 두 사람의 적장과 싸움을 했었는데, 한 사람에게는 진심이 있었기 때문에 그다지 큰 적의를 품지는 않았지만, 다른 한 사람은 잔혹했기 때문에 이 나라는 두고두고 그를 미워할 것이라네.

제9장

29 그런데 우리는 한 번도 만난 적이 없는 사람이나, 심지어 적에게조차 진심이 있으면 기뻐하는데, 진심의 힘이 그토록 크다면 여느 때에 가까이 교제할 수 있는 사람한테서 덕성과 친절을 보게 된다면, 인간의 마음이 감동을 느끼는 것은 더없이 마땅한 일이 아니겠나? 특히 사랑은 은혜를 입거나 열성을 인정하거나, 친밀함을 쌓아감으로써 더욱 강화된다네. 이러한 것들이 앞에서 말한, 사랑을 향하는 마음의 초기 충동*59에 가해질 때, 놀랍도록 커다란 호의가 불길처럼 타오르는 것이라네.

---

*54 루키우스 타르퀴니우스 수페르부스. 제7대, 로마의 마지막 왕. 주변 도시를 통합하여 로마의 지배권을 확립한 반면, 폭군의 모습도 여러 가지로 전해진다.

*55 스푸리우스 카시우스 베켈리누스. B.C. 502, 493, 486년의 집정관. 평민을 위해 토지개혁 법안을 제출했으나, 왕위를 엿본다 하여 처형되었다.

*56 기사 신분의 대부호. B.C. 440~B.C. 439년의 기근 때 곡물을 방출하여 가난한 로마인을 구제하려고 했으나, 왕위를 엿보는 자라 하여 귀족파로부터 탄핵당했다고 전설로 전해진다.

*57 에페이로스(그리스 서북부)의 왕. B.C. 319~B.C. 272년. 이탈리아 반도의 그리스인을 후원하여 로마와 싸웠다. 몸값을 받지 않고 로마군 포로를 석방한 일이 있다.

*58 제2차 포에니전쟁 때의 카르타고의 장군, 로마 최대의 적. B.C. 247~B.C. 183년.《노년에 대하여》75에서도 '잔혹하기 짝이 없는 적'이라 불리지만, 적장에게 매장의 예를 다하기도 했다.

*59 절의 '사랑이야말로 사람들의 호의를 맺어주는 원동력', 27절의 '사랑하는 감정을 담아 마음을 기울이는 것' 등을 받는다.

이 호의는 약점에서 비롯하며, 저마다가 원하는 것을 손에 넣기 위한 도구가 될 사람을 만들어두는 것을 목적으로 하는 것이라고 생각하는 사람이 있다면, 그것은 우정이라는 것에 참으로 비천한 출생을 부여하는 것이며, 따라서 우정을 결여와 결핍의 자식이 되게 하는 일이라네. 만일 그것이 사실이라면, 자기 속에 갖춰져 있는 것이 적다는 것을 강하게 자각하는 사람일수록 우정이 필요한 사람이라는 이야기가 되는데, 그것은 큰 착각이지.

30 사람은 자기를 믿고 의지하는 마음이 강하면 강할수록 어느 누구의 도움도 필요하지 않으며, 자신의 것은 모두 자신 속에 있다고 생각할 만큼, 덕성과 지혜로 튼튼하게 보호받고 있으면 있을수록, 우정을 구하고 그것을 가꾸는 데에도 뛰어난 법이네. 어떤가, 아프리카누스는 나를 필요로 했을까? 천만에! 그리고 그것은 나도 마찬가지일세. 그러나 나는 그의 덕성을 찬탄하며 그를 사랑했고, 그도 나의 삶에 대해 어떤 견해를 가지고 있었고 그 때문에 나를 사랑해 준 것이지. 그리고 친교를 쌓아갈수록 서로에 대한 호감도 상대적으로 커졌지. 그 결과로서 크나큰 이익을 얻을 수 있었지만, 우리의 우애는 그런 것을 기대하고 시작된 것은 아니라네.

31 왜냐하면 우리는 찬사를 이끌어내기 위해 은혜를 베풀거나 아량을 보여준 것이 아닌 것처럼 이자를 기대하고 은혜를 베푸는 것이 아니라, 본성에 따라 아량을 보여주고 싶기 때문이라네. 우정도 보답에 대한 기대에 이끌려서가 아닌, 사랑 그 자체 속에 그 보답이 모두 들어 있다는 생각으로 추구해야 한다고 나는 생각하네.*60

32 동물처럼 모든 것을 쾌락이라는 잣대로 판단하는 자들*61은 이런 생각과 거리가 멀지만, 그것도 놀랄 일이 아니라네. 자신의 생각을 비천한 것, 경멸스러운 것으로 비하한 자는 높은 곳에 있는 것, 위대한 것, 신성한 것 어느 하나도 우러러볼 수 없기 때문이지.*62 그렇기 때문에 우리는 그런 자들은 이 대

---

*60 절의 '어떤가, 아프리카누스는'에서 여기까지는 겔리우스의 《아티카의 밤》 17·5에 인용되어 논의되어 있다. '은혜'나 '아량'이란 것이 무엇인지 미확정인데도 그것을 전제로 우정을 논하는 것은 잘못이라는 비판에 대해, 겔리우스는 키케로를 변호한다.

*61 에피쿠로스(B.C. 341~B.C. 270년)의 쾌락주의적인 윤리학설에 대한 비판. 그가 추구하는 쾌락은 육체의 고통에서 벗어나 정신의 평화를 얻는 것이었지만, 그 쾌락을 동물적인 것으로 보는 오해는 이미 고대부터 있었다.

*62 가축은 바닥을 응시하면서 먹이와 교미에 대한 생각밖에 하지 않지만(플라톤 《국가》 586A

화에서 빼놓고, 사랑하는 감정과 호의로 가득한 감정은 진심이 밝혀짐에 따라 인간의 본성에서 자연스럽게 생기는 것이라고 이해하기로 하세. 그 진심을 추구하게 된 사람은 그것에 마음을 기울이며 차츰 다가간 결과, 이제는 좋아하게 된 인물과의 교제와 그 삶의 방식에서 덕을 입고, 사랑의 대등하고 평등한 관계에서 보답받는 것보다는 봉사하는 것에 마음을 쓰며, 나아가서는 서로 고귀한 덕성의 경쟁자가 되는 것이라네. 그리하여 우정에서 커다란 실익을 얻을 수 있으며, 그것이 허약함이 아니라 인간 본성에서 비롯된다는 것 또한 더욱 소중한 진실이 될 것이네. 만일 이익이 우정을 맺어준다고 한다면, 이익이 사라지면 맺어진 우정도 깨지겠지만 본성은 변하지 않기 때문에 진정한 우정은 영원히 이어지는 것이라네.

우정의 기원은 이것으로 이해되었겠지? 이에 대해 자네들도 더 하고 싶은 이야기가 있을지 모르겠군.

판니우스 아닙니다. 라일리우스 님, 말씀 계속하십시오. 저보다 어린 스카이볼라의 몫까지 제가 대답하는 것입니다만.

33 스카이볼라 판니우스의 말이 맞습니다. 좀 더 듣고 싶습니다.

제10장

라일리우스 그렇다면 들어보게, 훌륭한 청년들이여. 나와 스키피오의 우정에 대해 수없이 오갔던 이야기들을 말이네. 하기는 그의 주장으로는, 인생의 마지막 날까지 우정이 지속되는 것만큼 어려운 일은 없다고 했네. 두 사람의 이해가 맞아떨어지지 않거나 정치 신념이 다른 경우가 흔히 있고, 인간의 성격도 역경이나 나이 탓으로 변하는 일이 이따금 있기 때문이라는 거지. 그는 어린이들의 변함 없는 우애도 보랏빛에 초록색으로 가장자리를 두른 토가*63를 벗을 때 함께 버림받는 일이 흔히 있다고 하면서, 출세 시기의 일들을 예로 들

참조), 인간만은 신으로부터 직립 보행을 허락받아 멀리 높이 바라볼 수 있다(크세노폰 《소크라테스의 추억》 1·4·11 참조).

*63 명가의 자녀는 보랏빛에 초록색으로 가장자리를 두른 토가를 입었는데, 그것은 상급 정무관의 제복을 입음으로써 정계에 대한 야망을 품게 하려는 배려에서였다. 소년은 열일곱 살이 되면 무늬가 없는 시민복으로 갈아입었다.

었지.

34 소년기의 우애를 청년기까지 계속 유지한다 하더라도, 결혼 문제로 다투거나 두 사람이 같은 이익을 얻을 수 없는 상황에서 싸운다면, 우정이 파탄나 버리는 수가 있다네. 오랫동안 우정을 쌓아갈 수 있다 해도, 만일 명예로운 공직을 경쟁하게 되면 우정마저 무너져 버리는 경우가 많지. 일반적으로는 우정에서 금전욕이 가장 큰 해악임에 비해, 뛰어난 사람인 경우에는 명예와 영광에 대한 경쟁이 가장 큰 해악이 되기 때문이라네. 그래서 세상에 둘도 없는 친구 사이도 때때로 같은 곳에서 살 수 없을 만큼의 원수가 된다고 했지.

35 나아가서는, 욕망의 하수인이 되거나 범죄를 방조하는 등의 부정한 행위를 친구로부터 부탁받았을 때도, 마땅한 일이지만 커다란 불화가 발생하네. 그것을 아무리 훌륭하게 거부한다 해도, 요구를 거절당한 상대로부터 우정의 규칙을 배신한 자라는 비난을 받게 되거든. 한편 분별심 없이 뭐든지 친구에게 부탁하는 자는, 그렇게 부탁하는 것이 바로 자신이라면 친구를 위해 뭐든지 하겠다는 것을 공언하는 셈이지. 그런 자들의 불만으로 말미암아 오랫동안 가꿔온 우정이 파괴될 뿐만 아니라 영원한 증오가 생겨나는 것이 보통이라네. 이렇게 우정의 숙명이라고도 할 수 있는 것을 어깨에 무수히 지고 있기 때문에, 그 모두를 피하려면 지혜뿐만 아니라 행운도 필요한 것이라고 그는 말했네.

제11장

36 그러니 자네들만 괜찮다면, 우정이라는 것 속에 사랑이 어느 정도까지 자리를 차지해야 하는지 먼저 생각해보세. 어떻게 생각하나, 코리올라누스*64에게 친구가 있었다면, 그들은 코리올라누스와 함께 조국을 향해 화살을 겨누어야 했을까? 왕위를 엿보는 베켈리누스*65 또는 마일리우스에게 그 친구들은 손을 내밀어 주어야 했을까?

---

*64 그나이우스(또는 가이우스) 마르키우스 코리올라누스. 볼스키인의 도시 코리올리를 함락하여(B.C. 493년) 코리올라누스라는 별명을 얻는다. 평민과 호민관의 정책에 대립하여 반역죄를 선고받지만, 적인 볼스키인에게 달아나 그들을 이끌고 로마를 공격하려다가, 어머니의 설득에 군사를 돌린다. 플루타르코스의《플루타르코스 영웅전》속에 전기가 있다.
*65 절에 나온 스푸리우스 카시우스를 가리킨다. 다음의 마일리우스도 28절에 나왔다.

37 티베리우스 그라쿠스*66도 나라를 혼란에 빠뜨리려다가 퀸투스 투베로*67와 동료들에게 완전히 버림받은 것을 우리는 보았네. 그런데 스카이볼라여, 쿠마이 출신의 가이우스 블로시우스*68라는 자는 자네 집의 손님인데, 이 자가 나에게 목숨을 구걸하러 와서—나는 집정관 라이나스*69와 루필리우스*70의 상담역을 하고 있었으니까—나의 허락을 얻고자 이렇게 변명하더군. 티베리우스 그라쿠스를 너무나 존경하기 때문에 그가 원하는 것은 뭐든지 해야 한다고 생각했다고 말이네. 그래서 내가 물었지.

"그가 카피톨리움*71에 불을 지르라 해도 말인가?"

그러자 그는 이렇게 말했네.

"그분은 결코 그런 요구는 하지 않으실 겁니다. 하지만 만일 원하신다면 저는 그렇게 했을 것입니다."

38 그러나 친구가 바라는 것은 뭐든지 허용하고 내가 원하는 것은 뭐든지 친구한테 받아내는 것이 옳다고 규정해도, 우리가 완전한 지혜를 갖추고 있다면 잘못된 일은 아무것도 일어나지 않을 것이네. 다만 우리가 오늘 이야기하고 있는 것은 눈앞에 있는 친구, 우리가 보거나 전해 듣고 세상 사람들도 잘 알고 있는 친구라네. 우리는 그들 속에서, 그것도 지혜에 가장 가까이 갈 수 있었던 사람들한테서 예를 구해야 한다네.

39 아이밀리우스 파푸스*72가 파브리키우스 루스키누스와 친구였다는 사실은 이미 선조들로부터 전해 들어서 잘 알고 있네. 그들은 두 번이나 같은 해에 집정관을 지냈고, 감찰관일 때도 동료였지. 그 무렵에 마니우스 쿠리우스와 티

---

*66 티베리우스 셈프로니우스 그라쿠스. 그라쿠스 형제의 형이자 대 스키피오의 손자. B.C. 164년 무렵~B.C. 133년. 몰락한 자영 농민을 구제하기 위해 토지개혁에 나서지만 과격한 시책이 반발을 사서 암살당한다.

*67 퀸투스 아일리우스 투베로. 법학자. 파나이티오스에게 스토아학파 철학을 배운다. B.C. 133년의 호민관. 그라쿠스 형제의 개혁에는 반대했다. 《국가에 대하여》의 등장 인물.

*68 타르소스의 안티파트로스(B.C. 2세기)에게서 스토아학파 철학을 배웠다. 티베리우스 그라쿠스의 열성적인 지지자.

*69 푸블리우스 포피리우스 라이나스. B.C. 132년의 집정관. 동료 루필리우스와 함께 티베리우스 그라쿠스가 죽음에 이른 동란(動亂)의 심문회(審問會)를 설치한다.

*70 푸블리우스 루필리우스. B.C. 132년, 라이나스의 동료 집정관.

*71 로마 중심의 언덕에 세운 유피테르 신전. 로마 종교의 예배소.

*72 퀸투스 아이밀리우스 파푸스. B.C. 282, 278년의 집정관, B.C. 275년의 감찰관.

베리우스 코룬카니우스는 둘 사이에서도, 또 앞의 두 사람과도 끊으려야 끊을 수 없는 사이였다고도 전해지네. 그렇다고 해서 이들 가운데 누군가가 친구에게 신의에 어긋나는 행동, 맹세를 어기는 행위, 국가에 적대하는 행위를 강요하지는 않았을까 하는 것은 꿈에도 생각할 수 없는 일이네. 하지만 그만한 인물들의 경우에는 만일 강요했다 하더라도 동조를 얻어내지 못했을 것임은 말할 필요도 없지. 무엇보다 그들은 더할 나위 없이 덕이 높은 사람들로서, 그런 요구를 하는 것이나 그런 요구를 들어주는 것은 당치도 않은 일이니까 말일세.

그런데도 가이우스 카르보*73와 가이우스 카토*74는 티베리우스 그라쿠스를 추종했지. 그 동생인 가이우스*75는 그때는 형을 따르지 않았지만, 지금은 과격할 정도로 지지한다네.

제12장

40 그러므로 다음과 같은 우정의 법칙을 제정해야 할 것으로 생각하네. 즉 '부끄러운 일을 부탁해서는 안 되며, 부탁을 받더라도 들어주어서는 안 된다'고 말일세. 다른 죄의 경우에도 변명은 보기에 좋지 않고 받아들일 수 없지만, 특히 친구 때문에 반국가적인 행위를 했다는 변명은 더 말할 것도 없기 때문이라네.

파니우스와 스카이볼라여, 내가 이런 말을 하는 이유는 우리가 지금, 멀리서 다가오는 국가의 난국을 예견해야 하는 처지에 있기 때문이라네.*76 우리는 조상들

*73 가이우스 파필리우스 카르보. B.C. 131년의 호민관, B.C. 120년의 집정관. 티베리우스 크라쿠스의 열성적인 지지자였지만, 나중에 반대파로 돌아섰다.

*74 가이우스 포르키우스 카토. B.C. 114년의 집정관. 마케도니아 총독 시절에 착취와 금품 횡령 등으로 조부 대 카토의 이름에 먹칠하는 나쁜 짓을 많이 했다.

*75 가이우스 셈브로니우스 그라쿠스. B.C. 153~121년. 123, 122년의 호민관. 형의 유지를 이어서 농지법, 곡물법 등의 개혁에 몰두했으나, 반대에 부딪쳐 자살. 형 티베리우스의 횡사가 B.C. 133년. '지금은'이라는 것은 이 대화편이 설정되어 있는 B.C. 129년. 또한 키케로는 그라쿠스 형제의 개혁에는 비판적이었다.

*76 키케로는 여기서 라일리우스의 입을 통해, 이때부터 내란의 세기가 시작된다는 역사의 전개를 이야기하고 있다. 그라쿠스 형제의 개혁을 둘러싼 벌족파와 민중파의 대립의 격화, 시민들 사이에 벌어진 최초의 유혈 사태와 형제의 죽음(B.C. 133, 121년). 마리우스와 술라

이 확립해 놓은 본디의 올바른 길에서 이미 꽤 벗어나 있다네.

41 티베리우스 그라쿠스는 왕위를 손에 넣으려고 기도했을 뿐만 아니라, 실제로 몇 달 동안 왕권을 행사하기도 했네. 로마 국민이 그와 비슷한 일을 그때까지 듣거나 본 적이 있었던가? 그가 죽은 뒤에도 그를 따르는 친구와 친족들이 푸블리우스 나시카*⁷⁷에게 어떤 짓을 했는지, 나는 눈물 없이는 이야기할 수가 없네. 티베리우스 그라쿠스가 벌을 받은 지 아직 얼마 되지 않기 때문에, 우리는 가능한 한 카르보를 견제하고 있었네.*⁷⁸ 가이우스 그라쿠스가 호민관이 된다면 무슨 일이 일어날지는*⁷⁹ 예상하기도 싫은 일이네. 사태는 날이 갈수록 악화되어 한번 미끄러졌다 하면 파멸로 곧장 곤두박질치는 법이지. 투표에 대해서는 예전보다 부정이 얼마나 심해졌는지 자네들도 잘 알고 있을 걸세. 처음에는 가비니우스법*⁸⁰ 때문에, 그리고 2년 뒤의 카시우스법*⁸¹ 덕분이지. 국민과 원로원의 불화는 벌써 눈에 보이는 듯하네. 나라의 대사가 대중의 임의대로 결정되는 것도 그렇고. 문제는, 어떻게 하면 거기에 저항할 수 있는가가 아니라, 어떻게 하면 그렇게 되는가를 배우는 자가 더 많으니 말이야.

42 내가 이런 이야기를 하는 이유는, 동료가 없다면 누구도 그런 일에 나서지 않을 것이기 때문이네. 그래서 선한 사람이 알아야 할 것은, 어쩌다 모르는

의 항쟁(B.C. 88년 이후). 술라가 처음으로 군대를 이끌고 로마 시내에 침입한다. 카틸리나의 반란(B.C. 63년). 카이사르의 루비콘 강 건너기, 그리고 내란의 재연(B.C. 49년)으로 이어진다.

*77 P. Nasica Scipio인지 P. Scipio(소 스키피오)인지, 사본(寫本)도 교정자의 견해도 다르지만, Seyffert, Reid, Powell의 설에 따른다. 푸블리우스 코르넬리우스 스키피오 나시카 세라피오는 소 스키피오의 사촌형제. B.C. 138년의 집정관. 티베리우스 그라쿠스 암살의 주모자였기 때문에 민중의 보복을 두려워한 원로원은 그를 페르가몬으로 여행을 보냈고, 거기서 객사했다. 키케로는 여기서, 그라쿠스 무리에 의한 암살임을 시사하는 것 같다.

*78 티베리우스 그라쿠스 암살에 대한 보복에 나서지 않도록 견제했다고 하는 Powell의 해석을 따랐다.

*79 이 대화편의 설정은 B.C. 129년, 그라쿠스(동생)가 처음으로 호민관이 되는 것은 B.C. 123년이다.

*80 B.C. 139년의 호민관 아울루스 가비니우스가 제출하여 성립된 법률. 정무관 투표를 육성(肉聲)에서 무기명으로 바꿨다.

*81 B.C. 137년의 호민관 루키우스 카시우스 롱기누스 라빌라가 제출하여 성립된 법률. 무기명 투표를 반역죄를 제외한 국민의 재판으로 확대했다. 또한 무기명 투표에 대한 4개 법안 제출의 과정이 《법률에 대하여》 3·35 이하에 기록되어 있다.

사이에 그런 우정에 빠져버렸다 하더라도, 친구가 아무리 중대한 범죄를 저지르더라도 그 친구를 버릴 수 없을 만큼 우정에 구속되어 있다고 생각하지 말라는 것이네. 악인은 처벌받아야 하고, 타인의 범죄를 추종한 자 또한 범죄 주모자 못지않게 처벌해야 하네.

그리스에서 테미스토클레스*82 이상으로 명성과 능력을 가진 자가 있었을까? 그는 페르시아 전쟁의 총사령관으로서 그리스를 예속에서 구했지만 질시의 대상이 되어 추방되고 말았지. 그는 은혜를 모르는 조국의 비정한 처사를 참고 견뎌야 했으나 그러지 못하고, 20년 전에 코리올라누스가 우리 로마에서 한 것과 똑같은 짓을 했지. 그들은 조국에 대한 자신들의 반역을 도와줄 사람을 찾지 못하자, 둘 다 스스로 목숨을 끊었다네.*83

43 따라서 그러한 나쁜 무리의 공모는 우정을 구실로 옹호해서는 안 될 뿐만 아니라, 단호하게 처단해야 하네. 조국에 화살을 겨누는 친구를 추종해야 된다고 생각하는 사람이 없도록 말일세. 세상이 돌아가는 것으로 보아 언젠가 실제로 그런 일이 일어날지도 모르지. 사실 나는 지금의 상황보다 내가 죽은 뒤 나라가 어떻게 될 것인지가 더욱 마음에 걸린다네.

제13장

44 그러니 우정의 으뜸가는 규칙을 이렇게 정하는 것이 어떻겠나? '친구에게서는 훌륭함을 구해야 하고, 친구를 위해서는 훌륭한 일을 해야 한다. 부탁할 때까지 기다리지 말고 언제나 솔선하되 망설임이 없어야 한다. 과감하고 용감하게 충고하고 두려워하지 말라. 좋은 충고를 해주는 친구로부터 받는 감화를 우정의 최고 가치로 여겨야 한다. 친구에게 충고할 때는 그 감화력을 솔직하게, 필요에 따라서는 준엄하게 발휘하고, 친구에게 감화를 받았을 때는 행동으로 옮긴다'고 말이네.

45 그런데 그리스에서 현자로 일컬어지는 사람들이 매우 기묘한 주장을 하

---

*82 아테네의 정치가, 장군. B.C. 524년 무렵~B.C. 459년. 페르시아 전쟁에서 살라미스 해전을 승리로 이끌었지만 나중에 정쟁에서 추방당한다. 다시 스파르타인으로부터 친 페르시아의 음모가 있다 하여 고발당하자, 소아시아로 달아나 페르시아 왕을 섬겼다.

*83 이말과는 달리 두 사람 모두 오래 살았다는 이야기도 있다.

고 있더군. 하기는 그들의 교묘한 논리에 걸려들면 뭔들 주장하지 못하겠나? 어떤 자들은 이런 말을 한다네.*84 인간은 여러 사람들 때문에 귀찮은 일을 당하지 않도록 지나친 우정은 피해야 한다, 자신의 문제만으로도 넘칠 만큼 바쁜 세상에 타인의 문제에 지나치게 깊이 말려드는 것은 번거롭기만 하다, 생각한 대로 죄었다가 풀었다가 할 수 있도록, 우정의 고삐는 가능한 한 느슨하게 쥐는 것이 상책이다. 왜냐하면 행복하게 살기 위해서는 평온무사*85한 것이 최고인데, 한 사람이 여러 사람 때문에 인생의 고통을 겪게 되면 그것을 누릴 수 없기 때문이라는 거지.

46 또 다른 사람들은 더욱더 인간미가 없는 주장을 하더군. 이 문제는 조금 전에도 짧게 언급했지만, 우정은 호의와 친애의 정을 위해서가 아니라, 보호와 원조를 확보하기 위해 추구되어야 한다는 거라네. 그렇다면 견고하지 않고 힘이 없는 것일수록 우정을 간절히 구하게 되고, 나아가서는 여자가 남자보다, 가난한 자가 부자보다, 절망에 빠진 자가 행복하다고 여겨지는 자보다 우정의 보호를 강력히 요구하게 된다는 것이네.

47 참으로 해괴한 지혜가 아닌가? 인생에서 우정을 없애는 것은 이 세상에서 태양을 제거하는 것과 같다네. 불멸의 신들이 우리에게 선물한 것 가운데 우정보다 훌륭하고 기쁜 것이 어디 있단 말인가? 그들이 말하는 평온무사함이란 어떤 것일까? 언뜻 매력적으로 보이기는 하지만, 실제로는 대부분의 경우 거부해야만 하는 것들이라네. 왜냐하면 귀찮은 일을 피하기 위해 좋은 일이나 행동에 나서지 않거나, 그런 일을 떠맡아놓고도 내팽개치는 것은 부조리한 일이기 때문이네. 만일 괴로움에서 달아나고자 한다면 덕성에서도 달아나게 되네. 덕성 자신의 대립물, 이를테면 친절이 악의를, 절도가 방종을, 강인함이 나약함을 경멸하고 미워할 때는 뭔가 괴로움이 뒤따르는 일을 피할 수 없기 때

---

*84 에우리피데스의 《히포리토스》 253~260 '인간 사이의 친교는 결코 정도를 넘어서지 말 것, 진심을 기울인 깊은 교제는 금물이다. 애정의 끈은 풀기 쉽도록 해두어 만남도 이별도 자유로운 것이 좋다. 지금 내가 그를 위해 고뇌하고 있는 것처럼 한 사람이 2인분의 고통을 지는 것은, 견딜 수 없는 무거운 짐이 되기 때문이다'를 참조할 것.

*85 securitas. 데모크리토스가 말하는 euthymia(쾌활, 명랑), 에피쿠로스가 말하는 ataraxia(평정한 심경), 스토아학파의 apatheia(강렬한 감정으로부터의 자유)에 해당한다. 단, 평온무사함을 얻기 위해 우정을 피하라는 가르침은 적어도 그리스의 유력한 학설에서는 찾아볼 수 없다고 한다.

문이라네. 그리하여 올바른 자가 부정에 가장 가슴 아파하는 것을 알 수 있지. 용감한 자가 비겁한 행동을, 절도 있는 자가 방자한 행동을 괴로워하는 것처럼 말일세. 따라서 선한 일에 기뻐하고, 사리에 어긋나는 일에 분개하는 것이 훌륭한 교육을 받은 자의 마음자세라네.

48 그런 까닭에 현자 또한 마음의 고통을 받는다 하더라도—그 마음에서 인간성이 뿌리째 제거되었다고 생각하지 않는 한 그러는 것이 마땅하지만— 우정으로 인한 뭔가의 번거로움을 떠맡기 싫다는 것이, 인생에서 우정을 완전히 제거해도 무방한 이유가 될까? 인간적인 감정이라는 것을 없애 버리면, 동물과 인간은 물론이고, 인간이 나무기둥이나 바위 같은 것과 무슨 차이가 있다는 것인가? 덕성은 강철같이 굳세다고 주장하는 자들에게도 귀를 기울일 필요가 없네. 덕성은 오히려 많은 국면에서, 특히 우정과 관련해서는 유연하고 부드러운 성질을 가졌기 때문에 친구가 행복할 때는 함께 편안하고, 고난에 빠졌을 때는 함께 긴장하는 것이라네. 그래서 이따금 친구 때문에 받아야 하는 고통이라 해도 인생에서 우정을 없앨 수는 없으며, 약간의 근심과 번거로움을 끼친다는 이유로 덕성을 거부하게 할 만한 힘이 없는 것이라네.

제14장

그리고 앞에서 말한 것처럼 덕성을 나타내는 것이 빛을 내기 시작하면 우정이 맺어지고, 서로 비슷한 마음이 그 덕성을 좇아 함께 결합하게 되므로 일단 그렇게 되고 나면 반드시 사랑이 싹트기 마련이라네.

49 명예와 영광, 저택, 의복, 장신구 같은 무의미한 것들은 좋아하면서, 덕성을 갖춘 마음, 사랑할 수 있고—이런 말이 있다 치고—되사랑*86할 수 있는 마음은 그리 달갑게 여기지 않는 것만큼 어리석은 일이 또 있을까? 호의에 대한 보답과 배려와 보상에 대한 대가보다 더 기쁜 것이 과연 있을까?

50 나아가 이런 말을 덧붙인다면 어떨까? 비슷한 성질이 사람을 우정으로 이끄는 것만큼, 강하게 뭔가를 자신에게 끌어당기는 것은 없다고 말이네. 그렇다면 틀림없이 선한 사람은 선한 사람을 사랑하며, 마치 나면서부터 친척 관

---

*86 키케로는 그리스어 antiphilein을 모방하여 redamare라는 신조어를 만들었다.

계로 맺어진 것처럼 양자로 삼는 것도 인정할 수 있을 것이네. 인간의 본성만큼 자신과 비슷한 것을 강하게 바라고 갈망하는 것은 없으니까 말일세. 그러니 판니우스, 스카이볼라여! 내가 확신하는 것은 선한 사람에게는 선한 사람들 사이의 호의가 곧 필연이며, 그 호의야말로 자연이 정한 우정의 원천이라는 것이네.

그러나 이와 같은 미덕은 다수의 사람들에게서도 실현될 수 있는 것이라네. 모든 인류에게 언제나 최선의 배려를 해 주는 덕성은 몰인정하지도 난폭하지도, 또 오만하지도 않네. 덕성이 대중의 호의*87를 싫어한다면 틀림없이 그런 일은 하지 않겠지.

51 또한 우정이 실익 때문에 존재한다고 주장하는 자들은, 가장 사랑해야 하는 우정의 유대 관계를 버리는 것이라고 나는 생각하네. 친구에 의해 얻은 실익보다 오히려 친구의 사랑 그 자체가 기쁜 것이니까. 친구에게서 나오는 것도 따뜻한 배려에서 우러나오는 것이라야 비로소 기쁨이 된다네. 우정은 결핍에서 길러진다는 것은 진실과 거리가 멀고, 재력과 사람을 가장 강력하게 지켜 주는 덕성까지 갖추고 있어 타인의 도움을 필요로 하지 않는 사람이 오히려 가장 너그럽게 선행을 베푸는 법이라네. 그렇다고 해서 친구인 자는 반드시 아무런 부족함도 느끼지 않는 사람이어야 할 필요가 과연 있을까? 예를 들어 스키피오가 집에서나 정벌 여행에서나 우리의 조언이나 도움을 필요로 하지 않았다면, 우리가 그를 배려할 수 있었을까? 따라서 우정이 실익을 쫓는 것이 아니라 실익이 우정을 쫓는 것이라네.

제15장

52 그러므로 사치스럽고 무기력해진 자들이, 경험적으로나 이론적으로나 터득하지 못한 우정에 대해 논하는 일이 있더라도 귀를 기울일 필요가 없네. 신과 인간의 신의에 있어서, 아무도 사랑하지 않고 누구한테서도 사랑받지 않는 대신, 넘쳐나는 재물에 둘러싸여 살고 싶어하는 자가 과연 있을까? 그것은 다름 아닌 폭군의 생활,*88 거기에는 신의도, 애정도, 호의에 대한 확고한 신뢰도

---

*87 대중이 느끼는 호의인지, 대중에 대한 호의인지 뚜렷하지 않다.

*88 이를테면 시라쿠사의 참주 디오니시오스 1세(B.C. 430년 무렵~B.C. 367년)가 암살을 얼마

있을 수가 없다네. 모든 것이 의심의 씨앗, 걱정거리뿐이어서 우정이 비집고 들어갈 여지가 없다네.

53 도대체 자신이 두려워하는 사람, 또는 자신을 두려워하고 있을지도 모르는 사람을 사랑하는 사람이 있을까? 폭군은 적어도 겉으로는 숭배받겠지만, 흔히 그렇듯이 갑자기 몰락하게 되면 자신의 친구가 얼마나 적었는지를 알게 된다네. 그 점에 대해, 망명중이던 타르퀴니우스가 이렇게 말한 것으로 전해진다네. 즉 이미 어느 쪽에도 되갚을 수 없게 되었을 때야 비로소 누가 성실한 친구이며, 누가 불성실한 친구인지를 깨달았다고 말일세.

54 하기는 그토록 오만*[89]하고 가혹했던 그에게 오직 한 사람이라도 친구가 있었다면, 그것이야말로 놀라운 일이지. 실제로 그가 사는 방식으로는 참된 친구를 얻을 수 없었듯이, 수많은 부유한 권문세가에는 진실한 우정이 발을 붙일 수가 없다네. 그 이유는, 행운의 여신은 자신의 눈도 멀었을 뿐만 아니라 자신을 바라보는 사람도 거의 눈이 멀게 만들어버리기 때문이네.*[90] 그리하여 대부분의 사람들이 오만과 고집에 사로잡혀 버리는데, 세상에 행운을 얻은 바보처럼 차마 눈 뜨고 볼 수 없는 것도 없다네. 게다가 전에는 친절했던 사람이 명령권이나 권한, 번영을 손에 넣자마자 사람이 변해버려서, 오래된 우정을 차버리고 새로운 우정에 빠지는 경우도 볼 수 있지.

55 그러나 재물과 능력과 경제력으로 거의 모든 일을 할 수 있는 사람이 말이든, 노예든, 호화로운 옷이든, 값비싼 그릇이든, 돈으로 살 수 있는 것은 뭐든지 손에 넣으면서도, 이른바 인생에서 가장 귀하고 가장 아름다운 가구인 친구를 얻지 않는 것만큼 어리석은 일이 또 있을까? 실제로 다른 것을 손에 넣을 때는, 그것들은 모두 어차피 힘이 있는 사람의 것이 되므로 누구의 손에 들어갈지, 누구를 위해 수고를 하게 될지 모르지만, 우정만은 저마다의 재산으로

나 두려워했는지에 대해, 키케로는 다른 데서 기술하고 있다. 그는 이발사가 면도칼로 목을 벨까 봐 딸에게 수염을 깎게 했고, 아내의 침실은 폭넓은 해자로 에워싸고 거기서 쉴 때는 사다리를 치웠다고 한다(《투스쿨룸에서의 대화》5·57 이하).

*89 루키우스 타르퀴니우스의 별명 수페르부스는 '오만함'을 의미한다.

*90 옛날부터 속담처럼 되어 있었다. '운은 눈 멀고 비참한 것'(메난드로스, 단편 417 Kock). 복신(福神)인 부(富)가 장님인 것은 아리스토파네스(《복신(福神)》90), 그리고 옛날의 서정시인 히포낙스(단편 36 West)에게서도 볼 수 있다. '복신은 눈이 보이지 않는다, 자신을 바라보는 자마저 장님으로 만들어버린다'(메난드로스, 단편 83 Kock).

서 언제까지나 확고하게 남아 있다네. 그래서 행운의 선물에 지나지 않는 것이 남는다 해도, 친구한테서 버림받은 인생은 즐거울 수 없는 것이라네.

그러나 이 문제는 여기까지만 생각하기로 하세.

제16장

56 이번에는 우정의 한계,*91 그 경계석이라고도 할 수 있는 것을 어떻게 선택해야 하는지를 확정할 차례라네. 그에 대해서는 세 가지 의견이 있는데, 그 어느 것에도 찬성할 수 없더군.

첫 번째는, 우리는 친구에게도 자기 자신과 똑같이 배려해야 한다는 것.

두 번째는, 우리의 친구에 대한 호의는 그들이 우리에 대한 호의에 평등하고 동등하게 대응해야 한다는 것.

세 번째는, 사람은 스스로 자신을 평가하는 것과 친구가 자기를 평가하는 것이 똑같이 일치해야 한다는 것이네.

57 나는 이 세 가지 견해들을 모두 반대하네. 첫째로, 사람은 자신을 대할 때와 똑같은 마음을 친구에게도 가져야 한다는 것은 잘못된 생각이네. 실제로 우리는 그럴 만한 가치도 없는 자에게 머리를 조아리면서 부탁을 하는가 하면, 또 누군가를 필요 이상으로 매섭게 비난하거나 공격하는 등, 자신을 위해서는 한 번도 한 적이 없는 행동을 친구를 위해서는 많이 하고 있지 않은가? 그러한 일은 자신을 위해서 하는 것은 명예롭지 않지만, 친구를 위해서 하면 더할 나위 없이 훌륭한 일이 된다네. 또 선한 사람이 자기보다 친구에게 이익이 되도록 자신의 처지에서 크게 양보하거나, 피해를 입어도 참는 사례도 많다네.

58 두 번째 견해는, 평등한 의무와 선의로 우정을 정의하고자 하는 것이네. 그것은 수입과 지출이 일치해야 한다고 생각하는 것으로, 우정을 편협하고 인색한 타산으로만 따지는 것이라네. 참된 우정은 더욱 풍요롭고 후하며, 받은 것 이상으로 돌려주게 될까 봐 전전긍긍하지 않는 것이라네. 무엇이 줄어들지 않을까, 넘쳐흘러서 땅에 떨어지지 않을까, 공평한 정도 이상으로 우정에 투자

---

*91 finis(한계로 번역했다. 맨 끝, 경계선), terminus(경계석), 모두 영어 define, determine의 어원으로, 이것은 우정이 의미하는 범위를 확정하고 정의하는 것을 말한다.

한 것은 아닐까 하고 걱정할 필요가 없는 것이라네.

59 그러나 세 번째 자기 평가와 친구에 의한 평가가 같아야 한다는 정의는 가장 끔찍하다고 생각하네. 왜냐하면 사람들은 의기소침해지거나 자기 개발에 대한 희망을 잃어버릴 때가 흔히 있는데, 그렇다고 해서 본인이 자신을 보는 것과 똑같은 시각으로 그 사람을 보는 것은, 친구로서 할 일이 아니라네. 오히려 실의에 빠진 친구의 마음에 자신감을 불어넣어 주고, 희망과 더 나은 생각을 심어줄 수 있도록 노력해야 한다네.

그러므로 참된 우정의 정의를 달리 규정해야 하는데, 다만 그 전에 스키피오가 언제나 크게 비판했던 것을 소개하고자 하네. '언젠가는 미워하게 될 거라는 마음으로 사랑해야 한다'고 말한 자가 있는데,[92] 그 말보다 우정에 해로운 것은 없을 거라고 그는 말했다네. 그리고 이것이 7현인의 한 사람으로 손꼽히는 비아스[93]가 한 말이라는 세상 사람들의 말은 도저히 믿을 수 없으며, 누군가 마음이 불결하고 비열한 사람, 또는 모든 것을 오로지 자신의 힘과 관련시켜 생각하는 사람이 한 이야기일 거라고 말했네.

생각해보게, 언젠가 적이 될지도 모른다고 생각하는 사람과 어떻게 친구가 될 수 있단 말인가? 오히려 친구의 트집을 잡을 수 있는 꼬투리를 많이 확보할 수 있도록, 친구가 될 수 있으면 실수를 자주 저지르기를 기대하고 바라는 것이 고작일 것이네. 그와 반대로 친구의 훌륭한 행위와 행복에는 배가 아프고 슬퍼져서 미워하게 되기 마련이지.

60 그러므로 누가 말했든, 이 가르침은 우정을 파괴하는 작용을 한다네. 오히려 다음과 같이 가르치는 것이 옳았어. '우정에 있어서는 언젠가 미워하게 될 것 같은 사람은 절대로 사귀지 않도록 주의해야 한다'고 말일세. 만일 친구의 선정이 잘못 되었다 하더라도, 싸우고 헤어질 시기를 노리기보다는 참고 견뎌야 한다는 것이 스키피오의 생각이었네.

---

*92 아리스토텔레스의 《변론술》 1389b에 비아스의 충고로서, '언젠가 미워하게 될 거라는 마음으로 사랑하고, 언젠가 사랑하게 될 거라는 마음으로 미워한다'는 것이 있다. 다만, 겔리우스의 《아티카의 밤》 1·3·30에서는 7현인의 다른 한 사람인 킬론이 같은 취지의 발언을 한 것으로 되어 있다. 소포클레스 《아이아스》 679 이하에서도 비슷한 생각을 볼 수 있다.

*93 프리에네의 비아스, 그리스 7현인의 한 사람.

제17장

61 따라서 다음과 같이 규정해야 한다고 생각하네. '친구들이 전혀 나무랄 데 없는 삶을 살고 있을 때에는, 모든 것에서 예외 없이 생각이 일치하고 하고 싶은 것이 일치하는 것도 좋다. 그러나 만일 어쩌다가 친구가 하고 싶어하는 일이 옳은 일이 아닌데도, 생존권이나 명성이 걸려 있어서 그것을 도와야만 할 때는, 지나치게 부끄러운 일이 아닌 한 정도에서 벗어나도 상관없다'고 말이야. 우정에는 얼마쯤 눈감아 주는 너그러움이 있어도 무방하기 때문이네. 실제로 명성은 소홀히 해서는 안 되고,[94] 일을 성취하기 위해서는 동포시민의 호의도 무시할 수 없는 무기가 된다고 생각하게. 그 호의를 아첨이나 추종으로 얻으려 하는 것은 부끄러워해야 마땅하지만, 덕성으로 대중의 마음을 사는 것까지 물리쳐서는 안 된다네.[95]

62 그러나 스키피오가 자주 불평했던 것은—또다시 그에게로 돌아가겠네. 우정에 대한 대화는 모두 그에게서 나오니까—사람들은 우정보다는 다른 문제에 더욱 열성적이라는 것이었네. 즉 염소나 양은 얼마나 가지고 있는지 말할 수 있으면서도, 친구를 몇 명이나 가지고 있는지는 말할 수 없고,[96] 염소와 양을 구입할 때는 매우 신중을 기하면서 친구를 고를 때는 아무렇게나 하며, 자신과의 우정에 알맞은 사람을 판단할 수 있는 기준 같은 것을 가지고 있지 않다는 것 등이었네.

따라서 확고하게 안정되고 견실한 인간을 선택해야 하는데 그런 사람은 참으로 드물다네. 게다가 실제로 시험해 보지 않으면 판단하기 어려운 데다가 친구가 된 뒤가 아니면 시험할 수가 없다네. 즉 우정이 판단보다 앞서므로 미리 시험할 수 있는 가능성이 아예 없다는 말이네.

63 그러므로 지혜로운 사람이라면 달리는 전차를 세우는 것처럼 호의와 성급하게 돌진하는 마음을 막아야 하네. 그러면 말을 시험한 뒤에 달리게 하는 것처럼, 친구의 삶을 얼마쯤 미리 조사한 뒤에 친구가 될 수 있는 것이지. 어떤

---

*94 친구의 명성을 위해서는 다소 정도에서 벗어난 일도 해야 한다는 것인지, 자신의 명성을 위해서 정도에서 벗어나는 것도 정도껏 해야 한다는 것인지 확실하지 않다.
*95 이 부분에 대한 키케로의 생각도 분명하지 않다.
*96 크세노폰의 《소크라테스의 추억》2·4·4에서 소크라테스가 이 탄식을 토해내고 있다.

사람이 얼마나 경박한 인간인지는 몇 푼의 돈으로도 알아차릴 수 있는 경우가 많다네. 또 어떤 자는 푼돈에는 움직이지 않지만 거액에는 본색을 드러내지. 그러나 만일 우정보다 금전을 중시하는 것은 비천한 일이라고 생각하는 사람은 찾아볼 수 있다 해도, 명예와 공직, 명령권, 특권, 재력을 우정보다 앞세우지 않는 사람, 즉 저울의 한쪽에는 앞에 든 것들을, 다른 한쪽에는 우정의 규칙을 얹은 경우에, 앞쪽을 두말없이 선택하지 않을 사람을 과연 찾을 수 있을까? 왜냐하면 인간의 본성은 권력을 경멸하기에는 너무나 약하여, 만일 어떤 사람이 우정을 버리고 권력을 손에 넣는다 해도 그에게는 중대한 이유가 있어서 그런 것이므로 그 일은 결국 잊혀지리라고 생각하는 것이지.

64 따라서 명예로운 공직과 국정에 종사하는 사람들 사이에서 참된 우정을 발견하기란 매우 어렵다네. 친구의 출세를 자신의 출세보다 우선시하는 사람이 어디 있겠나? 그것은커녕, 대부분의 사람들에게 파멸의 길동무가 되는 것은 얼마나 괴롭고 난처한 일로 보이겠는가? 그 파멸의 밑바닥까지 함께 내려가 주는 사람을 찾는 것은 쉬운 일이 아니라네. 물론 엔니우스가 다음과 같이 한 말은 백번 옳다네.

확실한 친구는 불확실한 상황에서 확인할 수 있다*97

하지만 대부분의 사람은 두 가지 경우에, 즉 위세가 당당하게 되어 친구를 무시하거나 곤경에 빠진 친구를 모르는 척하면 경박하고 줏대가 없다는 비난을 듣는 법이라네. 그러므로 어느 경우에도*98 우정을 흔들림 없이 견실한 것으로 유지하는 사람이 있다면, 그런 인물이야말로 이 세상에서 참으로 귀한 인간이며 거의 신과 같은 존재라고 판단해야 하네.

제18장

65 그런데 우리가 우정 속에서 구하는 흔들림 없는 견실함의 기반은 바로

---

*97 엔니우스의 극 단편 210 Vahlen(185 Jocelyn). '진정한 친구는 불행 속에 있을 때 뚜렷하게 보인다'(에우리피데스 《헤카베》 1226)를 비롯하여 유사한 시구를 여러 군데에서 볼 수 있다.
*98 즉 자신이 위세를 얻게 되거나 상대가 곤경에 빠지더라도.

신의라는 것이네. 왜냐하면 신뢰할 수 없는 것은 흔들림이 없는 것이 아니기 때문이네. 나아가서 솔직하고 협조적이며 공감적인—즉 같은 것에 마음이 움직이는—사람을 친구로 삼는 것이 바람직한데, 그러한 것은 모두 신의와 관련되어 있다네. 복잡하고 비뚤어진 성격은 신실할 수가 없고, 같은 것에 마음이 움직이지 않는 사람, 성격적으로 공감할 수 없는 사람도 믿을 수 없는 법이지. 여기서 덧붙이고 싶은 것은, '친구를 비난하는 것을 즐기지 말고, 친구가 비난을 당하더라도 믿지 말라'고 하는 것인데, 이러한 마음가짐이 내가 이제까지 줄곧 이야기해온 견실함에 대한 것이라네.*⁹⁹ 이로써 내가 처음에 한 주장이 옳다는 것이 증명된 셈이지. 즉 우정은 뛰어난 사람들 사이에서만 가능하다고 한 것 말일세.*¹⁰⁰

현자라 불릴 만한 사람은 우정에서 다음과 같은 두 가지를 지키는 법이네. 먼저 지어내거나 겉으로 꾸미지 않는다는 것. 표정 아래 본심을 숨기기보다는 차라리 드러내놓고 미워하는 쪽이 더 신사적이라는 거지. 다음은 타인의 비난과 중상에는 귀를 기울이지 않고, 자신도 친구가 뭔가 나쁜 짓을 했으리라고 의심하거나 믿어서는 안 된다는 것이네.

66 여기에 대화와 삶의 태도에 어떤 유쾌함이 없으면 안 되네. 그것이 우정에서는 좀처럼 무시할 수 없는 양념이 되기 때문이지. 무슨 일에나 엄격하고 준엄한 것도 확실히 무게가 있지만, 우정은 더 편안하고 자유롭고 감미로운 것이어야 하고, 언제나 유쾌하고 허물이 없음에 더 가까운 것이라네.*¹⁰¹

제19장

67 그러나 여기에 조금 어려운 문제가 하나 있네. 우리가 보통 늙은 말보다 어린 말을 소중히 여기듯이, 때에 따라 교제할 가치가 있는 젊은 친구를 오래된 친구보다 소중히 해야 하는 것일까? 인간에게는 어울리지 않는 의문인 것

---

*99 9절 '언젠가는 미워하게 될 거라는 마음으로 사랑해야 한다'는 것에 대한 반론에서 시작되어, 62절의 '견실한 인간을 선택해야 한다'에서 명확해진 논점.
*100 18절 참조.
*101 65, 66절의 의견에 대해서는 아리스토텔레스의 《변론술》 1381a-b와의 관련이 지적되어 있다.

같군. 다른 것과는 달리, 우정에는 싫증나는 일이 있어서는 안 되네. 포도주처럼 우정도 오래 묵힌 것일수록 맛있는 법이고, '우정의 의무를 다하기 위해서는 여러 말의 소금을 함께 먹어야 한다'는 속담은 진실이라네.*102

68 물론 새로운 우정도, 쭉정이가 아닌 좋은 결실을 맺을 희망을 준다면 무턱대고 배척만 해서는 안 되지만, 오래된 우정도 제자리에 잘 간직해두어야 한다네. 연륜과 친숙함에는 참으로 커다란 힘이 있기 때문이네. 방금 언급한 말의 경우, 특별한 사정이 없는 한 누구나 길들여지지 않은 새 말보다 잘 길들여진 말을 타고 싶어할 것이네. 말 같은 생물뿐만 아니라, 무생물의 경우에도 익숙함은 강력한 힘을 발휘한다네. 오래 살다보면 그곳이 산이든 숲이든 정이 들게 마련인 것처럼 말이네.

69 그러나 우정에서 가장 중요한 것은 아랫사람과도 대등해지는 것이라네. 가끔 뛰어난 존재가 있는 법인데, 이를테면 우리의 무리*103 가운데 스키피오 같은 사람 말일세. 그러나 그는 결코 필루스나 루피리우스, 뭄미우스*104 앞에 먼저 나서는 일이 없었고, 더 낮은 지위의 친구들 앞에도 나서지 않았다네. 친형인 퀸투스 막시무스*105는 확실히 뛰어난 사람이기는 했지만 그와는 비교가 되지 않았는데도, 단지 나이가 더 많다는 이유로 스키피오는 그를 윗사람으로 대접했다네. 그는 자신의 친구들이 한 사람도 남김없이 자기 힘으로 명성을 얻기를 원했다네.*106

70 이것은 누구나 본받아야 할 점이라네. 덕성과 지능, 행운에서 특별한 혜

---

*102 아리스토텔레스의 《니코마코스 윤리학》 1156b에는, '속담에서 말하는 소금을 함께 먹기 전에는 서로 알 수 없다'고 되어 있다. 키케로는 '단순히 서로 안다'에서 '우정을 완성시킨다'로 바꿨다. 또한 '말'이라고 번역한 modius는 고체를 재는 단위로 약 9리터.

*103 후세에 '스키피오 서클'이라고 불리게 되는 것. 군사에 뛰어날 뿐만 아니라 깊은 교양을 갖추고 있었던 소 스키피오는 희극작가 테렌티우스, 풍자시인 루킬리우스, 철학자 파나이티오스, 역사가 폴리비오스 등 수많은 문화인과 즐겨 교류하고 후원했다.

*104 루키우스 뭄미우스(B.C. 146년, 집정관으로서 코린토스를 파괴했다. 수많은 미술 작품을 로마로 가지고 돌아온 것으로 유명하다)라고도 생각할 수 있지만, 여기서는 그 형제인 스푸리우스 뭄미우스일 것이다. 소 스키피오의 친구로 《국가에 대하여》의 등장 인물.

*105 퀸투스 파비우스 막시무스 아이밀리아누스. 용장 루키우스 아이밀리우스 파울루스의 맏아들로, 파비우스 막시무스 집안에 양자로 들어간다. 소 스키피오의 친형. B.C. 145년의 집정관.

*106 Powell의 읽기(per se ipsos)에 따라 이렇게 번역하면 다음 절과 모순된다. 대부분의 간행본처럼 per se로 하여, '모두가 자신(스키피오)의 힘으로'라고 하는 편이 연결이 매끄러울지.

택을 받은 사람은, 그것을 근친에게 나눠주고 함께 공유해야 하네. 그러므로 비천한 부모한테서 태어난 사람과 의기소침해 있거나 불운에 허덕이는 친척을 둔 사람은, 그들이 살아갈 능력을 높여주고 그들의 명예와 자랑이 되어 주어야 하네. 바로 신화 속에서, 출신이나 집안을 알지 못한 채 노예 같은 생활에 만족하던 자가 나중에 신분을 인정받고, 신이나 왕의 아들임이 밝혀진 뒤에도, 오랫동안 부모로 생각해온 양치기에 대한 정을 잊지 못하는 것과 다름없다네.*107 그러니 틀림없는 친부모의 경우에는 더 말할 것도 없지. 재능이든 덕성이든 어떠한 뛰어남이든, 가까운 사람에게 전해질수록 더 좋은 결실을 얻을 수 있기 때문이네.

제20장

71 그러므로 친구 사이와 친척 관계에서 윗사람이 아랫사람과 함께 어울려야 하듯이, 아랫사람도 재능과 운세, 지위 등이 윗사람보다 못하다 해서 걱정할 필요는 없다네. 그런데도 대부분은 불평이 끊이지 않고, 심지어 상대를 비난하기도 하지. 특히 자신들이 윗사람에게 애써 친절하게 수고하고 봉사해 주었노라고 내세울 수 있다고 생각할수록 더 그러하다네. 친구로서 마땅히 해야 할 일을 두고 불평하고 비난한다는 건 참으로 가증스러운 짓이지. 그것은 봉사한 자가 이야기할 것이 아니라 봉사를 받은 자가 기억해 두는 것이라네.

72 따라서 우정에서는 윗사람이 손아래 친구에 맞게 자기를 낮추는 동시에, 아랫사람을 자신의 수준으로 끌어올려 주려고 애써야 한다네. 그것은 자신이 경멸당하고 있다고 생각하여 우정을 괴로운 것으로 만들어버리는 사람이 있기 때문인데, 그런 것은 자신이 경멸을 받아야 마땅하다고 생각하는 사람에게만 일어나는 일이지. 그런 사람들은 말과 행동으로써 그런 미망에서 깨어나게 해 주어야만 하네.

73 그런데 누군가를 보살펴주는 한계로서는 먼저 자신이 할 수 있는 만큼

---

*107 버려져서 이리와 양치기의 손에 자란 로물루스와 레무스, 소치기의 손에 자란 아케메네스 왕조 페르시아 제국의 건설자 키루스, 비둘기와 양치기의 손에 자란 아시리아의 왕비 세미라미스 등은 역사상의 인물에 얽힌 전설. 그리스 신화에는 사슴과 양치기의 손에 자란 텔레포스, 마부의 손에 자란 펠레우스와 네레우스 등의 이야기가 있다.

해야 하고, 그 다음으로는 사랑하고 도와주려는 상대가 받아들일 수 있는 만큼만 해야 하네. 사람은 아무리 높은 지위에 있더라도 모든 친구를 좋은 자리에 오르게 할 수는 없는 일이네. 이를테면 스키피오는, 푸블리우스 루필리우스를 집정관이 되게 해줄 수 있었으나 그 동생인 루키우스는 그렇게 해주지 못했다네. 상대에게 뭐든지 해줄 수 있을 때도, 상대가 그것을 얼마나 받아들일 수 있는지를 생각해야 한다는 이야기라네.

74 주로 우정은 재능과 연륜이 확고하게 안정된 뒤라야 판단할 수 있는 것이네. 어렸을 때 사냥과 공놀이[108]에 열중했다 하더라도, 그때 함께 놀았던 사람을 반드시 친구로 두어야 하는 것은 아니네. 그런 식으로 생각한다면 유모나 보모[109]가 우리와의 오랜 관계를 내세워 최대의 호의를 요구하게 될 것인데, 그런 사람들도 무시해서는 안 되지만, 좀 더 다른 방식으로……[110] 그렇지 않으면 우정은 확고한 것으로서 존속할 수가 없다네. 왜냐하면 삶의 방식이 다르면 그 결과로서 관심사도 달라지고, 그런 다른 점들이 우정을 파괴하게 되기 때문이네. 선인이 악인과, 또 악인이 선인과 친구가 될 수 없는 이유는 바로, 그들 사이의 삶의 방식과 관심사의 차이가 더없이 크다는 데 있다네.

75 이것 또한 우정에 대한 쓸모 있는 가르침이 될 것인데, 흔히 있는 일이지만, '지나친 호의로 친구의 소중한 이익을 해쳐서는 안 된다'는 것이네. 다시 신화를 인용하여 말해 보겠네. 네오프톨레모스를 거두어 교육해 준 리코메데스는 눈물을 동원하여 그의 출진을 막았지. 그러나 만일 그가 리코메데스의 말을 들어주었더라면 트로이를 무너뜨리지 못했을 것이네.[111] 친구와 헤어지지 않으면 안 될 정도의 사태도 때때로 일어나는데, 이별의 고통을 견딜 수

---

* 108 follis(가죽주머니 속을 채운 권투사의 샌드백), harpastum(던지거나 피하면서 피구처럼 노는 것), paganica(새의 깃털을 채운 것), trigon(삼각형으로 서서 작은 공을 서로 던진다) 같은 종류가 있었다.
* 109 paedagogi(그리스어 pais[어린이]와 ago[이끌다]에서). 어린이를 학교와 체육 시설까지 데려가고 데려오는 역할을 하는 노예. 가정 교사의 역할을 하는 자도 있었다.
* 110 Powell은 여기서 텍스트에 상당히 큰 누락을 상정한다. 사본에 남아 있는 est에서 Mommsen처럼 aestimandi를 추측 보강하면 '평가받아야 한다'가 된다.
* 111 아킬레우스는 트로이 원정에 출정하는 것을 피하여 스키로스 섬에서 숨어 살 때, 그 섬의 왕 리코메데스의 딸과 결혼하여 네오프톨레모스를 낳았다. 아킬레우스가 죽은 뒤, 네오프톨레모스가 참여하지 않으면 트로이를 함락할 수 없다는 신탁이 내리자 출정하게 된다. 키케로는 여기서 아키우스의 비극 《네오프톨레무스》(없어짐)를 염두에 둔 듯하다.

없다 하여 그 사태를 막으려고 하는 자는 그 유약한 성격 때문에 믿고 의지할 수가 없으며, 바로 그 이유 때문에 우정의 자격이 없는 것이네.

76 따라서 어떤 경우에도, 친구에게 어디까지 요구할 것인지, 또 자신이 어디까지 친구를 도와줄 것인지 깊이 생각해야 하네.

제21장

그리고 또 우정을 끝낼 때는 불가피하게 어떤 손실을 입는 경우가 있다네—우리의 이야기는 어느새 현자의 친교에서 일반인의 우정으로 내려왔군. 이따금 친구의 결점이 드러나서 때로는 그야말로 친구에게, 또는 아무 관계도 없는 사람에게 표출되는데, 아무 관계도 없는 사람에게 드러난 결점이라 해도 그 오명이 친구에게 돌아가게 된다네. 그러므로 이런 종류의 우정은 서서히 교제를 줄이면서 소멸시켜 버려야 하는데, 카토의 말*¹¹²처럼 '잘라내는 것이 아니라 하나하나 풀어가'야 한다는 거지. 매우 참기 어려운 부정이 갑자기 발생하여, 즉각 절교를 선언하고 갈라서지 않는 것이 옳지 않고 훌륭하지도 않으며 용납도 되지 않는 경우라면 이야기는 달라지지만 말일세.

77 그러나 만일 흔히 있는 것처럼, 삶의 방식이나 관심사가 변하거나, 정치적 견해가 일치하지 않는 경우에도—조금 전에 말한 것처럼, 지금은 현자의 우정이 아니라 일반인의 우정을 이야기하고 있다네—우정이 이제 막 끝나고 적대관계가 시작되었다는 인상을 주지 않도록 주의해야 하네. 사이좋게 지내 온 사람과 싸우는 것만큼 추한 것은 없기 때문이라네. 자네들도 알다시피, 스키피오는 나로 말미암아 퀸투스 폼페이우스*¹¹³와 절교했다네. 또 국정상의 의견 차이 때문에 우리의 동료인 메텔루스*¹¹⁴와도 인연을 끊었지. 어느 경우에

---

*112 키케로는 대 카토의 변론 작품을 150편 정도 알고 있었던 것 같으며, 거기서 인용한 것인지도 모른다. 또 카토의 발언집이 편집되어 있었다고도 하는데, 오늘날은 전해지지 않는다.

*113 B.C. 141년, 일족 가운데 처음으로 집정관이 된다. 집정관에 입후보하지 않고 라일리우스에게 지원하겠다고 말해놓고 입후보하여 라일리우스를 쓰러뜨리는 바람에 스키피오의 분노를 샀다. 2절에 나오는 같은 이름의 조부.

*114 퀸투스 카이킬리우스 메텔루스 마케도니쿠스. B.C. 143년의 집정관. 라일리우스, 스카이볼라, 판니우스 등과는 복점관 동료였다. 스키피오에게 적대한 것은 《국가에 대하여》

도 그는 진중하고 절도 있게 행동했고, 격렬한 분노를 품지도 않았다네.

78 그런 까닭에 친구 사이에는 서로 배반하지 않도록 노력하는 것이 가장 중요하다네. 그러나 그런 일이 일어나 버리면, 우정이 폭력으로 깨진 것이 아니라 자연스럽게 사그라진 것 같은 인상을 주도록 하게. 또한 우정이 심각한 적대감으로 돌변하는 일이 없도록 주의하게. 거기서는 말다툼, 험담, 모욕이 발생하게 되기 때문이네. 그것도 참을 수 있다면 참아야 하고, 부정을 당하는 쪽보다 부정을 가하는 쪽이 잘못하는 것이니 오랜 우정에는 경의를 표해야 한다네. 요컨대 이러한 모든 결점과 불행에 대한 대비는 오직 한 가지, 성급하게 사랑하지 말고 그럴 가치가 없는 자를 사랑하지 말라는 것이네.

79 우정을 나눌 가치가 있는 사람이란, 사랑받을 자격을 갖추고 있는 사람을 말한다네. 그런데 그런 사람은 참으로 드물지. 실제로 훌륭한 것은 귀하게 마련이고, 게다가 어느 면에서든 완벽한 것을 발견하는 것만큼 어려운 일은 없다네.

그런데도 많은 사람들은 인간 문제에서도, 훌륭한 것이란 이익을 가져다주는 것이라고 생각한다네. 가축을 대할 때와 마찬가지로, 친구 또한 최대의 이익을 얻을 수 있을 것 같은 사람을 우선적으로 사랑한다네.

80 그리하여 그들은 더없이 아름답고 더없이 인간적인 우정—우정 그 자체가 가치로 추구되는 우정—을 끝내 맛보지 못하고, 스스로도 우정의 힘이 얼마나 멋지고 큰지를 가르치는 본보기가 되지 못하는 것이라네. 왜냐하면 사람은 누구나 자기를 사랑하는데, 그것은 자신에게서 사랑의 대가를 거두기 위해서가 아니라, 자신이 그 자체로서 소중하기 때문이라네. 이와 같은 것이 우정에도 적용되지 않는다면, 참된 친구는 결코 찾지 못할 것이네. 진정한 친구란 제2의 자기와 같으니까.*115

81 그러나 하늘을 나는 것, 물속을 헤엄치는 것, 들판에 사는 것, 길들여진 것, 야생의 것, 이 모든 것을 포함하는 동물들도 그들 자신을 사랑하는 것이 분명하다네. 이것은 모든 생물이 똑같이 지닌 본능 때문이라네. 그래서 그들

1·31에서 볼 수 있으나 상세한 것은 불명.

*115 아리스토텔레스의 《니코마코스 윤리학》 1166a, 1170b에서는 이것이 그리스어로 표현되어 있다. 자기애(自己愛)인가 타자애(他者愛)인가 하는 문제에 대해서는 같은 책 1168a-b 참조.

도 동료가 되기 위해 서로 같은 종류의 생물을 찾는다. 만약 그들이 동경이나 인간의 사랑과 비슷한 감정을 가지고 그렇게 하는 것이라면, 인간의 경우에는 그 본성으로 그런 일들이 훨씬 더 강하게 이루어지는 것이 아닐까? 인간 또한 자기 자신을 사랑하며, 상대의 영혼과 자신의 영혼을 결합시킬 만한 제2의 자신을 추구하는 존재이기 때문이네.

제22장

82 그런데 대부분의 사람들은 부끄러움을 모른다고 할 것까지는 없지만, 불합리하게도 자신에게 지나치게 과분한 친구를 바라거나, 자신은 줄 수 없는 것을 친구에게 기대한다네. 무엇보다 자신이 먼저 선한 인간이 되고, 그런 다음에 자신과 비슷한 사람을 구하는 것이 마땅한데도 말일세. 이런 사람들의 경우라면, 이제까지 줄곧 이야기해 온 흔들림 없고 안정된 우정이 확립될 수 있다네. 그때는 호의로 결합된 사람들은 먼저 다른 사람들이 사로잡혀 있는 욕망을 극복하고, 다음에 공평과 정의를 옹호할 것이네. 서로를 위해 무슨 일이든 해주지만 훌륭하고 올바른 것 그 밖에는 결코 서로에게서 구하지 않을 것이네. 또 서로 존경하고 사랑할 뿐만 아니라 외경심마저 품게 될 것이네. 우정에서 외경심을 없애는 것은, 우정에서 최고의 장식을 없애버리는 것과 다름없네.

83 그러므로 우정 속에서는 아무리 방자한 욕망과 범죄도 허용된다고 생각하는 사람이 있다면, 그것은 치명적인 잘못이 될 것이네. 우정은 악덕의 동반자가 아니라 덕성의 협조자로서 자연으로부터 선물받은 것이라네. 덕성은 혼자서는 정상에 이를 수 없기 때문에 다른 덕성과 손을 잡고 협력하여 도달하라는 것이라네. 이 협력 관계를 가지고 있거나, 과거에 가지고 있었거나, 또는 앞으로 가지게 될 사람이 혹시 있다면 그런 사람들의 교제야말로 자연계의 최고선을 지향하는 자가 가져야 할 가장 훌륭하고 가장 행복한 교제가 될 것이네.

84 사람들이 추구할 가치가 있다고 생각하는 것, 그것이 있을 때는 인생이 행복하지만, 없으면 행복할 수 없는 것—훌륭함, 영광, 마음의 평정과 기쁨, 그러한 것들이 모두 포함되어 있는 것이 바로 이 협력 관계라는 이야기일세. 그

것이 최고이자 최선의 것인 이상, 만일 그것을 손에 넣고 싶다면 덕성을 향해 노력을 게을리해서는 안 되네. 덕성없이는 우정도, 또 그 밖에 추구해야 할 것도 이룰 수 없기 때문이지. 덕성을 무시한 채 친구가 있다고 믿는 자는, 중대한 사태가 발생하여 친구를 시험하지 않을 수 없게 되어서야 비로소 자신이 잘못 생각하고 있었음을 깨닫는다네.

85 그러므로 입에서 단내가 나도록 말하고 싶은 것은, 이미 사랑하게 된 뒤에 판단하는 것이 아니라, 판단한 뒤에 사랑해야 한다는 것이네.*116 그런데도 우리는 주의를 게을리하여 곤경에 빠질 때가 많은데, 특히 친구를 고르고 사귀는 경우에 더욱 그렇다네. 우리는 계획을 거꾸로 세우거나, 오래된 속담*117 에서 금지되어 있는데도 이미 끝난 일을 다시 문제삼기도 하지. 즉 오랜 교제와 은의(恩義)의 관계로 서로 맺어져 있으면서도, 뭔가 불쾌한 일이 일어나면 그 즉시 우정이 깊어가는 도중에 갑자기 갈라서 버린다네.

제23장

86 이 세상에 없어서는 안 되는 가장 중요한 것과 관련된 것인만큼, 이 부주의는 더욱더 비난받아 마땅하네. 우정은 인간에 관한 것 가운데, 모든 사람이 한결같이 그 유용성을 인정하는 유일한 것이기 때문이네. 덕성조차도 많은 사람에게서 경멸받으며 자기 선전이나 과시라는 말을 듣기도 하지. 부(富) 따위는 멸시하고 적은 것으로 만족하며, 검소한 의식을 즐기는 사람들도 많다네. 명예로운 직위를 차지하고 싶어서 안달하는 사람도 많지만, 그것보다 공허하고 경박한 것은 없다고 경멸하는 자도 얼마나 많은가?

그 밖에 다른 것들도 마찬가지여서, 어떤 사람들에게는 훌륭하게 보이는 것을 마치 아무런 가치도 없는 것으로 생각하는 사람도 참으로 많다네. 그런데 유독 우정에 대해서는 한 사람도 빠짐없이 모두가 같은 의견이라네. 정계에 몸

---

* 116 60, 62, 78절 등의 여러 가지 설을 참조할 것. 플루타르코스의 《형제애에 대하여》482B에 의하면, 테오프라스토스(B.C. 4, 3세기, 철학자)가 '타인의 경우, 사랑하면서 판단하지 말라, 판단한 뒤에 사랑하라……'고 말했다.

* 117 Actum ne agas. 법정에서 나온 것으로, 정당하게 결정된 안건에 대해서는 재심을 청구하면 안 된다는 것을 말했다. 여기서는 해도 소용없는 일, 너무 늦어버린 일에 사용된다. '죽은 자식 나이 세기'와 같다고나 할까?

을 던진 사람도, 지식과 학문을 즐기는 사람도, 공직을 떠나 자신의 일을 하는 사람도, 마지막으로 완전히 쾌락에 몸을 맡겨버린 사람도*118 하나같이 이렇게 생각하네. 즉 적어도 자유인답게 살고자 하는 사람에게 우정이 없으면 인생도 없는 거라고.

87 어떻게 된 셈인지 우정은 모든 사람들의 삶 속에 파고들어, 우정이 없는 인생을 결코 허락하지 않기 때문이네.

그뿐만 아니라 아테네의 티몬*119인가 하는 자가 그랬다는 것처럼, 아무리 인간과의 교제를 피하고 증오할 만큼 거칠고 성격이 괴팍한 사람이라도, 가슴 속 괴로움의 독을 토해낼 대상을 찾지 않고는 견디지 못할 것이네. 그것은 다음과 같은 일이 일어난다면 가장 잘 판단할 수 있을 것이네. 즉 어떤 신이 우리를 이 세상 밖으로 데리고 나가 어딘가에 홀로 두고, 우리의 본성이 필요로 하는 모든 것을 넘칠 정도로 제공하는 대신 다른 사람의 모습은 절대로 보지 못하게 한다면, 이런 생활을 견딜 수 있는 사람이 과연 있을까? 또 그러한 고독 속에서도 모든 쾌락을 맛보는 즐거움을 잃어버리지 않을 만큼, 무쇠 같은 마음을 가진 자가 과연 있을까?

88 그러므로 타렌툼의 아르키타스*120가 늘 했다는 말, 그것은 지금의 노인들이 더 옛날의 노인들한테서 들은 것으로 전해지는 것을 내가 들은 것인데, 그건 사실이네.*121 만일 누군가가 하늘에 올라가 우주의 모습과 아름다운 별자리를 관찰했다 하더라도,*122 곧 그 경이로움조차 따분한 것이 되고 말 것이

---

*118 그리스인에 의한 삶의 방식의 분류, bios politikos(정치적인 삶), theoretikos(관조적인), chrematistikos(실업가의), apolaustikos(향락적인)에 해당한다. 아리스토텔레스의 《니코마코스 윤리학》 1095b 참조.

*119 B.C. 5세기 후반의 아테네인. 살아 있을 때부터 인간을 싫어하기로 이름이 높았고, 나중에 많은 희극에서 다뤄지면서 전설적인 인물이 된다. 셰익스피어의 《아테네의 타이몬》은 플루타르코스의 《대비열전》 '안토니우스'70, 루키아노스의 대화체 소설 《티몬》 등을 바탕으로 한다.

*120 피타고라스학파의 철학자, 수학자, 음악이론가. B.C. 4세기 전반에 활약. 플라톤의 친구. 호라티우스 《카르미나》 1·28에서 보아 아드리아 해에서 익사한 것으로 추정된다.

*121 아르키타스의 죽음은 B.C. 350년 무렵, 라일리우스의 탄생은 B.C. 188년 무렵으로 추정된다. 이 정도 세월의 간격을 전 세대 노인→라일리우스의 구승(口承) 릴레이로 연결하는 것은 무리가 있지만, 이러한 예는 《노년에 대하여》 41에도 나온다.

*122 하늘에 올라가 우주를 관찰하는 것은 《국가에 대하여》 제6권 '스키피오의 꿈'에서 실제로 이루어지고 있다. 하늘에서 지구를 바라보는 일화는 옛날에는 아리스토파네스의 《평

네. 즉 그것에 대해 함께 대화할 상대가 있다면 더할 수 없는 기쁨이 되었을 거라는 이야기지. 이와 같이 인간의 본성은 고독을 좋아하지 않으며, 늘 뭔가 버팀목이 될 만한 것에 기대려고 하는데, 그 버팀목이 되어주는 것이 가까운 사람이라면 더 기쁜 법이라네.

제24장

그러나 이 본성은 자신이 무엇을 원하고 탐구하며 필요로 하는지 이렇게 많은 신호로 알려주고 있건만, 우리는 무슨 까닭에서인지 귀머거리가 되어 그 충고를 듣지 못한다네. 우정의 모습은 참으로 다양하고 복잡하여 의심과 분노를 살 여지가 얼마든지 준비되어 있는데, 그런 것은 때로는 피하고 때로는 경감시키고 때로는 참는 것이 현자라네. 특히 분노를 억제해야 하는 것은 우정에서의 실익과 신의를 끝까지 지키고자 할 때라네. 한편 친구들은 빈번하게 충고를 받고 질책을 듣는 것도 필요하며, 그것이 호의에서 나온 것인 경우에는 고맙게 받아들여야 하네.

89 그러나 이상하게도 내 친구*[123]가 《안드로스에서 온 아가씨》라는 연극에서 한 말도 진실이라네.

빈말은 친구를, 진실은 증오를 낳는다.

우정을 해치는 증오가 진실을 말하는 데서 생기는 것이라면 진실은 달갑지 않은 존재이지만, 죄를 짓는 것에 너그럽고 친구가 파멸로 돌진하는 것을 못 본 체하는 빈말은 더 나쁜 것이라네. 그러나 무엇보다 나쁜 것은 진실을 외면하고 빈말에 장님이 되어버리는 본인이라네. 그러니 이 문제에서는 언제나 충고는 너무 모질지 않아야 하며, 질책에는 모욕이 들어가지 않도록 주의하고

화》에, 나중에는 루키아노스의 《진짜 이야기》 등에서 볼 수 있다.

*123 푸블리우스 테렌티우스 아페르. 희극작가. B.C. 190무렵~B.C. 159년. 북아프리카 카르타고 태생(그래서 아프리카인이라는 별명이 있다), 노예로서 로마에 왔다가 해방되어, 소 스키피오, 라일리우스와 친교. 6편의 작품이 현존한다. 인용은 《안드로스에서 온 아가씨》 68행.

배려해야 한다네. 한편 테렌티우스의 말처럼 빈말 속에 사교성이 있는 것은 어쩔 수 없다 해도 나쁜 일을 부추기는 추종은 멀리하게나. 그것은 친구는 물론이고 적어도 자유인에게는 어울리지 않는 법이니까. 굳이 친구를 상대로 폭군을 상대하는 것처럼 살아갈 필요는 없지 않겠나?

90 친구가 말하는 진실이 들리지 않을 만큼 진실에 대해 귀가 닫혀 있는 사람은 구제받을 가능성이 없다네. 그에 대해 카토가 한 말은 늘 그렇지만 참으로 핵심을 찌르고 있네.

"어떤 사람에게는 친절한 친구보다 신랄한 적이 도움이 된다. 적은 가끔 진실을 말해주지만 친구는 결코 말해주지 않기 때문이다."

그리고 충고를 들은 사람이 걱정해야 할 것은 걱정하지 않고, 걱정할 필요가 없는 것을 걱정하는 것도 우스꽝스러운 일이지. 잘못을 저지른 것에 대해서는 괴로워하지 않고 비난받았다는 사실에만 괴로워하는데, 이것은 반대로 잘못한 것을 괴로워하고 그 잘못을 바로잡아주는 것을 기뻐해야 하는 것이네.

제25장

91 그러므로 충고를 주고받을 때는 한쪽은 솔직하게, 그러나 지나치게 신랄하지 않게 충고하고, 다른 쪽은 피하지 않고 받아들이는 것이 참된 우정의 본분이라네. 또한 우정에는 아첨, 아부, 추종보다 더한 해악은 없다고 생각하게. 어떤 이름을 붙이든 이 악행은 진실을 위해서가 아니라 오직 기쁘게 해주기 위해서 말하는, 경박하고 거짓으로 가득 찬 인간이 하는 짓이라고 판단해야 하는 것이네.

92 어떤 경우이든 겉치레는 진실을 알아보지 못하게 하고 그것을 더럽히므로 악행에 속하는데, 특히 그것은 우정을 적대시한다네. 진실성이 없으면 우정이라는 말도 의미를 잃어버리는데, 이것은 바로 그 진실성을 없애 버리기 때문이네. 우정의 힘은 여러 사람의 마음을 하나로 합치는 데 있건만,[124] 한 사람의 마음조차 늘 같지 않고 쉽사리 이리저리 변한다면 어떻게 그것이 실현될 수 있겠는가?

---

*124 《의무에 대하여》 1·56에서, 피타고라스가 이것을 우정의 이상으로 치고 있다.

93 타인의 의견과 바람은 말할 것도 없고 타인의 표정과 고갯짓 하나로 변해버리는 사람의 마음만큼 변덕스럽고 도리에 어긋나는 것이 어디 있겠나?

남이 아니라고 말하면 나도 아니요, 남이 옳다고 말하면 나도 옳다. 하나에서 열까지 맞장구를 치는 것이 나의 철칙이란 말씀!*125

이것 또한 테렌티우스가 말한 것인데, 물론 이것은 그나토라는 등장 인물의 입을 빌려 한 말이네만, 이런 친구를 곁에 두는 것은 경박함의 극치라네!

94 그런데 지위와 운세와 명성이 훨씬 높은 사람 중에도 이런 그나토와 같은 인물이 헤아릴 수 없이 많아, 진실이 없는 견해에 영향력까지 더해지니 그들의 추종은 참으로 처치곤란한 것이라네.

95 그러나 말만 번지르르하게 잘하는 친구와 진정한 친구를 구별하는 것은, 감쪽같은 가짜와 본디 그대로의 진짜를 구별할 때와 마찬가지로 신중하게 대처하면 가능하네. 민회는 순전한 아마추어 집단이지만, 그들은 데마고그, 즉 선동을 일삼는 경박한 시민과, 견실하고 엄격하고 무게가 있는 인물의 차이를 알고 있다네.

96 최근에 가이우스 파피리우스*126가 호민관의 재선에 대한 법안을 제출하기 위해, 어떤 감언이설로 민회의 환심을 사려고 했는지 아는가? 나는 거기에 반대했네만, 나보다는 스키피오에 대한 이야기를 하고 싶군. 불멸의 신들이여! 그의 연설은 참으로 중후하고 위엄이 서려 있었지! 그는 로마의 한 국민이 아니라 국민의 지도자라고 누가 말한다 해도 이상하지 않을 정도였으니까. 물론 자네들도 그 자리에 있었고 그의 연설도 세상에 널리 알려져 있지. 결국 민중에게 아부하려던 법률은 민중의 투표로 거부되고 말았네.

내 이야기로 돌아가서, 아마 자네들도 기억하겠지만 스키피오의 형 퀸투스

---

*125 테렌티우스의 《환관》 252 이하. 메난드로스의 《환관》을 바탕으로 《추종자》(모두 소실) 등에서도 아이디어를 얻은 번안극. 그나토라는 이름은 그나토스(아래턱)에서 나온 것으로, 식탐이 많은 식객의 전형. 남에게 환심을 살 수 있는 수법을 알려주는 장면.

*126 9절에 나오는 카르보를 가리킨다. B.C. 131년의 호민관 때, 10년의 기간을 두지 않고 호민관의 재선을 허용하는 법안을 제출한다. 티베리우스 그라쿠스(B.C. 133년의 호민관)를 후원하기 위해서였으나 실패로 끝났다.

막시무스와 루키우스 만키누스가 집정관이었던 해의 일이네.*¹²⁷ 가이우스 리키니우스 크라수스*¹²⁸의 제사장단에 대한 법안은 자못 민중의 편인 것처럼 보였지! 무엇보다 동료단의 신임 선출을 민중의 권한에 맡기려고 했으니까. 또 그는 중앙광장(廣場)으로 몸을 돌려 민중을 향해 이야기하는 것을 처음으로 시도했네.*¹²⁹ 그러나 우리는 분발하여, 불멸의 신들에 대한 신앙심으로 그의 싸구려 연설을 가볍게 물리쳤던 것이네. 더욱이 이 일이 있었던 것은 내가 아직 법무관이었을 때, 즉 집정관이 되기 5년 전이었네. 따라서 이 안건은 높은 권위 때문이 아니라 사안의 시비에 따라 결정된 것이었지.

제26장

97 그러나 거의 지어낸 이야기와 속임수로 이루어지는 연극 무대인 민회라 해도*¹³⁰—열려 있는 밝은 곳으로 나오기만 하면 진실이 힘을 가진다네. 그렇다면 완전한 진실로써 성립되는 우정의 경우에는 어떻게 될까? 거기서는 흔히 말하는 것처럼, 서로가 흉금을 터놓고 가슴속을 보여주지 않는 한, 신뢰할 수 있는 것, 확실한 것은 아무것도 얻을 수 없을 것일세. 사랑하거나 사랑받는 것도 그것이 어디까지 진실인지 알 수 없다면 무리겠지.

그렇다고는 하지만 조금 전에 이야기한 추종도, 아무리 치명적인 것이라 해도 그것을 받아들이고 기뻐하는 자 말고는 해를 끼치지 않는다네. 그러니까 스스로 자기에게 추종하고 누구보다 자기를 사랑하는 사람이야말로 추종자에게 가장 귀를 기울이기 쉬운 법이지.

98 확실히 덕성은 자기를 사랑하지만, 그것은 덕성을 가장 잘 아는 것은 덕

---

* 127 B.C. 145년의 일. 퀸투스 파비우스 막시무스 아이밀리아누스는 69절에 기출.
* 128 B.C. 145년의 호민관. 제사장과 복점관 등의 제사장단에서는 결원이 생기면 각각의 동료단 내부에서 신임을 선출(cooptatio)했는데, 크라수스는 그것을 민중에 의한 투표제로 바꾸려 했다. 라일리우스는 종교상의 유법(遺法)에는 국가가 간섭할 수 없다 하며 이에 반대했다고 한다.
* 129 집회장(comitium)은 연단(rostra)과 원로원 의사당(curia) 사이에 있는 좁은 공간으로, 그때까지 연설자는 집회장을 보고 이야기했다. 한편, 배후에 있는 중앙 광장은 넓어서 훨씬 많은 사람들이 참석할 수 있다. 크라수스는 처음으로 그쪽을 보고 연설했다고 한다.
* 130 민회의 연단을 극장의 무대에 비유하는 것은 《변론가에 대하여》 2·338 그 밖에도 몇 군데에서 볼 수 있다.

성이고, 사랑할 가치가 있는 이유를 잘 이해하고 있기 때문이네. 그러나 내가 지금 이야기하고 있는 것은 덕성이 아니라 덕성에 대한 평판일세. 그것은 덕성을 갖추고 싶어하는 자보다 갖추고 있는듯이 보이고 싶어하는 자가 많기 때문이네. 또 추종은 이러한 자들을 기쁘게 해준다네. 그들을 기쁘게 해주기 위해 꾸며낸 말을 들은 자는, 그 공허한 장광설을 자신에 대한 찬양의 증거로 믿지. 그래서 한쪽은 진리를 듣고 싶어하지 않고, 다른 한쪽은 거짓말을 하려고 모든 태세를 갖추고 있으니, 그것은 우정도, 그 무엇도 아니라네. 희극에 나오는 식객의 추종도 허풍쟁이 병사가 없다면 무슨 재미가 있겠는가?

허풍쟁이 병사 타이스가 나에게 그렇게 고마워하더란 말이지?*131

식객은 "예, 그렇습니다." 대답하면 충분한 것을, "예, 엄청나게"라고 대답했네. 추종자들은 언제나 자기가 기쁘게 해주려는 상대가 큰 것을 바라면, 그것을 더욱더 크게 부풀리는 법이지.

99 그래서 이렇게 공허한 아첨은 스스로 그것을 불러들이고 반기는 사람에게는 힘을 가지는 법이지만, 사려 깊고 견실한 사람이라도 교활한 추종의 희생물이 되지 않도록 조심하고 또 조심하라고 경고해 주어야 한다네. 꽤 어리석은 바보가 아닌 한, 그것은 속이 뻔히 보이는 아첨임을 눈치채지 못할 자가 없지만, 교활하고 음험한 자가 은근히 파고들어 오는 것에는 끊임없는 주의가 필요하네. 거역하는 것처럼 보이면서 추종하고, 다투는 척하면서 치켜세우다가 마지막에는 항복한다며 패배를 인정한다네. 이로써 자기의 놀림감이 된 자가 더 현명하게 모든 것을 알고 있었다는 인상을 주기 위함이라는 것을 알아차리기가 쉽지는 않다네. 그러나 그렇게 우롱당하는 것만큼 부끄러운 일이 또 있을까? 그러니 그런 꼴을 당하지 않도록 각별히 주의해야 하네.

오늘 너는, 희극에 나오는 어떤 바보 노인보다 더
나를 멋들어지게 갖고 놀면서 우롱했구나.*132

---

*131 테렌티우스의 《환관》 391 이하. 허풍쟁이 병사 트라소가 창녀 타이스의 환심을 사기 위해 식객 그나토(93절에 기출)에게 선물을 전해주는 심부름을 시킨 뒤, 그 결과를 묻는 대목.

*132 카이킬리우스 스타티우스(B.C. 166년 사망. 그리스 신희극을 번안한 이른바 파리아타극의

100 앞을 내다보지 못하고 잘 속는 노인 역할인데, 연극 속에서도 가장 어리석은 자로 되어 있다네.

그런데 어쩌다가 이 이야기가 인간이 다다를 수 있는 지혜의 소유자, 즉 완전한 인간의 우정에서 경박한 우정으로 빗나가버렸는지 모르겠지만, 다시 맨 처음으로 돌아가서 결론을 내리도록 하세.

제27장

가이우스 판니우스와 퀸투스 무키우스여. 바로 덕성, 덕성이야말로 우정을 맺어주고 지켜주는 것이라네. 덕성 속에는 만물의 조화가 있고, 안정된 성격과 변함없는 절개가 있다네. 덕성이 드러나 빛을 내면, 타인에게서 같은 것을 발견하고 서로 다가가서 상대가 가진 것을 주고 받는다네.

거기서 사랑(알모)과 우정(아미키티아)이 불타오르네―그 두 가지 단어는 모두 사랑하는 것(알맘)에서 나온 말이지. 사랑하는(베레) 것은 결핍을 보충하기 위해서도 아니고 실익을 구하기 위해서도 아니며, 오직 사랑하는(아마) 것을 소중히 하는(딜리게레) 것이라네. 하기는 그 실익은 아무리 추구하지 않아도 우정에서 꽃처럼 피어나게 마련이지.

101 그리하여 우리는 젊은 시절에 그런 호의를 품으면서 루키우스, 파울루스, 마르쿠스 카토, 가이우스 갈루스, 푸블리우스 나시카,*133 우리의 스키피오의 장인이신 티베리우스 그라쿠스*134 같은 장로들을 경애했다네. 그 호의는 동년배, 이를테면 나와 스키피오, 루키우스, 푸리우스,*135 푸블리우스 루필리우스, 스푸리우스 뭄미우스, 이런 사람들 사이에서는 더욱더 빛을 발한다네. 내가 노인이 된 뒤부터는 자네들과 퀸투스 투베로 같은 젊은 사람들의 우정

명수. 작품은 모두 소실)의 작품에서. 작품명을 《여상속인》이라고 하는 사본도 있는데 확증할 수 없다.

*133 푸블리우스 코르넬리우스 스키피오 나시카 코르쿨룸. B.C. 162, 155년의 집정관. 법학 지식으로 인해 코르쿨룸(마음)이라는 별명을 가지고 있다. 41절에 나오는 스키피오 나시카 세라피오의 아버지.

*134 티베리우스 셈프로니우스 그라쿠스. B.C. 177, 163년의 집정관, B.C. 169년의 감찰관. 정책과 군사에 뛰어나며, 그라쿠스 형제의 아버지로 유명하다.

*135 4절에 나오는 필루스를 가리킨다.

속에서 평안을 찾아내고 있네. 그뿐만이 아니라 더 젊은 푸블리우스 루틸리우스*136나 아울루스 베르기니우스*137와의 친교도 즐기고 있지. 또 우리의 본성과 인생은 한 세대에서 다음 세대로 교체되도록 설계되어 있기 때문에 가장 바람직한 것은, 말하자면 함께 출발했던 동년배, 동료들과 함께 종착점에 도착하는 것이라네.

102 그러나 인간사는 무너지기 쉽고 덧없는 것이어서, 사랑을 주고받을 사람을 언제나 구해야만 한다네. 사랑과 호의가 없다면, 인생의 모든 기쁨이 사라져버리기 때문이지.

스키피오는 갑자기 세상을 떠났지만,*138 나에게는 오늘도 살아 있고, 앞으로도 계속 살아 있을 것이네. 내가 사랑한 것은 그의 덕성이었고, 그것은 소멸하지 않았으며 언제든지 그것을 가까이했던 내 눈앞에 나타날 뿐만 아니라, 후세 사람들에게도 한결 더 선명하게 기억될 것이기 때문이네. 그에 대한 추억과 늠름한 모습을 기억하겠다고 마음먹지 않고서는 절대로 큰 뜻을 품고 대망의 사업에 몰두할 수 없을 것이네.

103 행운으로 얻었거나 또는 나면서부터 내가 가지고 있는 것 모든 가운데 스키피오와의 우정에 비할 수 있는 것은 아무것도 없다네. 국정에 대한 의견 일치, 가정생활에서의 조언, 기쁨에 찬 평화로운 한때, 이러한 것들도 모두 우정이 있기 때문에 가능한 것이라네. 내가 알고 있는 한, 나는 아무리 사소한 일에서도 그의 감정을 해친 적이 결코 없고, 그에게서 싫은 말을 들은 기억 또한 없네. 함께 살았고 삶의 방식 또한 같았으며, 군생활뿐만 아니라 여행 때나 시골에서 살 때도 함께였다네.*139

104 무언가를 알고 배우고자 하는 열의에 대해서는 무슨 말을 더할 필요가 있을까? 우리는 틈만 나면 대중의 눈을 피해 연구에 몰두하느라 시간마저 잊

---

*136 푸블리우스 루틸리우스 루푸스. 신인(원로원 의원 또는 집정관을 배출한 적이 없는 가문의 사람)의 몸으로 105년의 집정관이 된다. 고결한 성격으로 이름이 높았지만 정적에게 처형된다. 그리스어로 로마의 역사를 썼다.

*137 여기서의 언급 외에는 불명.

*138 10, 12절 참조.

*139 《변론가에 대하여》 2·22에는 라일리우스와 스키피오가 휴가를 얻어 시골로 가서 동심으로 돌아가 조개 줍기를 한 것이 기술되어 있다.

었다네. 그런 일에 대한 기억과 추억이 만일 그와 함께 사라져버렸다면, 결코 잊을 수 없는 둘도 없는 친구를 잃은 슬픔을 도저히 견뎌내지 못했을 것이네. 그러나 그런 기억들은 사라지지 않았고, 오히려 내가 그것을 떠올리고 기억해낼 때마다 더욱더 커지고 자라나는 것이라네. 또 만일 그러한 것들을 완전히 빼앗겨버렸다 하더라도, 내 나이 자체가 커다란 위안이 되어준다네. 이 나이가 되면 슬픔 속에 오래 잠겨 있는 것도 마음대로 되지 않으니 말일세. 잠깐의 고통은 아무리 크다 해도 견딜 수 있는 법이거든.*140

이상이 내가 우정에 대해 이야기하고 싶었던 것이네. 내 자네들에게 충고하네만, 덕성이 없으면 우정도 있을 수 없으니 덕성을 존중하고, 덕성 외에 우정보다 뛰어난 것은 없음을 부디 명심하게나.

---

*140 '긴 고통은 가볍고 무거운 고통은 짧다'고 하는 에피쿠로스학파의 사상(《선과 악의 궁극에 대하여》1·40, 2·94 참조)에 바탕을 둔 것으로 상식에서 나온 견해.

Cato maior de senectute
노년에 대하여

등장 인물

대(大) 카토(마르쿠스 포르키우스 카토)…농민 출신의 정치가, 문인, 변론가. 로마의 전통적 가치를 옹호했다.

소(小) 스키피오(푸블리우스 코르넬리우스 스키피오 아이밀리아누스 아프리카누스 미노르)…탁월한 무인(武人)으로 그리스 문학을 애호하는 청년 정치가. 대 카토의 장남의 양자.

라일리우스(가이우스 라일리우스)…소 스키피오의 친구. '현인(賢人)'이라고 불린다.

150년, 84세가 되는 대 카토의 저택에서

노년에 대하여

제1장

헌사

1 티투스여, 만일 제가 미력한 힘으로나마 오늘 그 가슴속에 도사리고 앉아 당신을 괴롭히고 있는 시름을 덜어드린다면, 당신은 저에게 어떤 상을 내리실 건지요?*¹

아티쿠스*²여. 큰 부자는 아니지만 신의가 두터운 그 사람은 플라미니우스에게 이렇게 말했지만, 나도 당신에게 같은 시를 인용해도 안 될 것은 없겠지요. 물론 플라미니우스와는 달리, 티투스, 당신은 밤낮 없이 마음을 어지럽히고 있지 않으리라는 것을 확신하고 있소. 당신의 극기심과 평상심에 대해서는 일찍부터 알려져 있고, 당신이 아테네에서 '아티쿠스'라는 별명뿐만 아니라 교양과 사려심까지 들여온 것을 잘 알고 있으니까. 그런 당신도 때로는 나와 마찬가지로 오늘날의 정세에 동요하고 있지나 않을까 염려되지만, 그것을 위로하는 것은 쉬운 일이 아니니 다음 기회로 미뤄야겠소. 오늘은 다만, 노년에 대한 글을 써서 당신에게 바치는 것이 좋겠다고 생각한 거라오.

2 벌써 눈 앞에 와 있거나, 아니면 적어도 가까이 다가오고 있는 노년이라

---

*1 이 3행과 다음에 나오는 두 개의 1행 시는 엔니우스(주19 참조) 《연대기》 10권 338행 이하 (Skutsch)에서의 인용. 어떤 목자(신의가 두터운 그 사람)가 티투스 퀸크티우스 플라미니우스 (로마의 정치가, 장군. B.C. 198년의 집정관)에게, 적 필리포스 5세(마케도니아 왕)의 진영으로 가는 지름길을 가르쳐 주려고 하는 장면이다. 키케로는 티투스라는 이름의 무장에게 호소하는 시를 인용함으로써, 같은 이름의 친구 티투스에게 호소한다. 1장 전체가 친구에 대한 헌사로 되어 있다.

*2 키케로가 이 글을 바치려 하는 친구인 티투스 폼포니우스 아티쿠스.

는 무거운 짐은 나나 당신에게 공통되는 것이고, 당신도 나도 이 짐을 가볍게 지고 싶다는 생각은 같을 테니 말이오. 그렇다 해도, 당신이 그것을 여느 때의 절도와 지혜로 잘 견디고 있고 앞으로도 그러리라는 것은 의심할 여지가 없지만, 그래도 노년에 대해 뭔가 써야겠다고 생각했을 때, 우리가 둘이서 누려야 할 이 선물을 받을 인물로서 당신이 떠올랐소. 어쨌든 이 글을 집필하는 것은 나에게 크나큰 기쁨이어서 노년의 번뇌를 깨끗이 씻어주었으며, 노년을 편안하고 즐거운 것으로 만들어주었다오. 그래서 우리가 철학에 따라 살아간다면 인생을 번민하지 않고 보낼 수 있으니, 그 철학을 아무리 칭송한다 해도 부족할 것이오.

3 그러나 다른 문제에 대해서는 이미 많은 것을 이야기해왔고, 이제부터 이야기할 기회도 많을 테니까, 이 책에서는 노년을 주제로 한 이야기만 당신에게 보내기로 했소. 다만 케오스의 아리스톤*3처럼 전편(全篇)을 티토노스*4의 입을 빌려 말하지 않은 까닭은, 신화에는 권위가 없기 때문이오. 그래서 나는 이 이야기에 더 큰 권위를 부여하기 위해, 장로이신 마르쿠스 카토의 말을 빌리기로 했소. 장소는 카토의 저택이오. 그가 노년을 그토록 편안하게 보내는 모습을 보고, 라일리우스와 스키피오가 감탄하자 카토가 그 두 사람에게 대답한다는 설정이라오. 만일 카토의 논의가 평소에 자신의 책에서 보여준 것보다 현학적으로 보인다면, 그것은 그리스 문학 때문이라고 생각해 주구려. 늘그막에 그가 그리스 문학에 깊이 몰두한 것은 널리 알려진 사실이지요. 하지만 더 이상 무슨 말이 필요하겠소? 이제부터 카토의 이야기가 노년에 대한 나의 견해를 남김없이 설명해 줄 테니까요.

제2장

4 스키피오 마르쿠스 카토 님, 여기에 있는 가이우스 라일리우스와 저는

---

*3 225년 무렵 리케이온(아리스토텔레스가 세운 학교)을 이끈 것으로 알려진 인물인 듯. 케오스 섬(또는 키오스 섬) 출신으로, 노년에 대한 논고를 쓴 것 같지만 상세한 것은 불명.

*4 그리스 신화 속의 미청년. 트로이의 왕자로 에오스(새벽의 여신)가 그를 사랑하여 영생을 얻게 해주었으나, 늙지 않게 해주는 것을 잊어버렸기 때문에, 늙고 오그라들어 마지막에는 목소리만 남은 매미로 변신했다.

무슨 일에서나 남보다 뛰어나게 완벽한 당신의 지혜에 늘 감명받고 있습니다. 특히 당신이 노년을 조금도 괴롭게 여기지 않는 듯해서 감탄한 적이 한두 번이 아닙니다. 대부분의 노인들은, 노년은 불쾌하고 아이트네 화산*⁵보다 더 무거운 짐이라고 불평할 정도인데 말입니다.

카토 스키피오와 라일리우스여, 자네들은 그리 대단하지도 않은 일에 감탄하는 것 같군그래. 행복하고 훌륭한 인생을 보낼 수 있는 수단이 전혀 없는 자에게 인생은 언제나 무거운 법이지만, 훌륭한 것을 모두 스스로 자기 안에서 구하는 사람에게는 자연의 법칙이 가져다주는 것은 어느 것 하나도 재앙으로 보이지 않는 법이라네. 무엇보다도 노년이야말로 그러한 것들 가운데 하나라네. 사람은 누구나 늙은 나이에 이르기를 바라면서도 그것이 손에 들어오자마자 비난을 늘어놓으니, 어리석은 자의 마음이란 이토록 변덕스럽고 이치에 어긋나는 것이 아니고 무엇이겠는가!

노년은 예상보다 일찍 찾아온다고 그들은 말하지. 그런데 누가 그들에게 그런 그릇된 견해를 품게 했단 말인가? 그렇지 않은가? 유년기에 청년기가 다가오는 것보다 청년기에 노년기가 다가오는 것이 더 빠르다고 어떻게 말할 수 있다는 건가? 또 800살을 맞이한 사람에게 80살만큼 노년이 무겁지 않을 거라고 어떻게 말할 수 있단 말인가? 지나간 세월이 아무리 길다 해도 이미 흘러가버린 이상, 그 어떠한 것도 어리석은 노년을 위로해주지는 못할 걸세.

5 그러니 두 사람이 여느 때부터 나의 지혜에 감탄했다면—그 지혜가 자네들의 의견과 나의 이름*⁶을 배반하지 않기를 바라네만—그것은 자연을 최고의 인도자(引導者)로서 신처럼 따르고 복종한다는 것 때문이겠지. 인생의 다른 장면들은 자연의 손으로 훌륭하게 각색되어 있는데, 서투른 작가의 솜씨처럼 마지막 장이 흐지부지되어버리는 일이 있어서는 안된다네. 어쨌든 마지막은 반드시 있어야 하네. 그것은 마치 나무 열매와 대지의 곡식이 때맞춰 잘 익

---

*5 시칠리아 섬에 있는 유럽에서 가장 높은 활화산. 높이 3323미터. 제우스를 수장으로 하는 올림포스의 신들과 기가스들(거인족)이 싸웠을 때, 아테나 여신이 이 화산에서 적 엔케라도스를 격파했다. 다른 신화에서는, 괴물 튀폰이 올림포스의 신들을 공격하여 사지로 몰았으나, 마지막에 제우스가 튀폰에게 이 화산을 내던져 물리쳤다. 거기에서 무거운 것의 대명사가 된다.

*6 카토(Cato)라는 가명(家名)이 형용사 catus(현명하다, 예리하다)와 관련이 있는 것을 가리키거나, 키케로가 가끔 카토를 sapiens(현자)라고 부른 것과 관련이 있는 것이리라.

은 뒤에 시들어서 뚝 떨어지는 것과 같다네. 현자는 그것을 담담하게 견뎌야만 하네. 자연을 거스르는 것은 거인족들처럼 신들을 상대로 싸우는 것과 다름없지 않은가?*7

6 라일리우스 카토 님, 스키피오를 대신해서 말씀드리지만, 우리도 노인이 될 것이고 또 그것을 바라고 있습니다. 어떻게 하면 노년의 길을 가장 쉽게 갈 수 있는지, 그것을 당신이 몸소 가르쳐주신다면 그보다 더한 기쁨은 없을 것입니다.

카토 라일리우스여, 그대가 말한 것처럼 그것이 두 사람에게 기쁨이 된다면 기꺼이 말해줌세.

라일리우스 카토 님, 당신은 먼 길을 걸어오셨고, 우리도 그 길에 들어서야 하니, 만일 성가시지 않으시다면 당신이 도달하신 곳이 과연 어떤 곳인지 부디 보여주시기 바랍니다.*8

제3장

7 카토 할 수 있는 데까지 해보겠네, 라일리우스.

옛말에도*9 유유상종(類類相從)이라는 말이 있지 않은가? 나도 동년배들이 모인 자리에서 그들이 이따금 푸념하는 소리를 들은 적이 있네. 가이우스 살리나토르*10나 스푸리우스 알비누스*11는 나와 거의 같은 또래로 집정관까지 지낸 사람들인데, 늘 이렇게 불평을 늘어놓곤 했지. 쾌락이 사라졌다, 그것이 없으면 인생도 없다. 또는 언제나 경의를 표해주던 사람들로부터 멸시를 당하게 되었다는 거지. 내가 본 바로는, 이들은 엉뚱한 데다 화를 내는 것이라네.

---

*7 테크토스를 글자 그대로 번역하면 '기가스들처럼 신들과 싸우는 것은 자연에 대한 반항이 아니고 무엇인가'가 된다. 그러나 문맥으로 보아 본문에 쓴 번역이 요구된다고 보는 Powell에 따른 것이다.

*8 라일리우스의 이 발언에서 8절 끝까지는 플라톤의 《국가》 328D~330A를 자유롭게 번안한 것. 거기서는 마흔 살쯤의 소크라테스가 케파로스라고 하는 노인에게 늙음의 경지를 묻는다.

*9 아리스토텔레스의 《변론술》 1371b에 '동갑은 기쁨의 원천', '닮은 것은 언제까지나', '뱀의 길은 뱀이 안다' 등의 속담이 보인다.

*10 가이우스 리비우스 살리나토르. B.C. 188년의 집정관.

*11 스푸리우스 포스투미우스 알비누스. B.C. 186년의 집정관.

만약 그런 일들이 늙었기 때문에 일어나는 것이라면 똑같은 일이 나에게도, 또 다른 모든 노인들에게도 일어나야 할 것이 아닌가? 그런데 나는 불평하지 않고 노년을 보내는 사람들을 많이 알고 있네. 그런 사람들은 욕망의 사슬에서 해방된 것을 기뻐하고 주위 사람들로부터 경멸받지도 않는다네. 그런 종류의 불평은 모두 성격 탓일뿐 나이 탓이 아니야. 절제할 줄 알고 괴팍하지 않으며 인정이 있는 사람은 노년을 쉽게 견디지만, 가혹하고 몰인정한 사람은 어느 나이에나 괴로운 법이지.

8 **라일리우스** 맞는 말씀입니다, 카토 님. 그렇지만 이렇게 말하는 사람이 있을지도 모릅니다. 부(富)와 재산, 그리고 명성 덕분에 당신에게는 노년도 견디기 쉬운 것으로 보이지만, 많은 사람들은 그렇지 않다고 말입니다.

카토 라일리우스여, 자네 말에도 일리가 있네. 그러나 결코 그것이 전부는 아닐세. 전해오는 말처럼, 테미스토클레스*[12]는 세리포스 섬*[13] 사람과 언쟁을 하다가 자기 자신이 아니라 조국의 영광 덕분에 명성을 얻었을 뿐이라는 말을 들었을 때, 이렇게 말했다네.

"맞는 말이오. 만일 내가 세리포스 사람이었다면 유명해질 수 없었겠지. 하지만 당신은 아테네 사람이었다 해도 유명해지는 것은 무리였을 거요."

노년에 대해서도 같은 말을 할 수 있네. 현자라 해도 극도의 결핍 속에서는 노년이 가벼울 수 없지만, 어리석은 자에게는 태산 만한 재산이 있다해도 노년은 무거운 법이라네.

9 스키피오와 라일리우스여, 노년을 지키는 데 가장 좋은 무기는 온갖 덕을 닦고 실천하는 것이라네. 생애에 걸쳐 갈고닦은 덕은 오랜 세월을 산 만년에 놀라운 결실을 가져다준다네. 덕은 그 사람의 마지막 순간에도 그를 저버리지 않을 뿐만 아니라—그것이 덕의 가장 중요한 의의이네만—인생을 선하게 살았다는 의식과 많은 일을 덕으로 이루어냈다는 기억만큼 기쁜 것은 없을 테니 말이네.

---

*12 아테네의 정치가, 장군. B.C. 524년 무렵~B.C. 459년 무렵. 페르시아 전쟁 중의 살라미스 해전(B.C. 480)을 승리로 이끈 주역. 플루타르코스 《영웅전》에 그 전기가 있다.

*13 에게 해에 떠있는 작은 섬. 보잘것없는 조국의 대명사로 사용되고 있다. 이 일화는 헤로도토스 《역사》 8·125에 보이는데, 거기서는 세리포스 섬이 아니라 베르비나 섬(같은 에게 해 위의 작은 섬)으로 되어 있다. 승리자로서 빛나는 명성을 얻은 테미스토클레스를 시기한 자가 이렇게 트집을 잡은 것이다.

제4장

10 퀸투스 막시무스*14는 타렌툼을 탈환한 분으로, 젊은 시절 나는 그 노장을 마치 같은 또래인 양 좋아했다네. 그분에게는 온후함이 깃든 위엄이 있었고, 늙어서도 그 성격이 바뀌지 않았기 때문이라네. 하기는 내가 그분을 존경하기 시작했을 때는 그다지 고령은 아니었지만, 이미 꽤 많은 나이였지. 내가 태어난 이듬해에 그분은 처음으로 집정관이 되셨으니까. 네 번째 집정관직에 있는 그분과 함께 소년병이던 나는 카푸아 방면*15으로, 다시 5년 뒤에는 타렌툼 방면으로 종군했다네. 그로부터 4년이 지나 나는 재무관이 되어 투디타누스, 케테구스 두 집정관 아래에서*16 직무를 수행했는데, 바로 그때 그분은 매우 고령의 몸으로, 선물과 변호사료에 대한 킨키우스 법*17의 지지자가 되었네. 그 나이에도 청년처럼 싸우면서, 혈기왕성하게 날뛰던 한니발을 그 인내력으로 힘을 못 쓰게 했지.*18 이분에 대해 내 친구 엔니우스*19는 이렇게 노래했네.

> 한 사람의 지연책으로 우리는 조국을 다시 세우노라.
> 세상의 평판보다 나라의 안위를 염려한 사람,
> 그리하여 이제 뒤늦게나마 그 영광이 찬란하게 빛나도다.

---

*14 퀸투스 파비우스 막시무스 쿤크타토르(B.C. 285년 무렵~B.C. 203). 카르타고군이 침공했을 때 정면 대결을 피하고 전력을 소모시키는 전술을 취한 것에서 쿤크타토르(지연장군)라는 별명을 얻는다. B.C. 213~B.C. 212년에 한니발에게 함락된 타렌툼(장화 모양인 이탈리아 반도의 발바닥 중심 부분)을 B.C. 209년에 탈환한다. 카토보다 50년쯤 손위이다.

*15 B.C. 214년의 일. 카푸아는 이탈리아 중서부 캄파니아 지방의 중심 도시로, B.C. 216년 이후 카르타고의 동맹시가 되는데, B.C. 211년 로마가 이를 탈환한다.

*16 B.C. 204년의 일. 퀸투스 막시무스가 죽기 전 해에 해당한다.

*17 호민관 마르쿠스 킨키우스 아리멘투스가 제출한 법안. "……킨키우스법의 강화를 주장한다. 이것은 옛날 사람이 법정 변호의 목적으로 금전이나 선물받는 것을 금지한 법률이다"(타키투스 《연대기》 11·5)

*18 카르타고의 한니발은 이탈리아에 침공한 B.C. 218년에 스물아홉 살, 이때 퀸투스 막시무스는 67살 정도였다.

*19 퀸투스 엔니우스(B.C. 239~B.C. 169). 그리스 문학을 공부하여, 서사시, 비극, 희극, 사극, 그밖의 수많은 분야를 다루면서 '라틴 문학의 아버지'로 칭송받았지만 작품은 모두 흩어지고 없다. 카토는 사르데냐 섬에서 종군하던 엔니우스를 만나 로마로 데리고 갔다. 다음의 3행은 엔니우스의 대표작 《연대기》 12·363 이하(Shutsch)에서 인용한 것이다.

그러자 파비우스는 웃으면서 이렇게 대꾸했지.

"그렇고말고요. 당신이 도시를 잃어버리지 않았더라면 내가 되찾는 일도 없었을 테니까요."

그분은 전쟁 때 못지않게 평소에도 대단한 분이었지. 두 번째 집정관일 때였다네. 갈리아 인들을 몰아내고 얻은 피케눔 지방의 토지를, 호민관 가이우스 플라미니우스*20가 원로원의 견해와는 반대로 민중에게 분배하려고 했을 때, 동료인 스푸리우스 카르빌리우스*21가 움직이지 않자 그분은 홀로 있는 힘을 다해 저항했다네. 또 어떤 때는 복점관(卜占官)이면서도 국가의 안전을 위해 이루어지는 일은 최선의 전조(前兆)에 들어맞는 것이고, 국가의 이익에 반하는 행위는 전조에도 반하는 것이라고 거리낌 없이 말했다네.

12 그분의 훌륭한 점은 많고도 많지만 그 가운데서도 특히 경탄할 만한 것은, 집정관까지 지낸 뛰어난 자식의 죽음을 어떻게 견뎌냈는가 하는 것이라네. 그 추도 연설이 세상에 널리 알려져 있다네. 그것을 읽어보면 어떠한 철학자도 무색해질 정도이지. 또 그분은 공식 석상이나 시민들이 보는 앞에서만 위대했던 것이 아니라, 한 개인으로서 가정에서는 더욱 훌륭했다네. 그 존경할 만한 대화와 교훈, 고대에 관한 그 해박한 지식, 그리고 복점관으로서의 깊은 이해! 게다가 로마인치고는 문학 소양도 풍부했다네. 국내뿐만 아니라 외국의 일까지 모든 것을 기억하고 계셨지. 이분이 세상을 떠나면 이제 가르침을 줄 수 있는 사람은 아무도 없게 된다고 미리 예감이라도 한 것처럼—아닌 게 아니라 정말 그렇게 되었지만—나는 정말 탐욕스럽도록 그분의 말씀을 즐겨 들었다네.

제5장

13 그렇다면 막시무스에 대해 이렇게 많은 이야기를 한 것은 무엇 때문인가? 물론 그러한 노년이 비참했다고 말하는 것은 당치도 않다는 것을 두 사

---

* 20 B.C. 232년, 호민관으로서 원로원의 맹렬한 반대에도 불구하고 최근에 획득한 피케눔 지방
(이탈리아 북동부, 아드리아 해 연안)의 토지를 로마 빈민들에게 분배하여 인기를 얻었다.
* 21 스푸리우스 카르빌리우스 막시무스. B.C. 228년에 퀸투스 막시무스와 동료 집정관이 되었
는데, 평민편 입장에서 플라미니우스의 토지분배법에 반대하지 않았다. 한편 퀸투스 막시
무스는 B.C. 232년에 성립된 토지분배법에 B.C. 228년에도 저항했다는 이야기가 된다.

람에게 알려주기 위해서지. 그렇다고 해서 모든 사람이 스키피오*²²나 막시무스 같은 인물이 되어 도시를 무너뜨리고, 육지와 바다에서 싸우면서 전쟁을 이끌고 개선한 추억 속에 잠길 수는 없는 노릇일세. 그러나 평온하고 온화한 노년은 조용하고 깨끗하고 우아하게 보낸 인생에서도 얻을 수 있다네. 들은 바로는 플라톤*²³의 노년이 그런 것이었어. 그는 여든한 살 때 글을 쓰다가 세상을 떠났네. 이소크라테스*²⁴의 노년도 그렇다고 할 수 있지. 그는 '판아테네코스'라는 제목의 작품을 아흔네 살 때 썼다고 하는데, 그 뒤 5년이나 더 살았네. 그의 스승인 레온티노이의 고르기아스*²⁵는 만 백일곱 살이 지나서도 학문 연구나 일을 하는 데에 잠시도 게으름을 피운 적이 없었다네. 그는 왜 그토록 오래 살고 싶어하느냐는 질문을 받았을 때, "노년을 비난해야 할 이유가 아무것도 없으니까" 이렇게 대답했지. 참으로 학자다운 훌륭한 대답이 아닌가?

14 어리석은 자는 자신의 결점과 잘못을 노년 탓으로 돌리는 법일세. 그런데 방금 말한 엔니우스는 그렇지 않았네.

> 올림피아 경기 대회의 마지막 한 바퀴에서 여러 번 승리를 쟁취한 준마처럼, 이제는 노령에 지쳐 쉬고 있노라.*²⁶

이렇게 엔니우스는 자신의 노년을 우승한 준마의 노년에 비유했다네. 그에 대해서는 그대들도 잘 기억하겠지. 티투스 플라미니누스*²⁷와 마니우스 아킬

＊22 이 책의 등장 인물 스키피오의 조부에 해당하는 대(大) 스키피오. B.C. 202년 자마 전투에서 한니발이 이끄는 카르타고군을 결정적으로 격파한다.

＊23 그리스 철학자. B.C. 427년 무렵~B.C. 347년. '글을 쓰다가 세상을 떠났다'는 것은 대작 《법률》을 미완으로 남긴 것을 말한다.

＊24 아테네의 변론가. B.C. 436~B.C. 338년. 플라톤의 학교 아카데메이아에 앞서서 변론술 학교를 열어 많은 변론가와 정치가를 양성했다. 《판아테네코스》는 자기의 정치적 입장을 총괄하고 아테네의 영광을 찬양한 것으로 죽기 전해에 완성했다.

＊25 레온티노이(시칠리아 섬 동쪽 해안, 아테네의 동맹시) 출신의 대변론가. B.C. 485년 무렵~B.C. 380년 무렵. 시칠리아 섬에서 발달한 변론술을, B.C. 427년에 외교사절로서 아테네에 부임했을 때 그곳에 전했다고 한다. 저작 단편과 전기적 자료는 《소크라테스 이전 철학자 단편집》 제5 분책에 수록되어 있다.

＊26 엔니우스 《연대기》 522 이하(Skutsch).

＊27 1절에 나오는 티투스 퀸크티우스 플라미니누스의 아들. 다음의 마니우스 아킬리우스 발부스와 함께 유명한 사적은 알려져 있지 않다.

리우스가 현재의 집정관이 된 것은, 그가 죽은 지 19년밖에 되지 않았던 해의 일이니까. 그가 죽은 것은 카이피오와 두 번째로 필리푸스가 집정관이었던 해,[28] 그때 예순다섯 살이었던 나는, 강한 폐부에서 울려나오는 우렁찬 목소리로 보코니우스법[29]을 지지했다네.

그는 일흔의 나이로—엔니우스는 그만큼 오래 살았으니까—가장 무거운 것으로 여겨지는 두 가지 짐, 즉 가난과 노년을 거의 즐기는 것처럼 보일 만큼 잘 견디고 있었지.

15 내가 이해하는 바로는, 노년이 비참하게 생각되는 이유로 네 가지를 들수 있네. 첫째로, 노년은 우리를 공적인 활동에서 멀어지게 하고, 두 번째로, 노년은 우리의 육체를 허약하게 하며, 세 번째로, 노년은 거의 모든 쾌락을 빼앗아가고, 네 번째로 노년은 죽음에서 멀리 떨어져 있지 않기 때문일세. 만일 괜찮다면 이러한 이유의 하나하나가 어느 정도, 또 어떤 의미에서 정당한지를 살펴보기로 하세.

제6장

노년은 공적인 활동에서 멀어지게 한다고 했는데, 그 활동이란 어떤 활동을 말하는 것이겠나?

젊음과 활력으로 이루어지는 활동일까? 그렇다면 육체가 허약해지면 정신력으로 수행할 수 있는 노인의 활동은 없다는 것일까? 그래서 퀸투스 막시무스는 아무런 활동도 하지 않았다는 말일까? 자네[30] 부친이자, 뛰어난 인물이었던 내 아들[31]의 장인이기도 한 루키우스 파울루스[32]는 아무런 활동도 하

---

[28] 그나이우스 세르빌리우스 카에피오와 퀸투스 마르키우스 필리푸스가 집정관이었던 해, B.C. 169년. 필리푸스는 B.C. 186년에 최초의 집정관.

[29] 퀸투스 보코니우스 삭사가 B.C. 169년 또는 B.C. 174년에 제출한 법안. 여성을 상속인으로 정하는 것을 제한했다.

[30] 스키피오를 향해.

[31] 대 카토의 장남은 아이밀리우스 파울루스의 딸과 결혼하여, B.C. 152년에(대 카토보다 3년 정도 빨리) 세상을 떠났다.

[32] 루키우스 아이밀리우스 파울루스. B.C. 168년, 두 번째 집정관 때 피드나 전투에서 마케도니아 왕 페르세우스를 물리친다.

지 않았다는 말인가? 그 밖에도 파브리키우스*[33]나 쿠리우스,*[34] 코룬카니우스*[35] 같은 노인들이 사려와 권위로 나라를 수호했을 때, 그들은 아무런 활동도 하지 않았다는 말인가?

16 아피우스 크라우디우스*[36]는 노년에 시력을 잃었음에도, 원로원의 의견이 피로스 왕*[37]과의 화평과 조약 체결로 기울어졌을 때 그는 결연히 이렇게 선언했다네. 그것을 엔니우스가 시로 노래했지.

> 이제까지 똑바로 서 있던 그대들의 마음이여, 제정신을 잃어버리고 도대체 어디로 구부러지고 말았는가……*[38]

참으로 장중한 시구였지. 이 시는 그대들도 잘 알겠지만, 아피우스 자신의 연설이 남아 있네. 더욱이 그는 두 번째 집정관직에서 물러난 지 17년 뒤에 그 연설을 했는데, 두 번의 집정관 재직 사이에는 10년의 간격이 있고 최초의 집정관직 전에 감찰관도 지낸 적이 있는 것으로 보아, 피로스 전투 때는 확실히 고령이었음을 알 수 있네. 어쨌든 조상들로부터도 그렇게 전해 듣고 있지 않은가.

17 그러므로 노인은 공적인 활동을 할 수 없다고 말하는 사람은 제대로 된 논리를 펴지 못하는 것일세. 그것은 바로 배를 움직일 때 어떤 자는 돛대에 올라가고, 어떤 자는 갑판을 누비고, 또 어떤 자는 뱃바닥에 괸 물을 퍼내고 있는데, 고물에서 키를 붙잡고 가만히 앉아 있는 키잡이는 아무 일도 하지 않는다고 말하는 것과 같은 것이지. 물론 젊은 사람이 하는 일은 할 수 없지만 그보다 훨씬 더 크고 중요한 일을 하는 거라네. 위대한 사업은 육체의 힘이나 속

---

*33 가이우스 파브리키우스 루스키누스. B.C. 282, 278년의 집정관. 청빈, 엄격, 청렴 등 로마인의 한 전형으로 알려져 있다.

*34 마니우스 쿠리우스 덴타투스. B.C. 290, 284(보결), 275, 274년의 집정관. 에페이로스 왕 피로스를 격파한다. 55절에 일화가 소개된다.

*35 티베리우스 코룬카니우스. 법률가, 평민 출신 최초의 대제사장(B.C. 254년).

*36 아피우스 클라우디우스 카이쿠스. B.C. 307, 296년의 집정관. 로마에서 카푸아에 이르는 아피아 가도를 건설했다. 노경에 가족을 통솔하는 모습이 37절에 그려진다.

*37 에페이로스(그리스 서북부)의 왕. B.C. 319~B.C. 272년. 이탈리아 반도의 그리스인을 후원하여 로마와 싸웠다. 피로스 전투는 B.C. 282~B.C. 274년.

*38 엔니우스 《연대기》 6·199 이하(Skutsch).

도, 기민함이 아니라 사려와 권위와 식견으로 이룩된다네. 노년은 그런 것들을 빼앗아갈 수 없을 뿐만 아니라 오히려 훨씬 더 늘이는 법이라네.

18 병사로서, 군단 부관으로서, 장군으로서, 최고 사령관으로서 온갖 전쟁을 수행해온 내가 이제는 싸우고 있지 않다고 해서, 행여나 자네들 눈에 아무것도 하지 않는 것처럼 보이는 건 아니겠지. 나는 무슨 일을 어떤 방법으로 해야 하는지 원로원에 조언을 하고 있다네. 오래전부터 불온한 계획을 꾸미고 있는 카르타고에 대해서는 벌써부터 주전론을 주장하고 있지. 나는 그 나라가 멸망하는 것을 내 눈으로 보기 전까지는 경계의 눈초리를 거두지 않을 걸세.

19 그 나라를 멸망시키는 영광은, 스키피오여, 불사의 신들이 그대를 위해 남겨두시기를! 그대가 조부의 유업(遺業)을 완수할 수 있도록 말일세.*³⁹ 그분이 세상을 떠난 지 올해로 33년이지만, 그분에 대한 기억은 영원토록 전해질 걸세. 그분이 돌아가신 건 내가 감찰관이 되기 전 해이며, 집정관이 된 지는 9년 뒤의 일이라네.

내가 집정관직에 있었을 때, 그분은 두 번째로 집정관에 지명되셨네. 그래서 만일 그분이 백 살까지 살았다면 자신의 노년에 불만을 느꼈을까? 그분이라면 달리거나 뛰어오르고, 멀리서는 창을 던지고 맞붙어서 칼을 휘두르는 게 아니라 사려와 이성과 식견을 사용하셨을 걸세. 만일 노인에게 그러한 자질이 갖춰져 있지 않다면, 우리 조상들도 나라의 최고 기관을 원로원이라고 부르지는 않았겠지.

20 스파르타에서도 가장 명예로운 공직에 오르는 사람들을 사실 그대로 원로(元老)라고 부른다네. 만일 그대들이 외국의 예를 읽거나 듣고자 한다면, 가장 강대한 나라가 젊은이들로 인해 뒤흔들리고, 노인들의 손에 지탱되고 재건되었음을 발견하게 될 것일세.

말해 보시오, 이토록 큰 나라를 그토록 빨리 잃어버린 까닭을.

---

*39 대 스키피오는 자마전투(B.C. 202)에서 한니발을 결정적으로 격파하고(제2차 포에니 전쟁), 소 스키피오는 이 대화(B.C. 150년) 뒤인, 제3차 포에니전쟁(B.C. 149~B.C. 146)에서 카르타고를 최종적으로 섬멸하게 된다.

시인 나이비우스*40의 《루두스》 속에 이렇게 묻는 대목이 나오는데, 여러 가지 대답 가운데 무엇보다 빼어난 것이 있었지.

신출내기 변론가와 어리석은 애송이들이 주제넘게 나섰으니까요.

무모함은 한창 때의 젊은이의 것이고, 분별력은 늙어가는 세대의 것이라는 이야기일세.

제7장

21 그러나 기억력이 흐릿해지기 마련이라고? 기억력의 단련을 게을리한 경우나 성정이 늙어서 둔해진 경우에는 확실히 그렇지. 테미스토클레스는 모든 시민들의 이름을 기억하고 있었다네.*41 하지만 그가 나이를 먹은 뒤에는 아리스테이데스*42를 리시마코스라고 불렀을 것 같은가? 이렇게 말하는 나도, 오늘 살아 있는 사람들은 말할 것도 없고 그 아버지와 할아버지까지 다 알고 있다네. 묘비명을 읽으면 기억을 잃는다고 사람들은 말하지만, 나는 그런 것도 두렵지 않네. 오히려 그것을 읽으면 고인들에 대한 기억이 되살아나거든. 노인이 보물을 어디에 숨겨 두었는지 잊어버렸다는 이야기는 들어본 적이 없네. 출두 약속, 누구에게 빌려줬는지 누구한테서 빌렸는지 등, 기억해 둬야 할 일은 뭐든지 다 기억하고 있다네.

22 나이 많은 법률가는 어떤가? 사제나 복점관, 철학자는? 그들은 나이를 먹어도 얼마나 많은 것들을 기억하고 있던가? 열의와 근면이 지속되는 한, 노인에게도 지식의 힘은 남아 있다네. 저명한 고관뿐만 아니라 초야에

---

*40 그나이우스 나이비우스(B.C. 270년 무렵~B.C. 200년 무렵). 서사시, 비극, 희극, 사극을 썼지만 모두 남아 있지 않다. 《루두스》는 '연극'이라는 의미인지, '리디아 인'이나 '루푸스(늑대)'의 오자인지 확실하지 않다.

*41 B.C. 5, 4세기의 아테네에서 스무 살 이상의 참정권을 가진 남자는 약 3만 명이었던 것으로 추정된다.

*42 아테네의 정치가. B.C. 5세기 전반. 정의로운 사람이라는 별명이 있는데, 테미스토클레스의 책략으로 도편 추방에 처해졌다. 플루타르코스 《영웅전》에 전기가 있다. 리시마코스는 아버지의 이름.

서 조용히 살고 있는 사람의 경우에도 마찬가지일세. 소포클레스*⁴³는 아흔 살의 고령에도 비극을 썼다더군. 그 일에 열중하느라 가정을 소홀히 하는 것처럼 보였기 때문에, 아들들이 그를 노망든 노인네로 취급하여 가정에서 격리하려고 했지. 우리의 관습에도 집안을 제대로 관리하지 못하는 아버지는 금치산자로 선고받도록 되어 있는데, 그와 같은 것이지. 그런데 그때 노시인은 이제 막 탈고한 작품인 《콜로노스의 오이디푸스》를 재판관 앞에서 낭독한 뒤, 이것이 노망든 노인네가 쓴 작품으로 보이느냐고 물었다고 하네. 그 낭독 결과, 재판관은 그를 방면하도록 판결을 내렸다는 이야기일세.

23 그리고 이 사람, 또 호메로스*⁴⁴와 헤시오도스,*⁴⁵ 시모니데스,*⁴⁶ 스테시코로스,*⁴⁷ 앞에서 말한 이소크라테스와 고르기아스, 또는 철학자인 피타고라스*⁴⁸와 데모크리토스, 플라톤, 크세노크라테스, 그 뒤로는 제논, 클레안티스, 또 자네들도 로마에서 본 적이 있는 스토아학파의 디오게네스,*⁴⁹ 이들은 저마다 부지런히 학문에 힘쓰다가 노년 때문에 어쩔 수 없이 침묵했던가? 아니면 이 모든 사람들에게는 수명이 있는 한 근면한 노력이 계속되었던가?

24 뭐, 그런 고상한 학문에 대해서는 잠시 접어두고, 사비니 지방*⁵⁰의 로마

---

*43 아테네의 비극작가. B.C. 496~B.C. 406년. 《안티고네》《오이디푸스 왕》 등 7편이 현존. 《콜로노스의 오이디푸스》는 아흔 살 때 쓴 작품으로 B.C. 401년, 사후에 상연되었다.
*44 《일리아드》《오디세이》의 작자로 알려진 서사 시인. B.C. 8세기 후반. 그 실재성과 연대에 대해 학설이 분분하지만, 눈먼 노시인으로 전해진다.
*45 서사 시인. B.C. 8세기 말. 신들의 세계를 노래한 《신통기(神統記)》, 교훈시 《노동과 나날》이 현존.
*46 합창 서정시의 대가. B.C. 556년 무렵~B.C. 468년 무렵. 기억술의 발명자로도 알려져 있다.
*47 합창 서정시의 완성자. B.C. 6세기 전반에 활약. 일설에 향년 85세.
*48 디오게네스 라에르티오스의 《철학자 열전》, 루키아노스의 《장수자(長壽者)》, 그 밖에 의해 다음의 철학자들의 향년에 대한 여러 가지 설을 기록해 둔다. 피타고라스(80, 또는 90), 데모크리토스(90, 104, 109), 플라톤(81), 크세노크라테스(82, 84), 제논(72, 98), 클레안티스(80, 99), 디오게네스(86).
*49 바빌론 태생, 스토아학파의 지도자가 된다. B.C. 240년 무렵~B.C. 152년. B.C. 156/155년, 아테네의 외교 사절로서 로마에 부임했다.
*50 로마 북동쪽에 해당한다. 카토는 그곳에 토지를 가지고 있어서 소년 시절의 대부분을 그곳에서 보냈다.

농부들을 예로 들어보세. 그들은 나의 가까운 이웃들이었는데, 그들이 없으면 씨를 뿌리고 작물을 거둬들여 저장하는 중요한 농사일은 거의 아무것도 할 수 없다네. 누구든 자신이 앞으로 1년도 살지 못하리라고 생각하지는 않을 테니까, 1년 안에 결과가 나오는 일이라면 그리 놀랄 것도 없지만 말일세. 그러나 그들은 자기와 전혀 상관없음을 알고 있는 일에도 부지런히 노력한다네.

그는 다음 세대에 이롭게 쓰이도록 나무를 심는 것이라오.

이렇게 우리의 동포 스타티우스*[51]가 《죽마고우》에서 말한 것처럼.
25 아무리 늙은 농부라 해도 누구를 위해 나무를 심느냐는 질문을 받는다면 주저하지 않고 이렇게 대답할 걸세.
"불사의 신들을 위해서라오. 신들은 내가 이것을 조상으로부터 물려받기만 하는 것이 아니라, 후세에 물려주기를 바라시니까요."

제8장

카이킬리우스가 '다음 세대를 위해서' 대비하는 노인에 대해 말한 것은, 그의 다음과 같은 시행보다 훨씬 더 훌륭했지.

정말이지 노년이여, 네가 찾아올 때는, 다른 재앙은
아무것도 가져다주지 않아도 이것 하나면 충분하리,
오래 살면 원치 않는 것을 많이 본다는 것만으로.*[52]

그러나 아마 원하는 것도 많이 보게 될 걸세. 더 말하자면, 원치 않는 것과 자주 맞닥뜨리는 것은 청년도 마찬가지라네. 카이킬리우스의 다음의 시에 이르러서는 더욱 끔찍하지.

---

*51 카이킬리우스 스타티우스(B.C. 166년 사망). 파리아타 극(그리스 신희극[新喜劇]의 번안극)의 명수. 《죽마고우》는 메난드로스(그리스 신희극의 대가. B.C. 342~B.C. 292)로부터의 번안.
*52 메난드로스를 번안한 《목걸이》의 일부로 알려져 있다.

노년기에 무엇보다 무정하게 생각되는 것은,
늙은 자신을 젊은이들이 싫어한다고 느끼는 것.*53

26 그러나 싫어하기는커녕 오히려 좋아한다네. 그 증거로, 현자는 노인이 되어도 훌륭한 품성을 갖춘 젊은이에게서 즐거움을 찾고, 젊은이로부터 사랑과 존경을 받음으로써 노년이 무겁지 않게 느껴지는 법인데, 그와 마찬가지로 청년들도 덕을 향해 나아갈 수 있도록 이끌어주는 노인의 교훈을 좋아하거든. 자네들이 나에게 즐거움을 주는 것 못지않게, 나도 자네들에게 환영받고 있다고 나는 생각하네. 노년은 게으르거나 활기가 없는 것이 아닐 뿐만 아니라, 활동적이고 늘 무언가를 하면서 노력한다는 것은 자네들도 보는 바와 같네. 물론 저마다가 이제까지 인생에 기울여온 노력에 상응하는 것이겠지만 말일세. 어디 그뿐인가? 새로운 것을 자꾸자꾸 배우는 사람은 어떤가? 이를테면, 자랑스러운 듯이 시를 남긴 솔론*54이 있지. 그는 자신이 '날마다 뭔가 새롭게 배우면서 늙어간다'고 말했네. 나 또한 그렇다네. 노인이 되고 나서 그리스 문학을 공부했으니까. 마치 오랜 갈증을 풀려는 듯이 열심히 공부한 덕분에, 오늘 자네들 앞에서 이렇게 본보기로 인용하고 있는 바로 이 지식들이 내 것이 된 거라네. 소크라테스*55가 현악기를 배웠다는 말을 듣고, 나도 그것을 본받고 싶었지. 옛사람은 현악기를 배웠지만 나는 적어도 문학 방면에서 만큼은 열심히 노력했다네.

제9장

27 이제 노년이 가진 결점의 두 번째 논점인 체력을 말해 보겠네. 지금 청년의 체력을 갖고 싶은 마음이 없는 것은 바로, 젊었을 때 황소나 코끼리의 힘을 바란 적이 없었던 것과 다름이 없다네. 가지고 있는 것을 사용하되, 무슨 일이

---

*53 메난드로스를 모방한 《에페소스 사람》의 단편으로 알려져 있다.
*54 아테네의 정치가, 입법가, 시인. B.C. 560년 무렵 사망. 그리스 7현인의 한 사람. 이 시는 플라톤 《연적(戀敵)》 133C, 플루타르코스 《영웅전》 '솔론' 31, 그밖에 인용된다.
*55 아테네의 철학자. B.C. 399년에 처형됨. 저작은 남아 있지 않지만, 제자인 플라톤이 수많은 대화편에서 스승의 사상을 후세에 전했다. 플라톤 《에우티데모스》 272C에, 노년의 소크라테스가 아이들과 함께 현악기를 배우다가 웃음거리가 되는 이야기가 보인다.

든 자신의 체력에 맞게 하면 되는 것일세. 크로토나의 밀론*56의 발언만큼 경멸스러운 것이 또 있을까? 그는 이미 늙어버린 뒤에 경기장에서 선수들이 단련하는 모습을 보고는, 자신의 팔을 가만히 응시하다가 눈물을 흘리면서 이렇게 말했다지.

"아, 내 팔은 이미 죽어버렸구나."

어리석은 작자 같으니, 죽은 것은 팔이 아니라 그대 자신이야! 그대가 널리 알려진 것은 그대라는 인간 때문이 아니라 그대의 허파와 팔 때문이었지. 섹스투스 아일리우스*57는 그런 불평을 전혀 하지 않았고, 그보다 훨씬 전의 티베리우스 코룬카니우스도, 최근에는 푸블리우스 크라수스*58도 마찬가지였네. 그들은 시민들을 위해 법률을 가르쳐준 사람들로, 그 법지식은 그들이 숨을 거두는 순간까지도 진보했다네.

28 변론가는 노년에 이르면 쇠약해지는 게 아닐까 생각한다네. 그것은 변론가의 활동이 단순히 지적인 능력뿐만 아니라 허파와 체력에도 관련이 있기 때문일세. 분명히 낭랑한 목소리의 울림은 어찌된 일인지 노년이 되어서야 빛을 낸다네.

내 나이는 자네들도 다 알테지만 그런데도 여태까지 그 목소리를 잃어버리지 않고 있잖은가? 그러나 노인에게는 조용하고 차분한 대화가 제격이고, 웅변가 노인의 정연하고 온화한 연설은 그것만으로도 사람들의 귀를 기울이게 하는 법이지. 만일 스스로 그렇게 할 수 없다 해도 자네들 같은 젊은이들에게 가르쳐줄 수가 있네. 젊은이의 열의에 에워싸여 있는 노년만큼 즐거운 일이 어디 있겠나?

29 무엇보다 우리는 청년들을 가르치고 의무에 속하는 모든 봉사에 임하도록 훈육해 줄 수 있는 체력을 노년까지 온존해 두고 있지 않은가? 그것보다 더 멋있는 일이 또 있을까? 정말이지 나에게는, 스키피오 집안의 그나이우스*59와

---

*56 크로토나(이탈리아 반도 남단) 출신의 천하무적의 레슬러. B.C. 511년 무렵에 전성기. 올림피아 경기대회에서 여섯 번 우승, 피티아 경기회에서도 소년 시절에 한번, 성인이 되어 여섯 번 우승.

*57 섹스투스 아이밀리우스 파이투스 카투스. B.C. 200년 무렵, 박학한 법률가.

*58 푸블리우스 리키니우스 크라수스 디베스. B.C. 3세기 말, 법률 지식을 인정받아 대신기관에 선출되었다.

*59 그나이우스 코르넬리우스 스키피오 칼부스. 대 스키피오의 백부. B.C. 222년의 집정관.

푸블리우스*60도, 자네의 두 조부이신 루키우스 아이밀리우스*61와 푸블리우스 아프리카누스*62도, 고귀한 젊은이들에게 둘러싸여 있는 모습이 행복하게 보였다네. 참으로 교양을 가르쳐주는 스승은 누구든지, 아무리 늙어서 체력이 쇠잔해져도 불행하다고 여겨서는 안 될 것이네. 하기야 체력이 쇠퇴하는 것은 늙어서라기보다 청년기의 악습의 결과인 경우가 더 많지. 방탕에 빠져 절제를 모르는 청년기는 망가진 육체를 노년기로 넘겨주는 법이니까.

30 크세노폰*63의 작품 속 키루스*64는 대단한 고령에 죽음을 앞두고, 자신의 노년이 청년 시절보다 허약해졌다고 느낀 적은 한 번도 없었다고 말했네. 어린 마음에도 기억하고 있네만, 루키우스 메텔루스*65는 두 번째 집정관을 지낸 지 4년 뒤에 대제사장에 임명되어 22년 동안 그 성직을 관장했다네. 그는 임종 무렵에도 여전히 훌륭한 체력을 유지하면서 청년 시절을 애석해하는 일이 없었다네. 나에 대해서는 말할 필요가 없겠지. 그런 건 노인들의 일상이고, 이 나이에는 허용되는 일이기는 하지만 말일세.

제10장

31 호메로스의 시에서 네스토르*66가 세 번에 걸쳐 자랑을 늘어놓은 것을 알고 있겠지? 무엇보다 그는 이미 3세대를 거쳐 왔으며 자신에 대해 진실을 말할 때, 그 자리에 어울리지 않는 말을 하거나 지나치게 말이 많은 것으로 보이

---

*60 푸블리우스 코르넬리우스 스키피오. 대 스키피오의 아버지. B.C. 218년의 집정관.
*61 루키우스 아이밀리우스 파울루스. 소 스키피오의 친조부. 칸나이 전투에서 한니발에 패한다.
*62 푸블리우스 코르넬리우스 스키피오 아프리카누스 마요르(대 스키피오). 소 스키피오의 양부의 아버지.
*63 아테네의 문필가. B.C. 430년 무렵~B.C. 355년 무렵.《그리스사》《아나바시스》《소크라테스의 추억》 등.《키루스의 교육》은 페르시아의 키루스 대왕을 주인공으로, 국제(國制), 교육, 지도자상 등에 대한 논의에 이야기적인 요소를 가미한 역사소설.
*64 아케메네스 왕조 페르시아의 건설자. B.C. 557년 무렵 왕이 된다.
*65 루키우스 카이킬리우스 메텔루스. B.C. 251, 247년의 집정관. 제1차 포에니 전쟁에서 카르타고의 가공할 코끼리 부대를 격파했다. 베스타 신전이 불탔을 때, 남자 금제의 성역에 뛰어들어 신상을 구출했지만 실명했다.
*66 호메로스《일리아드》의 장수들 가운데 가장 고령. 항상 사려 깊은 조언을 하지만 요설가의 대명사가 되어 있기도 하다.

지 않을까 걱정할 필요가 없었네. 그것은 호메로스가 말하듯이, '그 혀에서는 꿀보다도 달콤한 말이 흘러나왔기'[67] 때문인데, 그 감미로움을 위해서는 어떠한 육체의 힘도 필요하지 않았다네. 게다가 그의 그리스군 총대장이 바란 것은 아이아스 같은 용사 열 사람이 아니라 네스토르 같은 장수 열 명이었네.[68] 만일 그렇게만 된다면 금방이라도 트로이아를 멸망시킬 수 있음을 굳게 믿었지.

32 다시 내 이야기로 돌아가서, 나는 이제 여든네 살이 되었네. 키루스 대왕과 똑같은 자랑을 할 수 있었으면 좋겠지만, 적어도 이렇게는 말할 수 있네. 나는 한낱 병졸로서 또 재무관으로서 포에니 전쟁에 참여했고, 집정관으로서 히스파니아에 있었으며,[69] 그 4년 뒤, 마니우스 아킬리우스 글라브리오가 집정관이었던 해에는 군대의 부관으로서 테르모필레에서 싸웠다네.[70] 그때와 같은 체력이 오늘의 나에게 없는 것은 분명하지만, 자네들도 보다시피 노년이 나를 완전히 무기력하게 만들지도, 의욕을 빼앗아가지도 않았다네. 원로원이 나의 체력에 기대를 걸고 있는 것은 아니네. 연설 무대도 친구도 보호민도 손님도 마찬가지일세. '만일 노인으로 오래 살고 싶다면 일찍 노인이 되라' 하는 옛 속담이 있지만, 나는 그런 말에 동의한 적이 없다네. 나는 일찍 노인이 되기보다는 되도록 짧게 노인으로 있고 싶네. 따라서 여태까지 나는 나에게 면회를 요청하는 사람을 거절한 적이 한 번도 없다네.

33 나의 체력은 자네들보다는 떨어지지만, 자네들도 백인대장 티투스 폰티우스[71]의 체력을 갖고 있지는 않겠지. 그렇다고 그자가 자네들보다 더 훌륭한가?

체력을 알맞게 쓸 줄만 알면, 그리고 저마다가 힘닿는 데까지 노력한다면

---

[67] 호메로스 《일리아드》 1·249.

[68] 호메로스 《일리아드》 2·372. 아이아스는 힘으로는 아킬레우스 다음가는 용사, 총대장은 아가멤논이다.

[69] 한낱 병졸로서 B.C. 214년의 일, 10절 참조. 재무관으로서 B.C. 205년의 일. 집정관으로서 B.C. 195년의 일.

[70] 테르모필레는 그리스 중부, 그리스군과 페르시아대군의 옛 전쟁터(B.C. 480)로 유명하다. 여기서 로마군은 셀레우코스 왕조 시리아의 안티오코스 3세를 격파했고, 카토도 큰 공을 세웠다.

[71] 백인대장에는 거한, 장사가 많았던 것 같지만, 이 인물은 소스키피오의 부하였던 것으로 추정되는 것 말고는 불명.

그 이상 바랄 필요는 없는 것일세. 밀론은 어깨에 황소를 지고 올림피아 경주로*72를 걸어갔다고 하는데, 그렇다면 그런 육체의 힘과 피타고라스의 지성의 힘 가운데 어느 쪽을 갖고 싶은가? 요컨대 자네들이 말하는 훌륭한 것이 있을 때는 그것을 사용하면 되고 없더라도 아쉬워하지 말아야 한다는 거지. 청년은 유년기를, 중년은 청년기를 아쉬워하는 것이 누구나 갖는 마음이라고 한다면 이야기는 달라지네만.

인생의 행로는 이미 정해져 있네. 자연의 길은 하나이고, 게다가 되짚어올 수 없는 길이라네. 그리고 인생의 각 단계에는 저마다 그때에 어울리는 성질이 주어져 있네. 소년의 나약함, 젊은이의 패기, 안정기에 든 자의 중후함, 노년기의 원숙함 등, 이 모두를 제 때에 거둬들여야 하는 자연의 결실과 같은 것을 지닌 법이라네.

34 스키피오여, 그대 조부님의 친구인 마시니사*73는 이제 아흔 살인데, 그 행동이 어떤지 그대들도 들었겠지? 그는 도보로 여행할 때는 결코 말을 타지 않고, 말을 타고 갈 때는 말에서 내리는 법이 없다네. 아무리 비가 오고 아무리 추워도 절대로 모자를 쓰지 않지. 그의 몸 속은 극도로 건조해 있네.*74 그리하여 왕으로서의 의무와 책임을 남김없이 완수하고 있다 하지 않는가. 따라서 단련과 절제가 있으면 늙어서도 젊은 날의 강건함을 얼마쯤 유지할 수 있다네.

제11장

노년에는 체력이 부족하다고? 아니, 굳이 노년에 체력을 요구하는 일은 없다네. 그러니까 내 나이쯤 되면 법률과 제도에 의해 체력없이 할 수 없는 의무에서는 면제가 되고, 할 수 없는 일은 물론이고 할 수 있는 일도 강요받지 않

---

*72 올림피아는 펠로폰네소스 반도 서부에 있는 제우스신의 성지로, 이름 높은 경기 대회가 4년에 한 번씩 열렸다. 경주로는 200미터가 조금 안 된다. 별전에 따르면, 밀론은 그 뒤 소를 죽이고 하루 만에 다 먹어치웠다고 한다.

*73 누미디아(아프리카 북서부)의 왕. 카르타고의 협력자였지만 나중에는 적으로 돌아서서, B.C. 201년 이후에는 로마의 충실한 동맹자가 되었다.

*74 갈레노스(A.D. 2세기, 의사)에 따르면, 건조는 노쇠의 전조라고 되어 있지만, 여기서는 체액의 나쁜 영향에서 벗어난 상태를 건조라고 표현하는 듯하다.

는다네.

35 다만 직무는커녕 일상생활의 의무도 감당할 수 없을 만큼 허약한 노인도 많다네. 그것은 반드시 노인에게만 있는 결점이 아니라 병약한 사람에게 공통되는 점이지. 푸블리우스 아프리카누스의 아들, 즉 자네를 양자로 들인 그 사람은 얼마나 허약했는가? 건강이 약했다기보다 아예 건강하지 않았지. 만일 그렇지 않았더라면 나라의 두 번째 빛이 될 수도 있었을 텐데.[*75] 그에게는 부친에게서 물려받은 고매한 정신과 아울러 더욱 풍요로운 학식이 있었으니까 말일세. 이처럼 청년들조차도 피할 수 없는 일이라면, 노인이 허약하다는 사실이 그렇게도 놀랄 만한 일일까? 라일리우스와 스키피오여, 노년에는 맞서서 대항해야 하고, 그 결점은 꾸준히 보완해야 한다네. 질병을 대할 때처럼 늙음과 맞서 싸워야 한다네.

36 건강을 생각해야 하네. 적당한 운동을 하고 음식은 체력을 해칠 만큼이 아니라 체력을 보존할 만큼 섭취해야 하네. 또 육체뿐만 아니라 정신과 마음을 더욱 보살펴야 하네. 이 두 가지 또한 램프에 기름을 보충하듯이 해 주지 않으면 늙음과 함께 사라져버리기 때문이지. 육체는 단련하는 동안 피로가 쌓이면 무거워지지만, 마음은 단련할수록 가벼워지는 법이라네. 카이킬리우스의 극에서, '희극에 등장하는 어리석은 노인'이라고 한 것은 속기 쉽고 잘 잊어버리는 무기력한 자들을 가리키는 것이지만, 그러한 결점은 모든 노년의 것이 아니라 느리고 게으르고 잠이 많은 노년의 것이라는 말일세. 시건방짐과 욕망은 노인보다 오히려 청년의 특징이기는 하지만, 그것은 성질이 좋지 않은 청년의 특징인 것과 마찬가지로, 일반적으로 노망이라고 하는 노인 특유의 어리석음도 경박한 노인의 특징일 뿐 모든 노인이 그런 것은 아니라네.

37 네 명의 건강한 아들과 다섯 명의 딸, 그토록 많은 대가족, 그토록 많은 보호민을, 아피우스는 늙고 장님이 된 뒤에도 잘 돌보지 않았던가? 활처럼 팽팽하게 긴장된 마음을 유지하며 무기력하게 노년에 굴복하는 일은 절대로 없었다네. 가족에 대해서는 영향력이 있을 뿐 아니라 절대적인 명령권을 쥐고 있었지. 노예들은 두려워했고, 아이들은 존경했으며, 모든 사람이 그를 사랑했지. 그의 집에는 조상의 유풍과 규율이 엄격하게 살아 있었다네.

---

*75 자마전투(B.C. 202년)에서 한니발을 결정적으로 물리친 아버지 대 스키피오가 첫 번째 빛이다.

38 나와 내 몸을 지키고, 자신의 권리를 지키며, 누구에게도 예속되지 않고, 숨을 거두는 순간까지 일족을 다스려야만 노년도 존경할 가치가 있는 거라네. 나로 말하면 어딘가 노인 같은 데가 있는 젊은이를 좋아하기 때문에, 마찬가지로 어딘가 젊은이 같은 데가 있는 노인을 좋아하는 것이지.*76 그런 것을 이상으로 삼고 있는 사람은 만일 육체는 늙는다 해도 마음은 결코 늙는 일이 없다네.

나는 지금 《기원》*77의 제7권을 준비하고 있네. 고대에 대한 모든 기록을 수집하고, 유명한 소송에서 내가 한 변론에 이제야 마지막 손질을 하고 있다네. 또 복점관과 제사장관과 시민 생활에 대한 법률에 대해서도 조사하고 있다네. 그리스 문학도 열심히 공부하고, 기억력을 훈련하기 위해 피타고라스학파의 방식을 본받아, 낮에 이야기하고 듣고 행한 것을 저녁에 다시 한 번 떠올리기도 하지.*78 이것은 지력을 단련하고 정신을 갈고닦는 방법이라네. 그런 일에 땀 흘려 수고할 때는 체력 따위는 그다지 아쉽게 여기지지도 않는다네.

나는 친구를 위해 법정에 서기도 하고, 원로원에도 자주 나간다네. 어느 경우에나 신중하게 시간을 들여 생각한 끝에 의견을 말하고, 육체의 힘이 아니라 마음의 힘으로 그것을 끝까지 지키지. 이러한 일을 혹시 완수하지 못한다 하더라도, 긴 의자에 드러누워 내가 더 이상 할 수 없는 일을 머릿속으로 생각하는 즐거움이 있지 않은가? 그것은 내가 지나온 인생 덕분에 가능한 일이기는 하네만. 인생이란 그렇게 자기도 모르는 사이에 조금씩 늙어가는 법이지. 갑자기 무너지는 것이 아니라 오랜 시간을 두고 사라져가는 거라네.

---

*76 쿠르티우스 《유럽문학과 라틴중세》에 따르면, '소년과 노인'의 토포스(topos)는 어떤 문화의 말기에 발달한다고 한다.

*77 건국에서 카토의 동시대에 이르는 로마의 역사와, 이탈리아의 여러 도시와 민족의 역사를 기록한 전7권의 책. 오늘날에는 단편밖에 남아 있지 않다.

*78 이암블리코스의 《피타고라스 전기》165에 따르면, 피타고라스의 제자들은 전날 있었던 일을 완전히 기억해낼 때까지 침대에서 떠나지 않았다. 아침에 가장 먼저 말하거나 들은 일, 두 번째, 세 번째로 있었던 일, 맨 처음 만난 사람, 두 번째, 세 번째로 만난 사람, 이런 식으로 모든 일을 순서대로 떠올리는 훈련을 했다고 한다.

제12장

39 다음은 노년에 대한 세 번째 비난으로, 노년에는 쾌락이 없다는 속설이네. 청년 시절의 가장 큰 악덕이었던 바로 그것을 우리에게서 빼앗아가는 것은, 나이 먹는 것에 대한 가장 훌륭한 선물이 아니고 무엇이겠는가! 가장 뛰어난 두 젊은이여! 타렌툼의 아르키타스*[79]라는 위대하고 훌륭한 인물의 오래된 연설을 한번 들어보겠나? 젊은 날의 내가 퀸투스 막시무스와 함께 타렌툼에 있었을 때 들은 이야긴데, 그는 늘 이렇게 말하곤 했다네.

40 "자연이 인간에게 준 병독 가운데 육체의 쾌락만큼 치명적인 것은 없다. 그 쾌락을 손에 넣기 위해 만족을 모르는 탐욕스러운 욕망이 부추김을 받기 때문이다. 조국에 대한 배신, 국가의 전복, 적과의 밀통이 모두 여기에서 생겨난다. 요컨대 모든 범죄와 악행은 쾌락의 욕망 때문인 것이다. 실제로 간통과 음행 같은 온갖 악행은 다름 아닌 쾌락의 유혹으로써 일어난다.

41 또한 인간은 자연 또는 신으로부터 정신보다 더 귀한 것은 받지 않았다. 이 신성한 선물에 쾌락만큼 나쁜 것은 아무것도 없다. 욕망이 지배하는 곳에서는 자제력이 나설 무대가 없고, 쾌락의 왕국에서는 덕이 설 자리가 전혀 없기 때문이다. 그것을 더욱 잘 이해하려면, 즐길 수 있는 최대한의 육체의 쾌락에 빠져 있는 인간을 상상해 보면 된다. 그런 기쁨에 잠겨 있는 동안 정신을 작용하게 할 수 있는 것은 아무것도 없고, 이성과 사색으로 이룰 수 있는 일 또한 아무것도 없는 것은 누가 봐도 자명한 일이다. 그러므로 쾌락이 차츰 커지고 장기화함에 따라 영혼의 빛은 완전히 꺼져버리니, 쾌락만큼 혐오스럽고 유해한 것은 없는 것이다."

네아르코스의 말에 따르면, 아르키타스는 이 이야기를 카우디움 전투*[80]에서 스푸리우스 포스투미우스와 티투스 베투리우스, 이 두 집정관을 무찌른 인물의 아버지인 삼니움 인 가이우스 폰티우스*[81]에게 이야기했다고 하네. 네

---

*[79] 피타고라스학파의 철학자이자 수학자. B.C. 4세기 전반에 활약. 플라톤의 《아홉 번째 편지》와 《열두 번째 편지》의 수신인이기도 하다.
*[80] B.C. 321년, 삼니움 인(아펜니노 산맥 중남부 지역에 거주)과 싸운 로마군은 카우디움의 계곡(카푸아 동쪽)으로 유인되어 패했다.
*[81] 가이우스 폰티우스 헬레니우스. 그리스 학문을 공부한 것으로 전해진다.

아르코스는 나와 빈객의 관계에 있는 타렌툼 사람으로 로마 국민의 변함없는 친구였는데, 선인으로부터 이 이야기를 전해들었다고 하네. 더욱이 이 연설 때는 아테네 사람인 플라톤도 있었다고 하더군. 나는 루키우스 카밀루스와 아피우스 클라우디우스가 집정관이었던 해*⁸²에 플라톤이 타렌툼을 방문한 사실을 조사를 통해 발견했네.

42 내가 왜 이런 이야기를 하는 것 같은가? 이성과 지혜로 쾌락을 거부할 수 없는 거라면, 해서는 안 되는 것을 욕망하지 않게 해주는 노년에 크게 감사해야 한다는 것을 자네들에게 이해시키기 위해서라네. 쾌락은 깊은 생각을 방해하고 이성을 배반하며, 말하자면 정신의 눈에 가리개를 씌우고, 덕과 함께 걷는 일이 결코 없기 때문이라네.

나는 본의는 아니지만 무적의 용사 티투스 플라미니누스의 동생인 루키우스 플라미니누스*⁸³를 원로원에서 추방했네. 그자가 집정관을 지낸 지 7년 뒤의 일이었지. 나는 그의 정욕이 견책 대상으로 충분하다고 생각했거든. 그는 집정관으로 갈리아에 부임했을 때, 연회석에서 창녀가 조르는 대로 큰 죄를 짓고 감옥에 갇혀 있던 한 남자를 도끼로 목을 베었다네.*⁸⁴ 형인 티투스가 내 직전의 감찰관직에 있는 동안에는 그도 처벌을 면했지만, 그토록 흉악무도한 정욕은 나나 플라쿠스*⁸⁵도 도저히 용납할 수 있을 정도가 아니었다네. 그것은 개인에 대한 추행일 뿐만 아니라 명령권을 모욕하는 것도 포함되니까 말일세.

제13장

43 내가 나이 많은 분들한테서 이따금 들었고 또한 그분들도 어렸을 때 노

---

*82 B.C. 349년. 단, 플라톤의 《일곱 번째 편지》에 따르면, 플라톤의 이탈리아 시칠리아 방면의 여행은 B.C. 389~B.C. 88, B.C. 367, B.C. 361~B.C. 360년의 세 차례뿐으로, B.C. 349년 78세 때의 대여행은 의심스럽다.

*83 형 티투스 퀸크티우스 플라미니누스는 1절에 이미 나왔다. 동생 루키우스의 집정관직은 B.C. 192년.

*84 플루타르코스 《영웅전》 '대 카토' 17에서는, 사람이 살해되는 모습을 보고 싶어하는 미소년을 위해서 루키우스 플라미니누스는 죄수를 참수했다.

*85 루키우스 발레리우스 플라쿠스. 카토를 로마 정계로 이끈 인물. 집정관(B.C. 195년)도 감찰관(B.C. 184년)도 카토와 같은 해에 역임했다.

인한테서 들었다는 이야기가 있네. 가이우스 파브리키우스가 피로스 왕의 진영에 사자(使者)로서 찾아갔을 때,*[86] 테살리아 사람 키네아스[87]한테서 놀라운 이야기를 들었다고 하네. 아테네에는 현자라고 자처하는 인물이 있는데,[88] 그는 우리의 행위가 모두 쾌락을 기준으로 판단되어야 한다고 주장했다고 하네. 그 이야기를 파브리키우스한테서 들은 마니우스 쿠리우스와 티베리우스 코룬카니우스는, 삼니움 사람들과 피로스 왕[89]이 이 주장을 신봉하여 쾌락에 몸을 맡기게 되면 더욱 쉽게 정복할 수 있을 거라며, 늘 그렇게 되기를 기원했다고 하더군.

마니우스 쿠리우스는 푸블리우스 데키우스[90]에게서 직접 감화를 받고 있었는데, 데키우스는 네 번째 집정관직에 있었을 때, 즉 쿠리우스가 집정관이 되기 5년 전에 조국을 위해 몸을 바친 인물이라네. 파브리키우스와 코룬카니우스도 이 인물을 알고 있었지. 그들은 자신들의 인생과 이 데키우스의 행위에서 이렇게 판단했다네. 뛰어난 사람이라면 누구나 쾌락을 거부하고 경멸하는 대신 추구하는, 그것 자체로서 요구되는 본질적으로 아름답고 훌륭한 무언가가 분명히 존재하는 거라고 말일세.

44 그런데 쾌락에 대해 내가 왜 이렇게 많은 말을 하는 것일까? 쾌락을 그다지 바라지 않는다는 것은, 노년에 대한 비난이 아닐 뿐만 아니라 최고의 찬사이기 때문이네. 노년은 연회와 잔뜩 차려놓은 식탁과 자꾸자꾸 권하는 술잔과는 거리가 멀지만, 바로 그 덕분에 술주정과 소화 불량, 불면과도 거리가 멀다네. 그러나 쾌락도 어느 정도 인정해야 한다면—그것은 인간이 마치 물고기

---

*86 B.C. 280년 무렵. 로마와 교전하던 타렌툼은 에페이로스 왕 피로스에게 구원을 요청했다. 파브리키우스는 포로의 취급에 대한 문제를 협상하기 위해 타렌툼에 진을 친 피로스를 찾아갔다.

*87 데모스테네스의 제자. 피로스 왕을 참모격으로서 섬긴 웅변가.

*88 철학자 에피쿠로스(B.C. 341~B.C. 270). 육체의 고통과 정신의 혼란에서 벗어난 것을 쾌락으로 보고 그 추구를 설득하고 권했으나, 그 학설은 고대에 이미 미식(美食)과 향락을 추구하는 것으로 곡해된 바 있었다.

*89 삼니움은 아펜니노 산맥 중남부 지역으로, 그 주민(삼니움 인 또는 삼니테스 인)들은 로마에 끈질기게 저항했다. 제3차 삼니움 전쟁(B.C. 298~B.C. 290) 뒤에도 그들은 여전히 굴복하지 않은 채, 마찬가지로 로마에 적대하는 에페이로스의 피로스 왕을 지원했다.

*90 푸블리우스 데키우스 무스. B.C. 295년, 삼니움 인 및 갈리아 인과 싸우는 로마군이 패색이 짙어지자, 대지와 사자(死者)의 영혼에 몸을 바치고 적진 속에 숨어들었다.

처럼 그것에 낚여버린다는 점에서 플라톤이 절묘하게도 쾌락을 '악의 미끼'라고 부른 것처럼,*91 쾌락의 매력에 저항하는 것은 어려운 일이기 때문이라네. 그리고 노년에는 무절제한 연회는 안 되지만 절도 있는 술자리를 즐길 수는 있는 거라네.

마르쿠스의 아들 가이우스 두일리우스*92는 최초로 함대를 이끌고 싸워 페니키아 군을 격파한 인물인데, 내가 어렸을 때 만년의 그가 저녁 모임에서 돌아오는 모습을 자주 보았지. 밀랍 횃불과 피리 연주자를 앞세워 자기가 돌아온 것을 알리기를 좋아했다네. 무관의 신분으로 그런 행동을 하는 것은 선례가 없는 일이었지만, 그의 영광이 그에게 그런 특권을 허용한 것이라네.

45 그런데 내가 왜 다른 사람들 이야기만 하는 거지? 다시 내 이야기로 돌아가서, 먼저 나에게는 늘 동료들이 있었네. 내가 재무관에 있었을 때, 이데 산의 대모신(大母神) 숭배를 도입하면서 모임이 결성되어*93 동료들과 연회를 연 것일세. 물론 절도 있는 연회이기는 했지만 그래도 나이에 맞는 젊은 열기 같은 것은 있었지. 다만 그런 것은 나이를 먹을수록 차츰 미지근해지기 마련이지만, 나는 그러한 향연의 기쁨을 육체적인 쾌락보다 친구와의 교제와 대화에서 찾았다네. 친구들끼리 편안하게 누워서 연회를 즐기는 것을 우리의 조상들이 콘비비움(함께삶)이라고 이름붙인 것은 거기서 삶의 유대를 보았기 때문이지만, 그것은 그리스인의 명칭보다 낫다고 생각하네. 그들은 그것을 콤포타티오(함께마시기) 또는 콘케나티오(함께먹기)*94라고 부른 것을 보면, 연회에서 가장 덜 중요한 것에 가장 큰 가치를 인정한 듯하다네.

---

*91 《티마이오스》 69D.

*92 집정관이었을 때(B.C. 260), 시칠리아의 밀라이에서 카르타고 해군을 격파하고 나포한 적선의 함수(艦首)로 기둥을 장식하여 로마 광장에 세웠다.

*93 제2차 포에니 전쟁 말기, 로마에 이상한 징후가 빈발하여 델포이의 아폴론 신전에 신탁을 청하자, '신들의 어머니를 이데 산에서 모셔오라'는 신탁이 나왔다. 그리하여 B.C. 204년, 소아시아 프리기아 지방을 중심으로 숭배되고 있는 대모신(大母神) 키벨레의 신체(神體)로 여겨지는 돌을 로마에 들여왔다.

*94 콤포타티오는 그리스로 심포시온(함께 마시기)의, 콘케나티오는 그리스어 신디푸논(함께 먹기)의 번역 조어(造語)이다. 향연은 그리스어 심포시온, 라틴어 콘비비움으로, 여기에 인용된 다른 말은 일반적으로 사용되지 않는다.

제14장

46 실제로 나는 대화의 즐거움 때문에 긴 향연도 즐긴다네. 뚜렷하게 줄어들어 버린 동년배뿐만 아니라, 자네들과 자네들 또래와도 함께 말이지. 그래서 대화에 대한 욕구를 늘려준 반면, 음식에 대한 욕구가 줄어든 노년에 크게 감사한다네.

그러나 만일 그런 것을 좋아하는 사람도 있다고 한다면—아마 어느 정도는 자연스럽다고 할 수 있는 쾌락에 전면적으로 선전을 포고한 것처럼 보이지 않도록 말하는 것이지만—노년에도 그런 종류의 쾌락에 완전히 감각하다고는 생각하지 않네. 이렇게 말하는 나도, 우리 조상들이 시작한 연회의 좌장(座長) 제도, 조상의 관습에 따라 술잔에 맞춰서 왼쪽 끝자리에서 시작되는 연설,[95] 크세노폰의 《향연》에 나오는 것과 같은 콜콜콜 따를 수 있는 조금 작은 술잔,[96] 여름의 포도주 냉각기, 반대로 겨울의 태양광 난로, 이런 것들을 모두 좋아한다네. 사비니의 시골에 있을 때도 언제나 그것을 즐겼었지. 이웃과 술자리를 마련하여 가능한 한 다채로운 대화로 밤이 깊도록 모임을 이어간다네.

47 그러나 노인의 경우에는 쾌락의 쑤석거림 같은 것은 그리 크지 않다는 말인가? 그렇기도 하지만 그런 것은 아예 바라지도 않는다네. 사람이 원하지 않는 것은 사람을 괴롭힐 수 없지. 이미 노쇠기의 소포클레스는 아직도 성생활은 즐기고 있느냐는 누군가의 질문에 이렇게 멋지게 대답했다네.[97]

"이런, 맙소사! 거칠고 포악한 주인의 손아귀에서 벗어난 것처럼, 거기서 빠져나오게 된 것을 기뻐하는 중이오."

그것을 열망하는 사람에게 그것이 없다는 사실은 아마도 끔찍한 고통이겠지만, 신물이 날 만큼 충분히 만족한 사람에게는 그것을 즐기는 것보다는 없는 편이 더 즐거울 테니까. 하기는 바라지 않는 사람에게는 아쉬움도 없는 법

---

[95] 식탁을 둘러싼 삼면에 긴 의자를 놓고, 왼쪽을 상, 앞 중앙을 중, 오른쪽을 하라고 부른다. 각각의 의자에 세 사람이 옆으로 눕는데, 식탁을 향해 왼쪽부터 상, 중, 하석으로 부른다. 술잔도 연설도 상(上)의 상석에서 시작되었다.

[96] 크세노폰 《향연》 2·26.

[97] 플라톤 《국가》 329C.

이니 원하지도 않는 것, 그것이 더 즐겁다는 이야기네만.

48 그러나 청년들이 진정 그러한 쾌락을 맛보는 일이 즐겁다고 한다면, 이미 말했듯이*98 그들이 맛보는 것은 참으로 하찮은 것이다. 그리고 노인들도 쾌락을 충분히 즐기고 있지는 않지만 완전히 즐기지 못하는 것은 아니라는 말일세. 극장의 맨 앞줄에서 보는 자는 암비비우스 투르피오*99를 더욱 잘 즐길 수 있지만, 맨 뒤에 있는 사람도 즐길 수 있다네. 마찬가지로 청년기에는 쾌락을 가까운 곳에서 응시하기 때문에 아마 기쁨도 크겠지만, 노년에는 멀리서 그것을 바라보면서 충분히 즐기는 것이지.

49 그러나 노년에는 육욕과 야망, 투쟁, 적대감, 그리고 온갖 욕망에 대한 복무 기간이 끝나 마음이 스스로 만족하는, 이른바 마음이 자기 자신과 함께 산다는 것은 얼마나 가치 있는 일인가! 정말 연구와 학문이라는 양식(糧食)이 얼마든지 있다면 한가한 노년만큼 즐거운 것도 없다네. 스키피오여, 자네 아버지의 친구였던 가이우스 갈루스*100가 하늘과 땅을 측정하는 데 열중하는 모습을 우리는 자주 보았네.*101 한밤에 도표를 그리기 시작하면 어느새 떠오른 아침 햇살이 그를 몇 번이나 놀라게 했던가! 아침에 시작했을 때는, 어느새 다가온 밤이 또 그를 몇 번이나 놀라게 했던가! 일식과 월식을 미리 우리에게 예언하는 것이 그에게는 얼마나 즐거운 일이었던가!

50 그보다는 쉽지만 더욱 날카로운 감각을 필요로 하는 행위의 경우는 어떤가? 나이비우스는 자신의 《포에니 전쟁》을, 플라우투스는*102 《트루클렌투스》와 《프세우돌루스》를 얼마나 즐겁게 썼던 것일까. 나는 또 노인이 된 리비우스*103도 본 적이 있네. 그는 내가 태어나기 6년 전, 켄토와 투디타누스가 집

---

*98 확실하게 말한 것이 아니라, 카토의 주장을 막연하게 가리키는 것이리라.

*99 루키우스 암비비우스 투르비오. 카토 시대의 인기 배우.

*100 가이우스 술피키우스 갈루스. 천문학자. 아이밀리우스 파울루스가 마케도니아 왕 페르세우스를 격파한 피드나전투(B.C. 168) 직전에 월식을 예언하여 로마 병사들의 혼란을 막았다.

*101 mori(번역하면 '열중하다가 죽다'가 된다)를 삭제.

*102 티투스 마키우스 플라우투스(B.C. 254년 무렵~B.C. 184년). 로마의 희극작가. 그리스 희극의 번안을 포함한 130편의 희극을 썼고, 오늘날 20편이 거의 완전한 형태로 남아 있다.

*103 루키우스 리비우스 안드로니쿠스(B.C. 283년 무렵~B.C. 202년 무렵). 최초의 라틴 문학 작가. 그리스 문학을 모방, 번안하여 비극과 희극을 썼다.

정관이었던 해*¹⁰⁴에 연극을 상연한 뒤로, 내가 청년이 되었을 무렵에도 여전히 살아 있었지.

푸블리우스 리키니우스 크라수스의 제사장법과 시민법 연구에 대해서는 무슨 말을 할 필요가 있을까? 또 바로 얼마 전 대제사장에 선출된 푸블리우스 스키피오*¹⁰⁵의 학구열에 대해서는 또 무슨 말이 필요하겠는가? 내가 이름을 든 사람들은 모두 늙어서도 여전히 저마다의 공부에 정열을 불태우는 것을 우리는 보아왔네. 엔니우스가 적절하게 '설득의 진수'라고 부른 마르쿠스 케테구스*¹⁰⁶의 경우에는, 그 노구를 이끌고도 변론술 훈련에 얼마나 열심히 정진했는지 우리도 늘 보지 않았는가? 따라서 연회와 유희와 창녀의 그 어떤 쾌락이 이런 쾌락과 비교될 수 있겠는가? 다시 말하면,*¹⁰⁷ 이러한 쾌락은 사려가 깊고 교육을 잘 받은 사람에게는 나이와 함께 커지기 때문에, 앞에서도 말했듯 솔론이 어떤 시에서 '날마다 뭔가 새롭게 배우면서 늙어간다'고 말한 것은 참으로 감탄할 만한 일이지. 이처럼 마음의 쾌락보다 더 큰 쾌락은 있을 수 없다네.

제15장

51 이번에는 농부들의 쾌락을 한번 들여다볼까? 나에게는 믿을 수 없을 만큼 즐거운 것이고, 어떠한 노년도 방해할 수 없는 그것은 현자가 추구하는 삶의 방식에 가깝다고 생각하네. 그것은 농부가 대지와 거래를 하기 때문인데, 대지는 결코 지불을 거부하는 일이 없고 받은 것을 이자도 없이 돌려주는 일은 없다네. 그 이자는 작을 때도 있지만 거의 큰 이자를 붙여서 돌려주거든. 그렇지만 수확만이 즐거운 것이 아니라 대지 자체의 힘과 본성 또한 나를 즐겁게 한다네. 대지는 농부가 갈아 엎어서 부드러워진 가슴에 씨앗을 받아들

---

*104 B.C. 240년. 이때 리비우스가 고령이었던 것은 아니다.

*105 푸블리우스 코르넬리우스 스키피오 나시카 코르쿨룸. B.C. 162, B.C. 155년의 집정관, B.C. 159년의 감찰관. 법학 지식 때문에 코르쿨룸(마음)이라는 별명이 있다. 대 카토가 카르타고를 섬멸해야 한다고 주장한 것에 대해서는 반대했다.

*106 마르쿠스 코르넬리우스 케테구스. B.C. 204년의 집정관. 웅변으로 유명해진 가장 초기의 사람. '설득의 진수'는 엔니우스 《연대기》 9·309(Skutsch)에서 볼 수 있는 표현.

*107 Powell에 따라 이 뒤에 quidem studia doctrinae quae를 삭제한다.

인 뒤, 그것을 감춘 채 계속 품고 있다네—감춘다(occaecatum)는 것에서 써레로 흙을 고르는 작업을 오카티오(occatio)라고 하지*108—그런 다음에 자신의 따뜻한 수분과 압력으로 데워진 씨앗을 둘로 갈라,*109 거기서 초록색 싹을 틔워 낸다네. 그것은 뿌리털에 의지하여 천천히 자라다가 마디가 있는 줄기로 몸을 일으키면, 벌써 사춘기에 들어간 것처럼 꼬투리로 몸을 싸버린다네. 그 꼬투리에서 뚫고 나오면 이삭을 이루어 가지런히 배열된 열매를 만들어내고, 새들이 쪼아먹지 못하도록 까끄라기의 성채로 둘러치지.

52 포도의 발아와 그 재배, 성장에 대해서는 더 무슨 말을 하리요만, 내 노년의 휴식과 즐거움을 자네들에게 알려주기 위해 말하는데, 포도재배야말로 나에게 절대 질리지 않는 즐거움을 준다네. 대지에서 태어나는 모든 것이 지닌 자연의 힘—무화과의 그토록 작은 씨앗에서, 또는 포도씨에서, 또 그 밖의 온갖 과일과 식물의 작디작은 좁쌀 같은 씨앗에서 그토록 큰 줄기와 가지를 자라게 하는 그 힘에 대해서는 더 말해 뭐하겠는가? 당목(撞木)꽂이,*110 흡지 (吸枝),*111 꺾꽂이, 뿌리가름, 휘묻이, 이러한 것들을 보고도 감탄하거나 기뻐하지 않을 사람이 어디 있겠는가?

포도나무는 본디 가지가 늘어지는 성질이 있어서 받쳐주지 않으면 땅에 닿게 되는데, 그래도 똑바로 서 있으려고 뭐든지 닿기만 하면 덩굴손으로 껴안고 올라간다네. 몇 번이나 미끄러지고 이리저리 헤매면서 기어 올라가는 것을, 농부가 솜씨 좋게 가위로 가지치기를 해주어 가지가 여기저기로 너무 뻗어가지 않도록 제한한다네.

53 그리하여 봄이 오면 남은 가지의 관절에 해당하는 곳에 싹이 돋아나는데, 거기에서 포도송이가 모습을 드러내기 시작한다네. 포도송이는 대지의 수분과 태양의 열기에 의해 자라나서, 처음에는 매우 시큼털털하지만 이윽고 익으면 단맛이 들지. 잎에 덮여 있어서 적당한 온기를 잃지 않고 태양의 뜨거운 열도 방지한다네. 포도보다 감미롭고 또 보기에도 아름다운 것이 또 있을까?

---

*108 occaeco(숨기다, 보이지 않게 하다)에서 occatio(써레질)라는 말이 생겼다고 하는 것은 잘못된 것으로, occa(써레), occo(써레로 갈다)의 파생어로 보는 것이 옳다.

*109 Powell의 diffundit을 diffindit라 읽는다.

*110 겨드랑눈에서 새 눈이 나오면 가지를 눈의 아래 위에서 잘라 막대모양이 된 것을 꺾꽂이 순으로 하여 증식하는 꺾꽂이법.

*111 땅속줄기에서 나온 가지. 이것을 잘라내어 꺾꽂이순으로 한다.

앞에서 말한 것처럼 나를 즐겁게 해주는 것은 포도의 유용성뿐만이 아니라네. 받침대의 배열, 덩굴 위의 격자, 끈으로 묶어주기, 휘묻이, 또 앞에서 말했듯 잘라버리는 가지와 마음대로 뻗어가도록 도와주는 가지 등, 이러한 포도 재배와 포도의 본성 자체에서도 나는 즐거움을 느낀다네. 물주기, 밭에 물길 내기, 가래질 같은, 토지를 더욱 살찌우기 위한 작업에 대해서는 더 무슨 말을 할 필요가 있겠는가?

54 비료의 효용에 대해서도 말할 필요가 없겠지. 그것은 농사에 대해 쓴 책 속에서 말해 두었네.*¹¹² 박학한 헤시오도스도 농경 책을 썼지만 비료에 대해서는 한 마디도 하지 않았네. 그에 비해 그것보다 몇 세대나 앞서 살았던 것으로 생각되는 호메로스는, 아들의 부재에서 오는 슬픔을 달래기 위해 밭을 갈고 비료를 뿌리는 라에르테스를 그리고 있다네.*¹¹³ 시골 생활에서 결실을 많이 얻는 것은 밭과 초지, 포도밭, 조림(造林)뿐만 아니라 뜰과 과수원, 나아가서는 양의 방목과 꿀벌, 모든 종류의 꽃이 있기 때문이기도 하네. 땅에 심는 것은 물론이고, 농업에서 가장 신기한 방법인 접붙이기도 즐거움을 준다네.

제16장

55 농사의 즐거움은 그 밖에도 얼마든지 나열할 수 있지만, 이제까지 너무 길게 말한 것 같군. 그래도 그대들은 나를 이해해 주겠지? 내가 농사에 열중한 나머지 지나치게 감탄하거나, 노년을 아무런 결점도 없는 것으로 미화하는 거라고 생각할까 봐 하는 말이네만, 노인이 되면 본디 말이 많아지는 법이라네. 그런데 마니우스 쿠리우스는 삼니움 인과 사비니 인, 피로스 왕을 격파한 *¹¹⁴ 뒤 인생의 만년을 그런 농사일 속에 보냈다네. 그분의 시골집은 우리 집에서도 그리 멀지 않아서 잘 보이는데, 그분의 자제심과 그때의 규율은 아무리

---

*112 카토의 《농업론》은 현존한다.

*113 호메로스 《오디세이아》 24·226 이하. 트로이 전쟁에 출정한 오디세우스는 20년 뒤에 가까스로 고향으로 돌아간다. 어머니는 슬퍼하다가 이미 세상을 떠났고, 늙은 아버지 라에르테스는 시골에서 포도밭을 가꾸면서 아들이 돌아오기만을 기다렸다.

*114 최초의 집정관 때(B.C. 290년) 제3차 삼니움 전쟁을 종결로 이끈 뒤, 사비니 인을 격파하고, 세 번째 집정관 때(B.C. 275년) 베네벤툼에서 피로스 왕을 물리쳤다. 삼니움에 대해서는 주93 참조.

칭송해도 부족할 정도라네.

56 쿠리우스가 화롯가에 앉아 있었을 때의 일이네. 삼니움 인이 많은 양의 황금을 가지고 찾아왔는데, 그걸 받지 않았다는군. 그의 말로는 '황금을 소유하는 것은 훌륭한 일이 아니다, 황금을 소유한 자들을 지배하는 것이 더 훌륭하다'는 것이었지. 이만한 기개가 있으니 어찌 노년이 즐겁지 않을 수 있겠는가?

그러나 나 자신의 이야기에서 벗어나지 않도록, 다시 농부들에게 돌아가세. 그 무렵 원로원 의원, 다시 말해 노인들은 시골에서 살고 있었다네. 실제로 루키우스 퀸크티우스 킹킨나투스[115]는 밭을 갈고 있다가 독재관으로 뽑혔었다는 통지를 받았지. 독재관인 그의 명령을 받아 기병대장 가이우스 세르빌리우스 아할라[116]는 왕위를 노리는 스푸리우스 마일리우스[117]를 주살했어. 쿠리우스와 그 밖의 노인들도 시골집에서 원로원으로 소환되었는데, 그 일 때문에 멀리서 그들을 부르러 가는 관리를 비아토르(使行)라고 불렀다네. 그렇다고 밭을 갈며 사는 것을 낙으로 아는 그들의 노년을 가엾게 여겨야 하는 것일까? 나에게 말하라면, 그보다 행복한 노년은 있을 수 없다고 하겠네. 온 인류의 건강에 기여한다는 의의가 있는 책무를 다하고 있기 때문만이 아니라, 앞에서 말한 즐거움이라는 면에서도, 또 사람들의 식량은 본디 신들에 대한 숭배와도 관련이 있는 모든 것을—그것을 원하는 사람이 있는 이상, 이쯤에서 쾌락에도 공을 돌려야겠다는 생각에서 하는 말이네만—남아돌 만큼 풍요롭게 갖추고 있다는 면에서도 그렇다네. 부지런하고 근면하고 성실한 가장의 집에는 포도주 저장고, 올리브유 저장고, 식량 창고 등이 언제나 가득하게 차 있고, 집 안에 활기가 가득하며, 돼지, 새끼양, 염소, 닭, 우유, 치즈, 벌꿀이 넘쳐나고 있지. 더욱이 농부들은 채마밭을 가리켜 '제2의 돼지갈비'[118]라 부르고 있다네. 새와 짐승을 사냥하는 여가 활동도 이러한 것들에 더욱 운치를 더해 주고 있지.

＊115 B.C. 458년과 B.C. 439년(80세 때)의 독재관. 독재관은 국가가 위기에 처했을 때 집정관에 의해 임명되며 비상대권을 장악하고 가장 먼저 기병대장부터 지명했다.

＊116 B.C. 439년의 일. 마르쿠스 브루투스(카이사르의 암살자)는 아할라를 조상이라고 말했다.

＊117 기사이자 대부호. 전설에서는, B.C. 440~B.C. 439년의 기근 때, 곡물을 방출하여 가난한 로마 사람들을 구제하려고 했으나, 왕위를 노리는 것이라고 귀족파로부터 탄핵 당한 것으로 되어 있다.

＊118 속담풍의 촌스러운 표현이기는 하지만, 채소만 있으면 고기는 없어도 괜찮다는 뜻인지, 그 의미는 불명.

57 목장의 신록과 숲, 포도밭과 올리브나무숲의 광경에 대해서 더 이상 무슨 긴 말이 필요할까? 간단하게 말해서, 잘 경작된 농지보다 쓸모 있고 결실이 풍부하며 보기에도 좋은 것은 어떤 것도 없네. 노년은 그것을 맛보고 즐기는 데 장애가 되기는커녕, 오히려 그곳으로 권유하고 초대한다네.

노인에게 양지바른 곳이나 화롯불 주위만큼 기분 좋게 몸을 녹일 곳이 또 있을까? 또는 그 반대로, 나무그늘이나 물가만큼 상쾌하게 몸을 식힐 곳이 또 있을까?

58 그러니 젊은이들은 무기와 말과 창을, 나무칼과 공을, 그리고 사냥과 경주를 차지하게나. 우리 노인에게는 그 많은 놀이 가운데 골패와 주사위만 남겨주면 되네. 아니, 어느 한쪽만이라도 상관없네. 그런 것이 없어도 노년은 행복할 수 있으니까.

제17장

59 크세노폰의 책은 여러모로 매우 유익하므로 자네들도 다른 책들처럼 열심히 읽어보기 바라네. 《가정론》*¹¹⁹이라는 제목으로 가정 경영을 논한 책에서는, 그가 농업을 얼마나 거침없이 찬미하고 있는지! 또 그가 농경에 대한 열의만큼 왕에게 어울리는 것은 없다고 보았는데, 자네들도 이해할 수 있도록 그 책 속에서 소크라테스가 크리토불로스*¹²⁰에게 이런 말을 했다네. 무장으로서 혁혁한 공을 세운 스파르타 인 리산드로스*¹²¹가 동맹국에서 선물을 가지고 사르데이스*¹²²에 소(小) 키루스*¹²³를 찾아왔을 때의 일이네. 지성도, 지배의 명예도 뛰어났던 이 페르시아 왕자는 리산드로스에게 줄곧 마음을 터놓으

---

*119 소크라테스가 이야기하는 대화편. 농업의 기쁨, 체력을 단련하고 덕성을 닦는 데 있어서의 농업의 중요성을 설명하고, 가정의 요체를 논했다.

*120 소크라테스의 대화 상대. 그 다음의 삽화는 《가정론》 4·20 이하에서 볼 수 있다.

*121 스파르타의 장군. 아테네 해군을 물리쳐(B.C. 405) 펠로폰네소스 전쟁을 종결로 이끌었다. 키루스의 맹우.

*122 소아시아 중부, 리디아 왕국의 수도로, 페르시아 제국의 소아시아 방면 총독부.

*123 아케네메스 왕조 페르시아의 건설자 대(大) 키루스에 대해 소(小) 키루스라고 한다. 형인 왕에게 모반을 일으켜 바빌론으로 쳐들어갔다가 패사한다(B.C. 401). 그 과정이 크세노폰의 《아나바시스》에 그려져 있다.

며 호의적으로 대하면서, 정성들여 나무를 심고 울타리를 친 정원을 보여주었네. 리산드로스는 정연한 바둑판 모양[*124]으로 늘어서서 쭉쭉 자란 나무와 잘 손질된 깨끗한 토양, 그리고 꽃에서 넘쳐나는 그윽한 향기에 감탄하여 그것을 설계하고 가꾼 사람의 열의는 물론이고 교묘한 기술에 감탄했다고 말하자, 키루스는 이렇게 대답했다네.

"이 설계는 모두 내가 한 것이오. 이것을 배열하고 가꾼 것도 나 자신이고, 대부분의 나무도 내 손으로 직접 심었지요."

그러자 리산드로스는 보랏빛 예복을 입은 키루스의 수려한 용모와 금은보화가 가득 장식된 그 페르시아 의상을 유심히 바라보면서 말했다.

"키루스여, 그대는 행복한 사람이라고 불릴 자격이 충분한 사람이오. 그대의 경우, 행운과 덕성이 완전히 하나를 이루었기 때문이라오."

60 따라서 노년에는 그러한 행복을 맛보는 것이 허락되어 있으며, 농업을 비롯하여 여러 사항에 대한 열정을 노년의 끝에 이를 때까지 계속 유지하는 것을 나이 때문에 방해를 받지는 않는다네. 마르쿠스 발레리우스 코르비누스[*125]는 이미 인생을 충분히 산 뒤에도, 시골에서 농사를 지으면서 백 살까지 열심히 일했다고 들었네. 이 사람의 첫 번째와 여섯 번째 집정관직 사이에는 무려 46년이나 되는 세월이 있으니, 조상들이 노년의 시작[*126]으로 생각했던 그 기간 동안 그는 명예 공직의 길을 계속 걷고 있었던 셈이지. 게다가 이 사람은 가장 늘그막 무렵, 영향력은 차츰 늘어나고 고생은 줄었기 때문에 중년기 이상으로 행복했었다네. 참으로 노년에서 가장 뛰어난 명예는 바로 이 영향력이라네.

61 루키우스 카이킬리우스 메텔루스에게는, 또 아울루스 아틸리우스 칼라티누스[*127]에게는 과연 어느 정도의 영향력이 있었을까? 이 사람에 대해서는

---

*124 정방형의 구획에 주사위의 다섯 눈의 위치에 나무를 심고, 그것을 전후좌우로 이어나간다.

*125 갈리아의 호걸과 싸울 때 까마귀(코르부스)의 도움을 받은 것에서 코르비누스라는 별명을 얻었다. 여섯 번이나 집정관이 되었고, 제1회(B.C. 348)와 제6회(B.C. 299) 사이가 46년이라는 것은 아마도 계산 착오인 듯하다.

*126 옛날에는 병역이 해제되는 46살을 노년의 시작으로 여겼다. 키케로의 시대에는 60살 정도부터 노년으로 쳤다.

*127 제1차 포에니 전쟁의 영웅. B.C. 258, 254년의 집정관.

이런 비문이 있다네.

> 수많은 나라가 입을 맞춰 이야기하는구나
> 바로 이 사람이 로마에서 으뜸가는 용사였다고.

이 시 전체가 묘비에 새겨져 있어서 잘 알려져 있지. 그래서 모든 사람이 한결같이 칭송하는 이 사람이 무게를 가지는 것은 마땅한 일이네. 최근에는 대제사장인 푸블리우스 크라수스와, 그 뒤에 같은 성직에 임명된 마르쿠스 레피두스*128를 참으로 훌륭한 인물로 보았네. 파울루스와 아프리카누스, 또 앞에서도 말한 막시무스에 대해서는 무슨 말을 더 보태겠는가? 그들은 자신의 견해를 이야기할 때 뿐만 아니라 고개를 한 번 끄덕이는 데에도 권위가 깃들어 있었다네. 노년, 특히 명예 공직에 있는 노년은 청년의 쾌락을 모두 합친 것보다 더 가치가 높은 권위를 띠고 있는 법이라네.

제18장

62 그러나 유의해 두어야 할 것은, 내가 이 이야기 전체를 통해 칭송하는 것이 청년기의 기초 위에 세워진 노년이라는 점이네. 또 이것은 전에도 모든 사람들의 동의를 얻은 적이 있는 것인데, 말로써 자신을 변호해야 하는 노년은 비참하다는 사실이네. 백발과 주름살을 내세워 어느 날 갑자기 권위를 차지하려 들 수는 없다네. 인생을 명예롭게 살아야만 그 결과로서 권위라는 결실을 얻는 법이니까 말이네.

63 얼핏 보기에 하잘것없는 당연한 일인 인사를 받는 것, 방문을 받는 것, 길을 양보 받는 것, 지나갈 때 일어서 주는 것, 공공장소에서 호위를 받는 것, 상담을 의뢰받는 것, 이러한 일들이야말로 존경의 증거가 되는 것들이네. 이런 일들은 우리나라에서도 다른 나라에서도 또 도덕심이 높으면 높을수록 철저하게 지켜진다네. 바로 조금 전에 이야기한 스파르타의 리산드로스는, 노인들이 가장 잘 살 수 있는 나라는 스파르타라고 늘 말했다고 하네. 그토록 노년

＊128 마르쿠스 아이밀리우스 레피두스. B.C. 187, 175년의 집정관. 27년 동안 원로원의원 주석이었다.

을 배려하고 존경하는 곳은 어디에도 없기 때문이겠지. 또 이런 이야기도 전해진다네. 아테네의 연극제에서 있었던 일로, 어떤 노인이 사람이 꽉 찬 극장에 갔는데 그 나라 사람들은 그 누구도 자리를 양보해 주지 않았다는군. 그런데 국가 사절로서 한곳에 모여앉아 있던 스파르타 인들에게 다가가자,*129 모두들 일어나 그 노인을 맞이하며 자리에 앉혀 주었다고 하네.

64 그러자 이 스파르타 인들에게 극장 안의 모든 관중들이 박수를 보냈고, 그 가운데 한 사람이 이렇게 말했다네.

"아테네 인들은 무엇이 옳은지 알고 있으면서도 그것을 실행하려 하지 않는다."

자네들 같은 복점관들 사이에도 미풍이 많지만, 특히 우리의 논의와 관련하여 훌륭한 것은 연장자에게 먼저 의견을 말할 권리가 주어진다는 것, 공직에서 상위에 있는 사람뿐만 아니라 현재 명령권*130을 가진 사람에 대해서도, 또 나이가 많은 복점관이 우선이라는 점이네. 그러니 어떤 육체적 쾌락이 권위라는 포상에 비할 수 있겠는가? 그 포상을 멋지게 사용한 사람이야말로 서투른 배우처럼 마지막 무대에서 실수하는 일 없이 인생이라는 연극을 성공적으로 끝낸 사람이라고 나는 생각하네.

65 그러나 노인은 까다롭고 걱정이 많으며, 화를 잘 내어 다루기 힘들다고? 더 파고들면 탐욕스럽기까지 하지. 그러나 이런 것들은 성격의 결함일지언정 노년의 결점은 아니라네. 어쨌든 까다로움이나 방금 말한 결함에는 조금 변명의 여지가 있다네. 그러나 충분한 변명이라고는 할 수 없지만 인정해 줘도 괜찮을 것이라고 생각하네. 그것은 노인이 스스로 경멸당하고 무시당하며 비웃음당하고 있다고 생각한다는 것, 게다가 쇠약한 육체에는 어떠한 타격도 증오스럽게 느껴진다는 것이네. 그러나 이러한 것들은 모두 좋은 습관과 좋은 소양으로써 개선될 수 있다네. 그것은 실생활에서도 무대 위에서도 알 수 있는데, 《형제》*131에 나오는 형과 아우를 보게나. 한쪽의 엄격함과 다른 한쪽의 너

---

*129 이를테면 봄에 열리는 대(大) 디오니시아 축제에서는 제사장, 정부 고관, 명예 시민, 전몰 병사의 아들들 외에 외국 사절에게도 객석 맨 앞줄에 특별석이 주어졌다.

*130 군대에 대한 지령, 재판에서의 결정에 있어서 최고 권력으로, 집정관, 법무관, 독재관, 기병대장 등만이 행사할 수 있었다.

*131 테렌티우스 작, B.C. 160년에 상연된 희극. 시골에 사는 형의 엄격함과 도시에 사는 동생의 너그러움이 주제를 이루고 있다.

그리움이 어떠하던가! 모든 것이 그와 같다네. 오래된 술이 모두 시큼해지지는 않듯이 사람의 성질도 그렇다네. 노년의 엄격함은 인정하지만, 다른 것과 마찬가지로 정도의 문제라네. 뭐든지 지나치면 안 되는 것이야.

66 나로서는 노인의 탐욕에 대해서는 도저히 이해할 수 없네. 남은 인생이 줄어들수록 더 많은 노잣돈을 바라는 것만큼 어리석은 일이 또 있을까?

제19장

이제 우리 나이의 사람들을 가장 괴롭히고 불안하게 하는 네 번째 이유가 남았군. 죽음의 접근, 죽음이 노년과 멀리 떨어져 있지 않다는 것은 사실이네. 이렇게 긴 인생을 살면서 죽음을 가볍게 생각해야 한다는 것을 깨닫지 못한다면 얼마나 가련한 노인인가! 만일 죽음에 이르러 영혼이 완전히 소멸된다면 무시해도 무방하고, 영혼이 영원히 살 수 있는 곳으로 이끌려간다면 마땅히 손꼽아 기다려야 하는 것이네. 제3의 길은 어디에도 없다네.

67 그렇다면, 죽은 뒤의 나는 가련하지 않고 오히려 행복할 것인데 무엇을 두려워하겠는가? 그러나 아무리 젊은 사람이라도 자기가 저녁까지만 살아있을 거라고 확신할 만큼 어리석은 자가 과연 있을까? 오히려 우리보다 젊은 나이 쪽이 훨씬 더 많은 죽음의 위기에 둘러싸여 있다네. 젊은이들이 질병에 더 잘 걸리고 더 심하게 앓으며 잘 낫지도 않는 법이라네. 그래서 노년에까지 이르는 자가 드문 것이지. 만일 그렇지 않다면, 인생을 더 멋지고 지혜롭게 살 수 있을 텐데! 분별심과 이성과 깊은 사려는 노인들에게 있으니까 말일세. 만일 그런 노인이 한 사람도 없다면 어떤 나라도 존재하지 않을 거야.

68 하지만 다시 죽음으로 돌아가서 자네들도 보는 바와 같이, 죽음은 노년과 젊은이에게도 공통되는 것인데 왜 그토록 노년을 비난하는 것일까? 죽음이 모든 세대에 공통되는 것임을 나는 가장 사랑하는 아들을 통해서,[132] 또 스키피오 자네는 최고의 공직에 오를 것으로 촉망되던 동생들을 통해서[133]

---

[132] 대 카토와 첫 번째 아내 리키니아 사이의 아들. B.C. 152년, 차기 법무관으로서 사망. 대 카토는 그보다 2년 전 80살 때 두 번째 아내 살로니아에게서 차남을 얻었다.

[133] 소 스키피오의 동생의 한 사람은 B.C. 168년, 아버지 루키우스 아이밀리우스 파울루스의 개선식 닷새 전에 열네 살의 나이로, 또 한 사람은 사흘 뒤에 열두 살의 나이로 죽었다.

깨달았네. 그러나 젊은이는 오래 살기를 바라도 되고, 노인들은 그것을 바라면 안 된다는 말인가? 하지만 그것은 지혜롭지 못한 일이네. 불확실한 것을 확실하다고 믿고 거짓을 진실이라고 생각하는 것만큼 어리석은 일은 없을 테니까. 그러나 노인에게는 아예 희망할 것도 없다는 말인가? 아니야, 노인은 젊은이들이 바라는 것을 이미 이루었기 때문에 그만큼 더 유리한 상황이라네. 젊은이들은 오래 살고 싶어하지만 노인들은 이미 오래 살았다네.

69 그렇지만 위대한 신들이시여! 인간의 본성 중에서 길다고 할 수 있는 것이 과연 있을까요? 왜냐하면 예를 들어 최대한의 수명을 받아 타르테소스 왕만큼 오래 산다 해도—어떤 책에 따르면, 일찍이 가데스에 아르간토니오스라고 하는 왕은 80년 동안 군림하고 120살까지 살았다고 하는데[*134]—나에게는 아무리 길어도 끝이 있는 것은 영속하는 것으로 보이지 않네. 아무튼 끝이 오면 지나간 것은 흘러가버리니까. 오직 덕과 선행에 의해 이룩한 것만이 남는다네. 시간도, 날도, 달도, 해도 흘러가네. 지나간 시간은 돌아오지 않고 미래는 알 길이 없네. 인간은 누구나 살아가기 위해서는 주어진 시간에 만족해야 한다네.

70 이를테면 배우가 사람들을 즐겁게 하기 위해서 어느 막에서든 갈채를 받기만 한다면 모든 장면에 다 나올 필요가 없는 것처럼, 현자 또한 "여러분, 박수를 부탁합니다"[*135]라는 말을 들을 때까지 이르지 않아도 되는 것이라네. 눈 깜짝할 사이의 인생도 훌륭하게 살고 품위 있게 살기에 충분히 길다네. 만일 아무리 오래 산다 하더라도 탄식할 필요는 없네. 아름다운 봄이 지나 가을과 겨울이 온 것을 농부들이 탄식할 필요가 없듯이 말이네. 봄은 청춘을 나타내고 다가올 결실을 약속하는 것임에 비해, 나머지 계절은 결실을 베어 거둬들이는 계절이기 때문이네.

71 그리고 노년의 결실은 이미 여러 번 말했듯이, 전에 경험한 좋은 것에 대한 풍요로운 추억이라네.

---

*134 헤로도토스의 《역사》 1·163에 의하면 타르테소스(스페인 남부, 과달키비르 강과 구아디아나 강 사이에 있는 땅, 금속자원이 풍부하여 오래전부터 페니키아 인과 그리스 인들에게 알려져 있었다)의 왕 아르간토니오스라고 되어 있다. 가데스는 지브롤터 해협 북서쪽의 교역지(현재의 카디스).
*135 연극이 끝나면 칸토르(가수)라는 사람이 나와서 객석을 향해 이런 말을 했다.

자연에 순종하여 일어나는 것은 모두 선한 것으로 여겨진다네. 그렇다면 노인이 죽는 것만큼 자연스러운 일이 어디 있겠나? 똑같은 일이 청년의 경우에는 자연이 거부하고 저항함에도 일어난다네. 그래서 나는, 젊은이가 죽는 것은 활활 타오르는 불길이 많은 양의 물로 진화되는 것과 같고, 반면에 노인이 죽는 것은 다 타버린 불이 아무런 힘을 가하지 않아도 저절로 꺼져 가는 것과 같다라고 생각하네. 과일도 덜 익었을 때는 힘껏 비틀어야 나무에서 떨어지지만 잘 익으면 스스로 떨어지듯이, 목숨 또한 청년에게서는 힘으로 빼앗는 것이고, 노인한테서는 성숙의 결과로서 제거되는 것이라네. 이 성숙이 바로 나에게는 더할 수 없이 기쁜 것이기 때문에 죽음에 가까이 다가가면 갈수록, 즉 긴 항해의 끝에 육지를 발견하여 마침내 항구에 들어가려는 것과 같다네.

제20장

72 그런데 노년에는 정해진 기한이 없으며 의무인 봉사를 수행하되, 죽음을 경시할 수 있다면 훌륭하게 살아갈 수 있다네. 그래서 노인이 젊은이보다 더욱 기개가 있고 의연해질 수 있는 것이지. 참주 페이시스트라토스*136의 물음에 대한 솔론의 대답이 그 하나의 예라고 할 수 있다네. 즉 "도대체 무엇을 믿고 그토록 대담하게 반대하는 것인가?" 하는 물음에 솔론은 이렇게 말했다네.

"노년을 믿고."

그러나 가장 이상적인 삶의 종결은 건전한 정신과 올바른 감각이 있는 동안, 자연이 스스로 조립한 작품을 자신의 손으로 분해할 때 이루어진다네. 배도 건물도 그것을 만든 본인이 가장 쉽게 해체할 수 있는 것과 마찬가지로, 인간의 경우에도 그것을 창조한 자연이 가장 잘 분해한다네. 무엇이든지 붙였던 것을 다시 떼는 것은 최근에 만든 것일수록 어렵고, 오래된 것일수록 쉬운 법이지. 그리하여 노인은 얼마 남지 않은 여생에 지나치게 욕심을 부려도 안 되지만, 까닭 없이 포기해서도 안 되는 것이라네.

---

*136 B.C. 6세기 아테네의 정치가. 정쟁을 진압하고 참주가 되었는데, 36년 동안의 통치는 선정이었다고 할 수 있다. 독재권을 노리는 그에게 솔론이 저항하는 것은 아리스토텔레스 《아테네 인의 국제(國制)》 14·2에서 볼 수 있다.

73 피타고라스도 지휘관, 즉 신의 명령없이 인생에서 자신이 지켜야 할 자리를 떠나는 것을 금한다네.*[137]

현자 솔론 같은 사람도, 자신의 죽음을 친구들이 슬퍼하고 탄식해주기를 바란다는 단시(短詩)를 지었다네.*[138] 생각건대 그는 가까운 사람들에게 소중한 존재가 되고 싶었음이 틀림없네. 그러나 엔니우스 쪽이 더 훌륭한 말을 한 것 같더군.

누구도 나를 눈물로 애도하지 말라,
장사지낼 때도 곡하는 건 사절하노라.*[139]

그 뒤에는 영원한 삶이 이어질 터이므로 죽음을 슬퍼해야 하는 것으로 생각하지 않는 것이라네.

74 그리고 뭔가 죽음의 감각 같은 것이 있을지도 모르지만, 혹시 있다 해도 노인에게는 짧은 것, 사후의 감각은 기대할 만한 것이거나 아니면 전혀 존재하지 않을 것이네. 그러나 죽음을 아랑곳하지 않도록 젊었을 때부터 연습해 두는 것이 좋네. 그 연습이 없으면 어떤 사람도 평정한 마음으로 있을 수 없다네. 누구든 언젠가 죽는 것은 확실하지만, 그것이 바로 오늘인지 아닌지는 불확실하기 때문이라네. 따라서 언제까지나 닥쳐올 죽음을 두려워하고만 있다면, 어떻게 강한 마음을 지닐 수 있겠는가?

75 이 문제를 장황하게 논할 필요가 없는 것은, 조국을 해방하려다가 살해된 루키우스 브루투스,*[140] 말을 달려 스스로 사지에 뛰어든 데키우스 부자,*[141]

---

*137 플라톤의 《파이돈》 62B에서는 인간은 감옥 속에서 감시받고 있는 존재이며, 거기서 달아나서는 안 된다고 되어 있다(다른 해석도 있다). 키케로는 이 사상을 감시하는 군무(軍務)의 이미지로 이야기한다.

*138 플루타르코스의 《영웅전》 '솔론과 푸브리콜라의 비교' 1에 인용된 시는, '아무도 울어주지 않는 죽음은 오지 않기를. 죽는다면 친구에게 슬픔과 탄식을 남기고 싶다'.

*139 엔니우스 《풍자시》 9 이하(Warmington).

*140 반쯤 전설이지만, 타르퀴니우스 수페르부스를 추방하고 왕정을 폐지한 뒤, B.C. 509년 최초의 집정관이 되었다.

*141 아버지 푸블리우스 데키우스 무스는 B.C. 340년의 집정관. 라티니 인과의 전쟁 때, 일신을 사자(死者)의 영혼과 대지에 바치고 홀로 적중에 잠입했다. 같은 이름의 아들에 대해서는 주94 참조.

적과의 서약을 지키기 위해 고문을 받으러 돌아온 마르쿠스 아틸리우스,[142] 페니키아 군의 침입을 몸을 던져 막으려고 했던 두 스키피오,[143] 칸나이 굴욕 때 동료의 무모함을 죽음으로 배상한, 자네 조부 루키우스 파울루스와[144] 잔혹하기 짝이 없는 적조차 그 주검의 매장에 예를 다했던 마르쿠스 마르켈루스[145]가 아니라, 내가 《기원(起源)》[146]에 기록해 두었듯이 살아서는 두 번 다시 돌아올 수 없는 곳으로 때때로 의기양양하게 나아갔던 우리 군대를 돌이켜 보면 그것으로 충분하다네. 즉 젊은이들, 그리고 교육받지 못한 자들은 물론이고 시골 출신조차 경시하는 것을, 어떻게 학식 있는 노인이 두려워한단 말인가?

76 적어도 내가 보는 바로는 분명히, 모든 일에 만족하면 인생에도 만족하게 된다네. 소년기에는 소년기의 일이 엄연히 있는데, 그렇다고 청년이 그것을 아쉬워할 것인가? 청년기의 초기에 있는 일을 이미 안정된 중년의 세대가 추구하려 할까? 중년기에도 물론 일이 있지만, 노년이 되어 그것을 바라거나 하지는 않지. 그리고 노년에는 최후의 일이 있는 거라네. 그러므로 예전의 각 연대의 일들이 사라지듯이 노년의 일도 사라지게 마련이지. 바로 그때가 만족 속에서 인생을 마치고 죽을 때가 무르익은 것이라네.

제21장

77 나 자신이 죽음을 어떻게 생각하는지, 그것을 굳이 자네들에게 말 못할 이유는 없는 것 같군. 죽음에서 그리 멀리 떨어지지 않은 만큼 더 잘 이해할 수 있을 테니까. 푸블리우스 스키피오와 가이우스 라일리우스여, 자네들의 부

---

*142 마르쿠스 아틸리우스 레굴루스. 카르타고 군의 포로가 되었을 때(B.C. 255년), 화평 조건을 로마에 전하러 가는 사자가 되었으나, 로마에서는 항전을 설득하고 약속대로 카르타고로 돌아가 살해되었다.

*143 29절에 나오는 그나이우스와 푸블리우스.

*144 '자네'란 소 스키피오를 말한다. B.C. 216년, 칸나이(이탈리아 동남부)에서 로마군은 한니발에게 공전절후의 참패를 당했다. 동료 집정관 가이우스 테렌티우스 바로는 살아남았다.

*145 제2차 포에니 전쟁의 명장. 지구 전법(持久戰法)의 파비우스와는 반대로 한니발과 정면으로 싸울 것을 주장했다. 플루타르코스 《영웅전》 속에 전기가 있다.

*146 주81 참조.

친은 세상에 그 누구와도 견줄 데 없는 명망가이자 내가 가장 친애하는 분들이었는데, 내 생각으로는 오직 그것만을 삶으로 여길 수 있는 삶을 지금은 살고 있는 것이라네. 왜냐하면 우리는 이 육체라는 틀 속에 갇혀 있는 한, 자연의 법칙이 정한 의무와 힘든 일을 수행해야 하기 때문이네. 영혼은 하늘에 속하는 것으로 가장 높은 거처에서 내려와, 신의 본성이나 영원성과는 정반대의 장소인 지상에 깊이 가라앉았기 때문*[147]이라네. 그러나 불멸의 신들이 인간의 몸 안에 영혼을 뿌린 것은, 지상을 보살피는 자와, 천계의 질서를 관찰하여 흔들림 없는 삶의 방식을 가진 그 질서를 모방하는 자를 존재시키기 위해서였다고 나는 믿고 있다네. 추론과 정론만을 통해 이런 신념에 이른 것은 아니며, 가장 뛰어난 철학자*[148]들의 숨김없는 권위도 그 신념에 이르도록 이끌었다네.

78 피타고라스와 피타고라스학파라고 하면 일찍이 이탈리아 철학파로 불렸던 만큼 우리 이탈리아 사람이라 해도 무방할 정도인데, 그들은 인간이 우주의 신적(神的)인 정신에서 유래한 영혼을 지니고 있다는 것을 믿어 의심치 않았다고 흔히 말하고 있네. 그리고 아폴론 신탁에서 최고의 지자(知者)로 판정받은 그 소크라테스가 생애의 마지막 날 영혼 불멸을 논의한 내용도 널리 알려져 있지.*[149]

여기서 여러 말을 할 필요가 있을까? 나는 이렇게 확신하고, 이렇게 생각하네. 먼저 영혼의 작용은 이토록 신속하고, 그 많은 과거를 기억하고 미래를 예견할 수 있으며, 이토록 다양한 학문과 지식, 창의, 연구가 풍부한 것으로 보아, 그 모든 것들을 포용하는 자연은 사멸할 수 없다는 것. 그리고 영혼은 쉬지 않고 움직이지만, 어떠한 동인(動因)도 갖지 않고 저절로 움직이는 것으로 보아 스스로 자신을 버리는 일도 없을 터이므로, 그 운동에는 끝이 없다는 것.*[150] 나아가서 영혼의 본성은 단일하며, 그 내부에 자신과 비슷하지 않은 혼합물은 아무것도 가지고 있지 않은 것으로 보아 영혼은 분리될 수 없다는 것. 분리되지 않는 이상, 멸망하지 않는다는 것.*[151] 인간이 태어나기 전부터 이미

---

*147 플라톤 《티마이오스》 41D 이하 참조.
*148 주로 피타고라스와 플라톤.
*149 플라톤 《파이돈》이 그날의 소크라테스와 제자의 대화를 전하고 있다.
*150 플라톤 《파이드로스》 245C 이하 참조.
*151 플라톤 《파이돈》 78B 이하 참조.

많은 것을 알고 있다는 것의 강력한 증거로서, 어린이조차 어려운 학문을 배울 때 헤아릴 수 없이 많은 사항을 그토록 빨리 이해하는 것으로 보아, 지금 처음으로 듣는 것이 아니라 기억하고 상기하는 것처럼 보인다는 사실을 들 수 있다네.*152 이것이 플라톤 학설의 요지라네.

제22장

79 또 크세노폰의 책에는 대(大) 키루스가 임종의 자리에서 이런 이야기를 한 것이 있네.*153

눈에 넣어도 아프지 않을 아들들아! 내가 너희 곁을 떠난다고 어디에도 없다고 생각해서는 안 된다. 함께 있었을 때도 너희는 내 영혼은 보이지 않지만 그것이 이 몸속에 살아 있다는 것을 나의 행위를 통해 알지 않았느냐? 그러니 만일 너희에게 내가 더 이상 보이지 않는다 하더라도 계속 존재하고 있다고 믿어야 하느니라.

80 사실 높은 명성을 얻은 사람들이라 해도, 그 영혼이 우리에게 영향력을 미치면서 그들에 대한 추억을 두고두고 간직할 수 있게 해주지 않는다면, 그 명예는 사후까지 지속하지 않을 것이다. 나로서는 영혼이 언젠가는 죽어야 하는 육체 속에 있는 동안에는 살아 있고, 거기서 떠나는 순간 죽어버린다는 것은 도저히 믿을 수가 없구나. 오히려 나는, 지성이 없는 육체에서 영혼이 떠날 때 지성까지 사라지는 것이 아니라, 영혼이 육체라는 부가물에서 완전히 해방되어 순수하고 무구한 존재가 되기 시작했을 때 비로소 지성을 갖게 된다고 믿었다. 또 인간의 본성이 죽음으로서 분해될 때, 다른 요소들은 저마다 자신이 태어난 곳으로 돌아간다는 것을 알고 있지만, 영혼만은 그곳에 있을 때나 떠나갈 때나 눈에 보이지 않는 것이란다.

81 그런데 너희도 알다시피 잠만큼 죽음과 비슷한 것은 없다. 영혼이 그 신성함을 최대한으로 드러내는 것도 바로 잠을 자고 있을 때이다. 그 증거로, 영

---

*152 플라톤 《파이돈》 72E 이하, 《메논》 83A 이하 참조.
*153 《키루스의 교육》 8·7·17~22에서, 키케로는 영혼의 불멸을 설명하는 데 적절하도록 취사
    선택하여 인용하고 있다.

혼은 구속에서 해방되어 자유로워졌을 때 미래에 대해 많은 것을 예견하지 않느냐. 따라서 육체의 구속에서 완전히 해방되었을 때라야 영혼의 상태를 알 수 있는 것이다. 그러니 내가 하는 말이 옳다고 생각되거든, 나를 신처럼 공경하여라. 그러나 만일 영혼이 육체와 함께 죽는다 하더라도, 너희는 이 아름다운 세계를 보호하고 다스리는 신들을 숭배하면서, 나에 대한 추억을 경건하고 엄숙하게 간직해가기 바란다.

제23장

82 키루스는 죽음 앞에서 이렇게 말했네. 만일 괜찮다면 이제 우리의 경우를 생각해 보지 않겠나? 스키피오여, 자네 부친 파울루스도, 조부인 파울루스와 아프리카누스 두 분도, 아프리카누스의 부친과 백부도, 또 하나하나 다 열거할 수는 없지만 수많은 뛰어난 용사들도, 후세가 자신들과 이어져 있다는 의식도 없이 그렇게 후세까지 기억될 그 수많은 위업을 이룩했다는 것은, 누가 뭐라 해도 나는 받아들일 수 없네. 노인들이 흔히 그러듯이 내 자랑을 좀 한다면, 나도 밤낮없이 나라 안팎에서 그 힘든 일들을 수행해 왔는데, 만일 나의 명예가 나의 인생과 함께 끝난다고 생각했다면 그렇게까지 했을 것 같은가? 수고나 노력 같은 것은 하지 않고 조용하게 은둔생활을 하는 편이 훨씬 낫지 않았을까? 그런데 왠지 나의 영혼은 한껏 발돋움을 하여, 마치 이 세상에서 사라졌을 때 비로소 진정으로 살게 되는 것처럼 끊임없이 후세를 내다보았다네. 실제로 영혼이 불멸하는 것이 아니라면, 가장 뛰어난 사람들의 영혼이 불멸의 명예를 얻기 위해 그토록 노력을 기울이는 일은 없지 않을까?

83 현명한 사람일수록 평정한 마음으로, 어리석은 자일수록 불안한 마음으로 죽어간다는 사실을 어떻게 설명할 것인가? 더 넓고 더 멀리 내다볼 수 있는 영혼에게는, 자신이 더 좋은 세계를 향해 여행을 떠나는 것이 보이는데, 시력이 나쁜 영혼은 그것을 보지 못하는 거라고 생각되지 않는가?

나는 숭배하고 존경했던 자네들의 부친을 만날 수 있다는 기대에 내 마음은 들떠 있다네. 직접 알았던 사람뿐만 아니라 이야기로 듣기만 한 사람, 읽은 적, 쓴 적이 있는 사람들을 만나고 싶어서 견딜 수가 없네. 내가 그곳으로 여행을 떠나면 아무도 나를 돌려세울 수 없을 터이고, 펠리아스*154처럼 나를 삶아서 젊은 시절로 되돌아가게 할 수도 없을 것이네. 또 만일 어떤 신이 오늘의 나를 갓난아기로 되돌려 요람에서 울게 해 주겠다고 해도 난 단호하게 거절하겠네. 말하자면 겨우 경주 거리를 다 뛰었는데 도착 지점에서 출발점으로 다시 불려가는 것은 사절이라는 거지.

84 인생에 어떤 이점이 있다는 말인가? 아니 그보다 어떠한 노고가 없다는 것인가? 확실히 이점이 있기는 있다 하더라도, 거기에는 반드시 포화나 한도가 있다네. 대부분의 사람들, 특히 학식 있는 사람들이 곧잘 그랬던 것처럼 삶을 한탄하려는 것은 아니네. 또 살아온 것에 대해 불만을 품고 있는 것도 아니라네. 후회하지 않아도 될 만한 삶을 살아왔으니 말이야. 나는 내 집이 아니라 여인숙에서 떠나듯이 이 세상을 떠나려고 하네. 자연은 우리가 정착하기를 바라는 것이 아니라 임시로 머물 숙소를 빌려준 것뿐이라네.

영혼들이 모이는 그 신성한 공동체로 떠난다는 것, 그리고 이 시끄럽고 혼탁한 세상에서 떠난다는 것은 얼마나 경사스러운 일인가! 무엇보다 그곳에는 앞에서 말한 사람들뿐만 아니라, 내 아들 카토도 있을 테니까. 그 아이보다 뛰어난 인물, 그 아이보다 효성이 지극한 인물은 아직 본 적이 없다네. 그 아이의 시신을 내 손으로 몸소 화장했지만, 사실은 반대로 그 아이가 나를 화장해야 마땅한 일이었어. 그러나 그 아이의 영혼은 나를 버린 것이 아니라 나를 돌아보면서, 나도 가야 할 곳이라고 생각했던 바로 그 장소로 떠난 것이라네. 나는 이 불행을 의연하게 극복하는 것처럼 보이지만, 그것은 평정한 마음으로 견디고 있어서가 아니라, 우리 둘을 갈라놓는 이별이 그리 오래 지속되지는 않을 거라는 생각으로 나 자신을 위로해 온 것이라네.

85 이런 이유에서 스키피오여, 자네도 라일리우스도 여느 때에 감탄한 적이 한두 번이 아니라고 말했지만, 나에게 노년은 무거운 짐이 아니라네. 또 괴롭지 않은 정도가 아니라 오히려 즐겁기까지 하다네. 그러나 만일 내가 인간의 영혼은 불멸이라고 믿는 것이 잘못된 것이라면, 나는 기꺼이 그 잘못을 범하고

---

*154 그리스 신화 속의 인물. 아이손에게서 이올코스의 왕위를 빼앗지만, 아이손의 아들 이아손과 그 아내 메디아에게 복수를 당한다. 메디아는 펠리아스의 딸들에게 늙은 양을 삶아서 새끼양이 되게 하는 마술을 보여준 뒤, 그녀들의 아버지도 이 방법으로 젊게 만들수 있다고 꾀어 펠리아스를 죽게 만든다.

싶고, 기쁨의 원천인 이 착각을 내가 살아 있는 한 나에게서 빼앗아가지 말았으면 하네. 보잘것없는 철학자*155들이 생각하는 것처럼 죽으면 아무것도 느끼지 못하게 된다면, 죽은 철학자가 나의 이 착각을 조롱하지 않을까 두려워할 필요도 없는 셈이지. 그러나 만일 우리가 불멸의 존재가 될 수 없다 해도, 역시 인간은 저마다 적절한 때에 사라지는 것이 바람직하다네. 자연은 다른 모든 것과 마찬가지로 산다는 것에 대해서도 한계를 정해 두었으니까 말일세. 인생에서의 노년은 연극에서의 마지막 장과 같은 것, 거기서 기진맥진하여 쓰러지는 일은 피해야 하네. 특히 인생을 충분히 만끽한 뒤에는.

여기까지가 내가 노년에 대해 이야기하고 싶었던 것이네. 부디 자네들도 노년에 이르렀을 때 나에게서 들은 것을 몸으로 경험하고 확인할 수 있기를 바라네.

---

*155 인간의 육체와 영혼은 원자의 집합체이며, 죽으면 낱낱의 원자로 해체되어 감각도 사라진다고 보는 에피쿠로스학파를 가리키는 것으로 생각된다.

In Catilinam 63 B.C./Pro Archia Poeta 62 B.C.
카틸리나 탄핵/아르키아스 변호
변론에 대하여

카틸리나 탄핵

제1 연설

B.C. 63년 11월 8일
유피테르 스타토르 신전에서의 원로원 의회

1

1 카틸리나*¹여, 도대체 언제까지 우리의 인내를 시험해 보려는 생각인가. 광기와도 같은 그대의 행동이 언제까지 우리를 농락할 수 있으리라고 보는가. 언제까지 그대는 오만불손한 태도를 과시할 생각인가. 어찌 그대는 파라티움 언덕*²을 지키는 밤의 경비대에도, 도시를 순회하는 정찰대에도, 민중의 공포에도 전혀 놀라거나 허둥대지 않고 아무런 동요도 일으키지 않는가. 양식 있는 모든 사람들이 모여 삼엄한 경호 아래 이와 같은 장소*³에서 원로원이 소집되었다. 그리고 이곳에 있는 사람들의 얼굴과 눈초리에 그대의 계획이 드러나고 있는데도 왜 그것을 깨닫지 못하는가. 그대의 음모는 이미 이곳에 있는 모든 사람에게 알려져 가로막혔다. 그대는 그것을 모르는가. 어젯밤과 그제 밤

---

*1 루키우스 세르기우스 카틸리나(B.C. 108 무렵~B.C. 62). B.C. 63년 7월의 집정관 선거에서 패배한 뒤, 폭력적 수단으로써 정권탈취를 계획한다. 이 음모를 안 집정관 키케로는 원로원에서 그것을 적발하고 같은 해 10월 21일, 카틸리나의 반란을 저지하기 위한 원로원 최종 결의가 채택되었다. 카틸리나는 반역의 주모자로 지목받으면서도 여전히 음모를 단념하지 않고 대담하게도 자신의 모반(謀叛)을 좌절시키기 위해 소집된 이 원로원 의회에 모습을 나타냈다. 이 연설에서 키케로는 그에게 로마를 떠나도록 촉구한다.

*2 카피트리움 산의 남쪽에 자리하고 북쪽으로 중앙 광장을 내려다보는 산. 군사적으로 중요한 장소이고 비상 사태 때에는 광장의 경호를 위해 군이 점거했다.

*3 이 원로원 의회는 경호를 위해 기사 등 시민들이 건물을 에워싼 가운데 개최되었다. 회의장으로 선택된 유피테르 스타토르 신전은 파라티움 산 북쪽 기슭의 성도(聖道) 가까이에 있고 따라서 산 위의 경비대가 지키고 있었다.

에 그대가 무엇을 했는지, 그대가 어디서 누구를 불러 모아놓고 어떤 계획을 세웠는지를 우리 가운데 어떤 누구도 모를 거라고 생각하는가.

2 오오, 어느 시대, 어느 사람의 계책인가! 그런 것들을 원로원은 모두 알고 있다. 집정관은 알고 있다. 그런데 이 사내는 아직 살아 있다. 살아 있을 뿐만 아니라 놈은 뻔뻔스레 원로원에 나타나, 국가의 평의회에 모습을 드러내고는 누굴 죽여줄까 하고 우리 한 사람 한 사람을 두 눈으로 뚫어져라 노려보며 골라내고 있다. 그러나 우리 용기 있는 자들은 이 사내의 광포한 무기로부터 몸을 지켜야만 국가에 대한 의무를 충실히 수행할 수 있으리라고 생각한다. 카틸리나여, 집정관의 명령에 따라 그대를 죽음에 이르게 하는 일은 훨씬 전부터 정해져 있었다.*⁴ 그대가 우리 모두에 대해서 오래전부터 계획해 온 파멸은 그대 자신에게 내려져야만 했던 것이다.

3 실제로 집정관을 지낸 그 유명한 푸블리우스 스키피오는 공인이 아니었음에도 국가의 존립을 조금 뒤흔들려고 했던 티베리우스 그라쿠스를 단죄하여 죽였다.*⁵ 그런데 집정관인 우리가 세상을 살육과 화재로 파괴하려는 카틸리나의 계획을 받아들일 수 있겠는가. 가이우스 세르빌리우스 아할라가 혁명을 일으키려고 계획한 스푸리우스 마일리우스를 몸소 살해한*⁶ 것과 같은 너무나도 오래된 사례는 무시하련다. 하지만 일찍이 이 나라에는 그와 같은 의연한 정신이 엄연히 존재했다. 그렇기 때문에 용감한 사람들은 위험한 시민에 대해서 가장 악랄한 적 이상으로 엄중한 벌을 가해 응징한 것이다. 카틸리나여,

---

*4 원로원 최종 결의(senatus consultum ultimum)로 불리는 국가의 비상 사태 선언을 가리킨다. 통상 '(집정관은) 국가가 어떤 손해도 입지 않도록 도모해야 한다'는 정형화된 표현으로 발포되었다. 이에 따라서 로마 국가의 적을 제압하기 위해 어떤 수단이라도 행사할 수 있는 권한이 집정관에게 주어진 것으로 여겨졌다. 여기서는 B.C. 63년 10월 21일의 원로원 최종 결의를 가리킨다.

*5 티베리우스 셈프로니우스 그라쿠스는 B.C. 133년에 호민관이 되고 빈민에게 유리한 농지개혁법안을 원로원의 승인 없이 강경하게 밀어붙여 민회에서 통과시켰다. 같은 해의 선거에서 다시 이듬해의 호민관이 되려고 했을 때 원로원의 보수파를 이끄는 푸블리우스 코르넬리우스 스키피오 나시카 세라피오에게 살해되었다.

*6 B.C. 440년의 로마 대기근 때, 유복한 기사 신분인 스푸리우스 마일리우스는 곡물을 자비로 민중에게 분배했기 때문에, 독재 정치를 기도하고 있다는 혐의로 귀족층에게 고발당했다. 그는 독재관 킹킨나투스의 재판을 거부하고 기병장관인 세르빌리우스 아할라에게 살해되었다.

우리는 그대에게 원로원의 단호하고 엄중한 결의를 표한다. 국가는 이 신분을 지닌 사람들의 간언과 재가를 모르는 바 아니다. 확실히 말하건대, 지금 국가에 부족한 것은 우리 집정관이다.

2

4 일찍이 원로원은 집정관 루키우스 오피미우스에 대해서 국가가 어떤 손해도 보지 않도록 계획해야 한다는 결정을 내렸다. 그리하여 막힘 없이 일은 진행되었다. 즉 모반의 의혹이 조금 있다는 이유만으로 평판 높은 부친과 조부와 선조가 있음에도 가이우스 그라쿠스는 죽임을 당했다.*7 전 집정관인 마르쿠스 푸르비우스도 자식들과 함께 모두 사형당했다. 또 일찍이 똑같은 원로원 결의에 따라 국가는 집정관 가이우스 마리우스와 루키우스 발레리우스에게서 위임을 받았다. 그때 호민관 루키우스 사투르니누스와 가이우스 세르빌리우스는 죽음이라는 국가에 의한 처벌을 기다려야만 했을까.*8

그런데 오늘 우리는 어느덧 20일 동안*9이나 의회의 권위적 칼날이 무뎌지기를 그저 바라보고만 있다. 그것은 이 같은 원로원 결의가 분명히 있는데도 마치 칼집 속의 칼처럼 공문서 안에 갇혀 있기 때문이다. 하지만 카틸리나여, 원로원의 결의에 따르면 이미 그대는 지체 없이 처형되었을 것이다. 그러나 그대는 아직 살아 있다. 더구나 그 무모한 행동을 멈추기는커녕 그것을 더욱더 부추기기 위해 살아 있다.

원로원 의원 여러분, 나는 인정 많은 사람이고 싶지만 이처럼 엄청난 국가위기 상황에서는 해이해진 사나이라는 평을 듣고 싶지는 않다. 그러나 현재 나

---

*7 티베리우스 그라쿠스의 사후, 동생 가이우스 셈프로니우스 그라쿠스가 호민관이 되어 원로원의 권한을 축소하는 개혁을 추진했다. 그러나 B.C. 121년, 가이우스가 호민관 재임에 실패하고 폭동이 일어났을 때 원로원은 최종 결의에 따라서 집정관 오피미우스에게 전권을 위임. 국가의 적으로 선고된 가이우스와 그의 지지자 마르쿠스 푸르비우스 플라쿠스는 집정관의 공격을 받아 살해되었다.

*8 과격한 민중파의 개혁자 루키우스 아플레이우스 사투르니누스는 B.C. 100년의 집정관 선거에서 협력자인 가이우스 세르빌리우스 그라우키아가 입후보했을 때 그라우키아와 공모해 경쟁자 가이우스 멤미우스를 마르스의 들판에서 있었던 민회에서 살해했다. 원로원 최종 결의에 의해 전권을 위임받은 두 집정관 마리우스와 루키우스 발레리우스 프라쿠스는 그들을 즉시 체포해 구금했는데 두 사람은 폭도에게 살해되었다.

*9 10월 21일의 원로원 최종 결의에서 11월 8일까지는 실제로는 19일간이다.

는 무엇을 할 수도 취할 방책도 없으므로 스스로를 꾸짖고 있다.

5 이미 이탈리아에는 로마 국민을 적으로 하는 진영이 만들어졌다. 에트루리아의 산길*10이다. 적군의 수는 날로 증가하고 있다. 그런데 그 진영의 우두머리이자 적군의 지휘관이라는 인물은 보는 바와 같이 이 성벽 안에서, 더구나 이 원로원 안에서 내밀히 무언가의 방법으로 국가를 무너뜨리려 하고 있다. 카틸리나여, 만일 내가 그대를 즉각 체포해 사형에 처하라고 명한다면 생각하건대 양식이 있는 사람들은 모두 나의 조치가 너무 늦었다고 말할 것이다. 하지만 그 걱정보다 내가 더 두려워해야 할 것은 어쩌면 누군가가 이 처사는 조금 잔혹하다고 말할지도 모른다는 것이다.

분명 그것은 더 서둘렀어야만 하는 일이었다. 그러나 나는 어떤 특별한 이유에서 아직은 실행할 마음이 내키지 않는다. 나의 조치가 위법이라고*11 주장하는, 그대와 같은 부류의 악질적이고 타락한 자를 어느 한 사람도 발견할 수 없게 되면 바로 그때야말로 그대는 죽게 될 것이다.

6 감히 그대를 지키려는 자가 한 사람이라도 있는 한 그대는 계속 살아 있을 것이다. 그리고 오늘의 그대 처지로, 즉 국가에 맞서는 행동을 일으키지 못하도록 우리의 강력하고도 많은 경비대에 포위되어 그대는 살아갈 것이다. 그리고 그대는 눈치채지 못하겠지만 많은 사람들의 눈과 귀가 예전과 마찬가지로 그대의 동태를 엿보고 계속 감시할 것이다.

3

카틸리나여, 밤이 어둠으로 사악한 회동을 감추지 못하고 집이 벽으로 그대 일당의 음모의 목소리를 들리지 않게 할 수 없다면, 그리하여 모든 것이 드러난다면,*12 그대가 여전히 기대할 수 있는 것은 과연 무엇이겠는가. 자, 이제 나의 충고에 따라 그런 마음은 돌이키게나. 살육과 방화의

---

*10 아페닌 산맥 서쪽 기슭의 도시 파에스라에(오늘날의 피에솔레) 부근. 카틸리나의 명령으로 만리우스가 그곳에 반란군의 진영을 세웠다.

*11 키케로는 최종 결의에 따라서 원로원으로부터 전권을 위임받고 있었지만, 정상적 법적 관점에서는 집정관이 독단으로 시민의 처형을 명할 수는 없다.

*12 살루스티우스 《카틸리나 전기》 26 및 28에 따르면, 그 무렵 키케로는 음모에 가담한 퀸투스 쿠리우스의 애인인 풀비아라는 여성을 통해서 카틸리나의 계획에 대한 정보를 은밀히 입수했다.

계획은 잊어버리게. 그대는 온통 포위되어 있다. 그대의 모든 계획은 우리에게 햇빛보다도 뚜렷하다. 그 계획을 이제 나와 함께 되뇌어 보는 것도 좋으리라.

7 내가 10월 21일에 원로원에서 보고했던 것을 기억하는가? 그때 나는 어느 특정한 날—즉 그것은 10월 27일이 될 것이었지만—에 그대의 대담한 계획의 공범자이자 수하인 가이우스 만리우스*¹³가 무기를 들 것이라고 말했다. 카틸리나여, 그처럼 믿기 어려운 중대한 사태를, 더욱이 매우 놀랍게도 그 날짜가 정해져 있었던 것에 대해서 과연 나는 잘못 알고 있었던 것인가. 또 나는 원로원에서 그대가 높은 사람들의 살해를 10월 28일로 결정했다고 말했다. 하지만 실제로 그날, 국가의 중요 인물들은 거의 자신의 생명을 구하기 위해서라기보다는 그대의 계획을 좌절시키기 위해 로마를 떠났던 것이다. 그대는 어느 날, 내가 세심한 주의를 기울여 배치한 경비대에 포위됨으로써 끝내 국가에 반기를 들 수 없게 되었다. 설마 그것을 부정하지는 못할 것이다. 그리고 그때 그대는 다른 사람들이 떠나도 뒤에 남은 내 목숨을 빼앗으면 그로써 만족한다고 말했었지.

8 한편 그대는 11월 1일에 한밤에 공격해 프라에네스테*¹⁴를 점거할 수 있으리라고 굳게 믿었지만, 그 식민시는 나의 명령에 따라서 우리의 경비대와 보초와 정찰대가 확고하게 지키고 있었음을 알고 있었는가? 그대가 하는 일, 그대가 계획하는 일, 그대가 생각하는 일 가운데서 내 귀에 들어오지 않는 것은 아무것도 없다. 그뿐만 아니라 나는 그 모든 것을 볼 수도, 확실하게 느낄 수도 있다.

4

그러면 다시 그저께 밤*¹⁵의 일에 대해서 나와 함께 상기해 보는 게 좋겠다. 그로써 그대는, 그대가 국가의 파멸에 주의를 집중하는 것 이상으로 훨씬 날카로운 경계심으로 내가 국가의 안녕을 위해 감시하고 있음을 알 수 있을 것이다. 내가 단언하고 싶은 것은 그저께 밤 그대가 낮을 만드는 기술자들의 거

---

*13 과거 술라의 군대에서 백인대장을 지낸 인물.
*14 로마의 동남동 방향으로 약 40km 거리의 도시. 높은 산 위에 있고 군사적으로 중요한 곳.
*15 11월 6~7일의 밤.

리로 온 것이다. 더 확실하게 말하자면 마르쿠스 라에카*¹⁶의 집에 온 것이다. 같은 장소에 똑같은 광기와 사악함을 지닌 자들이 한꺼번에 모여들었다. 설마 이 일을 감히 부정할 생각은 아닐 것이다. 왜 말이 없는가. 만일 그렇지 않다고 말한다면 내가 증명해 보이겠다. 오늘 이 원로원 안에, 그때 그대와 함께 있었던 몇몇 인물*¹⁷들을 나는 이 두 눈으로 보고 있다.

9 오오, 불멸의 신들이시여! 도대체 우리는 세상의 어디쯤에 있는가. 우리는 어떤 국가를 가지고 있는가. 어떤 도시에 우리는 살고 있는가. 원로원 여러분, 지금 이 자리에, 우리 가운데, 즉 이 세상에서 가장 신성하고 위엄이 있는 회의 중에 우리 모두의 사멸과 이 도시의 파멸뿐만 아니라 세계의 파멸을 계획하는 인간들이 있다. 집정관으로서 나는 그자들에게 국사에 대한 그들의 의견을 묻는 것이다. 그들은 칼로서 참살되어야만 했는데 나는 아직 그자들을 말로도 상처를 주지 않고 있다.

따라서 카틸리나여, 그대는 분명 그날 밤 라에카의 집에 있었다. 그대는 이탈리아를 몇 개의 부분으로 나누고 저마다 어디로 가야 할 것인지를 결정해 로마에 남겨둘 자와 함께 데리고 갈 자를 선별했으며, 도시 안에서 불을 지를 지역을 가려 뽑았다. 그리고 자기 자신도 곧 도시를 빠져나갈 생각이라고 확실히 말했는데 나, 키케로가 살아 있는 탓에 좀 더 기다려야 한다고 말했다. 하지만 그 걱정으로부터 그대를 해방시켜 줄 로마인 기사 2명을 찾아냈다.*¹⁸ 그들은 바로 그날 밤 해가 뜨기 직전에 침상에서 나를 죽이기로 약속한 것이다.

10 그대들이 회합을 해산하고 나서 나는 이런 일들을 모두 알았다.*¹⁹ 나는 경비의 수를 늘려 집의 방비를 단단히 하고 아침 인사를 하기 위해 그대가 나에게 보낸 자들에 대해서 문을 닫았다. 실제로 찾아온 것은 그 시각에 올 것이라고 많은 유력인사들에게 내가 미리 알려 둔 사람들이었다.

---

*16 마르쿠스 포르키우스 라에카. 살루스티우스 《카틸리나 전기》 17에 따르면 원로원 신분의 인물.

*17 《카틸리나 전기》 17에는 푸블리우스 렌툴루스 이하 그 무렵 음모에 가담하고 있었던 원로원 의원 신분의 인물 11인의 이름이 거론되고 있다.

*18 《카틸리나 전기》 28에는 가이우스 코르넬리우스라는 기사와 루키우스 바르군티우스라는 원로원 의원이 그 역할을 맡고 있다.

*19 퀸투스 쿠리우스가 풀비아를 통해 키케로에게 밀고했다. 《카틸리나 전기》 28 참조.

카틸리나여, 경과가 이러하므로 그대는 시작한 일을 수행하는 게 좋다. 자이제 이것을 끝으로 이 도시에서 나가라. 성문은 열려 있다. 출발하는 게 좋을 것이다. 그대의 일당인 만리우스 진영은 그대의 지휘를 기다린다. 부하들을 모두 데리고 가라. 모두 이끌고 가는 것이 무리라면 되도록 많이 데리고 가라. 그렇게 해서 도시를 정화해 달라. 성벽이 우리 사이에 있으면 그대는 나를 엄청난 공포로부터 놓아 줄 것이다. 그대는 이제 더 이상 우리와 함께 있을 수 없다. 그것을 나는 견딜 수 없다. 절대 참을 수 없는, 용서치 못할 일이기 때문이다.

11 우리는 불멸의 신들에 대해서, 특히 우리 도시의 가장 오랜 수호신인 이유피테르 스타토르*[20]에 대해서 깊이 감사하는 마음을 가져야 한다. 왜냐하면 우리는 국가에 대하여 몹시 불길하고 너무나도 무서운, 그리고 더없이 위험한 이 재난의 근원으로부터 이미 몇 번이나 벗어날 수 있었기 때문이다. 국가 전체의 안녕이 오직 한 사람에 의해 위험에 노출되는 일은 이제 더 이상 자주 있어서는 안 된다. 카틸리나여, 내가 차기 집정관에 지명되어 있었을 때*[21] 그대는 나를 노리고 있었는데, 그때에도 나는 국가의 경비를 이용하지 않고 나의 주의력으로 내 신변의 안전을 지켰다. 또 그대가 집정관 선출을 위한 지난 회의 민회*[22]에서 집정관인 나와 그대의 경쟁 상대*[23]를 마르스의 들판에서 살해하려고 했을 때, 나는 국가의 군대를 출동시키지 않고 친구들의 호위와 병력에 의존해 그대의 극악무도한 음모를 무너뜨렸다. 요컨대 그대가 나를 공격할 때마다 나는 나 자신의 힘으로 그대를 훼방한 것이다. 그렇지만 내가 죽으면 국가에 커다란 재앙을 가져오리란 사실은 알고 있었다.

12 하지만 이제 그대는 공공연하게 국가 전체를 공격하고 있다. 그리고 신들의 사원을, 도시의 집들을, 모든 시민의 생명을, 더 나아가 이탈리아 땅 전체를

---

*20 이 원로원 의회가 개최되고 있는 신전의 신. 이 신전은 로마 건국의 영웅 로물루스가 건립을 서약한 것으로 전해진다.

*21 키케로는 B.C. 64년 7월에 차기 집정관에 뽑혔기 때문에 그 해의 후반기를 가리킨다.

*22 B.C. 63년 7월 마르스 들판에서 있었던 켄투리아 민회.

*23 집정관으로 당선된 데키무스 유니우스 실라누스와 루키우스 리키니우스 무레나, 그리고 낙선한 세르비우스 수르피키우스.

파괴해 멸망시키려 하고 있다. 그러므로—나는 나의 권한[24]에도, 내 조상의 규범에도 걸맞은 가장 중요한 일을 아직 행할 생각이 없으므로—엄격함에서는 꽤 미온적이긴 하지만 국민의 안전에서는 충분히 유익한 것을 실행하겠다. 그것은 만일 내가 그대의 처형을 명한다면 음모의 남은 무리들이 국내에 여전히 머물게 될 것이 틀림없기 때문이다. 그러나 만일 그대가 이미 전부터 내가 권했던 바와 같이 도시에서 떠난다면 그대의 동료들, 즉 국가에 유해한 다량의 쓰레기들은 도시에서 모조리 사라질 것이다.

13 자, 어떤가. 카틸리나. 그대가 자신의 의지로 수행하려던 것을 나도 명하고 있다. 그렇게 주저할 필요가 있을까? 집정관이 적에게 이 도시에서 나가라고 명령하고 있는 것이다. '설마 추방은 아니겠지'라고 그대는 물으려는가. 그러나 그것은 내가 명령하는 것이 아니다.[25] 하지만 만일 나에게 의견을 묻는다면 나는 그렇게 할 것을 권고하겠다.

6

카틸리나여, 이 도시 안에 그대를 즐겁게 해 주는 것이 사실상 무엇이 있는가? 그대를 두려워하지 않는 자, 그대를 증오하지 않는 자는 그대와 공모하고 있는 타락한 자들 말고 이곳에는 한 사람도 없다. 그대의 인생에는 가정 생활의 추문이란 온갖 낙인이 찍혀 있다. 그리고 그대의 이름에는 사사로운 일에 대한 모든 치욕이 달라붙어 있다. 그대의 눈은 온갖 음란한 욕망으로 물들었고, 그대의 손은 온갖 악행을 범하고, 그대의 온몸은 온갖 불명예로 더럽혀져 있다. 그대는 모든 청년들을 퇴폐적인 유혹으로 꾀어 내고, 범죄적 행위를 위해 무기를 주고, 절제 없는 생활로 내몰았다.

14 그리고 최근의 일을 말한다면 그대는 재혼을 위해 전처를 죽여 장애물을 없앴는데, 그때 이 범죄 말고도 믿을 수 없는 악행을 거듭하지 않았는가.[26] 그러나 나는 이 건에 대해서 잘잘못을 가릴 생각은 없고 다만 침묵을 지키려

---

[24] 원로원 최종 결의에 따라서 집정관으로 위임된 특별 권한을 가리킨다.

[25] 로마에서 추방은 원래 정식 형벌이 아니고 죽을 죄를 면하기 위한 수단이었다. 게다가 정상의 법적 절차에 따르면 원로원도 집정관도 시민에 대한 무거운 형벌을 결정할 수는 없다.

[26] 살루스티우스 《카틸리나 전기》 15에는 아우렐리아 오레스틸라라는 미녀를 사랑한 카틸리나가 재혼을 위해 전처와의 사이에서 낳아 기른 아들을 살해했다는 기록이 있다.

한다. 그것은 이토록 무도한 범죄가 이 나라에서 일어났다느니, 벌을 받지 않았다느니 하고 이야기되는 것이 두렵기 때문이다. 나는 또한 그대의 완전한 파산에 대해서도 이야기할 생각이 없다. 그것은 오는 13일로 다가오고 있음을 그대는 곧 깨닫게 될 것이다.*27 오히려 내가 말하고 싶은 것은 그대의 부도덕한 행위가 가져온 개인적인 치욕에 대한 것이거나 그대의 가정 생활의 궁핍과 부패상에 대한 것이 아니라, 국정의 중대사와 우리 모두의 생명과 안전에 관한 것이다.

15 카틸리나여, 이 세상의 빛과 이 하늘의 대기가 그대에게 상쾌할 수 있을까. 그대는 레피두스와 툴루스가 집정관이었던 해*28의 12월 마지막 날, 집회장*29에 무기를 들고 나타났다. 또 집정관과 국가의 지도적 인물을 살해하기 위해 한 무리를 수배했었을 것이다. 그때 그대의 광기 어린 범죄를 미리 막은 것은 그대의 사려도, 주눅이 든 탓도 아니라 로마 국민을 지키는 운명의 여신이었는데, 이 사건*30을 모르는 사람은 여기에 아무도 없음을 그대도 알 것이다. 그와 같은 일을 나는 더는 말하지 않겠다. 그것들은 모두 아는 일이고 그 뒤에도 그대는 많은 악행을 저질렀기 때문이다. 내가 차기 집정관으로 지명될 즈음에, 또 집정관이 되었을 때도 그대는 몇 차례 내 목숨을 빼앗으려고 했다! 도저히 피할 수 없었던 그대의 갑작스런 공격을 나는 조금 몸을 숙이거나, 몸을 피함으로써 몇 번이나 벗어났는지 모른다. 그대는 아무것도 할 수 없고 아무 일도 성취할 수 없다. 그런데도 그대는 여전히 계획도 희망도 버리려 하지 않는다.

16 그대의 양손에 쥐어져 있던 단검은 몇 번이나 빼앗겼는가! 또 어떤 우연 때문에 그 검을 손에서 떨어뜨린 것이 몇 번인가(그러나 그대는 더 이상 그 손

---

*27 로마에서는 매월 중간에 해당하는 날이 결산일이었다. 곧 음모가 실패로 끝나 카틸리나의 대금변제가 불가능하게 됨을 암시하고 있다.

*28 B.C. 66년.

*29 로마 중앙 광장의 북서단, 원로원 의사당 앞.

*30 제1회 카틸리나 음모사건으로 불리는 이 사건에 대해서는 모순된 여러 기록이 남는다. 《카틸리나 전기》18에 따르면 카틸리나와 아우트로니우스와 피소가 B.C. 65년 1월 1일에 두 신임 집정관 코타와 투르크바투스를 살해할 계획을 세웠는데, 그 음모는 발각되어 같은 해 2월 5일의 집정관과 원로원 의원의 대량살인 계획으로 변경되었다. 그러나 그날 의사당 앞에서의 카틸리나의 신호가 지나치게 빨라 음모는 실패했다고 한다. 그러나 이 기록이 역사적 사실을 정확하게 전하고 있는지의 여부는 의심스럽다.

에서 놓을 수가 없는 것이다). 그대는 그 단검을 집정관의 몸에 찔러야만 한다고 생각하고 있는데, 나로선 잘 알지 못하는 어떤 종교 의식으로써 그대는 그것을 정화하고 신성한 봉헌물로 삼았을 것이다.[*31]

7

그런데 그대의 생활은 어떠한가? 그대에 대해서는 깊은 증오심을 갖고 이야기해야 한다고 하지만 이제 나는 그렇게 생각되는 언어를 쓰고 싶지 않다. 오히려 그대에게는 전혀 걸맞지 않지만 동정심을 가지고 이야기하고 싶다. 그대는 얼마 전 원로원에 나타났다. 그러나 이처럼 많은 사람들 가운데서, 그리고 이렇게 많은 당신의 친구와 친척 가운데서 도대체 누가 그대에게 인사를 했는가. 기억하건대 내가 알기로는 그와 같은 모욕은 아무도 받은 적이 없다. 그렇다면 그대는 언어에 의한 모욕을 기대한 것인가. 그대는 이미 무시라는 매우 심각한 판결로써 심한 타격을 받았다. 그리고 그대가 들어왔을 때 그대 곁의 자리는 비워졌다. 그대가 이따금 암살의 표적으로 정했던 모든 집정관 격 원로원 의원들은 그대가 자리에 앉자마자 그대 곁을 떠나 자리를 비운 것이다. 그런데 그대는 그런 상황을 어떤 마음으로 견딜 수 있으리라고 생각하는가?

17 신에게 맹세코 말하건대, 만일 나의 노예들이 그대 나라의 모든 시민들이 그대를 두려워하듯이 나를 두려워한다면 나는 내 집에서 나가야 한다고 생각할 것이다. 그러므로 그대도 이 도시에서 떠나야 한다고 생각하지 않는가? 또 나는 비록 부당하다고 해도 내가 같은 나라의 시민에게 이토록 중대한 의혹을 받고 증오의 표적이 되고 있음을 안다면 모든 시민에게서 적의를 품은 눈초리를 받느니 차라리 누구하고도 얼굴을 마주치지 않는 것이 낫다고 생각할 것이다. 그러나 그대는 이미 자신의 죄를 알고 있고 모든 사람의 증오가 정당하며 마땅한 대가임을 전부터 인정하고 있다. 그런데도 그대의 정신과 마음에 상처를 입히고 있는 사람들의 시선이나 그들이 있는 곳을 피하는 것을 어째서 망설이는가. 만일 그대의 부모가 당신을 증오하고 그들을 어떤 방법으로도 달랠 수 없다고 한다면 틀림없이 당신은 부모의 눈에 띄지 않는 곳으로 자취를 감출 것이다. 그런데 오늘 당신을 두려워하고 있는 것은 우리 모두의 공

[*31] 고대의 암살자는 살인의 성공을 기원해 사용한 무기를 신에게 바칠 것을 맹세했다고 한다.

통된 어머니인 조국인 것이다. 그리고 조국은 그대가 오래전부터 한결같이 '존속 살해'에 대해서만 생각하는 것으로 판단하고 있다. 그대는 조국의 권위를 존중하지 않을 생각인가? 그 판단에 따르지 않을 것인가? 그 힘을 두려워하지 않는 것인가?

18 카틸리나여, 조국은 그대에게 다음과 같이 힘주어 말한다. 곧 침묵의 언어로 이야기하는 것이다.

"최근 몇 년 동안 그대 탓이 아닌 악행은 없었고 그대가 관련되지 않은 파렴치한 사건도 없었다. 단지 그대만이 많은 시민을 살해하고*32 동맹국 사람들을 괴롭히고, 그들의 재산을 빼앗으면서도*33 아무런 벌도 받지 않고 안하무인이었다. 그대는 법률과 법정을 무시할 뿐만 아니라 그것들을 뒤집어 파괴하는 일조차 가능했던 것이다. 이제까지의 일은 견뎌야 할 일이 아니었는데도 나는 참을 만큼 참았다. 그러나 지금은 그대 한 사람 때문에 나는 완전히 겁에 질려 있다. 어떤 시끄러운 일이 일어나도 오로지 카틸리나만 무섭다. 그리고 나를 공격하려는 어떤 계획도 그대의 사악한 의지의 부추김 없이는 일어날 수 없으리란 생각이 든다. 이런 사태는 이제 참아야 할 일이 아니다. 그러므로 그대는 떠나는 것이 좋다. 나에게서 이 공포를 없애 주는 것이다—만일 그 공포에 근거가 있다면 나를 망하지 않게 하기 위해서이다. 하지만 이것이 괜한 걱정이라면 내가 두려움에서 벗어나려는 것이다."

8

19 만일 조국이 그대에게 이렇게 이야기한다면 설령 조국이 힘을 행사하지 못하더라도 그 소원을 들어주어야 하지 않겠는가.

그런데 그대는 스스로 신병을 보호와 감시 아래 두려고 했다.*34 즉 그대는

---

*32 코르넬리우스 술라에 의한 정적 추방 때, 카틸리나는 술라에게 가담해 잔학한 살인을 행한 것으로 전해진다.

*33 B.C. 67년, 카틸리나는 법무관격 총독으로서 아프리카의 속주로 부임하고 이듬해 B.C. 66년에 임지에서의 불법 징발 혐의로 고발되었다. 그는 그 뒤의 재판에서 무죄가 되었는데 집정관 선거에는 입후보할 수 없었다.

*34 10월 21일의 원로원 최종 결의 뒤, 카틸리나는 루키우스 아이밀리우스 파울루스라는 귀족에 의해서 반란의 주모자로 폭력에 대한 프라우티우스법 위반죄로 고발되었다. 로마 시민은 범죄로 고발되었을 경우, 출정을 보증하기 위한 보석금을 납부하거나, 또는 재판 때까

혐의를 벗어나기 위해 마니우스 레피두스[35]의 집에 머물고 싶다고 제의한 것이다. 그런데 그곳에서도 받아들여지지 않자 그대는 뻔뻔스럽게도 나를 찾아와 내 집에서 자기를 감시해 달라고 부탁했다. 하지만 그대는 나에게서도 똑같은 대답을 들었다. 즉 나는 같은 성벽 안에 그대와 있으므로 커다란 위험에 노출되어 같은 집 안에 그대와 함께 있으면 안전하게 살 수 없으리라고 말한 것이다. 그래서 그대는 법무관인 퀸투스 메텔루스[36]에게로 갔다. 하지만 이 사람에게도 거절당했으므로 그대는 자신의 동료이자 훌륭한 분인 마르쿠스 메텔루스[37]에게로 발길을 돌렸다. 명백히 그대는 이 인물이 가장 주의 깊게 자기를 감시하고, 가장 날카롭게 자신의 악행을 찾아내어 가장 엄중하게 자기를 처벌해 주리라고 생각한 것이다. 그러나 이미 자신을 보호 감시받을 만한 인간이라고 판단한 자가 과연 감옥과 족쇄[38]로부터 얼마나 멀리 벗어나 있어야 한다고 생각하는가.

20 따라서 카틸리나여, 만일 그대가 죽음을 달게 받아들일 생각이 없다면 머뭇거리지 말고 이곳을 떠나 어딘가 다른 곳으로 가서 마땅히 받아야 했던 많은 형벌로부터 구제된 그 목숨을 고독한 도피 생활에 맡겨야 할 것이다.[39]

하지만 '그 건은 원로원에 제안하라'고 그대는 말한다. 실제로 그대는 그렇게 제안한다. 그리고 이 신분의 사람들이 그대를 추방하는 것이 좋겠다고 결정한다면 그에 따를 생각이라고 그대는 말한다. 그러나 나는 그런 제안을 할 생각은 없다. 그것은 내 식에 어긋나는 것이다.[40] 하지만 이곳에 자리한 사람들이

___

지 다른 유력한 시민에게 신병을 맡겨야만 했다. 카틸리나는 음모의 진의를 숨기고 무고함을 가장하기 위해 자발적으로 유력자의 사저에서의 구류를 자청한 것이다.

*35 카틸리나의 정적으로 B.C. 66년에 집정관을 지낸 인물.

*36 퀸투스 카이킬리우스 메텔루스 케레루. B.C. 60년에 집정관이 된 인물.

*37 이 인물의 집에서 구류 중인 11월 6~7일 밤에 카틸리나는 외출해 라에카의 집으로 갔다.

*38 로마국의 감옥은 반항적인 피고인을 구금하기 위한 것과 사형수를 구치·처형하기 위한 장소였다. 오늘날의 교도소처럼 죄인이 그곳에서 징역이나 금고의 형에 복역하는 일은 없었다.

*39 중죄에서 벗어나기 위해 판결 전에 자발적으로 국외로 망명할 수가 있었다.

*40 키케로는 본 마음을 숨기고 있다. 사실 그는 카틸리나의 추방을 제안하고 싶지만 안 되는 것이다. 그 이유는 추방이 정식 형벌이 아니기 때문이 아니라 본디 원로원에도 집정관에게도 시민의 권리나 생명에 대한 형벌을 결정할 법적 권한은 없기 때문이다. 한편 카틸리나는 원로원이 최종 결정을 했을망정 아직 정상적 법적 절차를 무시할 각오를 굳히고 있지 않은 것으로 보고 있다. 그의 발언은 원로원 최종 결의가 지닌 비합법성의 문제를 찌

그대를 어떻게 생각하는지 알려주겠다. 자, 도시에서 나가라, 카틸리나여. 국가를 공포에서 해방하라. 그리고 만일 그대가 이 말을 바라고 있는 것이라면 '망명'의 여행을 떠나는 것이 좋다.*41

자, 어떤가? 알겠는가. 그대는 여기에 있는 사람들의 침묵을 깨닫고 있는가. 그들은 동의하고 있으므로 말이 없는 것이다. 침묵으로 나타난 그들의 의향을 그대는 뚜렷이 알고 있는데 왜 언어로 결정이 내려지길 기다리는 것인가.

21 알겠나, 만일 내가 그와 똑같은 말을 이곳에 참석한 고귀한 청년 푸블리우스 세스티우스*42라든가, 마르쿠스 마르켈루스*43와 같은 과감한 인물들에게 했다면 원로원은 비록 집정관이라도 나에 대해서 완전히 정당한 이유에 의거해 곧바로 이 신전에서 힘에 의한 제재를 가했을 것이다. 그런데 그대에 대해서는 카틸리나여, 사람들은 아무 말도 하지 않는다. 즉 그것은 그들이 찬성하고 있기 때문이다. 나의 말을 받아들임으로써 그들은 판정을 내리고 침묵으로써 외치는 것이다. 이곳에 참석한 사람들—그대는 이 사람들의 재정(裁定)을 자못 중요하게 여기는 척하면서, 그들의 목숨에 대해서는 한 마디도 언급하지 않고 있는데—뿐만 아니라 저기서 원로원 의회를 에워싸고 있는 고결하고도 훌륭한 로마의 기사들과 그 밖에 용기 있는 시민들*44도 모두 같은 생각이다. 그대는 그들의 소란을 보고, 그들의 강한 요구를 알아차리고, 조금 전 그들의 목소리를 확실하게 들을 수가 있었을 것이다.*45 나는 오랫동안 이 사람들이 그대에게 폭행을 가하고 무기를 쓰는 것을 어떻게든 애써 막아 왔다. 하지만 만일 그대가 오랫동안 파괴의 표적으로 삼아 온 이곳을 오늘 떠난다면 성문까지 그대를 호송하도록 그들을 설득하는 일은 아주 쉽다.*46

르고 있는 것이다. 키케로의 망설임은 그것에서 유래한다.

*41 이 말이 있은 뒤, 원로원 의원들은 일제히 침묵했다.

*42 그 무렵 재무관이었던 인물. B.C. 57년에는 호민관이 되어 망명 중인 키케로의 소환을 지지한다. B.C. 56년에 키케로는 그의 변호 연설《세스티우스 변호》을 한다.

*43 마르쿠스 클라우디우스 마르켈루스. B.C. 51년에 집정관이 되는 인물. 카이사르와 적대하고 망명한다. B.C. 46년에 키케로는 그의 소환에 감사해 원로원에서 연설《마르켈루스에 대해서》을 행한다.

*44 원로원 의원 신분과 기사 신분 이외의 시민들.

*45 키케로 연설 중의 일일까. 그렇다면 원로원 의회의 개최 중, 회의장의 문은 열려 있었던 것이 된다.

*46 자유 의지로 망명하는 사람은 친척이나 친구에게 성문 밖까지 배웅을 받고 여행을 떠나

9

22 그러나 이런 말을 한다고 해서 무슨 소용이 있을까? 어떻게 해야 그대의 기세를 꺾을 수 있을까? 그리고 그대가 행실을 바로잡고, 도망갈 생각을 하고, 망명할 생각을 하게 할까. 가능하면 신들이 그대에게 그런 마음을 불어넣어 준다면 좋을 텐데! 그렇지만 만일 그대가 내 말에 두려움을 느껴 망명할 결심을 굳혔다면 어느 정도 증오의 폭풍이, 비록 그대의 기억이 새로운 현재가 아니라도 앞으로 틀림없이 나에게 덮쳐오리란 것을 나는 잘 알고 있다. 그러나 그대가 가져오는 재난도 나 개인에게 덮쳐 올 뿐이고 국가를 위험에 놓이게 하는 사태로 이어지지 않는다면 그 폭풍도 견딜 가치가 있을 것이다. 하지만 그대에게 자신의 죄과에 불안을 느껴라, 법에 따른 벌을 두려워하라, 그리고 국가의 위기를 앞두고 물러서라고 요구해도 헛수고인 것이다. 왜냐하면 카틸리나여, 그대는 수치심 때문에 부끄러운 행동을 단념하거나, 공포를 느껴 위험한 행위를 회피하거나, 이성에 의해 광기에서 깨어나거나 하는 인간이 아니기 때문이다.

23 그러므로 이미 여러 차례 말한 바와 같이 이제 나가는 것이 좋다. 그대는 나를 적이라고 공언하므로 적에 대한 사람들의 증오를 부채질하고 싶다면 곧바로 망명길로 나서라! 그대가 그렇게 하면 나는 괴로운 심정으로 세간의 비판을 견뎌야 할 것이다. 집정관의 명령으로 그대가 망명한다면 나는 증오의 무거운 짐을 짊어지는 고통을 맛보게 될 것이다.*47 그러나 만일 그대가 오히려 나의 명예와 영광을 위해 한몫해 줄 생각이라면 잔학한 악당들을 데리고 도시를 떠나 만리우스에게로 가서 타락한 시민들을 부추기고 고결한 사람들을 배반해 조국에 전쟁을 도발하고 무도한 약탈 행위에 환성을 지르는 것이 좋다. 그렇게 하면 사람들은 내가 그대를 타향으로 내쫓았다고 생각하지 않을 것이다. 오히려 그대는 단순히 나의 권유로 자신의 동료들에게 간 것에 지나지 않다고 생각할 것이다.

24 그런데 왜 내가 그대에게 그런 일을 권할 필요가 있을까? 그대가 이미

는 것이 상례였다. 여기에서는 격노한 민중의 공격으로부터 카틸리나의 생명을 지키기 위해 그의 적조차 동반을 떠맡을 것이라고 키케로는 빈정대듯이 약속하고 있다.
*47 키케로의 논법은 카틸리나가 암시한 원로원에 의한 단죄의 비합법성에 대한 주장을 역으로 취하려고 한다.

부하를 먼저 떠나게 한 것을 나는 알고 있다. 그대는 그들에게 무장을 하고 포럼 아우렐리움*⁴⁸ 가까이에서 자신의 도착을 기다리도록 지시했을 것이다. 또 나는 그대가 만리우스와 기일을 타협해 결정한 것도, 그리고 그대가 그 은독수리 군기*⁴⁹를 먼저 보낸 것도 알고 있다. 그 군기는 어차피 그대와 그대의 부하 모두에게 파멸과 죽음을 가져오게 될 것이라고 나는 굳게 믿고 있는데, 그 깃발을 위해 그대는 집에 죄 많은 성소(聖所)*⁵⁰를 세운 것이다. 그런데 그대는 그 은독수리 군기로부터 그 이상 떨어져 있을 수 있을까? 사람을 죽이는 일에 나설 때마다 그대는 언제나 그 군기에 절을 했고, 그 제단 위에 올린 불경스런 손으로 그대는 셀 수 없이 많은 시민들을 살해한 것이다.

10

25 이제 그대는 자기 스스로도 억제하지 못하는 그 광기와 같은 욕망이 오랫동안 그대 자신을 내닫게 했던 방향을 향해서 결국 나아갈 것이다. 이 계획이 그대에게는 고통이 아니라 믿을 수 없는 환희를 가져다 주는 것이다. 자연이 그대를 낳고, 의지가 그대를 단련하고 운명이 그대를 지켜 온 것은 모두 이 광기 때문이었다. 이제까지 그대는 평화를 바라지 않은 것만이 아니다. 싸움에서조차 무도한 것 말고는 추구하지 않았다. 그대는 영락한 자들이나 모든 행운과 희망으로부터 완전히 버림받은 자들이 모인 악인의 무리를 손에 넣었다.

26 그 무리 속에서 그대는 깊은 만족을 느끼고 몹시 환희에 들떠 끝없는 쾌락에 취해 버릴 것이다. 그것은 그런 자들의 큰 무리에 둘러싸여 있으면 그대는 누구 한 사람 양식 있는 인물에게 말을 듣는 일도 모습을 보는 일도 없을 것이다. 그리고 사람들이 입소문으로 퍼뜨리고 있는 그대 방식의 그 '고역', 즉 부도덕한 행위의 기회를 엿보아 범죄 행위를 하기 위해 땅바닥에 엎드리거나, 잠든 남편들에게 올가미를 씌워 평화로운 사람들의 재산을 노리기 위해 밤을 새는 것과 같은 일은 이런 생활을 추구하기 위해 계획된 것이다. 지금 그대에

---

*48 로마의 북서쪽으로 약80km 거리, 아우렐리우스 가도를 따라 있는 도시. 현재는 몬타르트 디 카스트로.

*49 은독수리 군기를 최초로 사용한 것은 가이우스 마리우스이다.

*50 로마군 진영에는 장군 막사 가까이에 성소가 설치되었다. 카틸리나는 그것을 모방해 군기를 두는 신성한 장소를 자기 집에 만든 것이다.

게는 굶주림과 추위와 온갖 사물의 결핍에 대한 그 평판의 인내력을 유감없이 발휘할 기회가 찾아오고 있다. 하지만 그대는 그와 같은 시련이 몸의 파멸을 불러왔음을 머지않아 깨닫게 될 것이다.

27 나는 그대를 집정관직에서 밀어냈을 때[51] 적어도 다음의 일을 성취했다. 그것은 그대가 집정관으로서 뒤흔드는 일은 할 수 없고 단지 망명자로서 국가를 공격할 수 있는데 지나지않는다는 것. 그리고 그대가 계획한 악랄한 소행은 전쟁이 아니라 오히려 도적질과 같은 행위로 불린다는 것이다.

11

원로원 의원 여러분, 조국은 나에게 마치 마땅한 듯이 고충을 말할지도 모른다. 부디 내 이야기를 주의해 듣고 머리와 마음에 깊이 새겨 두길 바란다. 나에게는 조국이 내 목숨보다도 훨씬 더 소중하다. 그 조국이, 이탈리아 전 국토가, 또는 국가 전체가 다음과 같이 말한다고 치자.

"마르쿠스 툴리우스[52]여, 그대는 왜 머뭇거리는가. 그대는 이자가 우리의 적임을 확인했다. 그가 머지않아 전쟁의 지휘관이 되리란 것도 알고 있고 적의 진영에서는 그를 장군으로 바라 마지않고 있음도 알고 있다. 또 그대는 그가 큰 죄를 저지를 인물이고, 음모의 주범이고, 노예[53]나 타락한 시민의 선동자인 것도 알고 있다. 그런데 그대는 이자가 떠나는 것을 인정할 생각인가. 그렇다면 명백히 그대는 그자를 도시 밖으로 추방한 것이 아니라 도리어 도시 안에 풀어놓은 형국이 될 것이다. 그대는 이 사내를 사슬에 묶도록 명령해야 하지 않을까. 그를 사형에 처해 최고형으로 벌해야 하지 않을까. 도대체 무엇이 그대를 가로막는 것인가. 그것이 우리 선조들의 관습인가?

28 그러나 이 나라에서는 개인 신분인 자조차도 매우 자주[54] 위험한 시민을 죽음으로 벌하지 않았는가. 아니면 로마 시민에 대한 형벌에 대해서 정해

---

*51 B.C. 63년 7월의 차기 집정관 선거 전에 키케로는 원로원에서 카틸리나 일파의 불온한 행동을 폭로했고, 며칠 뒤인 마르스 들판에서의 선거에서 카틸리나는 패배했다.

*52 키케로의 개인명과 씨족명.

*53 살루스티우스 《카틸리나 전기》 56에 따르면, 카틸리나 자신은 반란군에 노예를 추가하는 것을 거부한 것으로 전해진다.

*54 앞서 키케로가 실례로서 거론한 것은 스키피오 나시카의 경우뿐이므로(본연설 3절) 상당한 과장이다.

진 법률*⁵⁵인가? 하지만 이 도시에서는 국가를 배반한 인간이 시민의 권리를 유지할 수 있었던 예가 일찍이 없지 않았는가?*⁵⁶ 그대는 후세 사람의 반감을 두려워하는 것인가? 하지만 로마 국민은 자신의 힘만으로 세상에 알려진 그대를 선대의 추천 없이도 계속해서 온갖 공직에 오르게 하고 젊은 나이에 최고 권력의 자리에 앉혔다.*⁵⁷ 그러므로 만일 그대가 사람들의 증오를 피하고 싶은 나머지, 또는 어떤 신변의 위험이 두려워서 시민의 안전을 소홀히 한다면 그대는 국민에게 크나큰 배신을 하게 되는 것이다!

29 어쨌든 사람들의 반감이 두렵다면 그대는 엄격하고 과감한 조치에 대한 증오보다도 자신의 무위무책에 대한 증오를 더 두려워해야 할 것이다. 머지않아 이탈리아는 전쟁으로 파괴되고, 여러 도시는 약탈당하고, 집들은 불타버릴 것이다. 그렇게 되면 그대도 사람들의 증오의 불길에 의해서 몸이 모두 타버린다는 생각은 하지 않겠는가?"

12

한편 나는 국가의 더없이 엄숙한 이러한 말에 대해서, 또한 마음속에 같은 생각을 품고 있는 사람들에 대해서 짧게 대답하겠다. 원로원 의원 여러분, 만일 내가 카틸리나를 사형에 처하는 것이 최선의 방책이라고 판단한다면 이 살인자에게 단 1시간도 생존할 여유를 주지 않았을 것이다. 실제로 사투르니누스나 그라쿠스 형제나 프라쿠스,*⁵⁸ 또는 그 이전의 많은 자들의 피로써 높은 자리의 사람들이나 고명한 시민들은 이름을 더럽히기는커녕 오히려 명예를

＊55 발레리우스법, 포르키우스법, 셈프로니우스법. 이러한 법률에 의해서 시민에 대한 사형이나 태형의 최종 결정은 민회의 심의에 맡겨야 했다.

＊56 이 주장은 법적 타당성을 잃고 있다. 원로원 최종 결의에 의거해 〈조국의 적〉으로 간주된 자에게 로마 시민의 법은 일체 적용되지 않는다는 논법이다. 본디 비상 사태에 관한 최종 결의는 원로원의 일방적인 결정이고 시민의 권리나 생명에 관한 중대한 형벌판정이 맡겨져야 할 민회에는 원로원 최종 결의를 승인할 기회가 주어져 있지 않다. 이 점은 뒤에 음모 사실이 밝혀졌을 때 공모자들의 처형이 적절한지의 그 여부에 대한 문제로 이어지게 된다.

＊57 키케로는 로마에서 정무관직을 지낸 경력이 없는 지방 가문 출신이면서 중앙 정계에 두각을 나타낸 '신인'이다. 또 B.C. 63년에 집정관이 된 키케로는 그 무렵 43세인데 이것은 집정관의 최소 자격 연령이다.

＊58 마르쿠스 푸르비우스 플라쿠스. 본연설 4절 참조.

높이기까지 했다. 그렇기 때문에 동포를 살해한 이자를 처형한다 해도 후세에 사람들의 증오가 얼마간이라도 나에게 쏟아지지 않을까 두려워할 필요는 전혀 없었다. 게다가 만일 그와 같은 증오가 나에게 미칠 위험이 크다 해도 용감한 행위에서 비롯된 증오는, 증오라기보다는 오히려 영광으로 여겨야 한다고 나는 늘 생각했다.

30 그런데 이 원로원에조차도 위험이 다가오고 있음을 깨닫지 못하거나 또는 알고 있으면서도 깨닫지 못하는 척하는 사람들이 몇몇 있다. 그러나 그런 사람들은 너그러움으로*[59] 카틸리나의 기대를 조장하고, 음모가 일어나고 있는데도 믿으려 하지 않고 그것에 힘을 보태 온 것이다. 그리고 이 사람들의 영향력에 의해서 악의가 있는 자뿐만 아니라 아무것도 모르는 사람조차도 그들 대부분이, 만일 내가 이 사내를 징벌하면 그 행위는 잔혹하고 전제적이라고*[60] 말할 것이다. 나는 알고 있다. 만일 이 사내가 지향하는 만리우스 진영에 도착하면 음모가 발생했음을 깨닫지 못하는 어리석은 자들은 한 사람도 없을 것이다. 또 그것을 인정하지 않으려는 악의가 있는 자 또한 한 사람도 없을 것이다. 한편 만일 이 사내 한 사람을 없앤다면 국가를 곤경에 빠뜨리고 있는 역병이 한동안은 억제될지라도 영원히 제거할 수는 없다고 나는 생각한다. 오히려 놈이 동료들을 데리고 스스로 도시에서 떠나 여기저기서 모은 다른 부랑자들을 한 곳에 집결시켰다고 치자. 그때야말로 국가에 널리 퍼진 이 역병을 근절할 수 있을 것이다. 뿐만 아니라 온갖 악의 근원과 싹을 뿌리째 제거할 수 있을 것이다.

13

31 원로원 의원 여러분, 실제로 우리는 오랫동안 이 위험한 음모의 덫에 걸린 채 살고 있다.*[61] 그러나 어떤 운명의 장난인지 모르지만 모든 악행과 여러 해의 난폭하고 무모한 음모는 내가 집정관으로 있을 때 더욱 기승을 부려 누가 보아도 명백해졌다. 지금 만일 이자 하나만을 도적떼 가운데서 제거한다

---

*59 B.C. 63년 7월의 차기 집정관 선거 전의 원로원 의회에서 키케로는 카틸리나 일파의 불온한 언동을 폭로했는데, 원로원은 단호한 조치를 취하지 않았다.

*60 뒤에 키케로는 이런 이유로 정적 클로디우스 등의 비판을 받게 된다.

*61 이른바 제1회 카틸리나 음모사건을 염두에 두고 있는지도 모른다.

치자. 그것으로 틀림없이 우리의 불안과 공포는 매우 짧은 기간 누그러진 것으로 생각될 것이다. 그러나 위협은 더욱 계속될 것이며, 그것은 국가의 혈맥과 내장 속에 깊이 숨어 있을 것이다. 중병에 걸린 사람은 고열에 몹시 시달리게 되면 때때로 찬물을 마신다. 그러면 일단은 고통이 누그러진 것 같지만 그 다음에는 전보다도 훨씬 심한 고통이 덮친다. 마찬가지로 국가가 지금 앓고 있는 이 질병은 이자를 처형함으로써 한때나마 누그러진다고 해도 나머지가 생존해 있는 한 언젠가는 더욱 악화될 것이다.

32 따라서 악당들은 떠나는 것이 좋다. 놈들은 선량한 사람들로부터 벗어나 한곳에 모두 모여야 한다. 요컨대 그들은 몇 번이나 말한 것처럼 성벽으로 우리와 격리해야 한다. 놈들이 집정관을 사저에서 노리는 것도, 도시법무관*62의 법정을 둘러싸는 것도, 칼을 들고 원로원 의사당을 포위하는 것도, 수도에 불을 지르기 위해 불화살이나 횃불을 준비하는 것도 모두 중단시켜야 한다. 마지막으로 모든 자는 국가에 대한 자기의 의견을 저마다 이마에 새겨두어야 한다. 원로원 의원 여러분. 나는 여러분에게 약속한다. 우리 집정관들은 완전한 대책을 찾아 원로원의 권위를 지켜낼 것이다. 또 로마의 기사들은 과감한 정신을 발휘하고 모든 양식 있는 사람들은 일치단결을 할 것이다. 이렇게 해서 여러분은 카틸리나가 떠나면 모든 음모가 온 세상 사람들이 다 알도록 드러나 명확해지고, 그리고 분쇄되어 벌받는 것을 보게 될 것이다.

33 카틸리나여, 이 사전 경고를 듣고 극악무도한 싸움을 향해 출발하라. 그리하여 그대는 국가에는 흔들림 없는 안녕을, 그대 자신에게는 재앙과 파멸을, 그리고 그대와 손잡고 온갖 악행과 동포 살해를 저지른 놈들에게는 절멸을 가져오게 될 것이다. 오오, 유피테르여, 일찍이 로물루스가 이 도시를 세우던 때와 똑같은 길조일 때 안치한 신*63이시여, 우리가 마땅히 이 도시와 국가의 '버팀목*64'으로 부른 신이시여, 당신이야말로 당신이나 다른 신들의 신전을, 도시의 집들과 성벽을, 모든 시민의 삶과 재산을 이 사내와 그 일당으로부터 지켜 줄 것이다. 그리고 당신들이야말로 선량한 사람들에게 대적하는 자들을,

---

*62 그 무렵 도시 법무관은 루키우스 발레리우스 플라쿠스.
*63 로물루스는 유피테르 스타토르 신전의 건조를 서약한 것에 지나지 않으며 실제의 건설은 훨씬 뒤의 일이다.
*64 다른 전승에서는 '(도망을) 막는 자'를 의미한다(리비우스《로마 건국 이래의 역사》1·12·6).

조국의 적이자 이탈리아를 어지럽히는 도적을, 악행의 협정을 맺어 죄 많은 무리를 결속한 사내들을 살아 있는 동안만이 아니라 죽은 뒤에도 영원한 형벌을 내려 벌할 것이다.

제2 연설

B.C. 63년 11월 9일
중앙 광장에서의 시민 집회*65

1

1 로마 시민 여러분, 우리는 드디어 루키우스 카틸리나를 이 도시에서 추방했다.*66 무모한 음모에 열광하고 범죄의 독기를 내뿜는 그 사내, 그리고 무도하게도 조국의 파멸을 꾀하고 여러분과 이 도시를 칼과 불길로 위협하는 그 사내를 몰아낸 것이다. 원한다면 놈을 멋대로 떠나게 했다고 해도 좋고, 스스로 나가려고 했기 때문에 송별의 말을 곁들여 전송해주었다고 해도 좋다. 어쨌든 놈은 떠났다. 이곳에서 벗어나 멀리 도망가버렸다. 탈출한 것이다. 이제는 그 기괴한 놈이 성벽 안에서 성벽을 무너뜨릴 계획을 꾸미는 일은 없을 것이다. 그 사내야말로 이 내란의 유일한 지휘자이고 우리가 놈에게 승리한 것을 두고 이제 그 어떤 이견도 없을 것이다. 이제는 그 단검이 우리의 옆구리 사이에서 휘둘러지는 일은 없을 것이다. 마르스의 들판*67에서도, 중앙 광장에서도, 원로원 의사당에서도, 그리고 집의 벽 안쪽에서도 우리는 이제 두려워할 필요가 없다. 놈은 도시에서 쫓겨났을 때 유리한 처지에서 길을 잃었다. 이제 우리는 떳떳하게 적에 대해서 정식으로 전쟁을 시작하는 것이다. 그것을 방해할

---

*65 집회는 법률의 제정이나 선거를 위한 투표를 행하는 민회와는 달리 선거나 중대한 사태에 대한 정보를 광범한 사람들에게 전할 목적으로 행해졌다. 통상 로마 시민 외에 외국인, 노예, 여성도 참가했다.

*66 키케로가 제1 연설을 행한 11월 8일의 원로원 의회 뒤에 카틸리나는 심야에 로마를 출발해 만리우스의 진영으로 향했다. (살루스티우스 《카틸리나 전기》 32 참조). 이 제2연설에서 키케로는 그 경위를 보고하고, 또한 로마에 잠재한 공모자들의 위험에 대해서 설명한다.

*67 민회가 열린 장소.

자는 아무도 없다. 우리는 그자를 숨겨진 음모로부터 끌어내 공공연한 도적 행위로 내몰았다. 그것으로 말미암아 우리는 놈을 확실하게 쓰러뜨리고 멋지게 승리를 거둔 것이다.

2 그런데 놈은 칼을 피로 물들이고 떠날 생각이었지만 그렇게 하지 못했다. 우리를 살려둔 채 떠난 것이다. 무기는 우리가 놈의 손에서 빼앗았다. 시민에게는 상해를 입히지 않고 도시는 평안한 채로 놈은 떠났다. 도대체 이 때문에 얼마만한 슬픔이 놈을 의기소침하게 하고 타격을 입혔는지 여러분은 상상할 수 있는가. 로마 시민 여러분, 놈은 이제 낙담과 패배에 젖어 있다. 그러고는 몇 번이고 뒤돌아서 이 도시 쪽을 바라보며 빼앗긴 먹이를 아까워하고 틀림없이 한탄하고 있을 것이다. 그러나 이 도시는 이런 맹독을 밖으로 토해버렸기 때문에 기뻐하는 것으로 보인다.

2

3 그런데 내가 이 연설에서 대성공이었다고 크게 기뻐하는 사안에 대해서 오히려 나를 혹독하게 비난하는 사람이 있을 것이다. 아니 누구나 그렇게 생각해야만 했을 것이다. 즉 내가 그 한 하늘 아래 함께 살 수 없을 적을 체포하지 않고 떠나게 한 것은 좋지 않다고 비난한 것이다. 그러나 로마 시민 여러분, 그 책임은 내가 아닌 정세에 돌려야 한다. 확실히 루키우스 카틸리나를 사형으로 엄벌에 처해야 한다는 것은 훨씬 전부터 필요했다. 선조의 관습도, 나에게 주어진 엄격한 권한*68도 그리고 국익 또한 나에게 그것을 요구하고 있었다. 하지만 나의 고발을 믿으려 하지 않는 사람들이나 어리석게도 그것에 대해서 생각하려 하지도 않는 사람들, 또는 놈을 변호하기까지 하려는 사람들이나, 놈을 지지하려는 근성이 비뚤어진 사람들이 얼마나 많았는지*69 여러분은 상상이나 할 수 있을까. 그런데도 내가 놈을 없애버림으로써 여러분에게서 모든 위협을 물리칠 수 있을 것으로 판단했다면 훨씬 이전에 나는 증오가 나에게 쏟아질 위험을 무릅쓰고, 더욱이 목숨까지도 바쳐 루키우스 카틸리나를 말살했을 것이다.

---

*68 B.C. 63년 10월 21일의 원로원 최종 결의를 가리킨다.
*69 제1 연설에서는 카틸리나에 대해서 관대한 원로원 의원은 〈몇 사람쯤〉으로 기술되었다(제 1 연설 30절). 여기에서 실은 다수의 공명자가 있었다는 사실이 밝혀진다.

4 그러나 아직 그때에는 여러분 가운데서조차 모든 사람이 일의 진상을 이해하고 있었던 것은 아니었다. 그렇기 때문에 그때 내가 만일 그놈을 마땅한 대가로서 사형에 처하면 사람들의 반감*70에 가로막혀 놈의 공모자들을 추적할 수 없게 되리라고 생각했다. 그래서 나는 여러분의 눈에 적의 모습이 확실하게 투영된 뒤, 여러분이 거리낌 없이 적과 싸울 수 있는 사태를 만들어낸 것이다. 로마 시민 여러분, 이 적이 밖으로 사라진 이상 이제는 두려울 것이 없게 되었다고 나는 생각한다. 놈이 수도를 떠날 때 일행이 너무나 적었던 것이 민망했을 정도라고 말하면 이 마음을 이해해줄 것이다. 가능하면 놈이 동료인 군대 세력을 모두 이끌고 갔으면 좋았을 것을! 그놈이 데리고 간 것은 소년 때부터 귀여워하던 톤기리우스, 그리고 푸블리키우스와 미누키우스.*71 이 두 사람이 싸구려 요릿집에 남겨둔 빚 정도로 국가가 어지러워질 리는 없을 것이다. 그러나 놈이 뒤에 남긴 것은 어떤 자들일까. 얼마나 엄청난 빚을 지고, 얼마나 큰 세력을 지니고, 얼마나 고귀한 가문의 인물들인가!

3

5 따라서 나에게는 놈의 군대 따위는 우리의 갈리아 군단*72이나 퀸투스 메텔스*73가 피케넘 지방과 갈리아 지방*74에서 징집한 군대, 또는 우리가 일상적으로 편성하는 군대에 비하면 보잘것없는 것으로 생각된다. 실제로 그것은 희망을 잃은 노인*75이나 방탕한 농민, 파산한 시골 사람, 놈의 군대보다도 오히려 보석금*76을 포기하는 쪽을 택한 자들을 모은 것에 지나지 않는다. 그런 자들은 우리 군의 대열이 아니라도 내가 법무관의 포고를 보이기만 하면 순식간에 항복할 것이다. 한편 지금 나의 눈에는 중앙 광장을 돌아다니는 자, 원로원

---

*70 시민에 대한 무거운 형벌을 민회의 승인을 거치지 않고 집행했을 경우, 그 비합법적 조치 때문에 키케로는 크게 비난을 받게 될 것이 예상된다.

*71 이 세 사람에 대한 상세한 것은 불확실.

*72 알프스 이남의 갈리아에 주둔한 로마 군단.

*73 그 무렵 법무관의 한 사람.

*74 피케눔 지방은 이탈리아 중부, 아드리아 해 연안, 갈리아 지방은 피케눔 지방의 북서에 위치하고 똑같이 아드리아 해 연안. 그 옛날 갈리아계의 이민이 거주한 토지이고 알프스 이북 및 이남의 갈리아하고는 다르다.

*75 특히 술라 군대의 퇴역 군인들. 본연설 20절 참조.

*76 고소당한 사람이 법정으로의 출두를 보증하기 위해 납부하는 돈.

의사당 앞에 선 자, 뻔뻔스럽게 원로원으로 들어오는 자, 향유를 번지르르하게 바른 자, 그리고 눈에 띄게 붉은 옷을*77 걸친 자의 모습이 비치고 있는데 이런 자들이야말로 놈이 부하의 군대로서 함께 데려가길 바랐다. 여러분들은 잊지 않기를 바란다. 이런 자들이 수도에 남아 있으면 우리가 두려워해야 할 것은 놈의 군대가 아니라 오히려 군대를 버린 이자들인 것이다. 그들은 자신들의 음모가 우리에게 알려졌다는 사실을 알고 있다. 그런데 조금도 흔들리지 않고 있다. 그렇기 때문에 더한층 그들을 두려워해야 하는 것이다.

6 아풀리아*78가 누구의 몫이 되었는지, 누가 에트루리아를 획득하고, 피케눔 지방과 갈리아 지방이 누구의 소유가 되는지, 또 누가 이 도시에서의 살육과 방화의 계략을 떠맡겠다고 제의했는지 나는 알고 있다. 또 그들은 그저께 밤의 계획이 모두 나에게 통보된 것도 알고 있다.*79 그 계획에 대해서는 어제 내가 원로원에서 명확히 했다. 카틸리나 자신이 두려워서 달아난 것이다. 그런데 이들은 무엇을 바라는 것일까? 만일 놈들이 전에 내가 표시한 관대한 마음이 영원히 지속되길 기대한다면 정말로 크나큰 잘못을 범하고 있는 것이다.

4

나는 기대했던 것을 이제야 성취했다. 국가를 향한 음모가 계획되고 있는 것을 여러분 모두가 확실히 알도록 했다. 단 카틸리나와 비슷한 인간이 카틸리나와 똑같은 의견을 갖고 있다고 볼 수는 없다고 생각하는 자가 있다면 이야기는 다르다. 이제 관대하게 볼 여지는 없다. 사태는 바야흐로 엄격한 조치를 요구하고 있다, 그러나 지금도 나는 단 한 가지를 양보하고 싶다. 놈들은 나가주는 것이 좋다. 이곳에서 떠나라. 가련한 카틸리나가 놈들을 흠모하는 나머지 초췌해지는 것을 놈들은 방치해서는 안 된다. 내가 길을 가르쳐주겠다. 카틸리나는 아우렐리우스 가도*80를 출발했다. 만일 서둘러 갈 생각이라면 저녁에는

*77 진한 빨강 천으로 테두리를 한 의복(로마인의 표준적인 옷으로 남성용은 보통 소매가 짧고 옷자락은 무릎까지).

*78 이탈리아 남동부, 아드리아 해 연안 지방.

*79 11월 6~7일 밤에 라에카의 집에서 행하여진 밀회에 대해서는 제1 연설 8~9절 참조. 정확하게는 〈엊그제〉가 아니고 〈3일 전의 밤〉인데, 키케로는 전날의 원로원 의회에서의 연설 표현을 그대로 사용하고 있다.

*80 로마에서 트라니 해를 따라서 피사에 방면으로 향하는 길. 에트루리아의 파에슬라에 부

따라잡을 것이다.

7 오오, 도시의 이런 쓰레기를 쓸어버릴 수 있다면 국가에 얼마나 다행스러운 일인가!

정말로 나는 카틸리나 한 사람이 없어지기만 해도 국가가 안락해지고 되살아날 것처럼 생각된다. 실제로 놈이 생각지 못했던 악행이나 범죄를 상상할 수 있을까. 생각할 수 있을까? 독살자이건, 검객이건, 도적이건, 살인자이건 유서 위조범이건, 사기꾼이건, 방탕자이건, 도락자이건, 간부(姦夫)이건, 매춘부이건, 무뢰한이건, 카틸리나와 막역한 생활을 보낸 적이 없다고 말하는 자를 온 이탈리아를 뒤져서 과연 발견할 수 있을까. 최근 수년간 놈의 힘을 빌리지 않고 어떤 살인이 발생했을까? 놈이 관여하지 않고 어떤 부도덕한 범죄가 행해졌을까?

8 또한 카틸리나만큼 젊은이를 유혹하는 능력을 지닌 인간이 이제까지 한 번이나 있었을까. 그는 어떤 젊은이들에게 매우 추잡스러운 애욕을 품고, 또 어떤 자들의 애욕에 호응해 참으로 부끄러운 봉사를 했다. 그리고 놈은 어느 젊은이들에게는 욕망의 충족을, 또 어떤 자들에게는 부모 살해까지 약속을 했는데, 그때 놈은 그런 것들을 부추겼을 뿐만 아니라 지원까지 했다. 이렇게 해서 놈은 이제 놀라운 속도로 도시에서나 시골에서, 또 타락한 인간들의 큰 무리를 모았다. 로마뿐만 아니라 이탈리아의 어느 외딴 지방에서도 빚에 시달린 인간치고 이 믿을 수 없는 범죄 동맹에 가입하지 않았던 자는 한 사람도 없는 것이다.

5

9 그러면 이번에는 다른 방면에 걸친 놈의 다양한 관심에 주목해보자. 예를 들어 검투사[81]의 훈련소에서 조금이라도 악행으로 치닫기 쉬운 사내가 있으면 그놈은 반드시 카틸리나의 친구라고 말할 것이다. 또 약간 경박하고 행실이 나쁜 배우[82]를 발견하면 그자는 틀림없이 놈과는 동업자나 다름없었다

근의 만리우스 진영으로는 카시우스 가도가 최단의 길인데, 카틸리나는 마실리아(현재의 마르세유)로 망명하는 것처럼 보이기 위해 이 가도로 출발했다.

*81 노예나 전쟁 포로, 죄인이 검투사가 되었다.
*82 배우의 대부분은 노예 또는 해방 노예였다.

고 말할 것이다. 더욱이 카틸리나는 방탕한 생활과 범죄 행위에 단련이 되어 추위나 굶주림, 목마름이나 불면에 견디는 것에는 익숙해져 있었기 때문에 이런 자들로부터 용감한 인물로 칭송받고 있었다. 그러나 놈은 활동력의 축적과 정신적 능력을, 사실은 주색이나 폭력 사용을 위해 소모하던 것에 지나지 않는다.

10 만일 이 동지들이 놈의 뒤를 따라가면, 만일 무법자들의 부끄러움을 모르는 이 무리가 도시에서 빠져나간다면 우리는 얼마나 행복할까! 오오, 국가는 얼마나 행운일까! 오오, 집정관으로서의 나의 공적은 얼마나 빛을 발할까! 실제로 놈들의 음란한 욕망은 보통 인간이 할 짓은 아니다. 놈들의 폭력적 행위도 인간의 한계를 넘어서고 있어 견딜 수 있는 것이 아니다. 살인과 방화와 강탈—놈들이 생각하는 것은 오직 이것뿐이다. 놈들은 세습 재산을 빚의 담보로 삼았다. 돈은 일찌감치 바닥이 나고 최근에는 신용도 잃기 시작했다.*83 그런데 놈들의 가슴에는 돈이 잔뜩 있었을 때와 똑같은 욕망이 계속 불타오르고 있다. 만일 놈들이 술과 도박에 제정신을 잃고 날뛰거나 창녀를 요구하는 것뿐이라면 놈들은 확실히 절망적인 인간이라고 말할 수 있겠지만 그래도 우리는 아직 참을 수 있다. 그러나 게으른 자가 용감한 사람에 대해서, 어리석은 자가 총명한 사람에 대해서, 주정뱅이가 취하지 않은 멀쩡한 사람에 대해서, 또는 졸기 시작한 자가 졸지 않고 주의하는 사람에 대해서 음모를 꾸미고 있음을 안다면 누가 참을 수 있을까. 나는 알고 있다. 놈들은 연회석에 누워 매춘부를 껴안고, 술에 취해 몽롱해지고 음식으로 배를 채우고, 머리에는 꽃을 꽂고 몸에 향유를 덕지덕지 바르고, 주지육림과 방탕삼매에 빠져 트림과 함께 토해내듯이 선량한 사람들의 살해와 도시를 불태울 이야기를 하고 있는 것이다.

11 나는 확신한다. 어떤 멸망의 운명이 놈들에게 내려 덮칠 것이라고. 놈들의 악랄하고 비열한 행위와 악행과 방탕의 대가로서 전부터 줄곧 정해져 있던 형벌이 바로 앞에 다가오고 있거나, 또는 확실히 다가오고 있는 것이다. 내가 집정관으로 있는 동안에 놈들을 치료하는 것은 불가능하다. 하지만 그동안에 놈들을 없앤다면 국가의 생명을 겨우 잠깐이 아닌 많은 세기에 걸쳐서 연

---

*83 B.C. 63년 7월의 집정관 선거에서의 패배 이래 카틸리나가 합법적으로 정권을 장악할 가망은 없었다. 따라서 그의 무리도 신용을 잃었다.

장할 수 있을 것이다. 이제 우리가 두려워해야 할 국가는 존재하지 않는다. 이제 로마 국민에게 전쟁을 걸 수 있는 왕은 없다. 국외에서는 한 인물*[84]의 용감한 활약으로써 뭍에서나 바다에서나 모두가 평화롭게 통치되고 있다. 단지 남아 있는 것은 국내의 싸움이다. 음모도, 위기도, 적도 모두 내부에 숨어 있다. 방탕한 생활, 분별을 잃은 행동, 그리고 흉악한 행위 등 이런 것들이야말로 지금 우리가 싸워야 할 대상인 것이다. 로마시민 여러분, 나는 이 싸움의 지휘를 하려고 제의하는 것이다. 무뢰배의 적의는 내가 떠맡는다. 치유할 수 없는 병은 어떤 수단을 찾아서라도 고쳐 보이겠다. 도려내야 할 환부는 국가에 죽음을 초래할 때까지 내버려 두지 않겠다. 그러므로 놈들은 나가주기 바란다. 그렇지 않으면 조용히 있어야 한다. 하지만 만일 놈들이 도시에서 떠나지 않고 마음도 고치지 않는다면 놈들은 마땅한 대가를 치러야 할 것이다.

6

12 그러나 로마 시민 여러분, 어떤 사람들은 나야말로 카틸리나를 추방한 장본인이라고 말하고 있다. 하지만 말 한 마디로 그와 같은 일을 달성할 수 있다면 나는 그렇게 이야기하는 사람들이야말로 추방하고 싶다. 왜냐하면 틀림없이 그 사내는 소심한 탓인지, 그렇지 않으면 지나치게 소극적이었기 때문인지 집정관의 말에 견딜 수 없었던 것이다. 놈은 망명을 하라고 말하자 곧바로 그 말에 따랐다. 실제로 어제 나는 자택에서 살해될 뻔하고 나서, 유피테르 스타토르 신전에 원로원을 소집하고 사건의 전모를 의원들에게 보고했다. 그런데 카틸리나가 그 장소로 왔다. 그러나 원로원의 누가 놈에게 말을 걸거나 인사를 했겠는가. 요컨대 모두가 놈을 타락한 시민이 아닌 가장 냉혹한 적으로 여긴 것이다. 그뿐만 아니라 원로원의 주요 인사들은 놈이 자리에 앉았을 때 그 주위의 좌석을 떠나 자리를 비운 것이다.*[85]

13 그런데 거기에서 '한 마디 말로 시민을 추방하는' 준엄한 집정관인 나는 카틸리나에게 마르쿠스 라에카의 집에서 밤의 회합에 있었는지 여부를 심문했다. 그토록 지독한 철면피인 그 사내도 처음에는 죄의식에 휩싸여 말없이

---

*[84] 대 폼페이우스를 가리킨다. 〈뭍〉에서는 B.C. 66년에 소아시아의 미트리다테스 왕을 격파하고 〈바다〉에서는 B.C. 67년에 동 지중해의 해적을 토벌했다.
*[85] 11월 8일 원로원 의회의 이 장면에 대해서는 제1 연설 16절 참조.

있었다. 그래서 나는 다른 모든 사항을 폭로했다. 즉 그날 밤 놈이 어디에서 무엇을 했는지, 다음날 밤에 무엇을 할 예정이었는지, 또 전쟁 전체에 놈이 어떤 계획을 짜고 있었는지를 설명했다. 놈은 곤혹스러운 듯 그저 가만히 있었다. 그래서 나는 이렇게 물었다. "너는 그토록 오랫동안 준비해 온, 목적지를 향한 출발을 왜 미적대며 망설이는 것이냐. 나는 알고 있다. 그대가 무기와 의월(儀鉞),[86] 나팔과 군기를 먼저 그곳에 보낸 것을. 그 은독수리 군기 때문에 그대는 이전의 자택에 성소를 세워놓고 있었지."

14 놈이 이미 전쟁에 착수했던 것을 나는 알고 있었다. 그래도 나는 놈을 추방하려고 했던 것일까. 나도 믿고 싶다. 그 만리우스란 백인대장이 자신을 위해 파에스라에 영내에 진영을 두고 로마 국민에게 선전 포고를 한 일 등을. 그리고 지금 그 진영은 카틸리나의 지휘를 기다리지 않고, 그놈 자신은 망명하여 소문대로 그 진영이 아닌 마실리아[87]로 향한다는 것이다.

<h2 style="text-align:center">7</h2>

오오, 국가의 운영뿐만 아니라 국가를 구하는 일까지 맡겨지다니 얼마나 수지가 맞지 않는 역할인가! 지금 만일 루키우스 카틸리나가 위험을 무릅쓰는 나의 현명한 조치와 노력에 의해서 포위되어 무력해지고 두려움에 생각을 바꾸어 동료를 버리고 전쟁 수행의 계획을 포기하고, 이 죄 많은 싸움의 길에서 달아나 망명을 위해 진로를 변경했다고 치자. 그러면 사람들은 이렇게 말할 것이다. 내가 카틸리나로부터 무모한 계획을 위한 무기를 빼앗은 것은 아니다. 또 내가 빈틈없는 경계로 놈을 두렵게 한 것도 아니고 놈의 희망을 꺾어 계획을 방해한 것도 아니다. 오히려 카틸리나는 죄의 선고를 받지 않은 결백한 몸이면서 집정관의 난폭한 위협에 의해서 추방된 것이라고. 그리고 또 카틸리나가 지금 말한 행동을 취했을 경우, 놈은 악인이 아닌 동정받아야 할 사람이고, 다른 한편 나에 대해서는 매우 신중한 집정관이 아닌 냉혹하기 이를 데 없는 폭

---

*86 가는 봉 다발에 도끼를 잡아맨 것. 집정관 등의 고관이 권력의 상징으로서 선도자에게 운반하게 했다. 그 의월(儀鉞)의 휴대가 인정된 정무관만이 로마 시민의 군대를 지휘할 수가 있었다. 카틸리나는 의월을 나르는 호위를 고용해 집정관을 참칭(僭稱)하려고 한 것이다.

*87 현재의 남프랑스 마르세유. 살루스티우스 《카틸리나 전기》 34에 따르면 카틸리나는 로마의 많은 유력 귀족에게 편지를 보내, 자신은 무고한데 국가의 평온이 흐트러지지 않도록 마실리아로 망명하는 거라고 전했다.

군으로 생각하는 사람들까지 나타날 것이다.

15 그러나 로마 시민 여러분, 이 근거 없는 부당한 증오의 폭풍도 지금의 이 가공할 비정한 전쟁의 위험을 여러분에게서 없앨 수 있다면 나에게는 견딜 가치가 있다. 좋다, 카틸리나가 망명지로 가는 것이라면 내가 놈을 추방했다고 말하라. 하지만 믿어주기 바란다. 놈에게는 망명할 생각 따위는 없다. 로마 시민 여러분, 나는 결코 나에 대한 증오를 누그러뜨리기 위해 루키우스 카틸리나가 적군을 이끌고 계속 진군해온다는 소식을 여러분이 곧 듣게 되길 불멸의 신들에게 기원할 생각은 없다. 하지만 그 소식은 3일 안에 여러분 귀에 도달할 것이다. 내가 무엇보다 두려워하는 것은 놈을 추방했기 때문이 아니라 단순히 떠나게 한 것에 지나지 않기*88 때문에 언젠가 비난받게 될 일이다. 하지만 놈은 제멋대로 떠났는데 추방했다고 말하는 사람들이 있다. 그렇다면 만일 놈을 사형시켰다면 과연 그 사람들은 지금 뭐라고 말할 것인가.

16 그런데 카틸리나가 마실리아로 향한다고 집요하게 되풀이하는 사람들은 사실 탄식하는 것이 아니라, 그것을 두려워하는 것이다. 이 사람들 중에는 놈이 마실리아 인에게 가야 하고 만리우스에게로 가지 않는 것이 좋다고 생각해서 배려하는 자*89는 한 사람도 없다. 하지만 카틸리나 자신은 비록 지금의 악행을 전혀 계획하지 않았다고 해도 망명자로서 살기보다는 도적으로 활약하면서 죽는 쪽을 택할 것이 틀림없다. 어쨌든 현재로서는 나를 살린 채 로마를 출발하는 것 말고 모든 것은 놈의 의향과 계획대로 나아가고 있다. 따라서 우리로서는 놈이 추방지로 향하길 바라야 하고 그것을 탄식할 필요는 없다.

8

17 그런데 오직 한 사람의 적에 대해서 이렇게 길게 이야기할 필요는 없을 것이다. 그 적은 스스로 적임을 이미 인정하고 있고 또 내가 계속 바라던 것처럼 성벽에서 격리된 뒤부터는 이제 무섭지 않은 것이다. 한편 적인 사실을 숨

---

*88 즉 카틸리나를 추방지로 몰아내지 않고 그에게 반란군을 지휘할 기회를 주었다는 것. 키케로는 그 조치에 대한 비난을 두려워한다고 말하지만, 그가 진정으로 노리는 것은 이 유도책에 의해서 음모의 사실이 명백해진다는 것이다.

*89 만리우스의 진영으로 가면 카틸리나는 반란의 주모자임이 밝혀져 그의 파멸은 확실해진다. 따라서 카틸리나의 생명의 안전을 우려하는 자라면 마실리아로 망명하는 것이 좋다고 생각할 것이다.

기고 로마에 남아 우리와 함께 있는 자들에 대해서는 아무 말도 하지 않는 것이 좋을까. 이자들에 대해서 나는 가능한 한 징벌을 가하지 않고 그들 자신의 분별을 회복시켜 국가와 화해시키길 바라고 있다. 만일 그들이 지금 내 이야기를 듣길 원한다면 그 일은 안 될 리가 없다고 생각한다. 로마 시민 여러분, 여기에서 지금 나는 적의 세력이 어떤 부류의 인간으로 성립해 있는지를 설명하겠다. 그리고 그 개개인에 대해서 충고하고 깨우치면서 가능한 한 치료를 시도해보겠다.

18 그 가운데 하나의 부류는 많은 빚을 안고 있어도 그보다 더 많은 재산을 소유하는 사람들로, 그들은 재산에 애착하는 나머지 재산으로부터도 빚에서도 도저히 벗어날 수가 없다.[90] 이 사람들은 아무튼 유복하기 때문에 언뜻 보기에는 매우 기품이 있는 것 같지만, 그 요구와 주장은 더없이 비열하다.(이 부류의 대표자에게 이야기하듯이) 도대체 당신은 토지와 집과 은그릇과 노예 등, 온갖 재산을 많이 가지고 있는데, 그래도 아직 재산의 일부를 내놓아 신용을 높일 생각은 없는가. 당신은 무엇을 기대하는 것인가. 전쟁인가? 당신은 모두가 폐허가 되어도 자신의 재산만은 신성해서 침범되지 않는다는 생각이라도 하는 것인가. 그렇지 않으면 소망이 빚의 소멸[91]인가? 하지만 카틸리나에게 그것을 기대하는 것은 잘못이다. 새로운 장부는 지금 나의 도움으로 만들게 하고 있다. 단 경매용의 장부[92]이다. 실제로 재산을 가진 사람들을 구제하는 방법은 이것밖에 없다. 만일 그들이 더 빨리 나아가 그렇게 하고 있었다면, 그리고 지소(地所)에서 올라오는 수익으로써 어떻게든 이자를 지불하는 등, 참으로 어리석은 소망을 갖지 않았다면 지금쯤 이 사람들은 더 유복하고 더 훌륭한 시민이 되었을 것이다. 하지만 이런 부류의 사람들은 조금도 두려울 것이 못 된다. 그들은 생각을 고칠지도 모르고 비록 의견을 바꾸지 않더라도 무력으로 국가를 공격하지는 않을 것이다. 그들은 기껏해야 국가가 공격받게 되기를 신에게 기원할 정도라고 생각한다.

---

*90 자산을 놓지 않으려고 해서 빚의 변제를 할 수 없다.

*91 원어 번역은 〈새로운 장부〉. 정권 탈취에 의해서 모든 부채를 무효로 하는 것은 카틸리나가 반란을 일으킨 목적의 하나였다.

*92 부채자의 자산을 경매에 붙여 빚을 변제시키기 위한 회계부. 이 경우 빚이 취소되기 때문이 아니고 새로운 방식의 변제법 때문에 〈새로운 장부〉이다.

19 한편 제2의 부류는 빚에 시달리고 있음에도,[93] 지배권을 획득하려는 자들이다. 그들은 정권의 획득을 추구하고 국가가 평온한 때에는 얻을 가망이 없는 공직도, 국정에 혼란이 생기면 손에 넣을 수 있는 것으로 여긴다. 나는 이런 사람들에 대해서는—물론 다른 사람들도 그렇지만—이렇게 가르쳐야 한다고 생각한다. 즉 계획을 이룰 수 있다는 희망은 버려야 한다는 것이다. 무엇보다도 먼저 나 자신이 국가를 위해 빈틈없이 감시하고, 국가를 도와 지키고 있기 때문이다. 둘째로 양식 있는 사람들의 커다란 용기와 (신분 사이의) 굳은 단결[94]이 있고 방대한 수의 민중도, 그리고 강대한 병력도 대기하고 있기 때문이다. 그리고 마지막으로 불멸의 신들이 뚜렷이 모습을 드러내 포악한 대죄를 무찌르도록 이 불패의 국민과 가장 영예로운 국가와 세상에서 보기 드문 아름다운 도시에 구원의 손길을 내밀 것이다. 그러나 만일 그들이 극도의 광기에 사로잡혀 지금 추구하는 것을 모두 손에 넣었다고 한다면, 그때 그들의 죄로 더러워진 불경스런 마음이 열망한 것처럼 도시는 폐허가 되고 시민의 피로 물들고 말 것이다. 그래도 그들은 과연 집정관이나 독재관, 또는 왕이 되려고 할까. 만일 그들이 자신들이 추구하는 것을 손에 넣으면 그 지위는 도망노예나 검투사에게라도 넘길 수밖에 없다는 것을 깨닫게 되지 않을까.

20 제3의 부류는 이미 고령에 달하고 있을망정 단련으로써 강인한 몸을 지닌 사람들이다. 이 부류의 사람들 중에는 지금 카틸리나의 역할을 물려받으려는 만리우스가 있다. 이 사람의 출신은 술라가 창설한 식민시[95]이고, 나는 그와 같은 여러 도시가 전체적으로는 매우 성실하고 용감한 시민에 의해서 구성되어 있는 것으로 생각하는데, 그러나 그들 가운데는 갑자기 뜻하지 않게 손에 넣은 재산에 빠져 지나치게 사치스럽고 방탕한 삶을 과시해온 식민자들도 있다. 마침내 이 사람들은 자산가처럼 집을 짓고 좋은 농장과 많은 노예, 호화로운 연회를 즐기는 사이에 엄청난 빚을 떠안고 말았다. 그래서 그곳에서 빠져나오려면 술라를 지옥에서 되부르는 수밖에 없는 상황이다. 이렇게 해서 그들

---

[93] 즉 재산이 없어 정치 자금이 부족함에도 불구하고.

[94] 특히 원로원 의원 신분과 기사 신분의 협조를 가리킨다.

[95] 코르넬리우스 술라는 B.C. 87~B.C. 85년의 대 미트리다테스 전쟁 뒤, 에트루리아 지방의 농지를 몰수해 식민시를 만들고 다수의 퇴역 군인을 정착하게 했다.

은 이전과 같은 약탈 행위를 바라고, 힘없고 가난한 농민의 한 무리*⁹⁶에게도 같은 희망을 갖게 한 것이다. 나의 분류에 따르면 그 어느 쪽이나 똑같이 강도와 같은 부류이다. 하지만 나는 그들에게 망상을 버리고 정적 추방*⁹⁷이나 독재 정치를 생각하는 것은 멈추라고 충고한다. 그 시대의 고통은 이 국가의 기억에 깊게 새겨져 있어 인간은커녕 짐승조차도 이제 그런 시대를 견딜 수 없다고 생각한다.

10

21 제4의 부류는 다양하고 잡다한 자들의 모임이다. 그들은 훨씬 이전부터 궁핍해 언제까지나 좋은 위치로 올라서지 못하는 자들이고 무위와 사업의 실패, 더 나아가 낭비 등의 이유로 일찍부터 빚을 짊어져 가까스로 삶을 유지하고 있다. 보석금에도 판결에도 재산 압류*⁹⁸에도 싫증이 난 그들은 도시에서도 지방에서도 한꺼번에 그 적진을 향하는 것으로 알려져 있다. 하지만 내가 보기에 이자들은 날카로운 뜻과 기상을 갖춘 새로운 병사가 아니라 의욕이 없는 게으른 자들에 지나지 않는다. 만일 그들이 제대로 서 있을 수 없다면 (가능한 한) 빨리 쓰러져버리는 것이 좋다. 그것도 모든 시민과 이웃들이 눈치채지 못하게 말이다. 훌륭하게 살 수 없다면 왜 그들은 부끄럽게 죽을 방법을 추구하는가. 여럿이서 함께 죽으면 왜 홀로 죽는 것보다 고통이 적다고 그들은 생각하는지, 나로서는 도무지 알 수가 없다.

22 제5의 부류는 존속 살해나 살인자 등, 요컨대 모든 종류의 범죄자들이다. 나는 이자들을 카틸리나에게서 불러들일 생각이 없다. 실제로 그들을 놈에게서 떨어뜨려 놓을 수도 없다. 그들은 도적질을 하다가 저 세상으로 가야 할 자들이다. 왜냐하면 놈들은 감옥*⁹⁹에 수용할 수 없을 정도로 많기 때문

---

*96 술라의 병사들에게 토지를 빼앗긴 사람들일지도 모른다.
*97 B.C. 82~B.C. 81년의 술라에 의한 정적 추방에서는 40명 이상의 원로원 의원과 2600명의 기사를 포함한, 합계 4700명의 로마 시민이 재산과 법적 보호를 빼앗겨 생명의 위험에 노출된 것으로 알려졌다.
*98 법정에서 파산 선고를 받은 자가 일정 기간 중에 부채를 변제하지 못할 경우, 채무 이행을 위해 재산이 압류되어 공적인 경매에 붙여졌다.
*99 그 무렵의 로마에는 국가가 설치한 감옥이 하나밖에 없었다. 또한 그곳에는 툴리아눔으로 불리는 사형수를 구치·처형하기 위한 지하의 방과 재판 중인 피고인을 구류하기 위한 방

이다.

드디어 마지막 부류가 되는데, 이것은 순위만이 아니고 성격과 생활 태도에서도 가장 아래이다. 그들은 카틸리나가 뜻대로 할 수 있는 자들이고 놈의 마음에 꼭 드는, 오히려 누구보다 가까운 친구인 것이다. 여러분도 다 아는 바와 같이 이 자들은 머리를 잘 빗고 기름을 번질번질하게 바르고 있다. 수염을 기르지 않은 자도 있고, 그대로 자란 대로 둔 자도 있으며, 옷은 손목에서 발뒤꿈치까지 닿도록 둔 놈,*[100] 시민복이 아닌 베일과 같은 헐렁한 옷*[101]을 입은 자도 있다. 그리고 놈들의 인생에 대한 정열과 불면의 노력은 새벽까지 이어지는 연회에서 마음껏 드러나는 것이다.

23 이 무리 가운데에는 온갖 도박꾼과 온갖 간부(姦夫), 온갖 불결한 호색한이 뒤섞여 있다. 이 젊은이들은 참으로 맵시 있고 나긋나긋하며, 사랑하고 사랑받는 기술이나 춤과 노래, 그리고 단검을 쓰는 방법, 독약을 붓는 기술도 몸에 익히고 있다. 여러분은 알아두기 바란다. 이놈들이 로마를 떠나지 않으면, 또는 이놈들이 망하지 않으면 혹 카틸리나가 저 세상에 가더라도 새로운 카틸리나를 자라게 하는 묘판은 국가 안에 계속 존재할 것이다. 그건 그렇고 이 한심한 놈들은 과연 무엇을 계획하고 있을까. 설마 정부(情婦)를 진영으로 데리고 가려는 것은 아니겠지. 그러면 어떻게 그들은 특히 밤이 긴 이 시기*[102]에 여자 없이 지낼 수가 있을까. 그리고 어떻게 그들은 아페닌 산맥과 그 서리와 눈을 견뎌낼 수 있을까. 어쩌면 연회에서 나체 춤을 배웠기 때문에 겨울의 추위도 남보다 태연하게 견딜 수 있다고 생각하는 것이 틀림없다.

11

24 아아, 얼마나 무서운 싸움인가!—이런 남창(男娼)들의 친위대가 카틸리나에게 봉사하려고 하기 때문이다. 로마 시민 여러분, 이제 이 카틸리나의 군세를 적으로 삼아 여러분의 수비대와 군대의 전열을 가다듬기 바란다. 하지만

밖에 없었다.

＊100 긴 소매에 옷자락이 긴 옷은 그 무렵 품위가 없는 것으로 여겨졌다.

＊101 이것도 품위가 없는 복장이다.

＊102 이 연설은 11월 9일에 행하여졌는데 율리우스력 채용 이전인 그 무렵, 달력은 실제의 계절보다 매우 늦었던 것으로 생각된다.

최초로 그 상처입고 쇠약한 검투사*¹⁰³를 상대로 여러분의 집정관과 장군들에게 싸우게 하라. 그런 뒤에 공격을 받고 약해진 그 난파한 놈들 속에 전 이탈리아의 정예를 진군시키는 것이다. 이렇게 해서 카틸리나는 야트막한 숲에 틀어박혀*¹⁰⁴ 식민시와 자치시*¹⁰⁵의 도시들이 적에게 대항하는 요새가 될 것이다. 무엇보다 여러분의 다른 자력과 군비와 수비력은 그 도적의 빈약하고 초라한 전력과는 비교도 되지 않는다.

25 그리고 우리는 충분히 갖추었는데 놈에게는 없는 것으로서 원로원과 로마의 기사들, 수도와 국고와 세수, 그것에 전 이탈리아 국토와 모든 속주, 외국의 여러 국민들이 있다. 하지만 비록 그런 모든 것을 빼놓고 서로 대립하는 대의명분을 비교해보는 것만으로도 적이 얼만큼 하찮은 자들인가를 알 수 있을 것이다. 실제로 우리 쪽에서는 〈절도〉가 싸우고 적 쪽에서는 〈방종〉이 공격을 한다. 이쪽의 〈수치심〉에 대해서는 그쪽의 〈파렴치〉가 싸우고, 이쪽의 〈성의〉에 대해서 그쪽은 〈기만〉이다. 또 이쪽의 〈충성심〉에는 그쪽의 〈패덕(悖德)〉이, 이쪽의 〈굳은 의지〉에 대해서 그쪽은 〈광란〉이 싸운다. 그리고 이쪽의 〈품위〉에는 그쪽의 〈불명예〉, 이쪽의 〈자제〉에 그쪽에는 〈음탕〉이다. 요컨대 정의, 절제, 용기, 분별이라는 모든 미덕*¹⁰⁶이 부정, 방탕, 비겁, 사려 없음과 같은 온갖 악덕과 싸우고 있는 것이다. 또 결국 이 싸움은 부유 대 궁핍의, 정론 대 사론의, 진실 대 광기의, 그리고 견실한 희망 대 끝없는 절망의 다툼인 것이다. 이와 같은 투쟁과 전투에서는 만일 인간의 기력이 꺾이더라도 불멸의 신들이 증오해야 할 악덕에 힘을 발휘해 숭고한 그 미덕들 앞에 굴복시키는 것이 아닐까.

12

26 로마 시민 여러분, 지금은 이와 같은 사태에 처해 있으니, 내가 앞서 말한 바와 같이 야간 순찰이나 감시를 게을리하지 말고 자기의 집을 지켜주기 바란다. 나는 여러분을 두려워하게 하거나 비상 사태를 선언하지 않고도 수도

＊103 카틸리나를 가리킨다.
＊104 카틸리나 일당의 약탈적인 게릴라 전법을 상상하고 있다.
＊105 식민시는 로마인이 이주한 도시. 자치시는 로마 시민권이 주어졌고 독립적인 자치권을 지닌 이탈리아의 지방 도시.
＊106 고대 철학(특히 소크라테스파·스토아파)의 네 가지 기본적 미덕.

를 충분히 경호할 수 있도록 배려하고 모든 대책을 이미 마련해 놓고 있다. 식민시와 자유시의 전 동료 시민에게는 내가 카틸리나의 이번 야간 출격을 이미 알렸으므로 자신의 도시와 영지를 지키는 일은 쉬울 것이다. 놈은 검투사들을 가장 믿을 수 있는 우군으로 생각했는데—확실히 그들은 몇몇 귀족보다 나은 기개를 지니고 있다—. 나의 힘에 따라서 억제될 것이다. 나는 이 같은 사태를 예측해 퀸투스, 메텔루스를 갈리아 지방과 피케눔 지방으로 미리 보냈다. 이 사람이 놈을 타도하거나, 또는 놈의 모든 반역 계획을 저지해줄 것이다. 그 밖에도 결정을 내리고 조급하게 대책을 세워 실행해야 할 사항이 남아 있는데, 그와 같은 문제는 현재 소집하고 있는 원로원*¹⁰⁷의 심의에 맡길 생각이다.

27 그런데 수도에 남은 자들이라기보다는 카틸리나가 수도와 여러분 모두의 안전을 위협하기 위해 로마에 남긴 자들에 대해서 나는 다시 한 번 경고하고 싶다. 왜냐하면 그들은 적이라고는 하지만 시민으로 태어난 사람들이기 때문이다. 이제까지 내가 무척 너그러운 조대한 조치를 취해온 것처럼 보였다면 그것은 사람들 눈에 가려진 음모가 드러나길 기대했기 때문이었다. 그러나 앞으로 우리는 이 땅이야말로 내 조국이고 나는 이 주민의 집정관이므로 이 사람들과 함께 살든지, 그렇지 않으면 이 사람들을 위해 죽는 것이 임무라는 사실을 이제 잊지 않을 것이다. 지금 성문에는 경비병이 없다. 큰 길에서 잠복하는 자도 없다. 나가고 싶은 자가 있다면 못 본 체해 줄 수가 있다. 그러나 만일 수도에서 문제를 일으키는 자가 있다면, 또 조국에 배반하는 일을 실행하는 자가 있다면 말할 것도 없이 그런 일을 계획하거나 꾸미거나 한 자들을 발견하면 그놈은 절실하게 깨닫게 될 것이다—이 수도에는 주의 깊은 집정관과 뛰어난 정무관이 있음을, 그리고 힘찬 원로원과 병력, 그리고 극악무도한 죄가 뚜렷하다면 우리의 선조가 징벌의 장으로서 정한 그 감옥*¹⁰⁸도 있음을.

13

28 한편 이상의 모든 대책을 마련할 때, 내가 목표로 삼고 싶은 것은 이러

---

*107 고시에 따르지 않고 사람을 시켜 긴급하게 소집하고 있다.

*108 사형 집행을 위해 사용된 지하 감옥 툴리아눔은 중앙 광장의 북서단 집회장 북쪽에 있고, 제6대 로마 왕 세르비우스 툴리우스가 건조한 것으로 전해지고 있다. 뒤에 반란의 공모자들은 이곳에서 처형당하게 된다. 살루티우스 《카틸리나 전기》 55권 참조.

한 큰 문제를 최소 한도의 소란으로 해결하는 것이다. 즉 심각한 위기를 비상 사태로 하지 않고 회피해, 인간의 기억에 있는 한 가장 비참하고 대규모적인 국내의 이 전란을 시민복을 입은 그대로*[109] 내가 여러분을 이끄는 유일한 장군이 되어 진압하는 것이다.

　로마 시민 여러분, 나는 이 사태를 처리함에 있어서 만일 무언가의 방법으로 할 수 있다면 비록 죄를 지은 자일지라도 이 도시에서는 누구도 자기의 악행에 벌을 받는 일이 없도록 하고 싶다. 그러나 무모한 음모가 드러나 폭력에 호소하고 조국에 위기가 닥쳐와 아무래도 내가 이 너그러운 태도를 포기하지 않을 수 없게 될지도 모른다. 그런 경우에는 이토록 위험으로 가득 찬 큰 전쟁에서는 거의 바랄 수도 없을 것처럼 생각되기는 하지만 이것만은 반드시 성취하고 싶다─즉 선량한 자가 한 사람이라도 죽는 일 없이 소수자만을 벌함으로써 여러분들 모두가 살 수 있기를.

　29 로마 시민 여러분, 나는 지금 이와 같은 것을 약속하고 있는데, 나는 자기 자신의 분별이나 타인의 충고에 의존하고 있는 것은 아니다. 이 약속은 불멸의 신들의 틀림없는 많은 전조에*[110] 따르고 있다. 신들에게 이끌려왔기 때문에 나는 그와 같은 희망과 방침을 갖게 된 것이다. 이제 신들은 지난날처럼 멀리서,*[111] 아득히 먼 외국의 적으로부터 우리를 지키는 것이 아니다. 신들은 지금 우리 곁에 나타나,*[112] 성스러운 도움을 가져오고 자신의 신전과 도시의 집들을 지키고 있다. 로마는 신들이 그렇게 정했기 때문에 세상에서 가장 아름답고, 가장 번영하고, 가장 힘에 넘친 나라가 된 것이다. 로마 시민 여러분, 모든 외적의 군세를 뭍과 바다에서 격파*[113]한 지금 이 수도를 비열하기 이를 데 없는 시민들의 불경한 죄에서 지켜주도록, 여러분은 신에게 기도하고 경의를 바쳐 탄원해야 한다.

---

*109 군인이 아닌 문민으로서의 뜻.
*110 음모 사건에 관한 신들의 예조(豫兆)에 대해서는 제3 연설 18절 이하에서 상세하게 기술된다.
*111 즉 로마에서 떨어진 전장에서.
*112 본 연설 19절에서도 신들은 〈역력하게 모습을 드러내〉 로마를 도울 것이라고 기술되었다.
*113 대 폼페이우스의 군사적 공적을 암시한다.

제3 연설

B.C. 63년 12월 3일
중앙 광장에서의 시민 집회

1

1 로마 시민 여러분, 오늘 국가는 구제되었다.*114여러분 모두의 생명도 여러분의 재산과 부와 처자(妻子)도, 세상에 비길 데 없는 지배의 본거지이고 최고의 행운과 아름다움을 자랑하는 이 도시도, 불길과 칼로부터 구원받았다. 그것들이 거의 파멸의 운명으로 들어가는 입구에서 벗어나, 보다시피 여러분 곁으로 아무 탈 없이 되돌아온 것은 여러분에 대한 불멸의 신들의 한없는 애정과 함께 나의 수고와 사려와 위험한 체험에 따른 것이다.*115

2 그리고 구원받는 날은 탄생한 날 못지않게 우리에게 기쁘고 빛나는 것이다. 그것은 구제의 기쁨은 확실하지만 탄생할 때의 운명은 불확실하고,*116 또 우리는 아무것도 의식하지 못한 채 태어나지만, 잃을 뻔한 목숨을 구했을 때는 기쁨을 느끼기 때문이다. 따라서 우리가 이 도시를 세운 사람을 감사와 칭찬의 마음을 담아 불멸의 신들의 반열에 오르게 한*117 이상, 여러분과 그 자손은 건설된 뒤에 발전한 이 도시를 구한 자도 마땅히 공경해야 할 것이다. 실제로 도시 전체에, 즉 신전과 성역과 집들과 성벽에 하마터면 불이 붙어 모두가 불길에 휩싸일 뻔했을 때 내가 그 불을 끈 것이다. 국가에 맞서 빼든 칼날의 끝을 둔하게 한 것은 나이고, 여러분의 목덜미에서 칼날을 없앤 것도 바로 나이다.

3 게다가 나는 사태를 원로원에서 밝히고 확실하게 알렸다. 그러므로 지금

---

*114 이 집회 당일에 이루어진 원로원 의회에서 카틸리나 일파의 음모 사실이 밝혀져 로마에 남아있던 공모자들이 체포되었다. 이 연설에서 키케로는 도시의 반란이 미연에 방지된 것을 보고한다.

*115 키케로 자신의 공적을 보여주는 것도 이 연설 목적의 하나이다. 제2 연설의 마무리에서 키케로는 신들의 지원을 강조함과 동시에 자기가 선두에 서서 참사의 방지에 힘쓰겠다는 결의를 밝혔다.

*116 인간은 태어날 때 앞으로 어떤 운명이 기다리고 있는지 모른다는 것을 의미한다.

*117 로마의 건설자 로물루스는 사후에 신격화되어 퀴리누스 신으로서 숭배되었다.

나는 경과를 모르고 정보를 기대하는 여러분에게 그 사건이 어떤 규모이며 어느 정도 명백한지, 또 내가 어떤 방법으로 조사하고 간파했는지를 알도록 하기 위해 간단하게 보고하겠다.

맨 먼저 카틸리나는 며칠 전에 로마에서 탈출했을 때,*118 자신이 저지른 악행의 공범자이고 이 무도한 전쟁을 가장 열심히 지휘하는 자들을 남기고 갔다. 그 때문에 로마 시민 여러분, 나는 끊임없이 경계함과 동시에 어떻게 하면 전혀 눈에 띄지 않는 이 대규모 계략에서 우리가 살아날 수 있을지 방책을 짰다.

2

내가 카틸리나를 〈추방〉하려 했을 때—이 말에 대한 반감은 이제 두렵지 않다. 오히려 지금은 놈을 살려서 내보냈기 때문에 원망을 듣게 되는 것을 두려워해야 한다—요컨대 내가 놈을 도시 밖으로 몰아낼 생각을 하고 있었을 때, 공모자의 나머지 무리들도 함께 나가거나, 또 남아있다 하더라도 놈이 없으니 힘을 잃고 약해지리라고 나는 생각했다.

4 그런데 내가 알고 있는 한, 광란과 악행에 대한 의욕에 가장 불타는 자들이 아직도 로마에 남아 우리 사이에 있음을 알게 되었다. 그래서 나는 낮이나 밤이나 모든 시간을 들여 놈들이 무엇을 하는지, 무슨 음모를 꾸미고 있는지 알아내어 밝히려고 했다. 그것은 이 악행의 규모가 믿을 수 없을 만큼 크기 때문에 내가 하는 말만으로는 여러분의 귀를 의심케 할 뿐이므로 범행을 충분히 포착해 여러분에게 자신의 눈으로 범죄의 실태를 직접 볼 수 있게 해주고, 그것으로 더욱더 진심으로 몸의 안전을 배려하길 바라는 마음에서였다. 이렇게 해서 나는 푸블리우스 렌툴루스*119가 알프스 이북에서의 전쟁과 (알프스 이남의) 갈리아 반란을 일으키기 위해 알로브로게스 인*120들의 사절단을 부추긴 일, 그리고 사절단이 갈리아 같은 나라 사람들에게 송환되어 그 여

---

*118 11월 8일~9일 밤. 따라서 실제로는 24일 전이다.
*119 푸블리우스 코르넬리우스 렌툴루스 술라. B.C. 81년에 재무관, B.C. 74년에 법무관, B.C. 71년에 집정관을 지내고 B.C. 70년에 원로원 의원에서 제명되었다. 그러나 그 뒤 명예를 되찾아 B.C. 63년에는 다시 법무관이 되었다.
*120 현재의 론 강의 동쪽에 살았던 갈리아 인의 한 부족. 로마 관리의 부정한 지배를 호소하기 위해 그 무렵 로마에 사절단을 보냈다.

행 도중에 전하는 말과 함께 편지를 지니고*[121] 카틸리나에게 들르도록 지시를 받은 일, 그리고 티투스 월투르키우스*[122]가 수행자로서 그들에게 가담하여 이자에게 카틸리나에게 보내는 편지가 건네진 것을 알았다.*[123] 그때 나는 그동안 끊임없이 불멸의 신들에게 기원해 온 매우 어려운 일을 이룰 수 있는 기회가 왔다고 생각했다. 즉 나 자신뿐만 아니라 원로원과 시민 여러분이 사건의 전모를 온 세상 사람들에게 폭로할 수 있다고 생각한 것이다.

5 그래서 어제 나는 법무관을 지냈고 기개와 애국의 정에 넘치는 루키우스 플라쿠스*[124]와 가이우스 폼프티누스를 불러 사태를 설명하고 나의 계획을 보여주었다. 나랏일에 대해서는 언제나 훌륭하고 뛰어난 판단을 내리는 그들은 이의 없이 곧바로 임무를 떠맡았다. 두 사람은 저녁 어둠이 깔릴 무렵 은밀하게 밀비우스 다리*[125]에 도착해 그곳에서 티베리스 강과 다리를 사이에 두고 가까운 농가에 둘로 나누어 진을 쳤다. 그들은 그곳에 아무도 모르게 용감한 병사들을 여럿 데리고 와 있었는데, 나도 레아테의 지방 행정구*[126]에서 국가를 수호하기 위해 끊임없이 봉사시키고 있는 수많은 젊은 정예병들에게 칼을 주어 투입했다.

6 그러는 사이 새벽 3시쯤 되자 많은 수행원들을 거느린 알로브로게스 인 사절단이 월투르키우스와 함께 밀비우스 다리에 다다랐다. 우리 군은 그들을 습격했고 양쪽 모두 칼을 빼들었다. 그 일의 진상은 법무관들만이 알고 있었

---

*121 키케로는 나중에(본연설 9절), 알로브로게스 인 사절단이 렌툴루스와 케테구스와 스타틸리우스로부터 모두 3통의 편지를 받았다고 진술했는데, 그것들은 본국 사람들에게 보낸 것이지 카틸리나에게 보낸 것이 아니다. 또 이 4절 및 본 연설 8절에서는 카틸리나에게 보낸 편지와 전언은 월투르키우스에게 맡겨진 것으로 진술된다(살루스티우스《카틸리나 전기》44에서도 똑같다). 키케로가 의도적으로 부정확한 표현을 한 것으로도 생각할 수 있다.

*122 남이탈리아 크로토네 출신의 인물. 다른 상세한 것은 분명하지 않음.

*123 《카틸리나 전기》41 이하에 따르면 키케로는 알로브로게스 인 사절단으로부터 정보를 입수한 퀸투스 파비우스 상가를 통해 일당의 계획을 모두 알 수 있었다.

*124 루키우스 바레리우스 플라쿠스. 그 무렵의 도시 법무관.

*125 로마 북쪽 약 3km. 에트루리아 방면으로 향하는 플라미니우스 가도가 티베리스 강을 건널 때의 다리.

*126 레아테는 로마 북동쪽 약 80km, 사비니 인의 도시. 지방 행정구는 로마에서 파견된 행정장관을 받아들였다. 레아테에는 키케로의 비호민(庇護民)이 많이 있었다.

고 다른 사람은 아무도 몰랐다.*127

3

그때 폼프티누스와 플라쿠스가 사이에 끼어들어 이미 시작된 전투를 중단
시켰다. 일행이 지니고 온 편지는 모두 봉인*128에 손을 대지 않은 채 법무관들
에게 건네졌다. 그리고 일행은 체포되어 새벽녘에 나에게 연행되었다. 거기서
나는 곧바로 이 악행 전체의 주동자인 킨베르 가비니우스*129를 아무것도 눈
치채지 못하는 사이에 불러들였다. 그런 다음 루키우스 스타틸리우스*130를 부
르고 그 뒤에 케테구스*131도 불렀다. 가장 늦게 온 사람은 렌툴루스였다. 틀림
없이 전날 밤 편지를 쓰기 위해 여느 때와 달리 밤을 샜기 때문일 것이다.*132

7 아침에 소식을 듣고 이 나라의 가장 뛰어난 저명 인사들이 나에게 많이
모여들었다. 그들은 편지를 원로원에 맡기기 전에 내가 그것을 개봉해야 한다
고 말했다. 아무런 죄가 드러나지 않을 경우, 내가 이유도 없이 국가에 반란
소동을 불러일으킨 것으로 여겨지지 않을까 걱정했기 때문이다. 그러나 나는
국가의 위기에 사실 그대로 국가의 협의에 맡기지 않는 것은 내가 취해야 할
행동이 아니라고 말했다. 로마 시민 여러분, 사실 나에게 통보된 것이 기록되어
있지 않더라도 국가가 이처럼 커다란 위험에 빠졌을 때는 지나치게 주의를 하
는 것은 두려워해야 할 일이 아니라고 나는 생각했다. 그래서 여러분도 아는
바와 같이 나는 원로원이 자리가 가득 채워지도록 매우 빠르게 소집한 것이
다.*133

---

*127 병사들은 말할 것도 없고 알로브로게스 인 사절단도 그 사정을 몰랐다.

*128 그 서판(書板)의 편지는 끈으로 묶고 그 매듭을 초로 굳힌 다음 그 위에 다시 도장을 찍
　　은 것이었다.

*129 살루스티우스의 《카틸리나 전기》 17에 의하면 푸블리우스 가비니우스 카피토라는 이름
　　의 기사 신분의 인물, 또 같은 책 44에 의하면 그들의 중개로 알로브로게스 인 사절단이
　　렌툴루스 등에게 소개되었다.

*130 《카틸리나 전기》 17에 따르면 기사 신분의 인물.

*131 가이우스 코르넬리우스 케테구스. 원로원 의원.

*132 키케로의 비아냥. 렌툴루스는 우둔한 성격으로 알려진 인물이었을 것이다. 이 연설 16절
　　에서는 〈멍청한 얼굴〉로 불린다. 그의 이름이 〈얼간이〉를 암시하는 것도 비아냥의 효과
　　를 높이고 있다.

*133 이 집회 전에 중앙 광장과 카피톨리움 언덕 사이에 세운 콩코르디아 신전에서 소집되었다.

8 한편 그동안 나는 알로브로게스 인의 충고에 따라 곧바로 법무관이자 용감한 인물인 가이우스 술피키우스*[134]에게 명해 케테구스의 집에서 발견되는 무기를 모두 압수해오라고 보냈다. 그는 그 집에서 다량의 단검과 칼을 찾아냈다.

<h2 style="text-align:center">4</h2>

나는 윌투르키우스를 갈리아 인*[135]을 수행시키지 않은 채 입장시켰다. 그리고 원로원의 명령에 따라 사면을 보증하고,*[136] 두려워하지 말고 아는 대로 털어놓으라고 재촉했다. 그러자 윌투르키우스는 매우 심한 공포에서 가까스로 벗어나서 마음을 가라앉힌 뒤 푸블리우스 렌툴루스가 카틸리나에게 보내는 전언과 편지를 받았다고 말했다. 그리고 그 내용은 노예들의 지원을 얻어 가능한 한 빨리 군대를 이끌고 도시로 진군하라는 것이었다고 말했다. 또 그 계획에 따르면 이미 지정되고 할당이 된 요령에 따라서 로마의 모든 지구에 불을 지르고 수많은 시민들을 살해한 뒤, 곧 카틸리나가 달려와서 도망가는 사람들을 다시 공격하고 로마에 있는 지휘관들과 합류하기로 되어 있었다.

9 다음으로 갈리아 인들이 들어왔다. 그들은 푸블리우스 렌툴루스와 케테구스와 스타틸리우스로부터 서약과 함께 자국민 앞으로 보낸 편지를 받았다고 말했다. 또 그들은 이 세 사람과 루키우스 카시우스*[137]에 의해 보병부대에는 부족함이 없을 것이므로 기병대를 재빨리 이탈리아로 파견하라는 명령을 받았다고 말했다. 그리고 렌툴루스가 그들에게 시빌라의 예언서*[138]와 내장 복점관*[139]의 신탁에 따르면 킨나와 술라가 전에 그랬던 것처럼 자신은 이 도시

＊134 이 인물의 상세한 것은 미상.

＊135 알로브로게스 인 사절단.

＊136 국가를 위해 밀고하는 자에게는 권리로서 벌을 받지 않는 것이 보증되었다.

＊137 루키우스 카시우스 롱기누스. B.C. 66년에 법무관이 된 인물. 그는 알로브로게스 인에게 편지를 건네지 않고 곧 자신은 갈리아로 간다고 약속하고 사절단보다 조금 일찍 로마를 떠났다. 살루스티우스 《카틸리나 전기》 44 참조.

＊138 쿠마에의 신 아폴로의 무녀 시빌라의 예언을 모은 책. 카피톨리움 언덕의 유피테르 신전에 보관되어 국가 중대사 때 참조되었다. 여기서는 그 공개된 책을 가리키는 건지 그렇지 않으면 날조된 것인지는 확실하지 않다.

＊139 주로 동물 내장을 관찰하여 신의 뜻을 해석하는 에트루리아 기원의 점술 전문가.

의 왕권과 지배권을 획득할 제3의 코르넬리우스*140로 명언했다고도 말했다. 렌툴루스는 또 올해는 베스타 처녀를 석방*141한 지 10년째이고, 카피톨리움의 화재*142 뒤 20년째에 해당하며 이 도시와 국가가 멸망할 운명의 해라고 말했다는 것이다.

10 또 갈리아 인의 증언에 따르면 케테구스는 다른 자와 말다툼을 했다고 한다. 렌툴루스와 다른 자들은 살육과 도시 방화는 사투르날리아 축제*143 때 해야 한다고 제안하자, 케테구스는 그렇게 되면 너무 늦다고 생각한 것이다.

5

로마 시민 여러분, 간결하게 말하겠다. 우리는 놈들이 저마다 건넸다는 서판*144을 제출하도록 명령했다. 먼저 케테구스에게 그 서판을 보여주었다. 그는 자신의 봉인을 인정했다. 우리는 끈을 끊고 읽었다. 거기에는 그 자신의 필적으로 알로브로게스 인 장로와 국민에 대해 자신은 사절단에 약속한 것을 이행할 생각이고, 또 알로브로게스 인 쪽에서도 마찬가지로 사절단이 받아들인 요구를 이행하기 바란다고 씌어 있었다. 케테구스는 조금 전 자택에서 압수된 칼과 단도에는 뭔가 대답할 거리를 찾아내어 전부터 뛰어난 도검류를 애호하고 있었다고 말했으나, 이번에 편지가 낭독되자 죄의식에 사로잡혀 고개를 떨구고 입을 다물고 말았다. 스타틸리우스가 연행되어 왔다. 그도 자신의 봉인과 필적을 인정했다. 서판이 낭독되었는데 거의 같은 취지였다. 그는 자백했다. 나는 렌툴루스에게 서판을 보여 주고 봉인을 본 적이 있느냐고 물었다. 그는 고개를 끄덕였다. 나는 말했다. "아니, 이건 널리 알려진 인장이군. 조국과 동포를

---

*140 루키우스 코르넬리우스 킨나(84년 사망)는 87년부터 네 번 집정관이 된 민중파의 정치가. 루키우스 코르넬리우스 술라 펠리쿠스(B.C. 138무렵~B.C. 78)는 벌족파인 독재적 정치가, 장군. 모두 공포 정치를 펼쳤다. 마찬가지로 코르넬리우스 렌툴루스는 자신이 이 두 사람에 이어서 로마를 지배하는 인물이 된다고 주장한 것이다. 《카틸리나 전기》 47 참조.

*141 B.C. 73년, 베스타 여신의 신전에 봉사하는 처녀들의 순결이 깨지는 불상사가 일어났다. 사건의 전말은 불확실한데 처녀인, 키케로의 아내 테렌티아의 자매 파비아와의 밀통 혐의로 카틸리나가 고소되어 무죄가 된 일이 전해진다.

*142 B.C. 83년의 이 화재의 원인은 알려지지 않음.

*143 그 무렵의 달력에서는 12월 17일에 있었던 사투르누스 신의 축제. 그날은 민중이 기쁨에 들떠 시끄러웠다.

*144 편지는 둘로 접힌 서판에 씌어 있다.

더없이 사랑한 참으로 이름 높은 그대 할아버지*145의 초상이니까. 정말이지 이 초상이 말을 할 수는 없다 해도 그대를 이런 악행에서 깨우쳐 주었더라면 좋았을 것을."

11 알로브로게스 인 장로회와 국민에게 보낸, 역시 똑같은 편지가 낭독되었다. 이 건에 무언가 하고 싶은 말이 있으면 하라고 나는 기회를 주었다. 그러자 렌툴루스는 처음에는 아무것도 없다고 말하다가 모든 증거가 제시되고 낭독되자*146 그는 일어나 갈리아 인들에게 자신이 그들과 무슨 관계가 있는지, 무엇 때문에 그들이 자기 집에 온 것인지 묻고 또 월투르키우스에게도 똑같은 질문을 했다. 갈리아 인들은 누구의 안내로 몇 번 그를 방문했는지 간결하고도 확실하게 대답하고, 그에게 시빌라의 예언서에 대해 아무것도 자신들에게 이야기하지 않았다고 따져 물었다. 그러자 렌툴루스는 갑자기 죄책감에 휩싸여 평정심을 잃음으로써 양심의 힘이 얼마나 큰 것인가를 보여주었다. 그것은 그와 같은 증언을 부정할 수 있었음에도 모든 사람의 예상과는 달리 그가 갑자기 죄를 인정했기 때문이다. 언제나 그를 곤경에서 구해 준 그 천부적인 지성*147과 능란한 화술은 그를 버렸던 것이다. 그뿐만 아니라 렌툴루스는 온 세상에 폭로된 악행의 압력을 견디지 못하고 모든 사람을 뛰어넘는 방자하고도 악랄한 태도로 버림받게 된 것이다.

12 그때 갑자기 월투르키우스가 렌툴루스로부터 자기에게 건네진 것이라고 말한, 카틸리나 앞으로 보낸 편지를 꺼내 개봉해달라고 말했다. 그래서 렌툴루스는 몹시 동요했지만 자신의 봉인과 글씨체를 인정했다. 편지에는 이름이 없고,*148 내용은 다음과 같았다. 〈내가 누구인지는 오늘 당신에게 보낸 자로부터 알 수 있을 것이다. 의연한 태도를 보이고 그대가 어떤 입장에 처했는지를 고려하기 바란다. 지금 도대체 무엇이 필요한지를 확인하고 아무리 비천한 자

---

*145 푸블리우스 코르넬리우스 렌툴루스. B.C. 162년에 집정관이 되고 B.C. 125년부터 수석 원로원 의원을 지냈다. B.C. 121년 원로원 최종 결의에 따라서 국가의 적이 된 가이우스 그라쿠스에 대한 싸움에 가담해 부상했다.

*146 무언가의 형태로 증거가 기록되었을 것이다.

*147 우둔하기로 소문났던 것으로 생각되는 렌툴루스에 대한 비아냥인 듯.

*148 보통 로마인의 편지에서는 첫머리에 〈근계(謹啓)……로부터……님에게〉 하는 식으로, 보내는 사람과 받는 사람의 이름이 적혔다.

*[149]라 할지라도 아무튼 모든 사람의 지원을 받도록 배려하기 바란다.〉그 뒤 가비니우스가 끌려왔다. 그는 처음에는 거만한 태도로 응답하다가 마지막에 갈리아 인의 고발에는 아무런 반론도 하지 않았다.

13 로마 시민 여러분, 서판과 봉인과 글씨체, 더욱이 저마다의 자백은 범행을 말해주는 더없이 확실한 증거라고 나는 생각하는데 그 이상으로 확실한 증거는 놈들의 얼굴빛과 눈초리와 표정, 그리고 입을 다문 태도일 것이다. 그들은 망연히 지면을 바라보며 때때로 은밀하게 시선을 주고받았다. 그 모습은 마치 타인에게 고발당한 것이 아니라 스스로 자신의 죄를 고발하는 것처럼 보였다.

6

로마 시민 여러분, 증거가 제시되고 낭독이 된 뒤, 나는 원로원에 이 국가 중대사에 대해 어떤 계책을 마련할 것인지 의견을 구했다. 주요 의원들*[150]은 매우 엄하게 단호한 견해를 말하고, 원로원은 아무 이의 없이 그것에 따랐다. 이 원로원의 결의 기록은 아직 작성되지 않았으므로 로마 시민 여러분, 내가 기억한 것을 바탕으로 원로원 결정을 설명하고자 한다.

14 맨 먼저 나에게 감사의 뜻이 표시되었다. 국가가 나의 용단과 사려와 통찰력으로서 최대의 위기로부터 구제되었기 때문이다. 다음으로 법무관인 루키우스 플라쿠스와 가이우스 폼프티누스가 용감하고도 충실하게 나를 지원했기 때문에 그것에 걸맞은 마땅한 찬사를 받는다. 그리고 용기 있는 나의 동료*[151]에게도 칭찬의 말이 언급된다. 그는 이 음모의 공범자들을 공적으로든 사적으로든 협의의 장에서 물리쳤기 때문이다.*[152] 그리고 다음과 같은 결정

---

* 149 노예를 가리킨다.
* 150 차기 집정관, 수석 원로원 의원, 집정관격 원로원 의원 등.
* 151 집정관 가이우스 안토니우스 피브리다. 그 무렵 원로원의 명령으로 군대를 이끌고 카틸리나를 추적하고 있어 로마에는 없었다.
* 152 안토니우스는 B.C. 64년의 차기 집정관 선거에서 대립 후보자인 키케로를 패배시키기 위해 카틸리나와 손을 잡았다. 그 뒤, 집정관에 취임한 키케로는 동료인 안토니우스에게 많은 수익이 예상되는 속주 마케도니아를 임기 후의 부임처로 양도하여 회유하면서 카틸리나와의 교제를 방해했다. 여기에서 키케로의 언어 구사는 칭찬으로도 비난으로도 받아들일 수 있다.

이 내려졌다. 즉 푸블리우스 렌툴루스는 법무관직을 사임한 뒤*153 보호 감시를 받는다는 것.*154 똑같이 가이우스 케테구스, 루키우스 스타틸리우스, 푸블리우스 가비니우스—그들은 모두 출두해 있었다—도 보호 감시 아래 놓인다는 것. 또 똑같은 결정이 다음과 같은 자들에게도 내려졌다. 도시 방화의 지휘를 맡겠다고 나선 루키우스 카시우스, 목자들을 봉기시키기 위해 아풀리아를 할당받은 것이 밝혀진 마르쿠스 케파리우스, 루키우스 술라가 파에슬라에에 이주시킨 식민자의 한 사람 푸블리우스 플리우스, 이 플리우스와 함께 이번의 알로브로게스 인의 선동에 처음부터 끝까지 관여한 퀸투스 안니우스 킬로, 해방 노예로 갈리아 인들을 최초로 가비니우스에게 데리고 온 것이 밝혀진 푸블리우스 움브레누스. 로마 시민 여러분, 이와 같이 원로원은 너그러운 처분을 결정했다.*155 그것은 이 음모가 매우 대규모이고 국내에 잠입한 적이 이처럼 다수에 이른다고는 하지만, 그 가운데 가장 흉악한 9명을 처벌하는 것만으로도 국가를 구하고 나머지 사람들도 정상으로 돌아가게 할 수 있다고 판단했기 때문이다.

15 그리고 불멸의 신들의 이례적인 도움에 보답하기 위한 국민배례제(國民拜禮祭)*156를 나의 이름으로*157 치르도록 했다. 이 명예는 문민으로서는 이 도시의 건설 이후 내가 처음으로 받는 것이다.*158 결정에 있어서는 내가 〈수도를 화재로부터, 시민을 살육으로부터, 이탈리아를 전쟁으로부터 구했기 때문〉이라고 언급되었다. 이 국민배례제를 다른 경우와 비교하면 이제까지는 국가의 임무를 훌륭하게 수행했을 때 행해졌는데, 이번만은 국가를 구제했기 때문

---

*153 정무관은 관직에 있는 한 재판에 회부할 수 없다. 또 원칙적으로 정무관의 면직은 없으므로 법적으로 죄를 묻기 위해서는 본인이 사직할 필요가 있다.

*154 재판 때까지 시민의 자택에서 구금되는 것.

*155 카시우스, 플리우스, 안니우스, 움브레누스, 이 네 사람은 이미 달아나고 없었다(살루스티우스 《카틸리나 전기》 50 참조). 결국 구금되어 그 뒤 처형된 것은 렌툴루스, 케테구스, 스타틸리우스, 가비니우스, 케파리우스 5명이다(같은 책 47, 55 참조).

*156 〈수플리카티오〉라 불리는 이 제례는 원래 〈무릎을 꿇는 것〉을 의미하며 국가의 큰 재앙이나 경사 때, 온 국민이 신들의 상 앞에서 기도하는 의식이었다. 기도 의식은 보통 여러 날에 걸쳐 이루어졌다.

*157 즉 키케로의 공적을 찬양하여.

*158 국민배례제는 본디 군인의 전승을 찬양해 이루어지는 것이 보통이었다. 〈문민(文民)〉의 원어 번역은 〈시민복을 입은 자〉.

에 결정되었다는 점이 다르다.

그리고 가장 먼저 해야 할 일이 수행되었다. 푸블리우스 렌툴루스는 뚜렷한 증거가 제시되자 스스로도 죄를 인정했기 때문에 원로원의 재결에 따라서 법무관의 직권과 함께 시민의 권리도 상실되었지만*159 정무관도 사직했다. 한때 유명했던 가이우스 마리우스는 종교적으로 꺼릴 일이기에 아무런 결정을 내리지 않은 법무관 가이우스 그라우키아를 살해했다.*160 하지만 우리는 푸블리우스 렌툴루스를 사인(私人)으로서 처벌하는 것이므로 그와 같은 두려움에서 해방되었다.*161

7

16 로마 시민 여러분, 이제 여러분은 위기를 안고 있는 전쟁을 일으키려던 죄 많은 지휘자들을 체포했다. 이렇게 해서 로마에 임박한 위험이 사라진 이상 카틸리나의 모든 군대, 모든 희망, 그리고 놈의 모든 재력은 다 무너졌다고 생각해야 한다. 나는 카틸리나를 로마에서 몰아내려 했을 때, 이 사내만 멀리 보낸다면 잠에 취한 듯 멍청해 보이는 푸블리우스 렌툴루스도, 배가 나온 루키우스 카시우스도, 머리가 이상하고 무모한 가이우스 케테구스도 두려워할 필요가 없다고 마음속으로 생각했다. 카틸리나만이 그런 모든 자들 중에서 오직 두려워할 만한 상대였는데, 그것도 놈이 로마 안에 있는 동안뿐이었다. 카틸리나는 모든 것을 알고, 또 어떤 사람에게라도 접근할 수 있는 방법을 터득하고 있었다. 그자는 남에게 호소하고, 탐지하고, 포섭하는 능력과 뻔뻔함을 지녔다. 그자에게는 본래 범죄에 필요한 판단력이 갖추어져 있었다. 더구나 그 판단력에는 언변과 실제적 수완이 뒤따랐으며, 특정한 계획을 실시할 때 그것

---

*159 이 발언에는 법적 근거가 결여되어 있다.

*160 이 사건에 대해서는 제1 연설 4절 참조. 실제로는 가이우스 세르빌리우스 그라우키아의 폭도에 의해 살해되었다. 게다가 마리우스가 그라우키아에게 직접 손을 대지 못한 것은 현직 정무관의 처형에 대한 〈종교적 거리낌〉 때문만은 아니고, 시민의 권리와 생명에 대한 법적 규제도 강하게 작용했기 때문이다. 키케로는 의도적으로 사실을 왜곡하고 있다.

*161 그라우키아의 경우와 마찬가지로 렌툴루스의 처벌에 대해서도 문제는 단순히 공인의 처형에 대한 〈두려워하는 마음〉의 유무가 아니고, 민회의 합의 없이 시민의 생명에 대한 형벌을 집행해서는 안 된다는 법적 원칙을 무시할 수 있느냐의 여부인데 키케로는 이 점을 회피하고 있다.

에 알맞은 특정한 인물을 미리 선정하고 일을 할당했다. 그러나 일을 맡긴 경우에도 그것으로 실행했다고는 생각하지 않았다. 어떤 문제에도 직접 씨름하면서, 대처하고, 주의를 기울이고, 수고를 아끼지 않았다. 그자는 추위는 물론이고 목마름이나 배고픔도 견딜 수 있었다.

17 그처럼 정력적이고 수완가이며 배짱이 좋은 이 사내를, 그리고 이처럼 빈틈이 없고, 악행에 주의를 기울이고, 부정한 소행에 힘쓰는 이 사내를 내가 도시의 음모 집단에서 찾아내 도적의 진영으로 몰아내지 않았더라면—로마 시민들이여, 내 생각을 솔직하게 말한다면 이처럼 거대하고 무거운 재앙의 짐을 여러분의 목에서 없애는 일은 나로서는 쉽지 않은 일이었다. 그자라면 우리에 대한 범행 날짜를 사투르날리아 축제날로 정하지는 않았을 것이고, 국가의 파멸과 운명의 날을 그렇게 일찍부터 선언하지는 않았을 것이다.*¹⁶² 또 봉인한 자신의 편지를 압수당해 범죄의 뚜렷한 증거를 쥐어주는 실책도 저지르지 않았을 것이다. 하지만 이와 같은 과오는 그자가 없었기 때문에 이루어진 것이다. 그 결과 국가 전체로 확산된 이 음모는 개인의 주택에서 일어난 단순한 절도라도 이만큼 밝혀진 적이 없을 만큼 명확하게 폭로된 것이다.

만일 카틸리나가 오늘날까지 도시에 머물고 있었다면 내가 그자가 있는 한 모든 계획에 맞서 방해를 해도, 우리는 매우 조심스럽게 말해도—그자와 결전을 하지 않으면 안 되었을 것이다. 그리고 그 적이 도시에 있는 한, 우리는 국가를 중대한 위기에서 이토록 평화롭고 조용하고 소리 없이 해방하는 일은 도저히 할 수 없었을 것이다.

8

18 그러나 로마 시민들이여, 내가 지휘를 잡아 이상의 모든 사태에 대처할 수 있었던 것은 불멸의 신들의 의지와 예지로 인도되어 앞일을 내다보고 행동할 수 있었기 때문이라고 생각한다.*¹⁶³ 그것은 미루어보면 이해할 수 있는 일이다. 즉 이처럼 중대한 사태의 키를 잡는 일 따위는 거의 인간의 지혜가 할 수 있는 일이 아니었다고 생각한다. 게다가 실제 지금의 신들은 우리 바로 곁

---

*162 결국 카틸리나라면 공격할 때를 더 빠른 기일로 정하고, 그 결행의 날을 직전까지 동료에게 통지하지 않았을 것이라는 뜻.

*163 제2 연설의 끝맺음과 본 연설 첫머리의 신들의 호의에 대한 화제로 되돌아간다.

에서 우리에게 도움과 지원을 안겨 주었다. 신들의 모습은 거의 우리 눈에 보일 정도이다. 사실 상세하게 말할 수는 없지만 밤에 서쪽에 유성이 나타나 하늘을 붉게 물들였다.*164 또 자세한 것은 줄이겠지만 벼락이 치고 지진이 일어났다. 그 밖에도 나의 집정관 재임 중에, 현재 일어나는 사태를 신들이 예언하는 것으로 생각될 만큼 수많은 이변이 일어났는데 그런 것에 대해서도 생략하겠다. 그러나 로마 시민이여, 적어도 이제부터 이야기하는 것만은 흘려버리거나 무시해서는 안 된다.

19 코타와 트르쿠와투스가 집정관일 때*165 카피톨리움*166에서 많은 것이 벼락을 맞은 일을 여러분은 틀림없이 기억할 것이다. 그때 신들의 상(像)이 쓰러지고, 옛 사람들의 입상(立像)도 뒤집어지고, 법률을 기록한 청동판은 녹아 내리고, 이 로마를 세운 로물루스의 상까지도 벼락을 맞았다. 여러분은 어미 늑대의 젖을 빠는 갓난아이의 금박상*167이 카피톨리움에 세워져 있었던 사실을 기억할 것이다. 그런데 그때 온 에트루리아에서 내장복점관(內臟卜占官)들이 모여들어, 모든 수단을 찾아 불멸의 신들을 달래 신들이 자신의 의지로 운명 자체를 거의 바꿔버리지 않으면 가까운 장래에 살육과 방화가 일어나 법이 무너지고, 내란과 내전이 발발하여 전 로마와 그 권세는 무너질 것이라고 말했다.

20 이렇게 해서 내장복점관들의 신탁에 따라 그때 열흘에 걸친 경기 대회가 열리고, 신들의 마음을 달래는 것에 대한 온갖 제사와 의식이 빠짐없이 집행되었다. 내장복점관들은 또 전보다 큰 유피테르의 신상을 만들어 그것을 높은 대 위에 올려 두고, 예전과는 반대로 동쪽*168을 향하게 하라고 명했다. 그

---

*164 로마의 서쪽, 즉 에트루리아 방면에서 흉사가 온다는 징조인 듯.

*165 65년, 살루스티우스 《카틸리나 전기》 18에 따르면, 그해 초에 최초의 카틸리나 음모사건이 일어난 것으로 되어 있지만 정확한 사실은 모른다.

*166 중앙 광장을 서쪽에서 내려다보는 언덕. 북과 남서에 정상이 있고 정식으로는 유피테르의 신전이 서 있는 남서쪽 정상이 카피톨리움으로 불리며, 로마에서 가장 신성한 장소였다. 북쪽의 정상은 요새로 불리었다.

*167 현재 로마의 콘세르바토리 미술관에 있는 〈카피톨리노의 암늑대〉(5세기 초의 청동상)의 두 뒷다리에는 커다란 상처가 남아 있다. 이 상이 B.C. 65년에 낙뢰에 맞은 것일 가능성이 있다. 단 현재의 갓난아기 로물루스와 레무스의 쌍둥이 상은 르네상스 시대에 추가된 것.

*168 중앙 광장 방향.

리고 그들은 오늘 여러분이 보고 있는 그 신상이 해가 떠오르는 방향으로 중앙 광장과 원로원 의사당을 지킨다면, 로마와 그 권세의 평안을 뒤엎으려고 꾸며진 음모는 밝은 빛 속에 드러나 원로원도 로마 국민도 똑똑히 볼 수 있을 것이라는 전망을 말했다. 그래서 앞서 말한 집정관들은 그 신상을 세우기 위해 청부 계약을 맺었으나 일이 몹시 늦어져 전임 집정관[169] 때도 내가 취임한 뒤에도 완성되지 않았고, 오늘에서야 겨우 세워진 것이다.

9

21 그런데 도대체 여기에 있는 누가 진실에서 눈을 돌리고 무분별과 착란에 빠져 눈에 비치는 모든 것, 특히 이 로마가 불멸의 신들의 의지와 힘으로써 지배되는 것을 부정할 것인가. 살육과 방화와 국가의 멸망이, 시민들에 의해 계획되고 있다는 신탁이 내려졌을 때, 그 악행의 중대함 때문에 어떤 사람들은 믿을 수 없다고 생각했다. 그러나 그와 같은 악행을 불경한 시민들이 계획하고 실행에 옮겼다는 것은 여러분이 방금 본 그대로이다. 그리고 오늘 아침 음모의 범인들과 그 고발자들이 내 명령으로 중앙광장을 지나 콩코르디아 여신의 신전[170]으로 끌려갔을 때, 신(神)의 입상이 설치되었다. 그것이 바로 신의 뜻이라는 뚜렷한 증거이고 가장 높고 선한 유피테르[171]의 의지에 따라서 일어난 것으로 믿어야 하지 않을까. 신상이 세워지고 그것이 여러분과 원로원 쪽으로 향해지자 원로원은 물론 여러분도 보았듯이 모든 사람의 안전을 위협하는 음모의 전모가 드러나 명확해진 것이다.

22 여러분의 주거와 집만이 아니라 신들의 신전과 성역에까지 파멸을 가져오는 죄악의 불길을 던지려고 한 그자들은 그 소행 때문에 더 큰 증오와 벌을 받아야 한다. 만일 내가 그자들을 방해한 것이 나라고 말하면 분수를 넘어선 공로를 주장하는 것이 되니, 그와 같은 주제넘은 일은 인정하기 어려울 것이다. 그자들을 가로막은 것은 바로 그곳에 있는 신, 바로 그 유피테르[172]이다.

---

[169] 과거 2년간의 집정관.

[170] 콩코르디아는 협조의 여신. 그 신전은 중앙 광장 북서부에 인접하고 카피톨리움 언덕의 동쪽 기슭에 있었다. 당일 12월 3일의 원로원 회의는 이곳에서 열렸다.

[171] 유피테르 옵티무스 막시무스. 카피톨리움 언덕 남서쪽 정상의 신전에 안치된 신으로, 로마 국가 최대의 수호신.

[172] 이날 아침 카피톨리움 언덕에 세워진 유피테르 신전을 가리킨다.

그 신이야말로 카피톨리움과 그 신전이, 그리고 도시 전체와 여러분 모두가 구원되길 바란 것이다. 내가 계획을 세우고 결의를 굳혀 결국 이 결정적인 증거를 확보하기에 이른 것은 불멸의 신들이 이끌었기 때문이다. 만일 불멸의 신들이 이 대담하기 이를 데 없는 음모에서 분별심을 빼앗지 않았다면 그 알로브로게스 인 선동 사건도 일어나지 않았을 터이고, 렌툴루스 외에 도시로 잠입한 적들이 어리석게 알지도 못하는 야만족을 신용해 중대사를 흘리고 편지까지 건네는 일 따위는 절대로 하지 않았을 것이다. 또 아직 평정되지도 않은 채 로마 국민에게 전쟁을 일으킬 수 있는 힘과 의지를 갖추고 있는 것으로 여겨지는 유일한 국가에서 파견된 갈리아 인들*173이, 로마 귀족*174이 솔선해서 제의한, 통치권과 막대한 이익을 기대하게 하는 이야기는 아랑곳하지 않고, 자국의 국익보다 여러분의 무사안녕을 앞세운 것이다. 그 과정에서 신의 힘이 작용하지 않았다고 여러분은 생각하는가. 특히 이번에 갈리아 인들은 싸우지 않고도 가만히 있기만 하면 우리를 이길 수 있었던 것이다.

10

23 그러므로 로마 시민들이여, 모든 신들의 자리*175에서 배례제를 치르기로 정해졌으니, 그날을 처자와 함께 축하하기 바란다. 이제까지도 때때로 많은 기회에 불멸의 신들에 대해 은총에 보답하기 위한 경의를 바쳐왔지만, 이번만큼 그것에 걸맞은 때는 없었다. 여러분은 세상에 유례가 없는 잔혹하고 비참한 죽음에서 구원받은 것이다. 살육도 유혈도 없이, 군대에 의한 전투도 없이 구제된 것이다. 여러분은 시민복을 입은 채, 시민복 차림의 나를 지휘관으로 삼고 장군으로 우러르며 승리를 얻은 것이다.

24 로마 시민들이여! 모든 시민 사이의 다툼을 떠올려보기 바란다―전해 들은 것뿐만 아니라 몸소 목격하여 기억하는 다툼도 떠올리기 바란다. 루키우스 술라는 푸블리우스 술피키우스*176를 쓰러뜨렸다. 술라는 또 이 로마를 지

---

*173 실제로 그 뒤 알로브로게스 인들은 로마에 대해 반란을 일으켰다. 그 반란은 B.C. 61년에 법무관 가이우스 폼프티누스에 의해 진압되었다.
*174 렌툴루스 등, 카틸리나의 공모자들.
*175 국민배례제 때, 신상(神像)은 향연용 소파 위에 두었다.
*176 푸블리우스 술피키우스 루푸스. B.C. 88년 호민관이 되어 미트리다테스 전쟁에서의 지휘권을 벌족파인 술라로부터 민중파인 마리우스에게로 옮겼다. 그 때문에 술라는 무력으

킨 가이우스 마리우스*¹⁷⁷를 비롯해 수많은 용감한 사람들 가운데 어떤 자는 국가에서 추방하고 또 어떤 자는 살해했다. 집정관인 그나이우스 옥타비우스 *¹⁷⁸는 무력으로 동료를 로마에서 쫓아냈다. 그 언저리 일대는 사체가 겹겹으로 쌓이고 시민의 피로 넘쳐났다. 그 뒤 킨나와 마리우스가 적에게 승리했는데 그때 가장 저명한 사람들이 살해되고 국가를 비추던 빛은 사라졌다.*¹⁷⁹ 그 뒤 술라는 이 잔인한 승리에 대해 복수했다.*¹⁸⁰ 하지만 그때 얼마나 많은 시민들의 생명을 빼앗기고 국가가 얼마나 큰 재앙을 당했는지는 말할 필요도 없다. 마르쿠스 레피두스는 유명하고 용감한 퀸투스 카툴루스와 대립했다.*¹⁸¹ 그리고 레피두스는 죽었지만 그의 최후보다 더 국가에 깊은 슬픔을 안겨준 것은 함께 한 사람들의 죽음이었다.

25 (그것들 모두) 다툼은 국가의 멸망이 아니라 변혁을 지향하는 종류의 것이었다. 그들은 국가가 사라지길 바란 것은 아니다. 국가가 존재하길 바라고 그 가운데서 제1인자가 되려고 한 것이다. 또 그들은 로마가 모두 불타버리는 것이 아니라 이 도시에서 세력을 과시하길 추구한 것이다. 하지만 그런 다툼이 모두 국가의 파멸을 목적으로 한 것은 아니라 해도 화해와 협조보다는 시민들의 살육을 통해 결말이 지어졌다고 하지 않을 수 없다. 그런데 이번의 전쟁만은 인간의 기억에 남아있는 것 가운데 가장 크고 가장 비참하다.

이와 같은 전쟁은 일찍이 어느 야만족도 자국민에게 자행한 적이 없는 것이었다. 이 전쟁에서는 렌툴루스와 카틸리나 및 케테구스와 카시우스는 로마가

로 로마를 점거하고 그를 잡아 죽였다.

*177 민중파의 정치가이자 군인(B.C. 157~B.C. 86). 그는 B.C. 101년과 B.C. 102년, 이탈리아로 침입하려던 게르마니아 인(테우토네스 족과 킴브리 족)을 물리쳤다. B.C. 88년에 술라가 로마를 무력으로 제압했을 때 마리우스는 도시에서 쫓겨나 아프리카로 몸을 피했다.

*178 술라파의 인물. B.C. 87년에 집정관이 되고 동료인 루키우스 코르넬리우스 킨나가 술라에 의해 로마에서 추방된 사람들을 로마로 소환하려 했기 때문에, 그를 무력으로 공격해 로마에서 추방했다.

*179 B.C. 87년 끝 무렵, 마리우스와 킨나는 차기 집정관에 지명되었다. 그때 옥타비우스 등 다수의 벌족파의 유력자가 살해되었다.

*180 B.C. 81~B.C. 82년의 술라에 의한 정적 추방을 가리킨다.

*181 B.C. 78년에 집정관이 된 민중파의 마르쿠스 아이밀리우스 레피두스는 벌족파의 지배에 반란을 일으켰다. 그는 동료 집정관이었던 퀸투스 루타티우스 카툴루스의 군대에 패해 도주했다가 사르데냐 섬에서 죽었다.

태평한 한 무사히 살 수 있는 사람들을 모두 적으로 여기기로 정한 것이다. 그래서 로마 시민들이여, 나는 이 전쟁에서 여러분 모두가 무사히 구원받도록 행동했다. 여러분의 적들은 끝없는 살육에서 살아남은 자만이 살고, 로마에 대해서는 불길이 미치지 않는 곳만이 남을 거라고 생각했는데, 나는 로마도 시민도 아무런 상처 없이 무사히 구출한 것이다.

11

26 로마 시민들이여, 이와 같은 큰 공적에 나는 어떠한 대가도, 명예의 표시도, 영광의 기념비도 여러분에게 요구할 생각이 없다. 단지 오늘 바로 이 날을 영원히 기억해주기 바랄 뿐이다. 여러분의 마음속에 나의 모든 승리와 모든 명예의 훈장이, 영광의 기념비와 명예의 표시가 확실하게 새겨지길 바란다. 말없는 표시나 물품, 요컨대 나만큼 공적이 없는 사람도 얻을 수 있는 것에는 아무런 기쁨도 느끼지 않는다.

로마 시민들이여, 나의 공적은 여러분의 기억에 따라서 유지될 것이다. 그리고 사람들이 주고받는 대화로써 커지고 불후의 역사서에 의해 뿌리를 내려 끄덕없어질 것이다. 로마의 평화로운 나날은 앞으로도 이어질 것이라고 생각한다. 또 그것이 영원히 이어지길 바라지만 그와 같은 정도로 오래도록 집정관으로서의 나의 활약도 기억에 간직될 것으로 믿는다. 생각하건대 이 나라에는 같은 시기에 두 시민이 나타났다. 그 한 사람*[182]은 여러분의 권세의 경계를 지상을 초월해 하늘의 끝까지 펼쳤고, 또 한 사람*[183]은 그 권세의 본거지를 이루는 중추적인 장소를 지킨 것이다.

12

27 그런데 나는 이러한 일을 이룩했지만 그 사정과 조건은 나라 밖에서 전쟁의 공을 세운 사람들과 같지는 않다. 왜냐하면 나는 타도해서 굴복시킨 자들과 함께 살아가야 하는데 그들은 적을 죽이거나 제압한 뒤, 적의 곁을 떠날 수 있었기 때문이다. 그러므로 로마 시민들이여, 다른 사람들이 자신의 업적으로써 공정한 혜택을 받고 있다면 내가 공훈 때문에 결코 해를 입는 일이 없도

---

*182 대 폼페이우스를 가리킨다.
*183 물론 키케로 자신이다.

록 배려하는 것이 여러분의 책무일 것이다.*184 나는 무모하기 짝이 없는 자들의 극악무도한 계략이 여러분에게 피해를 주지 않도록 조치를 취했다. 그러므로 놈들의 책략이 나에게 화가 되지 않도록 이번에는 여러분이 주의해주어야 한다. 그러나 로마 시민들이여, 이제 그자들은 나에게 아무런 피해도 입히지 못할 것이다. 더구나 죄의식의 힘은 강대하다. 그런데 그것을 무시하고 나에게 폭행을 가하려는 자가 있다면 반드시 알아차리게 될 것이다.

28 로마 시민들이여, 나는 어떤 인간의 무모한 행위에도 지지 않고 모든 악인에게 언제나 앞장서서 싸울 각오가 되어 있다. 하지만 만일 국내에 숨어들어온 적이 여러분으로부터 배제된 모든 공격을 나 한 사람에게 돌린다면 로마 시민들이여, 여러분의 안전을 위해 불평과 온갖 위험에 몸을 드러낸 자를, 여러분은 앞으로 어떤 상황에 둘 것인지 생각해야 한다. 나 개인을 말한다면 이제부터 인생의 성과로서 그 밖에 얻을 수 있는 것은 무엇이 있을까. 특히 여러분으로부터 받는 명예나 용감한 활약이 가져다주는 영광에는, 내가 앞으로 더 높이 오르고 싶은 정상은 이제 더 이상 없기 때문이다.

29 로마 시민 여러분, 나는 언젠가 관직에서 물러났을 때 반드시 집정관 때 세운 공적을 옹호하고 더욱 빛나는 것으로 만들어 보일 작정이다. 그리고 국가를 구제할 때 불러온 증오는 나를 증오하는 자들에게 상처를 입히고 내 영광을 드높이게 될 것이다. 요컨대 국사에 대한 앞으로의 나의 방침은 내가 이룩한 것을 늘 잊지 않고, 그 공적이 우연이 아니라 과감한 행위의 소산으로 생각되도록 힘쓸 것이다.

자, 로마 시민 여러분, 이제 밤이 되었으니 이 도시와 여러분을 지키는 유피테르에게 기도를 바치자. 그리고 집으로 돌아가—위험은 이미 피했지만—어젯밤과 마찬가지로 감시와 순찰을 게을리하지 말고 집을 지켜주기 바란다. 이런 일을 여러분이 더는 오래 하지 않아도 되도록, 또 영원히 평화로운 삶을 살 수 있도록, 로마 시민들이여, 나는 계속 대비할 생각이다.

---

*184 그러나 B.C. 58년, 호민관 클로디우스의 제안에 따라, 키케로는 이 사건에서 법적 수속을 무시하고 시민을 처형했다고 해서 로마에서 추방당하게 된다.

제4 연설

B.C. 63년 12월 5일
콩코르디아 신전*185에서의 원로원 의회

1

1 원로원 의원 여러분, 나는 여러분 모두의 얼굴과 시선이 나에게 향하고 있음을 알고 있다.*186 그리고 여러분이 나 자신과 국가에 미칠 위험 때문에 불안해하고, 만일 그 위험을 막으면 재난이 자신에게 덮쳐올지도 모른다*187고 걱정하는 것도 알고 있다. 나에 대한 여러분의 호의는 이 환난 속에서 나에게는 기쁜 일이고 또 이 곤경에서는 고마운 것이다. 그러나 불멸의 신께 맹세코 부디 그와 같은 친절한 마음을 갖지 말기 바란다. 부디 나의 안전은 잊고 자기 자신과 자식들을 생각하기 바란다. 아무리 가혹한 상황에도 견디고 어떤 아픔과 고난에도 참고 견디는 것이 집정관의 사명으로서 나에게 주어졌다. 그러므로 나의 노고로써 여러분과 로마 국민의 위신과 안녕을 확보할 수 있다면 나는 기꺼이 견딜 생각이다.

2 원로원 의원 여러분, 나에게 죽음의 위험과 함정은 모든 정의의 거점인 중앙 광장에서도, 집정관의 권위 아래 정화되는 마르스의 들판*188에서도 모든 민족에게 가장 신뢰받는 장소인 원로원 의사당에서도, 누구에게나 피난처가 되는 가정에서도, 휴식을 위해 주어지는 침대*189에서도, 그리고 이 공식 석상*190에서도 한시도 사라지지 않았다. 나는 바로 그러한 집정관이다. 나는 많은

---

*185 중앙 광장 북서부에 인접해서 서 있는 신전.

*186 이 원로원 의회는 체포된 카틸리나의 공모자들의 처리를 협의하기 위해 열렸다. 그들을 사형에 처해야 한다는 의견과 감금해야 한다는 견해가 대립하여 의원들은 키케로가 집정관으로서 어떤 판단을 내릴지 주목하고 있다.

*187 공모자들을 처형하면 반란은 막을 수 있지만 법적 수속을 밟지 않고 시민의 생명을 빼앗으면 원로원 최종 결의에 따라서 전권이 위임된 집정관 키케로에게 비난이 쏠리게 된다.

*188 마르스 들판에서의 켄투리아 민회에서는 집정관이 점술 의식으로 장소를 신성화한 뒤, 집정관 선거가 실시되었다. B.C. 63년 7월 마르스 들판에서의 사건은 제1 연설 11절 참조.

*189 11월 7일의 키케로 암살 기도는 제1 연설 9~10절 참조.

*190 고관이 앉는 상아 장식의 접이식 의자.

것을 말하지 않고 꾹 참았다. 나는 몇 번이나 양보했고,*191 여러분에게 닥쳐오는 공포를 어떻게든 나만이 괴로워함으로써 몇 번이나 치유했다. 오늘 만일 불멸의 신들이 집정관직의 마지막인 나에게 바라는 것이 여러분과 로마 국민을 비참하기 이를 데 없는 살육으로부터, 여러분의 처자와 베스타의 처녀들을 냉혹하기 이를 데 없는 학대로부터, 신전과 성역과 우리 모두의 가장 아름다운 이 조국을 세상으로부터, 가장 역겨운 화재로부터, 또 이탈리아 전 국토를 전쟁과 파괴로부터 구출하는 것이라면, 어떤 운명이 나를 기다리고 있든 나는 견뎌내야 할 것이다. 실제로 푸블리우스 렌툴루스가 점술가의 부추김을 받아 자신의 이름이 국가에 멸망을 가져올 운명임을 믿었다면, 나로서도 나의 집정관직이 로마 국민을 구제해야 할 숙명임을 어찌 기뻐하지 않을 수 있겠는가.

2

3 그러므로 원로원 의원 여러분, 자신의 몸을 생각하고 조국의 앞날을 생각해주기 바란다. 자신과 처자와 재산을 구하고 로마 국민의 이름과 존속을 지켜주기 바란다. 그리고 나를 위로하고 염려하는 일은 그만두기 바란다. 첫째 나에게는 이 로마를 지키는 모든 신들이 공훈에 따른 대가를 나에게 주도록 소망할 권리가 있다. 다음으로 만일 무슨 일이 일어나면 나는 조용히 죽을 생각이다. 실제로 죽음은 용감한 인간에게는 부끄러운 것이 아니다. 또 집정관을 지낸 자*192가 죽는다 해도 요절했다고 할 수는 없으며, 현자에게 죽음은 안타까운 일이 아니다. 그렇지만 나는 지금 이곳에 있는 마음이 착한 가장 사랑하는 동생*193의 비탄과 여러분 앞에서 나를 둘러싼 모든 사람들*194의 눈물에 감동하지 않을 만큼 몰인정하지는 않다. 겁에 질린 아내*195와 공포에 질린 딸,*196 그리고 국가가 마치 나의 집정관 직무에 대한 볼모처럼 소중하게 보호

---

* 191 특히 키케로는 동료 집정관 안토니우스 피브리다에게 많은 보수를 얻을 수 있는 속주 마케도니아를 임기 후의 관할지로서 양도하고, 또 자기에게 예정된 알프스 이남의 갈리아의 통치도 타인에게 양보했다.
* 192 최고의 관직에 오른 자.
* 193 퀸투스 툴리우스 키케로. 그 무렵 차기 법무관에 지명되어 있었다.
* 194 원로원 의원들.
* 195 테렌티아.
* 196 툴리아. 그 무렵 13세 정도일 듯.

하는 것처럼 보이는 어린 아들,[*197] 그리고 저기 서서 오늘이 끝나기를 기다리고 있는 저 사위[*198]가 몇 번이나 내 마음을 가정으로 불러들이고 있다. 이 모든 것들이 나를 뒤흔들지만 내 마음은 만일 어떠한 폭력이 나를 덮치더라도 가족이 모두 여러분과 함께 무사하도록, 그리고 같은 국가 안의 재앙 속에서 그들도 우리도 멸망하지 않기를 바랄 뿐이다.

4 따라서 원로원 의원 여러분, 국가를 구제하는 일에 온 힘을 기울이기 바란다. 온갖 동란을 경계해야 한다. 여러분이 주의하지 않으면 폭풍은 바로 덮쳐온다. 현재 죄를 짓고 여러분의 엄격한 심판을 기다리는 자들은, 거듭 호민관이 되길 바란 티베리우스 그라쿠스나 토지 분배 지지자들을 선동하려고 한 가이우스 그라쿠스, 또는 가이우스 멤미우스를 살해한 루키우스 사투르니누스 등과 같은 사람들이 아니다. 신병을 구속한 것은 로마에 불을 질러 여러분 모두를 살해하고 카틸리나를 영입하기 위해 로마에 남은 자들이다. 그자들의 편지와 봉인과 글씨체, 또 저마다의 자백까지 내 손에 들어와 있다. 이자들은 알로브로게스 인을 부추겨 노예를 선동하고 카틸리나를 불러들이려 했다. 놈들이 계획하는 것은, 몰살에 의해 한 사람도 살아남지 못하게 함으로써 로마 국민의 이름을 애도하고 위대한 국가의 재난을 탄식하는 사람이 한 사람도 없게 하는 것이다.

3

5 이와 같은 모든 사실을 통고자들이 명확히 했다. 고발된 자들은 죄를 인정하고 여러분은 이미 온갖 결정에 따라서 재단을 내렸다.[*199] 먼저 처음에 여러분은 이례적인 찬사로 나에게 감사하고 극악한 자들의 음모가 나의 용단과 세심한 주의로써 드러나게 된 것을 인정했다. 다음으로 여러분은 푸블리우스 렌툴루스에게 법무관직을 사임하게 했다. 그리고 렌툴루스와 다른 자들에게 판결을 내리고 그들을 보호 감시 아래 두도록 결정했다. 특히 여러분은 나의

---

* 197 그 무렵 두 살이었던 마르쿠스. 이 사랑하는 아들의 생명도 국가에 대한 키케로의 성실한 활동에 달려 있다는 의미인 듯.
* 198 툴리아의 남편(또는 약혼 중) 가이우스 칼푸르니우스 피소 프루기. 그 무렵 아직 원로원 의원은 아니고 따라서 신전 입구에서 방청하고 있었다.
* 199 이하의 원로원의 결정에 대해서는 제3 연설 14~15절 참조.

이름으로 국민배례제를 치를 것을 결의했는데, 그와 같은 영광은 나 이전에 어떤 문민도 받은 적이 없다. 마지막으로 어제 여러분은 알로브로게스 인 사절단과 티투스 월투르키우스에게 많은 보수를 주었다.[200] 이런 모든 결정에 따라서 본다면 여러분은 보호 감시 처분에 지명한 자들[201]에 대해서 아무런 의심 없이 유죄 판결을 내린 것으로 여겨도 좋을 것이다.

6 그러나 원로원 의원 여러분, 나는 이 건을 마치 미결 문제인 것처럼 여러분의 심의에 맡겨 여러분이 이 사건을 어떻게 다루고 벌을 어떻게 정할 것인지를 묻기로 결의했다. 다만 그 전에 집정관으로서 이야기하지 않을 수 없는 것을 말하고자 한다. 나는 당치도 않은 광란이 나라 안에서 발생해 무언가 이제까지 한 번도 없었던 흉악한 일이 계획되고 일어나려고 하는 것을 훨씬 전부터 알고 있었다. 그러나 이처럼 대규모이고 파괴적인 음모가 설마 시민들에 의해서 계획되고 있는 줄은 생각조차 해보지 않았다. 이제 어찌되었든—여러분의 의향과 판단이 어느 방향으로 기울건—, 여러분은 밤이 되기 전에 결정해야 한다.[202] 어느 정도의 큰 죄가 고발되었는지는 모두 아는 바와 같다. 이 범행에 관여하는 자가 소수라고 생각한다면 매우 큰 잘못이다. 이 범죄는 상상 이상으로 멀리까지 퍼지고 있다. 그것은 전 이탈리아에 침투했을 뿐만 아니라 알프스를 넘어 사람의 눈을 피해 은밀하게 진행되어 이제는 많은 속주(屬州)에도 침입했다.[203] 어물어물 결정을 미루고 있으면 결코 괴멸시킬 수 없다. 어떤 수단을 취하건 여러분은 빠르게 벌을 내려야 하는 것이다.

4

7 내가 아는 바로는 이제까지 두 가지 의견이 제시되었다. 하나는 데키무스

---

[200] 통고자에게 실제로 어느 정도 금액의 보수가 주어졌는지 정확하게 알 수는 없지만 살루스티우스 《카틸리나 전기(戰記)》 30에 따르면 통고자가 자유인인 경우, 공범죄의 사면과 20만 세스테르티우스의 지급을 원로원은 미리 약속했다. 단 외국인 사절에 대해서는 분명치 않다.

[201] 실제로 구금된 것은 렌툴루스, 케테구스, 스타티리우스, 가비니우스, 케파리우스의 5명이다.

[202] 반란의 위협을 끊기 위해 결정은 시급을 요하기 때문인데, 원로원에서의 투표는 일몰 전에 이루어지지 않으면 유효로 간주되지 않았기 때문이기도 했다.

[203] 《카틸리나 전기》 21에 의하면 카틸리나는 동 히스파니아와 아프리카 북서부의 마우레타니아에도 군사적 지원을 확보하고 있었다고 한다.

시라누스*204의 견해로 로마를 파괴하려고 한 자는 사형에 처해야 한다는 제안이다. 다른 하나는 가이우스 카이사르*205의 의견으로, 그는 사형 말고는 어떤 엄한 형벌이라도 좋다고 했다. 두 사람 모두 자신의 지위와 사건의 중대성에 걸맞게 무척 엄격한 자세를 보이고 있다. 시라누스는 우리 모두와 로마 국민의 생명을 빼앗고 국가를 파괴하여 로마 국민의 이름을 지워버리려고 계획한 자들이, 한순간이라도 인생을 즐기거나 누구나 마시는 이 공기를 맛보게 해서는 안 된다는 생각을 한다. 그는 또 이 나라에서는 이따금, 그같은 벌이 흉악한 시민에게 적용되었다는 사실을 떠올리고 있다. 한편 카이사르는 죽음은 형벌을 위해서가 아니라 자연의 필연적인 추세이거나 또는 노고와 고난으로부터의 휴식으로서,*206 불멸의 신들에 의해 정해진 것으로 여긴다. 따라서 철인들은 결코 죽는 것을 마다하지 않았고, 용감한 사람들은 때때로 기쁨까지 느끼면서 죽어갔던 것이다. 한편 감금형, 특히 종신에 걸친 감금은 확실히 극악무도한 행위에 대한 특례의 벌로서 고안된 것이다.*207 카이사르는 죄인들을 몇 개의 자치시에 분산해야*208 한다고 주장한다. 이 조치는 여러 도시에 명령하려고 하면 불공평이 생기고 요청하려고 하면 어려움이 따르는 것으로 생각된다. 하지만 그것이 바람직하다면 그렇게 결정해주기 바란다.

8 나는 이 일을 떠맡겠다. 그리고—잘 되면 좋지만—모든 시민의 안녕을 위해 여러분이 결정한 것을 거부하는 것은 내 지위에 걸맞지 않는다고 생각하는 사람들을 찾아내야겠다. 카이사르는 더 나아가 누군가가 죄인을 감금한 곳을 파괴했을 경우 그 자치시를 엄벌에 처한다고 말하고 있다. 또 그는 죄인의 주위에는 비열한 자들의 악행에 걸맞은 엄중한 감시를 두어야 하고, 비록 원로원이나 국민의 결의를 거쳐도 그 자신이 유죄로 판정하는 자들의 벌을 가볍게 하는 것은 아무에게도 허용되지 않는다고 여기고 있다. 보통 같으면 불행한 처

---

*204 데키무스 유니우스 시라누스. 그 무렵 차기 집정관으로 지명되어 있었다. 따라서 원로원에서는 최초로 의견이 요구되었다.
*205 가이우스 율리우스 카이사르(B.C. 100~B.C. 44). 민중파의 정치가·군인. 그 무렵, 차기 집정관으로 지명되어 있었다.
*206 사후에는 인간의 고통은 있을 수 없으므로. 살루스티우스 《카틸리나 전기》 51·20 참조.
*207 로마에서는 감옥에서의 감금은 통상 사형 또는 재판까지의 일시적인 조치였다. 따라서 평생 감금은 예외적인 형벌이다.
*208 감금을 위해.

지의 인간에게 유일한 위로가 되는 희망조차도 그는 빼앗는 것이다. 게다가 카이사르는 죄인들의 재산은 국가가 몰수하고 놈들에게는 생명만을 남겨주면 된다고 말한다. 만일 생명까지 빼앗으면 한 번의 고통으로 정신과 육체의 많은 〈고난〉과 악행에 대한 모든 벌에서 놈들을 구한 것이 될 것이다.*209 그 옛날의 사람도 마찬가지로 악인에게 얼마 동안이라도 이 세상에서 공포를 맛보게 하기 위해 지옥에서는 그와 같은 영원한 형벌이 죄인에게 정해져 있다고 주장했다. 옛날 사람은 분명 그와 같은 형벌이 제거되면 죽음 그 자체는 그다지 두려워할 만한 것이 아니라고 생각했던 것이다.

5

9 그런데 원로원 의원 여러분, 무엇이 자신을 위한 것인지 나에게는 명확하다. 만일 여러분이 가이우스 카이사르의 의견에 따른다면 그는 민중파*210로 불리는 정치의 길을 걸어왔으므로 그 자신이 이 의견을 주장하고 옹호하는 이상 나는 아마도 민중의 공격을 그리 두려워할 필요는 없게 될 것이다. 그러나 다른 한편인 실라누스의 의견*211을 취한다면 아마도 꽤 골치 아픈 사태가 내 몸에 닥칠 것이다. 하지만 그래도 내 몸의 위험을 생각하기보다는 국가의 이익을 먼저 생각해야 한다. 카이사르가 우리에게 제시한 견해는 그 자신의 높은 지위와 선조의 영예*212에 걸맞게 이른바 국가에 대한 영원한 충성심을 보증하는 것과 같은 말이다. 민중 선동자의 경솔함과 국민의 안녕을 중히 여기는 진정한 민중 정치가의 정신 사이에는 어느 정도의 거리가 있는가를 우리는 이해했다.

10 나는 민중파를 자칭하는 사람들 가운데서 몇 사람이 결석했음을 알고 있다. 분명히 로마 시민의 생사에 대한 투표를 피하기*213 위해서였을 것이다.

---

*209 카이사르는 (평생) 감금이 사형보다도 무서운 벌이라고 주장하고, 실은 체포된 자들의 생명을 구하려 하고 있다. 한편 키케로는 같은 주장을 펴 죄인에게 보다 더 '편한' 사형을 원로원에 택하게 하려고 한다.

*210 로마 정계에서 언제나 원로원·귀족층의 벌족파와 대립하는 당파.

*211 실라누스의 의견.

*212 카이사르가 속한 율리우스 집안은 로마 건국의 영웅 아이네아스의 아들 이울루스로 거슬러 올라가는 오랜 명문의 귀족이었다.

*213 시민의 권리나 생명에 대한 형벌을 결정할 수 있는 것은 원로원이 아니고 켄투리아 민회

그런데 그 사람들은 엊그제 로마 시민들을 보호 감시에 처하고, 나를 위해 국민배례제의 거행을 결의하고, 어제는 통고자들에게 어마어마한 보수를 준 것이다. 그런데 용의자를 보호 감시 아래 두고, 취조한 자[214]를 위해 감사의 의식을 행하고, 통고자에게 보수를 주기로 결정한[215] 사람이 사건과 문제의 전체를 어떻게 판단하는지는 명확하다.

한편 가이우스 카이사르는 로마 시민에 대해서 셈프로니우스법[216]이 제정되고는 있지만 그러나 국가의 적이 된 자는 더 이상 시민일 수 없으며,[217] 결국 셈프로니우스법을 제안한 인물 자신도 국민의 명령에 따라서 국가에 배신한 벌을 받은[218] 것을 인정하는 것이다. 동시에 카이사르는, 렌툴루스가 아무리 호방한 낭비가[219]라고 해도 로마 국민을 망하게 하고 이 도시를 무너뜨리기 위해 그토록 냉혹하고 무자비한 계획을 짰기 때문에 아직은 그를 민중 편으로 부를 수 있다는 생각은 하지 않는다. 그러므로 가장 인정이 많고 온후한 카이사르조차도 푸블리우스 렌툴루스를 평생 감옥의 어둠 속에 처넣는 것을 망설이지 않았고, 또 장래 누군가가 이 사내의 형벌을 누그러뜨려 자신을 과시하고 로마 국민을 멸망시키면서 민중의 옹호자를 표방할 수 있는 사태가 있어서는 안 된다고 주장하는 것이다. 게다가 카이사르는 정신과 육체의 온갖 고통에다 빈곤과 궁핍까지 죄인에게 가해지도록 재산의 몰수까지 바라고 있다.[220]

이기 때문에.

[214] 집정관으로서 관계자를 심문한 키케로를 가리킨다.

[215] 원로원은 이러한 건에 대해서 만장일치로 의결했다.

[216] B.C. 123년에 가이우스 셈프로니우스 그라쿠스가 제안해 가결되었다. 시민의 권리와 생명을 민회의 합의 없이 결정하는 것을 금한 법률.

[217] 셈프로니우스법을 인정한다면 시민에 대한 중대한 형벌을 결정하려는 원로원의 평의를 거부해야 하는데, 카이사르는 이 평의에 참가함으로써 반란의 용의로 처벌되려고 했던 자들을 로마 시민으로는 여기지 않은 것이 된다.

[218] B.C. 121년 가이우스 셈프로니우스 그라쿠스는 원로원 최종 결의에 따라서 국가의 적으로 여겨져 집정관 오피미우스의 공격을 받아 살해되었다. 그러나 이때 최종 결의가 민회에서 논의된 것은 아니고 민중은 원로원의 결정에 반항하지 않았을 뿐이다. 따라서 '국민의 명령에 따라서'라는 표현은 사실을 왜곡하고 있다.

[219] 즉 민중의 지지를 얻기 위해 아낌없이 돈을 썼다.

[220] 여기에서 키케로는 카이사르가 국가의 적에 대한 원로원 결정의 유효성을 인정하고 있을 뿐만 아니라 사형 이상의 엄벌을 요구하는 것이라고 보고 있다.

6

11 따라서 여러분이 만일 카이사르의 제안을 채택한다면 나는 집회에 갈 때 민중에게 친근하고 인기가 있는 동반자를 얻게 될 것이다. 다른 한편 시라누스의 의견에 따르기를 택한다면 아마도 나와 여러분은 로마 국민으로부터 지나치게 냉혹하다는 비난을 더는 받지 않아도 될 것이고, 또 이 의견 쪽이 훨씬 관용을 베푼 것이었다고 증명하는 일은 나에게는 쉽다.*221

그렇지만 원로원 의원 여러분, 이처럼 두려워할 만한 대죄를 처벌할 경우, 도대체 어떤 것을 냉혹하다고 말할 수 있을까. 나는 내 생각에 따라서 판단하고 있다. 실제로 나는 국가가 무사하다는 기쁨을 여러분과 함께 맛볼 수 있으면 행복하다고 생각한다. 그러므로 내가 이 사건에서 보통 이상으로 격분한 태도를 보이고 있다면 그것은 결코 무자비한 마음으로 움직여지는 것은 아니다. 나보다 온후한 자는 없을 것이다. 오히려 나를 부추기는 것은 이제까지 느낀 적이 없는 인간에 대한 사랑과 배려의 마음이다. 나에게는 온 세계의 빛이고 모든 민족의 요새이기도 한 이 도시가 갑자기 모두 불길에 휩싸여 무너지는 상황이 눈에 보이는 것만 같다. 내 마음의 눈에는 매몰된 조국 위에 매장되지 않은 시민들의 사체가 겹겹이 쌓인 비참한 광경이 비친다. 그리고 나의 눈앞에는 여러분의 유해 위에 술에 취해 미쳐 날뛰는 케테구스의 모습이 자꾸만 떠오른다.

12 나는 렌툴루스가 왕이 되어 있는 모습도 상상했다. 그 자신이 인정한 것처럼 놈은 그렇게 되기를 예언에 바탕을 두고 기대했던 것이다. 가비니우스는 놈에게 봉사하는 고관이 되고 카틸리나도 군대를 이끌고 도착했다. 그때 나는 한 가문의 모친들이 탄식하며 슬퍼하고, 소녀와 소년들은 방황하며, 웨스타의 처녀들이 능욕당하는 것을 생각하고 치를 떤다. 그와 같은 사태가 나에게는 참으로 비참하고 서글픈 일로 생각된다. 그렇기 때문에 나는 이런 범행을 저지르려는 자들에게 엄하고 단호한 태도로 임할 생각이다. 실제로 여러분에게 묻고 싶다. 만일 한 집안의 가장이 노예 때문에 자기 아이와 아내가 살해되고 집이 불탔는데도 그 노예들을 극형에 처하지 않는다면, 그 가장은 자비심 많고 동정심이 있는 사람일까, 그렇지 않으면 세상에

---

*221 키케로식으로 해석한 카이사르의 이론에 따르면 이렇게 된다. 하지만 실제로는 사형이 평생 감금보다 가혹한 벌임은 명백하다. 그 뒤, 키케로는 극형의 타당성을 주장한다.

서 가장 무자비하고 무정한 사람일까? 내 생각에는 자신이 받은 아픔과 괴로움을, 가해자의 아픔과 괴로움으로 누그러뜨리려고 하지 않는 사람은 냉혹하고 무정한 인간이다. 또한 우리와 우리의 처자를 학살하고 우리 모두의 집과 국가 전체의 중추적인 장소를 무너뜨리려고 계획한 자들에게, 더구나 폐허가 된 도시와 잿더미로 변한 국가의 잔해 위에 알로브로게스 인을 살게 하기 위해 그와 같은 일을 저지른 자에게도 우리가 가장 엄격한 태도를 취한다면 정을 아는 인간으로 평가받게 될 것이다. 하지만 우리가 좀 더 온건한 조치를 바란다면, 조국과 시민이 멸망당했을 때 정말로 냉혹하기 이를 데 없는 국민이란 평을 견뎌야 한다.

13 엊그제에는 아마 그 누구도 용감하고 애국심이 뛰어난 루키우스 카이사르*222를 냉혹하기 그지없는 사람으로는 생각하지 않았을 것이다. 그는 매우 훌륭한 여인인 자기 여동생의 남편(렌툴루스)을 사형에 처해야 한다고 본인 앞에서 발언했다. 그리고 루키우스 카이사르는 일찍이 자기의 할아버지*223가 집정관의 명령으로 살해당했다고 말하고 그때 아버지로부터 사자(使者)로 보내진 어린 아들도 감옥에서 처형되었다*224고 말했다. 이 사람들의 행동은 현재의 사건과 어떻게 닮았는가. 과연 그들은 국가를 멸망시키는 일을 계획했을까. 그 무렵에는 국정에서 빈민에 대한 구제 계획*225이 활발하게 논의되어 당파끼리의 다툼이 일어나고 있었다. 그 무렵 군비를 갖추고 그라쿠스를 추격한 것은 이 렌툴루스의 유명한 할아버지*226였다. 그는 그 무렵 국가의 최고 권위가 조금이라도 손상되지 않도록 분투하고 중상까지 입었다. 그런데 이쪽의 렌툴루스는 국가의 기틀을 뒤집기 위해 갈리아 인을 불러들이고, 노예를 들고일어나게 하고 카틸리나를 부르고 우리를 살해하라는 명령은 케테구스에게, 다른 시민들의 살육은 가비니우스에게, 도시의 방화는 카시우스에게, 그리고 이

---

*222 루키우스 율리우스 카이사르. B.C. 64년에 집정관을 지낸 인물. 그의 여동생 율리아는 렌툴루스의 아내였다.

*223 모계 쪽의 조부 마르쿠스 푸르비우스 프라쿠스. 가이우스 그라쿠스의 지지자로 B.C. 121년 원로원 최종 결의 뒤, 집정관 오피미우스의 공격을 받고 살해되었다.

*224 푸르비우스 프라쿠스는 젊은 아들을 오피미우스와의 교섭을 위해 파견했는데 집정관은 청년을 감금하고 살해했다.

*225 그라쿠스의 형제에 의한 토지 분배와 곡물 배급의 정책 등.

*226 푸브리우스 코르넬리우스 렌툴루스.

탈리아 전 국토의 파괴와 약탈은 카틸리나에게 할당한 것이다.*227 이처럼 무도한 악행을 앞에 두고 여러분은 지나치게 엄한 결정을 내렸다는 소문을 확실히 걱정해야 된다고 나는 생각한다. 단 우리는 가차 없이 징벌을 가해 같은 하늘 아래 살 수 없을 만큼 원한 깊은 적에게 가혹했다는 평판을 두려워하기보다는, 오히려 벌을 줄여서 조국에 무정했다고 생각되지 않을까 걱정해야 하는 것이다.

7

14 그러나 원로원 의원 여러분, 나는 오늘 들려오는 말을 못 들은 체할 수는 없다. 지금 야유하는 말을 뚜렷이 듣고 있다. 그 말은 오늘 여러분이 결정한 것을 실행하기 위해 내가 충분한 방위력을 지니고 있는지에 대해 불안을 느끼고 있는 사람들의 목소리이다.*228 하지만 원로원 의원 여러분, 온갖 사태를 예상하고 모든 준비와 조치는 이미 이루어지고 있다. 내가 가능한 한 주의와 노력을 기울여 행한 것만은 아니다. 국가의 주권을 유지하고 온 시민의 재산을 지키려는 로마 국민의 견고한 의지가 그런 일들을 추진하게 한 것이다. 온갖 신분의 사람들과 〈온갖 계급의 사람들〉, 그리고 모든 연령의 사람들이 이곳에 와 있다. 중앙 광장도, 광장 주변의 신전도, 이 신전도 그 입구도, 그런 사람들로 가득 찼다. 도시를 세운 이래 모든 사람들의 마음이 하나가 된 예는 이 사건이 유일하다. 단 그 전원의 일치에는, 죽지 않으면 안 되는 줄 알면서 단독이 아닌 만민을 끌어들여 죽기를 바라는 자들*229은 제외되고 있지만.

15 이런 자들을 나는 서슴지 않고 제외해 격리하고 싶다. 내 생각에 놈들은 사악한 시민이 아닌 숙적으로 여겨야 한다. 그러나 다른 사람들은, 아아, 불멸의 신들이시여, 얼마나 여럿이서, 얼마나 열심히, 얼마나 용감하게 모든 시민의 안녕과 존엄을 위해 마음을 합치고 있는가! 오늘 여기에서 로마의 기사들에 대해 말할 필요가 있을까. 기사들은 신분과 협의의 최고 지위를 여러분에

---

*227 그러나 계획의 개요는 이미 카틸리나에 의해서 정해져 있었다(제1 연설 9절 참조).
*228 실제로 키케로의 연설 뒤(또는 그 전에), 티베리우스 네로라는 원로원 의원은 공모자를 한동안 구류하고 카틸리나의 패배 뒤에 처분을 결정하도록 제안했다. 아피아노스 《내전기》 2·5 참조.
*229 카틸리나 일파를 가리킨다.

게 양보하고는 있지만 나라를 사랑하는 정신에서는 여러분과 경합하고 있다. 그들은 원로원과 여러 해에 걸친 불화*230를 겪은 뒤 모두 소환되었다. 오늘날이라고 하는 이날과 이 사건이 그들을 여러분과 연결하는 것이다. 만일 나의 집정관 임기 중에 다져진 이 결속*231을 우리가 국정에서 영속적으로 유지한다면, 앞으로 시민끼리나 국내의 다툼은 나라 안 어디에서도 일어나지 않는다고 나는 여러분에게 약속한다. 똑같이 국가를 지키려는 열의에 불타서 모인 기개에 넘치는 준기사들*232의 모습도 보인다. 마찬가지로 서기관*233 일동도 이곳에 와 있다. 오늘은 우연히 그들이 국고(國庫)로 많이 모이는 날*234이지만 직무 할당의 추첨을 기다리는 것도 멈추고 나라의 안전을 걱정해 달려온 것이다.

16 온갖 자유로운 신분으로 태어난 사람들이 가장 가난한 자들도 포함해서 한꺼번에 많이 찾아왔다. 누구에게나 이 신전은, 이 도시의 조망은, 자유를 소유하는 것은, 더 나아가 이날의 빛과 공유하는 조국의 땅은 소중하고 기쁨을 주는 사랑스러운 것이다.

8

원로원 의원 여러분, 자신의 공적으로써 로마 시민의 지위를 얻게 된 자유민들*235의 정열은 알 만한 가치가 있다. 이 도시에서 가장 높은 신분으로 태어났으면서도 로마를 자기의 조국이 아닌 적의 도시로 여긴 자들*236과는 달리 이 사람들은 진정으로 로마를 자신의 조국으로 생각한다. 하지만 이 신분을 가

---

* 230 특히 B.C. 122년에 형사소송의 심판인이 되는 권리를 원로원 의원 신분에서 기사 신분으로 옮긴 이래, 둘의 대립이 두드러지고 있었다. 오랜 항쟁 끝에 B.C. 70년에 원로원 의원과 기사와 준기사가 심판인의 자격을 갖게 되었다.
* 231 원로원 의원 신분과 기사 신분의 협조는 이 음모 사건에서 국가가 위기에 직면해 비로소 완전한 것이 되었는데, 그것을 촉진한 것은 기사 신분 출신이고 집정관이 된 키케로 자신이란 자부심이 담겨져 있다.
* 232 유복한 평민으로 이루어지고 원래 공조(貢租)의 징수와 병사에 대한 급여 지불을 임무로 했는데 그 뒤, 기사 신분에 이은 유산시민층을 가리키게 되었다.
* 233 정무관에 봉사하고 공적 문서의 작성이나 보관, 경리·출납 등을 임무로 했다.
* 234 매년 12월 5일에 서기관의 배속처를 정하는 추첨이, 국고(國庫)가 있는 사투르누스 신전에서 이루어졌다.
* 235 해방 노예들.
* 236 카틸리나와 렌툴루스는 귀족이었다.

진 사람들을 말할 필요는 없을 것이다. 아무튼 그들은 개인의 재산과 고통된 국익과 가장 사랑해야 할 자유를 위해 조국의 안녕을 지키려고 일어섰다. 그리고 노예조차도 불만이 없는 예속의 처지로 사는 사람이라면,[237] 그 누구도 저 시민들의 무모한 행동에 치를 떨지 않는 자는 없다. 노예들도 모두 로마의 존속을 바라고 용기와 힘을 다해 성심성의껏 국가의 안전에 몸을 바치고 있다.

17 그런데 여러분 가운데에는 무심코 들은 소문에 불안을 느끼는 사람이 있을지도 모른다. 렌툴루스 휘하에 있는 뚜쟁이 사내[238]가 가난한 사람들이나 무지한 사람들의 마음을 금전으로 유혹할 수 있을 것으로 기대해 이곳 저곳의 점포를 뛰어다니고 있었다는 것이다. 놈이 그와 같은 일을 꾸미고 실행에 옮긴 것은 확실하다. 그러나 일상의 벌이를 위해 의자를 둔 생업의 장소[239]가, 자신의 보금자리와 침대가, 요컨대 그와 같은 평온한 생활의 길이, 무사하고 손상되지 않기를 바라지 않을 만큼 처지가 비참한 사람이나 근본이 타락한 사람을 놈들은 발견하지 못했다. 오히려 점포에서 일하는 매우 많은 사람들은, 아니—오히려 이렇게 말해야 할 것이다—이 계급의 모든 사람들은 누구보다도 평화를 사랑한다. 실제로 그들의 장사 도구와 일과 생계는 모두 많은 시민인 손님에 의해서 지탱되고 평화로써 유지되고 있다. 점포를 닫을 경우, 그들의 벌이가 줄어드는 것은 확실하다. 그렇다면 점포가 불태워진다면 과연 어떤 일이 벌어지게 될까.

18 이상과 같은 상황이므로 원로원 의원 여러분, 로마 국민의 방위력은 여러분에게 부족한 것은 아니다. 오히려 여러분이야말로 로마 국민을 버렸다는 생각이 들지 않도록 주의하기 바란다.

9

여러분의 집정관은 많은 위험과 덫을 빠져나오면서 거의 죽을 뻔한 적도 있었다. 그러나 그곳에서 구제된 것은 내 자신이 살기 위해서가 아니라 여러분의

---

[237] 노예의 대우는 봉사하는 주인에 따라서 달랐는데 가족이나 다름없는 대우를 받은 경우도 있었다.

[238] 원어 번역은 '매춘의 중개를 하는 자'. 살루스티우스 《카틸리나 전기》 50에 따르면 체포된 렌툴루스의 해방 노예나 비호민들이 장인이나 노예를 부추겨 주인을 구출하려 한 것으로 전해진다.

[239] 중앙 광장을 가리킨다.

안전을 유지하기 위해서이다. 또 여러 신분의 사람들이 마음과 의지와 목소리를 하나로 해서 국가를 지키려 하고 있다. 오늘 모든 시민의 조국은 불경스런 음모의 불길과 무기로 포위되고 여러분에게 탄원의 손을 뻗치고 있다. 조국은 여러분에게 내 몸과 전 시민의 생명을, 요새와 카피트리움을, 페나테이스의 제단과 베스타 여신의 그 영원한 불*240을, 모든 신들의 신전과 성역을, 그리고 도시의 성벽과 집들을 맡기고 있는 것이다. 더욱이 오늘 여러분은 자신과 처자의 생명, 만인의 재산, 또 자신의 주거와 가정에 대해서 판단을 내려야만 한다.

19 여러분에게는 자신의 일은 잊어도 여러분의 일은 결코 잊지 않는 지도자*241가 있다. 이런 기회는 언제나 찾아오는 것이 아니다. 여러분에게는 또 모든 신분을 가진 자가, 모든 사람들이, 전 로마 국민이 딸려 있다. 더구나 내정 문제에서는 오늘 처음 보는 것인데, 모두가 한마음으로 결속되어 있다. 잘 생각해보기 바란다. 커다란 노고 위에 이룩된 국가의 권세가, 많고도 큰 공적으로써 안정된 자유로운 생활이, 그리고 신들의 아낌없는 호의로써 늘어나고 쌓인 부가, 단 하룻밤*242에 무너지기 시작한 것이다. 오늘은 앞으로 이와 같은 사건을 시민이 결코 일으키지 않도록, 아니 생각하는 일조차 없도록 대책을 찾아야 한다.

이상의 것을 나는 여러분에게 말했는데, 그것은 주로 열의가 나보다 나은 여러분을 도발하기 위한 것이 아니다. 단지 국정에서 최초로 의견을 말해야만 할 처지에 있는 나로서는 이 발언으로 집정관의 임무를 수행했음을 여러분이 알아주길 바라기 때문이다.

10

20 그런데 지금 여러분에게 의견을 묻기 전에 나 자신에 대한 것을 조금 말해두고자 한다. 나는 음모에 가담한 모든 인간들을 나의 적으로 돌린 일을 알고 있다. 그리고 아는 바와 같이 그것은 매우 수효가 많다. 그러나 나는 놈들이 비겁하고, 무력하고 겁 많은 인간들이라고 생각한다. 만일 언젠가 그 일당

＊240 페나테스는 집과 국가의 수호신. 베스타는 부뚜막의 여신으로 중앙 광장에 있는 그 신전에서는 국가의 존속을 상징하는 신성한 불이 끊임없이 불타고 있었다.
＊241 키케로 자신을 가리킨다.
＊242 12월 2~3일 밤. 그날 밤 알로브로게스 인 사절단 일행이 체포되었다.

이 누군가의 광기와도 같은 악행의 부추김을 받아 여러분과 국가의 위엄을 능가하는 기세를 보였다고 해도 원로원 의원 여러분, 나는 나 자신의 행동과 생각에 대해서 결코 후회하지 않을 것이다.[243] 놈들은 아마도 나를 죽이겠다고 위협할 것이다. 그러나 죽음은 우리 모두에게 정해진 운명이다. 여러분은 결의로써 나에게 경의를 표했다. 인생에 대한 그 정도의 큰 칭찬을 이제까지 아무도 받지 못했다. 여러분은 다른 사람들에게는 언제나 국가를 위해 훌륭한 공적을 올린 이유로 감사의 의식을 결정했다. 국가를 구제했기 때문에, 여러분이 감사의 의식을 결의한 것은 유일하게 나의 경우뿐이다.

21 예를 들면 스피키오[244]는 이름 높은 사람이다. 그의 지혜로운 결단과 용맹스러움에 의해서 한니발은 이탈리아를 떠나 아프리카로 돌아가도록 강요당했다. 또 한 사람 아프리카누스[245]는 이 나라의 강적이 된 두 도시 카르타고와 누만티아를 멸망시켜 유례없는 칭찬을 받았다. 파울루스[246] 또한 뛰어난\ 인물이다. 일찍이 가장 강력하고 고귀한 혈통인 페르세우스가 그의 전차(戰車)를 영예로 장식한 것이다. 한편 이탈리아를 두 번의 점령과 예속의 공포에서 해방한 마리우스[247]에게는 영원한 영광이 있다. 그리고 누구보다 숭고한 것은 폼페이우스[248]이다. 그의 공적과 무훈은 태양이 지나는 천계와 땅 끝까지 미치고 있다. 그러나 이들의 영예 사이에 나의 영광이 차지할 얼마간의 장소가

---

[243] 이 연설이 있은 뒤, 키케로의 제안을 지지한 차기 호민관 카토의 의견이 채택되어 공모자들은 처형된다. 그러나 키케로 자신은 그 뒤 위법으로 사형을 집행한 책임을 추궁당해 B.C. 58년에 로마로부터의 망명이 불가피해지게 된다.

[244] 푸브리우스 코르넬리우스 스키피오 아프리카누스 마이요르(대 아프리카누스)(B.C. 236~B.C. 183). 제2차 포에니 전쟁 중 카르타고를 직접 공격하는 작전을 실행해 적장 한니발을 귀국시키고 B.C. 202년에 자마전투에서 그를 격파했다.

[245] 푸브리우스 코르넬리우스 스키피오 아이밀리아누스 아프리카누스 미노르(소 아프리카누스)(B.C. 185무렵~B.C. 129). B.C. 146년 카르타고를, B.C. 133년에 히스파니아의 누만티아를 멸망시켰다.

[246] 루키우스 아이밀리우스 파울루스 마케도니쿠스(B.C. 230무렵~B.C. 160). B.C. 168년의 피드나 전투에서 마케도니아의 왕 페르세우스를 격파한다. 이듬해 로마에서의 개선식에서 페르세우스는 개선 장군의 전차 앞에 사슬에 묶여져 끌려 다녔다.

[247] 가이우스 마리우스. 게르마니아 인의 이탈리아 침입을 두 번 저지했다. 한편 마리우스는 라티움 지방의 아르피눔 출신으로 키케로와 한 고향 사람이었다.

[248] 그나이우스 폼페이우스 마그누스(대 폼페이우스)(B.C. 106~B.C. 48). 그 무렵 동방에 원정 중이었고 B.C. 62년에 이탈리아로 귀환했다.

반드시 주어질 것이다. 왜냐하면 우리는 기운차게 활동할 수 있도록 속주를 개척하는 것은 위대하지만 해외로 간 사람들이 승리자로서 돌아가야 할 조국을 잃지 않도록 힘을 다하는 것은 그에 못지않게 위대한 일이기 때문이다.

22 그러나 나라 밖에서의 승리는 국내에서의 승리에 비해 한 가지 이로운 점이 있다. 즉 외국의 적은 제압되어 예속되거나, 또는 (동맹국으로서) 영입되어 은혜에 감사하게 되는 법이다. 그런데 시민 가운데서 광기로 착란을 일으켜 일단 조국의 적이 되는 자들이 나타난 경우, 국가를 멸망시키려는 행동을 물리쳤다고 해도 그들을 힘으로 구속하는 일도 은혜로 회유하는 일도 할 수 없는 것이다. 그러므로 나는 비열한 시민들과의 끝없는 싸움을 떠맡았다고 생각한다. 여러분과 양식 있는 모든 사람들의 지원이 있으면, 또 이 심각한 위기적 사태가 구제된 국민뿐만 아니라 모든 민족의 언어와 마음에 영원한 기억이 되어 남는다면, 나와 내 휘하에 있는 자들은 이 공격을 쉽게 물리칠 수 있다고 나는 굳게 믿는다. 여러분과 로마 기사들과의 결합과, 모든 양식 있는 사람들의 굳은 단결을 무너뜨릴 수 있는 힘은 어디에도 없을 것이다.

11

23 따라서 나는 최고의 지휘권도 군대도 요구하지 않고 속주(屬州)도 포기했다. 또 개선식이나 다른 영예의 표시도 로마와 여러분의 안전을 지키기 위해 거부했다. 속주의 지지자나 방문객과의 유대도*249 잃고 도시에서의 세력만을 써서 그와 같은 지원을 애써 확보하고, 더욱 새로운 지원을 준비하고 있다. 나는 이런 모든 불리한 조건을 감수하고 여러분들을 위해 누구 못지않게 헌신적으로 일했다. 국가를 무사히 구제하기 위한 나의 노력을 여러분은 잘 알고 있을 것이다. 그러나 그것을 위한 대가를 나는 여러분에게 요구하지는 않는다. 단지 여러분에게 바라는 것은 현재의 사태와 집정관인 나의 모든 활동을 잊지 말아달라는 것이다. 여러분이 확실하게 기억하는 한, 나는 가장 견고한 성벽이 되어 방어하는 것으로 생각할 것이다. 하지만 만일 악인들의 힘이 나의 희망을 꺾고 승리할 경우를 생각해서 나는 어린 아들*250을 여러분에게 맡기고 싶

---

*249 속주민은 때때로 신뢰할 수 있는 로마인의 전 총독 등을 보호자로 택했다. 그것으로 보호자는 경제적·정치적인 지원을 얻었다.
*250 마르쿠스.

다. 그 아이의 아버지는 홀로 위험을 무릅쓰고 로마의 모든 것을 구한 자라고 여러분이 기억해준다면, 내 아들의 목숨은 반드시 지켜지고 출세하는 데에도 넉넉한 지원을 받을 것이다.

24 자, 이제 여러분은 여러분과 로마 국민 전체의 안녕, 여러분의 처자와 제단과 가정, 성소와 신전과 도시 안의 집들과 주거, 나라의 권세와 자유, 이탈리아의 안전, 그리고 국가 전체에 대해서, 처음처럼 세심한 주의를 기울이면서 용기를 가지고 결정을 내려주기 바란다. 여러분의 집정관은 거리낌 없이 그 결의에 따를 생각이다. 그리고 여러분이 결정한 일을 살아 있는 한 옹호하고 집정관인 본인이 책임지고 수행할 것이다.

아르키아스 변호

1

1 심판인 여러분, 만일 나에게 얼마간의 재능—그것이 부족하다는 사실은 인정한다—이 있다면, 또는 만일 어느 정도의 연설 수련—보통 정도의 수련을 쌓은 것은 인정한다—또는 최고의 학예와 훈련—나는 그러한 훈련을 언제 어느 때나 멈춘 적이 없었다—에 따른 그 어떤 이론의 습득이 있다면, 그런 것에 대해서 먼저 이 아울루스 리키니우스*1야말로 마땅히 그런 모든 것에서 나에게 그 보증을 요구해도 좋다. 왜냐하면 지난날을 뒤돌아보아 소년 시절의 기억을 훨씬 거슬러 올라가면 이와 같은 학예를 내가 배우게 된 계기는 바로 이분에게 있기 때문이다. 그리고 만일 이분의 격려와 지도로써 내 목소리가 단련되어 적지 않은 사람들에게 도움이 되었다면, 다른 사람들을 돕고 구하는 그 수단을 내게 가르쳐 준 바로 그 사람에게 나의 힘이 미치는 한 마땅히 구원의 손을 내밀어야 한다.

2 내가 이렇게 말한 것을 이분의 재능은 다른 곳에 있고 변론술이라든가, 변론의 훈련과는 다르다 해서 의아하게 생각하는 분이 있을지도 모른다. 그러나 나로서도 이 연구에만 몰두했던 것은 아니다. 본디 인간의 교양에 대한 모든 학예는 하나의 공통된 유대 관계를 지니고 있고 말하자면 어떤 혈연 관계

---

*1 아울루스 리키니우스 아르키아스(B.C. 120 무렵~B.C. 62 이후). 그리스의 시인. 안티오키아에서 태어났다. 즉흥시 짓기에 능하고 소아시아, 그리스 본토에서 남이탈리아의 그리스인 식민시를 돈 뒤, B.C. 102년에 로마로 와서 많은 귀족들로부터 환대와 보호를 받는다. 특히 루쿨루스가(家)와 관계가 깊었다. 키케로도 젊을 때 문학의 초보 교육을 받았다. 로마의 동맹시 헤라클레아의 시민권을 가지고 있었는데 전쟁 뒤, 프라우티우스—파피리우스법의 적용으로 로마시민권을 얻고 아울루스 리키우스란 이름을 얻게 된다. B.C. 62년 그라티우스란 인물에 의해 로마에 불법 체류하고 있다는 이유로 고발당한다. 키케로는 이 부분에서 아르키아스가 로마 시민권을 가지고 있다는 것을 강조하기 위해 일부러 피고의 로마 이름인 아울루스 리키우스를 사용하고 있다.

로 서로 맺어져 있다.

2

3 그러나 소송이 이만큼 사람들이 모인 가운데 선발된 로마 국민의 법무관*2 아래에서 또 매우 엄격한 심판인들 밑에서 행해지고 있는데, 재판의 관습에서 벗어나 있을 뿐만 아니라 법정에서 사용되는 언어와 동떨어진 표현을 내가 쓰고 있는 것을 이상하게 생각하는 분이 있을지도 모른다. 이 재판에서 피고에게 걸맞은 특전, 그것도 여러분에게 불쾌한 일이 되지 않길 바라고 있는데 최고의 시인이면서 더없이 박식한 분의 변호를 하고 있는 내가 교양이 높은 이 사람들 앞에서, 세련된 이 심판인들 앞에서, 마지막으로 이 법무관의 지휘 아래에서 인간적 교양과 문학에 대해서 여느 때보다 거리낌 없이 말하는 것을, 그리고 안정된 학구 생활을 했던 사람의 상례로서 재판이나 소송에 어두운 피고의 사정을 감안해 법정에서는 거의 신기하고 드문 변론을 펼치는 것을 용서하기 바란다.

4 나는 여러분이 이것을 승인해줄 것으로 믿는다. 그렇기 때문에 피고 아울루스 리키니우스가 시민인 이상, 그가 시민의 명부에서 삭제되지 않도록, 또 비록 시민이 아니라고 해도 시민으로 인정해 주도록 설득할 생각이다.

3

이 아르키아스는 소년 시절과 그 소년 시절을 장식하기에 알맞은 교양을 배우고 익히고서 먼저 안티오키아*3에서 문예에 전념하기로 했다. 안티오키아(그는 그곳의 명문가 태생이었는데)는 한때 무척 교양 있는 사람들이 모여 자유인에게 걸맞은 학예가 번창하고 인구가 많은 유명한 도시로, 그는 특히 재능이 뛰어나 순식간에 이곳의 다른 사람들을 넘어서고 말았다. 그리고 아시아의 다른 지역이나 그리스의 이르는 곳마다 그는 대환영을 받고 본인에 대한 기대가

---

*2 퀸투스 툴리우스 키케로(B.C. 102~B.C. 62 이후). 키케로의 동생. B.C. 67년에 고등조영관, B.C. 62년에는 마침 법무관이 되었다.

*3 고대 시리아 왕국(세레우코스 왕조)의 수도(오늘날의 터키 남부의 도시). 오랫동안 이집트의 알렉산드리아에 버금가는 번영을 자랑했는데, 아르키아스가 어릴 적에는 내분이나 미트리다테스 전쟁 때문에 쇠퇴했다. 그 뒤 로마 제정기에 다시 번영한다.

그 재능에 대한 소문을 웃돌고, 그 자신이 실제로 도착함으로써 주는 감동이 또 그 기대를 넘어설 정도였다.

5 그즈음 남이탈리아는 그리스의 학문과 학예로 충만하고 이와 같은 학문이 현재 이상으로 라티움*⁴의 여러 도시에서도 활발했으며, 그 무렵 로마에서도 국가가 아직 평온했기 때문에 학술도 활기를 띠고 있었다. 그래서 타렌툼,*⁵ 로크리,*⁶ 레기움,*⁷ 네아폴리스*⁸ 등의 사람들은 앞을 다투어 그에게 시민권이나 그 밖의 특권을 주었고, 사람의 천성을 판단할 수 있는 이는 누구나 그를 환대할 만한 사람으로 인정한 것이다. 이와 같이 아직 본 적이 없는 사람들 사이에서도 널리 알려지게 된 아르키아스는 마리우스*⁹가 집정관이던 해에 로마로 왔다. 먼저 두 집정관*¹⁰을 만났는데 그 가운데 한 사람*¹¹은 아르키아스에게 집필에 걸맞은 위업을, 또 한 사람*¹²은 위업뿐만 아니라 문학에 대한 열의와 관심을 보여주었다. 뿐만 아니라 루쿨루스가(家)*¹³는 아르키아스가 아직 대단히 젊은 불구하고 그를 집으로

---

*4 로마를 포함한 이탈리아 중부 지역.

*5 B.C. 8세기, 스파르타 인이 건설한 중요한 식민시. 이탈리아 반도의 요충지. 오늘날의 타란토.

*6 로크리 에피제피리라고도 한다. 남이탈리아 레기움 가까이에 있는 도시.

*7 장화 모양인 이탈리아 반도의 발 끝 부분에 있는 그리스 인 식민시. 오늘날의 레지오 디 칼라브리아(Reggio di Calabria).

*8 캄파니아의 중요한 그리스 인 식민시. 오늘날의 나폴리.

*9 가이우스 마리우스(B.C. 157 무렵~B.C. 86), 로마의 군인, 정치가. 키케로와 마찬가지로 아르피눔 출신. 유구르타 전쟁에서 전공을 세우고 B.C. 107년에 집정관을 지낸다. 게르만 인인 킴브리 족, 테우토네스 족이 대거 남하하는 국란에 직면해 B.C. 104~B.C. 101년, 연속해서 집정관이 되어 격퇴하는데 성공했다. 벌족파인 술라와 대립, 격렬한 내전을 일으켰다. 키케로는 동향인으로서 호의를 가지고 말하고 있다. '마리우스가 집정관인 해'란 B.C. 102년을 말한다. B.C. 100, B.C. 86년에도 집정관을 지냈다.

*10 가이우스 마리우스와 퀸투스 루타티우스 카툴루스(B.C. 102년).

*11 마리우스를 가리킨다.

*12 카툴루스를 가리킨다. 민중파의 귀족. B.C. 102년의 집정관.

*13 부친 루키우스 리키니우스 루쿨루스와 맏아들 루키우스 리키니우스 루쿨루스(B.C. 117~B.C. 57), 둘째 아들 마르쿠스 리키니우스 루쿨루스(B.C. 116~B.C. 56 이후). 민중파의 유력 귀족. 부친 루키우스는 B.C. 104~B.C. 3년에 도시 법무관, B.C. 102년에는 전 법무관으로서 시칠리아의 노예반란 토벌로 향하지만 성과가 없었고 도리어 B.C. 101년에 공금 횡령으로 고발당하고 추방된다. 아마도 루카니아의 헤라클레아가 망명지였던 것 같다. 아르키아스를 초청한 것은 스스로 문학을 즐기기 위한 것이기도 했지만 아들들의 교육을 맡길 생각이었던 것 같다. 맏아들 루키우스는 B.C. 88년 재무관으로서 술라를 따라서 아시아

초대했다. 그가 청년일 때 처음으로 호의를 보였던 그런 가문이 노년인 그에게도 극히 정중한 것은 그의 문학적 재능이 뛰어난 때문이 아니라 더없이 선천적인 미덕 때문이다.

6 그 무렵 그는 누미디쿠스로 알려진 퀸투스 메텔루스*¹⁴와 그의 아들 피우스*¹⁵로부터 호감을 받았고 마르쿠스 아이밀리우스*¹⁶에게 강의를 하고, 퀸투스 카툴루스 부자*¹⁷와 생활을 함께 했다. 그리고 루키우스 크라수스*¹⁸로부

로 간다. B.C. 84년 미트리다테스와의 강화가 성립한 뒤부터는 아시아의 처리를 맡게 된다. B.C. 79년에 고등조영관, B.C. 77년에 법무관, B.C. 74년에는 집정관이 되어 대 미트리다테스 전쟁의 총지휘를 맡는다. 혁혁한 전과에도 불구하고 공세(貢稅)를 정리했기 때문에 기사 계급의 반발로 인해 B.C. 66년에 지휘권은 폼페이우스에게 옮겨진다. 개선식도 반대파의 방해 공작으로 B.C. 63년까지 연기되었다. 이 키케로의 연설은 폼페이우스파에 의한 짓궂은 행동의 하나로 생각된다. 뒤에 정계에서 은퇴하고 아시아에서 가지고 온 재산으로 우아한 생활을 했다. 그리스 문화를 사랑하고 아르키아스와 같은 그리스 문인을 보호했다. 그리고 이 루키우스 루쿨루스는 체리를 흑해 지방에서 이탈리아로 처음 가지고 온 사람으로 알려져 있다. 마르쿠스는 루키우스의 동생. B.C. 79년 형 루키우스와 함께 고등조영관, B.C. 77년에 법무관, B.C. 73년에는 법무관을 지낸다. 아르키아스가 헤라클레스의 시민권을 얻은 것도 그의 도움에 따른 것이다. 뒷날의 마르쿠스 테렌티우스는 바로 루쿨루스.

*14 퀸투스 카에키리우스 메텔루스 누미디쿠스. B.C. 109년의 집정관. 벌족파 지도자의 한 사람. 아프리카의 누미디아에서 유구르타를 격파하고 〈누미디쿠스〉(누미디아의 정복자)라는 칭호를 얻는데 지휘권은 마리우스에게 빼앗긴다. B.C. 100년, 사투르니누스의 농지법에 반대했기 때문에 망명하지 않을 수 없게 되는데 B.C. 99년, 아들 메텔루스 피우스의 노력으로 소환된다. 딸 카에킬리아가 루키우스 리키니우스 루쿨루스(부친)의 아내인 관계로 아르키아스와 친해진 것으로도 생각된다.

*15 퀸투스 카에키리우스 메텔루스 피우스. 누미디쿠스의 아들. 피우스란 효자란 의미이고 부친 누미디쿠스가 추방되었을 때 소환을 위해 필사의 노력을 기울인 것에 따른 별명이다. B.C. 89년에 법무관, B.C. 80년에는 술라의 동료 집정관이 된다. B.C. 79년에는 히스파니아 총독이 되고 세르토리우스와 싸운다. 시인이 자신의 위업을 노래해주는 것을 무척 기뻐했다고 한다.

*16 마르쿠스 아이밀리우스 스카우루스(B.C. 163~B.C. 89 무렵). B.C. 115, B.C. 107년의 집정관, B.C. 109년의 감찰관. B.C. 115년부터 죽을 때까지 원로원의 필두 의원이었다.

*17 퀸투스 루타티우스 카툴루스 부자. 부친인 카툴루스는 앞서 말한 B.C. 102년의 집정관. 아들 퀸투스 루타티우스 카툴루스는 B.C. 78년의 집정관. 카피트리움 구릉의 유피테르 신전을 부흥한 일로 〈카피트리누스〉란 이름이 붙여졌다.

*18 루키우스 리키니우스 크라수스(B.C. 140~B.C. 91). B.C. 95년의 집정관. 그 무렵의 뛰어난 변론가.

터 정중한 대접을 받고 루쿨루스가, 드루수스,*¹⁹ 옥타비우스가,*²⁰ 카토,*²¹ 호르텐시우스*²² 일가와 가깝게 지냈으며 그들로부터 큰 영예를 받았다. 그것은 조금이라도 강의를 듣고 싶다, 배우고 싶다고 생각한 자는 말할 것도 없고 그런 티를 조금이라도 내는 사람들까지도 그를 환영했기 때문이다.

4

그 뒤 꽤 오랜 시간이 지나서 마르쿠스 루쿨루스와 함께 시칠리아로 출발하고 그곳에서 루쿨루스와 다시 돌아올 때 헤라클레아*²³에 들렀다. 이 도시는 대단히 공정한 법과 동맹으로 널리 알려진 도시였기 때문에 아르키아스는 이 도시의 시민으로 등록되길 바랐으며 그 자신도 그에 알맞다고 여겼는데 루쿨루스의 권위와 영향력으로써 헤라클레아의 사람들로부터 시민으로 인정받게 되었다.

7 실바누스와 카르보의 법률*²⁴에 따라서 '동맹시의 시민으로 인정된 자는 법률이 시행되었을 때 이탈리아에 거주하고 60일 안에 법무관에게 신고한 경우' 시민권이 주어지는 것이다. 그는 여러 해 로마에 주거가 있었기 때문에 자신의 친구인 법무관 퀸투스 메텔루스*²⁵에게 신고했다.

8 만일 시민권의 법적 근거만을 문제로 삼고 있다면 이 이상 아무것도 말할 생각이 없다. 변론은 끝난 것이다. 그라티우스,*²⁶ 이런 사실의 어느 점을 반박할 수 있겠나. 그가 그 무렵 헤라클레아 시민으로서 등록되지 않았

---

*19 마르쿠스 리비우스 드루수스. B.C. 91년의 호민관. 역시 걸출한 변론가였다.

*20 그나이우스 옥타비우스, 마르쿠스 옥타비우스 형제. 술라파인 그나이우스는 B.C. 87년의 집정관. 초대 황제가 된 아우구스투스는 이 가계를 잇고 있다.

*21 마르쿠스 포르키우스 카토. B.C. 99년의 호민관. 소추인(訴追人)의 한 사람인 소 카토(제9장 주(10) 참조)의 부친. 술라파.

*22 로마의 명가. 퀸투스 호르텐시우스 호르탈루스는 키케로 다음가는 웅변가.

*23 이탈리아 반도 남동부에 있는 타렌툼 인에 의한 식민시. 현재의 폴리코로(Policoro) 근교. 필로스와의 전쟁 때 로마군 쪽에 서서 싸웠기 때문에 로마의 동맹시가 되었다.

*24 프라우티우스—파피리우스법(B.C. 89년 제정). 호민관 마르쿠스 프라우티우스 시르바누스와 가이우스 파피리우스 카르보의 제안에 따른 것이다. 이 법률에 의해 로마 시민권은 이탈리아의 전 도시로 확대되고 아르키아스와 같은 외국 태생의 주민에 대해서도 적용되었다.

*25 퀸투스 메텔루스 피우스(주15 참조).

*26 아르키아스의 소추인. 잘 알려져 있지 않다.

다고 말하는 것인가. 여기에 최고의 권위를 지니고 누구보다 믿을 수 있는 분이신 마르쿠스 루쿨루스가 와 계시다. 그는 이 일에 대해서 자신의 의견을 말하는 것이 아니라 사실을 증언할 수 있다. 또 듣는 것이 아니고 자신의 눈으로 확인했다고 말할 수 있다. 단순히 그 자리에 있었던 것이 아니라 직접 그 업무를 집행했다고 말씀하시는 것이다. 헤라클레아로부터의 사절들도 와 계시다. 가장 고귀하신 분들이다. 이 재판을 위해 시로부터 증언을 위임받고 와 계신 것이다. 그들은 피고가 헤라클레아의 시민으로 등록된 것을 증언해준다. 그런데 자네는 헤라클레아의 공문서를 요구한다. 동맹시전쟁(同盟市戰爭)*²⁷에서 공문서관(公文書館)이 화재로 타버리고 없음을 누구나 다 알고 있는데 그 공문서를 내놓으라는 것이다. 현재 우리가 가지고 있는 것에는 아무 말도 하지 않고 우리가 가지고 있지 않은 것을 요구하고 사람들의 기억은 말하지 않으면서 문서의 기억만을 요구하고 결코 고칠 수 없는 것, 가장 권위 있는 사람의 증언이나 가장 존경해야 할 자치시(自治市)*²⁸의 서약을 가지고 있다는데도 자네가 고칠 수도 있다고 인정하는 그 공문서만을 요구하는 것은 우스꽝스럽지 않은가.

9 그렇지 않으면 시민권이 주어지는 몇 해 전*²⁹에 자신의 모든 소유물과 재산의 주거를 로마로 정한 자가 로마에 사는 것이 되지 않는가. 그렇지 않으면 피고가 신고하지 않았다고 말하는 것인가. 그건 고사하고 사실 법무관단(法務官團)하에서 이루어진 신고 가운데서 피고가 신고한 문서만은 훌륭한 공문서로서의 권위를 지니는 것이다.

5

왜냐하면 아피우스*³⁰신고서의 보관이 부실한 것으로 알려진 가운데 가비

---

*27 (B.C. 91~B.C. 89년) 로마의 여러 동맹시가 로마의 시민권을 둘러싸고 반란을 일으켰다. 그 결과, 모든 동맹시 시민에게 로마 시민권을 주게 되었다.

*28 헤라클레아를 말한다.

*29 아르키아스의 로마 도착(B.C. 102년)부터 헤라클레아에서 시민권을 획득(B.C. 89년)하기까지의 사이.

*30 아피우스 클라우디우스 풀케르. 카에킬리아의 남편, 악명 높은 푸블리우스 클로디우스 풀케르의 부친. B.C. 89년에 법무관이었는데 직무 태만 때문에 B.C. 86년의 감찰관에 의해 원로원에서 제명된 것으로 알려져 있다.

니우스*[31]의 단죄 전의 경솔함과 단죄 뒤의 불행으로 인해 모든 문서의 신뢰성을 잃은 이래 모든 사람들 가운데서 가장 엄정하고 가장 절도가 있는 사람인 메텔루스*[32]의 꼼꼼함은 대단해서 법무관 루키우스 렌툴루스*[33]와 심판인단에게로 가서 한 사람의 이름이 말소되어 있는 것에 몹시 놀랐다고 말할 정도이다. 따라서 보는 바와 같이 이 문서에는 아울루스 리키우스의 이름에 대해서는 아무런 날조의 흔적도 볼 수 없다.

10 이런 사정인 이상, 또 특히 다른 도시에서도 피고가 시민으로서 등록되어 있는 것이므로 그의 시민권의 합법성을 의심할 필요가 어디에 있는가. 마그나 그라이키아*[34]에서는 많은 보통 사람에게 그것도 전혀 능력이 없거나 또는 변변치 못한 재능밖에 없는 자에게도 시민권이 주어져 왔다고 하는데 레기움의 도시나 로크리 에피제피리, 네아폴리스, 타렌툼 등의 도시가 연극 배우에게까지 아낌없이 주었었던 것을 커다란 영광을 지닌 천재에게 부여하지 않았었다고 말할 생각이군. 또 어떤가. 다른 자들은 시민권이 주어진 뒤뿐만 아니라 파피우스법*[35]이 시행된 뒤에도 어떻게든 자치시의 시민으로 잘 등록이 되고 있다는데 헤라클레아 시민임을 언제나 자각했기 때문에 자신이 등록되어 있는 그 밖의 도시의 시민권을 행사하지 않은 자가 배척되어야 한단 말인가. 자네는 감찰관이 작성한 시민 명부를 요구하고 있다.

11 그것은 마땅한 일이겠지. 왜냐하면 지난번 감찰관*[36]의 호구 조사*[37] 때에는 피고가 가장 유명한 장군 루키우스 루쿨루스와 함께 군대에 있었다는 것, 그 이전의 감찰관*[38] 때에는 그 루쿨루스와 함께 아시아에 있었다는 것,

---

*31 푸블리우스 가비니우스 카피토. B.C. 89년의 법무관. 아카이아 인들의 호소로 불법이득의 죄로 단죄된다.
*32 퀸투스 메텔루스 피우스.
*33 루키우스 렌툴루스. 잘 알려져 있지 않다. 시민권에 대한 재판의 지휘를 하고 있었던 것으로 생각된다.
*34 라틴어로 〈대(大) 그리스〉란 의미인데 남이탈리아에 있는 그리스 인이 건설한 식민시군을 가리킨다.
*35 B.C. 65년 제정. 호민관 가이우스 파피우스의 제안에 따른 것이고 로마 시민 이외의 주민을 로마에서 추방할 목적으로 만들어진 법률.
*36 루키우스 겔리우스와 그나이우스 렌툴루스(B.C. 76년).
*37 감찰관의 중요한 임무 가운데 하나이고 징세와 병역을 위해 5년마다 실시되었다.
*38 퀸투스 마르키우스와 마르쿠스 페르페르나(B.C. 86년).

그 전의 율리우스와 쿠라누스*[39]가 감찰관이었던 때에는 국민의 신분 등록이 이루어지지 않았던 것 등은 일반적으로 잘 알려져 있지 않았으니까 말이야. 그러나 호구 조사는 시민권을 확인하는 일이 아니고 단순히 조사된 자가 그 즈음 시민으로서 살고 있었음을 표시하는 것에 지나지 않았지. 그래서 나로서는 다음과 같은 점을 지적하고 싶다. 자네는 피고의 생각도 로마 시민은 아니었다고 비난하는데, 피고는 때때로 우리의 법률에 따라서 유언을 쓰고,*[40] 또 로마 시민의 유산을 받았고 전 집정관 루키우스 루쿨루스에 의해서 국고로부터 보조금*[41]을 받도록 추천받기도 했다.

6

무언가 다른 증거를 요구할 수 있다면 그렇게 하게. 그가 그 자신 또는 친구의 의견에 의거해 단죄되는 일은 결코 없을 것이다.

12 그라티우스, 자네는 도대체 왜 우리가 이 사람에게 이렇게도 끌리는 것인지 의아스럽게 생각할 것이다. 대답해주지. 그는 이 법정의 싸움에 지친 우리의 마음을 상쾌하게 해주고 논쟁에 지친 우리의 귀에 휴식을 주기 때문이다. 날마다 이처럼 많이 말해야 할 일이 있다고 하는데 우리가 문학으로써 정신을 단련함없이 언어의 준비가 충분히 되어 있다고 자네는 생각하는가. 또 문학으로써 기분을 상쾌하게 하는 일 없이 이 정도의 긴장에 정신이 견딜 수 있다고 생각하나. 나는 이제까지 이 학문에 몸을 바쳐왔음을 고백한다. 만일 누군가 이 학문에 몰두하여 여기에서 모두에게 도움이 되는 성과를 아무것도 끄집어낼 수 없거나, 모두의 눈앞에 그 성과를 보이지 못한 사람이 있다고 한다면 부끄럽게 여겨야 한다. 그러나 심판인 여러분, 내가 이제까지 누군가가 곤란할 때 내 여가 때문에, 또는 나의 취미 때문에, 또는 나의 수면 때문에 지원을 늦추게 한 적이 한 번도 없었다면 내가 부끄럽게 여길 일이 무엇이 있을까.

13 그러므로 다른 사람들이 자신의 취미를 위해서나, 축제일의 경기를 축하하기 위해, 또 그 밖의 쾌락이나 또 정신과 육체의 휴식을 위해 쓰는 시간, 다

---

*39 루키우스 율리우스 카이사르와 푸블리우스 리키니우스 크라수스(B.C. 89년).
*40 유언장을 쓰는 것은 외국인에게는 허용되지 않았다.
*41 장군은 귀국할 때 수행원의 여비를 경비로서 국고에 청구할 수가 있었다. 경비의 지급은 물론 로마 시민으로 한정되어 있었다.

른 사람들이 끝없이 이어지는 연회에 쓰는 시간, 보드게임이나 공놀이에 쓰는 만큼의 시간을, 내가 이 문학을 키우는데 충당했다고 해서 누가 비난할 수 있겠는가. 또 누가 정당하게 나에게 화를 낼 수가 있을까. 더구나 이 문학에 대한 전념에서 나의 이 변론의 능력도 늘어나는 것이므로 한결더 나에게는 허용이 마땅하다. 내가 지닌 능력이 어느 정도의 것이건 나는 친구의 위기에 임해서 의무를 소홀히 한 적은 한 번도 없다. 사람에 따라서는 하찮은 일로 생각될지도 모르지만 적어도 나는 최고로 가치 있는 것을 어떤 샘에서 퍼 올릴 것인지를 잘 알고 있다.

14 왜냐하면 만일 내가 젊어서부터 수많은 위대한 사람들의 교훈을 담은 문학을 많이 읽음으로써 인생에서는 명예와 덕 말고는 크게 추구할 것은 아무것도 없고, 명예와 덕의 추구를 위해서는 어떤 육체적 고난도 어떤 죽음이나 추방의 위험도 고려해서는 안 된다는 것을 확신하고 있지 않았더라면 여러분의 안전을 위해 이렇게도 많은 투쟁과 무뢰한들에 의한 일상적인 이와 같은 공격*42에 몸을 드러내는 일은 없었을 것이다. 그러나 책에는 모든 현자의 목소리가, 지난날의 모든 본보기가 넘쳐난다. 이 본보기 또한 만일 문학의 빛이 닿지 않았다면 어둠에 묻힌 채로 있었을 것이다. 그리스나 라틴의 작가들은 우리가 바라보고 또 보고 배우도록 얼마나 많고 용감한 모습을 남겨주었는가. 나는 국정에 종사할 때, 그처럼 씩씩한 모습을 언제나 염두에 두고 그 뛰어난 사람들을 관상(觀想)함으로써 내 마음을 갈고닦았다.

7

15 누군가가 이런 질문을 할지도 모른다. 문학으로써 미덕이 전해진 그 위대한 사람들은 자네가 상찬해 마지않는 그 문학으로 교양을 몸에 익힌 것인가?' 모든 사람에 대해서 확인하기는 어렵지만 이것만은 말할 수 있다. 기품 있는 정신과 대단한 미덕이 몸에 밴 사람들 대부분은 학식이 없음에도 본성이 그야말로 거룩한 인도에 따라서 저절로 절도 있는 사람이 된 것을 나는 인정한다.

덧붙여 말하겠다. 명예와 덕을 향해서는 본성 없이도 학문이 힘을 갖는 경

---

*42 카틸리나 일당을 처형한 이래 키케로는 로마 시민을 재판 없이 처형했다고 해서 공격을 받고 있었다.

우보다, 학문 없이도 본성이 힘을 갖는 쪽이 많다. 다시 강조하겠다. 비길 데 없이 빛을 발하는 본성에 하나의 조직적 훈련과 학문에 정진한다면 그때야말로 대단하고 훌륭한 재능이 꽃피는 것이다.

16 그와 같은 사람들 가운데 우리의 선조가 거룩한 사람으로 본 아프리카누스*⁴³를, 매우 절도 있는 사람으로 자제심을 유지해 모범이 된 가이우스 라일리우스*⁴⁴나 루키우스 플리우스*⁴⁵를 가장 용감한 사람이며, 그때로서는 가장 박식했던 노인 마르쿠스 카토*⁴⁶를 손꼽고 싶다. 이들은 만일 미덕의 함양과 실천에서 문학의 도움이 없었다면 문학에 몰두하는 일은 결코 없었을 것이다. 그러나 이와 같이 커다란 성과는 고려하지 않기로 하고 문학에서 즐거움만을 추구한다고 해도 정신의 기분 전환을 매우 인간적이고 자유인에게 가치가 있는 것으로 여러분은 판단할 것이다. 다른 학문은 어느 때나, 어느 나이에나, 어느 장소에서나 알맞다고 말할 수는 없다. 그러나 이 학문(문학)은 청년의 정신을 갈고닦고, 노년을 기쁘게 하며, 순조로울 때를 장식하고 어려울 때는 피난처와 위안을 주고, 가정에서는 오락이 되고, 밖에 있어도 짐이 되지 않고, 밤을 새울 때나 여행을 할 때에도, 또 휴가 때에도 동반자가 된다.

---

*43 푸블리우스 코르넬리우스 스키피오 아에미리아누스 아프리카누스 미노르(B.C. 185~B.C. 129). 통칭 〈소 스키피오〉. B.C. 147, B.C. 134년의 집정관. 제3차 포에니 전쟁을 지휘하고 카르타고를 함락시켜 철저하게 파괴(B.C. 146년). 국내에서는 티베리우스 그라쿠스의 정책에 반대했다. 〈스키피오 서클〉 지도자로 문예를 보호해 그리스 문화 보급에 크게 공헌했다. 라일리우스의 친구.

*44 가이우스 라일리우스(B.C. 190 무렵~B.C. 119 이후). B.C. 140년의 집정관. 소 스키피오의 친구로서 유명. 〈스키피오 서클〉의 중요 인물. 문학, 철학을 애호하고 〈사피엔스(현자)〉라는 별명이 있었다. 키케로는 《라일리우스·우정에 대하여》 가운데서 라일리우스를 이상화해 묘사하고 있다.

*45 루키우스 플리우스 피루스. B.C. 136년의 집정관. 역시 〈스키피오 서클〉의 일원.

*46 마르쿠스 포르키우스 카토 켄소리우스(B.C. 234~B.C. 149). 〈대 카토〉 또는 〈감독관 카토〉로 불린다. B.C. 2세기 전반, 로마의 대표적 지도자의 한 사람. 매우 보수적이고 외래 문화의 배척을 강하게 주장했다. B.C. 184년에 감찰관이 되고 엄하게 풍기를 단속했다. 원로원에서는 언제나 카르타고 위협론을 주장하고 제3차 포에니 전쟁을 부추겼다. 키케로는 《대 카토·노년에 대하여》 가운데서 카토를 이상화해 묘사한다. 고대에 관심이 있고 로마 시민에 대한 연구서를 썼는데 소실되고 농업서의 저작(《농업론》)만 남아 있다. 소 카토(주63 참조)의 증조부.

우리는 문학에 접하거나 문학을 음미하지 못하더라도 문학을 존중해야 한다. 다른 사람에게서 그것을 볼 때도 마땅히 그렇게 해야 한다.

8

17 우리 가운데 누가 로스키우스*[47]의 죽음에 마음이 움직이지 않을 만큼 메마르고 무감각하겠는가. 그는 나이 들어 죽었지만 그 대단한 재주와 세련된 기교 때문에 전혀 죽어서는 안 될 것처럼 생각되었다. 그는 자신의 행동으로써 우리 모두에게서 이 정도로 사랑받은 것이다. 그 정신의 믿기 어려운 약동과 천성적인 광채를 우리는 소홀히 해서는 안된다. 나는 이 아르키아스를 볼 때마다—심판인 여러분, 이제까지 이와 같은 새로운 변론을 열심히 들어주고 있으므로 앞으로도 여러분의 호의에 부탁하겠는데—그가 한 글자도 기록하지 않고서도 그 무렵의 사건에 대해 그 자리에서 수많은 훌륭한 시구들을 노래하는 모습을 몇 번이나 보았는지 모른다.

18 또 몇 번이나 똑같은 것을 재청에 응해서 언어와 시상을 완전히 바꿔 불렀는지 모른다. 그가 정확하고 주의 깊게 쓴 것이 과거 위대한 작가들의 상찬에 버금갈 만큼 완성도가 높은 것임을 나는 보았다. 이런 그를 내가 어찌 사랑하지 않을 수 있을까. 또 우리가 최고의 교양이 있는 분들로부터 가르침을 받는 것처럼 다른 학술의 연구는 학습과 규칙과 기술로 이루어지는데, 시인은 천성에 따라서 마음의 약동에 흔들리고 이른바 신이 입김을 불어넣는 것이다. 따라서 엔니우스*[48]가, 시인은 신이 내린 하나의 선물, 하사물로서 우리에게 주어진 것이므로 그들을 신성한 사람들로 부르는 것도 수긍할 수 있는 것이다.

19 그런 이상 심판인 여러분, 문학을 이해하는 여러분 아래에서 그 어떤 야만인들도 범한 적이 없는 이 시인이란 말이 신성한 것이 되기를.

---

*47 퀸투스 로스키우스 갈루스. 그 무렵의 뛰어난 희극 배우. 키케로의 변호 연설 《희극 배우 퀸투스 로스키우스 변호》가 남아 있다.

*48 퀸투스 엔니우스(B.C. 239~B.C. 169). 〈라틴 문학의 아버지〉로 불린다. 마그나 그라이키아의 루디아에서 태어남. 대 카토에게 그 재능을 인정받아 로마에 온 뒤부터 많은 귀족들에게 보호받는다. 그는 희극, 비극 등 여러 분야의 시를 지었는데 로마의 역사를 노래한 서사시 《연대기》는 가장 유명하다. 베르길리우스는 《아이네이스》에서 몇 번이나 그 시구를 본뜨고 있다. 스피키오가의 묘에는 그의 대리석상이 세워졌다고 한다.

바위나 사막도 소리에는 메아리치고, 사나운 짐승도 이따금 노래에 누그러져 걸음을 멈춘다.*⁴⁹ 최고의 교육을 받은 우리가 시인들의 목소리에 마음이 움직이지 않는 일이 있을까. 코로폰*⁵⁰ 사람들은 호메로스를 자신들의 시민이라고 말한다. 키오스*⁵¹의 사람도 살라미스*⁵² 사람도 그렇다. 수미르나*⁵³의 사람도 그들 도시의 출신이라고 주장하고 그에게 신성한 곳까지 봉납하고 있다. 그리고 매우 많은 다른 도시들 또한 시인의 출신지임을 서로 다투는 것이다.

9

이렇게 해서 그들은 시인이 다른 나라 사람이라도 시인이라는 이유로 죽은 뒤에도 자국인이길 요구하는 것이다. 게다가 본인의 의지와 법률에 따라서 우리의 시민인 이 시인이 살아 있다고 하는데, 특히 아르키아스는 이제까지 온갖 열의와 재능을 로마 국민의 영광과 명예를 찬양하기 위해 바쳐왔는데 그런 그가 시민임을 우리는 거부하려고 하는 것인가. 예를 들어 시인은 젊어서 킴브리족*⁵⁴과의 전쟁을 노래하고 문학에는 둔감하다고 여겨졌던 가이우스 마리우스의 마음에도 들었다.

20 실제로 자신의 업적이 시구로써 영원히 찬양되는 것을 기뻐하지 않을 만큼 뮤즈 여신들로부터 멀어져 있는 사람은 아무도 없다. 아테네 최고의 시민인 테미스토클레스*⁵⁵는 어떤 낭독 또는 어떤 사람의 목소리를 듣는 것이 가장 기쁘냐는 물음을 받았을 때, '나의 무용(武勇)을 최고로 칭찬해주는 사람의 것이 으뜸이다' 대답했다고 한다.

이와 똑같이 마리우스도 자신의 위업을 글재주로써 찬양해주길 기대하고

---

*49 암피온이나 오르페우스에 대한 것을 가리킨다. 암피온은 하프로 바위를 움직여 테베의 성벽을 세우고 오르페우스는 노래로 야수를 달랬다는 말이 전해진다.

*50 소아시아 연안의 도시.

*51 에게 해의 섬 가운데 하나.

*52 아테네에 가까운 섬이고 도시.

*53 소아시아 연안의 도시.

*54 게르만 인의 한 파. 이탈리아 침입을 기도하는데 마리우스와 카툴루스에 의해 분쇄된다 (B.C. 101년).

*55 제2차 페르시아 전쟁 때에 아테네의 장군이고 정치가(B.C. 528 무렵~B.C. 462 무렵). 아테네인을 설득해서 해군력을 강화해 페르시아와의 결전에 대비하고, 살라미스 만의 해전 (B.C. 480년)에서는 페르시아 해군에게 괴멸적 타격을 가했다.

있었던 루키우스 프로티우스*⁵⁶를 특히 사랑했다.

21 대규모의 순탄하지 않은 싸움을 바다와 육지에서 펼친 미트리다테스*⁵⁷ 전쟁의 모든 것이 이 피고에 의해서 노래된 것이다. 그 책은 용감하기 이를 데 없고 특별히 빛나는 장군 루키우스 루쿨루스뿐만 아니라 로마 국민의 이름까지도 드높였다. 로마 국민은 루쿨루스를 장군으로서 일찍이 왕의 재력과 자연의 지형에 따라서 지켜지고 있었던 흑해*⁵⁸를 개방하고 로마 국민의 군대는 다시 루쿨루스를 장군으로 삼아 그다지 대군을 쓰지 않고도 아르메니아 인의 수많은 군세를 무너뜨렸다. 로마 국민의 우호 도시 키지코스*⁵⁹가 이 장군의 지혜로운 생각으로 왕으로부터의 온갖 공격과 전 전쟁의 근본으로부터 지켜져 구제가 된 것은 로마 국민의 영예이다.

마찬가지로 루키우스 루쿨루스를 장군으로 하여 적의 함대를 급습, 적장을 죽인 것이나 테네도스*⁶⁰ 먼 바다의 믿기 어려운 해전은 우리가 승리한 기념비로서, 우리의 기념탑으로서, 우리의 개선문으로서 언제까지나 전해질 것이다. 위업을 찬양하는 재능이 있는 사람들에 의해서 로마 국민의 명성은 널리 퍼지게 되는 것이다.

22 우리의 엔니우스는 대 아프리카누스*⁶¹에게서 매우 큰 사랑을 받고*⁶²

---

*56 마리우스의 부관. 로마에서 처음으로 변론술 학교를 개설한다. 변론술의 수업은 그때까지 그리스어로 이루어졌던 것을 고쳐 라틴어로만 행했다.

*57 미트리다테스 6세(B.C. 135~B.C. 63). 폰토스의 왕. B.C. 120년에 왕위를 물려받은 이래 영토 확장을 꾀했기 때문에 이따금 로마와 충돌. 마지막에는 폼페이우스에게 철저한 패배를 맛보고 아들과 부하의 반란을 보자 자살. 여기에서 미트리다테스 전쟁이란 제3차 전쟁(B.C. 74~B.C. 63)을 가리킨다. 루쿨루스가 지휘를 한 것은 B.C. 66년까지이고 아르키아스가 과연 이후의 폼페이우스가 지휘하는 싸움까지 노래했는지는 확실치 않다.

*58 흑해 연안에 있었던 나라.

*59 프로폰티스에 있었던 도시.

*60 에게 해의 섬. 트로이와 가깝다.

*61 푸블리우스 코르넬리우스 스키피오 아프리카누스 마이요르(B.C. 236~B.C. 184). 통칭 〈대 스키피오〉. B.C. 205, B.C. 194년의 집정관. 제2차 포에니 전쟁 때의 로마 영웅. 이탈리아에 침입해 기회를 엿보는 카르타고의 영웅 한니발에 대하여, 카르타고 본국을 공략함으로써 이탈리아에서 몰아낼 것을 제안. B.C. 205년에 집정관이 되어 시칠리아로 원정. B.C. 204년 아프리카로 건너감으로써 한니발은 소환되고(B.C. 203년), 자마에서 한니발을 격파한다(B.C. 202년).

*62 엔니우스는 《스키피오》라는 시에서 제2차 포에니 전쟁에서의 대 스키피오의 무훈을 찬양하고 있다.

스키피오가의 묘에도 시인의 대리석상이 세워진 것으로 알려진다. 그러나 그 상찬의 대상이 되는 것은 아프리카누스만이 아니다. 로마 국민의 이름까지도 찬양받고 있다. 여기에 계시는 카토*63의 증조부인 카토*64도 하늘에 이를 정도로 만큼 찬양받았다. 그것으로 로마 국민의 위업에 커다란 명예가 덧붙여지는 것이다. 그리고 그 유명한 막시무스*65나 마르켈스,*66 푸르비우스*67 등의 영웅들도 모두 그 영광이 찬양되면 동시에 우리 모두의 명예도 더해지는 것이다.

10

따라서 우리의 선조들은 이와 같은 위업을 이룩한 저 루디아에의 시인*68을 로마의 시민으로 인정한 것이다. 그런데도 우리는 많은 도시에서 청구되고 있는 이 헤라클레스의 시인에게서, 이 도시에서도 법률에 따라서 시민이 된 이 시인에게서 시민권을 빼앗겠다는 것인가.

23 만일 그리스 시를 쓰는 일에서 얻게 되는 영광이 라틴 시의 영광보다 적다고 생각하는 사람이 있다면 그것은 큰 잘못이다. 왜냐하면 그리스어는 거의 모든 민족 사이에서 읽히지만, 라틴어는 그 좁은 라틴 민족의 영역에만 한정되기 때문이다.

24 따라서 만일 우리가 행한 위업이 세계의 경계로써 한정되는 것이라면 우리 군(軍)이 나아가는 곳마다 영광과 명성도 널리 퍼지도록 우리는 소망하여

---

*63 마르쿠스 포르키우스 카토 우티켄시스(B.C. 95~B.C. 46). 통칭 〈소 카토〉. 대 카토의 증손. B.C. 63년의 호민관. 스토아철학의 신봉자이고 대 카토의 혈통을 잇고 있어 악에 준엄한 태도를 취했다. 뒤에 카이사르와 폼페이우스의 내전에서는 폼페이우스파에 붙어 아프리카에서 저항하는데 B.C. 46년, 타푸노스의 싸움에서 패해 우티카에서 자살. 그 때문에 〈우티칸시스〉라는 별명이 붙었다.
*64 대 카토.
*65 퀸투스 파비우스 막시무스 우엘코스스 쿵크타토르. B.C. 233, B.C. 228, B.C. 215, B.C. 214, B.C. 209년의 집정관. 제2차 포에니 전쟁 때의 구국의 영웅. 이탈리아에서 연전연승을 하는 한니발에 대해서 결전을 피하는 전법으로 한니발군을 소모시킨다.
*66 마르쿠스 크라우디우스 마르켈스. B.C. 222, B.C. 214, B.C. 210, B.C. 208년의 집정관. 제2차 포에니 전쟁 때의 장군. 시칠리아 원정을 하고 슈라크사이 공략에 성공(B.C. 211년).
*67 퀸투스 푸르비우스 프라쿠스. 제2차 포에니 전쟁 때의 장군. 카푸아 탈환에 성공한다.
*68 퀸투스 엔니우스.

야 한다.

위업이 찬양된 민족에게는 그것이 커다란 명예일 뿐만 아니라 영광을 위해 목숨걸고 싸우는 병사들에게도 위험과 노고에 대한 커다란 격려가 되는 것이다. 저 알렉산더 대왕은 자기 위업의 기록자들을 얼마나 많이 데리고 갔는지 모른다. 그런데 그런 그도 시게이온*⁶⁹의 아킬레우스*⁷⁰ 묘 앞에 섰을 때에는 '오오, 행복한 젊은이여, 그대의 무용은 호메로스가 먼저 말해주었다' 외쳤다. 그도 그럴 것이 만일 그《일리아드》가 없었다면 그의 육체를 뒤덮은 묘가 그의 명성도 모두 덮어버리고 말았을 것이다. 아니 그것만이 아니다. 무용에 버금가는 우리 행운의 마그누스*⁷¹조차 병사들의 집회 자리에서 자기 위업의 기록자 뮤티레네*⁷²의 테오파네스*⁷³에게 시민권을 부여하지 않았는가. 그리고 우리의 용감한 병사들도 영광스러운 하나의 감미로움에 마음이 흔들려 그 영광을 공유라도 하듯이 환성을 질러 장군의 조치를 승인하지 않았는가.

25 따라서 생각건대 만일 아르키아스가 법률상의 시민이 아니었다면 장군인 누군가로부터 시민권이 부여되는 일은 불가능했을까. 술라*⁷⁴는 히스파니아 인이나 갈리아 인에게 시민권을 부여했는데 피고가 요구하면 거절했을까.

---

*69 소아시아, 트로이 근처의 도시.

*70 인간 펠레우스와 여신 테티스의 아들이고 비극의 영웅. 트로이 전쟁에서는 그리스군 최강의 전사이고 그 활약상은 호메로스의《일리아드》에 상세하다. 호메로스에는 쓰여 있지 않은데 트로이의 왕자 파리스에게 발꿈치를 맞아 죽은 것으로 되어 있다.

71 그나이우스 폼페이우스 마그누스(B.C. 106~B.C. 48). 장군 폼페이우스를 말한다. B.C. 70, B.C. 55, B.C. 52년의 집정관. 〈마그누스〉는 라틴어로 〈위대한〉이란 뜻. 미트리다테스 전쟁의 지휘권을 둘러싸고 루쿨루스와 대립. 이 소송의 배후에도 폼페이우스의 손이 느껴진다. 이윽고 카이사르, 크라수스와 함께 제1회 삼두 정치를 시작하는데 크라수스가 전사한 뒤로는 카이사르와의 관계가 악화, 격렬한 내전에서 패하고 이집트로 몸을 피했는데 이집트 왕의 부하에게 암살된다.

*72 레스포스 섬의 수도

*73 그리스의 역사가. 폼페이우스의 미트리다테스 전쟁에 수행하고 시민권이 부여된다.

*74 루키우스 코르넬리우스 술라 페리쿠스(B.C. 138~B.C. 78). B.C. 107년, 재무관으로서 아프리카에서 마리우스에게 종군. 무훈을 쌓고 B.C. 88년에 집정관에 선출되어 미트리다테스 전쟁의 지휘권이 위임되는데 마리우스파의 질투로 민회에서 지휘권이 박탈된다. 격앙한 술라는 병력을 이끌고 로마로 진군, 마리우스파를 한꺼번에 제거하고 동방으로 진출한다. 자리를 비운 사이에 다시 마리우스파가 복귀하는데, 술라는 미트리다테스와 강화를 맺고 이탈리아로 귀환(B.C. 83년), 마리우스파에 피의 숙청을 단행한다. B.C. 81년에는 무기한의 독재관으로 취임하고 원로원의 권력을 강화한 뒤 은퇴한다(B.C. 79년).

어느 때 풋내기 시인 한 사람*⁷⁵이 서투른 엘레게이아(elegeia) 시*⁷⁶로 술라에 대해서 쓴 소책자를 그에게 건넸을 때, 마침 경매에 붙여진 물건 가운데서 두 번 다시 쓰지 않겠다는 조건으로 보수를 주도록 지시하는 것을 우리는 목격한 적이 있다.

26 그는 서툰 시인이지만 그 열의만은 인정해 대가를 줄 만하다고 생각한 것인데, 그런 그가 이 피고의 천성과 필력과 웅변을 구하지 않았을까. 그것만이 아니다. 많은 사람에게 시민권을 준 친구인 퀸투스 메텔루스 피우스에게, 아르키아스는 몸소 또는 루쿨루스의 사람을 통해서 부탁하지 않았을까. 특히 메텔루스는 자신의 위업을 써받기 위해 지나친 꾸밈으로 색다른 문체를 쓰는 코르두바*⁷⁷ 출신의 시인에게까지 귀를 기울였을 정도였으니까.

11

그것도 숨길 수 없는 다음과 같은 사실을 부인하는 것은 아니라 오히려 그것을 당당하게 공언해야 한다. 우리는 모두 상찬에 대한 열의에 이끌려 뛰어난 사람일수록 한결 그 영광에 끌려가는 것이다. 영광은 경멸해야 한다고 논하고 있는 철학자*⁷⁸ 자신조차도 그 서책에 자신의 이름은 확실하게 기록하는 것이다.

27 자기 선전이나 명성을 경멸하는 바로 그 대목에서 자신이 이야기되거나 자신의 이름이 불리길 바라는 것이다. 최고의 시민이자 뛰어난 장군이기도 한 데키무스 브루투스*⁷⁹도 신전이나 자신의 기념비 입구를 매우 친숙했던 시인 아키우스*⁸⁰의 노래로 장식했다. 아니, 실제로 엔니우스를 데리고 아이톨리아

---

*75 미상.

*76 엘레지(elegy)의 기원으로, 〈애가〉 〈만가〉로 번역될 때도 있는데, 주제는 여러 갈래에 걸쳐 있다.

*77 히스파니아(스페인)의 도시. 현재의 코르도바. 키케로의 시대에 이미 문화적으로 번영하고 그 뒤, 시인 루카누스, 철학자 세네카가 나온다. 〈시인〉에 대해서는 미상.

*78 예를 들어 아소스의 크레안테스는 《영광에 대해서》란 책을 썼다.

*79 데키무스 유니우스 브루투스 칼라이쿠스. B.C. 138년의 집정관. 루시타니아(현재의 포르투갈)의 정복자.

*80 루키우스 아키우스(B.C. 170~B.C. 86 이후). 비극시인. 데키무스 브루투스를 찬양하는 시를 한편 썼다.

인[81]과 싸운 푸르비우스[82]도 마르스의 전리품[83]을 뮤즈 여신들에게 봉납하기를 망설이지 않았다. 따라서 장군들은 거의 무장을 풀거나 풀기도 전에 시인들이나 뮤즈의 신전을 모신 도시에서 시민복[84]을 입은 심판인들이 뮤즈의 영예와 시인들의 안전에 무관심해서는 안 되는 것이다.

28 그러면 심판인 여러분, 여러분이 호의를 가지고 심판을 하도록 나의 이야기를 하나 하고, 지나치기는 하지만 꼴사납지는 않은 나의 명예욕을 고백하겠다. 내가 집정관으로 있었을 때, 이 도시와 제국의 안전을 위해 또 시민의 안전을 위해, 국가의 전 국토를 위해 여러분과 내가 함께 한 일[85]을 피고는 시로 다루어[86] 집필을 시작한 것이다. 나는 그것을 듣고 매우 기쁜 일이라 생각했기 때문에 그에게 완성하도록 격려를 해주었다.[87] 그것은 노고와 위험의 대가로서 미덕이 요구되는 것은 다름 아닌 이 명예와 영광이라는 보수뿐이기 때문이다.

29 만일 이 대가가 없다면 이렇게도 허무하고 이토록 짧은 인생에서 우리가 이 정도로 노고를 아끼지 않는 의의가 어디에 있을까. 말할 것도 없이 만일 마음이 후세의 일을 염두에 두지 않고 일생이 끝나는 것과 같은 시간의 틀에서 모든 사고도 끝나는 것이라면 그렇게도 많은 노고로 몸을 들볶거나, 그렇게도 많은 걱정과 노력으로 시달리거나, 자신의 목숨을 걸고 몇 번이고 싸우거나 하는 일이 있을까. 그런데 뛰어난 사람들의 마음에는 모두 미덕이 깃들어 있고 밤낮없이 영광으로 마음이 치닫고 있다. 그리고 우리의 이름은 목숨과 함께 끝나는 게 아니고 후세까지 남는다는 사실을 가르쳐주는 것이다.

---

*81 그리스 중부의 지역.

*82 마르쿠스 푸르비우스 노비리올. B.C. 189년의 집정관. 아이트리아의 정복자. 그리스 문학의 이해자이고 전리품으로 얻은 돈으로 헤라클레스와 뮤즈의 신전을 세웠다.

*83 푸르비우스는 아이톨리아의 도시 암브라키아를 공격해서 아름다운 대리석상을 많이 약탈한 것으로 알려져 있다. 여기에서는 그러한 대리석상을 봉납한 것을 가리켰을 것이다.

*84 군복에 대비되는 평화의 상징.

*85 말할 것도 없이 카틸리나의 음모를 무너뜨린 일.

*86 아르키아스는 키케로의 집정관 시대를 시로 노래하려고 했는데 노쇠한 탓인지 전혀 진전이 안 된 것 같다.

*87 원본의 adornavi로는 의미를 이루지 않기 때문에 사본에 있는 adhortatus sum(격려했다)의 읽기를 채용했다.

30 그렇지 않고 나랏일에 몸담고 위험과 노고 속에서 일하고 있는 우리는 목숨이 다할 때까지 전혀 마음이 안정되지 못하고 목숨이 끝나는 것과 동시에 모든 것이 죽어버린다고 생각할 만큼 좁은 마음의 소유자일까. 대부분 최고 명사들은 조각상이나 화상을 정신의 상이 아닌 육체의 상을 뒤에 남기려고 힘썼다. 그렇다면 우리의 사려나 미덕의 상을 최고의 천재가 표현하고 이를 매끄럽게 다듬어서 후세에 남겨야 하지 않을까. 내가 위업을 이룩하고 있을 때 나는 그 성취하던 모든 일들을 온 세계에 영원히 기억시키기 위해 뿌리고 있는 것처럼 생각해왔다. 나의 위업이 나의 죽음 뒤에는 나의 감각에서 떨어져 버릴망정, 또 더 지혜로운 사람들이 생각한 것처럼 내 마음의 일부에 전할망정 적어도 오늘 나는 그와 같은 생각과 희망에 만족한다.

31 인격은 친구들의 권위뿐만 아니라 교제의 길이로써 증명되는데, 적합하다고 생각되는 만큼의 재능을 지녔고, 그것이 최고인 사람들의 판단에 따라서 요구되고 있으며 그 주장은 법률의 혜택에 의해, 자치시의 권위에 의해, 루쿨루스의 증언에 의해, 또 메텔루스의 문서로써도 입증되고 있다. 그러니 심판인 여러분, 염치를 아는 이 훌륭한 피고를 부디 구해주기 바란다. 따라서 만일 이 정도의 천재에게 인간으로부터의 그 어떤 권장뿐만 아니라 신들로부터의 천거가 있어야 한다면 심판인 여러분, 여러분을, 여러분의 장군을, 로마 국민의 위업을 언제나 드높여 온 사람을, 아니 근년의 우리나 여러분이 맞닥뜨린 국가의 위기에 영원한 상찬의 기념비를 줄 것을 약속해주는 사람을, 모든 사람들 사이에서 신성시되고, 시인으로 불리는 사람이 여러분의 엄격함에 좌절되는 것이 아니라 오히려 여러분이 베풀어 주는 자비로 여러분의 비호에 맡겨지길 소망한다.

32 소송 제기에 대해서 나의 습관대로 짧고 간결하게 이제까지 말한 것을 심판인 여러분과 모든 분이 이해했을 것으로 굳게 믿는다. 법정이나 재판 절차에는 그다지 익숙하지 않다는 것, 피고의 천성을, 또 아울러 나 자신의 피고에 대한 열의를 내가 말한 것에 대해서는 심판인 여러분, 여러분에게는 아무래도 선의로 받아들여진 것 같고 특히 재판을 지휘하는 분*88에게는 그것을 확신한다.

---

*88 키케로의 동생 퀸투스 키케로로 알려져 있다.

Cicero del era Rinascimento

르네상스 시대의 키케로

제1장 르네상스의 키케로 발견

1. 페트라르카의 당황

전통 속의 키케로

키케로(기원전 106~43년)가 세상을 떠나고 거의 2000년이 지났다. 그 사이 서양이 키케로에게서 완전히 손을 뗀 적은 없다고 말해도 괜찮으리라. 이는 다분히 근대의 신화인 암흑의 중세를 지나 키케로의 작품들이 서서히 흩어지고 잃어버린 것은 확실하지만 일부는 문화적인 중심으로 중요한 역할을 계속 수행했다. 예를 들어 중세 교양의 기초를 이룬 수사학(글 쓰는 법)은 키케로와 그 흐름을 이어받은 전통으로 만들어진다. 그가 미친 영향은 수사학 같은 기술면에만 국한되지 않는다. 키케로의 도덕론은 그리스도교 풍토에 녹아들어 이른바 격언 같은 위엄을 얻었다.

시대가 흘러 르네상스로 접어들면, 곧 근대의 막이 열리면 서양의 문화는 키케로 없이는 존립할 수 없게 된다. 고전고대의 문화를 되살리려는 열의에 불타오르는 인문주의자들은 유럽 여러 지역의 수도원, 그 밖에 먼지를 뒤집어쓰고 잠들어 있는 고전문헌을 지치지도 않고 두루 찾아 읽고 익혔다. 잃어버린 키케로의 작품들 몇 가지가 새로이 발굴되고 키케로의 이미지가 여러 모습으로 생생하게 드러난다. 이런 문헌의 발굴과 키케로의 이미지 쇄신이라는 작업은 길게 보면 19세기 첫 무렵까지 이어진다. 이와 함께 발견된 문헌들을 통해 온갖 해석이 나오면서 그에 따른 새로운 이미지가 거듭 나타난다.

물론 이미지 쇄신으로 반드시 키케로에 대한 견해가 좋아진다는 뜻은 아니다. 철저히 키케로를 깎아내리는 부정적인 평가가 있는가 하면 긍정과 부정이 뒤섞인 해석도 얼굴을 들이민다. 인물과 업적에 찬성과 부정 여러 논의가 벌어지지만 그 지적(知的) 소동은 키케로에 대한 반드시 꼭 필요한 관심과 평가를 보여준다. 페트라르카에서 마키아벨리, 에라스무스에서 몽테뉴, 로크에서 볼테르, 제퍼슨에서 몸젠, 근대를 대표하는 지식인들은 키케로에게 배우거나 깨닫고 또는 반발했다. 달리 말하자면 키케로 수맥의 은혜에 몸을 담근 사람들, 아니면 키케로의 전통을 접한 경험을 가진 사람은 셀 수 없다.

전통이 문화적 잠재의식에서 사는 기억이라고 해도 이는 자동으로 만들어지지는 않는다. 문화는 자연이 아니라 사람이 만들어 내는 것인 이상 전통도 사람의 행위에서 비롯된다. 키케로의 경우 특히 뚜렷했다고 말할 수 있다. 저물어가는 중세에서 르네상스의 새벽에 걸쳐 잃어버린 키케로의 작품을 찾아내고 모으려 한 인문주의자들 가운데서도 시인으로 널리 알려진 페트라르카의 공적은 매우 크다.

페트라르카의 큰 발견

14세기 중반 법왕청은 로마가 아니라 남 프랑스 아비뇽에 있었다. 유럽의 북쪽과 남쪽을 잇는 육로 교역의 중계지이기도 했던 아비뇽은 경제뿐만 아니라 군사나 문화적으로도 중심지로 번영했다. 그 아비뇽 궁정에서 프란체스코 페트라르카(1304~1374년)는 나폴리 궁정으로 여행을 떠났다. 1343년 여름이 끝나갈 무렵 페트라르카가 39세 때의 일이었다.

페트라르카에게 나폴리 궁정은 이번이 첫 방문이 아니었다. 2년 전인 1341년 4월에 간절히 바라던 계관시인의 영예를 로마에서 받았을 때도, 그 바로 전에 나폴리에 갔었다. 계관시인이 되기 위해서는 자격 심사가 필요했으며 그것을 시칠리아 왕 로베르토에게서 받았다. 1343년 12월 페트라르카는 나폴리를 뒤로하고 돌아오던 길에 파르마가 무척 마음에 들어 이듬해 1344년에는 그곳에서 집을 구하게 된다. 하지만 이것도 잠시, 국가적 통일이 아직도 이루어지지 않고 법왕과 황제의 종교와 세속 2대 세력의 팽팽한 긴장감 속에 모든 도시들이 서로 대립하며 늘 싸움이 끊이지 않던 이탈리아의 정치상황은 페트라르카에게 안주할 땅을 허락하지 않았다. 1345년 2월 적군에게 포위된 파르마를 뒤로한 페트라르카는 볼로냐로 갔다가 거기서 베로나로 갔다.

언제 베로나에 도착했는지는 알 수 없지만 4월이나 5월이라 짐작된다. 거기로 간 이유도 뚜렷하지 않다. 하지만 어쨌든 이 땅에서 페트라르카는 평생에 한 번 있을까 말까한 중대 발견을 한다. 대성당 서고에서 키케로의 〈아티쿠스에게 보내는 서간집〉을 발견한 것이다.

사라진 지 얼마 안 된 중요한 고전문헌의 사본을 발굴한 경험은 페트라르카에게 이번이 처음은 아니었다. 리비우스를 샤르트르에서, 프로페르티우스를 파리에서, 이렇게 여러 지역에서 발견했다. 특히 리비우스는 아주 유명한데 그 발견으로 이제까지 빠져 있었던 부분을 보충하고 가장 정리가 잘 된 교정판을 만들 수 있게 되었다. 키케로의 작품에서만 보더라도 1345년의 발견이 처음은 아니었다. 1333년에 갔던 북부 유럽 여행에서 리에주에 방문했을 때 〈아르키아스 변호〉의 옛 사본을 발견했다.

그러나 1345년 〈아티쿠스에게 보내는 서간집〉의 발견은 페트라르카에게 보통 일이 아니었다. 르네상스 인문주의자 거의가 그러하듯, 또는 앞장서듯이 페트라르카는 고전문헌 수집에 여념이 없었다. 앞에서 말한 2년 전 나폴리에 갔을 때도 바르바트 다 수르모나에게 선물로 받은 키케로의 〈선악의 궁극에 대하여〉 복사본은 자랑스러운 책이었을 터이고, 10년 뒤 1355년 친구, 그 〈데카메론〉으로 유명한 보카치오가 선물한 키케로의 〈클루엔티오 변호〉(보카치오가 몬테카시노에서 발견) 복사본도 기분 좋은 아주 뛰어난 물건임에 틀림없다(고전문헌을 섭렵하는 인문주의자들 사이에 하나의 연결망이 존재했을 것이며, 그렇게 생각하면 페트라르카의 베로나 방문도 책 사냥꾼의 사본 발굴 정보를 들었기 때문일지도 모른다). 베로나에서 발견한 〈아티쿠스에게 보내는 서간집〉은 개인이 수집한 작품으로는 유럽에서 손꼽히는 것으로, 페트라르카의 키케로 문고에 중요한 한 획을 그었다.

실제 이 오랜 기간 그토록 바라던 발굴에 그는 매우 흥분하며 기뻐했다. 또 하나의 키케로 서간집인 〈친구에게 보내는 서간집〉이라면 〈아티쿠스에게 보내는 서간집〉과는 다르게 중세에도 그 존재가 확인됐고 마땅히 페트라르카도 이미 손에 넣었다(나중에 자신의 서간집을 〈친구에게 보내는 서간집〉이라는 제목으로 정리하게 된다). 페트라르카는 바로 발견한 사본을 정신없이 읽으며 모두 읽고 나서는 처음부터 끝까지 몸소 베껴 적었다.

그러나 이 새로운 키케로의 서간집 발굴은 문헌학적 의미로는 큰 성과임에 틀림없었지만 키케로를 이해한다는 점에서는 놀랄 만큼 부정적인 측면을 담고 있었다. 페트라르카는 먼저 무척 기뻐했지만 동요하며 당황하고 끝내는 한탄의 목소리를 내뱉었다.

경솔하고 소견이 얕은 불행한 노인

천국을 본 뒤에 곧바로 지옥으로 떨어졌다는 것은 이런 일을 말하리라. 페트라르카는 견디지 못하고 키케로에게 편지를 썼다.

물론 140년도 앞선 고대 사람에게 보내는 편지를 쓰는 일은 정상적 상황은 아니다. 하지만 페트라르카에게 이런 일을 하게 만들 만큼 큰 충격을 주었다. 키케로에게 보내는 편지를 시작으로 페트라르카는 그 뒤 베르길리우스 등 몇몇 고대인들에게 마치 그들과 교신을 할 수 있는 듯이 편지를 보낸다. 페트라르카에게 편지는 고대의 위대한 문예문화와 현대의 쇠퇴한 문예문화를 이어주는 파이프였다. 이 고대의 광명과 현대의 어둠을 잇는 시간의 통로로써 페트라르카는 고대 위인들과 교신하면서 고대문화 재생을 위한 고독한 작업에 힘썼다. 르네상스는 이미 여기서부터 시작했다.

하지만 1345년의 〈아티쿠스에게 보내는 서간집〉 발견으로 쓰게 된 키케로에게 보내는 편지는 나중에 그가 다른 고대인들에게 보내는 편지와는 성격이 다르다. 존경하는 고대 위인에게 보내는 편지와는 거리가 먼, 거의 푸념에 가까운 내용이기 때문이다.

> 친애하는 키케로여, 프란체스코가 인사드립니다. 오랫동안 찾아다니던 당신의 서간집을 생각지 못한 곳에서 발견해 저는 정신없이 읽었습니다. (친구에게 보내는 서간집)

하지만 글을 모두 읽은 페트라르카는 복잡한 마음이었다. 왜냐하면 발견한 서간집에서 읽을 수 있는 키케로는 여태까지 그려왔던 키케로의 모습, 올려다볼 철학자 또는 인생의 스승과는 도무지 비슷하지 않은, 경솔하고 소견이 얕은 불쌍한 노인의 인상을 주었기 때문이다. 사람들에게는 훌륭한 조언을 해주면서 그 내용을 말하고 있는 본인은 무심한 인물, 전혀 반성하지 않는 인간으로의 키케로가 등장한 것이다. '아아 형제의 충고마저 잊고, 당신의 쓸모 있는 수많은 교육마저 잊고 (중략) 당신은 뒤를 따르는 사람들에게 길을 제시하면서 정작 자기 자신은 비참하게도 그 길에서 넘어지고 쓰러졌습니다.'

그럼에도 페트라르카는 키케로에 대한 존경과 사랑의 마음을 버리지 못한다. 따라서 편지는 한탄의 풍조를 띠고 있다.

키케로여, 지금 어디에 계시든 이번에는 당신이 먼저 진정한 애정을 가지고 말하는 내 이야기를 들어주십시오. 그것은 더 이상 충고가 아니라 한탄입니다. 당신을 따르고 싶어 하는 후세의 한 사람이 눈물 흘리며 털어놓는 한탄입니다.

페트라르카의 한탄은 첫째로 키케로의 말과 행동에서 발견하지 않을 수 없는 일관성의 결여에 있었다. 가까운 혈연관계의 사람들마저 '당신은 때로 하늘보다 더 칭찬하더니 때로 갑자기 몹시 꾸짖으며 상처를 준다.' 말했다.
둘째로는 정치적 행동에서 또한 일관성이 없었다.

율리우스 카이사르의 일에도 눈감아 주겠습니다. 카이사르의 너그러움은 보증이 되었고 그를 적대시하는 사람들에게도 피난소가 되었습니다. 나아가 대 폼페이우스의 일도 아무 말하지 않겠습니다. 당신은 특히 그와 가까웠으므로 무슨 일을 해도 용서받으리라 생각됩니다.
하지만 안토니우스를 공격하다니 이 무슨 광기에 휩싸인 사태입니까. 분명 공화국을 사랑했기 때문이겠지요. 실제 당신은 공화국이 이미 뿌리부터 무너졌다는 사실을 인정했습니다. 그럼 순수한 신념으로, 자유를 향한 사랑으로 움직였다면 어째서 아우구스투스(옥타비아누스를 말함)와 그렇게 친하게 지낸 겁니까. 친구 브루투스에게 어찌 답할 생각입니까. 브루투스는 이렇게 말했습니다.
'만일 옥타비아누스(아우구스투스)가 당신의 마음에 든다면 당신은 독재자를 피한 게 아니라 더 마음에 드는 독재자를 바란 거라고 생각됩니다.'
아아 불행한 사람이여. 아직 남아 있습니다. 그리고 이것이 마지막입니다. 키케로여, 당신은 자신이 칭찬한 그 사람을 몹시 꾸짖었습니다. 게다가 아우구스투스는 당신에게 위해를 입힌 게 아니라, 위해를 입히려는 사람들에게 반대하지 않았을 뿐입니다.

그러니까 키케로는 카이사르, 또 폼페이우스도 때에 따라 헐뜯거나 칭찬하는 등 일관적이지 않다. 이 두 사람이 이런 키케로의 정치적인 변절을 용서했다고 하면 이는 카이사르의 마음이 너그러워서이며 폼페이우스의 우정 덕분임에 틀림없다. 페트라르카의 한탄 세 번째는 두 번째와 같은 뿌리에서 나온 문제로 정치적 신조의 결여이다. 객관적인 정세도 돌아보지 않고 안토니우스를 공격한 것은 자유와 공화국을 지키려는 신조에서 나왔다고 이해할 수 있다고 해도 그렇다면 왜 공화국의 적(敵)옥타비아누스와 가까운 관계가 되는 일을 거리끼지 않았는가. 그뿐만이 아니다. 공공연하게 친한 관계라 밝힌 옥타비아누스의 일마저 뒤에서는 깔보며 몹시 꾸짖었다. 이처럼 페트라르카는 말과 행동과 신조에 걸쳐 키케로가 처음과 끝이 다르다는 사실을 한탄하며 슬퍼한다.

친구여 나는 당신의 운명을 슬퍼합니다. 당신의 실수를 부끄러워하고 동정합니다. 그리고 저 브루투스와 함께 나도 이제 '당신이 잘 알고 있는 그 학문과 예술에 아무런 가치도 인정할 수 없습니다.' 이렇게 말합니다. 실제 당신이 사람들에게 설교하고 늘 아름다운 말로 미덕을 이야기한다고 해도, 당신 자신은 스스로에게 귀를 기울이지 않는다면 과연 그것이 무슨 도움이 될까요. (중략)
살아 있는 사람들의 세상, 포 강 북쪽에 있는 이탈리아 아디제 강 오른쪽 기슭의 베로나에서, 당신이 몰랐던 신이 탄생하신 지 1345년 뒤인 6월 16일.

키케로에게 보내는 이 편지로 판단하는 한 새로운 키케로 서간집의 발견은 거의 완전히 부정적인 효과밖에 가져오지 않은 것처럼 보인다. 오랫동안 찾아 헤매던 〈아티쿠스에게 보내는 서간집〉을 드디어 베로나에서 발견해 흥분된 마음을 억누르면서 정신없이 읽은 결과로서는 너무나 짓궂은 일이라 말할 수밖에 없다.

2. 만년의 키케로

〈아티쿠스에게 보내는 서간집〉

그런데 페트라르카가 새로이 발견한 〈아티쿠스에게 보내는 서간집〉이란 과연 어떤 것일까. 1345년에 베로나에서 발견한 사본은 유감스럽게도 그 뒤 흩어져 버려서 존재하지 않는다. 그 자리에서 페트라르카가 베껴 적었다는 복사본도 마찬가지로 남아 있지 않다. 이렇게 되면 페트라르카가 아닌 다른 사람이 베로나의 사본을 베껴 적은 복사본이 남은 희망이지만 그마저도 유감스럽게 모두 잃어버렸다.

현재 우리가 흔히 읽는 〈아티쿠스에게 보내는 서간집〉의 교정판은 베로나판과는 다른 곳에서 나온, 그리고 베로나판보다 질이 좋으리라 생각되는 알프스 이북의 사본을 바탕으로 한다. 베로나판이 어떤 것이었는지 알 수 있는 근거가 완전히 없어진 이상, 위의 〈키케로에게 보내는 편지〉를 참고하면서 현재의 교정판을 실마리로 상상하는 것 말고는 페트라르카의 〈아티쿠스에게 보내는 서간집〉 체험 실체에 다가갈 수단이 우리에게는 없다.

〈아티쿠스에게 보내는 서간집〉을 편집한 사람은 키케로 자신이 아니다. 편집자도 알 수 없고 공식적으로 출판된 시기와 상황도 뚜렷하지 않다(참고로 우리가 책이라 떠올리는 문서는 서기 1세기가 되기 전에는 없었다. 키케로 시대의 책은 파피루스를 원료로 한 종이를 두루마리 형태로 말아둔 것이라 상상하는 편이 좋다. 이런 책의 대량 생산은 엄청난 수작업이 필요한데 이를 사업으로 처음 손 댄 사람은 다름 아닌 아티쿠스였다고 한다). 그러나 이런 사적인 편지들을 처음에는 사람들에게 공개하려 생각하지 않고 썼지만, 거의 그대로의 형태로 아마도 서기 1세기 중반에 간행되었으리라 전문가들은 생각한다. 그 뒤 서양 중세 약 1000년 동안 〈아티쿠스에게 보내는 서간집〉을 읽은 흔적은 없다.

〈아티쿠스에게 보내는 서간집〉은 모두 합쳐 452통으로 이루어진 방대한 책이다. 키케로가 이 많은 편지를 계속 보낸 아티쿠스라는 사람은 본명이 티투스 폼포니우스이며 키케로에게는 소꿉친구이자 서로를 위해서라면 죽음까지도 함께할 수 있는 존

〈아티쿠스에게 보내는 서간집〉
연대별 편지 수

연도	편지수
기원전 68	2
67	6
66	1
65	2
64	0
63	0
62	0
61	6
60	6
59	22
58	25
57	5
56	7
55	5
54	6
53	0
52	0
51	20
50	19
49	96
48	9
47	18
46	12
45	104
44	81

재였다. 폼포니우스는 기원전 80년대 끝 무렵부터 약 20년 동안 아테네에서 살며 철저히 그리스 취미에 빠져 있었기에 아티쿠스(아테네인)라는 별명이 붙었다. 기원전 65년 무렵부터는 로마로 돌아갔지만 그 뒤에도 자주 그리스 여행과 장기 체류를 했다. 기원전 68년 11월부터 시작해 기원전 44년 11월에 끝나는 〈아티쿠스에게 보내는 서간집〉은 따라서 아티쿠스의 아테네 시대 마지막에 시작해 로마와 그리스를 오가던 나날에 쓴 편지가 된다.

〈아티쿠스에게 보내는 서간집〉 첫 번째 편지가 시작하는 기원전 68년은 키케로가 정계에 진출한 지 10년쯤 되는 해, 이미 재무관을 역임하고 조영관이 된 지 2년이 지난 해이다. 그 뒤 법무관(기원전 66년)을 지나 집정관 자리에 올라(기원전 63년) 그해 카틸리나의 탄핵을 인생의 정점으로, 뒤로는 파란만장한 운명이 기다렸다. 그리스로 도피(기원전 58년), 형세가 바뀌어 꿈에 한 번 더 도전하기 위한 개선(기원전 57년). 카이사르와 폼페이우스 사이에서 내전이 일어나자마자(기원전 49년) 폼페이우스 편에 붙으며 패배자가 되지만(기원전 48년), 이듬해에는 승자 카이사르와의 관계를 회복한다. 카이사르 암살(기원전 44년)에는 몸소 참가하지 않았지만 공화정 옹호자로서 안토니우스와 적대시하며 싸운다. 마지막은 카이사르 암살의 주모자 브루투스들과 마찬가지로 안토니우스의 자객에게 살해된다(기원전 43년 12월). 기원전 44년 11월로 끝나는 〈아티쿠스에게 보내는 서간집〉은 따라서 키케로가 세상을 떠나기 1년 전까지에 해당된다.

〈아티쿠스에게 보내는 서간집〉의 연대별 내역을 살펴보면 앞의 표처럼 된다. 말할 필요도 없이 편지마다의 길이도 다르며 내용도 때에 따라 다르다. 그래서 표의 숫자에 얼마나 의미가 있는지는 문제 삼지 않겠지만, 키케로의 인생 행로에 비춰보면 무언가 의미를 만들어 낼 가능성은 있다. 빈도를 조사한다고 본질적인 사실을 알 수 있는 것은 아니지만, 이 경우에는 키케로 인생에서 일어난 고난과 대응하는 모습을 보인다.

먼저 기원전 59년과 58년에 편지를 보낸 빈도가 두 자리 숫자로 많아졌는데 그 시기는 마침 키케로의 그리스 도피와 겹쳐진다. 인생의 첫 큰 좌절이다. 다음으로 많아진 시기는 기원전 51년부터 50년에 걸쳐서인데 이는 떨어지기 힘든 로마를 뒤로하고 실리시아 속주 총독으로 부임한 시기이다. 기원전 49년은 갑자기 100통 가까이 되는데, 이 해에 카이사르가 루비콘 강을 건너 내전이 일어났기 때문이다. 기원전 48년부터 46년에 걸쳐 편지가 줄어드는데 이는 폼페이우스가 전사한 파르살루스의 싸움(기원전 48년)과 그 뒤 카이사르와의 화해라는 큰 변화가 왔음을 나타낸다. 기원전 46년은 또 아내 테렌티아와 이혼을 한 해이기도 하다. 가장 많은 빈도수를 보인 기원전 45년 2월에는 키케로가 그의 삶에서 가장 사랑한 딸 툴리아가 세상을 떠났다. 그리고 마지막 기원전 44년은 카이사르 암살의 해이며, 본격적으로 안토니우스와 싸우고 옥타비아누스와의 관계를 생각하기 시작한 시기이다. 즉 평생 동안 누구보다 믿고 가장 가깝게 교류한 친구 아티쿠스에게 보낸 사적인 편지로 이루어진 〈아티쿠스에게 보내는 서간집〉은 공과 사에 걸친 위기를 만나 키케로가 털어놓는 심정을 잘 보여준다. 이와 함께 상대가 마음을 터놓을 수 있는 친구이기에 공적으로는 말할 수 없는 진정한 마음을 드러내기도 한다.

현재 우리가 볼 수 있는 교정 보급판과는 조금 다르지만 거의 비슷하다고 생각해도 좋다. 〈아티쿠스에게 보내는 서간집〉을 페트라르카는 134년에 읽고 앞에서 말했듯이 거기서 경솔하고 소견이 얕은 불행한 노인을 발견하고 만다. 〈아티쿠스에게 보내는 서간집〉의 약 95%가 키케로 만년의 16년 동안에 쓰였다는 점에서 노인이란 표현도 이해가 간다.

키케로의 발언

페트라르카가 뜻밖이라고 느낀 카이사르와 폼페이우스에 대한 기술이란 어떤 내용이었을까. 이를테면 우리가 키케로를 본받아 폼페이우스와 카이사르에게 편지를 보내 키케로가 한 험담을 밀고한다면, 예를 들어 〈아티쿠스에게 보내는 서간집〉 속의 다음과 같은 내용을 증거로 제시하게 될 것이다.

친애하는 폼페이우스 님에게
밀고는 우리 20세기 문명인의 성격에는 맞지 않지만 키케로는 아티쿠스에게 편지를 보내며 뒤에서 이런 글을 썼습니다.
'자네의 친구(폼페이우스) 말인데, 누군지 알겠지. 다른 사람을 비판할 마음이 사라지면 그제야 칭찬하기 시작한다고 자네가 말한 사람 말이네. 그는 나에게 칭찬을 아끼지 않고 친애한다는 마음을 표현하며 겉으로는 나를 칭송하지만 마음속으로는, 질투를 숨기고 있어. 서툴고, 보기 흉하고 정치적으로도 속좁고 생기가 없으며, 겁쟁이에 비겁하기까지 하네. 이 이상 파고드는 건 다음 기회에 하도록 하지.'(기원전 61년 1월 25일)

여기서 마치며 보고 드립니다.

친애하는 카이사르 님에게

고대 로마에 대해서는 거의 무지하다고 할 수 있는 우리 20세기 사람이지만, 당신만은 왜인지 절대적인 인기를 자랑하고 있습니다. 키케로 따위는 전혀 유명하지 않습니다. 그런데 카이사르 님도 어렴풋이 아시리라 생각되지만 배은망덕하게도 키케로는 이런 편지를 아티쿠스에게 보냈습니다.

'생각하건대, 카이사르는 그가 졌을 때보다 이겼을 때 단호히 관계를 끊어야 하네. 아직 성공할지 어떨지 분명치 않은 때보다 오히려 그가 성공을 거두리라는 사실이 확실해졌을 때 단호히 관계를 끊어야 해. 왜냐하면 그가 이기면 대학살이 일어날 게 뻔하고 그뿐만 아니라 사유재산의 몰수라든지 망명자들의 귀환허가, 빚 탕감이나 건달들의 출세, 게다가 페르시아 인이라도 참을 수 없는(물론 로마인이 용서할 수 없는) 폭정이 벌어질 게 틀림없기 때문이지.'(기원전 49년 5월 2일)

이상 삼가며 여기서 보고를 마칩니다.

이렇게 적어도 카이사르와 폼페이우스에 대해서 페트라르카의 한탄은 뒷받침할 수 있다고 생각된다. 문제는 옥타비아누스의 경우이다.

페트라르카는 옥타비아누스에 관련해 '당신은 자신이 칭찬한 그 사람을 몹시 꾸짖었습니다. 게다가 아우구스투스는 당신에게 위해를 입힌 게 아니라, 위해를 입히려 하는 사람들을 반대하지 않았을 뿐입니다.' 이렇게 썼다. 그러나 이 비난은 〈아티쿠스에게 보내는 서간집〉을 읽고서는 나올 수 없는 글이다. 왜냐하면 거기에서는 분명 옥타비아누스가 무시당하기는 했지만 칭찬받지는 않았기 때문이다.

그의 이름, 그의 나이를 생각해보길 바라네. 게다가 그는 먼저 나와의 밀담을 요구해왔어. 카푸아가 가까이 있다는데, 그런 일을 비밀리에 할 수 있

으리라고 생각하다니 정말 어리다네.(기원전 44년 11월 2일 또는 3일)

하지만 앞에서 말한 키케로의 〈친구에게 보내는 서간집〉에서는 분명 옥타비아누스에 대한 칭찬을 말한 '브루투스에게 보내는 편지'가 들어 있다. '저 젊은 카이사르(옥타비아누스)를 말하자면 태어나면서 가진 자질과 용맹스러움에는 평범한 사람들을 뛰어넘는 점이 있다. 바라건대 이제까지 잘 해왔듯이 그의 지도와 통제에 우리가 쉽게 성공하기를 빌 뿐이다.'

아마도 페트라르카의 기억 속에 두 서간집이 뒤섞였으리라.

이런 예가 보여주듯이 〈아티쿠스에게 보내는 서간집〉이 페트라르카에게 준 인상은 '때로 하늘보다 더 칭찬하더니 때로는 갑자기 몹시 꾸짖으며 상처를 준다.' 이런 식의 말과 행동에서 보이는 일관성의 결여이며, 마찬가지로 공화정 옹호를 하는가 하면(안토니우스 비판), 바로 전제군주정을 옹호하는 자세를 보이는(옥타비아누스와 가까워짐) 행동처럼 정치적으로도 일관성이 부족하다. 이를 한탄하고, 이를 불쌍히 여긴 페트라르카는 '당신이 잘 알고 있는 그 학문과 예술에 아무런 가치도 인정할 수 없습니다.' 이런 브루투스의 말에 동조한다.

플루타르코스가 이야기하는 키케로

그런데 페트라르카가 여행지 베로나에서 〈아티쿠스에게 보내는 서간집〉을 찾아내고 그것을 읽어 충격받은 일에 전혀 의문이 없는 것은 아니다. 유명한 플루타르코스(46~120년) 〈영웅전〉 속에 키케로전이 있으며 분량으로 말하자면 〈아티쿠스에게 보내는 서간집〉에 비해 10분의 1도 채 되지 않지만 그 짧은 전기를 읽으면 누구나 1345년에 페트라르카가 받은 충격과 비슷한 느낌을 받을 게 틀림없기 때문이다. 그런 인상은 〈아티쿠스에게 보내는 서간집〉이 쓰인 시기, 그러니까 만년의 키케로에 대한 기술에서 뚜렷하게 나타난다.

앞에서 말했듯이 페트라르카가 〈아티쿠스에게 보내는 서간집〉을 보고 바로 깨달은 사태란 키케로가 '생각을 이리저리 바꾼다'는 한탄스러운 사실, 즉 말과 행동에 일관성이 없는 것이다. 특히 그 시대의 두 큰 세력이었던 카이사르와 폼페이우스에 대한 정치적인 행동에는 기회주의라는 말을 들어도 어쩔 수 없을 만큼 앞뒤가 다르다. 이런 정치적인 신조에서의 일관성 없음은 공화정을 옹호하려고 안토니우스를 공격하면서도 공화정의 적 옥타비아누스와 가까워지려는 모습에서도 나타난다. 이것이 페트라르카의 놀람과 한탄의 주요 원인이었다. 하지만 다음에서 볼 수 있듯이, 이 모든 사실은 플루타르코스의 키케로전에서 이미 읽어 알고 있는 일이다.

플루타르코스의 키케로전을 예로 들던 들지 않던 키케로의 63년 동안의 생애 가운데 43세에 집정관으로 뽑히기까지는 출세가도를 달리는 부흥의 행로였다. 이 일은 역사가들 사이에서도 이론이 없다. 기원전 63년 4위 계급 이상으로 이루어진 정무관직 최고위에 해당되는 집정관에 키케로가 올라선다. 귀족계급보다 한 단계 낮은 기사계급 출신이라는 불리한 조건을 뛰어넘어 최단거리로 가장 높은 자리를 거머쥐었다. 그때까지의 인생행로는 로마에서의 공부와 법률가·정치가가 되기 위한 수행, 그리스와 동방 유학, 결혼, 아이들의 탄생, 베레스 탄핵, 그리고 나랏일이나 개인적인 일에 걸쳐 모든 일이 순조롭게 진행됐다.

게다가 집정관이 된 그해는 아마도 키케로의 인생에서 가장 좋은 시기였음이 틀림없다. 그해 카틸리나의 음모를 예측하고 이를 교묘한 수단으로 일어나기 전에 막아 로마를 구한 공적으로 키케로는 조국의 아버지라는 명예로운 칭호를 원로원에게서 받는다. 하지만 동시에 카틸리나의 음모는 키케로에게는 불운의 시작이기도 했다. 왜냐하면 키케로는 이 음모에 가담한 범인들을 극형에 처해야 한다고 주장했으며, 그 결과 그들과 관계된 사람들의 원한을 사버렸기 때문이다. 이 상황에 클로디우스라는 숙적이 나타나면서 키케로의 후반 생애 20년의 파란만장한 운명이 시작된다.

먼저 클로디우스 무리가 키케로를 로마에서는 물론이고 이탈리아에서 추방시켜 쓰라린 경험을 하게 된다. 폼페이우스와 많은 친구들의 도움을 받아 이를 겨우 벗어나 그리스에서 돌아오자 이번에는 실리시아 총독이라는 바라지도 않은 역할이 기다리고 있었다. 그리고 이 직무를 예상보다 훌륭히 완수하고 돌아온 키케로를 맞이한 것은 전부터 감정이 맺힌 카이사르와 폼페이우스의 불화였다. 여기에 이르러 키케로는 어떻게 처신해야 할지 갈피를 잡기 어려운 상황에 처하게 된다. 이에 응해 페트라르카가 말한 '생각을 이리저리 바꾼다'는 모습이 눈에 띄기 시작한다.

이런 빠른 전향은 플루타르코스의 키케로전 제37장에서 잘 나타난다. 카이사르와 폼페이우스의 두 군대 사이에서 키케로는 먼저 카이사르 편에 붙을 결심을 하지만 카이사르가 보낸 편지에 의문을 가지고 이제까지처럼 폼페이우스의 곁으로 돌아간다.

원로원에서는 키케로를 위해 개선식을 열려고 정했지만 키케로는 '그것보다 카이사르와 폼페이우스 두 사람이 가까워질 수 있다면, 나는 카이사르의 개선식에 참가하는 게 더 기쁠 텐데' 말했다. 그리고 개인적으로 카이사르에게는 몇 번이나 편지를 써서 자기의 의견을 말했고 또 폼페이우스에게도 부탁해서 어떻게든 두 사람의 기분을 풀어주고 진정시키려고 노력했다. 하지만 사태는 이미 돌이킬 수 없는 지경에 이르렀다. 카이사르는 로마로 진군해 오고 있는데 폼페이우스는 로마에 머무르지 않고 많은 귀족들과 함께 마을을 뒤로했다. 키케로는 이 도망에는 참가하지 않았기에 카이사르 편에 붙으리라고 사람들은 생각했다. 실제로 키케로는 이 두 사람 가운데 어느 쪽으로 정할지 한참 고민했다. 그 증거로 편지에 어느 쪽에 붙어야 하는지 몰라서 곤란하다고 썼다. 생각건대 폼페이우스 쪽에는 싸움을 하는 당당한 대의명분이 있다. 한편 카이사르는 기회를 보는 감각이 뛰어나고 예민하며 또 자기 자신과 친구의 안전을 보장하는 방책을 잘 알고 있다. 그러니 나는 여기서 도망치는 상대는 알고 있지만 내가 도망쳐 들어가려 하는 상대를 모르겠다고 키케로는 말한다.

카이사르의 동료 가운데 한 사람 트레바티우스가 편지를 보냈다. '카이사르는 당신이 어떻게든 자신의 편이 되어 나와 같은 희망을 품어주지 않으면 안 된다고 생각합니다. 이제 나이가 많이 들어 지겹다고 생각하신다면 누구에게도 붙지 마시고 그리스로 가 그 땅에서 조용히 지내시라 부탁하고 싶습니다.' 키케로는 카이사르가 몸소 편지를 쓰지 않은 것을 이상히 여겨 화를 내며 답장을 보냈다. '나는 내가 이제까지 해 온 정치에 어긋나는 짓을 할 생각은 없소.'

그러나 폼페이우스 편에 붙은 키케로는 파르살루스 싸움에서 폼페이우스 측의 결정적인 패배가 정해지자 배신자라 불리면서 싸움을 버리고 이번에는 적이었던 승자 카이사르에게 비호를 구하며 그가 돌아오기를 기다렸다. 그것은 제39장에서 볼 수 있다.

하지만 실제로 파르살루스 싸움이 일어나자 키케로는 몸이 아프다고 참가하지 않았다. 그리고 폼페이우스는 도망갔다. 거기서 디르하키움에 많은 군대와 대함대를 가지고 있었던 카토는 키케로가 본디 집정관으로서 자신보다 높은 신분을 가졌기에 관습에 따라 군대 지휘를 해 주었으면 좋겠다고 부탁했다. 그러나 키케로는 그 지휘권을 거절했을 뿐만 아니라 병역에 종사하는 일을 완전히 피했다. 그래서 폼페이우스의 아들이나 친구들은 키케로를 배신자라 부르며 검을 뽑아 달려들었다. 그때 카토가 그들 가운데 나서서 가까스로 키케로를 구해내 진영 밖으로 탈출시켜 주었기에 무사히 목숨을 구할 수 있었다.

거기서 키케로는 브룬디시움으로 돌아가 잠시 시간을 보내고 아시아나 이집트의 일로 바빠 귀환이 늦어진 카이사르를 기다렸다. 그러다 카이사르가 탈렌툼에 상륙해 거기서 육로를 통해 브룬디시움으로 돌아서 온다는 소식을 듣고 키케로는 카이사르에게 가려고 서둘렀다. 그는 완전히 절망하지는 않았지만 많은 사람들이 있는 곳에서 승리로 자랑스러워하는 적의 기분을 살피는 일은 자기 스스로도 부끄럽다고 여겼다. 하지만 실제로 키케로는 부당하게 자신을 비참하게 만드는 일을 하거나 말할 필요가 없었다. 왜냐하면 카이사르는 키케로가 다른 사람들보다 훨씬 먼저 앞장서서 자신에게 다가오는 모습을 보자 말에서 내려 인사를 하며 키케로와 단둘이 몇 스타디온이나 걸으며 이야기를 나눴기 때문이다.

폼페이우스가 실각하고 세상을 떠난 뒤 카이사르와 화해한 키케로는 실수했다는 생각이 들었다. 카이사르가 독재자로 행동하기 시작하자 키케로는 로마를 떠나 별장에 틀어박혔다. 하지만 '로마에는 아주 가끔 카이사르의 기분을 살피기 위해 나갈 뿐이었다. 그리고 카이사르에게 명예로울 일이라면 자신이 선두에 서서 칭찬하고 그 인물과 공적에 언제라도 무언가 새로운 이야기를 하며 칭송하려 생각했다.'

기원전 44년에 카이사르가 암살당하자 혼란을 틈타 떠오른 안토니우스에게 '누구나가 독재자가 될 위험을 느꼈다.' 한편 사람들은 키케로가 카이사르 암살의 주도자 브루투스 무리와 관련이 있다고 생각했기에 그에게 있어 브루투스와 대립하는 안토니우스의 권력 확장은 공화정의 위기 이상의 일을 뜻했다.

하지만 안토니우스에게는 강력한 군대가 있는데 키케로에게는 언론밖에 없었다. 마침 거기에 등장한 사람이 카이사르의 조카이며 젊은 카이사르라 불리고 나중에 아우구스투스 황제가 되는 옥타비아누스이다.

키케로는 이 젊은 카이사르와 협정을 맺고 안토니우스를 쓰러트리려고 한다. 청년 옥타비아누스는 '키케로를 찾아와 상담을 하고 키케로가 그를 위해 원로원이나 시민회에서 자신이 가진 변론과 정치적 힘을 제공하는 대신, 그는 키케로를 위해 돈과 무기로 안정을 보장하기로 약속했다.' 이런 후원을 받아 키케로는 안토니우스 탄핵에 나서게 된다.

즉 플루타르코스의 키케로전에 따르면 안토니우스를 공격하는 일과 옥타비아누스와 가까워지는 일은 정치적 신조에서의 일관성 없음을 나타내는 일이 아니라, 한쪽이 없으면 다른 한쪽도 존재할 수 없는 그야말로 보완적인 관계에 해당된다는 뜻이다. 하지만 이 관계는 몇 번이나 말했듯이 페트라르카에게는 공화정을 옹호하려고 안토니우스를 공격하면서 공화정의 적 옥타비아누스와 가깝게 지낸다는 정치 신조에서의 자기모순으로 보였다. 그리고 이 견해는 단지 페트라르카 한 사람에 국한된 생각이 아니라 플루타르코스가 브루투스의 이야기로 이미 지적한 점이기도 하다. '이(옥타비아누스와의 협정)를 브루투스는 완전히 기분이 상해서 아티쿠스에게 편지로 키케로를 탓하며 말했다. 키케로는 안토니우스를 두려워한 나머지 카이사르(옥타비아누스)의 기분을 맞춰 주고 있지만 이는 분명히 조국의 자유를 지키기 위해서가 아니라 자신을 위해 친절한 주인을 찾고 있기 때문이다.'

이 브루투스의 항의는 〈아티쿠스에게 보내는 서간집〉을 기다릴 필요도 없이 내용적으로 키케로의 〈친구에게 보내는 서간집〉 가운데 〈브루투스와의 편지〉에 있는(키케로에게 보낸 브루투스의) 다음 말로 이미 읽어낼 수 있다. '만일 옥타비아누스가 당신의 마음에 든다면 당신은 독재자를 피한 게 아니라 더 마음에 드는 독재자를 바란 거라고 생각됩니다.' 그리고 이 브루투스의 말은 페트라르카가 키케로에게 보낸 첫 번째 편지에서 그대로 인용된다. 이는 앞에서 이미 말했다.

3. 키케로에 대한 생각의 변모―사람과 업적의 분리

레오나르도 브루니의 고쳐 씀

이처럼 말과 행동 및 정치적 신조에서도 처음과 끝이 일관성 없으며 '생각을 이리저리 바꾼다'는 키케로의 이미지는 앞의 플루타르코스의 키케로전에서 이미 지적했다. 그럼 왜 페트라르카는 이런 일에 이제 와서 새삼스럽게 놀라며 그토록 한탄해야 했을까.

답은 단순하고 명쾌하다. 페트라르카는 플루타르코스를 읽을 수 있는 수준이 아니었기 때문이다. 페트라르카의 그리스어 지식이 전혀 없었고 사실 호메로스의 원전을 손에 넣기는 했지만 돼지에 진주목걸이 같은 상태로 온존할 수밖에 없었다. 14세기 중엽의 이탈리아에서는 플루타르코스의 경우 그 원전마저 보이지 않았을지도 모른다. 실제 플루타르코스의 〈영웅전〉 안의 주요한 내용이 라틴어로 옮겨진 것은 14세기도 끝 무렵이었으며, 즉 그때까지는 지식인을 포함한 많은 사람들은 플루타르코스를 읽을 수 없었기 때문이다.

첫 본격적인 그리스인 교사로서 서양 고전학 역사에 반드시 이름이 나오는 마누엘 크리솔로라스(1353~1415년)가 피렌체에 초청을 받아 거기서 그리스어 강의를 하는 것은 1397년이다. 물론 14세기에 크리솔로라스 말고도 많은 그리스인이 이탈리아로 오기는 했다. 하지만 그리스어 학습은 도무지 진전이 보이지 않았다. 크리솔로라스의 이름이 여전히 남아있는 까닭은 그가 쓴 문법 교과서 〈그리스어 문법〉 때문이다. 그 교과서의 보급에도 15세기가 되어도 그리스어를 할 줄 아는 지식인은 아주 소수에 지나지 않았다. 그것은 감출 수 없는 지적 상황이었다.

키케로전을 말하자면 1390년대에 라틴어 번역판이 나왔다. 그러나 크리솔로라스의 우수한 학생 중 하나인 레오나르도 브루니(1369~1444년)가 이 번역을 부정확하다하며 새로이 라틴어로 옮기는데 도전한다. 이윽고 신 키케로라 불리게 되는 이 브루니 번역판 키케로전은 서문에서 번역의 정확함을 주장하기는 했지만, 실제로는 번역이라기보다는 번안에 가까웠다.

물론 브루니의 그리스어 능력에 의문의 여지는 없다. 나중에 피렌체 공화국의 대신이 되기도 한 이 번역가는 공화정의 이념에 불타는 열혈한으로 그것이 심해져서 그런지 플루타르코스의 키케로전에서 보이는 키케로의 긍정적인 면을 부풀리는 한편 부정적인 측면을 되도록 없애고 싶다고 생각해 실제 미화해 버렸다. 예를 들어 웅변의 아버지 또는 조국의 아버지로 칭찬한 부분은 이를 크게 강조하고, 반대로 카이사르와 폼페이우스 사이에서 키케로가 기회주의적 인 태도를 보인 일은 힘의 균형을 유지하기 위한 방편이며 모두 공화정 로마의 안녕을 위해서였다고 말한다. 또한 가장 큰 약점이라고 말해도 좋을 키케로의 자만심에 이르러서는 자신뿐만 아니라 다른 사람도 마찬가지로 칭찬하는 게 키케로의 습관이었다는 이유로 비난할 필요가 없다고 주장하기도 했다.

정확한 번역이라는 구실 아래 이루어진 브루니의 개찬(개찬이라 말하기에는 너무나 아름다운 행위이지만)은 고대 문예와의 교섭을 일로 하는 인문주의적 활동이라는 시점에서 보면 페트라르카의 한탄과 좋은 대조를 이룬다고 말하 지 않으면 안 된다. 페트라르카는 앞에서 보았듯이 플루타르코스의 키케로를 모르는 상태에서 키케로 만년의 풍향계 같은 정치행동을 우연히 찾아낸 〈아 티쿠스에게 보내는 서간집〉으로 알고 크게 당황하며 한탄했다. 고대 문물을 포섭하고 먼저 문헌을 정리하는 일로 고대문화의 재생을 목표로 한 인문주의 적인 활동이 짓궂게도 예상에 어긋난 일이 되어버렸다고 말하지 않을 수 없다. 말하자면 문헌학적 실증주의 정신이 오히려 원인이 되어 변론가 키케로라는 정치와 철학에 뛰어난 인물의 이미지가 맥없이 무너져 내렸다.

인문주의적인 정열이 오히려 좋지 않은 원인이 되었다는 점에서는 브루니도 마찬가지이다. 플루타르코스의 키케로전을 알 뿐만 아니라 그리스어 원문으로 읽을 수 있다는 특권을 가졌으면서도 그것이 오히려 나쁘게 작용했다. 그러나 브루니는 한탄하지 않았다. 공화정의 이념을 실현하는 상징적인 존재인 키케 로는 현재의 공화정 피렌체를 지탱하고 추진하기 위해서라도 어떻게든 구해낼 수밖에 없었다. 비록 원전에서 멀어지는 일이 생기더라도 이상적인 키케로를 제시하는 일이야말로 인문주의에 걸맞은 행동에 다름없다고 브루니는 생각했 던 것이다.

페트라르카의 키케로에게 보내는 두 번째 편지

더없이 존경하는 키케로가 베로나에서 갑자기 경솔하고 소견 얇은 불행한 노인으로 등장해 버렸기에 페트라르카의 동요는 충분히 이해할 수 있다. 흥분 해서 그의 말이 험해진 것도 어쩔 수 없는 일이다. '나는 당신의 운명을 슬퍼합니다. 당신의 실수를 부끄러워하고 동정합니다. 그리고 저 브루투스와 함께 나도 이제 '당신이 잘 알고 있는 그 학문과 예술에 아무런 가치도 인정할 수 없습니다.'

실제 페트라르카는 편지에서 보인 모든 것을 부정하는 말투가 너무 심했다고 생각했는지 약 반년 뒤에 정정하는 편지를 쓰게 된다. 베로나를 떠나 다시 론 강 근처 아비뇽으로 돌아온 페트라르카가 1345년 끝 무렵에 쓴 키케로에게 보내는 두 번째 편지는 다음과 같이 시작한다.

친애하는 키케로여, 프란체스코가 인사드립니다. 먼저 보낸 편지는 당신의 기분을 상하게 했을지도 모릅니다. (중략) 하지만 이번 편지는 당신의 상처 입은 마음을 조금은 달래줄 겁니다. (중략) 오오 키케로여, 솔직하게 말하겠습니다. 당신은 분명 인간으로서 살며, 변론가로서 말하고, 철학자로서 글을 썼습니다. 그리고 내가 비난한 점은 당신의 삶이지 타고난 자질도, 변설(辨說)도 아닙니다. 아니 저는 당신의 타고난 자질을 칭찬하고 옳고 그른 것을 가려 말하는 능력에 경탄합니다. 제가 당신의 삶에 요구하는 것은, 그저 앞과 끝이 같은 일관성뿐입니다.(《친구에게 보내는 서간집》제23권 4)

첫 번째 편지와의 차이가 뚜렷하게 보인다. 베로나에서 페트라르카의 마음이 깜짝 놀라 어찌할 바를 몰랐다고 한다면, 그것은 말과 사상과 행동에 걸쳐 스승이라 우러러봤던 키케로가 실은 한 입으로 두말을 하는 기회주의자였다는 사실을 알아버렸기 때문이었다. 그의 숨겨진 언사(편지)는 그의 공적인 언설(철학, 윤리, 변론)을 부정한다. 페트라르카의 마음속에서 가장 인격적인 존재였던 키케로는 자멸할 수밖에 없었다.

하지만 두 번째 편지에서 페트라르카는 사람과 업적을 나누는 방법으로 키케로를 구한다. 사는 방식은 상관없이 이루어낸 전문적인 학문과 예술은 초일류라는 말이다. 전문적인 학문과 예술 가운데서도 특히 변론술 또는 수사학에서는 마땅히 키케로 없이는 이야기할 수 없다.

오오, 로마 웅변의 가장 높은 아버지이시여. 저뿐만 아니라 라틴 사화(詞華)로 자신을 꾸밀 수 있는 사람은 누구든 당신에게 감사합니다. 실제로 우리는 당신의 샘물로 우리의 목장을 적시고, 그리고 뭘 숨기겠습니까, 당신의 지도를 따르며 당신의 찬동으로 힘을 얻고, 당신의 눈부신 빛으로 세상을 봅니다. 그러니까 우리가 조금이라도 쓰는 능력을 배우고 기대한 목적에 이르렀다고 한다면 이는 당신의 지원 덕분이라고 말하고 싶습니다.

작문의 기초에서 정돈된 문체까지 키케로는 라틴어 산문의 모범으로 빼려야 뺄 수 없는 존재이다. 아시다시피 중세의 고등교육 기초는 문법, 수사학, 윤리학의 3대 기초과목(트리비움)으로 이루어졌다. 특히 그 수사학 분야에서는 키케로가 썼다고 생각한 〈헬렌니우스에게 바치는 수사학〉과 〈발상론〉 등이 표준 교과서로 쓰였다. 로마 웅변의 가장 높은 아버지이시여 이렇게 말했을 때 페트라르카의 머릿속에는 이들 책은 물론이고 〈변론가에 대하여〉 그리고 〈아르키아스 변호〉를 시작으로 하는 키케로의 여러 변론이 있었음은 틀림없다.

첫 번째 편지에서 두 번째 편지를 쓰기까지 키케로에 대한 페트라르카의 이미지는 크게 변한다. '당신이 잘 알고 있는 그 학문과 예술에 아무런 가치도 인정할 수 없습니다.' 이렇게 완전히 부정적인 관점에서 '로마 웅변의 가장 높은 아버지이시여'라며 부분적으로 칭찬하는 긍정적인 관점에 이르기까지 키케로에 대한 멈추기 힘든 존경하는 마음이 먼저 존재하고, 인물평가에서 업적우선주의를 내세울 수밖에 없었다. 수사학적인 학문과 예술은 본질적으로 윤리적 문제에 상관없이 그 자체로 평가의 대상이 될 수 있었다.

페트라르카의 본디 의도는 다른 곳에 있었다고 하더라도 그 뒤 키케로를 상징적인 존재로 하는 수사학은 본질적으로 형식적인 기술이 될 가능성을 품게 되어버렸다. 사실 나중에 큰 논쟁을 불러일으키게 되는 〈키케로주의(主義)〉 문제는 극단적인 형식주의의 폐해를 가져올 것이다. 키케로의 라틴어를 숭배한 나머지 어휘에서 문체에 걸쳐 엄격하게 키케로를 모방해야 한다는, 예를 들어 피에트로 벰보(1470~1547년) 같은 인물이 나오게 된다. 이는 키케로에게나, 수사학에도 불행한 일이었다고 말하지 않을 수 없다. 인문주의자로서 페트라르카의 정력적인 활동이 이런 의도치 않은 결과를 불러왔다고 한다면 그야말로 짓궂은 운명의 장난이라고 이야기할 수밖에 없다. 그리고 브루니가 그 당황스러운 상황을 개찬이라는 비문헌학적인 방법으로 극복하려 했다고 한다면 페트라르카는 그 당황스러운 상황을 사람과 일의 분리, 또는 철학자와 수사학자·

웅변가로서의 분리라는 형태로 대처하려 했다고 말할 수 있다.

르네상스의 시야

그런데 '로마 웅변의 최고 아버지'와 '경솔하고 소견얕은 불쌍한 노인'이라는 서로 다른 두 가지 성격으로 키케로의 이미지가 나뉘는 결과가 됐다고는 하지만 페트라르카가 개척한 새로운 시야는 참으로 참신했다. 비록 부정적인 결과가 됐다고는 하지만, 인물로서의 키케로에 대한 관심이 높아졌다는 사실에는 의미가 있다. 고대의 위인이라는 이미지에서 편지를 보내 푸념을 할 수 있는 관계로의 진전은 넓은 인문주의의 전개에서도 중요하다. 이 일은 예를 들어 한 시대 앞의 단테(1265~1321년)와 비교할 경우 더욱 뚜렷해진다.

단테가 키케로를 언급하는 것은 〈신곡〉 지옥편 제4가(歌)에서이다. 그곳은 림보라 불리는 장소로서 그리스도가 탄생하기 전에 존재한, 다시 말해 시간적으로 세례를 받을 수 없었던 고대의 위인들이 모인 지옥에 마련된 하나의 치외법권이 인정되는 영역이다. 단테를 이끄는 안내자는 고대 로마의 문호 베르길리우스이다. 두 사람은 호메로스, 호라티우스, 오비디우스, 루카누스 같은 고대 문학과 예술의 권위자들과 만나며 단테는 그들의 동료로 받아들여지는 영예를 받는다. 베르길리우스까지 포함해 제6번째 시성(詩聖)이 된 단테는 가는 길에 그들과 잠시 웃으며 이야기를 나눈다. 하지만 '그때의 화제는 그때 말하기에는 적절했지만 지금은 말하지 않는 게 좋다' 말한다.

아마도 고전 문학과 예술 이야기로 꽃을 피웠으리라는 사실을 상상하기는 어렵지 않지만 이는 표현할 가치가 없다고 말한다. 〈신곡〉이라는 표현형식에서 보면 여기서의 이야기 내용도 담론의 방법도 문제가 되지 않는다. 단테가 고대 권위자들과 저마다 하나의 인물로서 접했는지 어떤지는 중요하지 않고, 그들은 시인이라기보다 먼저 위대한 시적 전통을 만든 창시자로서 그 총체를 만드는 상징적 존재로서 생각했다. 루카누스는 (카이사르와 폼페이우스의 내전 최종국면을 그린)〈내란기〉라는 서사시 작품으로써, 호메로스는 (중세에는 그리스어 원전이 전해지지 않았기에) 호메로스 라티누스라 불린 라틴어로 된 트로이 전기집을 통해, 권위는 있지만 개성이 없는 작가로 알려졌으나 그 이상은 아니었다. 지옥편 제4가의 마지막 부분에 고금동서의 이교도 학자들이 몇몇 열거되는데, 그 가운데 한 사람으로 이름이 오르는 키케로의 경우도 같은 대접을 받는다. '키케로, 리노스, 도덕가 세네카, 기하학자 유클리드, 프톨레마이오스, 히포크라테스, 아비센나, 갈레노스, 그리고 위대한 주역서를 엮은 아베로에스'

그러나 안내자 베르길리우스의 경우는 그렇지 않은 게 아닌가라는 반론이 나와도 마땅한 일이다. '저 말이라는 큰 강의 발원지'(지옥편 제1가) 단테가 이렇게 부르며 상황에 따라 단테에게 조언과 격려를 해주며 이야기를 나누기도 하는 베르길리우스는 분명 단순히 〈아이네이스〉의 작가라는 비인칭적인 존재로만 그치지 않는다.

> 오오, 모든 시인의 명예이며 빛인 당신
> 오랜 세월 한결같이 깊은 애정을 쏟으며
> 당신의 시집을 읽은 저에게 은혜를 베풀어 주십시오.
> 당신은 저의 스승입니다. 저의 시인입니다.
> 제가 자랑스러워하는 아름다운 문체는
> 다름 아닌 당신에게서 배웠습니다.

지옥편을 통해 그와 단테와의 관계는 스승과 청출어람의 자랑스러움으로 불타는 제자의 그것이며 인간적인 정마저 느끼게 한다. 여기서 페트라르카와 키케로의 관계와 비슷한 점을 보았다고 해도 이상하지 않다. 하지만 페트라르카와 키케로의 관계와 단테와 베르길리우스의 관계를 구별하는 결정적인 요소가 있음을 놓쳐서는 안 된다. 단테의 베르길리우스는 〈신곡〉이라는 위대한 우주에서 일정한 역할과 장소를 얻은 정적인 존재인데 비해 페트라르카의 키케로는 글자를 매개로 나타나는, 말하자면 해석의 산물이며 따라서 즉물적으로도 정신적으로도 고정된 장소를 가지지 않는 동적인 존재이다.

이는 앞에서 말했듯이 부정적인 결과를 낳을 가능성을 갖고 있지만 동시에 고대의 뛰어난 문물의 재생이라는 적극적인 활동으로도 이어진다. 키케로에게 보내는 두 번째 편지 마지막에 페트라르카는 키케로 작품의 지금 상태를 보고하는데, 이런 문헌주의와 재생에 대한 의욕은 단테에게서는 거의 찾기 어렵다.

> 당신의 뛰어난 작품들은 분명 많이 남아 있습니다. 다 읽기는커녕 셀 수조차 없을 정도입니다. 당신이 한 일은 이 세상에서 매우 높은 평가를 받으

며 그 명성은 널리 울려 퍼졌습니다. 하지만 이를 연구하는 사람들은 매우 소수입니다. 시대 자체가 운이 없어서 그렇거나 타고난 자질이 어리석고 빈약해서 그렇겠지요. 아니면 오히려 다른 일에 마음을 쏟게 만드는 욕심 탓이겠지요. 이렇게 해서 당신의 작품 몇 가지가 사라지고 말았습니다. 그 작품들을 되돌릴 수 있는지 없는지는 물론 모르지만, 오늘 살고 있는 우리들은 작품들을 잃어버렸습니다. 저에게는 큰 슬픔이며 현대에는 커다란 치욕, 나중에 올 세대의 사람들에게는 큰 부정입니다.

(중략)

지금 문제가 된 당신의 작품들 가운데서 특히 심하게 잃어버린 것은 다음과 같은 제목의 작품입니다. 〈국가론〉, 〈친구에게 보내는 서간집〉, 〈군사론〉, 〈철학의 조언〉, 〈위로〉, 〈명예론〉. 이 마지막 작품은 발견하기가 완전히 절망적이지는 않지만 그다지 기대는 하지 않습니다. 아니 남아있는 당신의 작품에도 불완전한 부분이 많습니다. 그래서 우리들은 이른바 망각이나 게으름과 큰 싸움에서 승리를 거두어도 우리의 전사한 지도자들의 죽음을 애도할 뿐만 아니라, 중상을 입고 불구가 된 지도자들까지 한탄할 수밖에 없습니다. 실제 우리는 많은 작품에서 이런 손실을 입었지만 특히 당신의 수사학 책이, 또 아카데메이아학파나 법을 논한 작품들이 피해를 입었습니다. 이 책들은 크게 상처입고 흉한 몰골이 되어 남아 있기에 오히려 잃어버린 편이 좋았을 정도입니다.

고대 로마의 문물에 대한 현재의 지적 무관심 비판, 고대문화의 복원을 위해서는 무엇보다 작품들을 정리하지 않으면 안 된다고 생각하는 문헌주의, 미래를 향한 전투적인 문화주의, 이것들은 모두 페트라르카 시대 뒤에 꽃피게 될 르네상스를 한 걸음 먼저 보여준다. 키케로라는 인물의 기회주의에 페트라르카는 어쩔 줄 몰라 했지만 이런 고대문화의 영광을 되살리려는 르네상스를 향한 활동에서 키케로는 여전히 중요한 위치를 잃지 않았다.

그렇다고는 하지만 기회주의자 같은 키케로를 구하려 페트라르카 한 사람과 작품의 절단은 어떤 의미에서 보면 결정적이었다. 페트라르카의 뜻과는 달리 수사학 또는 변론술이 사람들의 생활 방식과 떨어져 하나의 기술이 되고, 때로는 궤변술로까지 전락한다는 사실은 서양 근대가 우리에게 잘 보여주는 점이기도 하다. 또는 근대를 기다릴 필요 없이 이미 먼 고대부터 소피스트라는 형태로 경험해본 일이라고도 말할 수 있다.

하지만 키케로가 구상한 변론술은 적어도 단순한 하나의 기술이나 학문 예술은 아니었다. 그가 말하는 변론가란 철학을 시작으로 하는 이론적인 모든 학문에 능통하며, 법률을 시작으로 하는 모든 실학을 익히고 그런 종합적인 지식을 가장 효과적으로, 바르고 아름답게 쓸 수 있는 사람이다. 오라티오(oratio)는 라티오(ratio 이성·이법)라고 생각하는 키케로의 변론술 사상에는 육체와 정신의 이원론도, 관상(觀想)과 활동의 이율배반도 이를 뛰어넘으려고 하는 의지를 볼 수 있다.

다음 장에서는 서구 근대 인문주의의 중심사상을 만들었다고 해도 과언이 아닌 웅변의 이념을 중심으로, 키케로의 〈변론가에 대하여〉를 들여다보면서 종합적인 학문으로서의 변론을 생각해보자.

제2장 웅변의 아버지
─수사학의 전통과 전개─

웅변의 이상

예로부터 이제까지 동양에는 이심전심이라는 사고방식의 전통이 있다. 그 기원은 정확히 알 수 없지만 어쨌든 세계화를 떠들썩하게 주장하는 오늘날에도 일상생활에서 예술 활동에 이르기까지 그 이념은 중요한 기능을 계속 수행하는 듯이 보인다. 서양에서도 마찬가지로 예로부터 지금까지 웅변을 공경하는 뿌리 깊은 전통이 존재하며, 그 개념의 중요성은 시대에 따라 다양하게 변화하기는 해도 줄곧 이어지며 끊어진 일이 없다.

웅변이라는 서양의 이상이 고대 그리스에서 시작했으리라는 사실은 먼저 의심의 여지가 없다. 하지만 그 이상이 2천 몇 백 년이라는 그 뒤 서양 세계(미국 등을 포함한)로 발전 계승된 과정을 생각할 때, 빼놓을 수 없는 중요한 인물로 머릿속에 떠오르는 것은 그리스인이 아니라 로마인이다. 그것도 특별한 로마인, 즉 키케로이다.

웅변이라고 하면 키케로가 연상되는 이유가 무엇이냐고 물으면 곧바로 대답하기는 어렵다. 아마도 그의 작품 가운데 한쪽은 변론술과 수사학을 다루는 이론서, 또 다른 한쪽으로는 그것들을 실천한 변론 그 자체가 많이 존재하기 때문일 것이다. 〈발상론〉〈변론술 분류〉〈카틸리나 탄핵〉〈베레스 탄핵〉등이 변론 그 자체의 대표적인 예라 할 수 있다.

여기서 웅변이란 영어의 엘로퀸스(eloquence)(라틴어의 엘로퀸티아eloquentia)를 가리키는 말로 실제 면에서는 변론(oratio)이라는 활동에 깊이 관련되며, 학술로서는 변론술(oratio) 또는 수사학(rhetorica)과 이어지는 것이다. 변론활동이란 법정변론이라든지 정치연설 같은 실천적인 활동과 같으며, 거기에서 요구하는 기법의 습득을 위해 준비한 학과가 변론술이고 수사학이라는 말이 된다.

역사적인 사실로서도 중세에서 르네상스에 걸쳐 대표적인 수사학 교과서인 〈헬레니우스에게 바치는 수사학〉이라는 책이 있는데 '키케로=웅변'이라는 고정관념이 만들어낸 이미지로, 사람들은 이 책을 쓴 사람이 키케로라 믿어 의심치 않았다. 페트라르카가 키케로를 웅변의 시조로 만들어 구한 일은 앞장에서 이야기했다. 이어서 브루니도 키케로를 웅변의 아버지라 찬양하는 일을 결코 잊지 않았다. 그 뒤 근대의 키케로 이미지는 웅변이라는 색으로 물들어 그 모습으로 받아들여져 왔다고 말할 수 있다. 그렇다면 과연 그 변론가 키케로는 어떻게 만들어졌을까. 고대로 돌아가 살짝 들여다보자.

1. 키케로의 변론술 수행

그리스 여행

기원전 79년, 스물일곱 살이 된 키케로는 그리스로 여행을 떠난다. 동방으로 가는 이 여행의 목적은 철학 공부와 변론술을 갈고닦기 위해서였다고 짐작된다. 키케로는 이 두 가지 분야에 어릴 때부터 관심이 있었다. 기원전 88년에는 때마침 로마를 방문한 아카데메이아학파의 고명한 철학자 피론의 강의를 듣는 행운을 만나 많은 영향을 받았으며, 변론술은 그 시절 손꼽히는 대정치가·법률가인 퀸투스 무키우스 스카이볼라 아래서 배웠다. 따라서 그리스 여행은 철학과 변론술을 본고장에서 배운다는 목적에서 떠난 여행이었다.

그런데 이 그리스 여행에 대해 플루타르코스의 키케로전은 또 다른 이유를 들기도 한다. 그 무렵 로마의 권세를 마음대로 다룬 술라의 노여움을 살 만한 법정변론을 키케로가 해버렸기 때문에 이에 대한 복수가 두려워 어쩔 수 없이 떠난 망명이었다고 하는 정치적 관점에서의 설명이다. 게다가 이를 키케로는 건강상의 이유라는 구실로 갔다고 한다. 즉 그는 '술라를 두려워해서 요양을 다녀와야만 한다는 구실을 대고 그리스로 여행을 떠났다. 정말 그는 마르고 살이 빠져 위가 약했고 해가 뜬 지 한참이 지나서야 겨우 얼마쯤의 가벼운 식사를 하는 상황이었다. 목소리는 크고 제대로 말은 했지만 거칠고 딱딱했다. 그리고 심하게 열의를 담아 이야기하기 때문에 언제나 흥분해서 몸을 걱정하는 주변사람들을 조마조마하게 만들었다.'

마르고 위가 약하다는 허약체질에 더해 아마도 바른 발성법을 익히지 못했을 것이다. 그런 상태에도 때로는 격양된 목소리로 말을 하기에 몸이 견디지 못하는 게 아닐까 주변사람들이 걱정을 했다고 하니, 여기는 변론을 위한 훈련을 기본부터 다시 할 필요가 생겼다고 생각할 수 있다. 그러나 앞으로 이야기할 인용에도 있듯이 신체적인 단련으로써 발성법까지 익힌다는 기술도 보인다. 따라서 그리스 여행에 대해 말한 건강상의 이유도 전혀 근거 없는 구실은 아닐 것이다. 플루타르코스 키케로전에서 이에 해당되는 부분은 이렇다.

아테네에 이르자 그(키케로)는 아스켈론인 안티오코스의 강의를 들었다. 그의 거침없고 아름다우며 우아한 말에는 매력을 느꼈지만 그 학설 안에서 안티코스가 새롭게 고친 점은 키케로는 찬성할 수 없었다. 그도 그럴 것이 안티오코스는 그 무렵 이미 신 아카데메이아에서 떨어져 카르네아데스의 학설을 버린 상태였다. 그것은 신 아카데메이아가 싫어하는 오감에 따른 지각의 명석함을 인정하는 주장에 그의 마음이 움직였기 때문인지, 아니면 어떤 사람들이 말하듯이 클레이토마코스나 피론의 제자들에 대한 경쟁 의식 비슷한 마음에서 사이가 나빠졌기에 자신의 주장을 바꾸고 거의 스토아학파의 주장을 신봉하게 되었기 때문이다. 하지만 키케로는 신 아카데메이아의 학설을 좋아하고 오히려 여기에 마음을 두었다. 그리고 만일 공적인 일을 하는 곳에서 추방당했다면 이 아테네로 옮겨와 토론회나 정치에서 떨어져 철학과 함께 조용히 일생을 보내려 생각했다.

하지만 그러던 날 술라가 세상을 떠났다는 소식이 들려왔다. 또 그는 자신의 몸을 단련한 덕분에 생기 넘치는 건강을 되찾고 있었으며 목소리도 부드러워져 듣기에 기분 좋고 몸 상태와 잘 조화를 이루게 되었다. 게다가 로마의 친구들에게서 세 번에 걸쳐 돌아오라는 편지가 왔다. 한편 안티오코스는 공적인 일에 전념하라고 권한다. 거기서 키케로는 변론술이라는 도구를 익혀 한 번 더 정치적인 재능을 발휘해보려고 생각해 스스로 변설을 연습함과 동시에 그 시절 유명했던 변론가들을 찾아다녔다. 이 때문에 그는 아시아와 로도스 섬으로 가서, 아시아학파 변론가 가운데서는 아드라미티움인 크세노클레스, 마그니시아인 디오니소스, 칼리아인 메니포스, 로도스 섬에서는 변론가로 모론의 아들 아폴로니오스, 철학자 포세이도니오스와 가까이 지내며 그 가르침을 받았다.

아폴로니오스는 라틴어를 모르기에 공부할 때 키케로에게 그리스어로 연설을 하도록 부탁했다고 한다. 그러면 키케로가 자신의 잘못을 훨씬 잘 고쳐 주리라 생각해서 그렇게 했다. 그러자 다른 사람들은 모두 감동하며 서로 경쟁하듯 키케로를 칭찬했지만 아폴로니오스는 들으면서도 기분 좋아하지도 않고 끝난 뒤에도 오랜 시간 가만히 생각에 빠져 있었다. 그래서 키케로가 슬픈 표정을 짓자 아폴로니오스는 이렇게 말했다. '키케로, 자네는 정말 훌륭하네. 감동이야. 다만 나는 그리스의 운명이 가엾어서 어쩔 줄 모르겠어. 교양과 변론만이 우리들에게 남은 아름다운 것인데 오늘 보니 이것마저 자네를 통해 로마인 것이 되어버리는 건 아닐까.'

위와 같은 플루타르코스의 기술을 참작해보면 실제로는 동방으로 떠난 여행은 이런 게 아니었을까. 즉 술라에게서 복수당할 가능성이 큰 상태여서 잠시 로마를 떠나야만 한다면 이를 가장 이롭게 쓸 방법은 없을지 키케로는 생각했다. 거기서 생각해 낸 것은 철학 공부와 변론 수련이라는, 전부터 갈고닦아 정진을 게을리하지 않았던 평생 관심을 가진 분야를 더 배우고 익혀 이를 세련되게 만드는 일이었다. 이 몸과 마음 두 가지에 걸친 단련은 앞으로 정치가가 되려는 사람에게 여기서 다시 한 번 확인하고 최선을 다하는 것도 나쁘지 않다. 술라의 역습이라는 재앙이 예상되는 상황에서 오히려 이를 좋은 일로 받아들이려 했다고 보는 편이 더 좋지 않을까.

변론술과 철학

키케로가 그리스에서 배운 건 무엇일까. 어쨌든 그리스로 간 키케로는 앞에서 인용한 글처럼 먼저 아스켈론인 안티오코스의 강의를 들었다. 안티오코스란 다름 아닌 약 10년 전에 키케로에게 감명을 준 그 아카데메이아학파의 철학자 피론의 뛰어난 제자였다. 이는 키케로의 그리스 유학에서 첫 번째로 관심을 둔 것은 철학적인 분야에 있었다고 생각된다. 이 또한 플루타르코스에 따르면 '신 아카데메이아학파'(회의학파)라 불리는 학파였던 것 같은데, 하지만 그때 안티오코스는 전부터 키케로가 관심을 가진 부분을 이미 버렸었다. 따라서 키케로는 허탕을 친 꼴이 되어 실제 안티오코스의 웅변에는 감동을 받았지만 철학적으로는 그렇지 못했다. '거침없고 아름다우며 우아한 말에는 매력을 느꼈지만 그 학설 안에서 안티코스가 새롭게 고친 점은 키케로는 찬성할 수 없었다.'

여기서 플루타르코스가 〈말〉과 〈학설〉을 구별한 점에 주목할 만한 가치가 있다. 왜냐하면 이 구별은 크게 보면 표현과 내용의 문제이며, 아는 사람에게는 〈수사학·변론술〉(실천)에 대한 〈사변철학〉(이론)이라는 익숙한 구별로 이어지기 때문이다. 실제 법정이나 정치에서의 실천적 활동과 국가나 도덕 등에 대한 철학적 사변이라는 관상적인 활동의 대립과 융화를 둘러싼 문제는 키케로의 온 생애에 걸쳐 통주저음처럼 흐르는 주제나 다름없다. 마흔세 살이라는 젊은 나이에 정계의 정점인 집정관에 취임하기까지 자연스럽게 실천적인 활동에 중점을 둔 생활이 되었겠지만 그동안에도 키케로는 철학적인 사변의 흥미를 완전히 잃지는 않았다.

그 경향은 서서히 정계에서 영향력을 잃어가는 인생 끝 무렵이 되자 드디어 전체에 걸쳐 나타나게 된다. 특히 본의 아니게 카이사르의 비호 아래서 나날을 보낼 처지가 된 만년의 몇 해는 속세의 무상함을 통해 맛본 온갖 괴로움을 철학의 위로로 치료하려 철학적인 사변에 전념하는 일이 많았다. 참으로 키케로의 생애는 한가로움과 일이라는, 또는 중세 뒤로는 특히 관상적인 삶(vita contemplativa)과 활동적인 삶(vita activa)이라 불리게 되는 두 가지 방식으로 이루어졌으며, 때에 따라 중심이 바뀌기는 하지만 이 둘을 합치려 한다는 점에 그의 이상이 있었다고 생각된다.

그리스 유학 초기, 스토아학파의 관점으로 돌아선 안티오코스의 철학 학설에 키케로는 실망을 했지만 철학에 대한 흥미를 잃지는 않고 신 아카데메이아의 학설을 선호하는 그 철학 취향은 변하지 않았다. 그리고 '만일 공적인 일을 하는 곳에서 추방당한다면 이 아테네로 옮겨와 토론회나 정치에서 떨어져 철학과 함께 조용히 일생을 보내려 생각했다.' 이런 생각을 할 정도였다고 한다. 이 플루타르코스의 서술은 뒤에 키케로가 실제로 '공적인 일을 하는 곳에서 추방당했을'때 보이는 행동을 본 뒤에 썼을지도 모르지만 어쨌든 키케로의 관심이 어디에 있었는지를 잘 전달했다고 말해야 한다.

그러나 그리스 유학의 끝 무렵에는 다행이라고 해야 할지 아니면 숙명이라 해야 할지, 반대로 정계로 들어갈 준비와 상황이 키케로 앞에 나타나게 된다.

로마에서는 술라의 위협이 사라지고 변론에 필요한 신체 훈련도 무사히 마쳐 '거침없고 아름다우며 우아한 말'에는 견줄 사람이 없는 안티오코스도 '공적인 일에 전념하라고 권한다.' 정계에 나아가려는 야심에 자극을 받아 그 충동을 억제하기 힘들었던 키케로는 이름 높은 변론가를 찾아 로도스 섬으로 떠났다. 그리고는 고명한 변론가의 하나인 로도스의 아폴로니오스 앞에서 그리스어로 변론을 했으며, 이제 그리스의 문화적인 우위는 끝났다고 말하게 만들었다는 앞의 인용문 마지막 부분의 이야기는 키케로의 유학 성과를 크게 평가한다는 뜻일 것이다.

'나는 그리스의 운명이 가엾어서 어쩔 줄 모르겠어.' 아폴로니오스는 한탄했다. 그리스에서 로마로의 문명과 문화의 전이는 이미 우리의 역사상식이 되어 있다. 하지만 이 경우 변론 하나만이 아니라 교양과 변론이 로마로 옮겨가려 한다는 말이다. 변론이 하나의 기술이라면 교양은 철학이라고까지는 말하지 않아도 기술을 뛰어넘는 무언가의 내용에 해당한다고 생각해도 괜찮을 것이다. 로마로 유출 되어버리는 일이 기술에 그치지 않는 점에 아폴로니오스의 근심이 깊어진다.

2. 청년 키케로의 수사학 이미지―〈발상론〉

웅변과 철학의 종합

한편 그리스로 유학을 떠나기 훨씬 이전, 로마에서의 수업시대라고도 말할 수 있는 시기에 열아홉 살의 키케로는 이미 수사학 책을 썼다. 〈발상론〉이라 불리는 책이 바로 그것이다. 이는 다음과 같은 글로 시작한다.

변론 그리고 웅변을 깊이 연구하는 활동은 과연 인간과 국가에게 선악 어느 쪽에 더 많은 공헌을 했느냐는 문제를 둘러싸고, 나는 자주 그리고 많이 생각해왔다. 왜냐하면 우리 조국이 가진 문제를 생각하고 다른 큰 나라들이 예전에 빠진 불행을 마음속으로 그릴 때, 바람직하지 못한 일의 적지 않은 부분을 유창한 언변을 구사하는 사람들이 가져왔다고 생각하기 때문이다. 그러는 한편 우리의 기억에서 사라져버린 오래된 사실을 찾아 기록을 섭렵하다 보면 다음과 같은 사실을 깨닫는다. 즉 이성이 미친 영향 때문만이 아니라 훨씬 강한 웅변의 힘으로 많은 도시가 만들어졌고, 많은 전쟁이 조정되며, 단단한 동맹관계를 수립해 신성한 우애관계를 맺는다는 사실이다. 나 자신 이성에 이끌려 오랜 생각을 한 결과, 그 최종적인 결론은 웅변 없는 예지는 국정에 이롭지 않지만 예지 없는 웅변 쪽을 매우 유해하고 전혀 도움이 되지 않는다는 사실이다.

따라서 누구든 이성과 도덕에 대한 바르고 존중해야 하는 학문을 업신여기고 변론 훈련에만 전념한다면 그런 시민은 자신도 이득을 보지 못할 뿐만 아니라 나라에도 성가신 사람이 될 것이다. 그렇지 않고 웅변을 하나의 무기로써 익히면서 나라를 위해 하는 일을 방해하지 않고 나라를 위한 일을 추진한다면, 그런 사람은 자신의 이익뿐만 아니라 공공의 복리에서도 가장 유익하며 바람직한 시민이라 생각한다.

수사학 책이 웅변을 다루는 것은 마땅하다 하더라도 그것을 먼저 국가 또는 정치 문제와의 관계로 파악하는 것에 우리는 좀 기이한 인상을 받을 수밖에 없다. 그러나 이는 '수사학은 정치학의 일부에 다름없다' 보는 그리스의 이소크라테스 뒤로 생긴 전통을 따르는 생각으로 실은 매우 전통적인 사고방식이라 여겨야만 한다. 국정에서의 웅변의 공로와 죄에 대해 역사를 돌아보며 이리저리 생각한 뒤에 키케로가 최종적으로 내린 결론은 웅변 없는 예지는 정치적으로 무력하며 예지 없는 웅변은 여러 의미에서 무익하다는 사실이었다.

국정이라는 고차원의 이념에 비추어 봤을 때 수사학의 효용은 공로와 죄가 서로 반반이다. 그리고 수사학(웅변의 학문)이 그 무엇보다 나라를 위해 도움이 된다고 한다면 이는 철학(예지의 학문)과 손을 잡았을 때뿐이다. 철학적 예지는 귀중하고 필요하기는 하지만 국정의 실천에는 이를 활용한 웅변이 없으면 도움이 되지 않는다. 그렇지만 예지가 없이 말만 수려하면 도움이 되지 않을 뿐만 아니라 국정에 유해하다. 키케로가 생각한 웅변과 철학의 이상적인 관계는 철학이 필요조건을, 웅변이 충분조건을 저마다 동시에 채울 수 있는 경우라고 말할 수 있다.

앞에서 보았듯이, 그리스 유학에서 실천적인 변론술·수사학과 이론적인 사변철학의 대립과 통합을 둘러싼 문제가 뚜렷하게 드러나기 시작했다면 그 문제는 이미 젊은 키케로의 수사학 수업시대에 의식화되어 있었다고 말해야 한다. 수사학은 자율적인 지식일 수가 없다고 한 청년 키케로의 인식은 중요하며 또한 짓궂기도 하다. 이것이 중요한 이유는 웅변과 철학의 통합이라는 이상이 늘그막에 이르기까지 그의 마음속에서 계속 자라 최종적으로 〈변론가에 대하여〉에서 전개되기 때문이다. 또한 그것이 짓궂다는 말은 위에서 인용한 첫머리의 숭고한 이상에도 〈발상론〉의 실질적인 내용은 거의 주로 처음부터 끝까지 변론 훈련을 위하는 설명서 같은 느낌을 준다는 사실을 부정할 수 없기 때문이다. 예지 없는 웅변이라고까지는 말하지 않아도 적어도 마땅히 그래야 하는 예지에 대한 부분을 거기서 찾기란 어렵다.

〈발상론〉의 구성

2권으로 이루어진 〈발상론〉은 근본적으로 가지런하게 정돈되어 있기는 하지만 독서 체험으로서는 어쩌면 명쾌한 인상을 얻지 못할지도 모른다. 그 이유는 우리 근대인의 기억 능력이 부족해서인지 아니면 키케로의 말투에 문제가 있는지 선뜻 판단하기 어렵지만, 아마도 근대인의 기억 능력에 원인이 있다고 보는 게 정당하리라 생각한다. 참고로 〈발상론〉의 개요를 요약해서 나타내면 다음과 같다.

'제1권'

수사학은 정치학의 일부를 이루며, 변론을 구성해 실제로 쓰기 위한 규칙과 기술을 다룬다. 변론이 정치학의 일부를 형성한다면 인간 일반에 대한 지식, 말하자면 철학을 다루지 않으면 안 된다. 이렇게 키케로는 먼저 머리글로 말한다.

그러나 변론은 철학처럼 일반적인 문제가 아니라 특수한 개별적인 문제를 다룬다. 그 특수한 개별적인 문제에는 세 가지가 있으며 다음과 같이 나눌 수 있다.

〈변론이 다루는 특수한 개별적인 문제의 세 형태〉

법정적
정치심의적

의례적

다음으로 수사학 또는 변론은 다섯 개의 부분으로 이루어졌으며 다음과
같이 부른다.

〈수사학 또는 변론의 다섯 가지 요소〉

(Ⅰ) 발상(inventio)

(Ⅱ) 구성(dispositio)

(Ⅲ) 표현(elocutio)

(Ⅳ) 기억(memoria)

(Ⅴ) 퍼포먼스(pronuntiatio)

(Ⅰ) 발상에서는 의논의 형태를 발견할 수 있는데, 어떤 영역의 일을 살펴보
는가에 따라 다음과 같이 네 가지 하위구분으로 나눌 수 있다.

〈발상의 네 가지 분류〉

(i) 사실에 얽힌 일을 살펴보는 경우

(ii) 정의에 얽힌 일을 살펴보는 경우

(iii) 행위의 특성에 얽힌 일을 살펴보는 경우

(iv) 가능성에 얽힌 일을 살펴보는 경우

(Ⅱ) 구성에는 발견한 의논의 형태를 알맞은 순서로 배열하는 것이며, 다음
과 같이 여섯 개의 기능으로 나눌 수 있다.

〈구성의 여섯 가지 분류〉

(i) 도입(exordium)

(ii) 서술(narratio)

(iii) 정리(partitio)

(iv) 증명(confirmatio)

(v) 반증(refutatio)

(vi) 결론(peroratio)

(Ⅲ) 표현 – 의논의 형태에 알맞은 언어표현을 부여하는 일.

(Ⅳ) 기억 – 의논의 형태에 담긴 주제와 그것에 주어진 표현을 정확히 기억하는 일.

(Ⅴ) 퍼포먼스 – 주제와 언어표현에 어울리는 동작이나 목소리를 부여하는 일.

이와 같이 수사학의 대상과 구성을 설명한 뒤 키케로는 그 가운데서도 중요하다고 생각하는 발상과 구성에 상세한 의견을 덧붙이며 제1권을 마무리한다.

'제2권'

여기서는 제1권에서 〈수사학 또는 변론의 다섯 가지 요소〉 바로 앞에 말한 〈변론이 다루는 특수한 개별적인 문제의 세 형태〉에 어울리는 의논의 전형적인 예를 제시하는 일, 그리고 마찬가지로 〈발상의 네 가지 분류〉 저마다에 어울리는 의논의 전형적인 예를 제시하는 일을 시도한다.

이념과 실체의 어긋남

이상이 〈발상론〉의 개념이며 그 이름이 나타내듯이 〈수사학 또는 변론의 다섯 가지 요소〉 가운데 주로 발상 부분을 다루며 구성의 일부를 빼놓으면 남은 표현, 기억, 퍼포먼스는 논술 대상에서 빠져 있다. 위의 대략적인 분석으로도 뚜렷이 보이듯이 이 작품의 설명서라는 사실은 명백하다. 앞머리에서 말한 예지가 빠지지 않는 웅변이라는 고매한 이상으로 가는 길은 여기와 꽤 멀다고 말하지 않을 수 없다.

키케로는 발상뿐만 아니라 〈수사학에 얽힌 변론의 다섯 가지 요소〉 모두를 이야기한 뒤에 기법을 뛰어넘은 예지를 말할 예정이었을지도 모른다. 하지만 〈발상론〉을 보면 그 가능성은 매우 적다고 생각할 수밖에 없다. 앞에서 밝힌 변론가에 대한 이상과 그 본체의 큰 부분을 차지하는 수사적인 기술론 사이에는 깊은 균열이 존재한다. 이것은 어떻게 설명해야만 할까.

'젊기 때문'이라는 말은 지나치게 진부할지도 모르겠지만, 어쩌면 그쯤에서 이유를 찾을 수 있는 게 아닐까. 큰 희망을 품은 다른 젊은 로마인들과 마찬가지로 청년 키케로는 정치가를 목표로 수사학 공부에 온 힘을 기울였다. 그 열정적인 공부 과정에서 〈발상론〉이 태어났다고 생각된다.

〈발상론〉의 중심 부분은 순수한 창작이 아니라 그 무렵 수사학의 보편적인 이론이라고 할 수 있는 내용을 쓴 것에 지나지 않다고 하는 생각이 오늘날 학자 사이에서 통하는 정설이기는 하지만, 이는 〈발상론〉이 학습의 부산물로서 태어났다는 가설을 뒷받침하는 것이다. 즉 같은 시대의 수사학 작품 가운데 〈헬렌니우스에게 바치는 수사학〉이라는 책이 있는데, 앞에서도 말했듯이 이는 르네상스에 이르기까지 키케로가 쓴 작품이라 여겼다. 하지만 오늘날 학자들 사이에서는 그 시대 수사학이 공유했던 표준적인 지식이 먼저 존재했고 이를 바탕으로 〈발상론〉과 〈헬렌니우스에게 바치는 수사학〉이 저마다 만들어졌다고 생각한다. 두 작품이 무척 닮은 부분을 지닌 것은 이런 이유에서이다. 〈발상론〉은 말하자면 뛰어난 사람이 정리한 매우 뛰어난 보고서 같은 성격이 강하다.

이는 또 제2권 앞머리에서 말하는 〈발상론〉을 쓰면서 키케로가 기본으로 삼은 원칙의 기술에서도 살펴볼 수 있다. 이 원칙을 말하는데 키케로는 사실적인 미인화로 유명한 제욱시스(기원전 5세기) 이야기를 꺼내며 시작한다. 어느 날 크로톤의 시민들은 주노 신을 숭배하는 신전에 그림을 봉납하려고 많은 돈을 투자한 끝에 명장 제욱시스를 고용했다. 헬레네를 그리고 싶다는 제욱시스의 의견을 받아들여 시민들은 미인을 골라 모은 뒤 그에게 보여주자 제욱시스는 그 가운데 다섯 사람을 뽑았다. 왜냐하면 이상적인 아름다움을 추구한다면 신체의 부분마다 가장 뛰어난 면들을 종합하는 편이 좋다고 여겼기 때문이다. 이 이야기에 이어서 키케로는 다음과 같이 말했다.

마찬가지로 내 마음속에 수사학 책을 쓰고 싶다는 생각이 들었을 때 어떤 종류든 하나의 모형을 찾아 그것을 자세하게 설명하는 일 따위는 생각하지 않았다. 그게 아니라 이 주제를 담은 글을 쓴 모든 작가들의 작품을 모은 뒤 가르치는 방법이 가장 뛰어나다고 생각되는 부분마다 가려 뽑아 여러 재능을 가진 작가들로부터 가장 빼어난 부분들을 모아 종합한 것이었다.

조금 뒷부분에서 '(수사학의) 공유재산에 나는 독자적인 관점에서 무언가 공헌했다.' 키케로는 이렇게 쓰기는 했지만 〈발상론〉에서 보이는 키케로의 자세는 기본적으로 절충주의, 그것도 '좋은 점만 취하는 절충주의'에 바탕을 둔다고 말해야 한다.

하지만 그럼에도 앞머리에서 크게 밝힌 예지를 바탕으로 한 웅변의 이상은 진지하게 받아들여야만 한다. 비록 결과로서 그 본체가 제욱시스의 헬레네처럼 이상적인 여러 부분들로 이루어진 수사학 설명서였다고 하더라도, 적어도 키케로의 정신으로는 단순한 기술론 수준에 머무르는 데 만족할 생각은 아니었다.

〈발상론〉에서 볼 수 있는 이런 이념과 실체의 어긋남은 젊은이의 패기로 일축해서는 안 된다. 수사학과 변론술에서의 키케로의 이상은 그 뒤 평생에 걸쳐 잊어버리는 일 없이, 그의 인생과 함께 무르익어가며 이윽고 〈변론가에 대하여〉로 열매 맺게 된다. 그러나 그의 〈변론가에 대하여〉를 말하기 전에 〈발상론〉의 그 뒤 운명을 살펴보지 않으면 안 된다.

3. 키케로 수사학의 전통

〈발상론〉의 절대적인 영향력

쉰 살을 넘은 무렵 키케로는 〈변론가에 대하여〉를 완성했다. 거의 10년 전에는 평생의 바람이었던 집정관이라는 정무관 최고지위에 올라가 카틸리나의 음모를 미리 막아낸다는 쾌거를 이루고 인생의 절정기를 보냈다. 그 뒤 바로 자신을 적대시하는 사람의 반감을 사서 망명이라는 고난을 겪어야만 했다. 그러나 이 고난도 극복하고 다시 환호 속에서 로마로 돌아와 그야말로 꿈을 꾸듯 한 번 더 도전하는 기회를 실현한 시기였다.

그렇듯 인생경험에서도 또는 지적으로도 노련한 정신적인 성숙함에서 젊은 날에 쓴 〈발상론〉을 돌아보며 키케로는 〈변론가에 대하여〉에서 다음과 같이 말했다. 그 작품은 '내가 아직 소년이던 무렵, 아니 소년기를 벗어난 지 얼마 안 된 청년 시절, 공책에 중요한 부분만 요약해서 쓰는 것 같은 형식으로 만든 미완성이며 볼품없는' 글이라고 했다. 이 세상에서 자신의 작품을 이야기하는 작가만큼 믿을 수 없는 사람은 없다고 생각하지만, 늘그막의 〈변론가에 대하여〉와 비교해 보면 분명 〈발상론〉에는 키케로 특유의 세련됨이 없다는 사실을 알 수 있다. 사상적 또는 이념적인 보충이 충분하지 않으며 쓸데없이 말이 많다고 잘못 생각할 만한 풍성하고 입체적이라고도 할 수 있는 키케로다운 문체의 부재, 이렇게 내용과 형식에 걸쳐 미숙한 면이 눈에 띈다는 사실을 부정할 수 없다.

그럼에도 이 청년 키케로가 시험한 수사학 논문은 수사학의 기본 교과서의 하나로서 그 뒤 서구 세계에 천 년이나 넘게 절대적인 영향력을 끼치게 된다. 〈발상론〉과 그 연장선에서 쓴 〈토피카〉, 〈발상론〉의 형제라고도 할 수 있는 〈헬렌니우스에게 바치는 수사학〉, 그리고 수사학에서는 키케로의 동생뻘이라 할 수 있는 퀸틸리아누스(35~95년)의 〈변론가 교육〉, 이 네 작품들은 나란히 중세 수사학 교육의 전통을 이루었다. 중세 수사학을 자주 키케로의 전통이라 말하고, 키케로가 중세에 웅변의 왕이라 불린 이유가 여기에 있다.

알다시피 서양 중세의 대표적인 교육제도는 기초 세 과목 트리비움(trivium) 그리고 고등 네 과목 콰드리비움(quadrivium)으로 구성됐으며, 이를 합쳐 일곱 개의 교양 과목이라 불렀다. 트리비움은 문법, 논리학, 수사학으로, 콰드리비움은 산술, 기하학, 음악, 천문학으로 이루어진다. 뒤에 근대의 시점으로 중세를 비판할 때 트리비움은 트리비알(trivial)이라는 말의 어원이 되어 버리지만(참고로 영어로 하찮은 것이라는 의미로 사용된 초기의 예로 〈옥스퍼드 영어사전〉은 1573년 셰익스피어의 작품을 들었다) 그 비아냥거리는 비난은 중세적인 교양의 폭넓은 영향력을 오히려 잘 나타내 준다. 게다가 주로 키케로의 전통에서 이루어진 수사학은 기초 세 과목 가운데서도 매우 중요한 위치를 차지한다.

여기서 말하는 키케로의 전통이란 〈발상론〉의 앞머리에서 밝힌 예지와 웅변의 종합으로서의 수사와 변론의 학문이 아니라 〈발상론〉의 실체에 따른 수사학적 기술을 가리킨다는 사실을 새삼 다시 말할 필요는 없을 것이다. 하지만 그렇다고 중세 전반에 걸쳐 수사학은 처음부터 끝까지 예지에 대한 관심에서 떨어진 온전한 기술론이었느냐고 물으면 반드시 그렇다고 단언할 수는 없다. 예를 들어 중세의 입구에 있던 아우구스티누스(354~430년) 등은 예지와 웅변의 문제에 관심을 가지고 이 둘을 종합적으로 익히면 더할 나위 없지만, 그렇게 할 수 없는 사람은 예지를 바탕으로 하지 않은 내용을 시원스럽게 잘 이야기하는 것보다 오히려 시원스럽게 잘 말하지는 못해도 예지가 있는 내용을 이야기해야 한다고 〈그리스도교 교의론〉에서 말했다.

이 글은 그야말로 〈발상론〉 앞머리에서 말한 키케로의 관점이며 기술론이 아니다. 서양 중세에 아우구스티누스가 미친 영향은 상당히 알려지지 않았으며, 거의 천 년이라는 중세의 오랜 역사에 걸쳐 이런 종류의 논의가 때때로 이루어졌으리라는 사실은 상상하기 어렵지 않다. 그렇지만 이런 자세는 중세 수사학에서 오히려 예외적이라 생각하는 편이 좋다. 중세의 키케로 수사학의 전통은 본질적으로 글쓰기 또는 말하기에 대한 실학 교육에 관련된다. 그리고 실제 글쓰기는 편지를 쓰는 법, 말하기는 설교의 방법이라는 이름 아래서 학습했다.

여러 주석과 번역

〈발상론〉을 둘러싸고는 주석과 번역이 다양하게 남아 있는데 이들은 중세에 키케로 전통이 얼마나 중요하고 뿌리 깊은 것인지를 잘 보여준다. 중세에서는 어떤 작품에 주석이 달린다는 일은 그 작품의 고전적인 권위가 인정받았다는 사실을 뜻했다. 베르길리우스의 〈아이네이스〉를 다룬 세르비우스(4세기 중반~ 5세기 초반)의 주석, 또는 키케로 〈국가에 대하여〉의 마지막장에 해당하는 스키피오의 꿈에 마크로비우스가 단 주석 등이 좋은 예이다. 또 주석이라고는 해도 본문 일부의 어구에 설명을 붙이는 게 아니라, 본문의 문맥을 무시하고 어떤 말이나 개념에 대한 백과사전적인 설명이 길게 펼쳐지기 때문에 본문의 몇 배로 늘어나는 때가 많다.

세르비우스나 마크로비우스 같은 유명한 사람들 말고는 주석이라는 중세 특유의 장르 일반에 대한 본격적인 연구는 얼마 전에 막 시작됐을 뿐이며 아직 그 방대한 전체 내용은 밝혀지지 않았다. 키케로의 〈발상론〉에도 연구 상황은 비슷하지만 그럼에도 아우구스티누스가 〈고백〉에서 그 이름을 올리는 제정기의 수사학자 빅토리누스로 시작하는 주석의 전통은, 아마도 여러 형태로 이어져왔을 것이고 우리가 아는 한 황금기라 부르는 12세기로 이어진다.

예를 들어 샤르트르의 티에리(?~1150년)라고 하면 이미 서양 중세 역사에서는 정착한 개념인 12세기 르네상스의 인기 있던 사상가 중 하나이지만 그런 티에리도 〈키케로 발상론 주석〉을 남겼다. 그뿐만이 아니다. 〈키케로 수사학 주석〉이라든지 〈툴리우스의 수사학 주석〉(키케로의 정식 이름은 마르쿠스 툴리우스 키케로이며 그는 자주 툴리우스라 불린다)이라는 책이 12세기를 지나 유럽 여러 지역 수도원 부속 도서관에 존재한 사실이 확인되었다. 이 경우에 키케로(툴리우스)의 수사학이라고 불리는 작품은 〈발상론〉과 〈헬렌니우스에게 바치는 수사학〉을 섞어서 하나로 만든 것을 의미하며 키케로 수사학의 전통이 하나의 총체를 이루었다는 사실을 뒷받침한다.

중세 끝 무렵 13세기가 되면 〈발상론〉과 〈헬렌니우스에게 바치는 수사학〉은 프랑스어나 이탈리아어 같은 속어로 차례차례 번역되게 된다. 주석이 명예이며 고전적 권위의 인정이라고 한다면 라틴어에서 속어로 번역된다는 흔하지 않은 일은 그 작품이 쓸모 있다는 증거와도 같다. 그 가운데서도 단테의 스승에 해당하는 브루네토 라티니(1220~1294년)의 번역은 역사에 이름을 남기지만, 그 〈수사학〉은 〈발상론〉을 부드러운 이탈리아어로 옮긴 작품이며 프랑스어로 쓴 〈보물의 서〉 제3권은 키케로의 수사학, 그러니까 〈발상론〉과 〈헬렌니우스에게 바치는 수사학〉의 번안이라 말할 수 있다. 라티니의 〈보물의 서〉는 나아가 보노 장보니(1235~1295년)가 이탈리아어로 옮겼다. 〈헬렌니우스에게 바치는 수사학〉도 〈수사학의 꽃〉 또는 〈툴리우스의 새로운 수사학〉이라는 제목으로 이탈리아어로 번역되었다. 그뿐만이 아니다. 위에서 말했듯이 여러 종류의 〈키케로 수사학 주석〉이 〈발상론〉과 〈헬렌니우스에게 바치는 수사학〉을 종합해 하나의 키케로 수사학으로 다뤘듯이, 프랑스의 장 당티오슈는 〈발상론〉과 〈헬렌니우스에게 바치는 수사학〉을 구별하지 않고 그것을 한 권의 〈키케로의 수사학〉(1282년)으로 번역했다.

르네상스적인 회의의 시선

그러나 중세 끝 무렵부터 르네상스 초기(14세기부터 16세기)의 키케로 수사학 속어 번역은 유럽 여러 나라의 문화적 상황에 따라 매우 차이가 있었다. 이탈리아와 프랑스는 흔들림 없는 선진국이었지만, 예를 들어 〈발상론〉이 카스틸리아어로 번역된 것은 15세기 초기이다. 나아가 그 무렵 문화적으로 후진국이었던 영국으로서는 키케로의 수사학이 번안된 16세기 전반 토머스 윌슨의 〈수사학〉(1530년)까지 기다려야만 했다.

그런데 그 사이 이탈리아에서는 일찍이 키케로 수사학의 일체성에 대해 의문이 제기되기 시작했다. 다시 말하면 〈헬렌니우스에게 바치는 수사학〉이 과연 키케로의 작품인가 아닌가를 이를 의심하는 논의가 나오기 시작한 것이다. 최근의 연구에 따르면 〈헬렌니우스에게 바치는 수사학〉에 대한 의문은 1491년 파도바 인문주의자 라파엘 레조(1440~1520년)가 쓴 서간체의 단문 〈의문-헬렌니우스에게 바치는 수사학을 키케로의 작품으로 오인한 것이 아닌가〉에서 시작하게 되는데, 일반적으로는 누가 뭐라 해도 에라스무스(1466~1536년)가 제시한 같은 의문이 문제를 결정적으로 만들었다고 할 수 있다.

〈발상론〉과 〈헬렌니우스에게 바치는 수사학〉을 중심으로 한 굳건한 키케로 수사학의 붕괴, 〈헬렌니우스에게 바치는 수사학〉을 키케로가 쓰지 않았다고 하는 르네상스의 회의적인 시선은 바로 이 일을 부추긴다. 하지만 동시에 이 시선은 키케로의 다른 글에서 새로운 〈키케로적 수사학〉의 이상(理想)을 찾아내게 된다.

4. 새로운 문체의 발견 – 〈변론가에 대하여〉

완전판의 발견

밀라노 남동쪽에 로디라는 도시가 있다. 1422년 그 도시 성당에서 제럴드 란드리아니 주교는 키케로의 수사학에 관련된 작품이 정리된 사본을 발견했다. 거기에는 〈발상론〉, 〈헬렌니우스에게 바치는 수사학〉, 〈브루투스〉, 〈변론가〉, 〈변론가에 대하여〉가 수록되어 있었다. 이것만이라면 그다지 새로운 발견이라고는 말할 수 없다. 하지만 마지막의 〈변론가에 대하여〉를 봤을 때 란드리아니는 매우 기뻐했다. 빠진 부분이 없는 완전판이었기 때문이다.

중세 전반에 걸쳐 〈변론가에 대하여〉가 알려지지 않았던 것은 아니고 이따금이지만 언급되는 일도 있었다. 하지만 중세에 완전판은 없고 14세기 페트라르카의 〈아티쿠스에게 보내는 서간집〉 대발견 뒤로 인문주의자들은 빠진 부분이 있는 〈변론가에 대하여〉의 완전한 모습을 찾는 관심이 높아졌을 것이다. 아마도 페트라르카의 영예로운 발견이 란드리아니의 머릿속에 떠오른 게 틀림없다. 또는 르네상스의 책사냥꾼으로 유명한 포조 브라치올리니가 몇 년 전(1416년)에 퀸틸리아누스의 〈변론가 교육〉의 완전판을 발견한 쾌거가 기억에 새로우니 이쪽을 먼저 떠올렸을지도 모른다.

어쨌든 란드리아니는 흥분했을 게 틀림없지만 안타깝게도 사본의 생략형 서체를 읽을 수 없다. 아무래도 완전판이라고 상상은 되지만 그는 작품의 내용을 완전하게는 읽을 수 없었다. 그래서 란드리아니는 서둘러 그 사본을 키케로 전문가로 유명한 밀라노의 가스파리노 바르지자(1360~1431년)에게 보냈다. 그 사본의 중요성은 바로 인정받았고 바르지자는 물론이고 인문주의자들은 서로 그 복사본을 원했다(하지만 페트라르카의 〈아티쿠스에게 보내는 서간집〉과 마찬가지로 란드리아니가 발견한 사본은 그 뒤 얼마 지나지 않아 행방불명이 되었다).

발견자 란드리아니가 먼저 바르지자에게 그 사본을 보낸 것은 〈변론가에 대하여〉라는 작품에게도, 르네상스의 키케로주의에게도 행운이었다. 그 무렵 유럽에서 바르지자만큼 그 내용을 바르게 이해할 지성을 가진 사람은 없었을 터이며 또 그의 문화적인 영향력은 절대적이었기 때문이다. 키케로 신봉자로 유명한 바르지자는 밀라노와 파도바에서 교단에 섰으며 그의 제자로는 1423년 만토바에서 유명한 학교를 연 비토리노 다 펠트레(1378~1446년), 그리고 마찬가지로 본격적인 인문주의자로 유명한 프란체스코 필레루프(1398~1481년) 등이 있다. 물론 제자들 사이에서 뿐만 아니라 과리노 베로네제(1374~1460년)를 시작으로 한 크리솔로라스 아래의 인문주의자들 사이에서도 완전판 〈변론가에 대하여〉가 널리 퍼졌다.

〈변론가에 대하여〉의 주제와 그 전개

르네상스 초기 인문주의자들 사이에서 〈변론가에 대하여〉는 절대적인 인기를 자랑했다. 완전판이 나타났기 때문이기도 하지만 완전판을 발견하지 못했더라도 아마 〈변론가에 대하여〉같은 작품의 완전판을 찾으려 하는 풍토가 있었기 때문이라는 설명도 충분히 가능할 것이다. 특정한 문학과 예술 작품이 그것을 낳은 시대정신을 상징하는 일이 가능하다고 한다면 르네상스와 〈변론가에 대하여〉는 바로 그런 상응관계로 파악할 수가 있다. 본디 역사 교과서가 르네상스에서 말하는 인문주의자(영어로 humanist)라는 호칭은 정작 르네상스 초기에는 존재하지 않았다. 그 무렵에는 인문주의자 대신 통상 변론가(orator) 또는 수사학도(rhetor)라 불렀다. 그만큼 표현과 문체의 문제가 지적인 관심을 받을 만한 일이었다고 생각해야 한다.

기원전 91년의 일이다. 로마 교외 투스쿨룸에 있는 크라수스의 별장에 몇몇 손님이 모여 변론가에 대해 의논을 했다. 이것이 〈변론가에 대하여〉의 기본 설정이다. 작가 키케로가 아직 어린 시절이기에 마땅히 키케로 자신은 등장하지 않는다. 주요 등장인물은 그 시절 이미 변론가로 이름을 떨친 루키우스 크라수스, 마찬가지로 유명한 변론가 마르쿠스 안토니우스 같은 주연급 인물 두 사람, 이들에게 변론의 자세를 묻는 젊은 코타와 술피키우스 등으로 이루어진다.

주제는 물론 올바른 변론가의 자세란 무엇인가이지만 크라수스의 이상론과 안토니우스의 실천론 또는 경험론 사이에서 논의가 벌어진다. 모름지기 변론가라면 열심히 수사학을 갈고닦으며 철학을 포함한 모든 학문과 예술, 지식에 능통하지 않으면 안 된다는 게 크라수스의 이상론적인 주장이다. 이에 안토니우스는 본디 웅변이란 물질적으로 재능의 문제이며 노력으로 익히기에는 한계가 있고 나아가 철학을 시작으로 모든 학문과 예술에 능통하다는 일은 불가능하며 변론가가 해야 하는 일은 온갖 학문과 예술에서 지식을 빌려 받아들이는 것이나 다름없다고 반론한다.

안토니우스의 '웅변은 본질적으로 재능이다'는 생각에 크라수스도 동의 하지만 그런 뒤에 다시 수사학 학습의 필요성을 강조한다. 그러면서 〈발상론〉에서 살펴본 여러 지식, 특히 〈수사학 또는 변론의 다섯 가지 요소〉 발상, 구성, 표현, 기억, 퍼포먼스를 언급하며 덧붙여 역사, 법률, 정치 등에 걸친 폭넓은 지식의 중요성을 말한다. 안토니우스는 이에 반론하며 변론의 목적은 청중의 감정에 호소하며 공감을 얻는 일이며 이를 위해서는 철학이나 법률 등의 전문적인 세세한 지식은 필요 없고 상식만 있으면 충분하다고 주장한다(여기까지가 제1권).

안토니우스가 자신의 경험론을 바탕으로 발상, 구성이라는 수사학 훈련은 이론적으로 살펴볼 필요도 없이 암묵적으로 실천한다고 말하며 이처럼 명백한 일에 원리와 규칙을 부여하는 그리스 인의 어리석음을 비웃는다. 실천적으로 따라해야 할 본보기를 바라는 건 좋은 일이지만 천부적인 재능을 타고난 변론가는 이것조차 필요로 하지 않는다. 기억에는 확실히 기억술이라는 기술이 있어 쓸모 있기는 하지만 이 또한 태어나면서부터 가진 재능에는 이기지 못한다. 안토니우스는 이렇게 말한다(여기까지가 제2권).

요구에 응해 크라수스가 형식을 이야기한다. 뛰어난 변론 형식에는 여러 가지가 있는데 시원스러운 것, 섬세한 것, 날카로운 것, 유창한 것, 힘이 넘치는 것 등이 있으며 저마다의 특징을 갖춘 뛰어난 변론가도 있다. 중요한 점은 이런 특징들이 잡다하게 섞인 형식에 빠지지 않는 일이다.

옛 그리스에서는 사고와 언어 표현은 하나가 되어 지혜를 이룬다고 생각했지만 소크라테스가 둘을 나누어버리는 방향을 제시했다. 그러나 아리스토텔레스를 필두로 하는 소요학파나 아카데메이아학파의 철학에서는 웅변(수사학)과 철학을 관련지어 생각한다. 지와 표현의 관계를 말하자면 확실히 수사학의 기법보다 폭넓은 지식이 더 중요하지만 사람들에게 주는 효과라는 관점에서 보면 변론술 없는 철학자보다 뛰어난 수사학도가 더 위다. 변론가가 되는 길만큼 험한 길은 없다. 진리는 마땅히 거짓을 이기지만 진리를 담은 표현이 빈약하면 진리도 의미가 없다. 언어표현은 이처럼 중요하다. 이렇게 제3권은 마무리되고 모든 권이 끝난다.

플라톤을 본뜬 대화편의 형식을 취한만큼 권마다 앞머리에 잠깐 나오는 작가 키케로의 안내문 같은 이야기 말고는 작가의 의견이나 시점이 직접적으로 끼어드는 일은 없다. 그렇기는 하지만 크라수스의 이상주의와 안토니우스의 실천적 경험주의 사이에, 작가 키케로의 사상적인 관점이 있었으리라는 사실은 상상하기 어렵지 않고 아마도 그렇게 생각하는 게 옳을 것이다. 로마인 특유의 실제주의에서 보면 '완전한 변론가'라는 이상적인 말은 아무래도 위화감을 준다. 그러나 그리스적인 교양을 익혀버린 키케로에게는 그런 이상이 없는 지적영위 따위는 아무 의미가 없다. 이런 생산적인 모순을 표현하기 위해서는 대화편이라는 형식이 안성맞춤이었을 것이다.

말할 필요도 없이 이런 주제의 전개만으로 〈변론가에 대하여〉라는 작품을 모두 담은 건 아니다. 예를 들어 제1권에서는 시원스럽게 잘 말하기 위해서는 무엇보다 먼저 문장화한다는 작문 연습이 꼭 필요하다는 시대를 뛰어넘은 귀중한 조언이 보인다. '누구든 오랜 세월에 걸쳐 또 많은 글을 쓴다고 하지 않았다면 그 자리에서 그런 언론을 아무리 기를 써서 연습해 본들 그것을 손에 넣을 수는 없다.' 이 말은 영어 회화 수업을 하면 영어를 유창하게 말할 수 있다고 믿는 어느 나라의 영어 교육 관계자에게 들려주고 싶다. 그리고 2권에는 유머의 필요성과 그 허용 범위에 대한 흥미로운 구절이 있다. 웃음 없는 변론만큼 곤란한 건 없지만 동시에 더러운 화제로 웃기려고 하는 변론은 훨씬 나쁘다. 이런 문제를 다룬다.

아니면 로마식의 그리스 비판도 우리들에게는 재미있다. 그리스는 학문으로는 뛰어나지만 무엇보다 중요한 미덕에서는 로마를 넘어설 나라는 없다든지 또는 플라톤은 수사학을 근본적으로 비난하지만 그 비난을 하는 뛰어난 말솜씨 자체는 무척 유창하며 짓궂게도 수사학의 중요성을 훌륭하게 보여준다는 이야기 등의 소탈한 플라톤 비판은(누구나가 그렇게 생각하지만 차마 입 밖으로 말할 수 없기에) 통쾌하다고 할 수 있다. 키케로 관점에서 보면 플라톤 또한 변론과 예지가 빼어난 철학자가 될 것이다.

키케로풍 라틴어 문장 – 문체의 새로운 모델

하지만 그런데 이런 〈변론가에 대하여〉라는 작품에 르네상스의 인문주의자들은 왜 이처럼 강한 관심을 가졌을까. 물론 전인격적이라고도 할 수 있는 완전한 변론가를 목표로 한 수사학적인 이념이 하나의 이유였음에 틀림없다. 르네상스 초기에 인문주의자라 불리는 사람들이 존재하지 않는 것은 변론가와 수사학도뿐이었다고 이미 말했다. 하지만 그것만이 아니었다. 넓은 의미에서의 문체에 대한 관심이라는 문제가 거기에 존재했다.

고대 로마의 변론가와는 다르게 법정에서의 변론이나 의장의 논쟁 같은 실천적인 활동은 르네상스 인문주의자들과는 거의 인연이 없었다. 그래서 필연적으로 그들에게 수사학 또는 변론은 본질적으로 문체의 문제로 돌아갈 수밖에 없었다. 게다가 중세에서는 쉽게 볼 수 없는 새로운 문체가 지식인들 사이에서 절대적인 영향력을 가졌기에 문학과 예술 활동 전반에 하나의 인식체계의 대전환을 가져왔다.

아마도 예를 들어 설명하는 게 좋을 듯하다. 다음은 제1권에서 크라수스가 자신의 주장을 말하는 구절의 하나이다.

나는 이렇게 생각한다. 자유인에 걸맞은 모든 학문과 예술에 정통하지 않으면 누구라도 변론가가 될 수 없다고 말이다. 비록 실제 회화나 연설에서 그런 학문과 예술을 우리가 직접 쓰는 일이 없음에도 우리가 그 교양들을 알고 있는지, 아니면 제대로 익히고 있는지 아닌지는 살짝만 봐도 훤히 알 수 있다. 이는 예를 들면 구기종목 선수가 경기를 할 때 그들이 훈련하면서 익힌 기량을 그대로 쓰는 일은 없겠지만 그럼에도 그들의 움직임에서 실제 훈련을 받았는지 어떤지가 보인다. 또 그림을 그리는 사람도 실제 아무런 기법을 쓰지 않았음에도 과연 화법을 익혔는지 아닌지는 숨길 수 없이 분명하다. 이와 마찬가지로 법정이나 시민회의, 원로원 등의 변론에서도 사태는 전혀 변하지 않는다. 즉 변론 그 자체에 여러 지식이나 학문, 예술이 본디 들어 있는 게 아님에도 어떤 사람이 변론할 때 단순히 웅변하는 척을 하는지 아니면 모든 교양과 학문, 예술에 능통하면서 변론을 즐기는지 아닌지 이를 구분하는 일은 전혀 어렵지 않다.

> (sic sentio neminem esse in oratorum numero habendum, qui non sit omnibus eis artibus, quae sunt libero dignae, perpolitus ; quibus ipsis si in dicendo non utimur, tamen apparet atque exstat, utrum simus earum rudes an didicerimus : ut qui pila ludunt, non utuntur in ipsa lusione artificio proprio palaestrae, sed indicat ipse motus, didicerintne palaestram an nesciant, et qui aliquid fingunt, etsi turn pictura nihil utuntur, tamen, utrum sciant pingere an nesciant, non obscurum est ; sic in orationibus hisce ipsis iudiciorum, contionum, senatus, etiam si proprie ceterae non adhibeantur artes, tamen facile declaratur, utrum is, qui dicat, tantum modo in hoc declamatorio sit opere iactatus an ad dicendum omnibus ingenuis artibus instructus accesserit.)

설명의 편의를 위해 번역문은 문장을 잘라서 만들 수밖에 없었지만 원문은 위의 인용으로 보아 알 수 있듯이 하나로 이어진 매끄러운 한 문장이다. 호흡이 긴 한 구절이기는 하지만 밑줄로 표시한 접속어가 보여주듯 그 구조는 효과적이며 알기 쉽다. 여기서 놓쳐서는 안 되는 점은 복잡하고 정교하게 이루어진 하나의 구조에 대한 관심과 집착이라고도 이야기할 수 있지 않을까.

먼저 전체의 뼈대로 '이렇게'(sic) 생각한다로 시작해 그것을 증명하는 '그것은 예를 들면'(ut)이라는 절이 이어지며, 더 나아가 이를 받아 '마찬가지로'(sic)라는 결론에 이르는 큰 틀이 존재한다. 지금 이를테면 그것을 내용면으로 봐서 A—B—A'로 표시할 수 있다면, A—B의 관계는 B—A'의 관계와 마찬가지로 기본

적으로 비교에 바탕을 둔다고 말할 수 있다. 이 비교적 접속을 예를 들어 p로
나타내면 이 문장은 다음과 같이 된다.

$$A—B—A'$$
$$p\ p'$$

그리고 먼저 A 부분에 '불구하고/~인지 아닌지'이런 한 쌍의 대비 또는 대립
을 나타내는 접속구조가 있다고 한다면 완전히 똑같은 구조가 B에서도 두 번
반복되며 A'에서도 다시 등장한다. 조금 전과 마찬가지로 '불구하고/~인지 아
닌지'이런 대비적인 접속구조를 z+w로 표시한다면 문장 전체는 다음과 같이
나타낼 수 있다.

$$A(z+w)—B(z+w\ ;\ z+w)—A'(z+w)$$
$$p\ p'$$

이처럼 z+w나 p 비교 유추 또는 대비를 강조하는 접속관계를 통해 몇 가지
생각이(단어·구)나 진술(절)을 균형 잡힌 형태로 구성해 가는 문장을 수사학에
서는 완성문 periodus(영어로 period)이라 부른다. 키케로는 이를 좋아했는데, 특
히 매우 뛰어났기 때문에 완성문의 모범이 되었다.

몇 개의 작은 단위가 모여 보다 큰 단위를 이루고, 거기서 더 고차원적인 단
위가 만들어지며, 그리고 그것들을 바탕으로 하나의 큰 구조물이 세워진다.
게다가 그 크고 작은 단위는 비교나 대비의 교묘함을 보여주면서 하나의 통일
체로 정리된다. 대조의 정교함과 문장의 아름다움, 이런 고전적인 키케로풍 라
틴어 문장의 특성은 일반적으로 중세 라틴어에서는 쉽게 하지 못했다. 그렇기
때문에 완성문이라는 것이 더욱 르네상스 초기 인문주의자들의 마음을 사로
잡았다고 해도 그다지 이상할 것이 없다.

르네상스 그림에 준 영향

완성문의 패러다임이라고 부를 만한 글이 르네상스 시대에 확인되고 그것
이 수사학을 넘어 얼마나 강력한 영향을 주었는지를 알기 위해서는 '초기 르

네상스를 대표하는 만능인'이라 불리는 레온 바티스타 알베르티(1404~1472년)의 〈회화론〉을 살펴보는 게 좋을 것 같다.

고전문화역사가 마이클 박산달이 매우 잘 증명했듯이 본디 수사학에 속한 완성문이라는 개념은 알베르티의 회화론에서 하나의 패러다임으로서 기능하며 그 독특한 회화구성법의 이론에까지 영향을 미쳤다. 〈회화론〉의 제2권은 회화의 구성을 주제로 하나를 이룬 전체 안에서 평면들과 저마다의(그려진) 대상이 서로의 기능을 충분히 드러낼 수 있는 회화적인 구성법의 이상적인 모습을 이야기한다. 그때 구성이란 다음과 같이 정의된다.

> 구성이란 그림을 그리는 방법이며 그것으로 여러 부분들은 하나의 회화 작품으로 정리된다. 화가의 가장 큰 일은 커다란 동상 같은 것을 만드는 작업이 아니라 이야기에 참여하는 데 있다. 커다란 동상 같은 작품이 아니라 이야기에서 재능이 높이 평가된다. 이야기를 만들어내는 요소는 여러 인체이며, 인체의 요소는 팔다리이고, 팔다리의 요소는 여러 평면이다. 따라서 작품의 첫 번째 요소는 평면이다. 왜냐하면 거기서부터 팔다리가, 팔다리에서 인체가, 그리고 인체에서 이야기가 구성되기 때문이다.

그려야 하는 대상에 대해 커다란 동상과 이야기의 대비는 지나치게 당돌하지만, 즉 아무리 큰 작품이라고 하더라도 하나의 정적인 형상을 그리는 일로는 안 되고 몇 가지의 인체 표상을 통해 이야기, 또는 인간의 이야기인 역사를 그려내야 한다고 말하려는 것이다. 여기서 알베르티는 많은 회화의 종류 가운데서도 이야기가 있는 그림에 대한 자신의 취향을 남몰래 나타내며 더 구체적으로는 지오토(1266~1337년)의 작은 배를 염두에 두고 썼을 가능성이 높다고 생각된다.

여기서 주의해야 할 점은 이 이야기로서의 한 폭의 그림이 평면에서 시작하는 4단계 과정을 걸쳐 하나의 정돈된 작품으로 구성된다고 본다는 점이다. 왜냐하면 이 4단계 과정으로 이루어진 구성의 개념은 바로 르네상스 인문주의자들이 누구나 수사학에서 배웠을 문장 구성의 개념과 완벽하게 맞아떨어지기 때문이다. 즉 '단어의 조합으로 구가 생겨나고, 구의 조합으로 절이 만들어지며, 절의 조합으로 문장이 탄생한다'는 같은 4단계의 구성 개념이 그것이며,

이 또한 마찬가지로 콤포시티오(compositio)라 불렸다. 그러니까 수사학적인 문장의 구성과 알베르티의 이야기가 있는 그림 구성 사이에는 다음과 같은 평행적 구조를 볼 수 있다.

단어 — 구 — 절 — 문
평면— 팔다리 — 몸 — 그림

물론 문장은 그 자체로 완성문이 아니기에 특수한 르네상스적인 완성문이 가져왔을 영향력의 완전한 증거는 되지 않는다. 하지만 알베르티가 말하는 이야기가 단순히 평면에서 서서히 쌓아 올린 건축물에 그치지 않고 4단계를 거치면서 끊임없이 대비나 비교를 거듭하고 그러면서 전체의 균형을 찾은 끝에 이루어낸 것이라고 한다면, 그리고 아마도 그렇기에 알베르티는 정적이며 단일한 커다란 동상을 배제했다고 생각되는데 그의 경우 위에서 말한 문장과 그림의 유사점은 한없이 완성문과 이야기가 있는 그림의 그것에 가까워진다고 말할 수 있다.

마땅히 이런 종류의 일에 확증은 있을 수 없다. 엄밀한 문화역사가는 이것을 듣고 의심할 게 틀림없다. 하지만 시대정신을 존중하는 경향은 1422년 완전판 발견에 이은 〈변론가에 대하여〉에 대한 많은 관심과 알베르티의 〈회화론〉(1436년)에서 같은 시대성에서 무언가 의의를 찾아내지 않고는 배기지 못한다.

키케로 주의의 전개

초기 르네상스의 완성문에 대한 관심은 키케로풍 문체에 대한 동경과 밀접한 관계였다. 따라서 수사적인 열광은 마땅히 키케로 모방으로 이어졌으며 이른바 키케로주의자를 만들어 내게 된다. 더 나아가 열광은 모방의 완전주의자들까지 낳았고 그들은 단어에서 문장까지 4단계 모두에 걸쳐 키케로의 작품에서 찾아볼 수 없는 방법은 절대로 써서는 안 된다는 극단적인 주장을 하기도 했다.

이윽고 로렌초 발라(1407~1457년)의 등장과 함께 사람들은 이런 맹목적인 키케로주의에서 벗어나 보다 생산적이며 자유로운 키케로주의로 나아간다. 그리고 16세기 에라스무스의 〈키케로주의자〉에 이르러 키케로의 수사학은 다시 철학적인 예지 차원으로 돌아가게 된다. 흔히 말하는 키케로주의 논쟁과 다양한 키케로주의의 범유럽적인 전개이다. 논의는 여러 갈래로 나뉘며 게다가 방대한 자료를 동원해 이야기하지 않으면 그 깊이도 재미도 느낄 수 없다. 이에 대해서는 다른 기회에 양보하기로 하고 다음 장에서는 키케로가 자신의 인생의 봄이라 여겼을 카틸리나 탄핵의 진행 경과를 둘러싼 주제로 이야기를 펼쳐나가고 싶다.

제3장 무대 위의 키케로

1. 비극적인 주인공 키케로

볼테르의 키케로 찬양

'카틸리나여, 당신은 대체 언제까지 우리의 인내심을 농락할 셈인가.' 이러한 구절로 시작되는 첫머리는 매우 유명하며 이어서 '아아, 어떤 시대, 어떤 윤리!' 이 말 또한 널리 알려져 있다. 이토록 유명한 카틸리나 탄핵을 주제로 한 연극 작품이 씌어졌다. 우리는 먼저 볼테르의 번안 작품부터 이야기하도록 해보자. 계몽시대, 18세기 프랑스를 대표하는 볼테르(1694~1778년)는 연극 작품 '구원받은 로마, 혹은 카틸리나' 서문에 대해서 이렇게 말한다.

'우리 근대의 모든 국가는 문명화가 되기까지 참으로 오랜 시간이 걸렸으며 그(키케로)에 대해서도 오랫동안 잘못 알고 있었다. 우리의 교육은 그의 저작에 이런저런 도움을 많이 받았음에도 그의 사람이 된다고 하니, 그저 훌륭하다는 인식에만 머무르게 되는 것이다. 그는 작가로서 알려졌으며 겉으로 드러난 수준에만 머무른 채 그를 집정관으로 아는 사람은 없다. 겨우 우리가 손에 넣은 계몽의 빛 아래에서 뚜렷해진 것은, 정치에 몸담는 변론에 능통한 자로, 그를 뛰어넘을 사람은 아무도 없다는 것이다. (중략)

이 집정관은 매우 높은 수준의 시인이며 회의감을 품는 능력을 가진 철학자였으며 완벽한 속주의 총독이면서 유능한 사령관이었다. 그는 명민하고 성실했다. 때문에 그는 말할 것도 없이 찬양받아야 하지만 달리 관심이 쏠리는 부분이 있다. 그것은 그가 로마를 구해냈다는 것이다. 원로원 대부분의 사람들이 그를 질투하여 모두가 그를 반대하는 상황에까지 이르지만, 끝내 로마를 구해낸 것이다.

예언자의 예언으로서, 해방자로서, 정의의 보복을 행하는 자로서, 그는 사람들에게 공헌을 했음에도 다른 사람도 아닌 그 사람들을 적으로 돌리는 결말에 이른다. 조국에게 이만큼이나 이바지한 사람은 아무도 없었지만 그 공헌 때문에 오히려 자신의 파멸을 불러오고 말았다. 그러나 그는 그 파멸로 나아가는 길목에서 꿋꿋이 참아내고 버텨냈으며 조금의 흔들림도 보이지 않았다. 이러한 비극적인 이야기에서 표현해내고 싶었던 것은, 다음과 같은 것임에 틀림없다. 즉 카틸리나의 딱한 마음을 그려내기보다는 키케로의 너그럽고 고귀한 마음을 그려내자.'

서구 근대국가가 문화적으로 원숙하고 '신구논쟁'과 같은 현상이 벌어지듯이, 고대의 위대한 문화 예술과 어깨를 나란히 하며 근대 또한 훌륭한 작품을 창조하고 자신감을 더욱 드높이는 '계몽시대'에 이르러서도, 의연한 키케로는 '웅변의 아버지' 또는 위대한 정치가로서 문명개화의 상징적 존재로 받아들여진다. 이는 볼테르 한 사람에게만 국한된 의견이 아니다. 실제로 서구는 계몽시대에 이르러서야 처음으로 본격적인 키케로 전기를 손 안에 넣은 것이다. 코니어스, 미들턴의 〈마르크스, 투리우스, 키케로의 생애 이야기〉(1741년)가 바로 그것이다.

19세기 한때, 이 글이 표절이라는 의견이 널리 퍼진 적도 있지만 현재는 제대로 위엄을 되찾았다. 18세기의 영향력은 헤아릴 수 없는 부분이 있으며 세기 끝 무렵에는 영어에서부터 프랑스어, 이탈리아어, 스페인어로 옮겨져 프랑스어판(1763년)은 아베 프레보 손에 씌어졌다. 볼테르의 영국 망명은 1726년부터 27년 사이의 일인데, 이때에는 아직 미들턴 서적을 읽을 수 없었지만 그 사이에 영어 독해력을 더욱 키웠다고 전해지며 〈구원받은 로마, 혹은 카틸리나〉(1752년)를 써냈으니, 참고하려고 마음만 먹으면 언제든 이용할 수 있었으리라.

그러나 직접적인 영향관계 같은 것은 이때에는 어떻게 되든 좋았을 것이다. 그보다 중요하게 생각되는 점은, 이 본격적인 전기에 의한, 키케로 이미지가 한순간에 변해버렸다는 것이다. 주로 플루타르코스 번역을 통해 형태가 이루어진 이제까지의 키케로 이미지는, 일관성이 부족한 기회주의자 또는 자만심이 가득한 사람, 천박한 아류 철학자라는 등 어떤 의미로는 치명적인 결점을 지적당하는 일이 아주 없었던 것은 아니다. 미들턴은 하나의 역사주의적 관점으로 이러한 부정적인 이미지들을 없애는 일에 힘쓰고, 18세기 독자는 그 노력을 환영했다. 한편으로는 일관성이 부족한 듯 보여도 이는 그즈음 로마의 정치적 상황을 자세히 들여다본다면 기회주의에 맞지 않는다는 사실과 자만하는 것만 같아도 그 무렵 로마 사회에서의 명예, 명성 가치와 기회를 헤아린다면, 반드시 악덕이라 말할 수 없음을, 그리고 키케로가 그리스 사상을 본격적으로 이해하고 있었음을 미들턴은 주장하는 것이다.

이러한 키케로를 찬양하는 본격적 전기의 영향력은 유럽을 넘어서 독립전쟁을 북미대륙에까지 이르게 할 정도였다. 집정관, 시인, 철학자, 속주 총독, 사령관, 또는 하나의 인간, 즉 위대한 존재로서 키케로에게 볼테르는 찬사를 아끼지 않지만 이러한 긍정적 평가는 미들턴이 받아들인 지적풍토와 아무런 관계가 없지는 않을 것이다.

삶의 절정에서 전락에 이르기까지

볼테르는 키케로의 사람들과 그 작품에 찬사를 아끼지 않는다. 키케로의 삶에서 '카틸리나 탄핵'은 집정관직에 앉은 바로 뒤에 이룬 정치적 승리이며 출세 이야기로서 알맞은 재료를 제공한다. 연극이라는 장르를 택하여 키케로를 찬양하는 작가에게 '카틸리나 탄핵'은 키케로의 승리로 끝을 맺는 성공 이야기적 이상이 되기 때문이리라. 그러나 볼테르가 '카틸리나 탄핵' 재료로써 키케로를 주인공으로 삼은 연극을 창작하려 했을 때, 그의 머릿속에 떠오른 연극적 이상은 반대로 비극적 이야기였다. 왜일까?

기원전 63년, 키케로는 '명예의 첫걸음'이라 불리는 로마 위계제도를 힘차게 나아가고 43세라는 이례적으로 젊은 나이에 집정관이라는 로마 관찰조직 최고 위치에 오른다. 게다가 원로원 위원을 대대로 낳은 귀족계급 출신이 아니면서 순수한 로마인도 아닌 이토록 뚜렷한 장애들을 극복해낸 것이기도 했다. 집정관이 된 키케로는 카틸리나가 음모를 꾸며낼 것을 미리 막고 보통 때라면 군인밖에 받지 못하는 영예의 호칭 '조국의 아버지'를 받는다. 참으로 이례적인 일이라 할 수 있다.

그러나 볼테르는 이러한 영화의 끝자락에서 쇠락의 조짐을 보았고 또한 비극의 시작을 보고 만 것이다. 키케로는 로마를 구해냈지만 '그 공헌에 덧붙여 오히려 자신의 파멸을 준비하고 있었다.' 나라를 구해낸 아버지로서의 활약은 얄궂게도 자멸로의 길을 준비하는 결과가 되어버린다. '그러나 그는 그 자멸로 나아가는 길에서 꿋꿋이 버텨내면서 조금의 움직임도 보이지 않았다'고 볼테르는, 이미 비극적 이상을 단정하여 이야기를 계속해 나아가지만 이는 키케로의 뒷날 삶 속에서 일어나는 일이며 어디까지나 카틸리나의 음모사건 모든 과정을 다룬 '구원받은 로마, 혹은 카틸리나'측에서 보면 결말만 존재하는 사건에 지나지 않는다.

이 연극에서 '키케로의 파멸'이 없었다면 '그 파멸을 참고 견뎌내는' 모습 또한 그려낼 수 없었으리라. 그러나 분명 연극의 시대적 짜임새 밖에 있는, 그러한 키케로의 자세는 '카틸리나 탄핵'이라는 자멸을 각오하고 조국을 위해 싸운 그의 언동과 그리 다르지 않다고 볼테르는 생각했음에 틀림없다. 오히려 '카틸리나 탄핵'에서의 키케로 말과 행동이야말로 비극적이라고 생각했으리라. 볼테르가 이 연극에서 표현하고 싶어 했다는 '키케로의 너그럽고도 고귀한 마음'이란, 앞서 말한 것과 통한다고 할 수 있다. 볼테르는 카틸리나의 음모사건으로 드러난 키케로의 명예로운 활약과, 그에 덧붙여 비극적 운명의 시작을 인정하고 그것을 연극으로써 표현해낸 것이다.

키케로의 삶에서 '카틸리나 탄핵'은 희비가 엇갈리면서 이중성을 지닌다. 이러한 주제가 볼테르 연극에 충분히 표현되었는가는 묻지 않더라도 일반적으로 키케로의 삶을 생각해볼 때, 이런 인식은 매우 중요하다고 할 수밖에 없다. 만일 전형적인 출세와 성공 이야기 유형으로 결말짓는 삶의 한 장면을 택한다고 하더라도, 또한 실제로 '카틸리나 탄핵'만큼 그에 딱 알맞은 사건은 없음에도 키케로의 극적인 삶은 최종 대단원으로 끝나버릴 수 없다. 그것은 본디부터 비극적인 것에 머물러버리고 만다.

'카틸리나 탄핵'을 이야기한 서구 근대 연극작품은 몇 가지 있지만, 그것들은 모두 '카틸리나'라고 이름 붙여져 있으며 절대로 '키케로'라 부르지는 않는다. 키케로가 주연급 등장인물인 경우가 거의 대부분임에도 말이다. 그 주된 이유로서 두 가지를 생각해볼 수 있다. 하나는, 그 사건에서의 키케로 말과 행동이 단호하지 않았으며 연극으로서는 결말짓기가 좋지 않다는 것이다. 즉 권선징악의 각본으로 삼기에는 악이라 할 수 있는 반란 그 자체를 이루지 못한 채 끝나며, 반란자 처벌 단계에서 키케로가 배경에서 물러나 조금 주춤거리는 모습을 보여 극적 리듬이 전혀 이루어지지 않는다는 것이다. 또 하나는, 뒷날 키케로에게 닥칠 비극적 운명이 너무나 잘 알려져 그것이 바꾸어 비추어질 수밖에 없다는 것이다. 이 사태를 거꾸로 말하면, 만일 '키케로'라 이름 붙여진 연극작품이 만들어진다고 한다면 늘그막에 닥쳐올 불운을 비극적으로 다룰 수밖에 없을 것이다.

또한 실제로 알려진 '키케로'라 이름 붙여진 두 작품(영국 17세기 중엽에 씌어진 작자미상 작품, 그리고 20세기 미국에서 업튼 싱클레어가 쓴 작품)은, 키케로의 늙어 가는 무렵 또는 최후에 초점을 맞추어 비극적으로 다루었다. 키케로의 만년 불운에서 비극적 주인공으로 그가 숭고한 빛을 가지고 나오는 순간이 있다고 한다면, 그것은 안토니우스 재판장에 선 시점과 추격대 대장으로 떳떳하게 고개를 든 최후의 장면이리라. 그러나 이 비극적 숭고 또한 인생의 원숙기에 이룬 성공과 영예가 없었다면 그 빛은 반으로 줄어버렸으리라.

'조국의 아버지'라는 이례적인 영예가 있기에 늘그막의 비참함이 더욱 비극적 의의를 얻어낸다. 그 의미로 볼테르가 '카틸리나 탄핵'을 그린 극본을 쓰고, 나라를 구해낸 아버지로서의 활약이 얄궂게도 자멸로 나아갈 길을 준비하는 모순임을 알아차리고는 '키케로의 웅변을 이곳에 표현할 수 없을지라도 위기를 맞았을 때 그가 보여준 의덕과 용기는 모두 여기에서 볼 수 있으리라' 이렇게 이야기하여 비극적 주인공 키케로를 발견한 것은, 어떤 의미로는 통찰력이 대단하다고 할 수 있다.

크레비용 vs 볼테르

볼테르의 통찰력에 경의를 표하지만, 그가 '구원받은 로마, 혹은 카틸리나'를 쓴 동기를 보면 그리 고상하지만은 않았던 모양이다. 극작가로서의 그에게는 온 삶을 통틀어 가장 좋은 적수가 있었다. 루이 15세의 애첩 퐁파두르의 총애를 받고 궁정 임금의 작가로서 그 이름을 떨친 비극작가 크레비용의 아버지(1674~1762년)가 바로 그이다. 그에게 볼테르는 질투를 느꼈으리라 여겨진다. 크레비용의 작품이 성공을 거두자, 보란 듯이 그 작품과 똑같은 제목의 작품을 써서 '이렇게 써야지' 말하는 듯 야유를 보내곤 했기 때문이다. 볼테르의 대표작으로서 알려진 '세미라미스' 또한 그런 야유 섞인 작품이며 '구원받은 로마, 혹은 카틸리나'도 그 가운데 하나이다.

한 세기 첫 시작점에 등장하여 단번에 유명해진 크레비용은 1720년대 끝 무렵에 들어서자 창작 활동을 중단해버린다. 그러나 1748년, 70세가 되어 갑자기 극작가로 돌아온다. 그러고는 오랫동안 내버려둔 '카틸리나'를 완성한 것이다.

크레비용의 '카틸리나'를 한 번만 읽어봐도 우리는 경탄하지 않을 수 없을 것이다. 이 놀라움은 특히 키케로의 귀여운 딸 튤리아와 관련이 있다. 키케로가 튤리아를 얼마나 사랑했는지는 이미 널리 알려졌으며 결혼상대에 만족하지 못하고 계속해서 새로운 상대와 재혼을 거듭하는 딸을, 그는 늘 걱정했다. 그런 튤리아가 아버지인 자신보다도 먼저 세상을 떠났을 때, 그의 슬픔이 얼마나 깊었을지는 우리도 조금은 알 수 있다.

그러나 크레비용이 그려낸 튤리아는 이와 아무런 연관성이 없다. 그의 극작품에서는 튤리아가 하필이면 키케로의 정치적 적수, 카틸리나의 연인으로 나오는 것이다. 정치적 대립은 음모를 규탄하려는 키케로와 카토, 그 움직임을 피해 몰래 반란을 꾀하려는 카틸리나파(역사적 사실로는)로 이루어진다. 그러나 크레비용의 작품에서는 그들 사이에 튤리아가 등장하고, 그녀와의 연애관계를 이용하여 키케로를 교묘하게 구슬리는 카틸리나가 있다. 또 한편으로는 카틸리나의 실력을 두려워한 나머지 딸을 이용해 그를 회유까지 하면서 마음을 졸이는 소심한 키케로를 그려낸 것이다.

튤리아는 튤리아대로, 자기 아버지를 정치적 지위에서 끌어내려고 하는 카틸리나의 음모를 알아차리고 어떻게든 자신의 연인을 설득하기 위해 애쓰면서 괴로워한다. 끝내는 카틸리나의 좌절과 자해로 연극은 막을 내리지만 작품의 잘 됨과 못 됨의 문제를 떠나서 역사적 사실로부터 이토록 크게 벗어나 있는 '카틸리나'를 바라보면 다른 생각을 할 수밖에 없다. 게다가 역사로부터 자유로운 일화는 튤리아에 연관된 것에 그치지 않는다.

당황스러운 고쳐 씀에도 상관없이 이 연극은 상연되어, 퐁파두르를 첫 번째로 궁정의 두터운 원조를 받아 19회나 무대에 올리는 대성공을 거둔다. 이렇게 되고 나니 볼테르는 도저히 가만있을 수 없었다. 역사가로서의 양심이 그의 마음속에서 꿈틀거렸던 것이다. 1749년 8월, 볼테르는 친구 다르장탕에게 이렇게 편지를 보낸다.

'자네도 무척 놀랐을 테지만, 나 또한 너무나 놀랐다네. 이번 달 3일에 일어난 일이지. (중략) 영혼이 나에게 다가와 이렇게 말했네. 키케로와 프랑스의 한을 풀어달라고, 자네의 나라가 받은 치욕을 씻어달라고 말이야. (중략) 그 영감 덕분에 나는 밤낮없이 창작에 몰두할 수 있었지. 당장이라도 숨이 끊어질 듯 힘들었지만, 그렇게 되어도 상관없다는 기분이었네. 그렇게 8일 만에 '카틸리나'

를 완성했지. 동봉한 것은 그 문제시되는 부분일세. 자네도 보았듯이, 여기에는 사랑을 하는 튤리아는 없으며 남녀를 이어주는 키케로 또한 없지. 여기서 봐주었으면 하는 것은, 끔찍한 로마의 그림일세. 나는 이 광경을 보고 있으면 몸서리가 쳐질 정도라네. (중략) 나의 키케로는 자네의 칭찬을 받을 수 있으리라 확신하네.'

"카틸리나와 서로 사랑하는 튤리아 따위는 존재치 않고 크레비용의 키케로는 그저 자신의 처신만을 위해 그 관계를 이용하고 있으니, 이는 키케로를 위해 복수해야만 할 일이다. 이런 작품은 나라를 부끄럽게 할 뿐이며 그 더럽혀진 이름 또한 씻어내야만 한다." 볼테르는 의기양양하게 말했다.

물의를 일으킨 튤리아에 대신할 인물로서, 볼테르는 극에 카틸리나의 아내 '오렐리'(아우렐리아)를 등장시켰다. 아우렐리아가 카틸리나의 아내라는 사실은 역사적으로 확인되었기 때문에 아주 황당무계하지도 않지만 그렇다고 해서 그들의 극중 행동을 보고 있는 동안에는, 이 또한 사실에 바탕을 두었다고는 말하기 어렵다. 예를 들어 오렐리의 아버지로 논니우스라는 애국심에 불타는 키케로 측의 장수를 작품에 등장시켜, 그가 카틸리나의 명령으로 암살된다는 줄거리를 만들어낸 것은 볼테르의 창조에 지나지 않는다.

이러한 비역사성은 볼테르도 인정한다. '이에 상식이 있는 사람들은 카틸리나의 음모사건에 충실한 역사를 찾으려 들지 않을 것이다. 상식을 갖춘 사람이라면, 비극은 역사에 충실할 필요가 없다는 인식을 충분히 갖고 있을 테니 말이다. 여기서 그때 상황을 올바르게 전하는 그림을 봐주길 바란다. 키케로, 카틸리나, 카토, 그리고 카이사르가 작품 안에서 행하는 언동 모두가 역사적으로 정확하지는 않다. 그러나 그들의 자질이나 성격은 충실하게 그려낼 생각이다.'

그 무렵 상황을 올바르게 전하는 배경의 틀 속에서, 대표적 인물들이 저마다의 특징을 뚜렷하게 드러내며 등장한다. 그것이 볼테르가 주장하는 비극의 조건이리라 여겨진다. 그렇다면 그 역사의 진실은 무엇이었던 것일까? 우리는 카틸리나의 음모사건을 역사적으로 복습해야 할 필요가 있다.

2.카틸리나의 음모

음모사건의 과정

루키우스 세르기우스 카틸리나(기원전 108~62년)와 키케로는 거의 같은 또래나 다름없었는데, 키케로는 기사계급 출신이었지만 카틸리나는 유서 깊은 귀족계급 출신이었다. 이 둘은 함께 정계로 진출하고, 키케로보다 두 살 많은 카틸리나는 키케로보다 2년 빨리, 기원전 68년에 법무관 직책을 맡는다. 키케로가 법무관이 되기 전 66년, 카틸리나는 집정관에 입후보하지만 지난해 지방대관 시절 권력을 남용한 일을 기소 받아 입후보 자격을 박탈당하고 만다.

65년, 카틸리나의 동료라 여겨지는 P. 아우트로니우스 측이 집정관으로 뽑혔지만 뇌물죄로 실격되고 만다. 그 결과, 임기 1년의 집정관직은 적대관계에 있던 코타와 톨카투스에게 빼앗겨 버리고 만다. 순식간에 정계 적들에게 권력을 빼앗겨 버려, 억울함을 풀 길이 없었던 카틸리나와 아우트로니우스는 음모를 꾸며 코타와 톨카투스의 암살을 꾀한다. 그러나 기원전 65년 새해를 맞아 모의된 계획은 들키고 만다. 같은 해 11월 5일, 카틸리나를 중심으로 한 암살계획은 마침내 실행되지만 지휘가 잘 이루어지지 않아 대실패로 끝나버리고, 이는 로마 역사상 '카틸리나의 음모' 가운데서도 '카틸리나 제1의 음모'라 불리게 된다.

법률상으로는 기원전 66년 뇌물죄에 따른 기소가 유효한 이상, 카틸리나는 공식적으로 집정관에 입후보할 수 없었다. 그러나 정치세계는 예나 오늘이나 여전했기에 뇌물을 써서 과거를 청산할 수 있었다. 그렇게 카틸리나는 기원전 64년(기원전 63년 취임)에 이루어진 집정관 선발에 입후보했다. 기원전 64년에 열린 집정관 선거는, 키케로에게 기념할 만한 승리의 순간이 된다. 그와 카틸리나를 포함하여 입후보자는 모두 7명. 카틸리나와 또한 사람의 입후보자 안토니우스는 둘이 함께 협력하여 키케로의 선출을 막으려 하지만, 기사계급 사람들의 강한 지지를 받던 키케로는 큰 어려움 없이 승리를 거둔다.

그해 집정관은 안토니우스였으며, 그에 패한 카틸리나는 이듬해 집정관 선거에 재출마를 추진했다. 그래서 키케로는 카틸리나를 저지하기 위한 작전으로서 먼저 안토니우스를 자기 편으로 만들고 집정관직을 물러난 뒤에도 낙하산식으로 직책에 앉게 해주겠다며 마케도니아를 그에게 약속한다. 게다가 키케로는 카틸리나들의 불온한 움직임을 감시하기 위해 그 무리의 한 사람, 퀸투스 클리우스와 친밀한 관계인 여성 풀비아를 통해 정보를 확보해나간다.

기원전 63년 9월 끝 무렵, 카틸리나 무리에 의한 정부 전복계획을 모두 파악한 키케로는 원로원 사람들에게 그 음모계획을 알리지만, 증거가 부족하다 하여 그 논의는 의견이 서로 달라 마구 뒤얽히고 만다. 그 다음날에는 카틸리나가 원로원에서 반론을 펼치기 시작한다. 이 사태에 이르자 원로원은 의견을 일치시키지 못하고 그대로 다음해의 집정관을 결정하는 선거로 모두 몰려가버리고 만다. 그러나 카틸리나는 이 선거에서도 낙선했다.

이 세 번째 실패로 말미암아(역사에도 기록되어 있듯이) 방탕하고 유능이나 명예, 경제적으로도 바닥에 떨어진 카틸리나는 끝내 무력에 기대기로 결의한다. 로마도시에 사는 빈털터리나 캄파니아 지방 검투사들이 그의 지지층을 이루었지만 카틸리나가 믿을 만한 사람은 반란군을 이끌고 이탈리아 중부 피에졸레에 진을 친 마닐리우스였다. 기원전 63년 10월 21일, 카틸리나 무리의 움직임에 대한 중대한 정보를 손안에 넣은 키케로는 서둘러 원로원에 그 정보를 더욱 상세하게 알린다. 오는 10월 27일, 마닐리우스는 로마 병사들을 모으고 그 다음날에는 카틸리나가 도시 안에서 반란을 일으켜 이곳저곳에 불을 지른 뒤 사람들을 마구 닥치는 대로 죽여 버릴 것이라고 말이다.

곧 이탈리아 온 지역에 전쟁에 임하는 체제가 깔리고 다음날 22일에는 '원로원 특령'이 발령되기에 이르렀으며, 사실상 로마는 계엄령 아래에 놓이게 되었다. 11월 6일, 카틸리나는 로마 시내 라에카의 저택에서 비밀회의를 열어, 정부 체제를 뒤집어엎고 키케로를 암살하기로 결정한다. 정무관 코르넬리우스와 발군티우스 두 사람이 '이른 아침의 인사'를 핑계 삼아 키케로의 저택을 찾아가 대담하게도 암살을 결행키로 한 것이다. 이튿날 7일 날이 샐 무렵, 계획에 따라 둘은 키케로 저택으로 가지만, 사전에 풀비아로부터 정보를 전해들은 키케로는, 문을 잠가두었기 때문에 무사할 수 있었다.

다음날 8일, 키케로는 긴급하게 원로원 회의를 열고, 이 자리에 참석한 카틸리나를 자기 앞에 둔 채 탄핵 연설을 펼친다. 카틸리나 또한 이에 맞서려 했지만 원로원 의원들은 그의 말을 들으려 하지 않았다. 키케로의 '제1차 카틸리나 탄핵 연설'로서 남겨진 것이 바로 그것이다. 그날 밤, 카틸리나는 로마를 뒤로하고 떠나버린다. 다음날 9일, 키케로는 로마 민중들을 불러 모아 이 긴급사태는 실제로 어떠한 것인가, 이 국가의 위기에 즈음하여 그가 집정관으로서 어떠한 행동을 보여줄 것인가 등을 설명했다.(제2차 카틸리나 탄핵 연설)

이에 해결방도를 결정하지 못하고 있던 원로원 또한 정식으로 카틸리나를 반역자라 인정하기에 이르지만, 그럼에도 전과 다름없이 어떠한 행동도 하지 않았다. 한편 로마에 머물던 카틸리나의 동료는 도시에 불을 지를 유력자를 죽인 뒤에 반란군 본대에 합류하리라는 계획을 세웠다. 이에 이르러서도 원로원은 키케로의 출병론에 동의해주지 않았다. 그들은 아직도 증거가 부족하다고 주장했다. 그런 시기에 생각지도 못한 일이 일어난다. 갈리아지방에는 알로브록스라는 일족이 살고 있었는데, 로마인들의 강압적인 정치를 참다못한 그들이 직접 호소하기 위해 로마에 사절단을 보내온 것이다. 로마에 머물던 카틸리나 무리의 지도자 렌툴스는 그들을 눈여겨보다가 자기 무리의 음모에 가담할 가능성을 발견한다.

처음에는 그 음모에 흥미를 보이던 알로브록스인들은 나중에는 카틸리나 무리에 불신을 품게 되어 반대로 그들을 이용해 나라 기관에 들어가기로 마음먹고 키케로에게 접촉한다. 키케로는 이러한 절호의 기회를 결코 놓치지 않았다. 그의 제안으로, 사절단은 그대로 카틸리나 패거리와 교섭을 이어나가면서 리더인 렌툴스, 케테구스를 부추겨 알로브록스인 족장에게 함께 손을 잡아 로마에 맞서 싸우자는 내용의 편지를 쓰도록 한다. 카틸리나 일당을 처단하는 데에 이 편지를 쓰도록 하고, 알로브록스 사절단은 귀국할 준비를 한다.

기원전 63년 12월 2일 한밤에, 미리 계획해 둔대로 알로브록스 사절단은 편지를 들고 귀향길에 올라 밀비우스 다리에 이른다. 키케로가 미리 배치해 둔 고위 관리와 병사들은 이제나저제나 그들을 기다리고 있었다. 그들이 다리에 이르자 작은 전투가 일어나지만 마치 약속한 듯이 알로브록스 사절단은 곧바로 항복하고 병사들에게 편지를 내민다. 그들과 함께 있던 카틸리나 일당 폴트리키우스도 자신들이 속았다는 사실을 알고 그제야 저항을 그만두었다. 3일 새벽에 일어난 일이었다.

12월 3일, 도저히 피할 수 없는 증거인 편지가 로마에 이르니, 키케로는 그 편지를 뜯어보지도 않은 채 원로원 회의실로 가져간다. 렌툴스를 주축으로 음모를 꾸민 다섯 사람 앞에서 원로원 모두에게 편지를 봉하는 도장을 확인시켜준 뒤에 봉투를 뜯어 그 내용을 읽어주기 위함이었다. 이로써 카틸리나 무리의 죄는 명백히 증명되고 그들은 곧바로 투옥된다. 한편 키케로에게는 본디 군인에게밖에 주어지지 않는 명예, '조국의 아버지'라는 드높은 칭호가 주어졌다. 원로원 회의를 마친 키케로는 중앙광장에 모인 민중들에게 모든 사건의 과정을 이야기해준다.(제3차 카틸리나 탄핵 연설) 이튿날인 4일, 원로원은 알로브록스 사절단에게 보상을 주기로 결정을 내리고 카틸리나를 포함한 음모자들은 국가의 적, 반역자라 공식적으로 불리게 되었다.

5일 오전, 원로원 회의가 또 다시 열려 반역자 처형을 심각하게 논의한다. 먼저 반역자들은 모두 사형시켜야 한다는 의견이 키케로파 의장 실라누스에게서 나왔지만, 이에 반대한 카이사르는 종신형을 주장, 뛰어난 웅변으로 논의를 훌륭하게 펼쳐나갔다. 카이사르의 의견에 다수가 동조하는 듯 보였을 때, 키케로는 벌떡 일어나 실라누스의 의견을 지지하는 연설을 펼친다. 이것이 바로 '제4차 카틸리나 탄핵 연설'이다.

카이사르와 키케로라는 뛰어난 두 인물이 대립하는 회의장은 끝내 분산되고 카틸리나를 붙잡을 만한 또 다른 증거가 제출되기 전까지는 반역자들을 구류해두자는 의견까지 나오게 되었다. 그러나 최후에 나온 카토의 의견이 결정적이었다. 이 스토아학파적 엄격주의의 화신은, 곧바로 그들을 사형에 처해야 한다고 이야기하면서 어떤 의견에도 굴하지 않았기에 그 위엄과 논리에 원로원 대다수 사람들은 의견을 함께하고 마침내 사형이라는 결의에 이르게 된다.

기원전 63년 12월 5일 저녁 무렵, 키케로의 감독과 지휘로 다섯 명의 반역자(렌툴스, 케테구스, 스타틸리우스, 가비니우스, 카에파리우스)는 교수형에 처해졌다. 처형이 끝난 뒤, 그곳에 모여든 군중들에게 키케로는 이렇게 말한다. '이들은 삶을 끝마쳤다.' 이듬해, 페트레이우스가 이끄는 정부군이 반란군 정벌에 나섰기에 카틸리나는 비장한 최후를 맞게 된다.

카틸리나 사건의 드라마성

앞서 말한 교과서적인 역사 서술은 키케로와 마찬가지로 잘 알려진 살스티우스(기원전 86~35년)의 '카틸리나와의 전투'에 많은 부분 도움을 주었다. 살스티우스는 키케로보다 스무 살 어렸으며, 카틸리나의 반란이 일어난 기원전 83년에는 스물세 살, 즉 음모사건을 직접 알 수 있었을 뿐만 아니라, 직접 '카틸리나와의 전투'를 쓸 때에는, 이미 널리 알려진 키케로의 '카틸리나 탄핵'(전기 제1권~제4권 연설)을 자료로서 이용할 수 있었으며 실제로도 많은 도움을 받았다.

그 때문인지 이 둘 저마다가 쓴 사건 과정에서는 많은 부분이 서로 맞아떨어진다. 살스티우스는 사건이 일어난 때인 63년을 잘못 보고 64년이라 썼지만, 그것만 빼면 라에카의 저택에서 이루어진 카틸리나 무리의 모의, 선조 마타하리라고 불러 마땅한 풀비아의 도움, 그리고 알로브록스 사절단을 이용한 함정 수사, 탄핵연설(특히 제1차, 제3차), 키케로에게 주어진 이례적인 명예호칭, 게다가 범인들의 처형을 둘러싼 논의와, 끝내 처형당하고 마는 이야기는 두 글 모두 공통된다.

그 카틸리나 반란사건으로 돌아가서 눈에 띄는 것은 그런 드라마틱한 부분들이다. 이것을 열거하면 바로 이렇다.

(1)라에카 저택의 모의 장소

(2)풀비아의 비밀스런 첩보

(3)알로브록스 사절단의 함정수사 협력

(4)탄핵연설

제1장에서는, 살스티우스에 따르면 '피의 선서'가 행해졌다고 한다. '그 무렵 떠돌던 소문에 따르면 카틸리나는 이야기를 끝내자마자 그토록 죄가 무거운 음모에 가담한 자들에게 선서를 요구하면서 그들의 피와 와인을 잔에 섞어서 차례대로 돌아가며 마시게 했다고 전해진다. 엄숙한 선서 의식에 따라 배신자에게는 저주가 내려지리라는 맹세를 하고 모두가 그 와인을 마시고 나자 그는 자신의 계획을 상세하게 알려주었다.(제22장)

무엇보다 스스로가 투키디데스를 본보기로 삼아 많은 것을 배웠다고 이야기하는 이는 살스티우스뿐이며 역사가로서의 비판정신은, 곧바로 다음과 같은 단서를 그에게 말하게 한다. '이것과는 다른 의견에 따르면, 이들의 상세한 부분이나 또 다른 세세한 내용에서는 키케로가 처형해버리는 음모자들의 죄를 더욱 강조함으로써, 일반적인 키케로에 대한 적의가 분명 누그러지리라고 생각하는 사람에 의해 조작되었으리라고 여겨진다. 사건의 중요함에 비해서 나는 매우 적은 자료밖에 가지고 있지 않기 때문에 곧바로 단정 짓지는 않겠다.'

그러나 역사가가 아닌 극작가라면, 이 장면을 절대로 놓치지는 않을 것이다. 제2장에서 본 '풀비아'는 그리 흥미로운 여성은 아니다. 카틸리나와 한 패인 쿠리우스와 오랜 시간 정을 나누었고 라에카 저택에서 꾸민 음모에 대한 정보를 서둘러 키케로에게 전했다고는 하지만, 그녀가 훌륭한 여성인가 하는 점은 '고귀한 여성'이라고는 해도 그 밖에는 애매모호한 인물이다. 살스티우스에 따르면, 카에라 저택에서 무리를 지어 음모를 꾸민 사실을 알린 일 말고도 또 다른 공적이 있다고 한다. 쿠리우스를 통해 카틸리나의 숨겨진 움직임(음모를 꾸미기 전의 일)을 알아차린 풀비아는 나라가 위험에 빠질지도 모른다 판단하고 그 사실을 여기저기에 퍼뜨리고 다녔다. 그 때문에 로마 전체에 위기감이 감돌자 본디 기사계급 출신에 '신인'이라 불리며 귀족계급 인물들 사이에서 그리 평판이 좋지 않았던 키케로에게 갖는 기대가 단번에 높아졌고 그 결과, 기원전 64년에 열린 집정관 선거에서 높은 지지율로 뽑힐 수 있었다. 이렇게 되자 그녀와 키케로의 관계는 어떠했는지 궁금증은 더해진다. 제3장 함정수사와 제4장 탄핵연설의 연극성은 더 자세히 살펴볼 필요도 없으리라.

카틸리나 이미지의 호전

이들 네 드라마에 딱 알맞은 장면에 덧붙여, 더없이 연극성에 알맞은 한 장면이 살스티우스 글에는 들어가 있다. 키케로가 그려내지 않은 카틸리나의 최후가 바로 그것이다. 또한 어떤 인물이더라도 최후를 맞는 때가 되면 그 인격의 윤곽을 명확히 하지 않으면 안 된다. 살스티우스 또한 카틸리나를 악마적 존재로 표현했다. '루키우스 카틸리나는 귀족계급 신분으로 태어나 심신이 모두 강인했지만 성격이 좋지 않았으며 매우 방탕했다. 루키우스 술라의 독재를 배운 그는, 정부권력을 독점하고 싶다는 커다란 바람에 집착하게 되어 자신이 최고가 될 수만 있다면 수단과 방법을 가리지 않으려 했다.'

카틸리나가 젊은 시절 함부로 말하고 행동했다는 것 또한 키케로와 살스티우스가 이야기하는 부분이다. 그는 고귀한 신분으로 태어난 여성들뿐만 아니라 베스타신전 무녀에게 창피를 주기도 했고, 아름다운 외모만이 장점인 아우렐리아 올레스티라에게 홀딱 빠져 헤어 나오지 못했다. 그러나 카틸리나에게 아이가 있음을 안 그녀가 그에게 마음 주기를 꺼려하자 한 치의 망설임도 없이 자기 아이를 죽여 버렸다고 한다. 분별할 줄 모르는 욕망의 화신, 그것이 바로 카틸리나의 근본적 이미지였다.

키케로의 '카틸리나 탄핵'에서는 이 악마적 이미지가 끝까지 남아 있다. 그러나 살스티우스 글에서는, 비유해서 말하면 세련되었다고 할 수 있겠지만 카틸리나 이미지는 미묘하게 좋아져 간다. 그 이유를 몇 가지 생각해볼 수 있다. 첫 번째, 로마 정치 및 사회정세에 대한 살스티우스의 의견이 밑바탕에 깔려 있었기 때문이다. 그때의 로마를 지배하던 이는, 소수의 귀족계급 출신자들이었다. 근대 민주주의적인 전제로서 고대사회를 바라보는 것은 위험할 수도 있지만, 로마사회에 민중 및 하층계급의 불만이 커져만 가고 있었음을 쉽게 상상해볼 수 있다.

이는 분명 키케로도 염두에 두었을 테지만, 그는 '계급의 조화'를 이야기하고 자신이 구상해낸 정권이야말로 현실이라고 믿었다. 그러나 한편으로는, 로마 민중에게 넘쳐 나기만 한 변혁으로의 기대를 이용하는 방법을 파악해낸 카이사르와 폼페이우스가 있었다. 즉 카틸리나를 둘러싼, 근대적으로 말하면 '억압받는 민중들의 아군'이라는 이미지가 그들에게는 엿보였던 것이다. 또한 이 연장선상에 결정적인 이유가 기다리고 있다. 살스티우스의 '카틸리나와의 전투'를 결말짓는 것은, 영웅 키케로에 의한 불만분자 제거와 격퇴라는 순조로운 장면이 아니라 비극의 주인공에 지나지 않는 카틸리나의 장렬한 죽음이다.

키케로의 탄핵연설은 기원전 63년 12월 5일에 펼쳐진 '제4연설'로 끝이 나지만 그 뒤에 일어난 사건에서는 '카틸리나 탄핵'말고는 짐작할 길이 없다. 이에 대해, 12월 5일 뒷날, 특히 새해를 맞은 기원전 62년 겨울, 카틸리나가 이끄는 반란군과 그 제압에 나선 정부군과의 마지막 전투를 그린 살스티우스의 글은 매우 훌륭하다. '오늘이야말로 온힘을 다해 싸울 때이다!' 크게 외치는 카틸리나의 연설이 독자의 눈길을 끌면서 '용감한 병사이면서도 유능한 지휘관이기도 했다'고 카틸리나의 용맹한 전투를 훌륭히 서술한다.

'아군인 군대가 패배하여 달아나고 자신에게 한 줌의 병사밖에 남지 않았음을 판단한 카틸리나는 지난날의 전투를 생각해내고는 적군이 모인 중앙으로 쳐들어가 만신창이가 되어가면서도 용맹히 싸우기에 이른다. 전투가 끝이 났을 때, 카틸리나의 군대에 그들이 자신있어하고 굳게 각오를 다질 수 있는 무엇이 있었는가가 더욱 뚜렷해진다. 카틸리나는 대열의 선두, 죽은 병사들 사이에 있었으며 희미하게 남은 최후의 숨을 내쉬었고 얼굴 표정 하나 변하지 않

은 채 패배를 모르는 기개를 드러냈다.'(제60~61장)

이렇듯 비극 주인공의 모습을 얻어낸 카틸리나 이미지는 정의의 아군 키케로가 중심이 된 '반란저지'의 활극적 요소와는 모순된다. 한쪽을 내세우면 다른 한쪽이 무너지듯이, 권선징악적 논리로 보면 키케로와 카틸리나는 나란히 할 수 없다. 실제로, 19세기 서구에서는 카틸리나의 비극성을 철저하게 밀어붙여 마치 키케로는 안중에도 없듯이 카틸리나를 낭만적인 영웅으로서 그려내고 그가 마침내 숭고하게 죽어갔다는 연극적 줄거리까지 넘쳐났다. 이렇듯 변종된 줄거리에 눈길을 돌리기 전에, 역사적 기술로부터 뽑아낼 수 있는 연극적 요소(카틸리나의 최후 또한 포함) 모두를 절묘하게 넣은 훌륭한 작품을 읽어 보도록 하자. 그것은 바로 벤 존슨의 '카틸리나'(1611년)이다.

3. 두 주인공

고전주의자 존슨

셰익스피어(1564~1616년)와 같은 시대를 살았던 인물로 그처럼 극작가였던 벤 존슨(1572~1637년)은 셰익스피어의 재능을 인정하면서도, 그를 '라틴어 지식은 얼마 안 되고 그리스어는 더더욱 모른다'고 평했다. 고전주의에서는 내가 더 뛰어나다고 주장하며 자신감을 드러낸 그였지만 이에 있어서도 한계가 아주 없던 것은 아니다. 셰익스피어가 라틴어와 그리스어에 얼마나 능통했는가는 판단내리기 어렵지만 로마극이라 불리는 일련의 연극들을 보더라도 거의 대부분의 지식은 플루타르코스의 '영웅전'에 바탕을 둘 뿐이며, 플루타르코스 또한 그리스어 원문을 아미요가 프랑스어로 옮기고 그것을 토마스 놀스가 영어로 이중 번역한 글을 읽었을 뿐이다. 즉 로마극 여러 편을 썼지만 셰익스피어가 라틴어 문헌자료를 이용한 흔적은 거의 없다는 것이다. 그리스를 무대로 한 작품('아테네의 타이먼', '트로일러스와 크레시다', '한여름 밤의 꿈')들은 도무지 그리스적이지 않으며, 그리스어 지식 또한 전혀 없는 영역에 속한다.

그러나 이에 비해 존슨은 지적양식의 배경이 크게 다르다. 그의 작품 전체에 흐르는 신고전주의적 경향(예를 들어, '때'와 '장'과 '줄거리'에 단일성을 이루는 '삼일치의 법칙'준수)은 뚜렷이 드러나는데, 특히 지금 우리가 관심을 기울이는 '카틸리나'를 보아도 그런 경향들을 확실하게 찾아낼 수 있다. 형식은 5막 구성으로, 제1막부터 제4막까지가 합창단에 의해 결말지어지는 고전적 '세네카 형식 비극'을 따른다. 그리스 비극에서 발견되고 로마 세네카를 지나 르네상스 시대에 부활한 '합창단(코러스)'은 마치 하늘의 소리를 대변한다. 또한 앞서 이 야기했던 살스티우스와 키케로의 작품을 본보기로 삼았음은 말할 것도 없으 며 세세한 부분에 이르기까지 다른 크고 작은 고전작가들 작품에서 인용한 것들마저도 아로새겨져 있다.

여기에서는 고대 로마의 분위기를 만들려는 하나의 역사주의까지 찾아볼 수 있다. 영어의 라티니즘(라틴어적 용법과 표현)이 명백하게 드러나기에 사람 에 따라서는 현학 취미의 나쁜 폐단이라 비난할 수도 있다. 선악은 제쳐두고라 도 셰익스피어는 이런 종류의 작품을 도저히 쓸 수 없었으리라(더욱이 셰익스 피어 팬이라면 이런 작품을 셰익스피어가 쓸 리 없음을 금방 알아차릴 수 있을 것이다).

아마 테렌티우스 작품을 본받았으리라고 여겨지지만 존슨의 고전주의적이 고 독선적인 취미는, 의식적으로 연극을 하나의 '읽을거리'로서 출판하는 활동 에도 잘 드러난다(그렇다고 해서 상연 활동을 게을리 했던 것은 아니며 1611년에 는 국왕 극단에 소속된 명배우 리처드 버베이지와 셰익스피어의 배우 동료들에 의해 상연되었다). 단순히 읽을거리라고 한다면, 예를 들어 '독자 여러분께'라고 이름 붙여도 될 텐데 '카틸리나'에는 놀랍게도 '평범한 독자들에게' 뻔뻔스럽게 도 이렇게 제목 지어진 머리말이 실려 있으며, 그 글은 다음과 같은 내용으로 독자들을 도발한다.

'여러분은, 첫 2막에 나오는 인물이 너무도 극악하기에 재미있다 말하고 이 어서 다음 막에 표현되는 키케로의 연설은, 학교에서 그 일부를 읽게 했는데 도 이해하지 못하면서 심지어는 마음에 들지 않는다고 말할 것이다. 참으로 한심한 일이 아닐 수 없다.'

라틴어 수업에서 키케로를 읽게 한 탓에 그를 싫어하게 되었다는 유형은 19 세기에서 현세기 전반에 이르기까지 매우 자주 들어왔지만 그 역사는 훨씬 오 래되었다고 할 수 있다. 어찌 되었든 여기서 경고하듯이, 최초 2막은 재미있어 하고 후반 3막은 지루해한다는 것은 유감스럽게도 확실하다고 여겨진다. 독재 자 술라의 망령이 나타나, 그의 악마적 욕망이 카틸리나에게로 흘러들어갔다는 배경에서 시작되는 제1막은, '극악인'뿐만 아니라 드라마틱한 악의 매력이 아주 풍부하게 느껴진다. 카틸리나가 과거에 너무도 많은 악행을 저지른 탓에 함께 나오는 아내 아우렐리우스와 그의 대화 속에서 카틸리나가 그녀와 결혼하기 위해 전처와 제 아들까지 죽인 사건이 이야기된다.

그 뒤에는, 카틸리나를 우두머리로 삼은 음모자들의 독단장이 나오며 표현되는 이야기는 '피의 선서'이다. 세네카 식 비극을 방불케 하는 '지상으로부터의 신음소리'가 울리고 신비로운 불꽃이 어른거리는 섬뜩한 분위기 속에서, 카틸리나는 다시 권력을 손안에 넣기 위해 차기 집정관 선거에 의욕을 드러내고 선서 의식이 행해진다. 제1막이 '피의 선서'의 극적 효과를 확실하게 썼다고 한다면, 제2막은 마치 궁정인 것만 같은 살롱에서의 세상 돌아가는 이야기와 에로티시즘으로 독자, 청중들을 끌어당긴다. 풀비아 저택 장면에서는 그 바깥 풍경과 저택 모습이 시로 표현된다. 시녀 갈라와 함께 저택을 찾은 중년 귀부인 셈프로니아와 풀비아는 살롱 풍 소문 이야기에 꽃을 피운다. 화제는 차기 집정관 선거에 대한 것이었으며 셈프로니아는 카이사르들과 카틸리나 지지운동을 한다고 말한다. 키케로의 이름이 거론되자 셈프로니아는 가장 먼저 '그 수다쟁이 키케로' 이렇게 그를 헐뜯은 뒤 '신참자'이면서 로마에서 태어난 것도 아니고 그 혈통조차 알 수 없으며 가문 문장도 없는, 벼락출세한 자를 귀족계급이 지지할 리가 없다고 단언한다. 그녀의 말을 들은 풀비아는, 키케로는 미덕을 갖추었다고 반론하지만 셈프로니아의 기세는 꺾이지 않는다.

퀸투스 쿠리우스가 그녀의 저택으로 들어오자 보란 듯이 셈프로니아는 눈치 빠르게 자리를 피해버린다. 풀비아는 진심으로 쿠리우스와의 교제를 싫어하는 것 같았지만 '싫다 싫다 해도 애정은 가지고 있다'는 게 여자들의 심리라 생각한 쿠리우스는 폭력적으로 그녀에게 사랑을 강요한다. 그는 자신의 분풀이를 위한 정부 전복계획과 그 보상 냄새를 풍기며 협박 섞인 말을 하고 물러나지만 이 일이 심상치 않음을 알아차린 풀비아는, 그를 다시 불러 이번에는 미인계를 써서 그 계획을 알아내려 한다. 둘의 베드신이 이어지는 침실 입구에서 그 막은 내린다.

마치 사람을 깔보는 듯한 글, '평범한 독자들에게'에서 경고하듯이 3막에 이르러 드디어 키케로가 나오면 '평범한 독자와 청중들'은 배우들이 너무나도 힘들어할 것만 같은, 조금 전보다 훨씬 길고 긴 대사들을 듣게 된다. 그러나 키케로를 훤히 아는 독자, 청중들에게는 분명 참고 볼 수 없는 장면들의 연속일 것이다. 어찌 되었든 '카틸리나 탄핵' 제1연설에서 제4연설이라 여겨지는 부분이 영어로 훌륭하게 옮겨져 여기저기에 실려 있기 때문에 아는 체하기 좋아하는 사람들은 조용히 그 장면을 바라보고 있지는 못했을 것이다(존슨 또한 자기가 알고 있는 것들을 떠벌리려 했을 것이며, 셰익스피어에게 '완벽한 라틴어란 이런 것일세' 가볍게 이야기했을지도 모른다).

실제로 제3막에서는 '풀비아의 공적'과 그에 이어 '새벽의 키케로 암살계획 실패'라는 일반 청중들에게 기다리던 장면이 나온 뒤 제4막에는 키케로의 '제1연설'이 포함된다. '아아, 어떤 시대, 어떤 윤리!'가 그것이다. 또한 알로브록스 사절단의 협력을 얻어낸 '함정수사'가 그려지고 밀비우스 다리에서 벌어진 사건, 관객 서비스 또한 존슨은 잊지 않았다. 그 후반 5막으로 나아가면 '함정수사'로 얻어낸 증거 편지를 키케로가 모두에게 보여주며 그의 '제3연설'이 펼쳐진다.

카틸리나의 훌륭한 죽음

'제3연설'이란, 본디대로라면 군인에게만 주어지는 명예 '조국의 아버지' 칭호가 군민집정관임에도 상관없이 키케로에게 주어짐을 노래하는 것이었다. 그러나 제5막은, 즉 '카틸리나'극 전체는 그저 키케로 찬미만으로 막을 내리지 않는다. 제1막부터 제4막까지는, '세네카 식 비극' 형식에 따라 막 하나하나에 '합창단'이 배치되어 그들의 노래로 끝맺는다. 이는 앞서 이야기한 주요 장면에 포함되며 카틸리나와 그 무리의 악덕과 죄상이 강조되고 그렇게 표현된 악이, 저마다의 막 끝에 등장하는 '합창단'의 연극적 권위에 따라서 키케로의 선함을 확인시켜주는 것이다.

'세네카 식 비극' 제5막에, 합창단이 없을지도 모르지만 '카틸리나'에서는 제5막에 이르면 극 분위기가 바뀌어가기 시작한다. 그 첫 장면에서는 키케로의 업적 찬미가 펼쳐진다. 키케로는 '제3연설'을 행하고 카토는 키케로를 '조국의 아버지'라 칭찬하며 카이사르까지(하는 수 없이) 키케로 이름 아래에 '신께 드리는 정식 감사'가 행해져야 한다고 의견을 같이한다. 그러나 이 장면을 정점으로, 키케로의 그림자는 차츰 희미해져간다.

이 경위에는 세 가지 요인이 포함되어 있다. 그 첫 번째는, 앞서 이야기한 음모자들의 처벌을 둘러싼 원로원 회의장에서 벌어진 카이사르와 카토의 설득력 넘치는 연설이다. 본디 '카틸리나 탄핵'에서의 키케로 '제4연설'을 보면, 자기를 정당화하려는 경향이 지나치게 강하며 설득력이 부족한 면도 있는데, 존슨은 이 장에서 살스티우스 작품을 바탕으로 두고 카이사르와 카토에게 저마다의 명연설을 장황하게 펼치도록 하는 것이다. 두 번째 요인은, 정부군과의 전투에 맞서 카틸리나가 펼치는 최후의 연설이며 세 번째 요인은, 정부군 지휘관 페트레이우스가 이야기하는 카틸리나와 그 군대의 최후 모습인데, 이들은 모두 살스티우스 글에 따르며 우리에게 커다란 영향을 준다고 할 수 있다.

사실 최후에 이른 카틸리나의 대사를 보면, 그가 악랄하고 타락했다는 사실은 전혀 느껴지지 않는다. 그는 병사들에게 이렇게 말한다. '타고난 것이든 단련하여 얻어낸 것이든, 무사의 진심만이 전장에서 용기를 복돋아 줄 수 있다. 이렇듯 최후에 이르러 자네들에게 특별히 이야기해줄 것은 없지만, 한 가지만 말하겠네. 현재 상황은 너무나 혹독하네. 로마에 있던 우리 편은 모두 참패했고 갈리아로 통하는 길 또한 굳게 막혔지. 마시고 먹을 것 또한 부족하여 이곳에 계속 머물러 있을 수도 없다네. 영광과 자유를 위한 승리가 열어주는 길로 나아갈 수밖에 없지. 승리만 한다면 모든 것이 약속되네. 처음부터 자네들은 예속상태로 로마에 머무름을 떳떳하게 여기지 않던 기개 넘치는 용자들이지 않은가. 죽음과 복수의 여신들은 우리가 이루려는 일을 바라고 있으며 천상의 신들은 손을 놓고, 이 장대한 장면을 저 높은 곳에서 바라보고 있으리라 나는 생각하네. 자, 그러니 어서 검을 들고 함께 싸우세.'

페트레이우스가 이야기하는 카틸리나의 최후 또한(살스티우스가 보았듯이) 단순히 악당의 최후에 그치지 않으며 장렬하고 장엄하기까지 하다. 두 군대가 서로를 향해 격돌하고 마구 뒤얽혀 싸우는 동안, 전장은 카틸리나군 병사의 시체들로 뒤덮인다. 그 끔찍한 광경을 본 카틸리나는 '그 악을 뛰어넘을 명성을 쫓아서 원념을 상기시키고 깊은 절망과 품격 높은 영광, 이 두 가지 각오를 다지고자 힘차게 나아갔다. 적진 중앙으로 쳐들어가는 그 모습, 마치 사냥꾼에게 덤벼드는 리비아 사자와 같다. 우리 군 병사들이 들고 있는 무기 따위는 안중에도 없이, 만신창이가 되는 것조차 아랑곳 않고 거리낌 없이 적을 쓰러뜨려나가지만, 마침내 최후에 이르러서는 죽음이 눈앞에까지 다가왔음을 알아차리고 조용히 받아들인다.'

진지하게 이 이야기를 모두 들은 카토가 한 말은, 이 극의 전체적 인상을 절묘하게도 잘 표현해냈다. '훌륭한 악의 죽음'이 바로 그것이다. '카틸리나'의 결말은, 신께 감사의 인사를 드리는 참된 주인공 키케로의 짧은 대사로 끝맺는다. 그러나 악당인 카틸리나의 '훌륭한 죽음'을 보고난 뒤 그 대사를 솔직하게 영웅의 말로서 받아들이기는 어렵다. 벤 존슨의 '카틸리나'는 두 주인공을 이야기한 것이나 다름없다. 한편으로는 기다리고 있었다는 듯한 '보여주는 막'을 이용하는 책략가로서의 정의의 아군 키케로가 있으며 또 한편으로는 악역에서 차츰 비극적 주인공으로 변해가는 듯 보이는 카틸리나가 있는 것이다. 이러한 연극적 모순은, 키케로와 살스티우스 둘 다 '카틸리나 문서'에 모든 준비를 하여 연극성 넘치는 연극을 만들어내려다 일어난 일임에 틀림없을 것이다.

욕심이 많았는지, 봉사정신이 투철했는지, 판단할 수 없지만 카틸리나의 음모사건이라는 역사를 조사하면서 이만큼 많은 부분을 끌어들이고 한 작품으로서 이런 균형을 나타내는 것은, 존슨의 선대에도 후대에도 나타나지 않았다. 그 뒤 명장면을 즐기기 위해 필요한 교양이 쇠퇴함에 따라 키케로는 책략가로서의 위치를, 마침내 눈부신 '훌륭한 악의 죽음'을 이루어낸 카틸리나에게 양보하는 운명에 처한다.

4. 키케로 퇴장

관객을 택하라

약 140년 뒤에 같은 주제를 다룬 볼테르는, 물론 존슨의 작품들을 알고 있었다. 그러나 볼테르 신고전주의는 존슨의 그것과는 어울리지 않는다하여 둘로 나뉜다. 볼테르의 생각으로는, 본디 키케로를 무대 위로 올리는 것은 어려운 일이었으며 그럼에도 올리려 한다면 먼저 관객을 고를 필요가 있었다. 그러한 의미에서, 계몽시대가 자신의 시대라면 몰라도 영국 또한 '야만스러운' 존슨의 시대에 키케로는 어울리지 않았다고 파악했다.

'키케로는 무대 위로 올릴 만한 인물이 아니라고 우리는 늘 생각해왔으며 이는 확인된 일이기도 하다. 영국인은 무작정 위험을 무릅쓰고 그 일이 위험하다는 것마저 모른 채 저질러버리는 이들로, 사실 카틸리나의 모의를 비극으로 만들어버렸다. 벤 존슨은 그 역사적 비극으로 '카틸리나 탄핵'에서부터 7, 8 쪽을 번역하는 일을 잊지 않았지만, 키케로에게 운문으로 이야기하게 할 수는 없다고 생각했는지 그 번역글은 산문으로 되어 있다. 집정관 키케로의 대사는 산문, 그 말고 다른 등장인물들은 운문으로 된 대사를 읊는 이 대조는, 벤 존슨의 야만스러운 세기에 어울린다. 그러나 마음을 지배하는 정념이라는 것을 없앤, 이토록 수수한 주제를 다룸에 있어서 진면목을 드러내는 교양 있는 사람들, 이른바 고대 로마를 바라봄에 있어서 그에 어울리는 사람들을 상대할 필요가 있다(구원받은 로마, 혹은 카틸리나).

실제로 1748년 6월에 '구원받은 로마, 혹은 카틸리나'의 실험적인 첫 연극이 사설 소극장에서 상연되었을 때, 관객들 사이에는 달랑베르와 디드로가 있었으며 게다가 무대에서 키케로를 연기하는 사람은 볼테르 자신이었다고 한다. 이와 비슷한 상황으로, 1750년에 프레드릭 대왕의 초대를 받아 프러시아에 머물러 있을 때가 있다. 그해 9월, 베를린에서 왕가일족 및 각국 대사들을 앞에 두고 극을 상연했을 때도 볼테르는 키케로 역할을 다른 배우에게 넘겨주지 않았다. 마침 그 자리에 있었던 영국 대사 한베리 빌리아무즈는 연극학교에서 교육을 받았기 때문인지, 키케로의 '카틸리나 탄핵 연설'을 모두 암송하면서 너무도 기뻐했다고 한다.

지금은 배우 볼테르의 재능을 묻지 않는다해도 어찌 되었든 '구원받은 로마'에 나오는 키케로가 '탄핵'을 방불케 하여 교양 있는 인사들이 감동받았던 것은 확실하다고 할 수 있다.

역사와 드라마

볼테르의 번안을 보고 가장 먼저 알 수 있는 것은, 키케로의 '카틸리나 탄핵'의 재현이라기보다는 앞서 나온 카틸리나의 음모사건에서 우리가 본 연극적 요소의 철저한 특성이 드러난다는 것이다. 카에라 저택에서 무리를 이뤄 음모를 꾸밀 때의 '피의 선서'도 풀비아의 첩보활동에 따른 도움도 알로브록스인 사절단의 협력을 얻어서 이루어낸 함정수사도 없었다면 카틸리나의 장렬한 최후 또한 그려낼 수 없었으리라.

말할 것도 없이, 볼테르와 그의 시대특유의 문학적 '예절'을 지키는 신고전주의적 일상생활 법도가 위와 같은 사건들을 허락지 않았을 것이다. 피의 선서는 야만스럽게 여겨졌고 풀비아와 음모가담자가 연락을 주고받았다는 내용 또한 받아들여지지 못했을 것이다. 알로브룩스인에 대해서는, 갈리아 지방에 정식 사절단 따위는 없었으며, 그들은 그저 로마의 지배를 받는 한 영지의 대표자였을 뿐이다. 따라서 키케로와 한 장면에 등장시킬 수 없는 이들이라고 여겨졌다.

'구원받은 로마, 혹은 카틸리나'에서는 조국을 위해 끝까지 정의를 지키면서 자멸의 길로 나아가는 비극의 주인공으로서 키케로를 그려내는 것이 볼테르의 의도였음은 앞서 말한 바 있다. 그러한 의도에도 역사와의 대조로 우리의 주의를 끌 수밖에 없는 인물은 카틸리나의 아내 아우렐리아이다. 앞서 이야기했듯이, 아우렐리아에게는 '아름다운 외모만이 장점'이라는 게 냉정한 살스티우스가 그녀에게 붙인 수식어이지만, 그녀와 함께 하기 위해 카틸리나는 조금도 망설임 없이 아들을 죽여 버릴 만큼 그 미모가 엄청났음은 틀림없으리라.

그러나 볼테르 글에서는, 그녀는 남편 카틸리나와 맞서는 아버지 논니우스와의 사이가 갈라져 번뇌하는 여성으로서 나온다. 그녀의 아버지 논니우스는 요충지를 지키는 고결한 장수였다. 카틸리나는 반란을 기획하여 키케로가 총괄하는 로마를 쓰러뜨리기 위해 논니우스를 암살토록 명령을 내린다. 이를 막은 아우렐리아는 남편을 향한 헌신과 아버지에 대한 사랑 가운데 무엇을 선택해야 할지 고뇌에 빠진 것이다. 그러나 카틸리나는 이를 신경 쓰지 않고 태연하게 잔학한 반란계획을 진행시킨다.

극중에서 강조되는 아우렐리아의 고뇌는 카틸리나의 잔혹함을 표현하기 위한 교묘한 장치라고 여겨지지만, 그럼에도 크레비용의 황당무계함에 대한 하나의 역사성을 표방하는 볼테르에게 있어서 역사로부터 많이 동떨어진 인물 조성이라고 할 수 있다. 그럼에도 이렇듯 볼테르에 따른 아우렐리아 창조가, 크레비용 글에서의 놀랄 만한 내용, 즉 키케로의 딸 튤리아가 카틸리나의 연인이라는 설정에 영향을 받았다는 것은 이미 알려진 사실이다. 이는 크게 허를 찌르는 구상이었기 때문에 그런 종류의 역사주의를 표방하는 볼테르의 비판 또한 어중간한 것에 그쳐버렸을지도 모른다. 어찌 되었든 크레비용은 튤리아 한 사람에 그치지 않고 풀비아까지 카틸리나에게 애정을 품도록 했다. 볼테르 또한 역사에 충실했다고 절대 말할 수 없지만 아우렐리아가 카틸리나의 아내였음은 살스티우스 글에서 확인할 수 있으며, 그녀를 튤리아로 바꾸어 등장시키고 풀비아는 삭제하고 나오지 않게 했던 것은 역사적 사실을 바로잡으려 했다고도 말할 수 있으리라.

적대관계였던 키케로와 카틸리나 두 진영에 관계되는 아우렐리아라는 존재가 나옴으로써, 카틸리나는 책략가로서도 키케로와 거의 동등한 자격을 얻게 된 것이다. 게다가 볼테르는 아우렐리아를 삭제해버리고 알로브록스 사절단까지도(집정관과 만나기에는 신분 차이가 너무 심해 부자연스럽다고 해서) 등장시키지 않았다. 이렇게 되고 나니, 교양인이 기대하는 '명장면'은 매우 한정되어버리고 저절로 책략가로서의 키케로는 조금은 생기가 부족한 존재가 될 수밖에 없었다.

입센의 '카틸리나'

근대는 일반적으로 '역사적 의식'이 매우 빠르게 변해가는 시대였다. 과거와 현재라는 그와 나의 차이가 의식되어 과거가 다른 시대로서 명확하게 인식됨에 이른다. 19세기는 다른 이름으로 '역사주의 시대'라 불리듯이, 그러한 역사적 감각이 세워져 가는 시대였다. 그러나 '카틸리나'의 계보라는 관점에서는, 이렇듯 일반적인 역사적 동향과 정반대의 현상이 보인다. 입센(1828~1906년) 처녀작 '카틸리나'(1850년)의 연극적 세계는 작가 자신이 덧붙인 글에서 독자들에게 미리 양해를 구하듯이, '분명 역사적 사실로부터 멀리 떨어져 있다.'

역사와는 아무런 관계없이, 지금은 무대 여기저기에 확대된 카틸리나의 정신세계를 차지하는 것은 아내 아우렐리아와 지옥으로부터 온 사자 풀비아라는 적대관계인 두 여성이었음에 틀림없다. 마치 딱딱한 문장의 우화소설처럼 선인 아우렐리아는 '가정의 평화'를 상징하고 악인 풀비아는 '지옥의 원념'을 실현한다. 자신을 포함한 모든 현상이 성에 차지 않았던 존재, 그것이 바로 입센이 그려낸 카틸리나이며 그의 마음은 삶의 의미를 바라면서, 또는 아우렐리아와의 목가적인 생활에, 또는 풀비아와의 사회적 복수로 마구 흔들린다.

극의 끝자락에 가까워져, 풀비아와 함께 복수에 참된 의미를 찾았다고 생각하여 계획 실행에 나섰고 끝내는 아우렐리아를 죽음으로 내몰아버리지만 막을 내리기 직전에, 그 잘못을 바르게 인식하고 금방이라도 숨이 끊어질 것만 같은 아우렐리아와 끝내는 화해하고 함께 죽어간다. 좋은 의미였든 나쁜 의미였든 '로맨틱'이라고 할 수밖에 없는 줄거리이다.

아우렐리아라는 등장인물은 기묘한 창조이다. 문학 그대로라면 '복수의 여신'을 이야기하지만 풀비아와의 음성적 연상을 피하기 어렵고 풀비아 기원이라는 해석이 존재한다. 물론 역사적 기술로는, 풀비아는 키케로를 도와준 '고귀한 여성'이었으며 그녀가 지옥에서 온 사자가 되는 것은 수긍하기 어렵다. 다만 크레비용의 독자라면 카틸리나가 튤리아와 풀비아에게 사랑받는 존재로 변해가는 것을 알고 있을 터이고, 그녀가 카틸리나를 둘러싼 두 여성 가운데 한 사람이라는 구성으로 받아들여졌다. 입센이 이 작품을 쓰면서, 크레비용과 볼테르 글을 읽었다고 한다면, 앞서 말한 삼각관계를 주축으로 하여 풀비아를 남겨두면서 튤리아를 대신해 아우렐리아를 선택했다고 상상해볼 수도 있다. 그러나 입센이 크레비용, 볼테르를 읽었다는 흔적은 어디에도 없다.

입센이 '카틸리나'를 쓴 계기는, 대학입학 시험을 위해 읽은 키케로와 살스티우스의 세트로 이루어진 문서에 있다고 전해진다. 그러나 앞선 글에서도 분명하듯이(우리로서는 유감스러운 일이지만) 입센의 상상력은 키케로의 '카틸리나 탄핵'에 거의 아무런 영향도 받지 못했던 모양이다. '아아, 어떤 시대, 어떤 윤리!' 이러한 대사도 '조국의 아버지' 명예 사건도 입센의 연극에는 나오지 않는다. 이렇듯 명대사를 읊고 명장면을 이루는 책략가로서의 키케로는, 극을 즐기기 위해 필요한 교양의 쇠퇴와 함께 여위어 간다. 그것을 뒷받침하듯이 입센극에서 키케로는 이미 육체를 가지고 무대 위에 나오지조차 않는 것이다. 겨우 그 이름이 세 번쯤 다른 등장인물에 의해, 마치 책망하듯이 언급되기에 이른다. 이것이 전부이며 다른 내용은 더는 나오지 않는다. 이 극본의 반쯤은, '카틸리나의 적'이라는 영향력 있는 존재로서도 흐릿해지고 키케로는 거의 완전히 잊히어 사라지는 운명인 것이다.

●

제4장 정치라는 미덕
—국가에 대하여

1. 명예론의 계보

사색의 계절

기원전 63년 12월에 주어진 '조국의 아버지' 명예를 정점으로 키케로의 정치적 생명에 그늘이 드리우기 시작한다. 그 명예마저 위태로운 균형 꼭대기에 놓였음을 증명이라도 하듯이, 이듬해 관례대로 집정관직 퇴관 연설을 하려 했던 키케로는, 재판도 하지 않고 시민을 처형했다는 이유로 연단에 서는 것이 허락되지 않았다. 키케로 정권을 이루어내고, 그를 지지한 귀족계급과 기사계급의 사회적 협력은 오래가지 못했고 집정관의 짧은 임기가 끝남과 함께 정신을 차리고 보니, 키케로가 동료라 믿어 의심치 않았던 폼페이우스로부터 버림받은 뒤였고 귀족계급으로부터는 '신참자'라고 불리면서 민중들 일파로부터는 법을 유린했다고 하여 비난받는 존재가 되었던 것이다.

이렇듯 사면초가에 처한 상황은, 폼페이우스, 크라수스, 카이사르로부터 이루어진 제1차 삼두정치 결성(기원전 60년), 다음해의 카이사르 집정관 취임이라는 사태에 이르러 더욱 심해져갔다. 또한 그에게 타격을 준 사건은, 오랜 원한을 가지고 있었던 푸블리우스 디우스의 호민관 취임이었으며 기원전 58년 4월, 마침내 키케로는 추방당하게 된다. 가혹한 정치상황의 변화와 친구들이 애써준 덕분에 망명해 있던 그리스로부터 벗어나 로마로 돌아오게 되어 또 다시 활발한 정치활동을 하려 했지만 이미 다수의 지지를 기대할 수 없는 상황이 되어 있었다.

기원전 56년에 폼페이우스, 크라수스, 카이사르의 삼두정치가 부활을 이루자, 키케로는 이에 거스르기를 단념하고 그들과의 협조노선을 추구한다. 특히 카이사르와의 관계는 너무나도 미묘했으며 추측하기 어려운 부분도 적지 않지만 키케로가 카이사르를 이해하고 솔직하게 따랐다고는 생각하기 어렵다. 이 시기에 키케로는 카이사르를 찬사하는 시까지 지었다고 한다.

이렇듯 기원전 56년부터 51년에 이르는 5년 동안, 키케로는 적극적으로 정치에 관련된 일들을 그만두고 주로 사색과 저작 생활에 몰두했다. 그 옛날 그리스 유학 시절, '만일 공적인 일로부터 완전히 추방당했다면 아테네로 나아가서 시민집회소와 정치로부터 벗어나 철학과 함께 조용히 일생을 보내려고 마음먹었다.' 이렇게 플루타르코스가 남긴 말을 떠올리는 독자도 있으리라 생각된다. 키케로는 정치의 계절이 아니라면 사색의 계절로 돌아설 수밖에 없다고 생각했으리라. 실제로 그러한 시기에 '변론가에 대하여'(기원전 55년 완성)와 '법률에 대하여'를 반쯤 쓴 분량, 그리고 앞으로 우리가 읽어볼 '국가에 대하여'가 씌어졌다. '국가에 대하여'는 키케로가 키리키아 속주 총독으로서 현실 정치 세계로 복귀하기 직전에 알려진 글이었으며, 그야말로 정치적 불우한 때를 반대로 이용하여 한가한 때에 만들어낸 사색의 산물이었다.

국가 수호의 사상—스키피오의 꿈

기원전 51년에 로마에서 공개된 '국가에 대하여'는 꽤 큰 호평을 받은 모양이다. 그러나 그 뒤, 고대 끝 무렵 혼란의 시절 수많은 고전 고대 저작물들을 잃어버리게 된다. 이는 널리 알려진 사실이다. 이 글 또한 예외는 아니었다. 부분적으로, 예를 들어 아우구스티누스의 '신국론' 등에 인용됨으로써 오늘날에도 전해지는 글이 있긴 하지만 그것은 행운이나 다름없다. 다만 다행히도 마지막 권인 6권 최종 부분만을 특별한 대우를 받아 서구 중세 시대로 계승되어 그 전통은 이어질 수 있었다. '스키피오의 꿈'이라 이름 붙여진 작품이 바로 그것이다.

작자가 자신의 꿈에 그 주인공 또는 이야기꾼으로서 나타나 그 이야기가 전개된다는 '드림 비전', 그것은 서구 중세에 활발했던 분야인데, '스키피오의 꿈'은 그 선구주자라 할 수 있다. 주인공이면서 이야기꾼은, 정식으로는 푸블리우스 코르넬리우스 스키피오 아에밀리아누스 아프리카누스라는 이름을 가지며, 평소에는 '소 스키피오'라 불리는 인물이다. 그는 마케도니아 정벌로 유명한 루키우스 아이밀리우스 파울루스를 아버지로 두었다. 기원전 185년에 태어나 아프리카 전투에서 이름을 떨친 스키피오 아프리카누스(대 스키피오)를 양할아

버지로 두어 길러졌다. 군인으로서 카르타고를 공략하고(기원전 146년) 정치가
로서 두 번이나 집정관으로 발탁되었을 뿐만 아니라(기원전 147년, 133년) 문화
인으로서도 전설적인 '스키피오 서클'의 주도자로서 역사에 그 이름을 남기고
있다.

'스키피오의 꿈'은 소 스키피오의 꿈속에, 양할아버지 대 스키피오가 나타나
우주 저편에서는 아주 작은 점에 지나지 않는 지구를 그에게 보여주고, 그 시
대에 국가를 위해 봉사하고 정진한 영혼은 세상을 떠난 뒤 영원히 행복한 세
계로 이르게 됨을 이야기해준다는 설정이다. 이러한 우주적 선견에는 고대 끝
무렵 지적 풍토에 어딘지 강하게 호소하는 무언가가 있었으리라. 마크로비우
스(4세기 끝 무렵부터 5세기에 이르기까지 활약)에 의해 이 글에 세밀한 주석이
달리게 되었으며, 덧붙여 그 뒷날 천년 이상에 걸쳐 서구문화에 절대적인 영
향을 주게 되었다. 중세를 지나 서구에서 '스키피오의 꿈'에서는, 키케로의 저작
보다도 마크로비우스의 '스키피오의 꿈 주석'이 오히려 더욱 유명하다.

대 스키피오가 이러한 이상을 이야기하면서 주는 교훈은 뜻밖으로 복잡하
게 뒤얽혀 있다. 우주 저 높은 곳에서 바라보면, 지구가 너무나 보잘것없음을
말하기보다 현세적 일들이 보잘것없음을 인식시키는 한편, 국가에 봉사한 이
는 천상의 영원히 행복한 곳으로 올 수 있음을 이야기한다. 사리사욕을 버리
고 공적인 복리를 위해 몸을 바치는 일은, 선택받은 고귀한 마음을 가졌다 여
겨지는 자의 의무이며 그 일을 이루어 낼 때 내세의 행복이 약속된다. 현세의
일에 집착하면 엄중하게 응징받게 되지만 그 예로서 이야기되는 것은 '명성,
명예'이며, 그 무가치와 같은 것이 대 스키피오로부터 전해져 이야기꾼 소 스키
피오에게 전하고 있다.

'이 사람들이 사는, 이미 알려진 땅 그곳으로부터 당신의 이름 또는 우리
들 누군가의 이름이, 저기 보이는 카우카소스(코카서스 산맥)를 넘어, 또는
저 갠지스 강을 과연 헤엄쳐 건너갈 수 있을까. (중략) 현세의 것을 버린다
면 당신들의 영광이 좁은 곳에서 넓혀져가는 것을 바라고 있음을, 당신들
은 분명 인정할 수 있으리라.'(제6권 20장)

현세의 '명예', '명성'의 그 유례가 매우 한정되고 제약을 받는 것이 이렇듯

이야기되지만, 이 1절에 덧붙여진 마크로비우스의 주석 또한 이 사실을 확인해준다.

'지구의 작은 것을 이렇듯 강조하여 말하는 까닭은, 그토록 좁은 곳에서 명성은 위대해질 수 없기 때문이며, 따라서 그런 것을 쫓는 건 용자(勇者)의 이름에 아무런 가치를 주지 못한다고 생각토록 했다.'

'활동적 삶'과 '명상적 삶'의 대립

이 지구의 보잘것없는 것들을 이유로 한 '현세의 명예 허무론'의 동기는, 6세기 초에 씌어진 보에티우스(480~524년)의 유명한 '철학의 위안'에서도 인용된다. 코트족 왕의 지배 아래에서, 집정관직에까지 오른 보에티우스는 불현듯 왕의 노여움을 사서 사형을 선고받는다. 옥중에서 죽음을 기다릴 때 기록되었다고 알려진 '철학의 위안'은 이 시대의 무상과 부당을 한탄하는 저자 보에티우스에 대해, 그 꿈에 나온 '철학의 여신'이 그에게 우주의 이법을 이야기한다는 구성으로 이루어진다. 정치가 보에티우스는 마땅히 스스로의 현세적 활동을 정당화하려고 다음과 같이 말한다.

'내가 이 세상 사물로의 욕망에 지배당하지 않음은 당신 자신 또한 알고 있을 것입니다. 나는 그저 활동할 기회를 탐내지 않았을 뿐입니다. 덕을 헛되이 쓸모없게 만들지 않도록.'(제2부 제7산문 부분)

정치적 활동은 야심을 불러일으키는 게 아니라 지식, 지혜로서 배운 '덕'으로 도움을 주는 것, 즉 덕이 사람들 사이에서 '헛되고 오래되어 쓸모없어진 것', 발현되지 않고 파묻히지 않도록 도와주는 것임에 틀림없다고 보에티우스는 주장한다. 이는 키케로 또한 동의할 법한 뛰어난 로마적 발상이라 할 수 있다. 이러한 덕의 실현이라는 이상을, 필로소피아는 다음과 같이 대답한다.

'본성으로 뛰어난 정신을 가지면서 덕의 완성으로 아직 충분히 나아가지 않은 사람들, 그저 이 사실에 대해서는 유감이다. 즉 명예에 대한 욕망, 또는 '국가에 대하여'라는 최고의 공적으로 이름이 알려지기를 바란다. 그러나 그러한 욕망이 가엾게 여겨질 몇 가지 의미가 없는가에 대해서는 다음과 같이 생각해보는 게 좋으리라. 천문학 증명에 대해 당신이 알고 있듯이, 모든 지구는 하늘 위 공간에서는 불과 한 점을 차지하고 있음에 지나지 않는다. 즉 천구의 광대함에 비교해서 지구는 어떠한 광대함도 가지고 있지 않다는 것이다.'

보에티우스와 필로소피아 사이에서 문제가 되는 것은, '덕'과 '삶'에 있어야 할 관계에 있어 그 사이에서 파악해야 할 것으로서 두 가지가 있다. 하나는, 덕은 이 세상에서의 행동(그중에서도 국가에서의 정치적 활동)으로 실현될 수도 있고 또한 그렇게 받아 마땅하다는 의견이며 또 다른 하나는, 덕은 궁극적으로 이 세상 활동으로써는 달성되지 않는다는 현세를 넘어서는 시점이다. 서구사상의 전통에서 말하는 '활동적 삶'과 '명상적 삶'과의 대립이 틀림없다. '활동적 삶' 시점에 선 보에티우스의 이론에 따르면, 덕의 힘은 현세에서 발현되지 않으면 '헛되이' 그 힘을 잃게 된다. 명예에 대한 욕망이, 사람이 국가에 헌신할 수 있도록 해주는 원동력이 된다면 그 욕망은 덕이라는 이름에서 정당화된다는 것이다.

이에 '명상적 삶'의 관점을 취하는 필로소피아는 이렇게 말한다. 국가를 위해 덕의 힘을 발휘하여 명성, 명예를 추구하는 것은 분명 고귀한 정신이 자연스레 촉구하는 부분이긴 하다. 그럼에도 '덕의 완성'이라는 고결한 관점에서 보자면 여전히 미묘한 욕구에 지배당하고 있음이 틀림없다. 왜냐하면 명성, 명예로서 덕의 힘이 국가에 나타나더라도 그 발현의 장이 되는 국가는, 우주, 그리고 필로소피아의 영원적 생각 아래에서 보면, 완전히 '無'의 존재나 다름없기 때문이다.

인간 세상의 규칙

보에티우스가 '철학의 위안'에 대해 '현세의 명예 허무론'을 펼칠 때, 그의 머릿속에 마크로비우스의 '스키피오의 꿈 주석'이 있었음은 틀림없다. 그래서 마땅하게도 현세의 명성, 명예가 궁극적으로는 무(無)에 가깝다는 인식에서 필로소피아의 발언 뒤에는 대 스키피오, 즉 그들의 견해는 말할 것도 없이 일치할 수밖에 없다. 그러나 '현세의 명예 허무성'의 인식을 최종적으로 어떠한 세계관 아래에 두는가, 또는 궁극적으로 어떤 주장을 위해 쓰는가에는 둘의 관점이 달라지는 것이다.

'철학의 위안'에서 현세의 명성, 명예의 허무성 인식은, 즉 덧없는 운명에 지배당하는 듯이 보이는 이 세상 모습이 본래적이 아니라, 반대로 영원히 진실로 실존하는 유일한 신을 중심으로 하는 세계관 아래에서야말로 모든 것이 올바르게 파악된다는 이상으로 통한다. 이것이 바로 필로소피아가 이야기하는 인식 구조임에 틀림없다. 이에 '스키피오의 꿈'에서는 분명 마찬가지로 현세의 명성과 명예의 허무함, 허무성이 강조되는 내세의 영원한 행복이 최종적으로는 이 세상 전면부정에 이르지 않고 오히려 현세에서 이루어내야 할 '사명, 의무'수행과 그 중요성으로 향하도록 하는 것이다.

실제로 이 세상 삶이 궁극적으로는 허무와 똑같다는 것을 교시 받은 소 스키피오는 그럼에도 '왜 나는 땅 위에서 꾸물대고 있는 것입니까. 왜 당신들이 사는 그곳(천계)으로 가기 위해 나는 서두르지 않는 것입니까.' 이렇게까지 물어보지만 이 질문에 대 스키피오는 다음과 같이 말했다.

'인간은 이 성역 중심에서 자네가 바라보는, 지구라 불리는 그 천구를 지켜낸다는 규칙 아래에서 태어났다네. 그러므로 푸블리우스여 자네는, 모든 경건한 자는 영혼을 신체 감옥 안에 머무르게 할 것이며 또한 신에 의해 주어진 인간의 의무를 피했다고 생각되지 않기 위해서는 자네들에게 영혼을 준 이의 명령에 따르지 않고 인간의 삶으로부터 벗어나면 안 되는 것이다.'(제6권 15장)

사람은 대지에서, 육체라는 감옥에 잠시 머물러야 한다는 규칙에 있으며 그러한 의무를 중요시하지 않으면 안 된다. 그뿐만이 아니다. 이 대지에서의 머무름은 사람의 사명이며 사람에게 주어진 법률이면서도 '없음'과 같다. 그렇다면 그곳에서 무엇을 이루어야 하는가, 어떻게 행동해야 하는가는 내세의 영원한 행복에 이르는 것과의 관계로 결정되어야만 한다. 그렇게 대 스키피오의 유명한 말이 시작된다.

'자네가 국가를 지키는 일에 애쓰도록 되기 위해서는, 이렇게 마음먹는 게 좋다네. 조국을 지키고 돕고 융성시킨 이들 모두를 위해 천계에는 그들에게 맞는 특정한 장소가 정해져 있으며, 이곳에서 그들은 행복에 이른 자로서 영원한 삶을 누릴 수 있을 것이다. 왜냐하면 온 세계를 지배하는 최고의 신에게 있어서, 지상에서 행해짐으로써 법에 의해 맺어진, 나라라고 불리는 인간의 결합과 집합보다도 마음에 드는 것은 없기 때문일세.'(제6권 13장)

이 세상의 모든 일은 허무와 똑같다는 대전제를 세우면서도 현세에서의 머무름은 사람이 지켜야 할 규칙이어야만 한다는 인식이 나온 것이다. 그렇다면 이 지상에서 사람이 이루어야 할 일에 한해서, '법에 의해 맺어진 나라라 불리는 인간의 결합과 집합'을 세우고 이 일에 공헌하는 게 최상일 수밖에 없다. 쉽게 말하면, 이상적인 의미에서 정치가의 봉사라고 할 수 있을까. '이상적인 의미'라 함은, 국가에서의 정치적 활동이 현세적 가치판단(명성, 명예)으로써 어림되는 게 아니라 근본적인 철학적 기준 또는 종교적 법도를 가지고 파악되기 때문이다. 그러나 '철학의 위안'과 같이 철학적, 종교적 이상에 모두가 수렴하는 것은 아니다. 어디까지나 '활동적 삶'에서의 국가를 위한 봉사에 심혈을 기울이는 것이다.

'정치적 미덕'의 개념

키케로와 보에티우스의 차이점은 미덕에 대한 인식, 미덕의 발현영역에 대한 견해라 할 수 있다. 그런 의미에서 앞서 인용한 키케로 '스키피오의 꿈'의 유명한 말에 덧붙여진 마크로비우스의 주석은 무척 흥미롭다고 할 수 있다. 먼저 국가를 지켜주는 사람들은 마땅히 행복에 이를 수 있음을 설명하면서 이렇게 말한다.

'오로지 미덕만이 사람을 행복에 이르게 하며 그와 다른 방도로는 영원한 행복에 이를 수 없다. 따라서 철학을 하는 사람만이 미덕을 찾아낼 수 있으리라고 판단하는 사람들은, 철학자가 아닌데도 행복한 사람은 존재할 수 없다고 공언한다. 실제로 신적인 일에 대한 인식이야말로 예지라고 확신하는 그들 철학자는 다음과 같은 이들만이 지식인이라고 말한다. 즉 천상의 일을, 정신을 단련하여 깊이 생각하고 근면한 절차탁마를 통해 파악하며 인간의 인식에서 가능한 만큼 그것을 따라하는 자, 이에 있어서 미덕의 실현 등은 말도 안 된다고 철학자들은 이야기하는 것이다.'(제1권 8장 1~3)

이렇게 생각하는 철학자는 미덕을 기능별로 분류 정리하여 현명, 자제, 용기, 정의라는 이 '4대 미덕'을 제창하고 하나의 전통을 세웠다. 그런데 이러한 '철학적' 정의(즉 주로 네오플라토니즘적 명상을 중시하는 전통)에 따른 미덕 이해는 너무도 답답해서, 예를 들어 위정자의 '활동적 삶'에 바탕을 두는 사람들의 가치관과는 타협이 되지 않고 아무런 도움도 되지 않는다고 마크로비우스는 적절히 지적한다.

'그럼에도 이렇듯 답답한 정의에 엄밀히 따른다고 한다면, 국가 지도자는 절대로 행복에 이를 수가 없게 된다. 그러나 철학의 권위자들 가운데서도 플라톤과 함께 그 필두로 여겨지는 플로티노스는 '덕에 대하여'라는 논고에서 본디 자연스러운 분량의 척도에 따른 모든 미덕의 첫걸음을 가지런하게 논하고 있다. 그에 따르면 4대 미덕 저마다에 하위 미덕 4개가 분류되어 있으며 이들은 저마다(아래부터 순서대로) 이름 붙여져 있다. 첫 번째 정치적 미덕, 두 번째 정죄적 미덕, 세 번째는 이미 정화된 정신의 미덕, 네 번째는 모범적 미덕이다.'(제1권 8장 4~5)

플로티노스의 '본디대로 자연스러운 분류의 척도에 따른 모든 미덕의 첫걸음'은, 예상할 수 있듯이 정치적 미덕을 가장 아래에 두고 그곳으로부터 위로 올라가 명상적, 철학적인 것에 가장 가까운 '모범적'미덕에 이른다는, 근본적으로는 네오플라토니즘적 원칙에 따른 척도임에 틀림없다는 것이다. 전통에서 비롯된 '철학적' 미덕과 가장 멀리 있는 '정치적' 미덕이란, 어떠한 것이라 할 수 있을까.

'사람에게 정치적 미덕이 있는 이유는, 사람이 사회적 동물이기 때문이다. 이러한 정치적 미덕으로써, 의로운 사람은 국가에 봉사하고 도시를 보호한다. 이로 말미암아 부모를 공경하고 아이를 사랑하며 친족을 소중히 아낄 수 있는 것이다. 이에 따라서 시민사회의 안위를 지켜내고 방심하는 일 없이 동료를 지켜낼 수 있으며, 동포를 정의와 관용 안에 매듭지을 수 있다. 이러한 정치적 미덕으로, 의로운 이는 '공적을 쌓아 사람들의 기억 속에 영원한 이름을 남긴다.'(베르길리우스 아이네이스 제6권 664행) ~(제1권 제8장 6)

〈아이네이스〉로부터 인용한 글에서도 말하듯이, 정치적 미덕은 이 세상에 공적으로서 실현되며 그곳에 이름을 남긴다. 그뿐 아니라 사람은 정치적 미덕을 통해 정정당당히 영원한 행복에 이를 수 있는 것이다.

　'그리하여 만일 미덕의 기능과 효능이 사람을 행복에 이르게 하는 것이라면, 또한 정치적 미덕이 존재한다고 인정할 수 있다면 사람은 정치적 미덕으로써 영원한 행복을 얻을 수 있게 된다. 따라서 키케로가 국가의 지도자에 대하여 한 말, '그곳에서 그들은 영원한 행복에 이른 자들로서 영원한 삶을 누릴 수 있다' 이는 정당한 것이다. 키케로는 '한가로운 때' 명상적 미덕으로 영원한 행복에 이르는 이가 있다면 '직접 행동하며' 활동적 미덕으로 영원한 행복에 이르는 이 또한 있음을 말하기 위해, 저 위대한 신에게 있어서 국가보다 더 그들을 기쁘게 하는 것은 어디에도 없음을 그저 무조건적으로 주장만 하지는 않았다. '적어도 지상에서 행해지는 일로' 이러한 조건을 덧붙인 것이다. 그 이유는, 천상의 신적인 일을 주로 다루는 이와 국가의 지도자를 구별하기 위해서였다. 지상의 활동을 통해 국가의 지도자에게도 하늘로 올라가는 길이 열리는 것이다.'(제1권 제8장 12)

　'정치적 미덕'이라는 이름은 키케로의 '스키피오의 꿈' 그 내용 자체에서는 보이지 않는다. 그러나 그 이름이 없다고 해서 그와 비슷한 개념이 완전히 존재하지 않는 건 아닐 것이다. '명예의 순서'라는 사회제도 속에서 키케로가 태어나 길러져 자기형성을 이루어나갔다고 생각한다면, '정치적 미덕'이라 이름 붙여진 것을 직접 보지는 못했지만 이와 똑같은 가치를 어렴풋이 느끼고 있었음에 틀림없다. 플로티노스의 권위에 의지하여 '정치적 미덕'을 개념화하고 지상의 활동적 삶에 조명을 받으며 철학과 관계된 특권적인 '명상적 삶'과 대등한 관계에까지 오른 것은 마크로비우스 한 사람만의 공적이지만, 어떤 의미로는 키케로에게 잠재되었던 개념을 명확하게 표현했다고 할 수 있으리라.
　물론 '정치적 미덕'이 발현되어야 할 국가에서의 '활동적 삶'이라고 할지라도 궁극적으로는 어디에도 비할 데 없는 권력을 가진 천상의 영원한 행복과의 관계가 인식되며 그 한계로는, 보에티우스가 파악했듯이 이 세상의 명성, 명예는 그 본성대로 상대적 또는 이차적일 수밖에 없다. 내세에 그 중점을 바꾸어 '현세의 명예는 없음과 다름없다' 말하자면 명예론에서의 이러한 보에티우스적 전환이, 그 뒷날 서구 그리스도교 중세에 커다란 영향력을 주었음에 틀림없다.

2. '스키피오의 꿈'에서 '국가에 대하여'에 이르기까지

중세에서 르네상스로

보에티우스의 내세적 전환과 대조적으로, 명예론의 현세적 전환을 대표하는 마크로비우스의 '주석' 또한 보에티우스와 마찬가지로 오랫동안 읽혔다. 특히 백과사전과 같은 지식의 보물로서 마르티아누스 카펠라(5세기 머리말)의 우의(寓意)에 따른 지식의 모두를 지목한 글 '필로로기아와 메르쿠리우스의 결혼에 대하여'와 나란히, 이 글은 중세의 말하자면 '자유7학과'의 중요한 한 부분을 형성했다.

이 차원에서는 명예론에서의 내세적 전환과 현세적 전환의 구별은 거의 없어졌으며, 우주에 대한 기초지식에서 마크로비우스는 보에티우스와 같은 종류로 다루어졌다. 이는 예를 들어 중세 후기에 파리와 샤르트르를 중심으로 전개된 '12세기 르네상스'라 불리는 시대에 '스키피오의 꿈 주석'은 그 우주론적 이상 덕분에 '철학의 위안'이나 카르키디우스(4세기 그리스도교도)에 의해 씌어진 라틴어 번역판 플라톤의 '티마이오스' 등과 함께 큰 인기를 얻었다.

인간을 소우주라 여기고 그것을 대우주와의 조화적 상응이라 여기는 네오플라토니즘적 사상에 물든 '12세기 르네상스'라는 지적 운동에서, '스키피오의 꿈'과 같은 우주적 이상은 빼놓을 수 없었다. 그것이 얼마나 많은 지적 관심을 모았는가는, 9세기에서 15세기에 이르는 약 6백 년 동안 생산된 마크로비우스의 사본 230개 가운데, 12세기에만 106개나 생산된 사실만 보더라도 짐작할 수 있다.

그 뒤에도 마크로비우스의 교양서는 끊이지 않고 나왔다. 14세기 끝 무렵, 영국에서 활약하고 '캔터베리 이야기'로 널리 알려져 '영시의 아버지'라는 칭호를 받은 제프리 초서(1340년~1400년) 또한 마크로비우스의 '스키피오의 꿈 주석'을 읽고 큰 영향을 받아 '새들의 의회'라는 제목의 걸작을 남겼다. 거의 동시대를 살던 사람이면서 르네상스의 빛을 피부로 느끼던 페트라르카에게서도 마크로비우스의 글은 꼭 읽어야 할 책으로 여겨졌다. 그 뿐만 아니라 페트라르카는 마크로비우스의 안목과 식견이 되는 '정치적 미덕'을 재평가한 것이다.

페트라르카가 키케로를 따라서 '친근서간집'을 펴낸 것은 앞서 말한 사실이다. 그 제3권에 마르코(통상 제노바의 마르코 폴트나리오라 해석되고 있다)라는 한 청년에게 보낸 편지(제32)가 실려 있지만 글에서도 볼 수 있다. 이 청년은 이전부터 페트라르카와 아는 사이였으며 갑자기 성직자로서 일하겠다는 결의를 밝혔던 것으로 여겨진다. 그러나 그 뒤 뜻을 번복하기에 이르러 정계로 나아가기로 마음먹는다. 또한 그 뜻을 페트라르카에게 전했다고 한다. 이에 대한 답장이 12번째 편지였다.

페트라르카는 다음과 같이 답장을 한다. 신(神)에 이르는 길로부터 이 세상의 정치로 돌아서는 번복의 뜻은, 정도로부터 벗어나는 떳떳하지 못한 변절이 아니라 근본적으로 같은 목표에 이르는 길이나 다름없다. 덧붙여 '스키피오의 꿈'에서의 그 유명한 대 스키피오의 말(왜냐하면 전세계를 지배하는 최고의 신이기 때문에······)을 인용한다. 게다가 페트라르카는 마크로비우스가 언급하는 플로티노스의 권위에도 의지한다.

'모두가 인정하듯이, 플로티노스 사상에 따르면 사람의 영혼, 정신은 정죄적 미덕을 통해 정화된 행복에 이를 수 있을 뿐만 아니라 정치적 미덕을 통해서도 영원한 행복에 이를 수 있다.'

'스키피오의 꿈'에서 보이는 국가수호 예찬의 사상으로부터 플로티노스의 정치적 미덕의 개념으로의 연상은, 페트라르카가 마크로비우스로부터 얻어낸 것이었으며 끊임없이 이어져 온 중세적 교양의 결과물이 다시 살아난 것만 같았다. '정죄적 미덕'과 '정치적 미덕'이 모두를 통해 이를 수 있는 행복은 페트라르카에게서 그리스도교적 신의 나라와 겹쳐진다. 즉 이 세상에서의 '정치적 미덕' 발현은 궁극적으로는 신의 나라로 풀이되었기 때문에 그 한계로, 그는 틀림없이 중세 사람이었다. 그러나 '정치적 미덕' 개념에 주목하고 그것을 '정죄적 미덕'보다 뛰어나다고 파악했던 의미는 매우 중요하다고 할 수 있다. 마크로비우스의 고대적 세계관이, 르네상스 희망의 빛이 비치는 시기에 페트라르카에 의해 재인식되었다고 여겨지기에는 지나치다고 할 수 있지만 아무래도 흔들리는 추는 '활동적 삶'을 향해 크게 흔들리기 시작한 것 같다.

저녁놀에 물든 '스키피오의 꿈'

시대의 끝 무렵 18세기에 이르자 차츰 마크로비우스 글은 등한시되고 꾸짖어야 된다고 여겨진다. 그러나 존슨박사로 알려진 18세기 영국문단의 총수 새뮤얼 존슨(1709~84년) 또한 그의 애독자였다고 한다. 1728년 10월 31일, 열아홉 살이었던 존슨이 옥스퍼드 펜부르크 단과대학 입학시험을 통과하고 그를 격정하는 부친과 함께 가정교사와 면담을 하게 된 때의 이야기이다. 가정교사로 정한 조던 선생님을 포함한 몇몇의 대학 친구들을 앞에 두고 부친은 먼저 자기 아들의 비범한 재능을 자랑스럽게 이야기했다. 존슨의 친구들은 새뮤얼의 겉모습과 행동거지에 조금은 심상치 않은 느낌을 받았지만 어찌 되었든 새뮤얼은 예의바르고 성숙하게 행동하면서 얌전히 앉아 있었다.

그런데 면담을 한창 하던 중 부친과 새뮤얼의 친구들 이야기 화제가 서로 맞부딪혔기 때문인지 갑자기 새뮤얼은 입을 열기가 무섭게 마크로비우스를 인용하기 시작한다. 마크로비우스 글의 어떤 부분을 인용했는지는 유감스럽게도 널리 알려진 전기 작가가 전한 것은 아니지만 어쨌든, '그는 자유분방하다고도 할 수 있는 폭넓은 독자체험을 가졌다는 인상을 먼저 주고 말았다'(보즈웰 '사뮤엘 존슨 전기'1791년)는 글이 남겨져 있다(엄밀하게 말하면 마크로비우스로부터 인용했다는 내용이 '주석'에서 온 것이라 보증할 수는 없지만, 실제로 보즈웰의 존슨 전기 다른 부분에서는 이와 똑같이 마크로비우스의 사투르날리아로부터 인용했다는 내용이 남겨져 있기도 하다. 그러나 '사투르날리아'를 읽고 '주석'을 읽지 않는다는 건 거의 상상조차 할 수 없다).

게다가 '프랑스 혁명에 대한 성찰'로 알려진 에드먼드 버크(1729~97년) 또한 키케로를 애독했을 뿐만 아니라, 대영제국 초 인도 총독이 된 워런 헤이스팅즈의 부정을 탄핵함에 있어서 스스로를 '웰레스 탄핵'의 작자에 빗대어 분투하고 있는 것은 아닌가라고 생각할 만큼 키케로 신봉자였다(가이우스 웰레스는 시칠리아 속주 총독으로서 부임하자 탐욕에 사로잡혀 마구 악한 정치를 펼치기 시작했다. 그 이전에 같은 곳에서 재무관직을 지냈던 키케로는 청렴결백했고 민중들의 두터운 신뢰를 받고 있었으며, 그들의 부탁을 받고 웰레스를 탄핵시켰다).

아나나 다를까, '성찰'의 '사회 계약 한 절'이라 불리는 중요한 부분 또한 앞서 이야기했던 '스키피오의 꿈'에서 유명한 한 문장(온 세계를 지배하는 최고의 신에게 있어서 땅위에서 행해지는 법에 의해 이루어진 나라라고 불리는 인간의 결합과 집합보다도 더 마음에 드는 것은 없다)이 굳어져 전통적으로 보수적인 국가질서의 중요성을 이야기하고 있다.

이러한 경우 마크로비우스의 '주석'에서 인용을 했는가, 아니면 '스키피오의 꿈'에서 인용을 했는가가 의문시되었을지도 모른다. 아마도 18세기 끝 무렵에는 아직 마크로비우스의 '주석'이 일반적으로 많은 사람들에게 가르침을 주지 않았을까 추측된다. 그 이유는 앞으로 이야기할 획기적인 발견에 관계되어 있다.

안젤로 마이의 발견

중세 끝 무렵부터 특히 르네상스, 그리고 근대에 이르기까지 '국가에 대하여'의 남아 있는 부분, 즉 제1권부터 제5권을 찾기 위해 책 수집가들이 열정적인 탐색작업을 벌였음은 말할 것도 없다. 그러나 조그만 단편을 뺀 거의 모두는 결국 찾지 못해 헛수고로 끝나버리고 기존의 단편적 글을 보충하는 재료가 제공되었다. 그것은 아우구스티누스나 라쿠탄티우스라는 그리스도교의 아버지들의 저작에 인용되고 있던 부분을 이용했기 때문이었다.

그래서 고대말기부터 19세기 초까지 일반적으로 키케로의 '국가에 대하여'라고 한다면, '스키피오의 꿈'을 이야기하는 경우가 많으며 실제로 후자의 저작 이름이 전자보다도 사람들 입에 오르내렸다. 그런데 1819년 12월, 바티칸 도서관에서 새로운 단편이 발견된다. 즉 '국가에 대하여' 제1권 3분의 2, 제2권 절반 부분, 제3권 6분의 1, 제4~5권 오엽이 그것이며, 전체의 거의 4분의 1에 이른다. 발견자는 바티칸 도서관 학술관장으로서 부임하고 6주밖에 안 된 안젤로 마이(1782~1854년)였다.

책의 재료로서 종이 대신에 양피지를 쓴 시대에는, '팔림프세스트'라 하여 양피지 위에 한 번 씌어진 글자를 지워버리고 그 위에 새로운 문장을 쓰는 일이 자주 행해졌다. 지워진 글자는, 때에 따라서 완전히 말소되는 일 없이 흐릿하게 그곳에 남겨져 있다. 그래서 이러한 '팔림프세스트'라는 관습을 역으로 이용하여 지워진 작품을 읽어내려 하기보다 잃어버린 작품을 발굴하려는 사람이 있다. 그가 바로 안젤로 마이였으며, 그는 교묘한 방법으로 자신이 전임을 했던 곳 밀라노 암브로시아나 도서관에서 미리 작업을 하고 있었다. 바티칸 도서관에서 이러한 큰 발견을 해낸 마이는, 12월 23일에 부친 편지에 이 사실을 그 무렵 로마 법왕 피우스 7세에게 보고하고 있다.

현재는 바티칸 도서관 장서로서 'Vatican. Lat. 5757'이라 불리는 이 사본은, 로마 제국 끝 무렵 혼란과 쇠망을 겪고 이탈리아는 보비오의 수도원에 안식처를 얻게 된다. 그러나 7세기, 이곳의 승려들에게서는 이교도 국가론 따위는 아무런 의미를 가지지 않았던 것으로 여겨지며 팔림프세스트용으로 지워진 대상이 되어 그 대신에 영험이 뚜렷한 아우구스티누스의 '시편 주석'이 필사되게 되었다. 그러나 우리에게는 다행스럽게도 그 글을 추출해내는 작업은 그렇게 세밀하게 이루어지지 않았는지 '국가에 대하여' 글은 판독 가능한 상태로 남아 있었다.

안젤로 마이가 발견했을 때와 똑같이, 오늘날에도 아우구스티누스의 '시편 주석'처럼 1페이지에 2줄 형태로 '안시알'이라 불리는 어느 정도 원만한 성질을 가진 아름다운 서체를 볼 수가 있다. '국가에 대하여'는 유감스럽게도 오늘날에는 단편 상태로만 남겨져 있다. 또한 앞으로도 새로운 문헌상의 발견은 기대하기 어렵다. 그러나 1819년 마이가 발굴한 이후 키케로의 '국가에 대하여'는, 그 이전과는 전혀 다른 완전히 새로운 형태로 우리에게 다가왔다고 할 수 있다.

첫 번째로, '스키피오의 꿈'이 '국가에 대하여'보다도 훨씬 유명했다는 예속 상태로부터 겨우 벗어날 수 있었으리라. 그 이전에 '스키피오의 꿈'은 오히려 마크로비우스의 '주석'을 이야기했음에 틀림없다. 에드먼드 버크가 '프랑스 혁명에 대한 성찰'에서 '스키피오의 꿈'에 나오는 유명한 1절을 인용할 때, 그것을 키케로 본서에서이기보다 오히려 마크로비우스 글에서 가져왔다고 추측했던 것이다. 두 번째는, 그 반대로 '스키피오의 꿈'은 그것이 수록되어야 하는 정당한 문맥을 손 안에 넣게 되었다. 세 번째로는, 로마 사상을 그저 그리스 사상의 아류라 여기지 않고 그 자체로서 연구하려는 견해와 한 몸이 되어 사상가로서의 키케로가 주목받기 시작했다는 상황이 되었다. 이는 다음 장에서 다루게 될, 이제는 여운을 남긴 19세기적 '그리스 본원주의'적 흐름에 맞서는 움직임이라 볼 수 있으리라.

3. 거꾸로 된 플라톤

'국가에 대하여'의 구성과 형식

키케로가 처음으로 다룬 대화형식의 논고는, 우리가 제2장에서 읽었던 '변론가에 대하여'였다. 그 글에는 작품내의 시대배경으로서 기원전 91년이라는 근과거가 선택되어 화자 또한 키케로 자신이 직접 만나고 있으며 이미 알고 있던 사이였다. 이에 '국가에 대하여'를 쓸 때에는, 거슬러 올라가서 1세기 전 기원전 129년이라는 특별한 시대를, 키케로는 배경으로서 선택했다. 그해 초에 행해진 '라틴 축제'기간에, 로마 근처에 있는 소 스키피오('스키피오의 꿈' 이야기꾼으로서 이미 우리가 알고 있는)의 저택에, 신구 두 세대에 속하는 저마다의 지식인 4명, 모두 8명이 만나 이상적인 국가 정치의 방법에 대하여 의견을 나눴다는 설정이었다.

전체는 6권으로 이루어졌으며 3일에 걸쳐 행해진 토의를 수록하고 있다. 그 나날과 권수는 비례관계를 지키며 2권이 1세트로 저마다 하루의 행정을 망라하는 3부 구성으로 이루어진다. 그 3부 구성의 첫 부분, 즉 제1권, 제3권, 제5권의 도입부에는 키케로 자신이 서문을 이루며 자기 의견을 이야기하고 의논의 교통정리를 해준다. 참고로 이러한 대화형식과 작자 자신의 이야기를 뒤섞은 형태는 그리스를 모델로 한 게 아니라 키케로가 독창적으로 만들어냈다고 한다.

제1권 '서문'(제1~8장)에서, 키케로는 앞권의 주제인 '정치'의 중요성을 이야기한다. 이는 로마에서 가장 고귀한 활동이며 에피쿠로스적 도피주의는 말할 필요도 없고 순수하게 사변을 일삼는 모든 철학적 활동보다도 소중하다. 그러나 공적인 봉사를 하는 정치활동은, 그 지적 전제조건으로서 철학적 수양을 필요로 한다. 그러한 양해를 바탕으로, 예를 들어 그가 카틸리나의 음모사건에 즈음하여 이루어냈듯이 국가를 위기로부터 구해내는, 안녕을 지키는 일은 신성한 지고의 사명임에 틀림없다고 주장하는 것이다. 제3권 '서문'(제1~4장)에서는, 이성과 육체의 대립, 즉 플라톤적 심신이원론을 구실로 인간사회와 국제형태의 발전에 즈음하여, 그 어느 단계에서도 정의가 중요한 역할을 행하는가를 이야기한다. 제5권은 거의 남아 있지 않지만 조금 남아 있는 단편에서 추측해볼 때, '로마는 지난날의 관습과 사람에 의해 우뚝 선다'라는 시인 엔니우스의 유명한 시문을 인용했을 뿐만 아니라 키케로는 그 옛날 로마의 영광이 쇠퇴했음을 개탄한다.

그리하여 키케로의 육성이 들어있는 3편 '서문'을 찾아보면 정치적 활동이 철학적 활동에 결코 뒤지지 않다고 파악하는 것부터 시작하여, 국가의 이론적 중축으로서의 정의의 문제로 나아가서 정의를 체현한 로마 옛 국가적 영화를 거울로 삼아 혼란스럽고 황폐한 현상에 빛을 비추려는 도리가 엿보인다.

그리고 이러한 키케로가 말하는 도리에 부응하는 형태로, 각 권 또한 주제적으로 구성된다. 제1권은 군주정과 귀족과두정치, 민주정이 순서대로 반복된다는 보류비오스적 '정치 체제순환론' 역사관에 바탕을 둔 의논과, 그 의논에 바탕을 두고 스키피오가 이론으로서 펼치는 '혼합정치체제'의 이론이 논해진다. 제2권은 이와 반대되는 형태로 카토의 '기원'(현존하지 않는다)을 예로 들어 설명하면서 실제 역사를 조사하여 로마 역사에서의 정치 체제의 실제가 스키피오에 의해 설명된다. 제1권과 제2권은 이렇듯 '이론'과 '실제'의 관계로 이루어져 있지만 구성면에서 이 관계는 제3, 4, 5, 6권이 두 세트에도 답습되어 있다고 생각된다.

제3권에서는, 국정에서의 정의 실현가능성에 대하여 그 시비가 이야기된다. 스키피오의 친구(키케로의 '우정에 대하여'에서 알려진) 라에리우스가 자연에 바탕을 둔 유일한 이법으로 국가도 국민도 형성된다고 주장하자 루키우스 프리우스 필루스는, 국가는 부정 없이 존립할 수 없다고 논한다.(결핍이 남아있는 부분만을 판단한다면, 필루스의 논의가 설득력을 가질 수도 있지만 키케로의 의도로는 그 반대가 되는 것) 이러한 이론적 고찰을 받아들여 제4권에서는 구체적인 로마에서의 교육 논의가 되며, 초기 로마 사회에서의 도덕면 교육과 문예의 관계가 논해졌을 테지만 유감스럽게도 이 부분 또한 부족한 부분이 많다.

마지막 책 세트에서는, 먼저 제5권에서 필요할 때에 국정을 지도하는 능력을 가진 참된 정치가의 요건이 이론적으로 다루어졌으리라 여겨지며, 제6권에서는 그라쿠스가 일으킨 정치적 위기에 즈음하여 로마 정치가가 어떻게 대처했는지가 구체적으로 이야기되었을 것이다. 이에 이어 앞권의 끝자락에는, 정의로운 정치가가 죽고 난 뒤 어떠한 보상을 받게 되는가를 이야기하는 '스키피오의 꿈'이 온다. 반복된 것이나 다름없지만, 제3권부터('스키피오의 꿈'을 빼고) 제6권까지는, 안젤로 마이의 발굴에도 잃어버린 부분이 너무나 많아서 안이한 추측을 할 수는 없다. 그러나 앞서 이야기한 것들은 어느 정도 인정되고 있다.

플라톤과의 비교

플라톤의 '국가' 이후(그것을 읽지 않았던 시대는 별도로 하고) 국가를 주장하여 사색을 이어나간다면, 플라톤을 무시할 수는 없을 것이다. 키케로의 경우에는 대화편 형식을 쓰는 등 플라톤을 의식하면서 작품을 이루었다고 한다면 마땅히 '국가'와 비교할 수밖에 없다.

서구에서 플라톤의 '국가'를 읽지 않았던 시대는, 고대 끝 무렵부터 중세를 통해 계속되었다. 이는 플라톤의 저작 전반에서 일컬어지는데, 유일하게 '티마이오스'만은 4세기 카르키디우스에 의해 라틴어로 번역되어 서구중세에 전해졌다. 그러나 이는 예외라 할 수 있으며 일반적으로는 395년 동서 로마제국의 분열을 상징적 사건으로 두고 동쪽 그리스어, 서쪽 라틴어라는 언어적 분단이 시작되어 그 뒤에도 1054년 동방 그리스교회(콘스탄티노플)와 서쪽교회(로마)로의 분열이라는 형태로 명확하게 되었듯이, 서구세계와 그리스 세계 사이의 늪은 더욱 깊어져만 갔다.

드디어 르네상스시대에 이르러 플라톤 작품은 읽히게 되었지만, 키케로의 '국가에 대하여'는 의연한 상태로 부활하지 않는다. 또한 마침내 약 1900년 뒤, 갑자기 그 모든 부분의 뼈대가 분명해졌지만 그때 이미 플라톤의 '국가'는 그리스 본원주의라는 그 시대의 바람을 타고 키케로와 같은 비교를 할 수 없을 만큼의 위치에 서 있었다. 그 위대한 플라톤의 속박으로부터 키케로가 벗어났다고 한다면, 그것은 이미 최근 사태에 속한다고 할 수밖에 없다. '국가론'을 둘러싼 키케로와 플라톤 비교는, 사실 현대사상에 허락된 특권적 궁극과제인 것이다.

언뜻 보고 서로의 닮은 부분을 지적하기는 어렵다. 주제는 같은 정의이며 그 바탕에 국가와 그 구성원 관계, 국제 정치의 이론, 국가와 정의의 관계, 이상적 국가의 건설과 유지를 따른 교육 등을 논하고, 끝에는 죽음 뒤의 이상에 의한 이념적 주장 보강을 가지고 결말을 짓는다. 부분적으로는 직접 번역한 부분, 또는 플라톤에 바탕을 둔 번안이라 여겨지는 부분도 엿보인다. 형식에서도 키케로의 '서문'을 제외하면 대화체를 답습하고 있으며 장면 설정은 축일로 되어 있다.

이렇듯 키케로의 '국가에 대하여'는 분명 플라톤의 더욱 유명한 작품을 표준으로 두고 있지만, 서로 다른 부분이 닮은 부분보다 훨씬 중요하다. 어떤 연구자의 표현을 빌리자면, '국가에 대하여'는 어떤 의미로 플라톤 글을 거꾸로 한 것(마구 섞어놓은 것)이라는 표현이 적절할지도 모른다. '거꾸로'라는 정반대의 대조를 이룬 제1요소는, 문화의 토착성과 그것을 초월한 보편성의 관계에서 드러난다. 앞서 말했듯이 토론이라는 장면설정에서 둘 다 축일을 택한 것에 비해, 플라톤은 '트라키아 여신의 날'이라는 이국 이문화의 날로 설정했으며 장소 또한 아테네 외항 마을 페이라이에우스에 있는 폴레마르코스 집이다. 그곳에 아테네인 소크라테스가 손님으로서 방문한다. 이와는 반대로 키케로는 이문화(異文化)라 할 수 없는 '라틴축제'에, 소스키피오(소크라테스 역할이나 다름없는 주된 손님) 자신의 저택으로 다른 토론자가 방문해온다는 설정이다.

즉 일부러 플라톤이 문화나 토착성을 넘어선 상황을 만들어낸 것에 대해 키케로는 반대로 자국의 역사와 문화를 강조한 것이다. 이러한 대조적 방향성은 두 작품에 깔려 있으며, 저마다의 최종부에서는 상징적으로 반영된다. '국가'의 최후를 꾸민 '에르신화의 이상'은 에르라는 판뷰리아족(외국인)이 경험한 사후세계를 전하는 이야기이다. 이에 비해 키케로의 '스키피오의 꿈'은 앞서 보았듯이, 어디까지나 로마의 위대한 스키피오가 소스키피오의 꿈에 나타나 사후 보상을 이야기해주는 형식이다. 이는 포렌츠라는 학자가 지적한 부분이지만 키케로와 플라톤 사이에는 이렇듯 역사와 문화에 대하여 양극단의 자세가 엿보이는 것이다.

제2의 '거꾸로' 관계는 개인과 국가에 대한 것을 보면 알 수 있다. 국가와 개인을 생각할 때 그 강조점이 다른 것이다. 플라톤은 개인의 정의라는 문제에서 시작되어 그것을 쉽게 나누기 위해 국가라는 확대경을 통한 지론을 펼치고, 그 유추 아래에 정의를 두면서 최종적으로는 개인적 미덕으로서의 정의 문제로 돌아간다. 즉 그 중심에는 늘 영혼의 문제가 존재한다.

한편 키케로는 국가와 정치적 미덕의 문제, 즉 국가의 정의의 문제에 머무르고 개인의 정의의 문제가 관계를 가지더라도 어디까지나 그것은 국가 또는 국정과의 관계에 지나지 않는다. 덧붙여 말하면 플라톤의 정의는 영혼이든 국가이든 '내적인 부분 사이의 조화관계'에 모이지만, 키케로의 정의는 엄연히 '외적인 것'(설령 국가나 자신, 우주라도)과 개인과의 관계 중심에서밖에 의미를 갖지 않는다. 이러한 대조는 두 작품이 저마다 최후에 붙여진 이상에서 찾을 수가 있다. 영혼은 영원한 것을 받아들이면서 사후 세계에 대한 영혼의 운명을 이야기하는 플라톤의 '에르신화'는, 그곳에서 행해지는 현세의 행동에 대한 상벌, 그리고 미래 전생에 대한 선택 모두를 전해준다.

상벌에서는, 올바름은 상을 받고 옳지 않음은 벌을 받는다. 전생의 선택에서는, 현인은 좋은 선택을 하고 어리석은 자는 악한 것을 택한다. 이렇듯 단순 명쾌한 이야기로 우리가 받아들여야 할 것은, 모든 게 개인 영혼의 문제나 다름없다는 것이다. 개인에게 절대적 정의는 부정보다 좋다는 것을 말하는 게 문제이며, 그럴 때 개인이 그 중심에 놓여 있는 국가나 문화, 역사 등은 중요하지 않다. 이러한 이상 속에서 우주는 '필연의 여신'이 돌리는 물레라 여겨지지만 정의라는 주제와 대(大)우주의 물리적 구조와 개인의 행동과는 본질적으로 아무런 관계가 없다.

그런데 '스키피오의 꿈'의 경우는 그렇지 않다. 본디 이러한 '꿈' 이야기를 소 스키피오가 하려고 했던 계기로 하여 역사적 문화적으로도 특이하다. 티베리우스 그라쿠스의 '농지개혁법'(사법권을 가진 '농지위원회'의 관리기기에서 공적 농지, 토지를 갖지 않은 시민에게 분배한다는 법률)에 반대했기 때문에 그를 쓰러뜨린다는 '위대한 일'을 해낸 스키피오 나시카에게 화제가 돌아가며 라에리우스는, 나시카의 기념비가 세워지지 않은 것이 유감이라고 말한다(제6권 8장 '마크로비우스가 한 추측). 이에 대해 스키피오는 참된 미덕은 훨씬 영속적인 보상을 주는 것이라 말하며, 우리가 '스키피오의 꿈'이라 부르는 유명한 이야기를 하기에 이른다.

국가에 공무원으로서 봉사하는 것, 이에 따라서 정의를 실현해낼 수 있으며 그 보상으로서 천상의 영원한 행복 세계가 허락된다. 이는 신에게 인정을 받아 신에 의해 보상을 받는 활동임에 틀림없다는 것이다. '온 세계를 지배하는 최고의 신에게 있어서, 법에 의해 땅에서 이루어진 국가라 불리는 인간의 결합과 집합보다도 마음에 드는 것은 없다.' 무엇보다 현세에서의 공적인 봉사와 헌신적 활동이야말로 가장 중요하며 내세의 행복 또한 그것을 증명함에 지나지 않고 현세에 관련되어 있는 한, 순수하게 사적으로 또는 개인적인 의미에서의 정의는 문제가 될 수 없다는 것이다.

분명 이러한 이상에서는 지구의 작은 일, 그리고 인간들이 사는 곳은 무척 좁다는 것, 국가라 불리는 곳의 좁은 부분이 지적받아 좁지 않은 곳에서 명성을 얻었더라도 아무런 의미도 가지지 못한다. 그러나 반대로 영원한 영광의 숭고함이 이야기되기는 해도 여전히 미덕과 정의는 개인적 문제가 될 수 없으며 개인이 속하는 국가를 벗어나 가치를 얻어낼 수는 없다. 그러한 의미에서 이런 이상에 개시되는 지리와 천문학 지식은 주제와 엄밀하게 관계되며 좁으면서 지구를 중심으로 한 우주적 질서 또한 국가에서의 정의라는 주제에서 꼭 필요한 요소가 되고 있다.

여기서는 플라톤의 경우처럼 순전히 개인과 절대적 정의라는 관계는 이루어지지 않는다. 영원과 정의의 중간역할로서 로마 역사라는 문화적 구축물이 결정적으로 없어서는 안 될 역할을 해내고 있는 것이다.

이론지향과 실제지향

'거꾸로' 관계에서 파악되는 세 가지 점은, 이론과 실제의 그것이라 할 수 있다. 또는 이념의 질 문제라 할 수도 있겠다. '국가' 끝자락에 이르러 '철학자 통치국'이라는 이상적인 국가를 그려낸 소크라테스는 다음과 같이 말한다.

'이는 아마도 이상적인 형태로서 천상에 받들어져 존재하리라. 그것을 보고자 하는, 그리고 그것을 바라보면서 자신의 안에 국가를 세우려 하는 이를 위해서. 그럼에도 그 나라가 현재 어디에 있는가, 또는 미래에 존재하는가에 대해서는 둘 다 좋은 일이다. 왜냐하면 그저 그러한 국가 정치만으로 그는 참가하면서 다른 어떤 국가도 아닐 테니까.(제9권 끝부분)'

이렇듯 우러러보아야 할 천상에 존재하는 '이상적인 형태'는 지구상에 존재해야 할 현실의 국가와는 그 어떤 관계도 가지지 않는다는 것이다. 말로만 이루어진 이상국이라고 할지라도 끝없이 논하여 그려진 '형식'이라 할 수 있다. 그것이 그저 '자신 안에 국가를 세우길 원하는 자'에게만 유용하고 그 내적 국가의 '정치'에 참가할 때만이 의미를 가지기 때문에 '국가'라는 작품의 결론으로는, 너무나 놀라운 발언이라 할 수 있다.

사실 우리는 보통 이러한 행위를 '정치'라 부르지 않는다. 또는 철학적으로 '인간은 정치적 동물'이라 말할 때의 '정치적'이라는 의미에도 타당하지 않다. 오히려 이것은 하나의 심리학이라 할 수 있으며 기하학과 같이 추상적인 것이다. 금세기 키케로 재평가의 아버지라 부를 만한 칼 뷰히나는 키케로의 관점을 대변하여 플라톤의 '국가'를 '기하학적 구축물'이라 불렀으며, 이는 어쩌면 절묘하다고도 할 수 있다.

키케로의 '국가에 대하여'는, 예기치 않게 사색의 계절을 맞이했을 때의 작품이라 할 수 있다. 그때 이미 그는 정치가 무엇인지를 알고 있었을 것이다. 적어도 로마에서의 정치 실제는, '기하학적 구축물'의 내적관조를 통해 대처해내는 대물(代物)은 아니었으리라 여겨진다. 그리스 사상에 대한 존경심은 아마도 흔들리지 않았을 것이다. 플라톤은 생애를 애독하고 경애하는 철학자였음에 틀림없다. 그러나 정치 이야기로 들어서면, 실천적 행위를 통한 덕의 실현임에 틀림없는 것이다. 제1권 서두 '머리말'에서 키케로는 다음과 같이 이야기한다.

'덕은 그것을 이용하면서 어떤 종류의 기술과 같이 소유하는 것만으로는 부족하다. 기술이라 함은 그것을 이용하면서도 지식에 의해 보존할 수 있지만 덕은 오로지 그 활용에 관계되어 있다. 또한 그 최대의 활용이란, 국가의 지도이며 또 그 사람들(철학자들)이 한구석에서 목소리를 높여 서술하는 것 자체를 입으로가 아니라 실력으로 달성하는 것이다.'(제1권 2장)

그러나 제1권은 처음부터 끝까지 이론적 고찰이 계속된다. 소스키피오는 모인 손님들의 요구에 응하여 그가 가장 이상적이라 여기는 국가 체제를 논하지만 그 과정에서, 플라톤이 '국가' 제8권에서 이야기한 것처럼 그 또한 '국가체제의 변천이론'을 전개한다. 왕정과 과두정, 민주정이라는 삼대정치가 저마다 순서대로 계속되는 것은 아니지만 어찌 되었든 그 가운데 하나로서 영속적으로 유지되지도 않는다. 스키피오의 이상(理想)은 가장 안정된 국가를 만들어내는 국가 체제이며 그것을 그는 삼자의 '혼합정치'라 불렀다.

이뿐만이 아니다. 참된 해답은 이론의 지평에 머무를 수 없고 실제 역사 속에서 이야기되지 않으면 안 된다. 그렇게 이상적인 국가 체제를 구체적으로 서술한다는 과제에 응하여 스키피오는 이렇게 말한다.

'나는, 만일 나의 국가가 태어나고 길러지고 성인으로 자라서 마침내 강하고 굳건하게 세워져 있는 모습을 당신들에게 보여준다면, 플라톤의 저작 '국가'에서 소크라테스가 행하듯이 스스로 가공의 국가를 생각해내기보다는 훨씬 쉽게 일을 해낼 수 있다.'(제2권 1장)'

즉 소스키피오는 제1권과 제2권에서 국가 체제에 대한 이론과 실제를 융합하려 했던 것이다. 이는 아마도 사상가 키케로의 관점에 가깝다고 할 수 있으리라. 소스키피오의 논의에 귀를 기울인 그의 아주 친한 벗 라엘리우스 또한 그의 말에 이렇게 동조한다.

'저작에서 어느 누구도 능가할 수 없었던 탁월한 사람(플라톤)은, 그의 판단으로 돌아가 국가를 세울 장소를 스스로 정했지만, 그 국가는 아마도 훌륭한 것일지라도 인간의 생활과 관습으로부터 벗어나 있었다. 또 다른 사람들은 국가의 명확한 실례나 형태를 전혀 가지지 못하고 나라의 종류나 원리를 논했다. 그러나 자네는 양쪽을 모두 해내려 하고 있다 생각한다.'(제2권 11장)

양쪽을 다 해내려 하고 있다 하더라도, 키케로의 국가론은 '구체적인 것' 즉 역사적 사실(게다가 이 경우의 역사란 체계나 구조를 가지지 않는다)에 중점을 두고 있었으리라 여겨진다. 예를 들어 소스키피오가 이야기하는 '국가체제 변천이론'이 포류비오스와 같이 정치 체제 순환론이 되지 않고 왕정과 과두정, 민주정이 인과관계를 두고 연동하지 않는다는 역사관에서 잘 드러난 것이다. 이리하여 이상의 방향성에서 이론지향과 실제지향의 대립이 드러나면서 고찰의 대조로서 개인을 기준으로 둘 것인가 아니면 국가를 기준으로 둘 것인가에 대한 차이점이 존재하며 논의 수준에서는 토착성을 존중할 것인가 또는 보편성을 중시할 것인가에 대한 대조가 이어진다. 키케로는 플라톤을 '거꾸로' 이야기했다고 할 수 있다.

'지식'과 '힘'

셰익스피어의 '태풍' 주인공 프로스페로는, 그 옛날 밀라노 공국의 왕이었지만 학문에 몰두하다가 정신을 차리고 보니 나폴리 왕과 결탁한 동생에게 왕위를 빼앗겨버린 뒤였고 유배지로 보내진다. 무인도에서 그는 마술을 배우고 그 힘으로 동생 및 나폴리왕에게 복수를 한 뒤 마침내 화해를 한다. 물론 그 모든 이야기가 이처럼 단순하지는 않지만, '태풍'의 주제는 '학문'과 '정치'의 관계임에 틀림없다. '지식'을 추궁하는 학문과 '힘'을 손안에 넣으려 하는 정치와는 양립할 수 없다. '지식'은 '명상적 삶' 아래에서 이어지며 '힘'은 '활동적 삶'에서 이어진다. '태풍'이라는 작품 속에서는 지식과 힘이, 학문과 정치가 하나로 융합하는데, 이는 유일하게 '마술'이라는 형태를 이루었을 때 가능하다.

프로스페로는 독학으로 마술을 배우고 그 힘을 통해 에이리얼과 칼리반 등, 한정된 섬의 주민들을 자유로이 지배한다. 그러나 분명 마술은 문명적인 정치의 방식은 아니다. 작품 끝자락에서 밀라노 왕의 신분을 되찾은 프로스페로는 마법의 지팡이를 버린다. 그러나 그 전에 밀라노라는 문명국에서, 정치를 할 능력이 과연 그에게 있는가에 대한 문제는 이야기되지 않는다.

이러한 '지식'과 '힘'의 문제는 말할 것도 없이 플라톤에 대한 관심에서 이루어진 것이었으며 키케로의 작품에도 있었고, 또한 미셸 푸코의 '지식=권력' 이론에서 보았듯이 여전히 우리의 오늘날 문제이기도 하다. 플라톤이 '지식'에 가까운 곳에서 해답을 구해내려 했다면 키케로는 '힘'에 접근하여 문제에 다가 갔다고 할 수 있으리라. 어느 학자가 말했듯이, 셰익스피어가 우리와 같은 시대를 살고 있다면 그와 함께 플라톤과 키케로 또한 우리와 같은 시대를 살고 있다고 할 수 있다.

제5장 서양학의 원근법

1. 서구문화를 가로지르는 생각

고대와 근대의 변증법

서양근대에서 본격적인 '키케로전'은 제 3장에서 언급했듯이 1741년 콘야스 미들턴에서 시작되었다. 그 뒤 많은 '키케로전'이 영국, 독일, 프랑스, 이탈리아, 미국 등에서 쓰여졌다. 19세기에 9작품, 20세기에는 20작품 이상에 이른다.

새로운 전기가 출판될 때마다, '이미 많은 책들이 있는데, 왜 또 새로운 키케로전을 내야 하지?' 이런 물음이 의식적으로 반복한다. 어떤 연구자는 새로운 역사적 발견이 이루어졌기 때문이라고 말하고, 어떤 작가는 예전부터 무시되어온 시점을 강조하기 위해서라 말한다. 또 다른 역사가는 새로운 시대는 새로운 키케로를 원하기 때문이라 설명한다. 이리하여 영국의 소설가 앤서니 트롤럽은 독일에서 키케로 비판을 바로 잡고자, 키케로를 변론해 그 전기를 새롭게 내고(1880년), 헝가리 출신의 의사 샌돌 폴바트(영어명 A.F비토레)는 1930년 대 유럽의 자유주의를 반영하고 있는 그 키케로 전기를 쓰고(1939년), 미국의 연방사법장관이었던 로버트 월킨은 법률가인 키케로에게, 그리고 워싱턴에서 저널리스트로 있었던 거물 H.J허스켈은 '정치가'로서의 키케로에게 초점을 맞추면서 저마다의 〈영원한 법률가〉(1947년), 그리고 〈이것이 키케로다〉(1942년)를 출간했다.

학문적이 되어버린 전기에 대해서도, 거의 결정판이라 하는 독일의 마티아스 겔르츠의 전기적 연구(1969년) 이후도, 미국의 샹클턴 베일리(1971년), 영국의 엘리자베스 로손(1975년), 프랑스의 피에르 크리말(1968년, 1993년), 이탈리아의 에마누엘 나르도치(1992년)들은 각 나라의 고전학에서 주도적인 입장에 있는 탁월한 학자들로 키케로 평가가 계속 변하는 것에 대해 방심할 수 없을 것이다.

서양 각국에서 왜 키케로에 대해 계속 이같은 문제들이 제기되는지를 말하면, 그 답은 간단명료하다. 서양의 문화는 과거에서부터 언어, 역사, 사상에 이르기까지 계속 쌓여 왔으며 키케로는 아직 그 전통적 기반으로서의 지위를 잃지 않고 있기 때문이다. 만일 우리들이 살고 있는 시대가 '포스트 모던' 즉 '탈(脫) 근대시대'라고 한다 해도, '포스트 모던'이라고 허세를 부리는 그것이 정말로 탈피한 점에서 '근대'를 바르게 인식하는 것이 전제가 된다. '근대'와 '포스트 모던'의 관계는 우리의 역사 인식 문제이기에 본질적으로 되물어야 한다. 그러면 '근대'는 점점 반성을 해야만 하는 시대가 될 것이다.

그 근대의 여명기에 키케로가 어찌할 도리가 없는 형태로 여러 가지 문화적 관심을 일으켰다는 사실은 제1장에서 이야기한 적이 있다. 고대 로마라고 하는 거울에서 비춰진 현대 문화적 불모로 인식되고, 게다가 고대의 찬란함을 원하는 문화적 재생을 이루어내려 결심했을 때, 그 직전의 시대까지는 '암흑의 중세', 그리고 미래가 '르네상스'로서 인식되었다. 시대적 쇄신의 원동력으로 아득한 과거로부터 미래로 나아간다. 뒤를 돌아보고 시선을 앞으로 향한다. 특히 키케로 경우 서구 특유의 현재와 과거의 변증법은 분명하다. 근대 끝에 뚜렷이 보이는 진보적인 역사관에만 빠져서, 근대에 가장 근본이 되는 근대와 고대의 변증법적 협조관계를 보지 않으면 서구문화를 본질적으로 이해할 수 없다.

우리들이 살고 있는 시대가 '모던'이든, '포스턴 모던'이든 서양세계가 '말에 의한 표현'을 중요하게 여기는 것은 변함이 없고, 더욱이 그 전통이 중세를 넘어서 아득히 먼 고대까지 거슬러 올라간 것은 제 2장에서 봤을 것이다. 그 맥맥이 이어지는 전통 속에서 키케로가 제 역할을 다 해낸 일들은 이루 다 헤아릴 수 없다. 그러나 왜 이 말이 비꼬는 듯이 들릴까? 키케로에 대한 관심은 르네상스 시기와 계몽 시대 18세기를 정점으로 해서 다음으로 시들어가는 조짐을 보인다. 프랑스를 중심으로 신고전주의적 가치관이 붕괴되면서 키케로라는 인물과 그 사상의 그림자가 차츰 약해지는 것을 우리들은 제3장에서 엿볼 수 있었다. 그렇다 해도 서구문화권에서 그 존재가 사라져 버리는 것은 물론 아니다. 키케로적인 교양이 물과 공기 같은 존재로 문화적 확산에 이르는 한편, 뜻밖에 발견될 수도 있던 '국가에 대해서'는 새로운 키케로 평가 연구에 대한 학문적 계기를 갖추게 되었다. 우리는 이것을 제4장에서 보았다.

'부국강병'과 '실용주의'가 가져온 것

반대로, 우리나라의 '서양사정'이라는 문화지도에 눈을 돌려보면 그 속에서 키케로는 머나먼 존재로 멈춰져 있다. 예를 들면 셰익스피어에 대한 서적들이 해마다 출판된다. 그것이 전혀 나쁘다고는 생각하지 않지만, 그에 비해 키케로는 거의 취급하지 않았던 상황은 어떻게 보더라도 평범한 일은 아니다. 일시적으로 '레토릭(미사어구)'이라는 화제가 나오기는 했지만, 그때도 키케로의 기원에 대한 것은 한 번도 본 적이 없지 않는가? 하지만 서구기원의 미사여구를 말하고 키케로에 접근하지 않는 편이 물론 어려운 것은 앞서 말한 바와 같다.

우리나라의 서양학에 있는 이 같은 일그러진 모습은 키케로 한 사람으로 한정된 문제가 아니기에 왜곡된 유형을 볼 수 있다. 고대에서는 라틴 로마보다도 그리스가 우위에 있고, 중세에서는 게르만인들이나 앵글로색슨인 계통이 강하고, 근대에서 영국과 미국 그리고 독일과 프랑스 관계의 연구자들이 많은 세력을 차지하고 있다. 물론 과밀한 연구영역에서 허술한 분야로 연구자 이동을 하는 것은 자연스러운 일이고, 그와 같은 흐름이 없지는 않다. 그것과 여전히 우리들은 호메로스 편이 베르길리우스보다도 친숙하고 〈오이디푸스왕〉이라 하면 소포클레스를 말하듯 근대 서구에서 같은 영향력을 가져왔다. 세네카의 〈오이디푸스왕〉을 아는 사람은 매우 한정되어 있다. 〈국가〉라고 하면 플라톤이고, 키케로를 생각하는 사람들은 거의 없고 호라티우스보다도 사포가 널리 알려졌다.

이 같은 고전 라틴문예사상이 경시되는 속에서 그 연장선상에서 연결되는 중세 라틴문화도 정통으로 취급될 리 없었고, 이 근대 서구 기초를 형태로 만들어져 팽창한 영역은 일부를 제외하고는 미개발된 상태이다. 그것과 대조적으로 중세의 앵글로색슨 연구에서는 꽤 오랜 세월과 노력을 쏟아 왔다. 그런데 중세 후기의 영어영문학연구 등은 세계도 부러워하는 거대한 학계를 거느리고 있다. 근대에 대해서는 조금 흔들리면서도 영국, 독일, 프랑스 문학 또는 사상과 같은 종적관계 형태의 견고한 연구조직이 존재한다는 것은 주지하는 그대로이다. 그 반면에 중세 후기부터 르네상스에 걸쳐서 유럽문화의 주된 위치에서 주도적 역할을 하는 이탈리아에 대해서는 놀라울 정도로 연구가 허술했다. 그러므로 단테, 페트라르카, 보카치오, 아리오스토, 타소라는 영향력을 가진 사람들에게 대해서 우리들은 좀 더 알아야 한다.

생각건대 이것은 다른 문화적 풍경이다. 예를 들면 발터 벤야민은 확실히 중요한 사상가이지만, 그 번역과 연구가 다량으로 이루어지는 반면에 아리오스토라는 서구근대의 일대 베스트셀러 번역본으로 판매되지는 않았다. 영국이나 미국 현대소설의 번역과 연구가 단테나 보카치오의 몇 백배에 달해, 데리다나 들뢰즈 쪽이 키케로보다도 월등히 유명하다고 하는 '서양사정'은 대충이라도 건전하다고 말할 수는 없다.

하지만 왜 이렇게 되어버렸을까? 가장 첫 번째 답은 '부국강병'이고 두 번째는 '실용주의'다

처음 서구문화를 받아들였을 때, 우리들은 필요로 했던 '열강'의 역할을 같이하기 시작했다. 그것은 역사대로 있게 하는 점으로 결코 틀린 것이 아니었다. 먼저 서양학이 '부국강병'이라는 정치군사적 국책을 맞추어 그 틀 속에서 서양열강 문화를 나라별로 나누어 영국, 독일, 프랑스 문학 등을 세우고, 그 사상연구로 출발한 일은 여러 사람들이 두루 알고 있는 일이다. 그때 역사적으로 보면 서구문화를 이탈리아가 등한시하고 있어도 그것은 마땅한 것이고 놀랄 일도 아니었다.

근대 열강에게 대상이 좁혀진 개별문화연구라는 체제는 그 뒤에도 제2차 세계대전쟁으로 미국 연구라는 형태로 다시 답습되었다. 하지만 이러한 체제와 방법은 부국강병과 나라의 재건에는 효과적일지 모르나 사상과 문화, 학문의 비판적 쇄신에는 반드시 적절하다고 말하기는 어렵다. 특히 서구문화같은 문화적 다양성의 배후에 공통의 강력한 힘이 되는 전통을 막는 대상으로는 물론 충분하지 않다고 확신할 수는 없다. 마치 빙산의 일각을 인정하고 이것만을 어루만지는 것과 같다. 문화를 이해하기 위해서는 그 원인이 된 과거를 풀고 그것을 찾아가는 것, 어떤 종이 압축되어진 추체험을 뺄 수는 없다.

서구문화연구가 라틴풍이며, 이탈리아 측면을 업신여겨 온 그 뒷면에는 다른 하나 '부국강병'과 신규관계인 '실용주의'가 있다. 즉시 효과가 있음을 중시했으나, 이것은 말할 필요도 없을 것이다. 이 경향은 오늘 세계공통언어 영어를 모체로 하는 앵글로 색슨 문화를 우위로 하는 형상을 나타냈다. 예를 들면 제임스 조이스가 쓴 〈율리시스〉(1922년)는 명작이지만 헤르만 브로흐 〈베르길리우스의 죽음〉(1945년)과 비교할 때 이 나라에서 조이스 편애는 예삿일이 아니라는 생각이 든다.

그러나 아일랜드방언 등 독특한 표현의 이해를 필요로 할 때, 호메로스를 시작으로 어떤 정도의 고전 지식을 요구하는 조이스의 작품은 반드시 앵글로색슨족 기본적 경향의 실용주의로 지지되는 것이라 말할 수는 없다. 그것을 인정하려 해도 미국과 영국 문화의 수입초과는 영화에서 팝송까지 너무나도 분명히 되어 있고, 그 뿌리에는 영어를 매개로 한 미국문화의 편재가 있기 때문일 것이다, 그리고 '캐피털 힐'을 수도로 가진 나라의 문화를 그 근원까지 이르러 카피톨리노 언덕을 가진 문화와 연관된 것으로 보는 사람은 적어도 우리나라에는 거의 없을 것이다.

서구문화의 라틴적 전통

라틴적 바탕을 가볍게 여기는 태도는 예를 들면, 1차, 2차 세계 대전을 계기로 유럽 붕괴를 확인하고 서양이 했던 자기분석에 비추어 볼 때 뚜렷하게 드러난다. 미국에서 영국으로 건너가, 거기서 귀화한 20세기 영문학을 대표하는 시인이 된 T.S 엘리엇(1888~1965)은 유럽에서 중요한, 즉 이교 고대 문화와 기독교의 다리 역할을 한 것은 로마라는 인식을 갖고, 그것을 학문과 예술로 구현하는 상징적 존재 베르길리우스(기원전70년~19년)에게 주목했다.

로마제국 초대 황제 아우구스투스의 비호를 받으며 로마 건국을 노래한 베르길리우스의 서사시 〈아이네이스〉는 오랜 세월이 흘러도 교양서로 있었을 뿐만이 아니라, 르네상스에 이르러 근대 유럽 나라마다 시인들의 본보기가 되었다. 게다가 〈시선(詩選)〉 또는 〈목가(牧歌)〉라 부르는 그의 작품들은 하나하나마다 구세주를 기다리고 바라는 마음을 다룬 부분이 있으며, 베르길리우스 시대에 맞게 기독교가 강림하는 시대와 겹친 적도 있어서 중세 기독교는 그를 기독교 예언자 시인이라 믿어 의심치 않았다. 중세에서는 점쟁이 역할까지 연기하게 되고, 그가 쓴 작품의 어느 페이지를 펼치는 대로 길흉을 점치는 베르길리우스 운세까지 유행하게 되었다. 중세의 마지막을 장식하는 단테도 〈신곡(神曲)〉 '지옥편'에서 베르길리우스를 안내자로 등장시켜, 서구 중심이 로마를 기축으로 한 라틴문화에 뿌리를 내리는 것을 나타냈다.

이교도가 만연한 로마시대로부터 중세, 기독교, 서구세계, 그리고 고대 학문과 예술에 거스르는 르네상스 시기에 이르기까지, 베르길리우스는 끊임없이 서구 문화와 공통성을 가진다. 근대에 끼친 그의 영향은 본보기가 된다. 17, 18

세기의 서구 문학과 예술의 기본에는 늘 그의 존재가 확인된다. 적과 흑의 주인공 줄리앙 소렐이 얼떨결에 한 말도 베르길리우스의 한 구절이었고, 헤겔이 철학사를 마무리하면서 라틴어의 한 구절로 '정신이 자신을 인식하는 것은 이처럼 큰 기술이다.'라며, 또 〈아이네이스〉 제1권 33행에서 '로마 일족을 탄생시키는 것은 이처럼 큰 일이다'를 바탕으로 했다.

20세기의 개막도 베르길리우스 인용으로 열렸다. 프로이트의 〈꿈의 해석〉(1900년)으로 시작하는 머리글은 다시 〈아이네이스〉 제7권 312행에서 인용한 것이다—'하늘 위에 있는 신들을 의지대로 할 수 없다면, 나는 어둠의 세계를 움직이자.'—시인의 '재능'의 발휘되는 것은 '전통'과의 촉매반응에 의한다. 엘리엇이 베르길리우스와 단테를 똑같이 존경하는 것도 이러한 유럽의 위대한 문화적 기반을 재확인하는 것이다.

유럽의 붕괴를 눈으로 보고서, 라틴적 전통에 그 통일적 동일성을 찾아낸 것은 엘리엇만이 아니다. 에른스트 로버트 쿠르티우스는 라틴어를 보편적 언어로 하는 중세 서구를 근대 유럽문화의 모체로 생각했다. 그 '라틴적 중세'의 세계는 유럽 안 국경을 넘어서 하나의 문화재를 공유한다고 말하는 그의 대작 〈유럽 문학과 라틴중세〉(1948년)는 마땅하기는 해도 단테로 마무리를 지었다.

이처럼 서구 2천 년으로서 그 고대, 중세, 근대를 걸쳐서 근본에서 공통된 부분이 존재한다고 하면 그리 많지는 않다. 맨 처음 사람은 분명하게 하고 운문(韻文)에 베르길리우스, 산문(散文)의 키케로. 다음으로 계속되는 것이 오비디우스, 호라티우스, 세네카, 테렌티우스 들이다. 모두 로마에서 나오고 라틴적 전통을 만들었다.

그리스 문화와 예술 사상이 직접 서구에 들어온 것은 14세기 뒤에 일어난 일로, 르네상스라 해도 라틴문화가 우위에 있는 상황이 계속되었다. 그 이전에는 말하자면 '12세기 르네상스'는 정말로 르네상스로서 특징이 잡혀 있었고, 13세기의 아리스토텔레스 혁명을 보더라도 사람들은 아리스토텔레스를 그리스어 원전으로 만난 게 아니라 아라비아어 번역을 라틴어로 중역한 책을 통해서 만났음이 틀림없다. 플라톤이나 호메로스에 이르러서는, 서구가 그 기준이 되는 고전에 본격적으로 근접한다는 것은 15세기 중엽 뒤에 일어난 일에 지나지 않는다.

유럽문화의 기원을 말할 때, 우리들은 자주 '그리스·라틴'이라 말하고, 그리스를 주된 계통으로 하는 경향이 있지만, 이것을 반드시 맞다고 말하기는 어렵다. 확실히 로마의 라틴 문화는 그리스 문화의 아주 많은 부분에 의지한다는 사실을 부정할 수 없다. 하지만 서구세계의 출발점은 엘리엇이 지적한 것처럼, 로마이고 서구세계가 성립되는 것은 쿠르티우스가 시사한 것처럼 라틴적 중세였다. 근대시대에서도 나중에 이야기한 것처럼, 19세기까지도 계속 라틴적 문화가 이어져 갔다. 서구 2천 년 중에서 그리스 문화와 가까워진 것은 고작 500년 정도이며 본격적으로 연결이 된 것은 200년에 지나지 않는다.

그러나 최근 200년 동안의 그리스와의 교류는 짧기는 하지만 매우 깊었다. 특히 유럽의 후진국 독일과의 교류는 거의 열광적이라고 말할 수 있는 차원이었다. 그리고 바로 그 19세기 독일이야말로 열강들의 우등생으로 우리가 빠른 근대화를 이루면서 모범으로 삼은 나라에 다름 없었다.

2. 그리스와 라틴

질리지 않는 그리스에 대한 동경

독일을 필두로 서구 19세기는 그리스를 동경했다. 15세기 이탈리아에서 시작되는 르네상스시기에도 확실히 그리스 문물이 들어와 번역되고 많은 영향을 받았다. 그러한 역사 사실은 변하지 않는다. 하지만 그때 그리스어를 이해한 지식인은 그 지식인들 중에서 한정되어 있었고, 전반적 문화 풍경은 로마 라틴문화와 예술 부흥에 채색되어져 있고, 그리스는 전과 다름없이 먼 존재였다. 예를 들면 서구 세계에서 고전비극이 처음으로 상연된 예는 1480년대 중반 로마의 인문주의자 폼포니오레토(1425년~1498년)의 아카데미가 있었다고 하지만, 그때의 상연 목록은 그리스 비극이 아니라 세네카의 〈히폴리투스〉(다른 이름은 페드라)였다.

그 뒤로도 긴 세월동안 라틴문화가 우위를 계속 했다. 17세기 프랑스 신고전주의를 대표하는 피에르 코르네유(1606년~1684년)가 〈오이디푸스왕〉의 번역안을 기획했을 때, 참고했던 것은 누구나가 알고 있는 소포클레스 것이 아니라 세네카의 피비린내 나는 〈오이디푸스왕〉이었고, 영국의 신고전주의 필두인 존

드라이든(1631년~1700년) 경우도 똑같았다. 그러나 그리스 숭배 폭풍우에 대한 그 내부의 움직임은 다음으로 움직이게 되었다. 특히 독일의 경향이 두드러졌다. 르네상스 이후 신고전주의적 미학의 본거지였던 프랑스 문화에 대한 반발도 큰 원인으로 작용한 힘이라고 상상된다. 그 흐름의 선구자가 이 세상에 태어난 요한 요아힘 빙켈만(1717년~1768년)이었다. 가난한 가정에서 태어난 몽상가는 여러 곤경에 부딪히면서도 학문을 쌓아 그리스 미(美)를 말하고, 뒤에 '독일 헬레니즘의 아버지'라 부르게 된다. '날이 거듭될수록 세계로 넓혀 가는 좋은 취미는 본디 그리스 하늘 아래에서 형태를 갖추기 시작하는 것이다.'라고 써 내기 시작한 〈그리스 미술의 모방에 관한 고찰〉(1755년)이 쓰여진 것은, 그가 아직 그리스를 직접 본 적이 없었던 독일의 도시 드레스덴에서였다. 아니, 이것은 그리스는커녕 로마조차 가지 못했던 시기의 일이다. 그리고 마치 운명처럼 그는 로마에 이르러, 뒤에 레싱이 저술해 유명해진 '라오콘(Laokoon)'을 보고, 그 작품 속에서 '고귀한 순박함과 조용한 위대함'이라는 그리스 미(美)의 이상(理想)을 알아차린다.

하지만 그 빙켈만은 생애 한 번도 그리스를 방문한 적이 없으며, 이탈리아에 머물렀다. 동경했던 땅 로마에서 그리스를 생각했다. '로마에 사는 사람은 세계 모든 지방으로 가는 여행에 대한 열정을 돋우고 있다. 그는 고대세계 중심에 있다. 고대연구자들에게 가장 흥미가 있는 나라들이 바로 내 주변에 있다. 대(大)그리스, 시칠리아, 달마티아, 펠로폰네소스, 이오니아, 이집트 이 모든 나라가 말하자면 로마의 주민으로 보내지고, 빙켈만처럼 사물을 보고 싶다는 욕구를 가지고 태어난 사람은 때때로 말할 필요가 없는 욕망에 사로잡혀 있다.'괴테(1749년~1832년)는 쓰고 있지만('빙켈만'), 빙켈만도 괴테도, 모두 그리스를 동경하면서 로마에 이르렀을 뿐이었다.

그리스에 대한 동경은 오래 세월 동안 보지 못한 연인을 생각하는 그 마음과 닮았다고 말할 수 있을까? 어떤 책에 따르면, 서구근대에서 그리스에 이르기까지 향하는 고대 유적에 친근하게 접하게 되는 것은, 1751년 3월, 영국인 제임스 스튜어트와 니콜라스 레베트가 '터키인 같이 분명한 예술의 적'으로 둘러싸인 아테네에 위험을 무릅쓰고 들어간 것이 맨 처음이라고 한다. 그들은 1년가까이 아테네에 거주하면서 많은 스케치를 그려서 나중에 〈아테네 고대 유적〉(1762년)을 출판했다. 이 서적은 대호평을 차지하고, 빙켈만의 일처럼 그리스에 대한 동경을 요란스레 써댔다. 스튜어트나 레베트 일행 중에서는 호메로스 연구가인 로버트 우드도 있었는데, 그는 〈호메로스 시론〉(1767년)도 독일을 포함해 그 뒤 위대한 호메로스 연구를 불러 일으켰다고 한다.

영국의 낭만파 시인 존 키츠(1795년~1821년)도 그리스 동경에 사로잡힌 한 사람이다. 마침 그때 대영제국의 기세가 활기찼을 때였고, 그 뒤 '엘긴 대리석 조각군'에 그 이름을 남긴 엘긴 백작은 파르테논 신전의 얼음에서 조각을 가지고 런던으로 돌아왔다. 현재 우리들이 대영박물관에서 보는 모습 그대로 눈앞에 있는 키츠는 그 감동을 '눈을 돌게 하는 괴로움'을 가져온다고 일기에 기록했다.

아마도 이 시대의 그리스에 대한 인상을 잘 전하는 사람은 키츠와 나란히 하는 시인 셸리(1792년~1822년)로서 다음과 같이 말했다. 그리스인은 '아무리 상상력이 왕성해도 우리들과 같은 인간과는 다른 찬란한 존재다.'

이처럼 이상적으로 되는 것은 독일의 횔덜린(1770년~1843년)이 그린 그리스 신들의 세계는 '산들을 식탁으로 삼고, 바다를 옥으로 된 마루로 하고, 불사의 신들의 연회를 연다'에 통하게 되는 것이다.

유적발굴로 알려진 슐리만(1822년~1890년)의 고대 그리스에 대한 열정도 이 시대 배경이 아니면 생각할 수 없다. 세계 여러 곳을 여행하면서 견문을 크게 넓힌 뒤, 그가 간 곳은 역시 고대 그리스의 세계였다. 천재적인 어학 실력과 장사하는 재주에 모자람이 없어 독일인이 엄청난 부를 얻은 꿈은 호메로스 시적 세계의 역사적 확인이라 하는 낭만 말고는 없었다.

'그리스의 포학스러움'

이처럼 그리스에 대한 질리지 않는 동경은 니체가 '일반적인 눈속임에 지배받지 않고 사물을 중시하는 역사가'의 유일한 예라고 칭송한 야코프 부르크하르트(1818년~1897년)의 〈그리스 문화사〉로 나타나 있다. 그리스 민족은 정신적으로 이 같은 '자유로 열려진' 지향을 가지고 있다. 그래서 시대 경과에 따라 이 민족에 최대의 세계사적인 사명이 매겨지게 된다. 즉 이 민족은 신화적인 태고의 시대 속에 사로잡혀 있으면서 매우 느리기는 하지만, 말 그대로 역사(사건)를 다루는 능력을 익혀 시적 형상성 속에서 완전히 몰입하면서도 각 시대가 경과함에 따라 다음과 같은 사명을 다하게 정해져 있다. 먼저 여러 민족을 이해하고 그것을 세계에 전하고, 동양의 강대한 나라와 각 민족을 굴복시키고, 자기의 문화를 아시아와 로마가 만나는 세계문화로 되게 해, 헬레니즘을 통해서 고대세계의 위대한 효모가 된다.

동시에 이 문화의 생명을 존속하기 위해 세계발전의 연속성을 확보하는 것이다. 그러나 그리스인을 통해서만이 아니라 각 시대와 이런 시대들에 대한 관심과 서로 연관되어 있기 때문에 그리스인이 없이는 우리는 태고시대에 대한 지식을 아무것도 가지고 있지 않을 것이다. 또 그리스인이 없어도 알 수 있는 사실은 그것을 알려고 우리가 절실하게 바랄 필요는 없다.

게다가 그리스의 유혹은 빙켈만풍으로 '고귀한 순박함과 조용한 위대함'으로 보여주지는 않았다. 밝고 지적인 '아폴론신 같은' 이상과 대치해서 폭력적이면 근원적인 에너지를 발산시키는 '디오니소스적' 측면 또한 거기서 찾아 낼 수 있다. 프리드리히 슐레겔이나 하이네가 일찍이 인정하고 나중에 니체가 언제든지 마음대로 쓰며 그 그리스 비극론에서 전개하는 이 원리는 그리스 숭배의 한 결과로 볼 수도 있다. 그리스는 지금 진, 선, 미뿐만 아니라 생명력의 근원으로 모든 것의 근원이 되었다.

이 그리스의 열광적인 동경, 미와 생명력과 문명의 근원이 그리스에 있다고 하는 근본주의를 독일 관점에서는 물이라 주장했고, 이 폭풍우와 같은 문화적 현상을 어느 학자는 '그리스의 포학스러움'이라 불렀다. 로마문화는 당연하게 '아류(亞流)'이며 반복됨을 두려움 없이 말하자면, 베르길리우스보다 호메로스, 호라티우스나 프로페르티우스보다 사포, 키케로보다 플라톤이 되는 것을 특별히 지정해야 했다. 니체도 말했듯이, 세계사에서 유일한 천재적 민족은 그리스인들이다. 그들은 배우는 처지에서도 천재적인 민족이다. 그들은 이 일을 가장 잘 이해하고 있으며 로마인들이 그렇게 했던 것처럼 빌린 물건으로 장식하거나 치장을 하는 기술은 아직 갖추고 있지 않은 것이다.

하지만 이런 〈그리스의 포학〉의 태풍 속에서조차 서구 문화의 중심인 라틴 전통은 절대 끊어지지 않았다. 그래서 불식하기 어려운 라틴적 소지는 아래에서 보는 것처럼 정말로 '그리스의 포학'밑에서 지적으로 정신형성을 행사하고, 일생을 통해 하나의 지적체계로서의 그리스 고전학을 만들어낸 대가에서도 명확하게 볼 수 있다. 게다가 우리는 이 인물의 학문관과 세계관에 대해서 키케로의 존재를 아무래도 빼놓을 수 없는 것이다.

3. 라틴적 교양의 소지

그리스 고전학의 비전

그리스적 열광이 지배하던 독일이었지만 그러나 적어도 대학 이전의 고등교육에서는 그리스어 교육보다도 라틴어가 중시되었다. 예를 들면 니체가 배운 곳으로 알려진 독일 북부의 프로이센 명문고등학교 슐포르타가 자랑하는 교육의 두 기둥은 라틴어와 수학인데, 수학은 제쳐 놓더라도 라틴어교육은 철저했다.

니체의 〈자전집〉('프폴타')에서는 그리스어와 라틴어교육만 시켰다는 것밖에는 알 수 없지만. 그보다 4살 아래인 같은 슐포르타에서 배운 고전학자 울리히 폰 빌라모비츠 묄렌도르프(1848년~1931년)의 〈회상록〉에 (1848~1914) 다음과 같이 기록되어 있다.

교육의 중심은 역시 라틴어고, 주된 교육목표는 그 책을 읽고 쓰기를 철저하게 익숙해지도록 했다. 그러나 이상하게도 라틴어 회화는 그 정도는 아니었다. 상급자인 2학년부터는 라틴어작문은 다른 일과와 똑같아지고, 게다가 세련된 키케로식의 라틴어가 포함되도록 했다. 그 결과 일어난 일은 툭 하면 특수한 말을 억지로 사용하거나, 또는 어떤 관용어적인 수사 표현을 듣고 이해하거나, 그것을 일부러 방향을 바꾸려 하는 습관이 있다. 슐포르타가 계승해서 하는 라틴어를 중심으로 하는 인문주의교육은 르네상스 이후로 유럽적 전통이 되었다. 그 안에서 키케로의 역할은 적잖았지만, 오른쪽 인용에서 본 것처럼 그 부정적 측면이 없어지지는 않았다. 키케로의 라틴어는 훌륭한 글일지는 모르나 문법적으로 정리가 되어 있지도 않고, 초보자는 어찌할 도리가 없는 특수한 표현이 섞여 있다. 따라서 '써야 할 라틴어는 문법적으로도 문체적으로도 절대적으로 바르게 해야 한다'라는 교육이념을 가진 라틴어 교사수업에서 '키케로의 "서간집"을 읽는 것은 금지되었다'고 한다. 하지만 이와 반대로 라틴어 교사들 중에서는 열광적으로 키케로주의자들도 있었고, 올바르게 가지런하고 질서 있는 라틴어를 쓰고 담백한 '세네카식이다'라며 비판한 경우도 있었다고 한다.

울리히 폰 빌라모비츠 묄렌도르프(이후, 간편하게 하기 위해 빌라모비츠 묄렌도르프라 부름)는 그리스 고전학 거물이라 알려져 있다. 그 분야의 대가가 반드시 일반 사람들에게 유명하다고는 할 수 없는 것처럼, 오늘날은 길을 벗어난 니체 쪽이 압도적인 명성과 인기를 자랑한다. 두 사람 모두 슐포르타에서 라틴어를 기본으로 한 교육을 받고 나서, 본 대학교에 진학해 똑같이 그리스 고전학을 전공했다.

하지만 학문적 태도에서 두 사람은 결정적으로 관계를 끊게 된다. 니체가 그 뒤, 24살이라는 이례적인 젊은 나이에 바셀대학 교수로 되었던 것이 유명하게 되었다. 그 4년 뒤에 니체의 〈비극의 탄생〉(1872년)이 출판되었고 그것을 본 빌라모비츠 묄렌도르프는 즉시 팸플릿을 써서 반론을 제기했다.

"미래의 문헌학은 니체가 쓴 비극 탄생에 대한 반론"

빌라모비츠 묄렌도르프 처지에서 보면 아무리 해도 그렇게밖에 할 수 없었다. '역사적 사실은 밟아 뭉개고 문헌학의 방법은 무시했다. 이 같은 지적인 폭력은 누구의 눈에도 명백히 보여져, 나는 내 자신의 학문을 위해 싸울 수밖에 없었다.'(《회상록》), 라고 나중에 회상한다. 빌라모비츠 묄렌도르프도 니체도 '그리스 근본주의' 문화적 분위기 속에서 완전히 빠져 살아온 것은 변함이 없다. 하지만 빌라모비츠 묄렌도르프가 어디까지나 학문이라고 하는 하나의 이성주의(과학)에 서는 것에 대해 니체는 흡족해하지 않고, 하나의 직감주의에 집중했다. 고대 그리스는 이성적으로 이상적인 감상만이 아니라 외경심을 가지고 대치하지 않으면 안되는 비이성적인 존재이어야만 했다. 빌라모비츠 묄렌도르프 또한 '이해를 넘어서는 경이로움'을 불가결한 필요한 조건으로 하면서도, 그 학문적 이상은 말의 학문인 문헌학을 중심으로 해서, 고대를 대상으로 하는 문예학, 종교학, 예술학, 고고학, 역사학, 철학 등을 종합하는 장대한 학문체계여야만 했다. 훌륭한 저서로 알려져 있는 〈문헌학의 역사〉(1921년)의 서두에 그는 이렇게 설명한다.

문헌학을 규정하는 대상은, 즉 그리스·로마문화에 내재하는 그 본질이며, 그 살아있는 표현 모든 것에 이른다. 이 문화는 하나의 포괄적인 통일체와 다름없다. 그 처음과 끝에 경계선이 뚜렷하게 구별되어 있지 않아도, 이 사실은 변함이 없다.

이미 지나간 세계를 과학의 힘으로 되살리려고 하는 것은, 이 학문의 과제나 다름없다. 시인의 노래, 철학자나 법률가의 사상, 신전의 신성한 힘, 신앙심이 깊은 사람 또는 신앙을 가지지 않는 사람의 감정, 시장이나 항구의 번화함, 육지나 바다의 형상, 사람들의 노동과 휴가가 있는 것처럼 이것은 재현하는 일을 목표로 한다. 이 일에 관해 알고 있는 모든 분야에 대해서 그리스식으로 말하면, 모든 것은 '애지(愛知, 필로소피아) 탐구에 대한 것과 마찬가지로 우리의 이해를 뛰어넘는 것을 앞으로 했을 때, 우리들이 느끼는 경이로운 감각이 모든 출발점이 되고, 그 도착점은 우리가 바르게 이해하고 있는 점을 행복에 이르게 할 것이다. 우리들이 그 근원을 연구하려는 고대의 생이 포괄적인 통일체로 있는 이상, 우리의 학문 또한 포괄적인 통일체가 될 수밖에 없다.

빌라모비츠 묄렌도르프라는 위대한 지성을 통해서 '그리스의 포학'은 이와 같은 포괄적인 일대 학문체계의 가능성을 낳기에 이르렀다,
하지만 어디에 키케로가 나오는가? 라고 독자들은 틀림없이 물을 것이다. 실은 이 그리스 고전학 권위자가 스스로 철학적 관점을 말하고, 그것을 '키케로식'으로 비유했다는 흥미 깊은 사실이 지적되고 있다. 그는 슐포르타에서 철저한 라틴어 교육을 받은 것은 위에서 말했듯이 키케로를 읽어야 했을 뿐만 아니라, 키케로식의 라틴어작문이 과제이긴 했지만 이것은 철학적 입장과는 대체적으로 관계가 없다. 그렇다면 그리스 고전학의 대석학 빌라모비츠 묄렌도르프와 키케로의 접점은 무엇인가? 이를 알기 위해서는 역설 같지만, 키케로를 철저하게 비방하는 몸젠을 언급해야만 한다.

몸젠의 폭언
행동에 일관성이 없다든지, 저술한 책은 그리스의 아류다 라는 '키케로의 비판'은 이미 고대 끝 무렵부터 시작되고, 그 뒤 서구 세계에 강하게 뿌리 내려 이어지고 있다. 하지만 그중에서도 테오도어 몸젠(1817년~1903년) 비판은 발언의 주체가 너무 컸던 탓인지, 필요이상의 영향을 발휘했다고 말할 수 있다.
베를린대학 로마사학과 교수로 프로이센학사원 회원이며 정치적으로 절대적 영향력을 가진 몸젠의 큰 저술 〈로마사〉(1854년~1885년)에서 보인 키케로 비판은 가라앉는 일 없이 계속되었고, 계속 읽혔다. 이 장대한 '폭언'은 그대로 인용할 가치가 있었다.
키케로는 정치가로서는 통찰력, 견식, 의지, 이런 모든 것이 부족했고, 민중

파라고 생각하면 귀족파에서, 아니면 군주의 도구가 되었다는 식으로 결국 시대를 관통할 수 없는 이기주의자였던 것이다. 무언가 나서서 행동을 한 것처럼 보이는 경우에도, 그 행동과 관여되는 사정이 이미 그 전에 해결되어 있었다.

따라서 월레스 재판인 경우에도 원로원 판정이 이미 나온 단계에서 그는 등장했고, 카틸리나를 맹렬하게 탄핵했을 때도, 이미 카틸리나가 도시에서 시골로 거처를 옮기는 것이 알려진 단계였다. 속이 들여다 보이는 공격에 대해서는 용감하게 맞서고, 하잘것 없는 일을 크게 다루며 여봐란 듯 진정시키는 것이 또한 키케로였다. 그의 판단에 맡겨진 중대사건 등은 좋은 점도 나쁜점도 전혀 없으며, 특히 카탈리나일족 처형에 이르러서는 키케로의 지시에 근거한 것보다도, 그가 묵인한 결과라고 말하는 것이 더 맞는 말이다.

문예사의 공헌이라는 관점에서 볼 때 그는 근대 라틴어 산문의 창시자에 다름없다. 또한 그가 중요하다고 한다면 그것은 자유롭게 구사하는 그 문체로 글을 잘 쓴다는 점에서는 확고한 모습을 보여준다. 서술가로서의 그는 정치가로서와는 달리 체면을 세우지 않는다. 서정시에서 자주 있는 6운각(六步格, 헥사메터)으로 끝도 없이 마리우스의 위대한 업적을 예찬하거나, 자신의 하찮은 업적을 자화자찬하는가 하면, 변론을 하며 그 속에서 저 데모스테네스를 꼼짝 못하게 하거나, 철학적 대화편을 쓰고 그 안에서 플라톤을 혼내주는 등 매우 다채로운 장르에 걸쳐 문필활동을 펼친다. 아마도 투키디데스를 정복하는 것도 시간문제임에 틀림없다. 실제로 그는 잘하지도 못하면서 무턱대고 좋아만 하는 모습을 그대로 구현한 인물로 어떤 장르에 있든지, 전혀 개의치 않고 손을 내밀었다. 태어날 때부터 그는 저널리스트였기 때문에 스스로 자랑하는 듯 말은 끊임없이 나왔지만, 그 내용을 말하자면 생각할 수 없을 만큼 공허한 것이었다. 따라서 어떤 분야이든 책 2, 3권만 있으면 그것을 번역해 편집하고 바꾸어 그 자리에서 정리한 문장을 생각해 낼 정도로 쉬운 일이었다.

편지에는 키케로의 성격이 올바르게 드러난다고 생각할 수 있다. '재미있다든가 멋있게 잘 씌어 있다'는 비평도 있지만, 그렇게 말할 수 있는 것은 도시나 별장에서 상류사회에 있음을 나타낼 때였고, 이같은 사회로부터 어쩔 수 없이 고립되는 상황에 놓여지고 만다. 예를 들면 망명할 때, 킬리키아에서 머무를 때, 파르살루스 전투 뒤 시기에서, 편지는 무미건조했고, 마치 자신의 주변에 일어난 일을 쓴 수필로 먹고사는 작가가 그 터를 잃어버린 것만 같은 느낌을 부정할 수 없을 것이다. 이같은 정치가나 전업 작가들이 오로지 인격으로서 본 경우, 피상적인 내용물이 아니라 마음이 들떠 있고 행동도 가벼운 인물로 비춰지는 것은 말할 필요도 없다.

더 이상 키케로라는 변론가에 대해서 말할 필요가 있을까? 위대한 작가라고 하는 것은 위대한 인물이기도 하다. 그래서 위대한 변론가인 경우에는 특히 신념이 열정적으로 되어 마음속 깊은 곳부터 폭발하는, 그 기세가 여느 언변에서는 볼 수 없을 정도로 매우 강렬하다. 하지만 키케로에게서는 신념도 정열도 찾아볼 수 없었다. 그는 보잘것없는 한낱 변호사에 지나지 않았으며, 더군다나 유명한 변호사 또한 아니었다.

그는 사례를 자세히 말할 때 재미있는 이야기를 덧붙여서 흥미를 불러일으켜, 부심원이나 청중들의 주의를 끄는 이야기 방법을 잘 알고 있기도 하며, 청중의 마음을 사로잡을 때까지 가지 않아도 된다면, 적어도 감동을 줘서 눈물을 흘리게 만드는 효과는 거둘 수 있었다. 그 일류의 기지는 효과가 통하고, 항변하며 변론하는 맛도 무미건조한 법률적인 교환을 활성화하는 공적으로 인정되어진다(더욱이 그 위트는 거의 개인을 대상으로 한 것으로 그의 품성이 의심스럽기도 하다.). 그의 변론 중에서 가장 뛰어난 것은 이 종류의 문장의 걸작품이고, 예를 들면 보마르셰의 〈회상〉에서 보이는 것처럼 기교를 부린 흔적이 없이 자연스럽고 완전무결하며, 우아하고 비교할 데 없는 탁월한 구성이라 하기에는 부족하지만, 하여간 읽기 쉬운 시시한 문장이라고는 말할 수 없다. 하지만 이 글의 장점도 잘 생각해 보면, 정말로 가치가 있는지는 의심스럽다. 국정 문제에 대한 변론을 행하면서 정치적 통찰력을 완전히 결여한다는 것, 포럼에서 연설을 하면서 법률적 의론의 수속을 전혀 모르는 것, 본디 의무를 업신여기고 변호인의 이익을 중시해 반드시 대의를 무시하는 것만 같은 이기주의, 무서울 만큼 이상이 결여된 점, 이 일들은 키케로의 변론으로 명백하게 되어 보통 감성과 견식을 갖춘 독자 관점에서 마땅히 눈을 피할 수밖에 없다. 키케로에 대한 개개의 재판 사례에서 무언가 놀랄 만할 가치가 있는 것이라면, 그것은 그의 변론 자체가 아니라, 변론이 그에게 가져온다고 생각되는 칭찬 쪽일 것이다. 이리하여 키케로 자신의 판단에 대해서는 거의 쉽게 이해할 수 있다.

하지만 '키케로 풍의 문체'는 별개의 문제다. 이 '키케로주의' 문제는 실제 본질적으로 해명하는 일이 불가능한 문제지만 억지로라도 해명하려고 하면, 인간성이라는 그 불가사의한 신비—말 자체와 말이 가진 정신에 이르는 영향—함으로 승화할 수밖에 없는 문제이다. 그 전아(典雅)한 라틴어는 하나의 국어로 소멸하기 전에 지금 실력이 있는 직업작가에 의해 이른바 포괄적으로 파악되어, 그 팽대한 저술에 수록되고 있지만 라틴어의 고유한 힘과 라틴어가 자아내는 늠름한 기분은 부분적이라고 하더라도 이 어울리지 않는 그릇에 옮겨 담아진다고 봐야 되겠다.(제5권12장)

빌라모비츠 묄렌도르프의 몸젠 비판

키케로는 정치가, 문인, 변호사, 사상가, 모든 이들의 자격에 대해서 철저하게 비난했다. 유일하게 '키케로풍'이라 부르는 전아(典雅)한 문체를 만들고, 그것을 실전에 옮겨 평가받았다고 생각한다면, 그것은 개인적인 공로라 하지 않고 라틴어라는 언어 덕분이라고 했다.

그 철저한 반키케로주의의 몸젠과 빌라모비츠 묄렌도르프는 먼저 슐포르타 시대에 만나게 된다. 물론 그 저작을 통해서 만난 것이다. 교장으로 역사를 전문으로 하는 칼 피터는 무척 몸젠에게 비판적이었지만, 아이를 위해 역사서를 추천해 주길 바란다는 빌라모비츠 묄렌도르프 어머니의 부탁에 응해, 몸젠의 〈로마사〉를 거론했다 한다. 상급생이었던 빌라모비츠 묄렌도르프는 그 책을 펴들자 순식간에 빠져들었다. 그것은 '키케로에 대한 부당한 취급에도 상관없이 당장 나의 마음을 사로잡아버렸지만, 그 덕분에 나는 키케로를 그 뒤 긴 세월 동안 무시하는 결과를 초래했다.'(〈회상록〉)며 술회한다.

몸젠의 '폭언'에 영향을 받은 빌라모비츠 묄렌도르프가 키케로를 업신여긴 시기가 어느 정도 계속 되었는지는 모른다. 그러나 적어도 1872년부터 4년간에 걸친 유학 생활에서 그는 몸젠에 매우 비판적이었다.

1873년, 나폴리에서 빌라모비츠 묄렌도르프는 처음으로 몸젠을 만났다. 만난 것만이 아니라 몸젠이 대대적으로 하는 비문(碑文)조사를 도와주게 된 것이다. 게다가 그 일환으로 베노사(시인, 호라티우스 출생지)에 발을 들여 놓았을 때, 서로 친근한 대화를 주고받는 기회가 찾아왔다. '우리들은 로마와 그리스 나라의 제도에 대해 서로 이야기를 했다. 그는 〈로마사〉 후편의 계획에 대해 자세히 이야기했다'고 한다. 〈회상록〉은 그 서술에 계속해서 몸젠 비판을 풀어 놓았다.

아우구스투스에 대해서 그(몸젠)가 심하게 부당한 취급을 하고 있다는 것은 틀림없지만, 그것을 그가 개선할 일은 없을 것이다. 그 자세는 카이사르의 신격화와 연동되어 있으며, 바로 그 카이사르의 신격화가 있었기에 이를 중심으로 한 〈로마사〉는 예술적인 효과를 거둘 수 있었다. 오늘날 문제를 바르게 이해하지 않고, 수사학을 남용하며 학문의 진보를 마음에 두지 않는 문인들은, 카이사르를 정당하게 평가한 사람들은 자신들이 처음이라고 말하며 들떠있지만 실은 논의의 내용에 대해서는 역사 전문가들이 더 이상 상대하지 않는 몸젠에게 의거하는 것은 얼마나 가소롭기 짝이 없는 일인가.

일반적인 논문에서 카이사르를 기축으로 하는지, 또는 키케로를 기둥으로 하는지에 따라 마땅히 로마사는 완전히 달라질 수밖에 없다. 〈로마사〉의 기축은 카이사르의 신격화에 있다는 빌라모비츠 묄렌도르프의 비판적 분석은 몸젠 덕에 '키케로를 긴 시간 동안 무시한 결과가 되었다'라는 슐포르타시의 회상에 부응하고 있다.

남이탈리아의 밝은 태양 아래에서 처음으로 가까워진 두 사람이었지만, 젊은 빌라모비츠는 대가의 비뚤어진 카이사르 신봉에 대해, 그리고 같은 동전의 뒷면이라 말해야 하는 그 부당한 반키케로주의에 대해서도 매우 비판적, 부정적이었다. 또는 대부분 모멸적이기도 했다. 게다가 몸젠에 대해서 이 같은 태도를 그는 공평하게 나타내지는 않았다. 물론 그 기회를 스스로 내버렸다고 말할 수 있을지도 모르겠다. 즉 이 만남에서 수년 뒤, 빌라모비츠 묄렌도르프는 몸젠의 큰 딸과 결혼하게 된다.

'키케로적' 철학 태도

고전학에 뜻을 두는 사람으로서 빌라모비츠 묄렌도르프는 니체의 비학문성을 엄격하게 비판할 수밖에 없었다. 같은 처지에서 그는 몸젠의 역사적 이데올로기의 불공정함에 대해서도 크게 의문을 가졌다. 후자에 대해서 많은 것을 말하지 않은 것은 개인적인 이유가 있을지 모르지만, 그것보다도 오히려 그리스 고전학 전문가로 있는 자부심과 자기규정이 움직이고 있어 감히 로마에 대해서는 말하지 않는 것인지도 모른다. 이미 알려진 것처럼 그는 라틴어에 대해서 슐포르타에게서 철저하게 주입받았고, 그것과 관련된 것으로 로마사와 로마문학에도 꽤 통하고 있었을 것이다. 실제 독서 일기식의 자선적 서적(일반적으로 〈라틴어 자서전〉이라고 부른다.)을 라틴어로 기록했다. 그러나 아마도 그는 더 고차원적이고 자타가 모두 인정하는 그리스 고전학을 목표로 삼았다고 생각해야 할 것이다.

빌라모비츠 묄렌도르프는 키케로를 싫어하지는 않았다. 실제 독일 그라이프스발트에서 교편을 잡았던 시절(1876년~1883년)에는, 라틴어수업에서 키케로를 교과서로 사용하고, 그에 대한 역독(譯讀)을 즐겼다고 한다. 그가 마음에 들어 한 것은 〈투스쿨라나움 논총〉(특히 제5권), 그리고 단문인 〈최상의 변론가에 대해서〉였다. 교육이라고 하는 실전 장소에서 그는 몸젠에 대한 비판을 펼쳤다.

게다가 그것뿐만이 아니었다. 1887년 친구인 고전학자 유즈너가 〈에피큐레아〉(에피쿠로스주의에 관련된 것)란 제목을 달아 저서의 특별 장정판을 그에게 증정했을 때, 빌라모비츠 묄렌도르프는 감사의 편지를 보냈다. '유감스럽지만 나는 당신이 보내준 선물을 모두 다 올바르게 이해하고, 당신이 만들어 준 걸 토대로 잘 어울리는 형태로 발전할 수 있도록 선택받은 사람이 아닙니다. 그러하기에는 저의 철학적 태도가 너무나도 키케로적입니다.'

키케로의 철학적 태도가 에피쿠로스주의와 다르다고 명확하게 해도, 여기서 말하는 '키케로적'인 철학적 태도는 농담이 아니라 한다면 대체 어떠한 것일까?

빌라모비츠 묄렌도르프의 방대한 업적을 전망했을 때도 거기에는 고전 그리스 언어와 문학에 대한 연구가 있을 뿐, 〈키케로적〉 철학적 태도를 이해한 상태에서 그 부분이 중요한 암시를 전한다고 지적되고 있다. (J 만스펠드)

실제, 그(키케로)에게는 자신을 포함해 로마인 전체의 마음을 지지하는 세계관이 참으로 중요하다 의의를 가지고 있었다. 로마와 그 공화정에 대한 그의 생각 그리고 거기에 기반을 둔 과두정치적이라는 것에 대한 신뢰, 이 같은 신조는 흔들리지 않는 것이었다. 말하자면 이 세계의 이음매가 엇갈려 혼란에 빠지게 되던가, 또는 그 같은 체제가 붕괴된다는 것은 용서 받지 못할 것이었다. 하지만 그렇다 해도 그 체제에는 실제 빠져 있는 것이 있었고, 그것이 무엇인지 그는 알고 있었다. 그래서 스스로 지배하고 통치하는 것은 불가능하다고 깨달았기 때문에 이상적인 국가제도에 향해서 사회를 키우는 것, 그 때문에 교육이라 하는 과제를 그가 떠맡는 것이었다. 그는 일찍이 자기수양, 자기수련을 마음가짐으로 해서, 진지하게 정진을 쌓아갔다. 그의 정신은 활력에 가득 찼고, 그 깊은 품에서 모든 것을 받아들였다. 예를 들면 지적이해를 초월하고 큰 감성에 호소하는 것이 있더라도.(중략)

하지만 만약 그에게서 플라톤이 최고의 존재가 아니었다면(말의 고차원 의미에 있는) 변론가가 되지 않았을 것이다. 그는 스스로 가진 신조 또는 세계관에서 결정적인 것을 플라톤에게서 발견했다. 즉 그는 (중략) 말하자면 '철학자'가 되지는 않았겠지만, 정말로 플라톤적인 의미에 있어서는 이러했을 것이다. 우리에게는 진리가 필요했고 그것을 사랑하는 사람, 그는 그것을 탐구하는 사람이 됐다.(중략)

이리하여 그는 정말로 플라톤적 의미인 '철학자=애지자(愛知者)'가 된다. 진리를 사랑하는 사람으로 스스로를 수양하고 그 눈빛은 언제나 영원을 향한다. 그래서 그와 같은 플라톤주의자로서 그는 특히 국민교육을 위해 많은 공헌을 했다. 그러므로 우리들은 그 정치가와 수사가로서의 잘못에 대해서 모든 걸 없었던 일로 할 수는 없을지 모르지만 되도록 용서해야 한다고 생각한다.

교육자 키케로

자신의 한계를 정확하게 확인하고, 현실의 역사적 제약을 인식하는 것, 그런 자기의 인식을 허심탄회하게 말한 뒤에, '우리들에게는 진리가 필요했고, 그것을 사랑하는 사람, 그것을 탐구하는 사람'은 되도록 정진을 반복해야 한다. 이것이 빌라모비츠 묄렌도르프가 그리는 진정한 플라톤적 '철학자'이다. 그리고 정말로 키케로는 플라톤의 철학의 후계자로 공화정 말기의 고대 로마 사회에서 그것을 실천했다고 빌라모비츠 묄렌도르프는 보고 있다.

'정치가와 수사가로서의 과오'로서 빌라모비츠 묄렌도르프의 염두에 있는 것은 몸젠의 단죄가 남긴 강렬한 각인임에 틀림없다. 그만큼 잘못이 있다고 하면, 그것은 역사적 현실이 너무나도 영원한 이상에서 멀리 떨어져 있었다. 그것이 가혹한 것이었기 때문에 빌라모비츠 묄렌도르프는 말하고 싶었던 모양이다. 영원과 현실의 괴리 속에서 〈플라톤주의자〉 키케로가 이룬 최대의 공헌은 이상으로 향하는 국민교육이고, 이것에 비하면 그 밖의 과오들은 문제가 되지 않는다. 빌라모비츠 묄렌도르프는(진실된 철학자인) 교육자 키케로를 전면에 세우는 것으로, 몸젠이 행한 폭언을 간신히 바르게 했다.

빌라모비츠 묄렌도르프의 '플라톤 주의자적' 키케로 해석이 바른지 어떨지는 지금은 묻지 않기로 하고, 여기서 중요한 것은 왼쪽 인용문 중 1~2행의 '로마인' '로마' 및 '공화정'을 곳곳의 '독일인' '독일' 또는 '군주정'이라 바꿔 놓고 읽는다면, 그것은 그대로 빌라모비츠 묄렌도르프 세계관에 통하게 된다는 지적이 있다. (만스펠드) 〈플라톤〉(첫 출판 1919년, 세 번째 출판 1929년)에는 어느 것을 골라도 독일의 꺼림칙한 역사를 떠올릴 수밖에 없었다. 그 암흑의 시대에 역사를 직시하고 게다가 '우리들에게는 진리가 필요하고 그것을 사랑하는 사람, 그것을 탐구하는 사람'이 되도록 정진하려고 했던 빌라모비츠 묄렌도르프는 스스로 교육자를 맡았다. 그리고 그의 걱정에 그런 이미지는 키케로의 모습과 겹쳐졌다고 말해도 과언이 아니다. 19세기 독일의 '그리스 포학'에서는 고대 그리스라는 이상이 터무니없는 영향력을 발휘했다. 그 뒤에는 다른 나라와 비교해서 르네상스 독일 문화와 예술의 부진, 17, 18세기 유럽에서 프랑스 신고전주의 압도적 우위라는 문화적 콤플렉스가 아마도 존재했을 것이다. 스스로 문화적 근원을 유럽의 근원지인 고대 그리스를 원하는 것보다 문화적인 열등의식을 없애길 바라며, 그것을 정말로 독일처럼 철처하게 행했다.

그 같은 시대가 낳은 출중한 그리스 학자에게 있어 다른 사람도 로마인이 마음의 의지가 되어 있었다는 사실은 의미심장하다. 그 정도로 라틴적 소지는 강력한 것이다. 그리스인 마음속에 라틴이 존재하고, 그리스인의 토대에 라틴이 있다고 말할 수 있다.

4. 새로운 서양학을 향해서

서구상의 쇄신

그 옛날, '탈아입구(脫亞入歐)'를 칭하고 우리들은 서구에 대해 배웠다. 마땅하게도 몇 번인가 그 반동을 경험했다. 그리고 전쟁 뒤 경제적 번영 속에서 유럽열강에 들어가겠다는 필요성조차 돌이켜 보지 못한 느낌이다. 미국적인 대중문화라는 큰 파도에 휩쓸려 문화는 희박해지고 끈질기게 과거가 달라붙는 것 같은 익숙한 문화와는 멀어지고 있는지도 모른다. 확실히 문화적으로 과거의 속박이 강하면 강할수록, 정치적 면에서도 종교적 면에서도 사람들이 안고 있는 문제는 뿌리가 깊어져 그 해결은 한결 의심스럽게 여겨진다. 그것은 오늘날 유럽 정세가 사실과 다름없음을 이야기하는 것이다. 하지만 다양성과 중층성을 내포하면서도, 하나의 통일체를 지향하려고 하는 것이 서구 문화의 기본적 바탕이다.

'통합유럽'이라는 이념과 실전은 그 같은 전통적 경향이 아니면 계획되어지지 않는다. 그것은 아마도 노력과 인내를 요구하는 의도임에 틀림없다. 경제적 효과가 크게 기대된다. 그러나 이 노력으로 서구가 얻는 것은 그것보다도 오히려 비교할 수 없는 문화적인 숙련함이 아닐까? 다양하면서도 농밀한 통일성을 자랑하는 문화. 그것은 아마도 같은 농밀한 존재감각에 이어져 있다는 것일 것이다. 본디 자연과학은 이 '사생활'과 '공공생활', '법 아래에서 평등'과 '개인의 자유' 같은 이념은 모든 그 문화를 창출해 냈다. 물론 '제노사이드(집단살해)'라는 부정적 사항도 적지 않게 존재하지만, 그것을 뛰어넘는 활력을 서구는 나타내고 있다. 유럽열강에 들어가겠다는 우리의 운동은 전혀 이루어지지 못했고 서양은 아직 몰락하지 않았다.

새로운 서양학은 종래의 프랑스, 독일, 영국에 이어 근현대 이탈리아를 포함한 라틴적인 전통을 넓은 시야로 바로 보는 일이 기대된다. 그 경우 키케로는 그 라틴적 문화의 토대를 이룬다. 어떤 때는 공공연하게 그 모습을 나타내고, 또 어떤 때는 전통이라는 문화적 무의식 영역에서 잠재적인 영향력을 계속 행사해 왔다. 그 같은 위대한 영향력의 작은 부분들을 우리는 이 책에서 봐 왔다.

새로운 키케로 체험은 종래의 서구상을 개혁하는 것이다. 예를 들면 키케로 없이는 로마역사를 말할 수 없다고 서구에서 계속 말했음에도, 키케로 없이도 우리는 로마 역사를 이야기한 부분이 없지 않다. 서양사는 변할 수 없을 것이다. 키케로를 격찬하기는 힘든 것처럼 카이사르가 혼자서 승리한 로마사도 또 예사로운 일은 아니다.

카이사르가 중시했던 것은, 예를 들면 〈군주론〉으로 쏠린 마키아벨리 평가와도 이어진다. 만약 키케로에게 관심을 나타내고 공화정을 생각하게 된다면 우리는 리비우스의 "로마사"책을 펴서 읽을 것이고, 나아가서는 공화정을 논하는 마키아벨리의 (리비우스를 주해하는) 〈로마사론〉에도 관심을 가질 것이다.

셰익스피어조차도 키케로를 알았다면, 감상방법을 바꿨을 것이 틀림없다. "햄릿" 제2막 제2장에서 폴로니우스가 지방 순회하는 연예인 일행이 왔음을 햄릿에게 알리려 왔지만, 햄릿은 이미 예상하고 있었다.

폴로니아스 전하, 폐하 황송하오나 말씀드릴 일이……
햄릿 전하, 폐하 황송하오나 말씀드릴 일이……
러시아스가 로마에서 배우를 할 적에

여기서 러시아스라 부르는 로마의 명배우는 퀸투스 로스키우스를 말하며, 실은 키케로가 〈희극배우 로스키우스 변호〉에서 변호한 그 인물에 틀림없다. 여기서 해당 사건의 내용에 들어가지는 않겠지만 키케로는 이 명배우와 친했으며 플루타르코스 말에 따르면 젊은 키케로는 '연설 방법을 고민한 끝에 어떤 젊은 희극배우 로스키우스의 가르침에 귀를 기울였다'('키케로전' 제5장)라고 했다.

〈희극배우 로스키우스변호〉는 포죠 브라촐리니에 의해 1417년 쾰른에서 발견되었고 마음만 먹으면 셰익스피어는 이 글을 읽을 수 있었지만 그 가능성은 거의 없다고 해야 할 것이다.

로스키우스는 명배우의 대명사로 널리 알려져 있기 때문이다.

그런데 문제는 정말로 거기에 있다. 르네상스에서 옛날 명배우라 하면, 로마의 로스키우스라는 것이 사실이다. 게다가 그때 베스트셀러였던 폴로니우스에게 감화를 받은 사람이라면, 로스키우스는 웅변의 아버지인 키케로에게도 가르침을 원했던 전설적인 배우라 할 것이다. 먼저 로스키우스를 언급하기보다 배우는 경멸해야 할 존재가 아님을 알게 된다. 이것은 한편으로 뿌리 깊게 내려져 있는 배우부정론, 철학적으로는 플라톤에서 시작되는 전통과 일직선을 긋는 태도라 말할 수 있다. 로마적 전통은 배우에게 존재 이유를 준다.

그렇게 본다면 계속해서 폴로니아스를 묘사하는 지방순회를 하는 배우 일행도 똑같이 로마 라틴적 문맥으로 쓰여졌다는 것을 알 수 있다. '무거운 문맥의 세네카도 무겁지 않게, 가벼운 플라우투스도 가볍지 않도록' 세네카와 플라우투스에 대해서, 주석을 덧붙여야만 된다면, 그것은 우리들이 어떻게 르네상스의 문화적 지평에서 멀어지겠는가? 따라서 얼마나 셰익스피어의 연극관에서 동떨어져 있는가를 보여주는 척도가 된다.

셰익스피어의 연극공간은 르네상스적 지적 교양을 받고, 로마에 익숙해지는 것을 요구하는 것이다. 서구의 라틴적 전통, 바로 키케로에 감화되지 않으면 〈줄리어스 시저〉 제1막 제3장도 대강 이해할 수 없을 것이다. 천둥 같은 굉음이 울려퍼지는 속에서 계속되는 천재지변을 고하는 카스카에 대해, '정말이지 이유를 모르는 세상이 되어버렸다. 어쨌든 인간은 자기 식으로 해석하고 본디 의미와 동떨어지거나 하는 것이다.'라며 키케로는 태연하게 회의론자 같은 말을 던졌다.

이 작품에서 키케로는 '단역'이었고, 다른 출현도 없이 시저와 플라우투스 일파와의 투쟁에 직접 관여될 리도 없었다. 거기서 대부분은 〈줄리어스 시저〉론(論)에서 키케로에 대한 것이 무시되어지는 경향이 있다. 하지만 셰익스피어가 그려내는 '회의주의자 키케로'는, 예를 들면 '에피쿠로스주의를 표방하는 카시아스' 등과 대조해 볼 때, 뜻밖으로 중요한 의미가 있을 것이다. 로마세계에서는 다양한 신앙이 뿌리내리고 있는데, 기독교가 지배적인 유럽과 근본적으로 다른 세계관을 형성하고 있다. 회의주의자(키케로)도 있고, 에피쿠로스주의자(카시아스)도 있으며, 그리고 스토아학파 주의자(브루투스)도 있다. 이 이교도적인 세계관의 특이성에 주의를 거두지 않으면, "줄리어스 시저"라는 비극은 올바르게 이해가 되지 않을 것이다. 등장인물 키케로는, 그 일을 암시하기 위해, 셰익스피어가 할애한 이해심 있는 배려이다.

키케로를 이해하고 로마를 보다 잘 알기 위해서는 새로운 서양을 우리들에게도 가져다 줄 것이다.

키케로의 생애와 사상

Ⅰ 키케로의 생애

1 젊은 날의 키케로

로마와 그리스의 국가관 차이

한나 아렌트는 그리스인과 로마인은 조국에 대한 사고방식이 전혀 다르다고 지적했다. '로마인은 특별한 장소인 이 하나의 도시(로마)에 결부되어 있었다. ……실제로 토지에 뿌리내리고 있던 것은 그리스인이 아니고 로마인이었다. '조국'이란 언어의 완전한 의미는 로마 역사에서 유래한다. 정치체제를 창설하는 것은 그리스인에게는 매우 흔한 경험이었지만 로마인에게는 자신들 역사 전체의 중심을 이루는 결정적이고 되풀이될 수 없는 처음, 한 번뿐인 사건을 의미했다.'

그리스에서는 아테네, 스파르타, 코린토스, 테베와 같은 강국도 자국을 주변으로 확대해 드넓은 거주공간을 만들려는 의도는 어느 단계에서 멈추고 말았다. 그리스인은 폴리스의 인구가 늘고 식료품이 부족해지자 에게 해의 섬들, 이오니아 지방, 남이탈리아, 시칠리아 동남부를 식민지로 만들어, 그곳에 새로운 국가가 탄생하게 되었다. '그대들이 가는 곳, 그대들이 폴리스'였다.

이에 대해서 로마인의 국가관은 근본적으로 다르다. 본디 로마는 매우 작은 도시국가였다. 북방에서 이탈리아 중앙부의 로마 쪽으로 이주해 온 라틴족의 한 부족으로 테베레 강 오른쪽 기슭에 집단으로 거주했다. 로마에는 일곱 개의 구릉이 있고 저마다 다른 소규모 부족이 그곳에 살고 있었다. 이들이 합쳐져 로마가 된 것이다. 테베레 강 왼쪽 기슭 북부는 에트루리아 인의 거주지였다.

두 조국

로마는 이웃 이탈리아의 여러 도시국가와 여러 종족들과 싸워서 국토를 차

즘 확장해나갔다. 그러나 함락된 다른 나라나 다른 종족을 완전히 자국에 흡수해 예속화하지는 않았다. 빼앗은 나라들을 자치도시나 총독도시란 형태로 지배한 것이다(분할 지배). '로마의 미증유한 부의 원천은 전쟁이었다.'

키케로(마르쿠스 툴리우스 키케로)는 B.C. 106년 1월 3일 아르피눔에서 태어났다. 아르피눔은 로마에서 100km 떨어진 내륙에 있고 B.C. 303년이 되어 이 도시의 주민은 시민권을 얻었다. 그러나 완전히 로마 시민이 된 것은 아니었고, 아르피눔은 선거권이 없는 국가였다. 즉 이 국가는 로마 총독에게 통치되는 총독도시였다. 이 땅이 완전히 로마시민권을 얻은 것은 B.C. 188년, 키케로가 태어나기 82년 전의 일이다.

키케로는 《법률에 대해서》 가운데서 자치도시 출신자에게는 두 조국이 있는데 하나는 '토지의 조국', 또 다른 하나는 '법의 조국'이라고 말하고 있다. 전자는 아르피눔, 후자는 로마이다. 물론 둘 가운데, 더 큰 조국은 로마이다. 로마의 비호 덕에 아르피눔이 존재하기 때문이다. 키케로는 법의 조국에 생명을 바쳐야 한다고 말한다. 한편 키케로의 이 두 조국의 사고방식은 스토아학파의 주장인 '사람에게는 두 조국이 있는데, 그것은 태어난 고향과 코스모폴리스(세계)이다'에 부합한다고 말할 수 있다.

키케로의 가계

키케로의 씨족인 툴리우스는 아르피눔 왕의 한 사람에게서 유래하는 것으로 알려진다. 그러나 키케로의 가계가 '월스키족의 빛나는 왕으로서 군림했다'는 플루타르코스의 설은 슈트라스부르거가 말하는 것처럼 전혀 확실하지 않다. 그런데 키케로라는 가문 이름은 본래 '이집트 콩'을 뜻하는 키케르에서 왔다. 그의 조상에게는 코 끝에 콩 모양의 사마귀가 있었기 때문이다.

키케로의 할아버지는 그 무렵 흘러들어온 고도로 발달한 그리스의 문명, 실제적인 제도업(製陶業), 시문, 과학에 매우 강한 거부반응을 보이고 '로마인은 그리스어를 잘할수록 도움이 안 된다' 말했다고 한다. 그런 경향은 키케로의 할아버지만이 아니고 로마인이 가진 그리스 문화에 대한 불신과 반발은 보편적으로 볼 수 있었다.

키케로의 집은 아버지 대(代)부터 기사계급에 속했다. 기사는 귀족 아래 계급이고, 그 아래 평민계급이 있었다. 기사는 본디 중무장병이었는데 전투에 커다란 변화가 생겨 제2차 포에니 전쟁(B.C. 218~B.C. 201) 이후, 군사상의 지위는 없어지고 로마의 징세청부업, 대토지 소유자, 상업 활동에 종사하는 자, 큰 토지의 구입을 행하는 자들의 것이 되었다. 키케로는 자신의 계급인 징세청부를, 국가의 커다란 버팀목을 이루는 계급이라고 자랑스럽게 말하고 있다.

앞서 말한 바와 같이 기사는 여러 종류의 일에 종사했다. 징세의 일을 기피해 그것을 맡지 않는 기사도 많았다. 이들은 국가에서 빌린 큰 농원을 경영하거나 금융업, 토지의 구입, 농지의 협동경영에 관여했다.

키케로(BC 106~BC 43)

키케로의 아버지는 몸이 약해서 로마의 정무관 코스인 영달의 길, 이른바 고위 관리직 승진을 지향하는 것을 단념하고 서재인(書齋人)으로서 생애를 보냈다. 아버지는 키케로와 동생인 퀸투스의 교육에 열성적이어서, 두 아들에게 그리스의 철학과 수사학(변론술)을 배우도록 하기 위해 로마로 이사를 했다. 아버지는 할아버지와 달리 주변의 실학중심적인 경향과는 반대로 그리스에서 들어온 정신문화인 시, 수사, 철학이야말로 아들들의 장래가 걸려 있는 것으로 굳게 믿었다. 키케로는 이런 아버지가 없었다면 풍부한 교양인, 위대한 배움의 삶, 로마 제일의 철학자가 되지는 못했을 것이다.

한편 귀족계급이란 로마공화국을 주재하는 정무관의 관직인 감찰관, 집정관, 법무관, 속주 총독을 지내 원로원의 의원이 된 자가 가계에 있는 자들이고 더 엄밀하게 말해서 한 가문에서 집정관을 낸 자손을 가리켜서 말하게 된다.

신인 키케로

키케로의 가계는 기사계급이었지 귀족계급은 아니었다. 기사계급에서 정무관직 최고위인 집정관에 오르는 것은 매우 어려워 거의 불가능에 가까웠다. 적어도 한 사람의 집정관을 배출한 가문은 귀족계급인 노빌레스(nobiles)로 불리워졌다. 귀족계급에서는 집정관을 아직 배출하지 못한 가계에서 집정관을 낳는 것에 질투하고 반발했다. 그들은 신인이 국가 최고관직에 오르는 것은 로마를 모독하는 일이라고까지 생각했다. 이것은 역사가 살루스티우스(B.C. 86년 무렵~B.C. 35년)가 전하고 있다. 대다수의 귀족은 신인이 아무리 뛰어나도 집정관직에 오르면 질투심에 불타 집정관직이 더럽혀졌다고 생각했다. 한편 플루타르코스는 '로마인은 가계에 의한 명성은 갖지 않고 있는데 자연히 이름이 알려진 자를 신인(카이노스—안트로포스)으로 부르는 것이 관습이고 카토를 그렇게 불렀다'고 씌어 있다.

B.C. 366년의 섹티우스에서 키케로까지의 300년간 합계 600명의 집정관 가운데 신인은 고작 15명이었다. 한편 B.C. 366년부터 잇따라 6년간, 집정관은 귀족과 평민에게서 한 사람씩 선출되었다.

키케로의 의지

키케로는 어릴 적부터 '모두를 앞질러 첫째로, 모두를 이기고 싶다'는 생각으로 가득차 있었다. 그리고 그에게 정치활동은 문필이나 철학사색이라는 정적인 생활 이상으로 중요했다. 국가 정치에 관여하는 일이야말로 인간의 덕이며 그것은 키케로에게 움직일 수 없는 확신이었다. 그의 의지는 그의 각고면려(刻苦勉勵)에서 온 것이다. 배움은 그에게 완전히 자연체의 삶이다. 키케로는 21세인 젊은 나이에 이미 크세노폰의 《가정론(家政論)》을 그리스어에서 라틴어로 옮겼다.

귀족과 집정관에 대해서 다시 기술

여기에서 다시 한 번 귀족이란 용어의 유래를 말해둔다. 귀족·귀족이라는 용어는 '안다'는 것에 의거한다. 즉 '알려져 있다'는 의미가 '귀족'으로서 한결 한정적으로 사용되었다. 그런데 노빌리타스(nobilitas)의 정의는 로마에서도 확립되어 있는 것은 아니다. 게르투어는 '로마원로원 의원신분의 상층'으로 말하

아르피눔에서 그리 멀지 않은 키케로가 태어난 곳 떡갈나무 아래에서 있는 사람들은 키케로와 그의 동생 퀸투스, 그리고 키케로의 친구 아티쿠스. 뒤쪽 다리 건너 작은 섬에 있는 개조한 농가가 키케로가 태어난 집이다.

는데 고대문헌에는 이런 제한은 없다. 옛 귀족은 당초 12표법에 따라서 평민과의 결혼이 금지되었지만, 그 뒤부터는 인정되었다. 그 결과 부유한 기사들이 귀족의 동료가 되었다. 이들을 특히 신귀족이라고 한다.

왕정을 B.C. 509년에 폐지하고 성립한 공화국의 최고 정무관은 집정관[*1]이다. B.C. 366년에 처음으로 평민 출신의 집정관이 나타났다. 역사가 몸젠은 '이것으로 시민의 동등성이 이루어졌다' 말한다.

그러나 평민에서 집정관이 되는 것은 매우 드물다. 단 B.C. 172년의 집정관은 두 사람 모두 평민이었다. 기사계급에서조차 이 지위를 손에 넣는 것이 쉽지 않았다.

한편 파트리키(patrici)는 노빌레스(nobiles)보다도 오랜 세습귀족을 가리켰다. 따라서 노빌레스를 관직귀족으로 번역하는 것이 허용되었다.

[*1] 본래 공화국 발족 시에는 법무관이 최고 관직이었다.

학생 키케로와 수학 시절

플루타르코스의 《키케로전》에 따르면 키케로는 플라톤의 젊은 시절과 마찬가지로 본디 시쓰기에 크게 마음이 기울어져 있었다. 《바다의 그라우쿠스》라는 4각운 소품도 남아 있을 만큼 그는 로마 최대의 시인이 될 가능성도 있었다.

키케로는 법정변론가(변호사)를 지망했다. 그러나 친구나 의사는 그의 몸이 약하다는 사실을 걱정해 이 길을 단념하도록 권했는데, 변호사로 기대되는 명성이 키케로에게 건강상의 불안을 해소시켰다고 《브루투스》에 씌어 있다. '변론에서 영광과 감사를 가장 많이 낳게 된다', 키케로는 나중에 이렇게 말했다. 그는 먼저 법정변론에서부터 공적 생활을 시작하려고 한 것이다.

키케로의 아버지는 두 아들의 교육에 헌신적이어서 그들의 면학을 돕기 위해 로마 시내의 카리나에로 이사한다. 키케로는 거의 10년간, 시, 웅변, 법률, 철학 공부를 열성적으로 한다. 키케로는 철학을 먼저 스토아파의 장님 철학자 디오도로스에게서 배운다. 그는 나중에 키케로의 집에서 기숙했다. 키케로 어머니의 여동생 남편은 법률에 상세한 기사계급의 가이우스 비셀리우스 아크레오이고, 그의 친구가 웅변가 크라수스였다. 키케로는 그를 '로마의 데모스테네스'로 일컫고 있다. 이 크라수스와 안토니우스(나중에 키케로 적대자의 조부) 밑에서 키케로는 웅변술을 배웠다. 이 두 사람은 그리스 문화를 아무런 이유 없이 싫어하는 경향이 강한 로마에서 비밀리에 그리스 문예와 철학을 공부하고 있었다.

또한 키케로는 그 무렵 80세의 고령으로 B.C. 117년의 집정관을 지낸 스카이볼라에게서 법률을 배운다. 키케로는 그에게 특히 사법의 초보를 배웠다. 사법에 대해서는 그 무렵 확실한 체계적 교육이 이루어지지 않아 개별 사례로써 배우는 수밖에 없었다. 키케로는 나중에 법은 체계적 학문으로 바꾸어야 한다고 말했다.

B.C. 89년 키케로는 그나이우스 폼페이우스 스트라보[*2]의 군대에서 병역에 복무했다. 그 무렵 이탈리아 동맹시전쟁[*3]이 정점을 맞이하고 있었다. 이듬해 B.C. 88년, 다시 면학에 집중하기 시작했다. 복점관(卜占官) 스카이볼라의 죽음

[*2] 카이사르의 라이벌, 폼페이우스의 부친.
[*3] 로마에 지배된 이탈리아 제국의 로마에 대한 반기.

으로 그의 사촌형제인 제사장 스카이볼라에게서 법률을 배운다.

변론술(수사학)과 철학

키케로에게 버팀목이 되고 그에게 개성을 부여한 기초교양은 변론(수사), 법률, 철학이었다고 말할 수 있다. 나중에 설명하겠지만 현실의 연설·설득에는 학과목으로서 수사가 아니라 임기응변의 변론·웅변의 훈련이야말로 중요하다고 키케로는 말한다. 법정에서의 설득력을 지닌 격조 높은 표현력, 실제의 소송을 타개하는 힘, 현실을 통찰하는 힘이 키케로를 키우고 밑바탕에서부터 키케로답게 했다.

주로 모든 인류의 학문은 그리스 정신의 소산이고 변론술(수사학)도 예외는 아니다. 처음에 로마인은 그리스 유래의 학문의 방향과 내용 모두를 충실하게 계승한 것에 지나지 않는다. 로마에서는 B.C. 2세기에 수사학의 수업은 수사학 교사만이 아니고 철학자에 의해서도 이루어졌다. 로마의 귀족들 대부분은 그 무렵 국제어의 역할을 맡고 있었던 그리스어를 모국어인 라틴어와 마찬가지로 유창하게 할 수 있었다. 키케로의 그리스어 회화력은 뛰어났었다.

그러나 로마 국내의 정쟁, 특히 그라쿠스 형제*⁴를 둘러싼 국내의 대립이 라틴어에 의한 수사학교의 창설을 촉구하게 되었다. 이를 계기로 성립한 로마 변론술(수사학)의 완성자가 다름 아닌 키케로이다.

그리스 철학은 B.C. 3세기에 로마의 시인들에 의해서 금언 형식으로 단편적으로 들어왔다. 특히 귀족출신의 시인 아피우스 클라우디우스가 중요하다. 그에게서 피타고라스학파의 영향을 볼 수 있다. B.C. 156년 스토아학파인 바빌론의 디오게네스, 페리파토스학파의 크리토라오스, 아카데미학파의 카르네아데스가 로마로 왔다. 특히 카르네아데스가 행한 정의(공평함)에 대한 동의와 반대론은 로마의 젊은이들을 매료시켰다.

실은 그들이 오기 전, 에피쿠로스학파의 철학자가 로마에 왔는데 B.C. 173년 이 학파의 아르키오스와 피리스코스가 로마에서 추방되었다. 그리고 B.C. 161년에 원로원은 그리스 철학자 전원의 국외추방을 결정했다. 그렇지만 로마 지식층의 그리스 철학에 대한 목마름은 막을 수가 없었다.

---

*4 형, 호민관 재임 B.C. 133년, 동생 B.C. 123년, B.C. 122년.

아카데미의 학장 라리사의 필론이 폰토스 왕 미트리다테스의 그리스 침공 때문에 고국을 뒤로 해야만 했던 것은 B.C. 88년의 일이다. 이해에 스토아학파의 포세이도니오스, 그리고 변론술 교사 아폴로니오스 모론이 로마에 왔다. 키케로는 필론과 만나 이 귀중한 기회를 활용해 가르침을 받았다. 이때 키케로는 18세로 법률을 배우기 시작한 해이다. 필론의 관점은 절대적 진리는 사람의 지식이 미치지 못하는 곳이고, 사람은 가장 확실한 곳에 이르는 것만으로도 충분하다는 것을 가르치는 것이다.

그런데 키케로의 말에 따르면 그가 최초로 접한 철학자는 스토아파의 디오도로스와 에피쿠로스파의 파이드로스였다. 그때가 10세에서 15세 무렵이었다. 파이드로스는 B.C. 51년에 죽을 때까지 키케로의 친구였고, 키케로는 줄곧 그에 대해서 따뜻하게 말하고 있다. 그러나 키케로는 차츰 에피쿠로스파에서 멀어져간다. 이 학파가 '숨어서 사는 것'을 주지로 삼았기 때문이다. 공적세계로부터의 이탈은 키케로파에게는 절대 승낙할 수 없는 것이었다. 그러나 쓰는 것에 많은 즐거움을 느끼는 키케로의 심성은 이 파에 이어지는 것이 있었다. 다만 이 파의 조사(祖師) 에피쿠로스는 '공평하기 때문에 정치에서 떠난 것으로' 되어 있다.

그 무렵 그리스에서는 아카데미파, 페리파토스파, 에피쿠로스파, 스토아파 등의 네 학파가 격렬하게 다투었다. 이들 학파는 모두 헬레니즘기에 체계적 창조력이 약해져 주로 윤리학적 문제에 집중했다. 다시 말해서 그들은 난세라는 살기 힘든 시대에서 삶의 불안해소를 근본적인 주제로 했다. 그러나 뒤집어보면, 이 시대는 윤리학의 전성기라고 말할 수 있다. 본디 로마인은 그리스인과 달리 형이상학적 원리적인 비상(飛翔)·물음과는 인연이 없는 민족이었다. 오로지 실질과 실제적인 시야에 입각해 있었다. 다만 엄밀하게 따져 보면 그리스 철학의 두 거성 플라톤, 아리스토텔레스에게도 형이상학적 체계적인 물음은 근저에서 선한 삶의 반성 즉 윤리적 물음에 버팀목이 되었던 것이다. 그러나 헬레니즘기의 철학에는 플라톤이 지닌 대단한 깊이는 없다.

위의 네 학파 가운데 스토아파는 로마의 귀족계급에 침투했으니, 이것은 스토아파가 국가의 공무에 대한 참여를 부정하지 않았기 때문이다. 이 학파와 에피쿠로스파가 로마의 인심을 겨루는 2대 철학 학파였다.

그러나 빈곤층의 대폭적인 권리를 확립하려던 '그라쿠스의 개혁'—무엇보다

이 형제*5도 귀족 출신이고, 이들은 원로원 주류에서 무시된 소수파에 속한다는 점에서 원로원의 기득권을 장악한 의원들에 대항하는 자기현시책으로서 인민을 끌어안고 위의 개혁으로 향한 것이다—그 뒤, 로마의 부유한 사람들이 귀족과 평민의 격렬한 전쟁에 싫증을 느껴 사적 생활로의 도피를 위해 에피쿠로스파에게 의지하려는 이들이 끊이질 않았다. 이 책의 사상부에서 기술하는데 키케로의 에피쿠로스파에 대한 혐오는 순수한 이론적 관념에 따른 것이라기보다는 그 시대의 에피쿠로스파로의 심취에 대한 반발, 특히 시인철학자 루크레티우스에 대한 대항에 따른 것이었다고 말할 수 있다.

그러면 키케로는 스토아파와 에피쿠로스파에게 어떤 태도를 취했을까. 로마인인 키케로는 스토아파에서 마음의 안식처를 발견한 것처럼 생각되지만 그렇게 단순하지는 않다. 오히려 그는 아카데미파인 필론에게 심취했다. 그의 회의적 자세에 찬동한 것이다. 필론은 스토아파에 대한 대항을 특히 중요시하고 회의주의에 서 있었다. 아카데미파는 필론 이후 다시 일정한 교의(敎義)를 담당하게 되었는데 필론 자신은 철저하게 회의(懷疑)로 일관했다. 그러나 법정변론가에서 정계로 진출한 키케로에게는 있을 수 있는 일, 상대적인 것에 위치하고 그것에 따른 유연한 진리가 존중되었다.

키케로는 그 밖에 필론의 제자인 안티오코스에게서도 배웠다. 이 철학자는 아카데미를 회의주의에서 낡은 아카데미로, 다시 말해서 교설주의로 바꾼 것이다. 그는 에피쿠로스파인 파이드로스, 스토아파인 디오도로스와도 알고 지내는 사이가 되었다. 키케로가 말한 바에 따르면 디오도로스, 포세이도니오스, 필론 그리고 안티오코스가 그의 네 스승이다. 그리고 페리파토스파인 스타세아스에 대한 것도 알고 있었다. 그러나 키케로의 철학을 결정적으로 형성한 스승은 라리사의 필론이다.

키케로의 교양과 자아형성은 매우 귀족적이고, 이것이 기사계급 출신의 키케로로 하여금 귀족 중심의 원로원 지배를 지키도록 한 것이다.

그리스로 유학한 키케로
키케로는 27세 때 유복한 가문의 딸 테렌티아와 결혼한다. 그리고 같은 해

---

*5 형인 티베리우스는 스토아파의 철인 쿠마에의 브로시우스와 교제하고 있었다.

B.C. 79년, 술라의 공포정치에 두려움을 느껴 그리스와 소아시아로 유학을 떠난다. 키케로가 술라를 두려워한 것은 다음의 사정 때문이다.

로스키우스(섹투스 로스키우스 아메리누스)란 젊은이가 독재자 술라 휘하에 있는 자로부터 부친 살해로 고소를 당했다. 이것은 누명이었다. 사실 이 범행은 술라의 해방노예 크리소고누스에 따른 것이고, 이 사내는 젊은이를 사형당하게 하고 그 부친의 재산을 빼앗으려고 한 것이다. 이 재판에서 고명한 변론가(법정변호를 행하는 자들)는 술라를 두려워하여 아무도 이 젊은이의 변호를 맡지 않았다. 그러자 키케로는 용기를 내어 변호를 맡았다. 그리고 정정당당한 변론으로 이 소송에서 승리하고 게다가 고소한 측의 의도도 밝혀낸 것이다. 이것은 키케로 최초의 법정변론이었다.

키케로는 로마를 떠나 동생 퀸투스와 친구인 아티쿠스와 함께 고전문화의 전당으로서 아직도 그 여운이 남아 있는 아테네로 왔다. 그 무렵 아테네에서 아카데미파의 중심에 있었던 것은 안티오코스이고, 그는 카르네아데스나 필론이 역설하는 회의주의를 플라톤으로부터의 일탈로서 비판했다. 키케로는 안티오코스의 강의를 들었다. 안티오코스는 플라토니즘에서 아리스토텔레스의 교설과 스토아파의 교설을 낳았다고 주장한다. 이 강의는 키케로가 받은 라리사의 필론의 영향을 약화시키지는 않았으며 안티오코스로부터 세밀한 철학사의 지식을 습득한 것은 대단히 유익했다. 키케로는 '언어의 유려함과 우아함 때문에 안티오코스에게 매료되었지만 그 학설에는 찬동할 수 없었다'고도 말하는데 양자의 관계는 그다지 간단한 것은 아니다. 아테네에서는 그 밖에도 에피쿠로스파인 파이드로스와 제논의 강의를 때때로 들었다. 키케로는 파이드로스에게 전에 로마에서도 배운 적이 있다.

B.C. 78년에 술라는 사망한다. 키케로는 이 소식을 듣고 바로 로마로 돌아가지는 않고 안티오코스의 강의를 듣고 있었다. 하루라도 빨리 로마 정계로 들어가는 것이 그의 본래의 뜻이었음에도 그가 귀국하지 않았던 이유는 확실치 않다. 아마도 학문을 좋아하는 키케로는 저명한 학자를 방문하거나, 또 오랜 도시를 보거나 하는 것을 큰 낙으로 삼고 있었을 것이다.

2 정무관직의 길

재무관

재무관(quaestor)은 로마공화정 시대의 정무관 서열 가운데 가장 낮다. 어원 쿠아에로(quaero)는 '조사한다·심문한다'는 의미이다. 이 관직에 도달하지 않은 자는 더욱 상급정무관으로 오를 수 없고 원로원 의원도 될 수 없었다(재무관은 원래 2명, 키케로 시대에는 8명).

여기에서 정무관 마기스트라투스에 대해서 조금 언급하기로 하자. 이 용어는 로마의 공직자를 가리킴과 동시에 공직 그 자체까지도 의미했다. 이 용어는 '더 이상'이란 의미의 마기스(magis)에서 온 것이다. 마기스트라투스에 대해서 E. 마이어는 '로마의 마기스는 국가권력의 유지자이고 담당자이며 국가권력을 행사하는 데 있어서 상급자로 임명된 국가권력의 하인은 아니다'라고 지적하고 있다. 또한 이 저서의 역자는 '정무관'이라는 번역어가 '정무'와 '관'으로 이중의 오해위험을 포함한다고 주장하고 마기스트라투스로 원어대로 기술하고 있다.

M. 베버는 로마 정무관직의 거대한 권력적 지위는 궁극적으로는 중무장 보병의 밀집포진과 그것을 위한 집단적 훈련에 따른 것으로 보고 있다.

키케로는 B.C. 77년에 귀국해 법정변호 활동으로 명성을 얻은 뒤, B.C. 75년에 재무관으로 선출된다. 이미 결혼한 키케로는 B.C. 78년에 딸 툴리아를 얻는다. 자산가의 딸 테렌티아와의 결혼은 깊은 애정에 따른 것이 아니라 냉철한 계산, 단적으로 말해서 돈을 위한 것이었다고는 해도 키케로는 좋은 남편이었다. 플루타르코스의 《키케로전》에 의하면 키케로의 아내는 키케로의 정치판단에 참견하는 자기주장이 강한 여성이었다. 그러나 호화주택이나 몇 채의 별장 획득과 유지에는 그녀의 친정으로부터 지원이 필요했다.

키케로와 시칠리아의 총독 베레스

재무관 키케로는 B.C. 75년 시칠리아 섬에 총독대리(재무관)로 파견된다. 시칠리아에는 재무관이 두 사람 있고 키케로의 임지는 서쪽에 위치한 풍요로운 도시국가 릴리바에움이었다. 키케로는 열의와 성실로 직무를 수행했다. 그는 속주에 부임한 재무관이 흔히 빠지기 쉬운 뇌물수수에는 전혀 무관했다.

시칠리아는 로마의 가장 오랜 속주이다. 본래 이 섬에는 서쪽에 카르타고인과, 동부의 해안을 따라서 이주해온 그리스인이 도시를 형성하고 있었다. 제1차 포에니 전쟁(B.C. 264~B.C. 241)에서 승리한 로마는 이 섬에서 카르타고인을 일소하고 속주로 삼았다.

로마는 시칠리아를 속주로 한 뒤, 그곳을 로마의 곡창으로 하여 곡물수요의 3분의 1을 이곳에서 충당하고 있었다. 그리고 이탈리아 본토는 수익률이 높은 올리브와 포도주 산출에 할당되었다.

한편 베레스가 이 섬의 총독이 된 것은 B.C. 71년이었다. B.C. 71년은 B.C. 73년에 일어난 노예폭동 스파르타쿠스의 반란이 진압된 해이다. 그 무렵 시칠리아에는 65개의 도시국가가 존립해 있었다. 베레스는 이들 도시국가 통치의 중핵이 되는 대감독관의 임명권을 주장했다. 이 일에는 그에 대한 뇌물공세가 시작됨을 의미한다. 또 그것이 그의 계획이기도 했다.

본래 속주총독—속주총독의 호칭은 전(前) 집정관과 전 법무관 가운데 어느 한쪽이다. 즉 속주총독은 상급정무관의 직무권한 연장이었다. 그 권한은 강대하면서 절대적이고 로마 본국의 집정관조차 참견할 여지가 전혀 없으며, 또 그것이 허용되지도 않았다. 따라서 속주의 수탈은 총독에게 이른바 부수입 수단이었고, 이 기회를 더할 나위 없는 기회로 삼아 거액의 재산을 만드는 것이 어렵지 않았다. '속주통치는 로마사에서 가장 음침한 한 장을 이룬다.'(E. 마이어) 더구나 로마인은 이 '특권'을 마땅히 여겼다.

그렇다 해도 베레스의 가렴주구(苛斂誅求)는 묵과할 수 없었고 그 악랄함과 탐욕스러움은 그 유례를 찾아볼 수 없었다. 그는 양심의 한 조각조차 없는 사내였기에 그에게 지목된 재산가는 온갖 수단으로 재산을 빼앗겼다. 게다가 그는 무고한 자를 법정으로 끌어내 재산몰수까지 계획한 것이다. 이 악당은 시칠리아 섬의 부유한 자들만으로 만족하지 못하고, 로마의 우방 시리아 왕이 시칠리아에 들렀을 때 로마의 칸피토리오 구릉에 세운 주피터 신전에 봉납하기 위해 왕이 지니고 있었던 장식품까지 빼앗아 버렸다. 베레스는 탈세도 더욱 심하게 하고 게다가 곡물매상을 둘러싸 엄청나게 돈을 벌기도 했다.

로마속주와 획득연도

B.C. 241 시칠리아

238 사르디니아, 코르시카

198 건너편의 히스파니아(히스파니아 탈라코넨시스)와 바에티카

148 아프리카, 마케도니아

133 아시아

121 건너편의 갈리아

101? 킬리키아

89 이쪽의 갈리아(키사르피나 갈리아＝북부 이탈리아)

41에 속주로서가 아니라 로마에 편입

74 키레네

67 크레타

63 비티니아 폰투스, 시리아

58 키프로스

53? 다르마티아

51 갈리아 루구두넨시스, 갈리아 베르기카

30 이집트

27 아키타니아, 아카에아

25 가라티아

16 루시타니아

15 라에티아, 노리쿰

14 코티안 알프스, 마리티노 알프스

A.D. 6 모에시아, 유다에아

10 판노니아

12 게르마니아 스페리오르, 게르마니아 인페리오르

17 콘마게네, 카파도키아

40 마우레타니아 카에사리엔시스, 마우레타니아 틴기타나

43 부리타인, 리키아, 트라케

106 다키아, 아라비아

114 아르메니아

115 메소포타미아, 파르티아

●로마의 투표집회 종류

	쿠리아 민회	켄투리아 민회	트리부스 민회	평민회
〔구조〕 투표단위	30쿠리아(3개의 오랜 트리부스 부족에서 각각 10의 쿠리아가 생겼다.	198백인대(켄투리아)—18기병, 170보병(보병은 재산에 의한 등급에 따라서 5단계 80, 20, 20, 20, 30)으로 나뉜다. 비무장(빈곤) 시민 5	35트리부스	35트리부스
출석한 시민	각 쿠리아에서 대표 한 사람	모든 시민	모든 시민	평민만
사회	집정관이거나 법무관 또는 (종교적 목적을 위해서는 최고신관)	집정관이거나 법무관	집정관이거나 법무관이거나 특별직 법무관	호민관이거나 평민안찰관
〔의무〕 선거		집정관, 법무관, 감찰관	특별직 안찰관, 재무관, 관리, 특별위원	호민관과 평민안찰관
법률 제정	정무관직의 승인된 명령권, 양자결연과 유언	B.C. 218년까지는 법률제정을 위한 조직. 선전포고를 후에 행하였다. 감찰관 권력의 승인	켄투리아 민회에 맡겨진 법률 이외의 모든 법률	켄투리아 민회에 맡겨진 법률 이외의 모든 법률. 평민회결의의 결의는 B.C. 287년 이후 법의 힘을 갖게 되었다.
재판		극형(B.C. 150년 이후 차츰 국가반역죄로 한정된다.)	벌금형의 테두리 안에서 국가에 대한 범죄의 모든 것. 그라쿠스 형제의 호민관 때부터 차츰 이 재판은 다른 재판기관으로 이행	

〔주(註)〕

＊ 로마 인민은 3개의 트리부스로 나뉘어져 있다. 트리부스(tribus)란 부족, 그리고 지구의 의미.

＊ 각 트리부스는 10쿠리아(집회가 본디 뜻)로 나뉘어져 있고 3개의 트리부스로 계 30쿠리아가 된다.

＊ 쿠리아는 보병 100명으로 이루어지는 백인대(켄투리아 centuria)와 기병 10명인 십인대(데쿠리아 decuria)를 두었다.

＊ 이 켄투리아 제도는 B.C. 5세기 또는 말기에 왕 세르비우스 툴리우스에 의해서 창설된 것으로 전해진다. 이 제도에 의해 로마인은 193켄투리아로 나뉘었다.

＊ 각 켄투리아에는 지도자 쿠리오(curio)와 제사(祭司)가 있었다. 그리고 집회할 장소를 가졌다.

＊ 보병의 재산평정에 따른 구분은 유산계급을 우대한 제도이다. 집정관선거에서 18기병과 제1 등급 80에서 98표가 되어 전체 193표의 과반수에 달한다.

＊ 라틴어의 '선거한다'는 용어 creare는 본래 '창조한다, 낳는다'는 의미를 지니고 있었던 것에 주의해야 한다.

〔이 주(註) 작성은 E. 마이어《로마인의 국가와 국가사상》에 바탕을 두었다〕

재판에서 활약한 키케로

키케로는 재무관으로서 시칠리아인 사이에 신뢰할 수 있는 인물이라는 평판을 얻고 있었다. 어느 때 시칠리아 테르마에의 시민 오티니우스는 베레스가 재산을 목적으로 자신의 목숨까지 노리게 되자 로마로 몸을 피했다. 시칠리아에서 베레스는 결석재판에서 그에게 사형판결을 내린다. 속주에서 사형판결을 받은 자는 로마에 머무는 것을 허용하지 않게 되어 있었다. 그래서 키케로는 웅변으로 그의 목숨을 구해주었다. 로마에서는 B.C. 240년, 변호인이 의뢰인으로부터 사례를 받는 것을 금지한 '킨키우스법'—호민관 마르쿠스 킨키우스 아리멘투스의 제안—이 A.D. 47년까지 시행되었는데 현실은 그리 깨끗한 것은 아니었다. 그러나 키케로는 그 점에서 예외적으로 청렴했다.

오티니우스는 자신을 고소한 베레스에 대해서 아버지의 영향력에 의지하여 로마에서 역(逆)으로 재판을 제기했다. 이 원고를 변호한 것이 키케로이다.

이 재판의 배심원은 일찍이 독재관 술라의 입법으로 전원이 원로원 의원으로 채워져 있었다. 베레스는 원로원을 자기편으로 끌어들여 재판을 유리하게 진행하려고 했다. 키케로는 《베레스 탄핵》 가운데에서, 이 제도 아래에서 재력이 남아도는 베레스가 유죄를 선고당하는 일은 있을 수 없다고 말한 제도 비판을 하였다.

베레스가 변호인으로 세운 사람은 당대 최고의 웅변가 호르텐시우스(B.C. 116~B.C. 50)였다. 호르텐시우스는 키케로가 넘어야만 할 고개였다. 이 재판에서 키케로의 웅변은 그 일을 너끈히 해냈다. 한편 호르텐시우스가 베레스의 변호를 떠맡은 경위는 호르텐시우스가 B.C. 69년 집정관에 당선했을 때, 선거 자금의 출처가 베레스였음에 따른 것이다.

키케로는 증거 수집을 위해 50일간 시칠리아에 머물고 베레스의 여러 가지 악행을 보여주는 확실한 증거를 찾아내 이것들을 제출했다. 그러나 베레스는 결심 전에 로마에서 달아난다. 그는 자주적으로 망명을 했다는 이유로 공갈로 손에 넣은 막대한 돈의 반환이 면제되고 재산을 한 푼도 잃는 일 없이 여생을 보냈다.

안찰관 취임

키케로는 베레스 재판이 있었던 이듬해인 B.C. 69년, 36세로 안찰관(aedilis)이 된다. 이것의 어원 아에데스(aedes)는 주택이나 신전이란 의미이다. 이 직책은 경기대회와 시장의 감독, 경찰의 기능도 지니고, 곡물공급의 임무—이것은 카이사르가 정한 것—를 맡았다. 임기는 1년, 인원수는 당초에 2명, 그러다가 4~6명이 되었다. 이 직책은 로마공화정이 세워질 당시에는 중요한 것이 아니어서 평민·빈민계급에 맡겨졌다. B.C. 366년, 안찰관에 평민층으로부터의 2명(평민 안찰관) 외에 정무관 출신자 즉 사회상층부의 2명이 추가되어 그 의의가 높아졌다.

법무관 취임

B.C. 66년, 40세인 키케로는 정무관 과정·영예의 계단에서 한 단계 위의 역직(役職)인 법무관(praetor)에 오른다. 이 역직의 어원 프라에오(praeeo)는 '앞으로 간다, 선두에 선다, 명령을 한다'는 뜻이다. 법무관과 집정관은 고위 공직이

고, 적격(適格) 최저연령이 법률로 정해져 있었다. 키케로는 가장 짧은 과정으로 이 지위에 올랐다. 임기 1년, 인원은 6~16명, 키케로의 시대에는 8명이었다. 키케로는 8명 중 수석으로 당선되었는데, 그의 담당은 공갈범죄였다. 임기 중 그가 의장 지위에서 시행한 유일한 재판은 정치가이자 역사가인 가이우스 리키니우스 마케르가 고소당한 사건이다.

폼페이우스(BC 106~BC 48)

키케로와 폼페이우스의 인연

법무관 시기에 키케로는 폼페이우스*⁶에게 접근했다. 키케로와 같은 나이인 폼페이우스는 그 자신이 뛰어난 군사적 재능에 더해 집정관을 지낸 아버지 폼페이우스 스트라보의 후광으로 단숨에 국가의 중추로 뛰어든 인물이다. 그는 통상의 출세과정, 즉 재무관, 안찰관, 법무관, 집정관으로 승진한 것은 아니었다. 마리우스와 술라 사이에 생긴 아집과 다툼 기간에 술라 쪽에 붙고 수많은 군사적 임무에서 무훈을 세웠다. 25세 때, 마그누스(위대한)란 칭호를 술라로부터 받았다. B.C. 70년, 36세로 그는 집정관이 된다.

폼페이우스는 B.C. 67년, 지중해와 로마 속주를 공포에 빠뜨려 로마의 교역을 위태롭게 하는 해적을 소탕할 절대 지휘권을 얻었다. 폼페이우스는 훌륭하게 해적을 단번에 없애 버렸다. 키케로는 원로원에서 이 대권부여에 찬성연설을 했다. 그가 찬성하는 이유로서 키케로의 출신인 기사계급이 로마 속주에 투자한 자본을 해적으로부터 지키려고 했다는 것을 말한다. 한편에서는 키케

---

*6 그나이우스 폼페이우스 마그누스, B.C. 106~B.C. 48

로가 집정관에 당선되기 위해 폼페이우스의 지원을 기대한 것이 그 이유라고 말하기도 한다. 다분히 이 두 가지가 섞여 있었을 것이다.

로마는 폼페이우스의 군사력에 매달리게 되고 로마에 집요하게 싸움을 걸고 있는 폰토스의 미트리다테스 6세에 대한 전쟁의 전권(수권법)까지도 부여했다.

키케로는 본디 '칼보다 말', '칼(군인)보다 문인'의 입장을 표방하고 있었다. 그 키케로가 폼페이우스라는 철저한 군인의 힘을 더욱 강화하는 수권법에 동의한 것은 앞서 말한 이유만이 아니다. 키케로는 장래에 이 군사적 천재의 힘에 의지하려고 한 것이 틀림없다. 또 나중에 설명하겠지만 키케로는 카이사르보다는 폼페이우스가 독재할 가능성이 적은 인물이라 여긴 것이다.

3 집정관 시대

집정관 선거

집정관(consul)은 정무관의 최고 지위, 국가의 수장(首長)이다. 콘술(consul)의 어원은 불확실한데 consulere(명사는 consusilium 협의, 숙고)라는 의견이 있다. 임기는 1년이고 인원수는 2명. 한 번 근무하면 원칙적으로 4년 동안 재선되지 않는다. 귀족 출신이 아닌 이른바 '신인'(호모노우스)이 이 계단을 오르는 유일한 무기는 인덕(人德)이고, 그것밖에 기댈 것이 없었다. 키케로는 마리우스, 대 카토 이래 오랜만에 귀족들의 틀을 깨고 당선했다. 한편 로마공화정 발족시의 최고 정무관(최고위 공직자)은 법무관이었다.

로마에는 관직을 뽑는 선출 모체가 3종류 있었다. 먼저 호민관은 10명으로 귀족은 입후보할 수 없고 평민에서만 선출되며 평민회의 투표로 결정된다. 평민회는 로마의 입법기관이기도 하다. 재무관과 안찰관은 트리부스 민회에 따라서 선출된다. 법무관과 집정관은 켄투리아 민회에서 선출된다. B.C. 287년에 생긴 호르텐시우스법은 평민회의 결정이 민회에서 채택된 법과 같은 법적 효력을 지닌 것으로 되어 있었기 때문에 로마의 법률은 평민의 힘으로 결정되는 비율이 컸다. 그러나 집정관이나 법무관을 지낸 자들이 종신의원이 되고 있는 원로원이 노리는 것이야말로 로마 국가의 중추적 정치력이고 또한 본래 안정의 기반이었다. 그와 동시에 키케로가 등장한 시대는 원로원의 힘이 약해져서 로마군에 뿌리를 내린 장군들에게 공화국이 잠식되었던 것은 숨길 수 없다.

선거전에 대한 동생의 조언

키케로의 집정관에 대한 도전이 '특별한 곤란과 특단(特段)의 호기를 지니고 있었다'는 것은 동생인 퀸투스가 기초한 《선거운동비망록》이 여실히 보여주고 있다. 이 책자는 키케로가 어떻게 로마의 많은 광범한 사회집단을, 더구나 중요한 집단을 자기편으로 끌어들이고 어떻게 경쟁자를 물리칠 수 있었는지에 대한 전술서(戰術書)였다. 이 책자 제1부에서 퀸투스는 키케로가 천부적인 웅변의 재능을 최대한 활용해 기사계급이나 이탈리아의 동맹제국(同盟諸國)—이들 나라의 국민들도 로마 국민이고, 선거권이 인정되고 있었다—이나 국민 저마다에게 이제까지 키케로가 정성을 다한 것에 대한 보상을 하도록 적극적으로 손을 써야 한다고 지적하고 있다.

그 제2부에서는 선거 캠페인을 치밀하게 전개하기 위해서는 친구들이 적극적으로 관여해줄 것과 민중 사이에서의 후보자의 인기를 잃지 않아야 한다고 역설한다. 그리고 동생은, 형의 진지함은 당선되는 날 실행할 수 없는 공수표를 발행하는 일 따위는 도저히 인정하지 않을 것이라고 탄식하고 있다. 그리고 동생은 이 책에서 형을 '호모 플라토닉스'(플라톤적 인간)라고 부르고 있다.

이와 같은 선거작전을 읽으면 그 무렵 로마의 정치는 인심을 사기 위해 수단을 가리지 않는 상황이었음을 알 수 있다. 선거전, 특히 집정관 선거에는 매수가 상례였다. 그것을 금하는 법은 몇 번이고 시행되기는 했지만 허점이 많았다.

이 선거전이 시작되는 B.C. 65년, 키케로는 지난날의 호민관 G. 코르넬리우스의 재판에서 변호를 담당했다. 이 재판의 진상은 바로 코르넬리우스가 임기 중에 원로원에 적대하는 법률을 밀어붙인 것에 대한 원로원의 계획된 복수극이었다. 그 무렵 코르넬리우스는 국가반역죄로 고발되었는데 키케로의 뛰어난 변호로 구출된 것이다. 키케로의 이 성공은 호민관의 지반인 평민계급을 자기 쪽으로 흡수하는데 도움이 되었다.

이 재판에서는 원로원의 대다수 의원이 키케로의 변설에 감명을 받아 전 호민관의 무죄에 투표를 했다. 즉 평민 측의 지지를 얻음으로써 원로원 귀족의 표가 빠져나가지는 않았다. 키케로는 변호를 맡았을 때부터 이것을 간파하고 있었다.

키케로와 카틸리나

키케로는 동생에게 보낸 편지 가운데서 선거의 전망을 언급하고 경쟁자로 지목해야 할 자의 이름을 들고 있다. 그들 가운데 한 사람, 키케로의 정치생명에 중대한 역할을 하는 카틸리나가 포함되어 있었다. 키케로보다 두 살 위의 영락귀족 출신인 카틸리나는 B.C. 68년에 법무관이 된 뒤, 바로 속주 아프리카 (오늘날의 튀니지)의 총독으로 부임했다. 그는 그곳에서 이전의 베레스보다 더한 파렴치한 수탈을 감행했다. 임기를 마치고 로마로 돌아간 그는 곧 기소된다. 이 재판이 그가 B.C. 64년의 집정관 선거에 입후보하는 것을 가로막은 것이다. 키케로는 카틸리나의 유죄, 그리고 B.C. 63년의 집정관 선거에도 후보자가 될 수 없음을 확신했다(잎, 예상은 빗나갔다). 키케로는 카틸리나를 위해 변호를 맡을 생각이 있음을 앞의 편지에서 암시하고 있다. 선거전술이 그 속에 있었다. 키케로는 선거전에서 카틸리나와 긴밀하게 연계하려는 생각을 한 것이다. 집정관의 자리는 두 개였다. 이 재판은 카틸리나의 무죄로 끝이 났다. 고소된 자도, 또 그 변호를 담당한 자들도 자신들에게 바람직하지 않은 재판관을 거부할 수 있다는 법률을 방패 삼아 카틸리나 쪽에서 재판을 뒤흔들었기 때문이다.

키케로는 카틸리나를 훨씬 전부터 잘 알고 있었던 것으로 생각된다. 카틸리나는 폼페이우스의 부친 폼페이우스 스트라보가 지휘하는 군대의 친위대원으로 B.C. 82년 술라에게 가담해 그의 살인에 앞잡이가 되었다. 카틸리나는 키케로 부친의 사촌 살해에도 가담했다. 앞의 《선거운동비망록》에는 카틸리나가 군인정치가인 마리우스의 동생을 매우 잔인한 방법으로 살해한 것이 보고되어 있다.

플라톤을 모든 철학자 가운데 가장 기품 있는 존재로서 숭배하는 키케로, 이른바 플라톤 신봉자인 키케로가 아무리 집정관 출셋길에 집념을 불태웠다 해도 이와 같은 카틸리나와 손잡을 생각을 잠시나마 했다는 것은 우리로서는 이해하기 힘든 일이다. 그러나 그 무렵의 로마 정계, 로마의 사회 그 자체가 몹시 추악했음을 이해할 필요가 있다. 그 무렵의 로마에서는 카틸리나형의 인물이어야 출세할 수 있었던 것이다. 플루타르코스가 전하는 바에 따르면, 이

때 집정관 입후보를 선언한 후보자는 키케로 말고 4명, 푸블리우스 스프리키우스 가르바, 루키우스 카시우스 롱기누스, 가이우스 안토니우스, 그리고 카틸리나였다. 그리고 키케로의 동생 퀸투스는 후자 두 사람이 버거운 상대임을 기술하고 있다. 이 판단은 옳았다. G. 안토니우스와 카틸리나는 선거제휴를 맺고 함께 당선을 노린다.

원로원의 유력의원들은 카틸리나의 부정한 성격, G. 안토니우스의 동요하기 쉬운 약한 성격이 집정관으로 알맞지 않다고 판단했다. 그리고 그들은 신인 키케로의 지지로 돌아섰다. 카틸리나와 G. 안토니우스는 너무나도 악랄하게 득표활동에 나섰기 때문에 원로원은 이를 금하는 엄한 법률을 통과시킬 결의를 했을 정도였다. 그러나 여기에는 호민관 한 사람이 이의를 제기해 실현하지 못했다.

키케로가 저술했으나 오늘날 사라진 《선거후보자의 연설》에는 카틸리나가 행한 마리우스 그라티디아누스 살해가 묘사된다. 카틸리나는 마리우스의 머리를 자신의 손으로 술라에게 내준 것으로 기술되어 있다. 그리고 키케로는 카틸리나와 G. 안토니우스의 전력(前歷)을 자세하게 깎아내린다.

이와 같은 키케로의 비난에 두 사람은 키케로는 신인에 지나지 않는다고 반론이 아닌 항변을 하는 수밖에 없었다. 이 연설문은 키케로가 자신이 당선될 것이라는 자신감을 갖고 있다는 것, 카틸리나는 로마의 유력자들, 원로원, 기사계급 그리고 평민들에게 지지를 얻지는 못할 것이라는 예측을 기술하고 있었다.

선거 결과, 키케로는 만장일치로 당선된다. G. 안토니우스는 카틸리나보다 잘 극복하고 키케로의 동료가 된다.

정무관직의 출발점인 재무관은 처음부터 28세가 최저연령으로 정해져 있었다. 다음의 관직으로 취임하려면 2년의 간격이 필요했다. 술라는 보다 엄격한 규정을 마련해 재무관은 30세, 법무관은 39세, 집정관은 42세를 저마다 최저도달 연령으로 했기 때문이다. 따라서 키케로는 42세에 집정관에 당선되었으므로 최단 시일에 영예의 정점에 도달한 셈이 된다.

집정관직에는 귀족이고 무훈이 혁혁한 자일지라도 수월하게 오를 수는 없었다. 퀸투스 카에키리우스 메테르스 마케도니쿠스는 B.C. 146년 마케도니아를 격파하고 개선의 영예를 안았다. 그럼에도 집정관 선거에 두 번 패하고, 세 번째 도전에서 가까스로 이 지위를 얻었다. 그러므로 기사계급 출신의 키케로가 한 번의 출마로 꿈을 이룩한 것은 대단한 일이었다.

키케로의 강점

한편 키케로가 보통 정치가가 아니었음은 다음에서 엿볼 수 있다. 그는 집정관에 취임하기 직전, 또 하나의 책략을 찾았다. B.C. 123년, 가이우스 그라쿠스라는 혁명적 정치가가 호민관일 때에 생긴 법률이 있었다. 그것은 원로원에 대해서 선거 전에 다음 연도의 집정관이 임기만료 후에 총독으로 부임할 속주를 정할 것을 명한 법률이다. 물론 속주는 둘이 아니고 많이 있었기 때문에 법무관도 임기 종료 되면 속주총독이 되었다. 키케로 임기 중의 집정관에게는 이쪽의 갈리아—상부 이탈리아, 이곳은 B.C. 41년부터 속주에서 로마국으로 편입된다—와 마케도니아가 주어졌다. 그리고 추첨으로 키케로에게는 마케도니아 부임이 결정되었다. 총독으로서 통치했을 경우, 마케도니아 쪽이 훨씬 실익이 많다. 즉 마케도니아에서 한밑천 잡을 수 있는 것은 누구에게나 명확한 일이었다. 그러므로 G. 안토니우스가 카틸리나와의 인연을 끊고 키케로 의 시책에 찬동하는 것이 불가피하게 되도록 일을 꾸민 것이다. 그러나 키케로는 이쪽의 갈리아 총독이 되는 것을 다음에 기술하는 말로 곧 철회했다.

집정관으로서의 업적

키케로는 뒤에(B.C. 55년) 자신의 집정관 시절을 뒤돌아보고 국가의 위기에 자신이 어떻게 의연하게 대처했는지를 이렇게 엮고 있다(《피소반론》).

나는 국가반역죄로 고발된 가이우스 라비리우스를 변호하여 성공했다. ……나는 동료 안토니우스가 하나의 속주에 집착해 많은 정치적 책동에 가담했지만 인내와 타협으로 그를 끌어들였다. 나는 안토니우스와 교환해 획득한 이쪽의 갈리아를 공적 집회에서 국민의 항의에도 불구하고 거부했다. 그것은 모든 정치적 사정이 내가 이를 거부하게 했기 때문이다. 나는 은밀하게 한 것이 아니고 공개적으로 원로원의 근절과 국가의 몰락을 준비한 루키아스 카틸리나에게 국가에서 물러갈 것을 요청했다. ……나는 집정관직 마지막 달에 모반자들(카틸리나 일당을 말함)의 혐오스러운 손에서 국민의 목을 향해 빼들고 있는 무기를 그에게서 빼앗았다. 나는 1월 1일(집정관 취임일)에 원로원과 법의 모든 것에 충실한 사람들을 이민법과 방대한 공적비용 분배에 대한 공포*⁷로부터 구했다. 나는 출신성분이 좋은 유능한 젊은이가 정무에 임했을 때 로마의 국제(國制)를 소홀히 하지 않도록 설득했다.

라이벌 카이사르

키케로가 집정관으로 있을 때는, 카이사르의 정치적 상승이 확실한 양상을 띤 시대이기도 하다. 로마공화국 말기는 카이사르와 키케로 둘의 대결과 화해가 중심이 되었다. 확실히 키케로는 카이사르 없이는 정치가로 계속 있을 수 없었던 것도 사실이고, 카이사르의 독재지향이 있었기 때문에 그것에 대한 대항으로서 자신의 정치철학을 형성할 수 있었다. 호메로스, 키케로, 플라톤, 카이사르 등 네 사람이 유럽정신의 주도자이다.

키케로는 집정관으로서 카이사르의 원로원 귀족정치에 대한 공격을 방어하는 것에 중심을 두었다. 둘의 연관에 대해서는 나중에 상세하게 언급하기로 하고 여기에서는 먼저 카이사르의 출신을 이야기하겠다.

키케로보다 여섯 살 아래인 카이사르(B.C. 100~B.C. 44년)는 로마의 혈통귀족 출신이고, 그 가계는 로마 건국 이래 오랜 것이었다. 부친은 법무관으로 있었으나 조부에 대해서는 확실치 않다. 먼 친척인 L. J. 카이사르는 B.C. 64년 집정관을 지냈다.

카이사르의 청년 시절은—키케로와 조금 겹치는데—마리우스와 술라 사이에서 펼쳐진 내란(시민전쟁) 시기이다. 카이사르의 숙모 율리아는 마리우스와 결혼하고 카이사르 자신은 16세 때 그 무렵의 권력자 킨나의 딸 코르넬리아와 결혼한다. 이와 같은 가계로 볼 때 카이사르는 원로원 귀족파에 속하는데, 그의 독재에 대한 야망은 원로원과의 관계를 밀접하게 하는 것으로는 실현하지 못했다.

카이사르는 정계에서 활약하려고 했을 때 자기보다 여섯 살 위인 폼페이우스의 지원에 의존하려고 했다. 나중에 폼페이우스는 아내를 잃자 카이사르의 딸 율리아의 남편이 되었다. 게다가 카이사르는 열다섯 살 위인 크라수스라는

---

*7 카이사르의 책동과 그 파문.

로마 제일의 대부호와 자주 손을 잡는다. 카이사르와 크라수스는 둘이서 실제적으로 정치를 도맡아 관리하기 위해 G. 안토니우스와 카틸리나를 이용할 계획을 세웠다.

카이사르가 갈리아를 무대로 해서 국토의 확대를 지향한 것은 민중을 흥분하게 했다. 그것은 민중이 오랜 문화를 자랑하는 그리스나 아시아에 대해서는 하나의 콤플렉스에 의한 반발심을 가지고 있었기 때문이다. 민중은 카이사르 지지를 언제나 크게 외쳤는데, 사실 민중의 목소리는 카이사르의 목소리였다.

키케로에 대해서 카이사르와 크라수스는 공동전선을 짠다. 두 사람의 원로원 지배 약체화를 위한 공격이 격화하고 잦아진다. 그러나 이 두 사람의 기도가 잠시나마 좌절되었던 것은 오로지 키케로의 힘에 따른 것이다. 하지만 카이사르의 상승기운을 막는 것은 키케로로서는 불가능한 일이었다. 다시 말해서 이것은 역사의 필연(필연적 추세)이고 그 기세는 한 개인의 무서운 노력으로도 바꿀 수 없었다.

카이사르는 키케로가 집정관일 때 최고 제사장의 지위에 올랐다. 이 지위는 로마 신관의 최고 직위이다. 이 직위에 오른 자의 신체는 누구도 (집정관이나 독재자라도) 손을 댈 수 없었다. 또한 한 번 선출되면 평생 그 직위를 유지했다. 최고 제사장은 본디 로마 정사(正史)의 연대기 집필의 임무도 맡았다.

카이사르는 두려울 정도로 노련하고 교활한 자였다. 그는 정치적 책동의 표면에 절대 나서지 않고 길들인 자들에게 주요 행동을 하도록 하고 자신은 뒤에서 기다리는 방법을 썼다. 그렇게하면 기도(企圖)가 좌절되더라도 자신의 명성에 상처를 입히지 않아도 되기 때문이다. 즉 커다란 위험을 무릅쓰지 않고도 하나의 정치행동을 밀어붙일 수 있기 때문이다. 그러므로 로마는 카이사르와 함께 깊은 흑막을 지니고, 또한 이중으로 가려지게 되었다. 카이사르의 정치적 의도가 발동하기 시작한 이래 로마의 정치는 표면적으로는 몇 사람의 정치가가 등장하고 모습을 감추는 교대극이 되었는데, 언제나 그 배후에는 원로원을 무력화하려는 카이사르의 불굴의 결의가 작용했던 것이다.

카이사르와의 최초의 싸움

키케로는 집정관 재임 중 12회의 연설을 했다. 그 가운데 하나, 이민법(移民法)에 대한 그의 반대주장을 여기에서 다루어 본다.

이민법이란 국고에서 부유한 토지소유자로부터 토지를 매입해 국민에게 부여하는 것을 약속하는 법이다. 이 법의 배후에 카이사르가 있었다. 그의 깊은 생각은 아이를 기르는 고참병들에게 이제까지의 오랜 군 경력에 대한 포상으로서 정착지를 분배하는 데 있었다. 본래 귀환한 고참병은 집이 없는 이가 대다수였다.

이 법안은 B.C. 63년, 한 호민관이 제안했다. 그리고 토지를 빈곤한 국민에게 나누어준다는 것은 그라쿠스 형제가 법안화했

카이사르(BC 100~BC 44)

다. 이른바 '그라쿠스의 개혁'이다. 당연히 국유지 관리나 사용의 기득권을 누리고 있는 부유한 자들, 귀족, 기사계급, 원로원 의원들은 맹렬히 반대해 결속을 다진다.

이 이민법은 명백히 인기를 얻기 위한 것 이외에 아무것도 아니어서 재정적 뒷받침에 커다란 문제가 되었다. 이 법안의 철회를 위해 단호하게 맞선 키케로는 반대연설에서 이 법안의 이면에 숨겨진 카이사르의 진정한 의도와 그 밑바탕에 싹트고 있는 공포를 정면으로 폭로하기 시작했다.

키케로는 이민법에 대한 반대연설에서 아래와 같이 말했다. 이 법안을 가결하면 10인위원회가 법안의 실시를 매듭짓게 된다. 더구나 이 위원들은 무제한의 권한을 지닌다. B.C. 64년에 폼페이우스는 시리아를 정복하고, B.C. 63년에 비티니아 폰토스와 시리아가 로마 속주로 포함되었는데, 이 전권 10인위원회는 온 이탈리아와 로마에 편입된 이러한 영토에 대해서 그곳의 국유지를 팔거나,

주민을 자신들의 판단으로 재판에 회부하거나, 국외로 추방할 권한을 갖고 있다. 게다가 새롭게 식민도시를 만들어 국고에서 돈을 꺼내고, 필요한 만큼 군대를 소집해 양성할 수도 있었다.

토지의 배분에 의해서 인민의 생활을 풍요롭게 한다는 이 법안은 실은(카이사르가) 독재정치를 시행하기 위한 수단이고, 민중파를 가장한 제안이지만 실제로는 반민중적이라는 것, 이를 막는 자신이야말로 진정한 인민의 벗이라고 키케로는 열변을 토했다. 그는 멋지게 승리한다. 호민관은 이 법안의 표결을 단념했다. 처음부터 이와 같이 큰 개혁 법안을 단순히 키케로의 열변만으로 폐기하는 것은 불가능했다. 키케로는 동료집정관을 이용했다. 즉 G. 안토니우스는 자신도 이 10인 위원회의 일원이 될 생각이었는데, 속주총독으로 부임하기로 된 상부 이탈리아를 키케로에 의해서 실익이 있는 마케도니아와 교환하는 조건으로 이 안을 폐기하는데 협력한 것이다. 그럼에도 교환은 취소되었다.

이 법안은 그 뒤, 4년 동안 미루어졌다. 그러나 B.C. 59년 카이사르가 집정관이 되자 실시되고 만다. 카이사르가 주름잡는 로마 정치의 진행은 이제 아무도 막을 수 없었다.

카틸리나의 음모

집정관 키케로가 맞닥뜨린 가장 큰 사건은 카틸리나 일당의 국가전복음모이다. 이 카틸리나가 키케로와 함께 집정관 선거에 출마해 패배한 것은 이미 언급했는데, 그는 B.C. 62년의 선거에서도 고배를 마셨다. 카틸리나는 정당한 방도로는 앞으로도 집정관에 당선되지 못할 것을 깨닫고 군사력을 동원해 국가의 중추를 장악하려고 했다. 그는 이른바 민중파를 가장해 채무의 변상을 공약으로 내걸었다. 빚 때문에 자유롭지 못했던 카이사르도 그의 지원자였다. 그러나 카이사르는 카틸리나의 음모에는 가담하지 않았다.

그를 중심으로 서약을 한 일당은 그들도 한몫하고 있었던 앞의 10인위원회 설치의 야망이, 키케로의 웅변과 그의 G. 안토니우스의 회유로 물거품이 되자 한동안은 의기소침해 있었다. 그러나 그들은 곧바로 되살아났다. 그리고 그들은 로마와 이웃 적국과의 싸움에 총지휘를 했던 폼페이우스가 귀국하기 전에 대담한 행동을 취하려고 했다. 그들의 움직임 가운데서 큰 힘이 된 것은 술라가 육성한 군대였다.

술라

술라는 처음에 G. 마리우스
가 총지휘를 하는 싸움을 몇
번이나 승리로 이끌었다. 마리
우스는 병제(兵制)의 대개혁을
단행하고 종전까지 농민 중심
이었던 군을, 빈민으로부터의
지원병을 중심으로 해서 크게
재편성했다. 이것은 로마군이
게르만인과의 싸움에서 몇 번
씩 패퇴한 데 대한 반성에 따
른 것이다. 이윽고 양자는 반
목해 서로 살상하기 시작했다.

B.C. 91~B.C. 87년까지 로
마와 로마동맹시 사이에서 벌
어진 동맹시전쟁은 B.C. 84년
이탈리아로 침공한 술라가 지

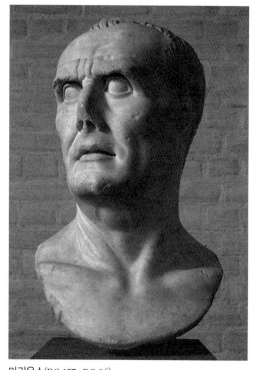

마리우스(BC 157~BC 86)

난날의 상관 마리우스와의 싸움을 내란으로까지 확대했다. 싸움은 술라 측의
압승으로 끝나자 곧바로 마리우스파에 대한 대숙청이 시작되었다. 이 B.C. 80
년대에는 24명의 집정관 경험자, 60명의 법무관 경험자, 200명의 원로원 의원들
이 살해되었다.

그동안 로마는 마리우스, 술라, 그리고 킨나의 권력투쟁에 따른 엄청난 내
란의 소용돌이 속으로 빠져들었다. 술라는 마리우스를 타도해 원로원을 자기
에게 편리하게 개혁하고 일련의 반동입법을 강행해, 그 전례나 규칙 등을 새로
운 집정관에게 맹세하게 한 다음 폰토스 왕 미트리다테스 토벌에 나섰다. 새
집정관 가운데 한 사람이 킨나였다. 킨나는 술라가 B.C. 88년에 집정관을 지낸
뒤, B.C. 87년부터 4년 연속으로 집정관이 되었다. 그는 술라의 보수적 자세와
결별하고 민중파의 시책을 택했다. 그 때문에 동료 집정관 G. 옥타비우스에게
공격을 받고 쫓기는 몸이 되어 로마를 탈출하기에 이른다. 그러나 킨나는 반격
하여 다시 로마로 되돌아온다. B.C. 86년부터 3년간은 '킨나의 시대'로 일컬어

지고 로마는 평화로운 시기를 맞이한다. B.C. 84년, 그가 군단의 병사에게 살해된 뒤, 술라는 미트리다테스 전쟁을 끝내고 이탈리아로 진격해 거듭 최고 권력을 장악한다. 독재관이 된 그가 행한 숙청은 앞서 말한 바와 같이 정치의 중추에 있었던 자, 현직에 있는 자를 대부분 표적으로 삼았다.

술라는 B.C. 82~B.C. 79년 독재관이 되었다. 이 관직은 국가 비상사태에 임해서 원로원의 제안에 따라 집정관에서 임명되는 것이고 최대한 6개월 동안 군사와 사법의 전권을 차지하는 것이었다. 이 제도는 B.C. 500년인가 B.C. 499년에 생긴 것인데 공화국 로마가 된 뒤, 10년째에 T. 라루키우스가 최초의 독재관이 되었다. B.C. 202년 이후에 이 지위에 오른 자는 아무도 없었다. 술라는 원로원의 권력이 줄어들자 다시 원로원을 되살리는 원로원 개혁을 주장하고, 그 개혁을 위해서는 자신이 독재관이 될 필요가 있다고 호소했다. '공화국(국가)을 회복하기 위한 독재관'이 중요함을 역설해 술라의 야망은 실현된 것이다. 술라는 원로원 의원의 수를 배로 늘려 600명으로 했다. 이 포고로 가계에 하급정무관밖에 없었던 기사계급의 신인들이 다수 원로원 의원이 되는 영예를 안게 되었다.

이 무인은 싸움에만 능할 뿐만 아니라 아리스토텔레스가 창설한 리케이온의 장서를 아페리콘이라는 장서가로부터 매입해 로마로 가져온 것으로도 알려진다. 이 가운데에는 아리스토텔레스의 강의초고와 논문이 많이 포함되어 있었다. 이런 것들을 나중에(B.C. 1세기 후반) 로도스의 안드로니코스가 편집하여 아리스토텔레스 저작집으로써 세상에 널리 퍼진 것이다. 이것은 오로지 술라의 공적이다.

한편 독재관이란 라틴어 dictator는 '발언한다'(dicere)에 유래하고, 또 이 동사에는 '판결하다'라는 의미가 있다. '그 발언(dictio)의 본디의 뜻은 법률이 되는 자'이다.

카틸리나 일당과 술라의 군대

술라의 군대는 술라의 죽음(B.C. 78년) 이후에도 이탈리아 전 국토에 잠복해 있었다. 그 가운데서 가장 전투적인 무리는 에트루리아의 도시들에 뿌리를 내리고 있었다. 그들의 수령이 술라 휘하에 종군해 명성을 올리던 카틸리나였다. 카틸리나는 다시 집정관에 출마하려고 했고, 그 군대들도 선거에서 한몫하기 위해 거의 모두 로마로 나아갔다. 키케로는 카틸리나의 의도가 자신의 실추에 있음을 알아차리고 차기 집정관의 선거일을 늦추게 한 다음 그를 원로원으로 불렀다. 카틸리나에 대해서 보고되고 있는 일들을 심문하기 위해서이다.

원로원에서 카틸리나는 키케로에게 '이곳에는 두 몸이 있는데 한쪽은 마르고 지쳐 있지만 머리가 있다. 또 다른 한쪽은 머리는 없는데 몸집은 튼튼하고 크다. 이쪽에 내가 머리를 붙이려고 하는 것이 왜 나쁜가'라고 반론을 한다. '머리가 없는 큰 몸'은 원로원과 민중을 말한다.

카틸리나는 한 줌의 벼락 귀족과 거대한 빈민층에 로마가 '계급대립'으로 분열되고 있는 것을 비판한다. 이 발언은 그 자체로서는 올바르다. 왜냐하면 그 무렵 로마의 부가 치우쳐 분배되는 것을 호소하고 있기 때문이다. 또한 이 사내는 민중선동자이고 무엇보다 유래가 있는 귀족이기도 했다.

키케로는 카틸리나의 자신감 넘치는 반론에 놀라 신변의 위험을 느꼈다. 키케로의 지지자들은 선거가 치루어지는 마르스의 들판에까지 갑옷을 입은 키케로를 호위했다. 키케로는 내의를 느슨하게 해 흉갑을 입고 있음을 민중에게 보여주어 자신의 위험을 알렸다.

투표의 결과는 또 카틸리나의 낙선이었다. 다음 연도의 집정관에는 시라누스와 무레나가 당선했다. 카틸리나 일당은 이 수괴의 낙선을 궐기할 시기로 받아들였다. 에트루리아에서 대기하던 카틸리나파의 병사들은 부대를 정비하고 로마로 떠나려고 했다.

키케로, 음모를 알다

키케로가 카틸리나 일당의 반란이 임박했음을 안 것은 다음과 같은 경위에서다. 로마에서 손꼽히는 유력자들이 한밤중에 키케로의 저택을 방문해 키케로를 깨웠다. 그 가운데 M. 크라수스의 말에 따르면 그가 저녁 식사 뒤에 받은 여러 편지 가운데 발신인이 불확실한 편지가 있었다. 그 내용은 카틸리나가 대학살을 시행할 것이므로 몰래 로마에서 탈출하도록 권하는 것이었다. 그래서 크라수스는 다른 자들과 함께 키케로에게 달려온 것이다.

이 크라수스는 카이사르, 폼페이우스와 삼두 지배를 꾀한 인물일 뿐 아니라 카이사르와 함께 카틸리나의 후원자이므로 카틸리나가 집정관으로 당선되기를 바라고 있었다. 그런 그가 왜 카틸리나의 음모를 키케로에게 알렸을까. 언뜻 보기에는 키케로를 걸려들게 하려는 책동일지도 모른다고 생각된다. 그러나 카틸리나가 두 번의 집정관 선거에서 고배를 마시고 크라수스에게 이제 아무런 이용가치가 없는 사람이 되었기 때문에 이런 행동을 했을 것이다. 하지만 이 사건은 기묘하고도 섬뜩함을 감돌게 했으며 오늘날까지도 그 사건의 진상은 분명하게 밝혀지지 않고 있다.

키케로는 날이 밝기를 기다려 원로원을 소집했다. 그리고 크라수스에게서 받은 여러 사람이 보낸 편지를 발신인들에게 건네고 낭독하도록 명했다. 그런데 어느 편지든 그 일당의 음모가 씌어져 있었다.

게다가 법무관 대우의 Q. 아리우스가 에트루리아에서 군대들의 불온한 움직임, 즉 부대편성을 하고 있음을 보고했다. 그뿐만 아니라 많은 수의 군대가 에트루리아의 도시들을 이동해 로마로부터의 명령을 기다리고 있다는 정보를 제시했다.

비상대권을 장악한 키케로

그것으로 원로원은 국가존망의 긴급사태가 발생하고 있음을 인정하지 않을 수 없게 되었다. 원로원은 이대로 논의를 계속해 합의적 판단을 얻는 것을 멈추고 집정관에게 원로원 최종결의—비상대권(非常大權)—를 부여하도록 결의했다. 집정관은 두 사람이 있는데, 실력자 키케로가 이 전권을 실질적으로 맡게 되었다. G. 안토니우스는 키케로의 동조자에 지나지 않았다. 키케로는 로마시의 치안을 지키기 위해 키케로의 가계와 비호관계에 있는 도시의 사내들을 로마로 불러 그 임무를 맡게 했다.

키케로가 비상대권을 장악한 것이 카틸리나가 망설임 없이 그 야망의 결행을 하도록 다그치게 되었다. 그는 마리우스가 길러온 군대에게로 향할 것을 결의했다. 그리고 그는 일당인 마르키우스와 케니구스에게 키케로의 집으로 찾아가 인사를 하는 척 행동하고 키케로를 안심시킨 다음 덤벼들어 살해하도록 지시했다. 그러나 후르비아라는 이름의 상류층 부인이 그 전날 밤에 이런 움직임을 키케로에게 전했기 때문에 키케로는 재난을 피할 수가 있었다. 이 여성과 키케로의 관계는 확실하지 않다.

키케로는 바로 집을 나서 주피터 신전에서 원로원을 소집했다. 카틸리나도 동료와 함께 참석해 변명하려고 했다. 어느 누구도 그 해명에 귀를 기울이지 않고 퇴장하고 말았다. 카틸리나가 입을 열자마자 건물 주위에 모여 있었던 민중들이 소란을 피우기 시작했다. 그러자 키케로는 일어나 카틸리나에게 도시에서 떠나도록 명했다. 그때 키케로가 했던 명대사가 있다.

왜냐하면 나는 언어로, 그대는 무기로 정치를 하고 있는 것이므로 어떻게든 그 사이에 이 도시의 성벽이 필요한 것이다(《플루타르코스》 영웅전—키케로).

음모의 발각

카틸리나 일당이 가장 두려워하던 것은 폼페이우스가 대원정에서 돌아오는 것이었다. 그 소문이 로마에 널리 퍼졌다. 그래서 그들은 사투르날리아의 축제—농업의 신 주피터의 아버지 사투르날리아의 축제. 12월 19일 하루만 개최—의 하룻밤을 결행의 날로 정하고, 무기, 마대 조각, 유황을 동료들 집으로 옮겼다. 그리고 로마시의 100곳에 100명을 배치하고 불을 질러 로마시를 불타게 하고 수도관을 폐쇄해 물을 나르는 사람들을 죽일 계획도 세웠다.

그런데 플루타르코스가 기술한 바에 따르면, 갈리아의 한 부족인 알로브로게스의 두 사절이 로마에 머물고 있었다. 카틸리나 일당의 중심인물 렌툴루스가 갈리아 전체를 동요시켜 자기편으로 붙이기 위해 이 둘을 동료로 끌어들였다. 그리고 그들에게 그 나라의 중심인물들 앞으로 갈 문서와 카틸리나 앞으로 갈 문서를 맡겼다. 두 나라의 정치가 앞으로 가는 문서는 그 나라의 자유를 약속하는 문구가 쓰여 있고, 카틸리나 앞의 문서는 노예를 해방해 그들과도 함께 로마에 진군하도록 호소했다.

이 두 사절에게는 크로톤 인과 티투스 인을 동반하게 했다. 렌툴루스의 동료에게는 실은 동료인 척하고 이 음모 전체를 키케로 측에 통고하는 자들도 함께 있었다. 키케로는 그들로부터 보고를 받자 티투스를 알로브로스게스 사절의 협력 아래 모두 체포했다.

날이 밝자 키케로는 원로원을 소집했다. 거기에서 앞의 보고를 뒷받침하는 여러 증언을 얻을 수 있었다. 케니구스의 집에 많은 무기가 모아져 있다는 것과 집정관 두 명과 법무관들이 살해될 것이라는 것을 이 케니구스에게 들었다고 한 원로원 의원이 보고했다. 그러자 렌툴루스, 케니구스, 가비니우스, 스타티리우스와 카에파리우스 등은 모의를 자백했다. 서명에는 카시우스도 가담하고 있었는데 마침 그날 로마에 없었기 때문에 체포되지 않았다.

키케로의 대응

키케로는 카틸리나 일당을 곧바로 엄벌에 처하려고 하지는 않았다. 그러나 그 뒤, 바로 키케로가 강경한 자세로 나오게 된 것은 플루타르코스에 의하면 아내 테렌티아의 조종에 따른 것으로 알려져 있다. 확실히 테렌티아는 가정에서 주인을 지키는 다소곳한 여성은 아니었다. 아내는 이 사건에서도 마음이 약해지기 쉬운 키케로에게 강한 태도를 취하도록 촉구했다. 테렌티아는 명예심이 강한 여성이고 남편과 집안일에 대해서 이야기하기보다는 정치적인 일로 남편을 걱정하는 유형의 여성이었다.

다섯 사람의 체포자에 대한 처우를 어떻게 할 것인가에 대해서 12월 5일에 원로원에서 토의가 이루어졌다. 원로원은 B.C. 63년 여름 카틸리나가 에트루리아에서 병력을 징집했을 때(이것이 카틸리나의 제1차 음모이다), 원로원 최종결의를 통해서 두 집정관에게 국가방위를 위한 일체의 필요한 조치를 취할 권한을 부여했었다. 확실히 한쪽에서는 이 대권에 대해서 국민으로부터 반론이나 이의가 제기되기도 했다. 집정관이 국가 구제를 위한 최저 필요한도—그러나 그 구분은 간단하지 않다—를 넘은 조치와 행동을 한 것으로 뒷날 간주되면 임기 종료 후 재판에 회부되었다. 이것이 마음에 걸려 본디 성격이 유약했던 키케로는 5명의 모의자 처치에 고심했을 것이다. 훗날 루소는, 독재관의 임명으로써 로마는 이 사건에 임했어야만 했다고 말한다.

원로원 의원의 연설과 키케로의 망설임

12월 5일의 원로원에서는 17명의 가장 뛰어난 의원—그 내역은 이듬해 B.C. 62년, 집정관에 선출되고 있는 두 사람과 법무관 1명, 그리고 14명의 집정관 경험자—이 먼저 연설을 하고 전원이 극형을 주장했다.

다음으로 카이사르가 연단에 올랐다. 그는 감동으로 가득 찬 연설에서, 다수 의견이 관철되는 경우에는 의식 아래 꿈틀거리는 협박만이 커지고 있음에 지나지 않는다고 말하고, 극형이 아닌 재산몰수와 그에 더해 종신금고를 제안한다. 사실 이 온정적 발언은 빚투성이었던 카이사르의 개인적 사정 때문이었다. 그는 카틸리나의 선거공약인 빚 탕감의 혜택을 받을 생각으로 이 일파를 몰래 지원했던 것이다. 카이사르의 금고지기 크라수스도 사정은 마찬가지였다.

다음으로 키케로가 연설을 한다. 그는 예의 그 유약함을 드러내 극형을 주장한 의원들에게도, 종신금고형을 제안한 카이사르에게도 일리가 있다는 이도저도 아닌 발언을 한다. 만일 그가 극형을 주장한 편을 들어 그 형벌을 실행하면 다수의 적을 만들게 된다. 키케로는 이와 같은 상황에 빠지고 싶지 않았던 것이다. 본래 로마 원

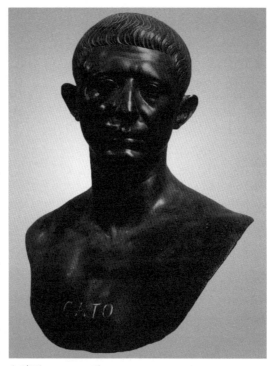

소 카토(BC 95~BC 46)

로원 의원의 최고형벌은 종신금고가 한도이고 사형을 부과하는 것은 통상이 아니었던 것도 키케로가 망설인 이유였다.

마지막으로 M.P. 카토—그의 증조부는 집정관을 지낸 스토아파의 철인 카토이다. 증조부는 대 카토, 그는 소 카토로 불린다—가 등장한다. 그가 주장하는 뼈대는 카이사르의 인도적인 호소가 정치적 풍자에 지나지 않는다는 것이다. 그는 계속 말했다. 카이사르는 카틸리나 일당에 가담하고 있으며 적어도 동정하고 있다는 것이다. 이 연설은 카이사르의 연설에 종신금고형으로 마음이 기울고 있었던 원로원 의원들에게 터뜨린 카토의 격렬한 분노였다. 유예를 두지 않는 사형을 부과하는 것이 국가의 유일한 구제라고 말하는 카토의 이 명연설에 원로원의 마음이 움직여 5명에 대한 사형이 확정되었다. 다만 카이사르의 의견의 일부도 통과되어 5명은 재산몰수만은 면했다. 카토의 반(反)카이사르 연설은 카토와 카이사르의 갈등의 골을 더욱 깊게 했다. 두 사람의 대립은 키케로와 M. 안토니우스 사이의 대립과 같은 맥락이다.

키케로는 원로원 전체의 동향이 카토의 제안에 따라 찬성으로 바뀐 것을 확인하고 5명의 음모서약자를 한 사람 한 사람 감옥에서 내보내 사형을 집행하게 했다. 이 모의에 가담한 다른 자들은 시민집회에 참가하고 있었기 때문에 이런 상황을 몰랐다. 그래서 그들은 5명을 탈환할 수 있을 것으로 생각해 밤이 되기를 기다렸다. 이를 보고 키케로는 이들에게 '그들은 살았다'고 말했다. 로마에서는 '죽었다'는 불길한 말 대신에 이렇게 말하는 것이 일반적이었다. 키케로가 카틸리나 일당을 극형에 처한 의연한 태도에 대해서 플루타르코스는 이렇게 상찬한다.

위대한 힘과 지혜가 일종의 행운에 의해서 정의와 결부되어 하나로 될 때 국가의 불행은 끝난다.

'조국의 아버지' 키케로

그 시대에 가장 명망이 있었던 원로원 의원 카툴루스는 키케로를 '조국의 아버지'라고 불렀다.[8] 또 플루타르코스는 '조국의 아버지'란 호칭은 카토(소 카토)가 붙였고 원로원의 투표에 따라 키케로는 이 호칭으로 불리었다고 말하고 있다. 이 호칭을 받은 것은 로마 정계에서 키케로가 최초였다(두 법뻬갈 카이사르). 원로원은 키케로의 이 영웅적 결단과 그 일의 수행에 대해서 이제까지 군사적 대승리에만 개최했던 개선 의식인 신들에 대한 감사제까지 열어 구국자 키케로에게 감사를 표시했다.

키케로는 B.C. 61년에 친구 아티쿠스에게 보낸 편지 가운데서 '나는 국가가 신의 지혜에 의해서 구원되었다고 생각하는데, 그대는 국가가 나의 지혜에 의해서 구원된 것으로 생각하고 있다' 기술하고 있다.

키케로가 내린 결단의 파문

그러나 자신의 과감한 결단이 가져온 이 위대한 성공은 여러 관점에서 키케로의 그 뒤, 정치가로서의 인생을 실망과 위험과 고뇌와 패배로 채우게 된다. 키케로가 취한 조치는 그 무렵에는 크게 상찬의 대상이 되었지만, 그 뒤로 이

---

[8] 다른 집정관 G. 안토니우스는 키케로에게 완전히 압도되어 키케로의 방침에 항거하는 일은 없었다.

조치가 지나쳤다는 목소리가 로마에서 크게 확산되었다. 인간 세상, 특히 정치 세계에서 배은망덕한 일은 늘 있게 마련이다. 은밀하게 이 운동을 일으켜 민중을 부추기고 있었던 인물은 이듬해의 법무관 예정자 카이사르, 호민관 예정자 메텔루스와 베스티아였다. B.C. 62년 1월 1일, 원로원 회의에서 메텔루스는 키케로의 조치를 공격하는 연설을 했다.

다른 한편 키케로에게 튀는 불똥을 없애는 데 어느 정도 성공한 것이 호민관 예정자인 카토였다. 카토는 원로원의 중진이고 키케로를 위한 카토의 변호는 크게 힘이 되었다.

그런데 카틸리나파 5명의 사형집행에 대해서 보충하자면, 키케로가 원로원 최종결의에 따라서 즉각 처벌에 나선 것은 이미 기술한 대로이다. 그가 결국 결의를 하고 사형을 집행한 것은 이 일파에 동조해 반란의 불길이 로마의 곳곳에서 치솟을 것을 두려워했기 때문이다. 실제로 카틸리나 일파가 그 무렵 원로원 중심의 정치에 대한 불만분자를 규합하는 움직임이, 또 그것에만 머물지 않고 로마 시민을 개혁의 공약으로 지지층에 끌어들이는 움직임이 심상치 않은 속도로 진행되고 있었던 것이다. 그러나 5명의 사형에 대해서 그들이 실제로 무장을 하고 있었던 것도, 또 군대를 대기시켜 그 지휘를 하려고 했던 것도 아니었기 때문에 이 사형집행을 정당화할 수 있느냐의 여부에 대해서 안 된다는 의견도 한편에서는 유력하기도 했다.

본래 원로원의 결의는 법정판결이 아니다. 그것은 원로원 회의의 사회를 보는 집정관에 대한 권고에 지나지 않는다. 물론 이 권고 내용은 국가의 적·공적(公敵)으로 선고된 자는 재판에 회부함이 없이 집정관은 사형에 처할 수 있다는 것이었다. 그러나 이 5명은 이미 구류되었고 그들이 무장 집단을 동원해 로마를 혼란에 빠뜨릴 위험성은 없었다. 확실히 원로원의 최종 결의는 그들을 구속하기 전에 나와 있었다. 그러나 무장하고 있지 않은 모의자에게 사형을 집행한 것은 이미 사전에 모반이 저지되고 말았기 때문에 그 정당성에 의문이 제기된 것이다.

이 의문에도 법적 근거가 없다고는 말할 수 없다. 로마에는 셈프로니우스법이란 것이 있고, 이에 따르면 5명의 반란 주모자들에게도 법정에서의 소송수단을 요구할 권리가 있었다. 키케로가 집정관의 비상 대권을 행사해 셈프로니우스법을 유린했다는 비난은 사건 처리 뒤에 곧바로 분출해 단기간에 그 기세가 거세어져 갔다.

키케로의 반론

이에 대한 키케로의 반론은 다음과 같다.

로마 국민을 재판에 회부하지 않고 극형에 처해서는 안 된다는 셈프로니우스법은 국가의 적(공적)에게는 적용되지 않는다. 더구나 이 5명은 단순한 공적이 아닌 '잠재적인 공적'이라고 해야 할 자들이다. 5명은 겉으로 보기엔 법을 지켜 국가의 공화정에 동조하는 척 거리를 활보하지만 그들의 이 가식 이면에는 단호한 국가 전복의 의도가 숨겨져 있다. 공적은 국민에게는 해당하지 않는다. 그러므로 그들은 국민에게 인정받는 재판을 받을 권리가 없다. 만일 그들이 무력으로 반역을 일으키지 않았다 해도 그들은 국가의 적으로서 인정된 것이다. 그들은 무력 투쟁의 가능성을 한없이 간직한 행동을 취하고 있었던 것이고 그들은 이미 국민의 테두리에서 벗어났다.

이 키케로의 반론은 연설로서는 그럴듯해도 충분한 설득력을 지녔다고 할수는 없다. 또한 키케로에게 원로원에서 대권을 위임한 이상, 그 이행을 하자마자, 바로 키케로를 책망하기 시작하는 것은 불합리하다. 원로원 최종 결의와 셈프로니우스법은 양립할 수 없고 국가 존망의 위기일 때에는 셈프로니우스법은 부정되어도 어쩔 수 없는 것이다.

키케로 정치철학 연구의 제1인자인 뷔히너는 '키케로가 카틸리나의 음모를 분쇄한 것은 정확하게 하나의 철학적·하나의 플라톤적 행위이다'라고까지 단언한다.

다만 우리는 카틸리나 사건을 공정하게 보는 것도 필요하다. 지나치게 키케로의 자기변호에 '편승'해 키케로 쪽에서 사건을 사실화하는 것은 문제일 것이다. 이 일을 위해서는 적어도 역사가 살루스티우스(B.C. 86~B.C. 34)의 《카틸리나와의 싸움》을 읽어보아야 할 것이다. 그는 카틸리나를 비극의 주인공으로 설정했다.

그러나 키케로가 자신이 행한 조치로 신병의 위험을 받게 되자 '죽음은 강한 인간에게는 부끄러워해야 할 일도, 전 집정관에게는 지나치게 빠른 것도,

현자에게는 혐오해야 할 일도 아니다' 말한 것은 키케로가 죽음을 두려워하지 않는 신념, 게다가 철학적 신념의 소유자였음을 말해주고도 남는다.

폼페이우스의 그림자

키케로가 로마 국민에게 부여된 '재판 없는 사형은 없다'는 권리를 침해했다는 원성은 호민관에 당선된 네포스가 제기한 것이다. 그는 폼페이우스 휘하에 있는 자로서 로마의 유력한 가문 출신이었다. 로마 정치를 움직이는 궁극적인 힘이 군단을 장악하고 있는 인간에게 쥐어져 있었던 것은 그 무렵의 엄연한 사실이었다. 이 힘은 폼페이우스, 크라수스, 그리고 카이사르, 이 세 사람이 독점했다.

폼페이우스는 4년 동안, 로마를 떠나 외적과 싸우고 있었고 이제 조국으로 돌아가 로마 정계의 본 무대에 등장하고 싶었다. 이 폼페이우스가 그의 꼭두각시 네포스를 로마로 보내 호민관에 출마하게 한 것이다. 만일 폼페이우스가 그동안 로마를 떠나지 않았었다면 키케로가 아닌 폼페이우스가 카틸리나 일당을 분쇄하고 있었을 것이다. 폼페이우스의 의도는 네포스를 이용해 원로원 귀족정—이것은 동시에 원로원 공화정과 같다—을 지키고 있는 키케로를 공격해 그의 명예를 실추시키는 것이었다. 네포스가 로마에 도착했다는 소식을 듣고 폼페이우스가 움직이고 있었던 것을 알아차린 것이 카토이다. 그리고 B.C. 62년의 호민관 10명의 당선자 중에는 카토와 폼페이우스의 이름도 있었다.

폼페이우스가 자신의 명예에 새로운 영예를 더하기 위해서는 카틸리나 사건에서의 과감한 조치로 인해 '조국의 아버지'로 추앙받는 키케로의 정치 생명을 실추하는 것이 가장 효과적이었다. 이 배경에서 네포스는 민회에서 키케로가 내린 조치는 위법이라고 연설했다. 더구나 네포스는 이 과정에서 키케로를 확실히 공갈협박하기도 했다.

12월 31일, 이날은 키케로의 집정관 임기 만료일이다. 해마다 이날, 집정관은 민회에서 자신의 1년의 정무를 총괄하는 연설을 하는 것이 관례였다. 그러나 네포스는 호민관의 권한을 행사해 키케로의 연설을 막았다. 키케로는 '나는 조국을 구했다'라는 선서를 간단히 하고 연단에서 내려와 일반 시민들의 환호를 받았다.

그러나 폼페이우스 쪽에서 키케로에게 하는 공격은 누그러지지 않았다. 네포스는 원로원의 약체화(키케로는 원로원의 중심 인물)와, 폼페이우스가 생각할 수 있는 정도에서 적대자의 배격을 계획하고 부재한 장군 폼페이우스의 영광을 로마 시민에게 확산시키는 노력을 거듭한다. 게다가 네포스는 카이사르까지 지도 키케로를 몰아내는 책동에 가담시키는 데 성공한다.

카이사르는 카이사르대로 폼페이우스가 꾸민 키케로 배제에 가담하고 그 대신에 자신이 '개혁'된 로마의 정치 지도자가 되는 것을 폼페이우스가 시인하게 하려고 생각했다.

한편 키케로의 가슴속에서도 카이사르와 똑같은 생각이 싹트고 있었다. 키케로도 폼페이우스와 손을 잡고 장군인 이 사내의 인망과 휘하 군단에 의존하고 싶었다. 그러나 키케로의 편지에는 '폼페이우스와 손을 잡는 것은 국가에 해가 될 것이 틀림없다'고도 쓰여 있었다.

폼페이우스는 B.C. 62년 12월, 브린디시움에 상륙한다. 그리고 바로 자신의 군단을 해산한다. 이것은 그가 휘하의 병사를 부추겨 최고 권력을 장악할 의도가 전혀 없음을 공개하기 위함이다.

보나 데아 스캔들

폼페이우스가 로마로 돌아온 B.C. 62년 12월, 키케로의 신상에 중대한 일이 발생했다. 그것은 클로디우스 사건으로 일컬어지는 것으로, 클로디우스라는 30대 전후의 귀족 출신 사내가 선(善)의 여신 보나 데아(Bona Dea)의 축제 중인 카이사르의 저택에 잠입한 것이다.

이 축제에는 오로지 여성만이 참가할 수 있었다. 그런데 이 축제는 남성과 여성이 밀회하기엔 절호의 기회였다. 클로디우스가 잠입한 이유는 카이사르의 아내와 밀통을 하려 한 듯했다. 그런데 클로디우스가 소리를 냈기 때문에 그 목소리로 여자가 아님이 저택의 하인에게 발각되고 말았다. 그의 잠입 동기가 카이사르 아내와의 밀통이 아닌 다른 것이었다고 해도 대단했을 이 추문이 로마에 크게 퍼졌다.

원로원의 지도자들은 클로디우스를 재판에 회부할 것을 강조했다. 카이사르는 어떻게 했을까. 그는 곧바로 아내와 인연을 끊었다. 카이사르쯤 되는 자의 아내가 밀통의 혐의를 받는 것 자체가 그녀의 사회적 처지에서 용납이 안 된다는 이유였다. 그렇지만 그는 클로디우스를 재판의 장으로 끌어내는 것에는 반대한다. 클로디우스는 이미 평민 계급 사이에서 힘을 얻고 있었기 때문이었다. 카이사르가 영광의 길로 오르기 위해서는 클로디우스와의 유대가 어쩔 수 없이 필요하지만 아내는 바꿀 수 있다는 냉정한 판단을 한 것으로 볼 수 있다.

폼페이우스가 로마에 도착한 것은 이와 같은 혼란의 소용돌이 속이었다. 폼페이우스는 곧바로 클로디우스 사건에 대한 의견을 로마 시민들로부터 듣게 된다. 폼페이우스는 대답할 말이 없었다. 그는 오랫동안 오로지 군단의 통솔에만 임하고 외적과 싸우는 것을 임무로 해왔기 때문에 로마 정계의 일에 명확한 태도를 보여줄 수 없었다.

클로디우스 재판

키케로는 이 사건에서 적극적인 역할은 하지 않았다. 이 역할을 맡은 것은 카토와 호르텐시우스였다.

클로디우스는 재판에서 알리바이를 주장했다. 문제의 당일에 자신은 로마에서 남동쪽으로 120㎞ 떨어진 인테람나라는 도시에 있었다고 말했다. 이에 키케로는 증언대에 올라 클로디우스가 그날 자신을 찾아왔다고 반증한다. 집정관도 지내고 로마 최대의 정치가로서 이미 신망이 두터운 증인에 의해서 알리바이가 무너진 이상 클로디우스의 유죄는 확정적이었다. 이 재판에서 결정적으로 힘이 된 것은 로마 제일의 부자이며 앞서 카틸리나를 버린 크라수스이다. 이 인색한 자는 클로디우스가 빚을 지게 하려고 이 일을 계획했다. 크라수스의 지원 아래 클로디우스는 배심원 매수에 들어갔다. 가난한 배심원들은 뿌려진 돈에 눈이 멀었다. 31표 대 25표로 클로디우스는 풀려난다. 유죄로 표를 던진 배심원들은 사병단(私兵團)을 갖고 있는 클로디우스의 복수가 두려워 저마다 신변에 호위를 두었다. 무죄가 된 클로디우스는 휘하의 폭력단을 구사함으로써 곧바로 로마에서 중대한 위협자가 되었다. 한편 카이사르는 이 재판의 증인으로 서는 것을 거부했다. 카이사르다운 행동이었다.

키케로가 클로디우스의 알리바이를 무너뜨린 것에 대해서 플루타르코스는, 클로디우스의 누이인 클로디아가 키케로를 사랑해 결혼하길 원했는데, 이에 화를 낸 키케로의 아내가 키케로를 부추긴 것으로 전하고 있다. 그러나 이 보고는 의문스럽다.

카이사르의 클로디우스 지원

석방된 클로디우스는 B.C. 60년 여름, 호민관에 출마할 뜻을 내비쳤다. 호민관.*9이란 로마의 평민 보호를 위한 공직이고 평민회에서 선출되며 정수는 10명. 정무관의 직무 행위에 거부권(이의 제기)을 지니고 집정관에도 이 거부권에 대한 복종을 요구할 수 있었다. 호민관의 신체는 불가침이었다. 호민관은 귀족의 평민에 대한 타협의 산물이고 로마공화정의 동력인 동시에 버팀목이기도 했다. 이 제도의 위험성은 인민주권론자 루소에게도 지적된 바 있다.

그런데 이 호민관직은 민중을 부추겨서 원로원 개최의 권리를 행사해 로마 정계를 주름잡고 이면에서는 사복을 채우기에 안성맞춤인 공직이었다. 클로디우스가 이 직책을 손에 넣는 데에는 하나의 장애가 있었다. 그것은 이 직책에는 평민계급만이 오를 수 있는데 그는 귀족이었다. 하지만 빠져나갈 길은 있었다. 평민과 양자결연을 해 귀족이 아니게 되는 방법이다. 그때까지도 이 수법을 써서 귀족이 호민관이 된 선례는 간혹 있었다.

클로디우스의 이 결연 중개인은 폼페이우스인데 그는 카이사르의 승인 아래 움직인 것이다. 카이사르는 최고 신관이고 또한 그 해의 집정관이므로 그럴 생각만 있으면 이 결연을 저지할 수도 있었기 때문이다. 그런데 오히려 카이사르는 이 결연을 바란 것이고 그는 폼페이우스를 이용해 이 소망을 실현했다고 보아야 한다.

그 무렵 키케로의 옛 동료 G. 안토니우스가 고소를 당했다. 키케로는 G. 안토니우스와 정치 견해를 함께 하는 일이 거의 없었지만 예전 동료였다는 친분으로 그의 변호에 나섰다. 그 변호 연설 가운데에서 키케로는 카이사르가 이민법—앞서 기술한 바와 같이 로마의 국유지를 국민에게, 실질적으로 자신의 고참병을 위해 분배하려는 것—을 강제로 통과시키려고 폭력을 사용했다고 발언하고 말았다. 이에 대한 카이사르의 반응은 실로 재빨랐다. 그는 클로디우스를 평민과 결연시켜서 호민관 당선으로 일을 진행하고 이 사내를 키케로를 몰아내는 선동가로 삼으려 한 것이다. 사실 폼페이우스는 카이사르와 키케로의 연극에 단순히 끼어든 것에 지나지 않았다.

폼페이우스는 B.C. 62년 말 로마로 돌아왔다. 군대를 해산한 폼페이우스에

---

*9 tribunus plebi는 문법적으로는 plebs의 여격이고 '평민을 위한'이란 뜻. 뒤에 plebis라는 속격도 사용되었다. tribunus는 로마의 지방행정구 tribus의 우두머리.

게 동방에서의 시책이나 고참병에 대한 토지 분배에 대해서 원로원이 문제로 삼을 분위기가 조성되었다. 유죄라면 재산 몰수, 그리고 사형까지도 가능하다. 로마의 정치가가 속주 통치의 총독을 지내고 귀국한 뒤에는, 언제나 심문에 의한 위험이 기다리고 있었다. 똑같은 위험에서 빠져나가지 않을 수 없는 카이사르가 원로원과 대립해 폼페이우스를 구했다.

카이사르의 강력한 지원으로 클로디우스는 B.C. 59년 12월, 이듬해인 B.C. 58년 호민관으로 당선된다. 이것으로 삼두 정치가 카이사르, 폼페이우스, 크라수스는 그들의 뜻대로 움직일 수 있는 꼭두각시와 대중 동원의 지렛대를 손에 넣은 것이 된다.

키케로는 매우 의기소침해졌다. 정치 안에서 전혀 움직일 수 없는 폐색 상황에 놓이게 된 것이다. 그래도 변호 활동을 멈추지는 않았다. 그는 이 활동을 통해서 동생 퀸투스를 구했다. 동생이 부당한 수단으로 공직을 손에 넣었다고 기소된 재판에서 승리한 것이다. 그러나 앞의 G. 안토니우스의 재판에서 키케로는 패했다. G. 안토니우스는 추방형을 받았다. 또 키케로는 유머와 기지가 풍부한 변호로써 그가 집정관일 때 법무관이었던 인물의 속주총독 시절의 공갈혐의를 벗겨주었다.

4 키케로의 추방과 귀국

추방된 키케로

전 집정관 키케로의 추방이란 사태는 카이사르, 폼페이우스, 크라수스의 3자 연합에 그 원인을 둔다. 특히 카이사르의 한 단계 앞선 정치역학적 통찰에 의해서 짜인 시나리오였다.

카이사르는 B.C. 59년에 비불루스와 함께 집정관에 당선했다. 이 해에 카이사르의 충실한 지지자인 호민관 바티니우스는 이른바 바티니우스법을 통과시킨다. 이것은 5년간 카이사르에게 이쪽의 갈리아와 일리리쿰—오늘날의 유고슬라비아 지방—에서의 특별 군사지휘권을 부여하는 것을 정한 것이다. 이에 대해서 원로원은 카이사르에게 갈리아에서의 동일 권한도 인정했다.

게다가 카이사르는 자신이 집정관에서 물러난 이듬해, 자신이 이 3개의 속주에서 행사한 군사지휘권에 대해서 새 집정관이 비난이나 이의를 하지 않도록 크라수스와 폼페이우스 등과 합의했다. 3개의 속주 통치를 위임받은 카이사르는 속주에서 방대한 부를 걷을 기회를 얻었다. 이 부의 용도는 대규모 군대의 모집과 편성, 주도면밀한 정계 공작, 대범한 민중 회유 등 세 가지였다. 그 무렵에는 강대하고도 강력한 군대를 사병 군단처럼 확보해 두는 것이 가장 큰 정치적 안전 장치였다. 로마에서 속주통치가 확대된 것이 이 움직임을 가속화하고 이 전개가 공화정 로마, 원로원 주도의 로마를 붕괴시키는 결정적 원인이 되었다. 삼두 정치가와 클로디우스 등은 키케로와 함께 카토도 이때 쫓아내려고 했다. 완고한 원로원 문벌파인 카토는 키프로스의 속주화 촉진의 임무를 명령받고 로마에서 떠났다.

키케로는 폼페이우스를 삼두 지배에서 분리할 수 있을 것으로 보고 있었다. 그러나 그것은 안이한 생각이었다.

클로디우스의 집요한 공격

한편 클로디우스는 B.C. 58년 1월 말에 '정식 소송 절차를 거치지 않고 로마 시민을 살해하려 하거나 살해한 자는 추방에 처해야 한다'는 내용의 법률을 통과시킨다. 이것은 키케로를 표적으로 하고 있는 것임을 누구나 명백히 알고 있는 일이었다. 먼저 로마의 국가 이념으로 볼 때 재판 없이 로마 국민에게 사형선고를 내리고, 사형을 집행하는 것은 금지되어 있었다는 것도 이 계획의 큰 버팀목이 되었다.

이 클로디우스가 제안한 법률은 그것에 반대하는 자를 단순히 국외 추방에 처하는 것만이 아니고 재판에 회부해 형을 부과하는 '위험'까지도 포함하는 것이었다. 클로디우스는 민회에서가 아니고 평민회를 소집해 강제로 이 법안을 통과시켰다.*10 그러나 이 법은 키케로만을 노려 제안된 것이고 그런 의미에서 부당한 일이었기에, 그것이 키케로의 귀환, 명예 회복을 앞당겼다고 해도 좋을 것이다.

한편 원로원에서는 두 법무관이 카이사르가 집정관일 때의 직무의 타당성에 대해서 공격을 가하기 시작했다. 카이사르는 로마를 떠날 준비를 하고 끓어

---

*10 이것이 이윽고 그와 폼페이우스 사이에 알력을 낳는다.

오르는 분노와 함께 사태의 추이를 숨죽여 지켜보고 있었다. 그때 헤르베티족*[11]이 카이사르가 통치하는 갈리아 북쪽 경계로 이동할 계획을 세웠다는 보고가 들어온다.

키케로는 카토처럼 로마를 떠나 새로운 임무를 맡을 생각은 전혀 없었다. 키케로는 로마라는 도시에 뿌리내린 정치와 철학에 몰두했고 로마에 대한 키케로의 애착은 다른 정치가에게서는 볼 수 없을 정도로 깊었다. 또 그는 카이사르 군대의 부관으로 물망에 올랐는데 그것을 거부했으며, 이민법 실시를 위한 파견단의 역할도 거부했다. 그러나 로마에 계속 머물러 있으면 클로디우스의 표적이 될 것은 틀림없었다.

키케로의 마지막 구원의 끈은 폼페이우스였다. 명망 있는 원로원 의원들은 폼페이우스를 방문해서 키케로를 도와주도록 간청했지만, 폼페이우스로부터는 거절한다는 회답밖에 받지 못했다. 그래서 그들은 집정관의 한 사람인 피소에게로 발걸음을 옮겼다. 그러나 피소의 대답은, 나에겐 집정관일 때의 키케로와 같은 용기가 없다, 나는 피를 흘리고 싶지는 않다, 키케로가 다시 한 번 조국을 구하려면 나라를 떠나는 수밖에 없다는 것이었다.

원로원 의원들이 피소에게 요구했던 간청이 성과를 거두지 못한 채 끝난 이틀 뒤, 클로디우스는 평민회를 열고 집정관 두 사람, 피소와 가비니우스에게 키케로의 집정관직에 대해서 힐문했다. 두 사람은 키케로의 직무 수행에는 찬성할 수 없다는 뜻을 밝혔다. 한편 카이사르는 키케로를 추방하려는 본심은 숨기고 자신은 카틸리나 일당의 사형에는 반대했는데, 이 시점에 과거로 소급하는 법을 만들어 키케로를 재판에 회부하는 것은 타당치 않다고 발언하고 키케로를 '옹호'했다. 그러나 이것은 소수 의견의 범위를 넘지 못했다.

사태가 이에 이르자 키케로는 친구들을 찾아가 어떻게 해야 할지 상담을 했다. 그들은 이구동성으로 키케로가 로마를 떠나는 것이 좋겠다고 권고한다. 키케로도 이 말에 따르는 수밖에 없어 깊은 밤 로마를 뒤로 했다. 그는 친구 아티쿠스에게 앞으로는 독서와 철학에만 몰두하겠다고 말했다.

---

*11 오늘날의 스위스 지역에 사는 부족.

망명 중인 키케로

키케로는 망명의 전반 5개월을 그리스의 테살로니케에서, 후반 8개월은 디라키움에서 지냈다. 클로디우스가 제안한 제2의 법률은, 추방된 자는 로마에서 400마일 이내에 머무는 것을 금지하고 있었다. 당초 키케로는 마르타로 탈출할 것을 생각했지만 마르타는 이 거리 내에 있었다. 또 키케로는 학문의 도시 아테네에서의 망명생활을 생각하기도 했으나 이곳은 카틸리나의 소굴이기도 하여 단념한다.

테살로니케에서는 마케도니아의 재무관 프란키우스가 그 직에서 물러나 키케로의 신변 경호를 맡았다. 그는 밤낮을 가리지 않고 키케로의 곁을 떠나지 않았다. 그는 키케로의 출신지 아르피눔의 이웃 도시 태생이었다.

망명 중에 키케로는 아티쿠스에게 26통, 아내와 아이들에게 4통, 동생에게 2통의 편지를 보냈다. 아내에 대한 편지는 다음과 같이 쓰여 있었다.

나는 생명에 굳이 연연해하지는 않소. 다만 당신을 다시 만나 당신의 품 안에서 죽는 것이 유일한 소망이오.

이 키케로의 망명 중, 눈물을 흘린 것은 본인 키케로만은 아니다. 집정관명령으로 공적 애도가 금지된 원로원 의원들도 눈물을 흘린 것으로 전해진다.

키케로의 귀국을 추진한 자

그런 가운데 로마의 정치 정세가 키케로의 귀국을 준비하는 길을 차츰 열어나간다. 클로디우스는 '폭도의 왕'이 되어 분별없이 폭력을 휘둘렀다. 그러나 그는 단순히 치안을 혼란하게 하는 것만을 기뻐하는 것은 아니었다. 그의 진정한 속셈은 돈이었다. 이 사내는 폼페이우스나 카이사르의 영역에까지 간섭한다. 폼페이우스는 시중에 나오는 것은 위험하다고 판단해 저택에 틀어박혀 있었다. 그러다가 카이사르가 갈리아로 출정해 로마를 비우고 있는 사이에 원로원에 접근했다. 그러나 클로디우스에게는 원로원의 귀족정은 분쇄해야만 할 것이기 때문에 폼페이우스는 클로디우스의 적이 되었다. 클로디우스가 제멋대로 날뛰는 것을 막는 방법은 폼페이우스와 원로원이 연계하는 수밖에 없었다. 이 클로디우스는 다른 방법으로 신체적 생명을 잃게 된다.

클로디우스는 폼페이우스의 영향 아래에 있는 가비니우스(B.C. 58년의 집정관)와 충돌한다. 거리에서 양쪽의 항쟁이 격화된다. 폼페이우스는 카이사르에게 편지를 보내 키케로의 귀국 양해를 타진한다. 그리고 키케로의 귀국을 반대하지 않는다는 뜻을 전한다.

B.C. 57년 호민관의 한 사람으로 세스티우스가 당선된다. 그는 갈리아까지 가서 카이사르와 회견을 해 키케로의 귀국에 대해서 대화를 나눈다. 그리고 해가 바뀌자 키케로의 귀국을 인정하는 연설이 원로원에서 행해진다. 새로운 집정관인 스핀테르는 본래 키케로에게 호의적이었다. 또 다른 한 사람 네포스는 키케로에 대한 지난날의 적의는 사라져 폼페이우스의 지시에 따라서 키케로의 귀환을 호소한다.

세스티우스와 함께 호민관에 오른 것이 미로이다. 그는 클로디우스에 맞서 자신의 사병(<ruby>私兵<rt>폭력</rt></ruby>)을 조직한다. 키케로의 귀국은 이 둘이 검투사를 고용해 만든 폭력단의 격돌 속에서 실현되는 것이다. 키케로가 지닌 냉철한 정치 수완, 원로원에 대한 지도력, 탁월한 설득력이 국가의 혼란과 사회의 광란 타개를 위해 필요했다는 것이다.

키케로의 귀국은 그 자신의 말을 빌리면 '나를 위한 것이 아니고 조국을 위해' 실현된 것이다. 키케로의 이름은 클로디우스의 반체제에 분발하는 외침이 되었다.

로마로 돌아온 키케로와 감사의 연설

키케로는 그를 복권시키는 법률이 통과한 8월 4일에 디라키움을 뒤로 한다. 로마로 가는 길에, 키케로는 많은 민중의 열광적인 환영에 놀란다. 그는 군중의 어깨에 태워져 로마로 향했다. 한 달 가까이 걸려 로마에 도착. 모든 계층의 사람들이 키케로를 맞이하기 위해 카나페 문에서 쏟아져 나왔다.

이튿날 키케로는 원로원에서 귀국 인사를 한다. 짧은 연설로 사의를 밝힐 생각이었는데, 그의 웅변을 좋아하는 의원들에게 많은 기쁨을 안겨주어야 한다는 생각에 그는 긴 연설을 시작한다. 연설의 처음 부분, 그 가운데의 골자를 아래에 소개한다.

내가 우리의 선조에게 감사하는 것은 선조들이 우리에게 생명과 자유와 국가를 주었기 때문입니다. 내가 불사인 신들에게 감사하는 것은 신들의 가호 덕에 이와 같은 행복을 유지하고 또한 더욱더 커다란 행복을 가질 수 있게 되었기 때문입니다. 내가 로마 국민에게 감사하는 것은 나의 명예에 가장 기쁜 법안을 통과시켜 주었기 때문입니다. 이처럼 내가 여러분에게 진 신세는 매우 커서 그 감사의 마음은 거의 한이 없을 정도입니다.

여러분의 우정과 동의가 지금 여기에서 나 때문에 선조들의 선물, 불사신들의 가호, 로마 국민의 손에서 받은 명예 그리고 여러분 자신의 훌륭한 법률을 되찾아준 것입니다. 여러분에 의한 가호, 로마 국민에 의한 가호, 선조들에 의한 가호, 그리고 불사신들에 의한 가호, 이런 모든 것을 일찍이 나는 몇 사람의 위인에게 지고 있었습니다. 그러나 이제 여러분 모두에 의해서 이를 되찾은 것입니다.

사실, 이 감사 연설은 단순히 감사만을 내세우는 것은 아니다. 그곳에 연관된 부분을 구체적으로 표시하는 것은 생략하지만 클로디우스에게 퍼부은 날카로운 독설도 있다. 키케로는 그를 '적', '노상 강도', '극악한 시민', '나라 안의 국적(國賊)'으로 깎아내리고 있다. 플루타르코스에 따르면 클로디우스는 키케로가 카틸리나 사건에 말려들고 있을 때 신변을 지키는 임무를 맡았었다. 그런데 이처럼 사정없이 욕을 퍼붓는 것으로 봐서 키케로는 결코 온화하기만 한 인간이 아닌, 이른바 거친 마음의 소유자였음을 엿볼 수 있다.

또 이 연설은 하나의 정치적 선언의 성격을 지니고 있다. 키케로는 이번에 자기를 추방한 진정한 흑막은 카이사르임을 충분히 알았다. 이름을 거론하지는 않았을망정 키케로는 명확하게 카이사르를 빈정대고 있다.

나는 그를 나의 적으로 부를 생각은 없다. 그러나 다른 자들이 그가 나의 적이라고 했을 때 그가 침묵하고 있었던 것을 나는 알고 있다.

여기에서의 '그'는 카이사르를 가리키고 있음을 듣고 있는 자들도 명백하게 알 수 있었다. 키케로는 이렇게 주의를 환기하고 카이사르와 폼페이우스 사이에 쐐기를 박으려고 했다. 이번에 자기를 추방할 때 수행한 폼페이우스의 역할은 카이사르에게 강요된 합의이고 소극적인 것이라고 키케로는 받아들였다. 키케로가 추방되기 전부터 지니고 있었던 희망은 카이사르, 폼페이우스, 크라수스의 삼두 정치에 의견의 마찰이나 충돌이 생겨 공화국의 근간을 지키는 원로원 주도의 정치가 부흥하는 것이었다. 그러기 위해서는 폼페이우스가 카이사르와 결별하고 원로원 쪽에 가까워지는 것이 절대로 필요하다고 생각한 것이다.

《세스티우스 변호》에서의 품격 있는 평안

다음으로 넘어가기 전에 키케로의 유명한 말이 있는 연설로 눈을 돌려보자. B.C. 57년의 호민관 중에 미로와 세스티우스가 있었다. 세스티우스는 키케로의 귀국 허용을 카이사르에게 건의해 그 실현의 단서가 되게 한 키케로의 은인이다. 이 인물은 이듬해인 B.C. 56년, 재임 중에 사병단을 조직해 로마를 시끄럽게 한 죄로 기소되었다. 원고는 클로디우스의 의뢰를 받은 아르비노바누스이다. 세스티우스의 변호인에는 키케로 말고도 일찍이 키케로에게 법정 변호에서 패한 호르텐시우스도 있었다. 마지막으로 변호를 한 키케로는 그 무렵의 로마 사회와 로마 정계를 대국적으로 진단하는 규모 아래 변호를 전개했다. 세스티우스는 클로디우스의 공화국 파괴에 대항해 어쩔 수 없이 힘을 행사했다고 역설한 키케로의 변호는 세스티우스의 무죄 판결에 결정적으로 영향을 미쳤다.

키케로의 '세스티우스 변호'는 이제까지 많이 남아 있는 키케로의 변호 연설 중에서도 으뜸으로 평가되고 있다. 어떤 이는 '언어가 지닌 모든 우아함과 논의가 발하는 모든 힘으로 가득 찬 것'이라고도 찬양했다. 그 연설의 열띤 호소는 '국가여, 로마 시민이여. 그리고 이탈리아의 로마 시민권이 부여된 제군이여. 우리는 민중을 선동해 야망을 실현하려는 이른바 민중파의 속셈을 간파하고, 진정한 평화, 시조(始祖)들의 유풍을 지킨 품격 있는 평안과 사회를 지금이야말로 힘을 합쳐 지켜야하지 않겠습니까'라는 것이었다.

'품격 있는 평안'이라는 키케로가 만든 언어는 '계급의 협화(協和)'와 강하게 결부된다.

품격과 평안의 의미

품격도 평안도 한 가지 뜻만 있는 것은 아니다. 평안이 개인에 대해서 사용될 경우에는 사사로운 일이라든가 공적 활동으로부터의 은퇴를 의미한다. 한편 공적 생활에 이 용어가 사용될 때에는 평안이나 시민간의 불화에서 해방되고 있음을 가리킨다.

품격도 개인과 국가에 대해서는 의미가 다르다. 그것은 전자에서는 로마 공인의 지위나 위신, 명예를 의미하지만 후자에서는 국가의 자유나 안녕과 같은 뜻이다.

평안은 현실적이고 경제적인 방향을 짙게 비치고 있는데 비해, 품격은 이상적인 시민들의 노력 목표의 뜻을 포함하고 있다.

품격이 있는 평안이야말로 키케로에게는 원로원이 주도하는 로마정의 추악하지 않은 존립인 것이다.

삼두(三頭) 정치와 키케로

그러나 로마의 혼란을 타개할 임무를 띤 키케로의 복권에는 차츰 암운이 감돌기 시작한다. 상황은 B.C. 63년의 집정관 때와 마찬가지로 희망의 빛이 비치지 않을 것 같았다.

원로원은 예전만큼 폼페이우스에게 집착하지 않았다. 키케로가 볼 때 폼페이우스와 원로원 귀족의 연계야말로 카이사르가 국가를 계획하는 독재로부터 구하는 유일한 길이었다. 원로원의 의원들은 키케로를 망명하지 않을 수 없게 내몰았던 폼페이우스와 우의(友誼) 관계로 접어들고 있다고 경멸하기 시작한다. 귀족 계급은 폼페이우스의 의표를 찌르고는 기뻐하는 양상이었다. 게다가 키케로의 '천적'인 클로디우스는 키케로의 귀국 실현이라는 패배에서 재빠르게 재기한 것이다.

키케로는 B.C. 56년 4월 5일, 카이사르가 생각하는 농지개혁법이 5월 15일의 의사(議事)에 상정되어야 한다고 제안한다. 키케로의 속셈은 이 안건이 반드시 폐기될 것을 알고 한 일이다. 키케로는 이 방법으로 삼두 정치의 중심 카이사르를 공격하려고 했다. 그러나 이 법안이 5월 15일에는 논의되지 않았다.

삼두 회담

전시전략에서 삼두 정치가 가운데 가장 뛰어났던 카이사르는 북에트루리아의 작은 도시인 루카에서 삼두 회담을 주최했다. 이 도시에서 B.C. 56년 4월,

카이사르는 다른 두 사람과 화해한 것이다. 그리고 장래를 향한 새로운 결정이 이루어졌다. 그 내용은 아래와 같다. 폼페이우스와 크라수스는 B.C. 55년의 집정관이 된다. 그 뒤 5년간에 걸쳐서 폼페이우스는 스페인, 크라수스는 시리아의 총독이 된다. 그리고 카이사르는 갈리아에서의 총지휘권을 10년간 연장한다.

한편 이 루카에서의 삼두 회담 4년 전에 3자의 연계가 성립하고 있다. 이것이 제1차 삼두 정치의 시초이다. 제2차 삼두 정치는 B.C. 43년의 옥타비아누스, 안토니우스, 레피두스 사이의 연계를 가리킨다.

키케로에게도 협력이 요구되었는데 그는 이를 거부했다. 그러고 나서 키케로가 친구 아티쿠스에게 보낸 편지에는 '(이것으로) 공화국은 상실되었다'고 쓰여 있었다.

이와 같은 합의와 계획으로 로마는 다시 연계한 세 사람의 손안에 넘어갔다. 이 삼두 지배는 결코 법적으로 정당한 것이 아닌 하나의 사적 밀담이었다.

크라수스는 이 세 사람의 금고지기와 같은 존재이다. 그는 B.C. 73~B.C. 71년에 걸쳐서 로마를 떠들썩하게 한 노예의 봉기, 스파르타쿠스의 반란을 진압한 영예의 무훈이 있었다. 그는 또 로마 제일의 부호였다. 그가 그렇게 될 수 있었던 것은 술라의 부관을 지내며 원로원 의원들의 재산을 대거 몰수하여 엄청난 부를 강탈했기 때문이다.

그 뒤의 크라수스와 폼페이우스에 대해서 기술해둔다. 크라수스는 집정관에서 물러난 뒤, 동쪽으로 가 B.C. 53년 자신의 군사적 재능을 과신해 전과를 올리고자 파르티아 인에 대해서 부당한 침략을 시도하지만, 이 전투에서 아들과 함께 쓰러진다.*¹² 만일 크라수스가 그 싸움에서 다시 대승리를 거두었다면*¹³ 그는 로마 정치사에 영예로운 한 장을 장식했을 것이다. 폼페이우스는 두 스페인, 즉 이쪽의 스페인과 건너편의 스페인을 그의 통치 속주로 받는데, 그 자신은 로마에 계속 머물고 부관에게 두 주를 통치하게 했다.

폼페이우스는 카이사르가 바라는 토지법에 대해서는 키케로가 말한 공격에 그다지 분개하지 않았다. 그러나 루카의 삼두 회담 뒤, 그는 카이사르의 뜻에 따라서 또다시 전의 추방극 때와 마찬가지로 키케로를 배신하게 된다. 폼

*12 크라수스는 로마로 옮겨진 지 며칠 뒤에 사망했다.
*13 B.C. 72~B.C. 71년의 스파르타쿠스 반란 진압에 성공한 것처럼.

페이우스는 키케로에게 카이사르를 공격하는 것을 멈추도록 권고한다. 이것은 이른바 최후 통고였다. 키케로는 양보할 수밖에 없었다. 키케로에게는 강력한 지지 기반(군단)이라든가 지원 파벌이 없었다. 원로원은 키케로의 웅변에 감동하면서도 폼페이우스의 실력에 이끌려갔다. 키케로가 웅변을 유일한 무기로 삼아 원로원을 일시적으로 통합할 수 있었던 것은 그 만년에 안토니우스와의 싸움 때문이다.

삼두 정치가는 키케로에게 이제는 국가를 위해 무언가 하는 것을 인정하지 않고 오직 친구들을 위해 무언가를 할 기회만 주었다. 이렇게 된 이상 키케로에게는 정치라는 공적 생활에서 은퇴를 하는 명예로운 철수밖에 남아 있지 않았다. 그러나 그는 그렇게 할 수가 없었다. 그의 뛰어난 정신은 책임을 확실히 느끼고 있었던 것이다. 그는 자신을 추방으로부터 소환해 준 원로원이나 시민들에게 이 단계에서도 헌신하는 것을 결코 잊지 않았다. 감사하는 마음이 그를 공적 생활에서 은퇴시키지 않았던 것이다. 키케로는 삼두 정치에 저항하지 않았다. 게다가 그는 솔직하게 카이사르에 대해서 말했다.

내가 카이사르의 적이었다고 해도 나는 그를 지지한다. 그것은 그가 국가의 선량한 종이기 때문이다.

물론 위의 말은 카이사르에게 '국가에 충실한 종이 되라' 호소하는 것으로 이해해야 한다.

한편 키케로는 친구 아티쿠스에게 보낸 서간에서 '국가의 안녕과 희망은 그들 세 사람 사이의 균열에 달려 있다'고 진심을 토로하고 있다.

미로 변호

키케로는 B.C. 56년, 즉 로마로 돌아간 이듬해부터 또 활발한 법정 변호 활동을 시작한다. 일련의 변호 연설 가운데서 그는 언제나 정적에 대한 공격과 자신의 친구나 정치적 동료의 옹호를 내세운다. 그리고 어느 연설에서나 클로디우스나 그 밖에 자신의 정적에 대한 비판을 쏟아내고 있다. 키케로가 행한 격조 높은 변론 가운데에는 증인에 대한 비방이나 과격한 비판도 뒤섞여 있다. 그러나 이것은 변호 연설로서 그 무렵 각별히 비난받을 일은 아니었다. 키케로는 공격을 클로디우스 외에 B.C. 58년의 집정관 피소에게도 퍼부었다. 키케로의 이러한 일련의 연설은 '때마침 발휘된 고귀, 웅변, 무모함, 폭력 그리고 이기심과 같은 로마의 공적 생활에서 가장 생기가 넘치는 한 장의 그림'이다.

어수선한 로마

B.C. 53년의 로마는 하나의 무질서 상태를 보여주고 있었다. 카이사르는 갈리아에 있고 로마에 남아 있었던 폼페이우스는 소란을 앞에 두고 강경한 대책을 취하지 못했다. 이 해는 집정관 없이 새해를 맞이했고 7월까지 집정관 부재의 이상 사태였다.

클로디우스와 미로가 고용한 검투사를 중심으로 하는 폭력단끼리의 충돌이 로마 시내 곳곳에서 일어난다. 이 배경이 되는 것은 폼페이우스와 크라수스의 분열이었다. 클로디우스는 크라수스의, 미로는 폼페이우스의 휘하였다. 이 분열의 원인은 카이사르이다. 갈리아에 원정 중인 카이사르는 비호를 약속한 이집트—왕 프톨레마이오스 레툴루스는 정통은 아니지만 카이사르는 막대한 사례로 정식 왕으로 인정했다—로부터의 이익을 6000탈란트에 크라수스에게 넘겼다. 크라수스와 폼페이우스의 격돌은 여기에서 비롯되었다. 그리고 B.C. 52년 1월 18일, 아피아 가도의 보이라에에서 클로디우스와 그의 흉악한 동료는 미로와 그의 살인 집단과 격렬하게 싸웠다. 클로디우스는 부상을 당해 오두막으로 옮겨진다. 미로는 그를 끌어내 살해했다. 그의 사체는 로마로 운반되어 폭도에 의해서 불태워진다. 폭도의 온갖 열광이 거리낌 없이 펼쳐졌다.

클로디우스 살해 경위는 재판에서 미로가 말한 바에 따르면 다음과 같다. 미로는 아내와 하인, 노예를 데리고 보이라에 앞의 라나비움—그는 그곳의 신관이기도 했다—으로 가는 중이었다. 가는 길에 클로디우스의 무리와 맞닥뜨려 싸움이 된 것이었다.

이 대혼란을 수습하기 위해 B.C. 52년에 폼페이우스는 8월까지의 기한부로 단독 집정관(consul sine callega)에 임명된다. 전례가 없는 이 단독 집정관직은 카이사르와 B.C. 59년 동기 집정관인 비불루스에 의해서 발의되고 카토의 후원으로 실현되었다. 이 두 사람은 특별히 폼페이우스를 지원할 생각을 하고 있었던 것은 아니었지만 그때의 엄청난 상황이 폼페이우스를 필요로 한 것이다.

미로 재판

클로디우스가 죽고 100일 뒤 미로는 재판에 회부된다. 미로는 클로디우스와 비교해 특별히 선인(善人)도 아니고 그를 변호하는 것이 마땅하다고는 말할 수 없었지만 키케로는 변호를 실질적으로 홀로 떠맡았다. 미로는 키케로의 귀환 실현에 가장 적극적인 역할을 수행했으므로 이 일에 대한 은의가 배경이 되고 있었다. 또한 클로디우스는 키케로에게 불구대천의 적이었다. 키케로에게 그를 없애 준 미로에 대한 감사의 마음이 작용하고 있었던 것은 부정할 수 없다.

이 재판에서 키케로는 '미로는 스스로를 지키기 위해 그와 같은 행위를 하기에 이르렀다. 클로디우스는 충분히 죽을 만하다'고 논진을 폈다. 재판이 시작되자 클로디우스파의 폭도가 광장에 모인다. 기회를 엿보는 데 민감한 단독 집정관 폼페이우스는 미로의 유죄를 바란다고 확실하게 밝혔다. 키케로는 광장을 메운 클로디우스파의 폭도와 폼페이우스 휘하의 병사들을 보게 되었다. 키케로의 용기는 약화되어, 여느 때와 같은 웅변 솜씨를 발휘하지도 못하고, 그 변호는 실패로 끝났다.

결국 미로는 추방된다. 로마는 폼페이우스 아래에서 잠시 평안을 맞이했다. 패한 키케로가 의기소침해지지 않았던 것은 그의 강인함 때문이었다. 폴만에 따르면 키케로는 그 시점의 권력자의 의지에 항거하는 것이 결코 무의미하지 않음을 확신했던 것이다.

5 킬리키아의 총독으로서

킬리키아의 땅

B.C. 51년 2월, 키케로는 원로원으로부터 킬리키아의 총독으로 임명된다. 이곳으로 출발하기 전에 키케로의 《국가에 대해서》가 탈고되었다. '당신의 이 저작은 대단한 반향을 불러일으키고 있습니다'라는 편지를 루푸스라는 젊은이로부터 받은 것은 키케로가 이탈리아를 출항한 지 얼마 뒤의 일이다. 키케로는 이 젊은이에게 자기가 없는 동안 로마의 정치 상황을 빠르게 알려주도록 부탁을 해두었다. 키케로의 임지 킬리키아는 오늘날의 터키 남쪽에 위치하는, 동쪽에서 가장 큰 속주이다. 킬리키아는 로마에게 전략상 매우 중요한 지역이

었다.

시리아 속주와 인접해 있는 킬리키아 속주는 서부에서 산악이 바다로 직접 뻗어 있었다. 이곳은 건축 자재의 산지이고 또한 해적의 본거지이기도 했다. 로마가 얼마나 해적에게 시달렸는지는, 다른 곳과 달리 로마에는 해적 퇴치의 비상시 군사 대권이 있었던 것을 보아도 잘 알 수 있다.

일찍이 알렉산드로스 대왕 후계자의 영토였던 이 땅은 B.C. 2세기, 셀레코우스 왕가의 통치가 실질적으로 소멸하고 해적들의 활동 무대가 되었다. 지역 주민의 간청으로 로마인이 그 토벌에 임하게 되어 M. 안토니우스*¹⁴가 그들을 격파하고 이 땅을 속주 킬리키아로 했다. B.C. 102년부터 B.C. 100년에 걸친 일이다.

그러나 토벌은 완전히 성공하지 못하고 또다시 해적이 날뛰게 된다. 카이사르도 25세 때(B.C. 75년) 이곳의 해적에게 붙잡혀 몸값을 치르고 석방된 적이 있었다. 그는 오디세우스와 같은 지혜로 나중에 이 해적들을 작전으로 퇴치했다. 결국 폼페이우스가 해적 소탕에 성공한다. 그는 패한 해적에게 비교적 온화한 조치를 취해 킬리키아의 도시 소로이를 정착지로 부여했다.

킬리키아로 향하는 키케로

도시인 키케로는 지방 생활을 그다지 선호하지 않아 이 땅에 부임했을 때 총독직은 답답한 의무로밖에 생각되지 않았다. 그 점이 카이사르와는 달랐다. 카이사르는 삼림 지대 갈리아에서의 광범한 통치와 반란의 진압을 결단과 숙고로 처리하고 로마 국가의 확대와 안정에 힘써, 머지않아 그 모든 영토를 자신이 지배할 야심을 마음속에 간직했던 것이다. 그런 점에서 볼 때 키케로에게는 유약한 면이 있었음을 부정할 수 없다.

키케로에게 이 총독직은 '두 번째의 국외 추방'이었다. 문인 키케로에게는 로마에서의 생활이야말로 진정한 의미에서의 생활, 인간미가 넘치는 활기찬 일상이었다. 로마에서의 사교, 웅변, 그리고 이것의 버팀목이 된 독서와 집필이야말로 키케로를 삶의 기쁨으로 가득 차게 한 것이다. 키케로는 이렇게 말한다. '킬리키아에서는 빛, 광장, 도시, 나의 주거 등 모든 것을 잃었다.'

---

*14 웅변가로서 L. 크라수스와 함께 키케로에게 칭송받았다. 키케로의 강적이 된 인물의 조부.

키케로는 로마를 출발해 3개월 뒤인 7월 31일, 그 통치 영역 최초의 도시인 라오디케아에 도착한다. 그때 파르티아 인이 로마 속주를 넘은 것 같다는 보고를 받는다. 파르티아 인은 로마의 동쪽 국경에 접해서 사는 기마 민족이다. 키케로는 휘하 군대의 약체를 고려하여 즉시 진군을 할 수는 없었다. 그는 원로원에 지원군을 요청하고 그 도착을 기다려 추격을 시작했다. 문인 키케로라고 해도 속주 총독의 역할, 즉 속주의 총사령관인 이상 책무가 있다. 공직 권한의 일체성은 로마의 국시, 이른바 로마의 '정치철학'이고, 군대 지휘는 국무 집행에 수반하는 책무였다. '공직 권한의 일체성이 로마적 사고의 특색이다.'(E. 마이어)

파르티아 인이 카파도키아를 넘어 침공하지 않는다는 것을 키케로가 안 뒤, 그는 군대를 킬리키아와 시리아의 경계 산맥 아마스로 돌렸다. 그 목표는 이 산악 지대에 있는 에레우테로키리코스 인이었다. 그들은 이제까지 한 번도 로마에 복종하지 않고 킬리키아와 시리아 두 속주 사이의 긴밀한 연계를 기회가 있을 때마다 방해해왔다. 키케로는 산악을 샅샅이 수색하고 몇 개의 촌락과 보루를 불태우고는 주민을 살해하거나 포박했다.

최고 지휘관 키케로

키케로는 그 뒤 이소스에 진영을 세웠다. 그는 이소스 진군 때 병사들에게 최고 지휘관으로 환호를 받는다. 제2차 포에니 전쟁(B.C. 218~B.C. 201년) 이후 로마에서는 대승리를 거둔 군대 지휘관에게 이 호칭을 붙여 찬양했다. 키케로도 이 영예를 얻은 것이다(B.C. 180년 아이밀리우스 파울루스가 최초). 이 칭호를 지닌 자들은 통상 최고 지휘관으로만 불리었다. 게다가 그들에게는 로마 귀환 때 개선식이 인정되었다. 키케로는 자신에게 이 이름만한 가치가 있다고는 생각하지 않았다. 군사적 승리는 고참 장교의 힘에 의존했기 때문이다. 늦가을에 에레우테로키리코스 인과의 두 번째 전투가 시작되었다. 키케로는 2개월 간 그들의 산악 요새를 포위하고 그들을 항복으로 내몰았다. 키케로는 군단의 병사들에게 요새 안에서의 약탈을 허가한다. 종군하고 있는 노예 상인에게 팔린 포로에게서 얻은 금액은 12만 세스테르스에 달했다.

겨울과 이듬해 초 키케로는 속주민의 통치, 특히 법 소송에 관여했다. 속주 총독은 여름에서 가을까지는 반란의 진압, 겨울에서 봄에 걸쳐서는 행정과 사법에 임했다. 즉 속주 총독은 그의 소관 속주의 전력 지도자인 동시에 민정의 최고 책임자이기도 했다. 이것도 공직 권한의 일체성에 따른 것이다. 뼛속까지 문인인 키케로에게 전투는 기질에 맞지 않았는데, 앞의 승리는 그로 하여금 '내 생애에서 이처럼 마음이 들뜬 적이 없었다'고 친구 아티쿠스에게 보낸 편지에서 그의 속마음을 드러낸다.

한편 속주 통치에는 속주법(lex provinciae)이 있는데 그 내용은 각 속주마다 다르다. 키케로가 속주 통치에서 힘쓴 것은 다음의 세 가지, 정의(正義), 과욕(寡欲), 자비(慈悲)이다. 그의 전임자는 양심의 가책도 없이 속주 수탈을 자행했다. 그 사내는 클로디우스의 동생이었다. 전임자의 압정은 키케로의 부임 뒤에도 이어졌다. 하지만 키케로의 시정(施政)과는 좋은 대조를 이루었다.

B.C. 50년 초, 키케로의 마음을 뒤덮은 '먹구름'은 파르티아 인에 대한 걱정 때문에 자신이 속주 통치에서 벗어날 수 없게 되는 것이 아닌가 하는 불안이었다. 도시인 키케로는 암담했다. 그러나 그 두려움은 현실화되지 않고 파르티아인은 로마의 영토에서 물러갔다. 6월 끝 무렵, 마침내 키케로는 임지를 떠날 수 있었다.

귀국 길에서 카이사르와 폼페이우스의 대립을 듣다

키케로는 로도스를 거쳐서 11월 초에 에페소스에 들어가 아테네로 출항하기에 알맞은 바람을 기다렸다. 그때, 로마에서는 카이사르파와 폼페이우스파에 대한 인심이 둘로 갈라져 내란이 일어날 징조가 나타나고 있다는 보고가 들어왔다.

카이사르와 폼페이우스는 저마다 키케로에게 편지를 보내 그를 자기편으로 끌어들일 계획을 꾀한다. 키케로의 머리에는 이 두 사람의 대결과는 별도로 킬리키아에서의 전쟁 승리와 최고 지휘관의 칭호를 얻은 것에 따른 자신의 개선식이 로마에서 치러질지도 모른다는 기대감에 차 있었다. 그리고 그는 속주에서의 승리로 인해 자신에게도 많은 지지자가 생겨 카이사르와 폼페이우스 사이에 끼어들 수 있지 않을까 생각했다. 그러나 그것은 안이한 생각일 뿐이었다.

11월 24일, 브룬디시움에 상륙한 키케로는 아내 테렌티아와 1년 만에 재회한다. 12월까지 그의 땅 몇 곳에 들르고 크라니우스에서 휴양한다. B.C. 49년 1월

4일, 이윽고 키케로는 로마시 경계에 도착했다. 개선식을 기다리는 자는 이곳에서 대기해야 했다. 본래 속주의 총독이 로마 시내에 들어올 때에는 평복으로 갈아입고 한 시민으로서 들어오는 것이 의무였다.

6 시민 전쟁—카이사르와 폼페이우스의 격돌

카이사르와 폼페이우스의 싸움 경과

로마를 둘로 나눈 카이사르와 폼페이우스와의 권력 투쟁(시민 전쟁, Bellum Civile)을 구체적으로 서술하기 전에 싸움의 경과를 키케로를 중심으로 해서 기술한다.

＊ B.C. 49년 1월 12일 : 카이사르는 휘하의 군단을 이끌고 로마와 속주와의 경계인 루비콘 강을 건넌다. 시민 전쟁의 개시이다. 한편 폼페이우스의 아내는 카이사르의 딸 율리아였는데, 지난해 율리아가 사망해 두 사람의 인척 관계는 이미 끊어졌다.

＊ 1월 18일 : 키케로는 두 사람 가운데 어느 쪽에 붙을 것인지, 또는 중립을 유지해야 할 것인지 한동안 고민한다. 그러다가 최종적으로 폼페이우스 쪽에 붙게 된다. 그것은 폼페이우스가 공화정과 원로원 귀족정치를 중심축으로 하는 로마의 이념을 지키려는 것으로 키케로는 판단했기 때문이다.

＊ 3월 28일 : 카이사르가 키케로를 포르미아이의 별장으로 방문한다. 그러나 키케로는 이를 계기로 끝까지 폼페이우스를 지지할 것을 확실하게 결의한다.

＊ 6월 7일 : 키케로는 그리스의 폼페이우스군에 가담하기 위해 출항한다.

＊ 7월부터 B.C. 48년 8월 : 이 사이에 키케로는 폼페이우스 진영의 군사적 준비가 허점투성이임을 비판적인 시각으로 보고 차츰 자군의 승리가 어려움을 깨닫게 된다.

＊ 8월 5일 : 카이사르는 파르살루스의 해전에서 폼페이우스를 격파한다.

＊ 9월 : 패한 폼페이우스는 이집트로 도주한다. 이집트 왕가는 그를 숨겨줄 것인지 여부를 고민하다가 카이사르 쪽을 택하고 폼페이우스를 속여 살해한다. 카이사르는 1년간의 독재관이 된다.

＊ B.C. 47년 12월 : 아프리카 전쟁이 시작된다.

＊ B.C. 46년 4월 : 카이사르가 아프리카 전쟁에서 승리. 폼페이우스 쪽의 카토 자살. 키케로 항복.

＊ 11월 : 히스파니아 전쟁이 시작된다. 카이사르 10년간의 독재관이 된다.

＊ B.C. 45년 3월 : 히스파니아전에서 카이사르는 폼페이우스 아들의 군단을 패전으로 내몬다.

＊ B.C. 44년 : 카이사르, 사망 1개월 전, 종신 독재관이 된다.

카이사르에 대한 원로원의 공포

카이사르는 로마의 국법을 거스르고 루비콘 강을 건넜다. 그 무렵 루비콘 이북은 속주이고 로마 공화국 밖이었다. 속주의 총독*¹⁵은 국경을 넘을 경우, 지휘 아래 군단을 해산하게 되어 있었다. 즉 휘하의 군대를 로마로 데리고 오면 안 되는 것이다. 이에 저항하는 자는 반역자·역적의 낙인이 찍히게 된다. 카이사르의 결단은 이를 알고 행한 것이었다.

그러나 이와 같은 반역적 행동은 카이사르가 처음은 아니다. 술라도 B.C. 84년, 로마 본토로 진군해 권력을 차지했다. 즉 술라는 쿠데타에 성공했던 것이다.

카이사르가 루비콘 강을 건넌 것은 폼페이우스의 세력이 원로원의 후원으로 강력해지는 것을 수수방관할 수 없다는 사태가 아니다. 사실 B.C. 49년 1월 7일에 원로원은 카이사르에게 빨리 군단을 해산하고 로마로 돌아오라고 통고하고 있었기 때문이다. 이것이야말로 실질적으로 내란의 시작인 것이다.

카이사르가 갈리아나 게르마니아에서 얼마나 눈부시게 힘든 싸움을 했으며, 거의 전승(全勝)을 하다시피 하면서 얼마나 혁혁한 승리를 거두었는지는 그의 《갈리아 전기》에서 충분히 말해준다. 이 전기에 따르면 '카이사르는 고작 4, 5만의 군단 병력과 거의 동수의 지원군으로 300만의 적과 교전을 해 100만 명을 살해하고, 100만 명을 포로로 하고, 800의 도시를 무너뜨리고, 300의 부족을 굴복시킨' 것이다. 정확하게 갈리아 전쟁(Bellum Gallicum) 전체가 카이사르의 공훈이었다. 카이사르는 갈리아 전쟁이 있기 전까지는 로마의 일급 웅

---

*15 앞서 기술했듯이 그들은 동시에 속주의 군총사령관이기도 하다.

변가에 지나지 않았다. 갈리아에서 카이사르는 비로소 '로마에서 가장 뛰어난 장군이 된' 것이다.

카이사르에 대해서

로마 역사는 카이사르상(像)을 둘러싸고 움직이고 시대에 따라서 카이사르를 평가한다. 카이사르의 사람 됨됨이에 대해서 그 소년기와 청년 시절의 것은 거의 아무것도 전해지지 않는다. 수에토니우스의 《카이사르의 생애에 대해서》에는 다음과 같이 쓰여 있다. '그는 무기를 매우 잘 다루었다. 또한 뛰어난 기수(騎手)이고 놀랄 만큼 인내심이 강했다. 행군을 할 때, 말에 타기보다는 주로 걸었다. 그는 장거리를 믿기 어려운 속도로 나아갔다. 하루 100마일(160㎞)까지도'. 한편 카이사르상(像)의 변천에 대해서는 쿠리스토의 저서 《카이사르》가 있다.

카이사르의 《내란기》는, 식량에 부족함이 없는 폼페이우스군에 비해 먹을 것이 너무나 궁했던 나머지 잡초까지 뜯어먹으면서 흔들림 없는 의지로 어려운 싸움을 이겨낸 상황이 생생하게 묘사되어 있다.

스위스의 문화 역사가 부르크하르트는 '역사의 모든 위대함은 카이사르라는 놀랄 만한 인물상에 집약되어 있다'고 기술한다.

카이사르와 폼페이우스의 대립 구도

B.C. 50년 5월, 키케로가 아직 로마로 돌아가기 전, 원로원은 파르티아 인(키케로싸움)이 침공해 올 것을 우려해 카이사르와 폼페이우스에게 동방 방위를 위해 1개 군단을 국가에 보내 줄 것을 권고했다. 로마에는 군단이 30개 정도 있는데 그 군단들은 당연히 국군으로서 공화국의 군대이지 군단 사령관이나 속주 총독의 사병단이 아니다. 1개 군단은 거의 6000명의 병사로 이루어지고, 군단장(사령관)은 거의 현역 원로원 의원이 맡았다. 군단을 통솔하는 총사령관도 집정관직이나 법무관직을 지낸 문관이었다.

그런데 군대나 군단은 사령관의 명령으로 언제나 움직이고, 싸움에 승리했을 때에는 약탈한 금은 보화의 일부를 사령관으로부터 보상으로서 받는다. 또 공에 따라서 패배한 부족의 주민들은 노예로 분배된다. 그리고 병사들은 군대를 따라다니는 노예 상인에게 노예를 팔고 그 대금은 그들의 호주머니로 들어간다. 이렇게 해서 군단의 병사들은 사령관과 긴밀한 은고(恩顧)의 관계를 맺는다. 더욱이 역전의 고참병은 퇴역 후의 정착지·농지의 알선까지 받는다. 이와 같은 사정으로 로마의 군대는 국가라는 눈에 보이지 않는 법적 권력체보다도 자신들에게 밤낮으로 명령을 내리는 대장군의 명령에 끝까지 따른다. 게다가 너그럽고 인정이 많은 사령관에 대해서는 더 말할 나위도 없다. 그리고 병사들은 로마 정치의 공직 선거(특히 집정관 선거)의 대규모 홍보 부대가 되기도 하기 때문에 이처럼 선거 때가 되면 로마로 급히 달려오는 것이다.

로마는 보호자와 피보호민의 깊은 은고 관계로 움직이는 사회여서 이 관계 즉 클리엔텔라(clientela, 보호자 예속자 제도)가 모세혈관처럼 로마 사회에 퍼져 있었다. 이 연대, 동료 의식의 네트워크는 복잡하기 짝이 없어 보호자가 다른 보호자의 피보호민인 경우도 드물지 않았다.

B.C. 50년 9월, 갈리아에서의 완벽한 승리 뒤, 카이사르는 그의 속주에서 열병식을 거행했다. 이 자리에서 카이사르는 그의 군단 가운데 하나인 제13군단을 이쪽의 갈리아로 배치할 것을 선언한다. 이 군단은 앞서 원로원 권고에 따라서 시리아 군무(軍務)에 파견되어 있었다.

로마에는 카이사르가 이쪽의 갈리아에 1군단이 아니고 4군단으로 증강한 군을 배치했다는 소문이 전해졌다. 그래서 원로원에서는 카이사르가 대군을 이끌고 알프스를 넘을 의도가 있는 것이 아닌가 하는 의심을 하게 된다. 10월에 집정관 마르켈루스는 카이사르를 공적(公敵)으로 선언하는 동의를 원로원에 제출한다. 격렬한 토의 끝에 동의는 부결되었다. 그러나 카이사르의 원수인 마르켈루스는 자신의 권위와 차기 집정관으로 선출된 렌툴루스의 권위를 방패 삼아 폼페이우스에게로 향한다. 앞서 폼페이우스가 카이사르에게 빌려주었던 1개 군단은 카푸아에서 대기 중이고 아직 시리아에 출동하지 않고 있었다. 이 2군단의 지휘를 폼페이우스가 할 것, 그리고 마르켈루스는 병사를 징집할 것을 권한다. 폼페이우스는 그것에 응할 생각은 없었으나 결국 그의 말에 따라서 새롭게 징병을 모집했다.

카이사르의 진군

B.C. 49년 1월, 원로원은 국책 전반의 심의를 위해 회의를 7월까지 개원했다. 이곳으로 전달된 카이사르의 최종 제안은 다음과 같은 내용이었다.

'만일 폼페이우스가 군단을 철수한다면 자신도 이쪽의 갈리아 군단을 철수한다. 그렇지 않으면 곧바로 국가와 자신을 방위할 것이다.'

이럴 즈음 호민관 M. 안토니우스와 Q. 카시우스가 로마를 떠나 카이사르 휘하로 들어갔다. 이것은 중요한 의미를 지닌다. 호민관이 로마에서 도망가면 공적 (公敵)으로 선고된다. 따라서 카이사르에게는 호민관을 보호함으로써 국가 체제를 지킨다는 대의명분이 서게 되는 것이다. 그 신체가 불가침이 되는 호민관을 '손에 넣은' 카이사르는 싸움의 결의가 한결 고조되었다고도 말할 수 있다. 또 이 두 사람과 함께 키케로의 젊은 친구 쿠리오도 카이사르 쪽으로 달려갔다.

루비콘 강을 건넌 카이사르는 1월 13일에 이탈리아 동해안의 중요한 도시 아리미눔(오늘날의 리미니)을 점령한다. 그리고 3일 동안에 해안 쪽의 3개 도시를 차지했다. 동부 에트루리아의 견고한 요새 아레티우스와 중부 움브리아의 이구니빔도 장악한다. 이런 성공으로 카이사르는 북부 이탈리아에서 견고한 기반을 구축하게 되었다.

성난 파도 같은 카이사르군의 진격, 파죽지세의 공략 소식은 로마의 원로원을 경악과 낭패에 빠뜨렸다. 이탈리아에서의 전쟁이 원로원에서 선포된다.

카이사르와 폼페이우스의 교섭

폼페이우스는 젊은 시절에 그 기민함으로 유명했다. 한편 카이사르는 바위처럼 움직이지 않는 성격의 소유자로 알려졌다. 폼페이우스는 카이사르의 진군 속도와 공격의 잇따른 성공을 알고 자기 군대가 이제 로마를 지탱하는 것은 불가능하다고 지지자들에게 밝혔다. 그리고 그는 정무원과 원로원 의원에게 자기와 함께 남쪽으로 몸을 피해 그곳에서 카이사르군을 맞아 싸우자고 한다. 두 집정관 마르켈루스와 렌툴루스, 많은 정무관, 원로원의 대다수 의원, 그리고 수많은 부유한 기사들이 폼페이우스와 행동을 함께 했다.

폼페이우스는 카이사르에게 두 명의 사자를 보내 전쟁을 선포한다. 폼페이우스는 자신이 싸움을 선포한 이유는 단순히 카이사르에 대한 개인적인 적의 때문이 아니라 국가를 구하기 위해서라고 설명했다. 카이사르는 이 사절을 그의 제안 문서와 함께 돌려보냈다. 그 내용은, 카이사르는 자신의 3개 속주[16]

___
*16 이쪽의 갈리아, 건너쪽의 갈리아, 그리고 일리키움.

를 포기하고 로마로 돌아가 집정관직에 오르겠다, 이를 귀하와의 회담에서 상세하게 결정하고 싶다는 것이었다.

1월 24일, 이 회답을 받은 폼페이우스는 곧바로 카이사르에게 편지를 전하게 했다. 그 내용은 만일 카이사르가 점령한 이탈리아의 모든 도시를 비워주고 그의 속주로 돌아간다면 이 제안을 받아들인다는 것이었다. 28일에 카이사르는 이 회신을 받았다. 그러나 카이사르에게는 불명확한 약속과 교환으로 자신의 군사적 성과를 포기할 생각이 없었다. 그래서 그 제안은 거절되고 전쟁이 일어나게 되었다.

폼페이우스에게는 카이사르가 없는 해군, 즉 함선이 있었다. 일단 이탈리아 본토를 떠난 폼페이우스는 군사력에 대해서는 카이사르에게 단호한 우월감을 지니고 있어 카이사르에게 굴복하고 싶지 않았다. 두 사람 사이의 호소는 처음부터 격돌을 피하지 못했다.

카이사르로서는 자신의 신변 안전과 집정관이 된 뒤의 보증이 인정되기만 한다면 폼페이우스와의 싸움은 피하고 싶었다. 카이사르는 속주에서의 전투 확대와 승리가 쉽지 않음에 비추어 그때까지 갈리아나 게르만의 부족으로 보조 군단을 만들고 있었다. 사실 군단의 신설은 원로원의 승인을 필요로 했다. 그러나 그것을 기다리고 있으면 싸움의 기동성은 크게 손상된다.

그리고 카이사르가 시행하는 반란 진압의 조치는 속주의 총사령관에서 물러난 뒤에 문제가 될 우려가 있었다. 그와 동시에 카이사르가 수행한, 다른 어느 누구도 장악하지 못했던 갈리아나 게르마니아에서의 연속 승리는 원로원에서 무훈에 대한 선망이 질투와 고소로까지 바뀔 가능성을 간직했다.

로마사의 대가 몸젠은 카이사르와 폼페이우스의 싸움을 독재정을 지향하는 두 사람의 충돌로 파악했다. 한편 E. 마이어는 이 싸움의 배경에는 3개의 국가 형태가 있었다고 지적한다. 카이사르가 지향한 독재정, 원로원 귀족정이란 형태에서의 공화정, 또 폼페이우스가 지향한 국가의 군사와 정치에 최고의 영향력을 행사할 수 있는 국가 제1위의 시민에 의한 통치 등 세 가지이다. 마이어의 이런 상황 파악은 정확할 것이다.

키케로와 시민 전쟁

B.C. 49년 3월 11일, 키케로가 아티쿠스 앞으로 보낸 서간에는 카이사르와

의 회견을 결의한 것이 암시되고 있다. 3월 28일, 카이사르는 포르미아이의 키케로를 방문했다. 페터슨에 따르면 키케로의 생애에 위대한 날이 네 번 있었다. 첫 번째는 B.C. 63년 12월 5일 카틸리나파 5명의 처형을 비상대권 아래 행한 날, 두 번째는 B.C. 60년 바르부스와의 회견에서 삼두 정치에 대한 지지를 거부한 날, 세 번째가 앞서 언급했던 카이사르가 온 날. 그리고 네 번째는 B.C. 44년 12월 20일 옥타비아누스와 데키무스 브루투스를 위해 전권 위임을 원로원에게 발포하게 한 날이다.

3월 28일의 회담에서 키케로는 카이사르 쪽에 가담하는 것을 거부했다. 카이사르는 포르미아이에 3일간 머문 뒤, 설득을 단념하고 로마로 돌아가 원로원을 소집했다. 그러나 원로원의 대세는 카이사르를 따르지 않겠다는 방침을 표명했다. 그러자 카이사르는 원로원의 찬동 없이도 폼페이우스를 추격하겠다는 뜻을 밝힌다.

키케로는 아티쿠스에게서 완전 중립적 태도를 지니라는 충고를 받았으나, 당초의 결의를 바꾸지 않고 폼페이우스군에 가담하기 위해 그리스로 향한다. 아내 테렌티아와 딸 툴리아도 스페인에서의 양군의 싸움이 끝날 때까지 귀추를 지켜보도록 간청하지만 키케로는 그대로 출발했다. 그리고 카토 또한 그 자신은 반카이사르의 처음 입장을 버릴 수 없지만 키케로는 로마에 머물러 중립을 지켜야 한다고 설득했다. 그러나 키케로는 어느 누구의 말도 듣지 않았다.

키케로는 폼페이우스 쪽에 결코 쌍수를 들어 가담한 것은 아니다. 폴란드의 뛰어난 키케로 학자 쿠마니에키는 키케로는 '보다 큰 악=카이사르'와 '보다 작은 악=폼페이우스' 사이에서 선택했다고 지적하고 있다. 키케로는 폼페이우스가 승리를 하더라도 독재정치가 도래할 것을 이미 꿰뚫어 보고 있었다.

폼페이우스 도망

B.C. 48년 8월 9일, 카이사르는 폼페이우스군을 마케도니아 남부의 파르살루스에서 격파한다. 폼페이우스 진영에는 키케로, 카토 그리고 바로(박학자, 저술가)를 비롯해서 많은 원로원 의원들이 디라키움에 머물고 있었다. 플루타르코스는 키케로가 질병 때문에 이 파르살루스 전투에 참가하지 않았다고 썼으나 키케로 연구자는 모두 이를 부인한다.

폼페이우스는 동쪽으로 도망을 간다. 폼페이우스파의 원로원 의원들은 코네이라로 가, 그 뒤의 일을 협의한다. 카토는 디라키움에 많은 군대와 큰 함대를 가지고 있었기 때문에 폼페이우스가 도망을 가자 공화국군의 최고사령관으로 추대되었다. 하지만 법무관 경력뿐인 카토는 이를 고사하고 키케로에게 이 지위에 오르도록 청했다. 그러나 키케로는 이를 거절했다. 군의 지도에서 완전히 벗어나 있다는 것이 그 이유이다. 그 자리에 함께 있었던 폼페이우스의 아들(그나이우스
폼페이우스)이 '배신자!'라고 소리치면서 키케로를 베려고 했다. 순간 카토가 가로막아 키케로의 목숨을 구했다.

폼페이우스파의 대부분은 속주 아프리카로 출항한다. 키케로와 동생 퀸투스는 먼저 파트라이로 가고, 그 뒤 다시 퀸투스와 그의 아들은 동쪽으로 가서 카이사르와 화해하려고 했다. 키케로는 브린디시움으로 돌아가 그곳에서 카이사르가 동방에서 돌아올 때까지 11개월 동안 그를 기다렸다.

카이사르의 완승

카이사르는 가장 절박한 사항들을 정리하기 위해 짧은 기간 동안 로마에 머문다. 그 때문에 B.C. 47년 9월, 그는 이탈리아로 귀환한다. 타렌툼에 상륙한 카이사르가 브린디시움으로 가자 키케로가 마중을 나와 있었다. 카이사르는 말에서 내려 자신에게 대적한 키케로에게 따뜻한 말을 건넨다. 두 사람 사이에는 친밀한 대화가 길게 이어졌다. 카이사르는 키케로가 로마 시내에 들어오는 것을 관대하게 보장했다. 카이사르는 자신에 반기를 든 자들에게도 참으로 너그러웠다. 이전의 갈리아 전쟁에서도 그랬다. '카이사르의 관용'이란 말이 생겼을 정도이다.

카이사르는 B.C. 47년 11월 끝 무렵에 로마를 떠나 다시 아프리카의 싸움터로 향했다. 이미 폼페이우스는 믿고 숨어든 이집트에서 프톨레마이오스 왕가의 손에 B.C. 48년 9월에 살해되었다. 속주 아프리카는 폼페이우스가 사망한 뒤의 공화국군과 카이사르군과의 마지막 결전장이었다. B.C. 46년 4월에 카이사르는 아프리카의 타프소스에서 승리한다. 이 타프소스의 북쪽에 있는 도시 우티카의 사령관으로 있었던 카토는 카이사르가 시행할 독재정치를 보고 살기를 완강하게 거부하고 자살을 택한다. 이렇게 해서 이 카토(소카토)는 카토 '우티켄시스'로 불리게 되었다. 키케로는 완고한 스토아파 철인이기도 했던 카토를 '자연이 믿을 수 없을 정도로 위엄을 갖춘 사람'으로 찬양했다. 또 한편으로는 동맹을 맺은 여러 나라의 소망에 고개를 가로저은 고집이 센 자로서 비판도 하고 있다. '카토는 자살로 공화국의 몰락을 봉인했다.'(기베르) 카토는 키케로하고는 다르며 타협이 없는 인간이어서 '카이사르의 관용'을 받고 싶지 않았다. 처음부터 '카이사르의 관용은 공화국 사멸의 간접 증거'이고, 카토는 카이사르의 관용을 독재자의 법률 위반에 의거한 조치라면서 인정하려 하지 않았던 것이다.

B.C. 46년 여름에 로마로 들어온 카이사르는 갈리아, 이집트, 소아시아, 아프리카에서의 승리를 축하하는 네 개의 개선식에서 환영을 받는다. 그런 중에 폼페이우스의 두 아들이 스페인의 13개 군단의 전력을 집결했다는 소식이 카이사르에게 전해진다. 그러나 B.C. 45년 3월, 문다에서 이 군세도 패퇴한다. 공화국을 둘로 나누었던 내전(Bellum Civele)은 여기에서 막을 내렸다. 강대한 해군력을 가지고 있었던 폼페이우스의 패배는, 카이사르의 작전이 놀랄 만큼 치밀했음을 보여준다.

독재관 카이사르 지배에 놓인 로마는(B.C. 47년~B.C. 46년) 일단 평온해졌다. 카이사르의 휘하에 있었던 가이우스 오피우스와 바르부스가 카이사르 부재 중에도 로마의 질서를 유지했던 것이다.

키케로와 카이사르

키케로는 로마공화정을 무너뜨리고 독재정을 편 카이사르와는 국가관이 완전히 달랐다. 배후에 군단이나 병사의 지지 기반이 전혀 없었던 키케로에게는 카이사르와의 철저한 항전은 처음부터 불가능했다. 폼페이우스 진영에 가담한 키케로는 패전 뒤 '카이사르의 관용'으로 생명을 연장할 수 있었다. 그러나 그 뒤부터 키케로에게 카이사르는 한결같이 국적(國賊)이었다. 키케로는 카이사르의 관용에 대해서도, 관용 그 자체로 볼 때는 아직 부족하다는 것을 카이사르 사망 후에 언명한다. 카이사르는 반란을 일으킨 게르만의 부족이 성벽에 파성추(破城槌)가 닿기 전에 투항하면 목숨을 살려준다고 했는데, 키케로는 만일 성벽을 처부순 후라도 무기를 버리고 투항하면 목숨은 살려준다고 말하고 있다.

카이사르도 키케로 못지않은 웅변가였다. 카이사르는 로도스 섬으로 건너가 아폴로니우스·모론에게서 웅변학을 배웠다. 그러나 그 자신은 키케로를 당할 수 없는 제2의 웅변가라고 말한다. 군대 업무를 주로 한 카이사르는 웅변을 연마할 여유가 자신에게는 없다는 것을 그 이유로 들고 있다. 그러나 이것은 '카이사르 특유의 비아냥'일 뿐이다.

카이사르가 거금을 뿌려 대중의 인기를 얻는 것으로 로마공화정이 잠식(蠶食)되어 가는 것, 이를 그대로 간과하면 사태는 심상치 않게 바뀔 것을 알아차린 것은 오직 한 사람 키케로뿐이었다고 플루타르코스는 전하고 있다. 원로원의 다른 의원들은 머지않아 카이사르의 돈이 다 떨어질 것이라고 대수롭지 않게 여겼던 것이다.

7 카이사르의 독재와 암살 그리고 키케로의 최후

키케로와 브루투스

카이사르가 문다—가 있는 스페인은 폼페이우스의 병사들이 머무르고 있었다—에서 폼페이우스의 두 아들과 13개 군단을 격파하고 로마로 돌아오기 전에, 키케로는 투스쿨룸의 별장에 틀어박혔다. 이 무렵 그는 나중에 카이사르 살해의 주모자가 되는 25세의 젊은이 마르쿠스 브루투스와 편지로 긴밀하게 사상을 교환하고 있었다. 브루투스는 가계에 두 영웅이 있고 폼페이우스의 정적이었다. B.C. 78년, 브루투스의 아버지는 음험한 방법으로 처형되었다. 내전이 일어나자 브루투스는 발생한 그 사태에 그의 개인적 감정을 억제하고 정적이었던 폼페이우스 편에 붙어 파르살루스에서 함께 싸웠다. 싸움에 패한 뒤 브루투스는 카이사르의 관용을 받았다. 그의 어머니가 카이사르의 애인으로 알려져 있다. 또한 브루투스의 아버지가 카이사르란 설도 있다.

키케로는 브루투스의 다채로운 재능을 높이 평가했다. 브루투스는 웅변가이기도 하고 시도 썼기 때문이다. 나중에 키케로는 그에게 카이사르 암살을 정의의 행위로서 '부추기게' 된다.

브루투스는 키케로에게 이른바 로마공화정의 '수호령(守護靈)'이 된 카토찬가의 글을 하나 써주길 원했다. 키케로는 이에 응했다. 카이사르와 그 무리의 분노를 사게 될 것을 뻔히 알면서도 쓴 것이다. 이에 대해서 카이사르는 문다 전투 뒤에 《반카토》를 직접 써서 이에 반박했다.

침울한 키케로

카이사르가 종신 독재자(국무 집행을 위한 독재관)가 된 때부터 키케로는 이제까지 그것에 비판적인 태도를 취했던 에피쿠로스파의 사람들과 적극적으로 교류한다. 에피쿠로스파는 정치로부터의 도피를 신조로 하는 한편, 우정으로 충만한 인간 관계, 쾌적한 교제, 교양 있는 생활을 소중하게 여겼다. 키케로는 이 파의 어느 신봉자에게 '나는 국가에 대한 일체의 배려, 원로원에서의 의견 개진에 관한 일체의 숙고, 소송 연설에 대한 일체의 준비를 내가 적대하는 에피쿠로스파에게 던져버리고 말았다. 나는 내가 있을 곳을 바꾼 것이다' 말한다.

그러나 우리는 이 말을 액면 그대로 받아들여서는 안 된다. 키케로는 이 파의 철학 그 자체를 받아들인 것은 결코 아니다. 이 학파에 대한 그의 경향은 키케로가 지닌 풍부한 기지 정신과의 연결에 지나지 않는다. 도시인 키케로는 타인과의 사교에 깊은 희열을 느끼는 철학자인 것이다. 키케로와 에피쿠로스파의 관계는 이 책의 '사상'편을 보기 바란다.

이혼, 재혼, 딸의 죽음, 재이혼

키케로는 인생의 황혼 무렵에 아내와 이혼한다. B.C. 46년 여름 무렵의 일이다. 이혼 원인은 테렌티아가 키케로의 정치 행동이나 정치 판단에 언제나 참견을 했는데 그 불만이 쌓이고 쌓여서 키케로는 더 이상 참을 수 없게 된 것으로 알려진다. 또 아내 쪽에서의 이혼 원인은 키케로가 아내의 지참금, 더욱이 친정으로부터의 지원금을 빚을 갚는 데에 쓴 것에 있는 듯하다. 이혼 뒤 키케로는 아내의 지참금을 변제하게 되었다. 테렌티아는 《카틸리나 전쟁》을 쓴 살루스티우스와 재혼하고 그 뒤, B.C. 61년의 집정관을 지낸 발레리우스 메살라와 또 재혼을 했다. 그녀는 103세까지 살고 A.D. 3년에 사망했다.

키케로는 이혼한 지 반년 뒤, 45세나 아래인 푸블리아와 재혼한다. 세간에서 60세의 사내가 소녀와 같은 여성과 결혼한 것에 비난을 퍼붓자, 키케로는 '내일은 그녀가 여성이 된다'고 말했다는 것이다. 그러나 아무래도 이 결혼에는 돈이 결정적인 역할을 수행했던 것에 틀림없다. 키케로는 많은 빚을 안고 있었다. 추방된 직후 불타버린 파르티나 언덕의 저택은 국가가 변상해주었으나 국가에서 나온 금액으로는 복구하는 데 턱없이 부족했다. 키케로는 그것말고는 다른 몇 군데에도 저택·별장을 가지고 있었고, 또 많은 지지자들을 대접하는 데에도 고액의 돈이 언제나 필요했다.

키케로가 재혼한 몇 주 뒤, 딸 툴리아가 죽었다. 사랑하는 딸의 죽음에 의기소침해진 키케로는 고독하게 지내기 위해 젊은 아내를 친정으로 돌려보냈다. 새 아내는 툴리아의 죽음을 기뻐했다고 플루타르코스는 전한다. 이 젊은 아내는 키케로에게 다시 돌아오지 않았다. 그리고 두 사람은 이혼했다. 키케로의 편지에는 반환해야 할 지참금이 언급되어 있다. 로마의 법률은 이혼한 남편은 신부의 돈을 곧바로 반환하도록 정해져 있었기 때문이다.

키케로의 딸 툴리아는 용모도 성격도 아버지를 빼닮았었다. 딸에 대한 키케로의 사랑은 더없이 깊었다. 젊은 아내와 재혼했어도 딸의 죽음으로 키케로는 침통에서 벗어나지 못했다. 툴리아는 결혼운이 없었고,[*17] 게다가 아들을 남기고 죽었다. 그러나 다르게 생각하면 그녀는 행복하게 살다 죽었다고도 말할 수 있다. 그녀는 부친이 법무관과 집정관이라는 국가의 요직에 오르고 임퍼레이터(황제)라는 칭호도 받은 데다가 복점관 지위에까지 오른 것을 자신의 눈으로 봐 왔고, 몰락하는 공화국의 최후를 보지 않고 세상을 떠났기 때문이다. 게다가 부친이 카이사르가 없는 삼두 정치(옥타비아누스, 안토니우스, 레피두스)의 와중에 폭도에 의해 쓰러진 일도 겪지 않았던 것이다.

키케로의 친구이자 집정관을 지낸 세르비우스 술피키우스 루푸스는 아테네에서 키케로에게 위로의 편지를 보냈다. 이 친구는 그 편지 가운데에서 지상의 모든 것의 덧없음을 말하고, 그리스의 일찍이 융성했던 나라들(아에기나, 메가라, 피레우스, 코린토스)이 모두 황폐하게 되어버린 것을 언급했다. 카이사르도 키케로에게 위로의 서간을 보냈다.

슬픔을 넘어 철학으로

키케로는 딸의 장례식 뒤 아스투라에 있는 별장으로 왔다. 그는 투스쿨룸의 별장을 자주 이용했는데 그곳은 딸과의 추억이 너무나도 많았다. 그는 깊은 우수와 '대화'하면서 날마다 집필에 몰두했다.

그가 아스투라에 도착하고 나서 이틀째에 쓴 아티쿠스 앞으로 보낸 서간에

---

*17 재재혼을 했다. 세 번째의 남편은 키케로가 우려한 바람둥이였다.

는 《슬픔에 대해서 어떻게 그것과 마주칠까》, 그리고 《위로》란 수필이 쓰인 것이 보고되어 있다.

키케로는 《위로》에서 로마의 위인들이 아들을 잃은 예를 많이 인용한다. 대 카토의 동료 집정관 레쿠스는 아들을 잃었으나 장례장에서 바로 원로원으로 달려와 회의를 주재했다. A. 파울루스는 개선식 중에 두 아들을 잃었는데 마치 타인의 이야기를 하는 것이 아닌가 생각될 정도의 용기로 아픔에 대해 언급했다. 그러면 키케로는 어떤가. 그에게 생명의 근원이라고도 할 수 있는 공화국은 몰락하여 이제 되돌릴 수 없게 되었다. 그리고 그의 정적은 국가의 폐허 위에서 자신의 권위를 뽐내고 있다. 반면에 자신은 저세상에 가면 딸과 재회할 수 있다는 것, 딸이 신들 곁으로 갔다는 것, 그리고 이 세상 사람들이 그녀를 늘 회상하길 원했고, 또 기도하고 있음을 간절한 마음으로 표현했다.

아스투라에서 《위로》를 다 쓴 키케로는 라틴어로 그리스 철학의 포괄적 표현을 행하기 위한 계획을 세우기 시작했다. 이곳에서 키케로의 한결같은 노력은 '철학에 라틴어를 가르쳐, 이른바 로마 시민권을 부여하는 것'이었다. 6월에는 《아카데미카》, 8월 무렵에는 《선과 악의 궁극에 대하여》, 가을에는 《투스쿨룸에서의 대화》, 그리고 연말까지 《신들의 본성에 대하여》를 완성한다. 이에 앞서 B.C. 52년 54세에 《법률에 대하여》를 쓰기 시작하고 B.C. 51년에 《국가에 대하여》를 완성하고 있는데, 이들 6편의 저작은 키케로 철학의 정화(精華)이고 그리스 철학의 로마적 계승과 비판이다.

키케로를 도운 두 사람, 아티쿠스와 티로

로마공화정이 붕괴로 넘어가기 전, 키케로가 쓴 것을 오늘날에 이르기까지 남기는 일에 공적이 있었던 두 사람에 대해서 언급한다. 키케로가 문장에 뛰어났음을 보여주는 저작에 더해서 그의 웅변을 상세하게 전하는 연설집, 그리고 수많은 서간이 후세에 전해진다. 서책에 대해서는 키케로의 둘도 없는 친구이며 출판도 하고 있었던 아티쿠스의 지원이 크다. 그의 본명은 티테우스 폰토니우스였는데 그리스 문화에 대한 해박한 교양 때문에 아티쿠스로 불리었다. 그도 키케로와 똑같이 로마의 기사 계급에 속했다.[18] 그러나 기사 계급의 이

＊18 여동생은 키케로 동생의 아내.

해와 충돌해 정치 무대에는 오르지 않았으며 그는 에피쿠로스파의 일원이었다. 키케로가 형편이 어려울 때에는 충고도 하고 키케로의 자금 마련도 해주었다. 아티쿠스는 그 무렵 가장 유력한 실업가이고 기사 계급의 제1인자라고 할 수 있다. 그는 이탈리아의 이르는 곳마다 장원을 소유했고, 그 수를 잇따라 늘려나가는 것이 그의 유일한 숙원이었다.

티로는 해방 노예이자 키케로의 비서로서 그 가족의 친밀한 협력자이다. 키케로가 내쏟는 말을 기록하기 위해 속기술을 만들어낸 것으로 전해진다. 그는 키케로의 승인을 얻어 편지를 복사해 키케로의 다른 초고와 함께 보관했다. 티로의 존재는 매우 중요했다. 그가 없었더라면 키케로가 쓴 편지는 오늘날까지 남아 있지 않았을 것이다.

카이사르 암살의 주역들

이 음모가 어떻게 시작되었는지는 뜻밖으로 오늘날까지 상세하게 전해진 것이 없다. 키케로가 공화파, 즉 카이사르 독재에 비판적인 무리에게 한결같은 행동을 취하도록 진언을 한 것은 틀림이 없다. 키케로는 카이사르가 암살된 B.C. 44년 3월 15일, 암살을 성공시킨 자들의 회합에 초청을 받아 참석한다. 키케로는 이 자리에서 카이사르의 동료 집정관 마르쿠스 안토니우스를 이제부터 아군에 넣는 것은 불가능하다고 발언을 했다.

카이사르 암살의 주도권을 장악한 것은 G.C. 롱기누스이다. 그러나 그의 의형제 M. 브루투스가 음모의 수령으로 추대된다. 그것은 로마가 B.C. 509년에 왕정을 폐지하고 공화정이 되었을 때 왕을 추방하고 이 혁명을 일으킨 것이 브루투스의 선조로 지목되어 있었기 때문이다. 이 브루투스는 키케로보다 20세나 젊은데도 웅변가로서 이름을 떨쳤고, 시인인데다가 철학 저작도 출판했다. 그러므로 키케로는 높은 교양을 갖춘 그를 자신의 계승자로서 평가했다.

카이사르 암살 계획이 개인적인 원한의 다툼이거나 정권 탈취의 쿠데타 같은 것이 아니라 로마의 존립을 붕괴로부터 구하는 것, 즉 독재정으로의 이행을 저지하는 것이라는 확신이 암살자들에게 버팀목이 되어, 그들을 결속하고 있었다. 원로원 의원 중 60여 명의 동의자가 나오고, 무엇보다도 신중한 독재자를 한 번의 암살 계획으로 쓰러뜨린 것은 그들의 확신과 결속의 견고함을 말해준다.

그러나 한편 이 암살 집단은 결코 다 같은 마음으로 뭉쳐 있었던 것은 아니다. 카이사르에게 단호한 정적만이 아니고 지난날의 지지자도 섞여 있었다. 브루투스와 카시우스—그도 에피쿠로스파에 속해 있었다—는 전의 내전(內戰)에서는 폼페이우스 진영에 있었다. 두 사람은 카이사르가 파르살루스(테살리아의 토시)에서 승리를 거둔 뒤에 은사를 받았다. 두 사람은 카이사르의 후원으로 B.C. 44년, 15명의 법무관 가운데 한 사람으로 당선했다. 이 암살 계획에는 주모자 말고도 이름이 많이 알려진 몇 사람의 원로원 의원들이 있었다. 데키무스 브루투스가 특히 그렇다. 그는 갈리아에서 카이사르 밑에서 싸우고 B.C. 44년 초 이래 이쪽의 갈리아 총독이었다. 그 밖에는 내전 때 마실리아(오늘날의 마르세유) 점령 무렵, 뛰어난 활약으로 카이사르의 승리에 공헌한 가이우스 트레보니우스도 있었다.

그러나 카이사르 암살을 계획한 무리는 암살이 성공한 뒤의 미래상을 갖지도 짜지도 않았다. 단순하게 암살자를 장사지내면 공화국 로마가 재건될 것으로 생각했는데 그것은 몽상에 지나지 않았다. 카이사르가 죽은 뒤에도 카이사르가 키운 인맥, 즉 지지자의 힘, 카이사르가 이탈리아에 심은 지지 기반이 얼마나 견고하게 뿌리내리기 시작했는지를 그들은 전혀 알아차리지 못했다. 카이사르가 감아올린 도르래는 아무리 반대파가 바둥거려도 본디 상태로 되돌아가지는 않았다. 그리고 그들의 행동은 '독재자 없는 독재정'(키케로)을 낳게 되어 결국 공화정을 완전히 제정(帝政)으로 전환시키게 되었다.

이 암살에 대한 부정적 평가를 두 가지 소개해둔다. 《로마 혁명》의 저작으로 유명한 사임은 다음과 같이 그들의 한계를 지적한다. '그들은 단순히 자유로운 국가의 전통과 제도를 위해서가 아니라, 그들 자신이 속한 계층의 존엄과 이익을 위해 일어선 것이다.' 《카이사르의 독재정과 그 근원》의 저자 아르페르디는 살해자를 '정의롭지 않은 불량배 집단'이라고 비난한다.

키케로의 태도

카이사르의 유해에서 살해자들이 피로 물든 단도를 잡아 뺐을 때 그들은 '키케로'라고 외쳤다(클라우스 《키케로와 카이사르》 1939년). 여기에서 일단 카이사르가 시해되는 상황을 엮은 수에토니우스의 《카이사르전》을 보자.

카이사르가 (원로원에서의 집정관) 자리에 앉아 있는 사이에 음모의 일당은 그에게 순순히 복종하는 척하고 그의 주위로 몰려들었다. 그리고 곧바로 첫 역할을 맡기로 되어 있었던 틸리우스 킴베르가 카이사르에게 접근한다. 카이사르가 다른 기회를 기다리도록 그에게 신호를 보냈을 때, 틸리우스는 카이사르의 긴 겉옷을 두 팔로 잡았다. 곧바로 카이사르는 '이건 폭력이다!' 외친다. 그때 카스카가 등 뒤에서 카이사르의 목 밑을 찔렀다. 그러자 카이사르는 카스카의 팔을 꽉 잡고 석필로 그의 가슴을 찔렀다. 카이사르가 일어서려고 하자 두 번째의 단도가 찌른다. 주위에서 단도가 자기에게 다가오고 있는 것을 본 카이사르는 긴 겉옷으로 얼굴을 가리고 동시에 왼손으로 긴 겉옷을 두 다리까지 내렸다. 품위 있게 쓰러지고 또한 하반신을 가리기 위해서이다. 이런 자세로 카이사르는 한 마디도 하지 못한 채 23회나 찔렸다. 처음에 찔렸을 때에만 한숨이 새나왔다. 또 다음과 같이 보고하는 자도 몇 사람 있다. 그는 자기에게 다가오는 M. 브루투스에게 그리스어로 '브루투스, 너마저도?' 이렇게 말했다는 것이다.

한편 키케로는 앞서도 말했지만 B.C. 45년 봄, 공화정에서 죽은 카토를 염두에 두고 《카토》를 써 카이사르를 비판했다. 키케로는 로마의 전통적 과거에 자리매김하고 있었다. 그의 최대의 철학서 《국가에 대하여》는 시조들의 방식(選良자 들의 삶)을 준수해야 한다고 역설한다. 그것은 원로원 귀족정이라는 형태의 공화정 체를 관철하자는 호소이다.

키케로는 직접 카이사르 암살의 모의에는 가담하지 않았지만 이 음모는 충분히 알고 있었다는 해석이 오늘날 유력하게 거론된다. 키케로는 M. 브루투스를 부추긴 점이 있으므로 키케로야말로 카이사르 암살의 흑막이라고 할 수 있을 것이다. 그러나 주모자 브루투스와 카시우스는 키케로를 카이사르 암살 모의에 가담시키지 않았던 것이 확실하다.

키케로의 카이사르 평가

키케로는 《필리포스 왕 탄핵연설을 모방하여》 2에서 카이사르를 아래와 같이 묘사했다.

카이사르는 천재성, 명민함, 기억력, 교양, 세심함, 정신의 예절 그리고 신중함을 아울러 갖추고 있었다. 그는 여러 군사적 업적을 이루었는데 이런 것들은 국가에는 파멸적이었지만 의의가 깊은 것이었다.

긴 세월동안 변함없이 그의 의도는 독재자가 되는 것이었다. 예사롭지 않은 노고와 심대한 위험을 거쳐 그는 목표에 도달했다. 그는 무지한 대중을 행사(行事), 건축, 선물의 배분, 공적인 술자리로 낚았다. 그리고 친구들을 위협으로, 정적들을 관용의 겉치레로 속박했다. 즉 사실대로 말해서 그는 우리 자유로운 국민의 감각을 둔하게 함으로써 예속과 관습을 뇌리 깊숙이 심어준 것이다(키케로 그림말로).

그리고 카이사르가 암살된 B.C. 44년에 쓴 키케로의 마지막 저작 《의무에 대하여》에서는 카이사르를 '그는 모든 신과 인간의 법을 뒤집었다'고 비난하고, 더 나아가 카이사르는 '조국의 아버지'의 칭호—키케로도 그렇다—를 얻었는데 오히려 '부친을 살해한 patricida(조국을 멸시킨 자)'라고까지 단언한다.

키케로가 카이사르 생존 중에 쓴 《변론가에 대하여》, 《국가에 대하여》, 《법률에 대하여》와 카이사르 암살 후에 성립한 여러 철학·윤리학의 작품은 언제나 카이사르를 대항 축(軸)으로 하고 있다. 후자의 여러 저작은 카이사르의 정치 노선, 즉 독재 지향을 물려받으려는 자들에 대한 지탄의 서책이란 의미를 갖는다.

카이사르 암살 직후

카이사르의 암살이 남긴 것은 '숨이 막힐 것만 같은 공백 상태'였다. 계획적인 살해는 키케로가 원하는 방향, 즉 원로원의 정치력 회복으로 진전되지는 않았다. 그렇다고 해서 카이사르 지지자, 즉 카이사르 밑에서 싸운 고참병이나 카이사르에게 '빵과 서커스'로 회유되었던 로마의 민중에게는, 곧바로 암살자들과의 복수전을 행하거나 폭동으로 치달을 마음은 없었다.

또 카이사르 암살에 의한 국가의 '해방자들'의 커다란 오산은 카이사르의 동료 집정관 M. 안토니우스(B.C. 83~B.C. 31년)가 그들에게 가담하지 않은 것이다. 더구나 그는 카이사르 암살 직후, 암살을 계획한 원로원의 일부 세력과 오히려 손을 잡으려고 했던 것이다. 한편 그의 조부이고 동명인 B.C. 99년의 집정관 마르쿠스 안토니우스는 B.C. 95년의 집정관 크라수스와 함께 키케로의 청년 시절 가장 유명한 변론가였다. 키케로의 웅변적인 간청이 있었다면 안토니우스의 마음이 바뀌었을지도 모른다. 그러나 키케로는 이를 소홀히 했다.

안토니우스는 B.C. 52~B.C. 51년 카이사르 밑에서 싸우고 B.C. 49년 호민관으로서 로마에서 카이사르의 권익을 지킨 사내로서 본래 카이사르파이다.

키케로와 안토니우스의 대결

M. 안토니우스는 카이사르의 전 동료라는 권한을 효과적으로 활용해 카이사르의 유품, 자금, 메모까지 압류했다. 3월 17일, 안토니우스는 원로원에 초청된다. 원로원은 공화국의 재건을 요구한 것으로 생각되는 결의와 카이사르파의 지위 보전 결의를 했다. 여기에서 카이사르 암살자들은 형벌의 면제를 받는 것이 인정됨과 동시에 카이사르가 포고한 명령은 정당한 법으로서 존속할 것도 정해졌다.

이 원로원 결의에서 중요한 역할을 한 것은 키케로이다. 그는 카토가 죽은 뒤, 원로원의 확고한 중진이었다. 현재는 정치에서 멀리 벗어나 있어도 앞으로는 원로원의 주도자(주도자들의 주도자)가 될 기대를 받기 시작했다. 또한 웅변에서는 그를 따를 자가 없다. 키케로는 확실하게 카이사르 암살자들을 무죄로 해야 한다고 주장했다. 카이사르 독재를 타도한 구국적 행동을 일으킨 자들의 무죄는 어떻게든 원로원이 받아들여야 한다는 것이 키케로의 열망이었다. 이 제안을 통과시키기 위해 키케로는 B.C. 403년 아테네에서 참주정(僭主政)을 타도한 민주파의 사람들이 참주정에 가담한 자에게 인정한 대사(大赦)를 본보기로서 제시했다.

카이사르가 공포한 법이 아직도 유효하다는 원로원 결의는 이 법의 최고 집행인으로 지명된 안토니우스에게 강대한 권리를 인정한 것이 된다.

안토니우스는 만만치 않은 사내이고 3월 18일, 카이사르의 장례 개최안을 원로원에서 통과시키는 데 성공한다. 안토니우스가 카이사르의 메모를 최대한으로, 즉 파렴치하게도 사용했다는 것과, 카이사르 장례 실행의 두 가지가 공화파(자유파)의 운명을 판가름하게 된다. 거행된 장례에서 카이사르의 유해가 광장에서 화장되기 시작하자 카이사르의 사적(事蹟)과 그 의젓한 모습을 떠올린 군중은 장작더미에서 타다 남은 장작을 들고 한 무리가 되어 카이사르의 적이었던 자들의 집에 불을 지르기 위해 내달았다. 브루투스와 카시우스뿐만 아니라 키케로도 로마에서 한때 그 자리에서 물러나지 않을 수 없었다.

키케로는 나폴리 만에 접한 영지 쿠마에에서 친구인 동시에 카이사르 숭배자인 마티우스의 견해를 기록했다. 그것은 '카이사르 암살은 구제할 수 없는 혼돈을 가져오고 말았다'는 것이다. 그러나 키케로 자신은 카이사르 암살 뒤의 로마를 '참주정은 살아있다. 단지 참주가 죽었을 뿐'이라고 표현했다.

두 사람의 격돌

키케로가 살았던 시대는 두 사람 사이의 힘겨루기가 몇 번 있었다. 키케로와 카이사르, 카이사르와 폼페이우스, 키케로와 M. 안토니우스, 그리고 키케로와 클로디우스의 식으로 로마공화정 말기는 두 사람 사이의 힘겨루기로 전환했다고도 말할 수 있다. 키케로의 생애는 안토니우스와의 싸움으로 최후를 장식한다. 싸움에 생명을 걸었기 때문에 확실히 키케로는 패했다. 그러나 싸움이 있었기에 철학과 정치를 진정으로 통합할 수 있었다.

한편 안토니우스는 근본적으로 군인으로서 전략에 뛰어나고 대담무쌍했다. 머지않아 그는 키케로의 생명을 빼앗는 장본인이 되는데 이 사내가 키케로에 대해서 품은 증오는 단순히 키케로가 안토니우스에게 퍼부은 노골적인 탄핵 연설로 생기고 고조된 것은 아니다. 안토니우스의 원한은 뿌리가 깊고 의부(새혼한 몹쓸의 권)에 연관되어 있다. 이 의부 렌툴루스는 카틸리나 사건에 연루되었기 때문에 키케로에 의해서 사형에 처해졌다. 그리고 유해조차도 쉽게 가족에게 인도되지 않았다고 안토니우스는 말했다. 그러나 플루타르코스는 뒷 부분은 거짓이라고 말한다.

9월 19일, 안토니우스는 원로원에서 긴 연설을 하며 키케로에게 공격의 화살을 날렸다. 안토니우스는 키케로에게 '카틸리나 동료들의 살해, 클로디우스의 암살, 카이사르와 폼페이우스의 결렬'을 가져오게 한 악당이라며 통렬하게 비난했다. 안토니우스의 연설은 키케로의 말을 빌리자면, 언제나 '말을 한다'기보다는 '세게 내리치는' 것이었다. 이 일을 계기로 두 사람은 공공연하게 적대자가 되었다. 키케로의 《필리포스 왕 탄핵연설을 모방하여》는 B.C. 4세기 중반에 아테네 최대의 웅변가 데모스테네스가 마케도니아 왕 필리포스 2세에게 행한 공격을 염두에 두고 붙여진 것인데, 이에 따라서 키케로는 안토니우스를 정면으로 규탄했다.

그 제2서로 이름이 붙여진 것 가운데에서 키케로는 다음과 같이 안토니우스를 비난한다.

마르쿠스 안토니우스여, 나
는 그대에게 청한다. 이번에야
말로 국가의 일을 상기하기 바
란다. 그대 동료들의 일이 아
니고 그대의 시조들 일을 생
각하라. 나에 관해서는 그대
의 생각대로 하라. 그러나 국
가와는 손을 잡아라. 물론 그
것은 그대가 정할 일이다. 나
는 나를 위해 말하겠다. 나는
젊어서 공화국을 위해 싸웠다.

안토니우스의 데나리우스 은화(BC 41)

나는 늙어서도 공화국을 버리지 않을 것이다. 나는 카틸리나의 단검을 경멸했
다. 내가 그대의 동료들 앞에서 떠는 일은 없을 것이다. 오히려 나는 그대의 동
료들 앞에 나아가 내 몸을 맡길 것이다. 만일 나의 죽음으로 국민의 자유를
회복할 수 있고 로마 민중의 고뇌가 오랜 세월 애써 온 것을 결국 낳게 될 수
만 있다면. 약 20년 전, 바로 이 신전에서 나는 '집정관의 자리에 오른 자에게
죽음이 지나치게 빠르다는 것은 있을 수 없다'고 말했다. 더구나 지금 나는 노
인이라는 점에서 더욱 진실하게 말해야 한다. 원로원 의원 여러분! 나에게 죽
음은 바람직하기도 한 것이다. 결국 나는 도달하고 달성했다. 나는 단지 두 가
지만을 소망한다. 하나는 내가 죽을 때에 로마 국민을 자유롭게 할 것. 불사이
신 신들은 나에게 그 이상의 은총을 인정할 수는 없다. 그리고 국민 각자는 공
화국에 대한 각자의 공적에 따라서 영광이 있기를. 이것이 제2의 소망이다.

키케로의 확고한 신념

키케로와 M. 안토니우스는 완전히 결별했다. 키케로는 푸테올리의 해안 별
장에 틀어박혀 《의무에 대하여》를 집필하기 시작한다. 아들에게 보낸 이 교육
의 책은 그의 친구나 정적을 국가에 대한 의무로 이끄는 것을 지향한다. 더 나
아가 젊은이에게 인격의 고결함을 역설하고 있다. 키케로는 카이사르파와 해

방파와의 안이한 타협과 동맹에는 반대했다. 키케로에게는 로마공화국에 대한 충성이야말로 그 모든 행동의 기본이었다. 양쪽의 동맹은 결국 독재정으로 끌려들어 가게 되는 것임을 그는 간파했다.

키케로는 '로마의 데모스테네스'로서 로마의 자유를 위협하는 안토니우스와 목숨을 건 타협 없는 싸움을 벌일 결의를 다졌다. 최근 정치가 키케로를 연구하고 있는 풀만은 키케로나 데모스테네스는 웅변가가 이미 사회적 지도력을 잃어버린 것을 깨닫지 못했고, 그들의 싸움이 처음부터 승산이 없었던 것을 지적한다. 그러나 승산은 별개이다. 민주정의 위기, 공화정의 붕괴, 참주정의 출현, 독재정의 싹틈에 대해서 웅변은 그것이 단순히 웅변이 아니고 철학적 웅변인 경우, 싸우는 수밖에 없었을 것이다. 소크라테스도 이미 대화적 음미와 점검에서는 폴리스 사회의 타락을 구할 수 없는 시대에 '그럼에도 불구하고!'를 발휘했던 것이다. 그런 의미에서 정치가로서의 키케로는 죽은 것은 아니다. 그의 작품들도 영원히 불멸이다.

키케로의 '그럼에도 불구하고'의 타당한 열변의 로마공화정 수호, 독재정으로 기우는 움직임을 저지하는 싸움을 지금부터 더듬어 나가기로 한다.

옥타비아누스의 존재

B.C. 44년 12월, 키케로가 살해되기 1년 전 이날은 키케로의 생애를 마지막으로 장식한 때이다. 더 명확하게 말해서 키케로의 정치가로서의 역량이 생애의 결산으로서 가장 잘 발휘된 시기이다. '그 무렵의 로마에서 키케로의 세력은 절정에 달하고 그는 뜻대로 조절되고 있었다.'

키케로는 카이사르의 양자*[19]인 옥타비아누스(B.C. 63~A.D. 14년)에게 기대를 걸고 M. 안토니우스의 타도를 유일한 국가 구제의 길로 생각했다. 그러나 이것은 지나친 기대에 불과했다.

카이사르 암살 때, 이 젊은이는 겨우 19세였다. 아드리아 해의 아폴로니아에서 군무에 임하고 있었던 옥타비아누스에게 주위에서는 로마의 정쟁에 휘말려들 것을 우려해 옥타비아누스가 카이사르의 지위를 계승하는 일에 신중하도록 충고했다. 옥타비아누스는 그것을 뿌리치고 로마로 떠난다. 그리고 로

---

*19 카이사르의 누이 율리아의 딸 아티아의 아들.

마에서는 자신이 카이사르의 정통 후계자임을 민중을 모아 표명했다. 이미 안토니우스는 카이사르의 저택에서 금화와 은화를 총계 2250만 디나르나 빼앗았다.

이 젊은이에게 안토니우스는 만만치 않은 강적이다. 그에게 대항해 그 지위를 탈취하려면 원로원에 힘이 있고 최고의 연설 능력이 있는 키케로에게 전면적으로 매달리는 수밖에 없었다. 키케로에게도 이 젊은이를 앞세워 독재정, 적어도 안토니우스의 전제의 야망으로부터 로마를 구제하는 수밖에 없었다. B.C. 44년 봄, 키케로는 쿠마에의 별장에서 이 젊은이와 만난다.

이 젊은이의 정치 전망은 키케로가 생각했던 것보다 심오했다. 이용당한 것은 오히려 키케로 쪽이었다고 할 수 있을 정도이다. 젊고 경험이 부족한 옥타비아누스에게 버팀목이 되고 큰 실수 없이 로마의 제1인자로 오르게 한 것은 카이사르의 '심복' 바르부스와 오피우스였다.

그러므로 오로지 옥타비아누스에게 의존해 국가의 궤도를 원상으로 되돌리려는 키케로의 생각은, 안토니우스와 제휴하는 수밖에 없음을 깨달은 옥타비아누스에 의해서 없던 일이 되고 말았다. 기반이 약한 옥타비아누스와 안토니우스의 민심 분단책이 제휴하여 키케로를 지옥으로 떨어뜨리게 된다.

키케로의 통솔력

키케로는 원로원의 승인을 얻은 다음, M. 안토니우스와 싸우려고 했다. 키케로는 B.C. 44년 끝 무렵에 소집된 원로원에서 연설하고 이쪽의 갈리아에 속주 총독으로서 B.C. 44년 12월 29일에 출발한 안토니우스의 권한 무효를 호소한다. 그 이유는 안토니우스가 D. 브루투스와의 통치 속주를 어디로 할 것인가에서 명확하지 않은 결정을 내렸다는 것이다.

그리고 키케로는 옥타비아누스와 D. 브루투스를 연계시키는 일에도 성공한다. B.C. 43년 1월 1일의 원로원에서 안토니우스 추격을 위한 작전이 인정되어 옥타비아누스는 북부 이탈리아로 군단을 향하게 한다.

키케로는 안토니우스를 쓰러뜨릴 용기를 가져야 한다고 다음과 같이 쓰고 있다.

지금 이 자리에서 나는 여러분에게 간절히 바란다. 로마 시민이여! 용기야말로 여러분의 시조들이 여러분에게 남긴 유산임을 확신하기 바란다. 그 밖의 모든 것은 기만적이고 불확실하다. 취약하고 불안정하다. 용기만이 대지에 깊게 뿌리내리고 있다. 폭력은 용기를 뒤흔들 수 없다. 하물며 폭력은 용기를 그 장소에서 밀어내지 못한다. 용기의 도움으로 여러분 선조들은 비로소 이탈리아 전체를 정복하고, 카르타고를 파괴하고, 누멘티아를 괴멸하고, 그리고 가장 강력한 왕과 가장 전투에 뛰어난 부족을 우리의 지배 아래 두게 한 것이다.

이 《제4 필리포스》의 마지막 글은 '오늘이야말로 우리는 비로소…… 오랜 세월을 거쳐 우리의 발의와 지도 아래 자유에 대한 희망 속에서 불타고 있다'고 맺고 있었다.

키케로가 전망한 안이함과 원로원의 의도

원로원에서는 판사가 M. 안토니우스 측에 대한 화평을 위한 사절단 파견을 제안해 키케로와 대립한다. 이것이 통과되어 교섭을 하게 된다. 안토니우스와의 싸움이 결국에는 내란(시민전쟁)으로 발전하는 것을 원로원은 두려워한 것이다. 내란은 카이사르와 폼페이우스와의 사이의 싸움으로도 이제 충분하다는 생각이 원로원 의원들의 마음을 차지하고 있었다. 결국 두 차례의 사절단 파견은 좌절되었다.

앞서 D. 브루투스는 안토니우스가 빼앗은 이쪽의 갈리아로 군단과 함께 침공해 그곳에서 양쪽 군사가 충돌한다. 키케로는 4월 중순, 원로원에서 판사, 히르티우스라는 이 해의 두 집정관과 옥타비아누스에게 안토니우스군과 싸울 지휘권을 부여해야 한다고 연설해 이 안이 통과되었다. 그러나 이 두 집정관이 전투에서 사망해 원로원은 안토니우스와 철저하게 군사적으로 대결하는 것을 회피하는 쪽으로 기울게 된다. 그리고 젊은 옥타비아누스에게는 눈엣가시인 두 집정관이 전사함으로써 자신이 공화국군의 총사령관이 되었고 또 정치의 정점에 나설 길이 열렸으므로 그야말로 행운이었다.

원로원은 안토니우스가 역적이라고는 해도, 그 지니고 있는 힘을 짐작하면 원로원의 기득 권한을 조금 포기해서라도 타협하는 것이 상책이라고 생각하는 쪽으로 기울게 되었다.

안토니우스의 이분법과 키케로의 이분법

키케로는 선량한 국민들의 대단결을 소리 높여 호소했다. 그에게는 공화국파와 안토니우스파의 이분(二分)은 마땅한 구분이었다. 그러나 다툼이 권력 투쟁의 모습을 취하게 되면 국민은 이 구분의 어느 한 쪽이 완전히 올바르다고는 생각하지 않게 된다.

M. 안토니우스는 이에 대해서 카이사르파와 폼페이우스파라는 이분법을 연설하고 이를 선전한다. 실제로 폼페이우스파와 카이사르파의 이분법이 통일 전선까지는 그 형태를 이루어나갔다. 그 결과 본

옥타비아누스(BC 63~AD 14)
뒷날 아우구스투스

래 키케로가 행한 공화정 옹호파와 독재정 옹호파의 구분은 이념적·관념적이기도 하고, 키케로의 이 구도는 생기가 없는 무력한 것이 되어버려 키케로의 정치력에도 어두운 그림자를 드리우기 시작했다.

안토니우스의 이분법은 일반적으로 매우 이해하기 쉽다. 폼페이우스파는 반드시 원로원 공화정을 수호한다는 고매함을 대의명분으로 하는 것이 아니고 카이사르파도 독재 왕정 건립파는 아니다. 이데올로기를 인간의 깊은 인연, 즉 보호 관계로 환원·해체하는 안토니우스의 정치술 전개는 키케로의 고매한 정치 철학의 침투를 위축시켰다.

옥타비아누스가 집정관으로

카이사르의 양자 옥타비아누스는 휘하의 장교단 400명을 로마로 보내 집정관에 오르기 위한 압력으로 삼았다. B.C. 43년 8월의 일이다. 그 직후 옥타비아

누스가 로마에 도착한다. 키케로는 그를 방문했는데, 그곳에서 들은 말은 '그대는 내 친구 가운데 마지막으로 왔다'는 함축성 있는 말이었다. 즉 키케로의 방문이 지나치게 늦었다는 것이다.

8월 19일에 집정관 선거가 이루어지고 옥타비아누스는 사촌이며 앞잡이인 페디우스와 함께 당선한다. 전에는 옥타비아누스가 키케로를 동료 집정관으로 요청한 적도 있었는데 키케로를 무시한 다음의 일이다. 이제 겨우 20세가 된 이 젊은이는 단숨에 국가의 최고 자리에 올랐다. 카이사르의 양자로 인정된 옥타비아누스는 가이우스 율리어스 카이사르 옥타비아누스로 일컬었다.

삼두 정치를 실행한 옥타비아누스

옥타비아누스는 M. 안토니우스와 한판 승부를 겨룬다는 이유로 군단과 함께 북으로 향했다. 그러나 이것은 위장에 지나지 않았다. 동료 집정관 페디우스가 원로원에 압력을 가해 안토니우스와 레피두스에게 선고되어 있었던 공적(公敵)의 철회를 실현했다. 레피두스의 정치 기반은 약해 다른 두 사람의 대결 완화제에 지나지 않았다.

옥타비아누스는 보노니아(오늘날의 볼로냐)에서 안토니우스와 레피두스와 회견하고 협정을 맺는다. 이로써 5년간 임기의 공화국 건설 3인 위원회(triumviri rei publicae constituendae)가 성립한다. 이른바 제2차 삼두 정치이다. 다만 정식인 것은 이번이 처음이고 제1차 삼두 정치의 카이사르, 폼페이우스, 크라수스의 연계(3인 위원회)는 사적 밀담에 의해서였다.

옥타비아누스 등 세 사람은 법률상 정식인 모든 정무관 위에 서서 법률을 공포할 권리 및 집정관이나 속주 총독을 임명할 권리를 갖게 되었다. 지난날 카이사르의 권력 영역은 3등분으로 나뉘어 안토니우스는 상부 이탈리아와 갈리아를, 레피두스는 스페인과 갈리아 나르포넨시스를, 옥타비아누스는 아프리카, 시칠리아, 사르디니아를 분담하기로 했다.

옥타비아누스는 안토니우스가 군인으로서의 지휘 능력이 뛰어난 것을 보고 적으로 대하기를 단념한 것이다. 또한 원로원 즉 공화파의 근거지는 양부의 살해자들이 모여 있는 곳이고, 조만간 원로원과 대결하지 않을 수 없다는 젊은이의 판단으로 이 연계를 밀어붙이게 한 것이다.

이 삼두 정치에서 최악의 시나리오는 추방형이다. 키케로도 여기에 희생이

되었는데, 이번에는
300명의 원로원 의
원 즉 반수의 의원
과 기사 계급에 있
는 2000명의 추방
이 선언되었다. 이
추방 선언은 단순
히 정치적인 것이
아니라 재정적 성격
을 짙게 지녔다. 이
번에는 부유한 자
의 재산을 몰수하
여 이것으로 동방
에 '둥지를 틀고 있
는' 카이사르 암살

키케로의 죽음

자의 타도를 위한 전쟁 경비를 조달하려는 것이 포함되어 있었다. 이 법률에
는 형법상의 보호가 우선 없고 성문과 항구는 엄중하게 감시되어 포리(捕吏)
는 가가호호를 모조리 수색했다.

키케로의 죽음

M. 안토니우스는 자신에게 끝까지 항거한 키케로를 용서하지 않고 삼두 회
담 때 키케로의 사형을 요구했다. 옥타비아누스는 이 요구에 이틀간 저항했지
만 결국에는 동의했다. 안토니우스의 결의가 매우 강경했기 때문이다. 그리고
레피두스는 형을, 안토니우스는 백부를 희생할 것을 인정한다. 그러나 이 두
사람은 나중에 사형을 면했다. 풀만은 옥타비아누스는 키케로를 도망시킬 수
도 있었다고 말하는데, 안토니우스가 키케로에게 품은 원한은 화해에 이를 수
없는 강렬하고도 뿌리 깊은 것이어서 그것은 도저히 무리였을 것이다. 옥타비
아누스는 안토니우스와 연계해야만 했다.

추방형이 되었다는 보고를 들은 키케로는 동생과 그 아들과 함께 그리스의
M. 브루투스에게로 도망갈 결심을 한다. 도중에 동생은 여비를 마련하기 위해

다른 길을 택했다.

키케로가 그의 영지가 있는 포르미아이에서 하룻밤을 묵고 있는 사이에 안토니우스의 부하들이 뒤쫓았다. 키케로는 추격자들로부터의 도피를 뭍으로 할 것인가 바다로 할 것인가 고민했다. 플루타르코스는 키케로의 망설임과 그 나약한 마음을 지적했다. 가마에 타고 카이에타로 서둘러 떠나려는 키케로를 추격자들이 둘러쌌다. 키케로는 침착한 태도로 죽음을 맞이했다. '그는 한 인간에 걸맞게 그의 죽음 이외의 모순에는 견딜 수 없었다.'(리비우스) 살해자들은 명령에 따라서 키케로의 목과 손을 잘라 로마의 안토니우스에게로 보냈다. 목과 두 손은 광장의 연단에 놓여졌다. 안토니우스의 비인간적인 처사가 이와 같은 키케로의 비극적인 모습을 만들어낸 것이다.

키케로의 죽음에 대해서는 플루타르코스, 아피아노스, 크라시우스 디오, 그리고 리비우스(B.C. 1세기~A.D. 3세기의 문필가들)의 보고가 미묘하게 다르다는 것을 한마디 해둔다.

그 뒤, 옥타비아누스는 자신을 아우구스투스라고 일컫고 로마의 단독 지배자가 되었다. 플루타르코스의 〈키케로전〉은 다음의 일화를 전한다.

노경으로 접어든 아우구스투스는 손자가 한 권의 책을 읽고 있는 것이 눈에 띄어 다가가자 손자는 놀라서 재빠르게 이 키케로의 책을 품에 숨겼다. 아우구스투스는 그 책을 빼앗아 걸어가면서 다 읽고 나서 손자에게 돌려주며 말했다. '그는 박력 있게 말을 하는 사람이다. 게다가 애국자였다.'

삼두정치의 셋 중 한 사람 레피두스가 실각한 뒤, 옥타비아누스는 M. 안토니우스와 자웅을 겨루게 된다. 옥타비아누스의 누이는 아내를 잃은 안토니우스와 결혼했는데, 안토니우스는 이집트의 여왕 클레오파트라에 매료되어 있었다. B.C. 31년, 두 사람의 싸움은 옥타비아누스의 완승으로 끝났다. 아우구스투스라는 칭호를 얻은 옥타비아누스는 키케로의 아들 마르쿠스를 신관과 집정관에 임명했다. 이것은 키케로의 죽음에 안토니우스만이 아니라 자기에게도 책임이 있음을 마음속 깊이 느끼고 있었던 아우구스투스의 속죄였다.

마르쿠스는 원로원의 승인을 얻어 로마의 안토니우스 조각상을 모두 파괴시켰다. 그리고 안토니우스의 탄생일을 로마의 액일로 정했다. 그 뿐만이 아니다. 앞으로 안토니우스 성을 가진 자는 마르쿠스라는 이름을 붙여서는 안 된다는 포고도 통과시켰다.

키케로는 로마공화정을 지키기 위해 고군분투하다가 최후를 마쳤다. 그러나 이 분투는 동시에 운명에는 그 무엇으로도 항거할 수 없다는 체념과 공명하는 것이다. 키케로의 생애는 '성공으로 충만한 좌절'이라고도 말할 수 있다. 이것은 키케로의 '영웅적인 자기 관철'을 부정하는 것은 아니다.

'인간에게 행복 따위는 없다. 있는 것은 오직 영웅적 행위이다.' 이는 쇼펜하우어가 한 말이다. 피폐하고 붕괴가 임박한 로마. '로마와 키케로'라는 질문은 우리가 세계사를 성찰할 때 그 기점이 될 것이다.

키케로는 철학자로서 뿐만 아니라 정치가로서도 영원히 빛나는 존재이다. 정치가로서의 그 위대함은 그의 굳은 신념과 사상의 일관성에 있는데, 동시에 그 위대함은 단순한 정치적 신념에 키케로를 매몰케 한 것은 아니라는 것, 또 그가 인간으로서 위대했다는 것에서 찾을 수 있다. 키케로는 철학, 문예, 역사, 법률, 종교 등 다채롭게 자아형성을 하는 데 게으르지 않았다. 정치와 교양의 통합, 이 길은 현실 정치의 권력 지향, 이권 확대 가운데에서 쉽게 추구할 수 있는 것이 아니다.

키케로는 죽은 뒤, 유럽의 정신사·문화사의 '주도자'가 되었다. 로마제정기, 그리스도교 교부의 시대, 중세 교회 신학의 시대, 이탈리아 르네상스기, 근세 유럽, 프랑스 혁명기, 19세기에서도 키케로는 시대의 정신 숙성의 원천이 되어 찬연하게 빛을 발했다.

다음에서는 교양인으로서의 키케로, 철학자(철학사가이면서 사색가), 역사가, 변론가로서 그의 존재를 저작들에 입각해 구체적으로 더듬어 본다.

Ⅱ 키케로의 사상

1 국가철학·법철학

머리말

국가와 그 통치 현상으로서의 정치에 대해서 철학은 플라톤 시대부터 오늘날의 야스퍼스나 아렌트에 이르기까지 적극적으로 관여하고 깊게 원리적·비판적으로 생각해왔다. 키케로는 가장 구체적이고 현실적으로 정치를 철학과 결합하려고 노력한 철학자이다. 키케로가 신처럼 떠받드는 플라톤은 정치가는 아니어서 모국의 정치를 독자적으로 바라보았다. 한편 키케로는 처음부터 정치가를 지망했고, 로마 정치계의 최고 지위인 집정관에까지 올랐다. 그리고 언제나 원로원의 여론 지도자로서 활동했다. 더구나 그는 동시대 사람인 카이사르나 폼페이우스처럼 철학에 관심 없는 현실주의적 정치가는 아니었다. 또 단순히 견식이 높고 완고하여 로마공화정의 이념을 굳게 지킨 카토(소 카토)하고도 달랐다. 인간적 교양의 풍부함에서 키케로는 정치가로서도 철학자로서도 플라톤에 필적하는 인물이었다.

더구나 키케로는 플라톤처럼 단순히 철학론·이상주의·관념론으로 정치나 국가의 구제를 지향하거나 최선의 제도를 제기한 것은 아니다. 철학자로서 키케로의 위대함은 그가 단순한 철학자가 아니라는 것에 있다. '로마의 플라톤'인 키케로는 다른 면에서 플라톤에게 부족하고 미약했던 역사적 현실의 성찰을 앞장서 외치고 실행했다.

키케로는 조국을 위해 일한다는 것, 국정의 중추에 선다는 등의 첫 번째 소망을 관철함으로써 철학을 구체적으로 로마의 현실에 연결할 수가 있었다. 그리고 더 나아가 변론을 철학의 몸통으로서 이상이나 신념 토로에 심화시킬 수 있었다.

단, 키케로는 국가주의·민족주의에 입각한 것은 아니다. 니체는 국가야말로

키케로 기념상

인류 최고의 목표이며, 국가에 봉사하는 것을 인간 최고의 의무로 여기는 19세기의 독일이나 그 밖의 여러 나라들의 경향을 비난했다. 그리고 그는 국가 이익과 연결되지 않은 문화 영역의 중요함을 주장했다. 그러므로 우리는 키케로야말로 진정한 교양, 교양인의 문화 형성을 존중했다는 것을 무심하게 지나쳐서는 안 된다.

그러나 키케로는 이탈리아 르네상스기의 인문주의자(그들은 키케로의 숭배자였다)와 결정적으로 다르게 우주·별의 세계·동식물의 세계에 매우 진지하게 배움의 자세를 취했다. 이런 경향은 젊었을 때만이 아니라 만년에까지 미치고 있다. 《신들의 본성에 대하여》가 그것을 잘 말해준다. 또한 키케로가 내세우는 진정한(이상적) 변론가 —변론가는 정치가이기도 하다—는 인문계의 언어세계의 기교는 물론, 수학이나 자연학에도 정통해야만 한다는 것이다.

몸젠의 키케로 평가

역사가로서 유일하게 노벨 문학상을 수상한 몸젠은 19세기 독일의 최대 로마 역사가이다. 그야말로 몸젠과 같은 학자는 전무후무하여 로마 사학계에서 그의 위치는 제왕과도 같았다. 그런 그는 강렬한 반키케로 논자로서 다음과 같은 말을 남겼다.

키케로는 정치가로서 통찰도 의견도 의도도 없는 민주주의자로서, 또 귀족주의자로서, 그리고 전제정치의 도구로서 모습을 드러냈다. 그러나 그는 가까운 것밖에 보지 못하는 에고이스트일 뿐 그 이상은 아니다(로마사).

또 현대의 로마 역사가로서 유명한 Ch. 마이어도 다음과 같이 말한다.

틀림없이 그에게는 허영과 특별한 비정치적 사유 방법이 결부되어 있다. 그는 정치적 책략에 대해서 거의 통하지 않았고, 정치적 판단에 대해서도 더더욱 이해하는 일이 없었다. 직설적으로 말해서 그는 정치가가 아니었다(전권을 장악한 카이사르의 의무력).

그리고 몸젠의 선배인 둘만도 《로마사》 전6권에서 《키케로전》에 1000페이지나 할애하면서도, 과거로 눈을 돌려 패하게 만들고 패한 사람으로서의 키케로를 전혀 인정하지 않는다. 그리고 이 세 사람, 즉 둘만, 몸젠, Ch. 마이어는 오로지 카이사르에게 의지해 카이사르를 영웅시하고 카이사르에게서 로마인의 정수(精髓)를 발견한다. 더구나 몸젠은 카이사르를 민주정치의 기수로 치켜세우고 있다. 그것은 완전한 사고 차이이다. 또 《키케로 서간의 비밀》로 유명한, 프랑스의 카르코피노 또한 키케로의 공적 생활에서의 태도와 행동을 혹평한다. 그것만이 아니다. 카르코피노의 말에 따르면 키케로는 부실한 남편, 나쁜 아버지이다. 더욱이 겁쟁이에다가 자기자랑만 한다. 이와 같은 키케로의 평가에는 이상적 인간·영웅으로 떠받들어진 카이사르가 대비적으로 자리하고 있다. 20세기에 이르러서도 이를테면, 키케로는 '비방문서 작성자(로마어)'로 규정되어 있다.

그러나 20세기에는 19세기의 키케로 회화화의 극복이 시작되었다. 슈트라스부르거, 클링거, 뷔히너, 그리고 풀만과 같은 독일의 키케로 학자·로마 문헌학자의 흐름은 이제 키케로의 정치가로서 일관성과 고매함을 강조한다. 뷔히너는 키케로의 《국가에 대하여》의 주석에 거의 생애를 소모하고 그의 학문적 정밀함에 모든 것을 쏟은 것이다.

현대에서 새삼 키케로의 정치와 철학의 긴밀한 관계, 그리고 그의 국가(國) 철학을 배울 필요가 있음을 통감하는 사람들이 많다. 키케로 논집 《키케로—그의 시대의 인간》을 엮은 라트케는 '정치가 키케로는 바이마르 공화국과 마찬가지로 정치 영역에서의 진정한 인간 행동과 책임으로 충만한 확증의 실현'이라고도 말한다.

키케로의 《국가에 대하여》

키케로의 정치철학에 대한 우리의 이해는 이 저서의 정독에 달렸다. 그의 법철학에는 《법률에 대하여》가 있다. 앞의 몸젠은 《국가에 대하여》를 '아무런 독창성이 없는 선배의 요약'이라며 깎아내렸다. 그러나 이 평가는 완전히 잘못된 것이다. 플라톤의 《국가에 대하여》는 플라톤의 《국가》를 염두에 두고 그 로마적 구체화를 꾀한 것이고, 이 저서에는 키케로의 철학 사색력이 수많은 철학서 중 가장 충만하다. 확실히 이 저서는 '로마 국가라는 세계 최대의 창건과 플라톤 철학이라는 고대의 가장 장대한 정신의 창조를 하나로 융합한 것'(權列)이다.

철학을 정치로부터의 피난처로 삼지 않고 철학을 정치에, 또 현실의 정치에 진정으로 관여하게 한 것은 키케로이다. 국가의 구조, 국가의 역사적 자기 전개를 진정한 의미에서 철학한 것은 키케로이며 플라톤이나 아리스토텔레스가 아니다. 처음부터 키케로가 철학에 관여하는 것은 국가의 위기를 깊게 통찰하고 국가가 가야 할 길을 밝히는 것이었다. 철학은 근본적으로 국가의 정치에 관여하는 것이어야 한다. 단순히 개인의 내면적 순화를 위한 철학, 철학을 위한 철학은 언제나 키케로에게는 비판의 대상이다.

키케로가 살해되기 1~2년 전에 쓴 《예언에 대하여》(猶子)를 다음에서 살펴보자.

국가의 중대한 불행이 나를 철학을 연구하고 밝히는 길로 이끌었다. 그것은 내란이 있는 동안*1 나의 방법으로는 국가를 지킬 수도 없었고, 또 하는 일 없

---

*1 카이사르와 폼페이우스의 싸움으로 인한 국가의 양분.

이 시간을 보낼 수도 없는 나에게 그 이상으로 보람 있는 일(철학을)은 아무것도 없었기 때문이다. ……그래서 국가가 한 개인(개인의)의 권력에 굴복했을 때, 그리고 내가 이전의 임무를 빼앗기게 되자 이 연구를 새롭게 하는 것을 시작했다. 그것은 이 연구로써 나의 마음이 짓눌리는 듯한 압박감에서 해방되기 위해, 또 나의 동포들에게 내가 할 수 있는 한 도움이 되게 하기 위해서이다. 나에게 철학은 국가의 정치를 대신하는 것이라 생각한다. 이제 나는 정치에 대해서 조언이 요구되기 시작했으므로 나의 모든 힘을 국가에 바치고, 또는 오히려 국가에 모든 고려와 배려를 돌려야만 하므로 공적 의무와 활동이 허용하는 범위에서만 나는 이 연구를 위한 시간을 가질 수밖에 없다.

위의 말은 키케로에게는 '우선 정치가 있어야 한다'는 것이었음을 잘 말해주고 있다. 이것이 의미하는 것은 개인의 자유가 꽃피기 위해서는 먼저 국가라는 공동체가 확실하게 세워져야만 한다는 것이다. 본래 키케로에게 개인의 죽음이란 영원히 이어지기 위해 세워진 국가에게 저지른 죄의 대가이기도 하다(국가에 대하여 3·34). 플라톤의 《법률》(713/714)을 보면 훌륭하게 만들어진 국가는 영원하다는 것이다.

플라톤은 소크라테스 재판에서 드러난 조국 아테네의 원한극에 바로 고조되는 정치 싸움과, 인심의 무기력함이 동시에 작용하는 것을 눈앞에서 확인하고 《국가》를 썼다. 키케로는 《국가에 대하여》를 B.C. 54년, 52세 때에 쓰기 시작해 B.C. 51년에 완성했다. 그즈음은 카이사르를 중점으로 하는 삼두 지배의 전성기때였다. 로마 정신 그 자체를 이루는 공화정체가 크게 뒤흔들리던 시기이다. 키케로는 자기의 조국 로마를 계급의 합의, 콘코르디아 오르디눔(concordia ordinum)에 의거한 이상적이고도 완성된 국가로 인식하고 있다. 콘코르디아 오르디눔이란 귀족과 기사의 화합이고 결코 평민을 더한 3계급의 협화를 의미한 것이 아니었음에 주의할 필요가 있다. 여기에는 호민관 제도가 지닌 평민의 의지의 대변이 지나치게 평민을 부추기고 반(反)공화정·반(反)원로원으로 움직여왔다는 것, 평민의 과대한 권리가 평민의 지나친 욕구 분출이 되어 로마의 국가 기반을 잠식하고 해체해왔음 대한 비판이 나오고 있는 것이다. 그리고 이른바 대중의 지배에 대한 키케로의 불신이 밑바탕에 깔려 있다.

다음에는 '로마적 플라토니즘'(범례)인 키케로의 《국가에 대하여》를 살펴보자.

무대와 등장인물

키케로의 《국가에 대하여》는 플라톤의 《국가》를 본보기로 대화편의 형식으로 쓰였다. 먼저 키케로의 대화편은 플라톤의 정통자(精通者)와 미숙자, 철학자와 소피스트의 화와는 달리 대등한 지적 수준의 등장 인물의 대결을 기술한 것이다. 한편 딜타이는 이 작품을 '세계 문학 최고 걸작의 하나'로 평했다.

이 저작은 앞서 기술한 삼두 지배에 대한 키케로의 비판을 주제로 하고 있다. 그러나 시대의 추세에 반응한 책, 이른바 단순한 경향서는 아니다. 확고한 정치 철학의 책이다. 그러나 삼두 지배에 대한 비판이 담겨 있는 이상 무대를 직접 그때로 설정하는 것에는 지장이 있다. 그 이유뿐만이 아니라 로마의 대정치가이자 대장군 푸블리우스 코르넬리우스 스키피오 아이밀리아누스 아프리카누스에 대한 키케로의 깊은 존경이 시대 설정의 이유가 되고 있다. 이 인물은 B.C. 185년에 아이밀리우스 파우리스*²의 아들로 태어나 스키피오 아프리카누스 장남의 양자가 되었다. 즉 이 대화편의 주인공이고 키케로의 대변자는 스키피오 아프리카누스의 호적상 손자가 된다. 이 주인공은 소 스키피오 아프리카누스로 일컬어진다. 마치 카토에게 대 카토와 소 카토가 있듯이.

스키피오 아이밀리아누스는 B.C. 147년에 38세로 집정관이 되고 B.C. 134년에 재선되었다. 그는 제3차 포에니 전쟁의 총사령관이고 로마 최대의 적국 카르타고의 파괴를 철저히 단행했다.

그렇지만 스키피오는 단순히 강압적인 정치가는 아니었다. 그는 이른바 '스키피오 서클'을 만들었으며, 교양문화에 풍부한 감성이 충만했다. 그 무렵 로마인은 여전히 반(反)그리스 문화의 자세에서 민족 본래의 실질강건(實質剛健)한 기풍이 그리스의 연약한 시문이나 관념적 철학으로 손상되는 것을 매우 혐오했다. 그러나 스키피오는 그리스 문화에 남다른 관심이 있었다. 이 모임에는 라일리우스, 루킬리우스, 파나이티오스 등이 참가했다. 그리스의 유명한 역사가인 폴리비오스는 스키피오의 친구이자 예찬가였다. 한편 스키피오는 B.C. 129년에 의문사했다. 그는 호민관인 그라쿠스 형제의 지나친 민중 회유책에 반대하여 그들의 지원자에게 살해된 듯하다.

이 작품의 등장인물은 실재의 인물로 라일리우스, 피루스, 뭄미우스, 스카이

---

*2 B.C. 182년과 B.C. 168년의 집정관.

볼라, 판니우스, 투베로, 루푸스 등이다.

키케로는 오랜 역사의 로마, 공화정의 전성기, 철인의 품격이 있는 귀족 정치가에게 깊은 정을 담아 이 저서를 완성했다.

스키피오에 대한 키케로의 경외

키케로의 《의무에 대하여》에는 이 대정치가·대장군의 유명한 말이 기술되어 있다. '사람은 한가할 때 가장 한가하지 않다. 사람은 고독할 때 가장 고독하지 않다.' 그리고 스키피오 아이밀리아누스 아프리카누스는 때때로 국가로부터 그리고 민중으로부터 물러나 여유를 즐겼는데, 키케로는 가장 만년일 때 이 《의무에 대하여》를 쓰면서 자신의 여가는 휴식을 위한 욕구에서가 아니고 공무의 결핍에 의해서 주어진 것이라고 말한다. 다시 말하자면 플라톤에 대한 소크라테스의 관계가 키케로에 대한 스키피오 아이밀리아누스 아프리카누스의 관계와 다름없다는 것이다.

《국가에 대하여》의 주제와 오늘날 전해진 경위

키케로는 이 작품의 주제로서 '국가의 최선의 상태'와 '최선의 시민'에 대한 물음을 내건다. 전자의 문제는 대 역사가 폴리비오스에게, 후자는 스토아파의 철인 파나이티오스에게 의거하고 있다.

작품의 내용으로 들어가기 전에, 이 작품이 오늘날 전해지게 된 경위에도 언급해 두기로 한다. 《국가에 대하여》는 오늘날 완전한 형태로 전해지지 않는다. 현재의 교본(校本)은 모두 6권이며 마지막 6권은 《스키피오의 꿈》으로 이름이 붙여졌다. 그리고 이것만이 4세기 말에서 5세기의 사람이며 스토아파의 문필가인 마크로비우스의 《키케로의 '국가에 대하여'》의 주석 앞에 실린 표제어로서 기록되었다.

그리고 제1~제5권까지는 전혀 알려지지 않은 채 근대에 이르렀다. 그런데 1819년 로마교황령 바티칸의 도서관장으로 있었던 추기경 안젤로 마이($^{1728\sim}_{1854}$)가 아우구스티누스 《시편 119~145의 주해》의 양피지에 쓰여 있는 키케로의 《국가에 대하여》의 고사본을 발견한 것이다. 이 고사본은 보피오 수도원에서 7세기에 만들어진 것으로, 1616년에 수도원에서 교황 바오로 5세에게 보내졌다. 마이는 이 사본 밑에 4세기에 쓰인 다른 책이 숨겨져 있는 것을 알았다. 그리고 마이는 이 책이야말로 오랫동안 찾고 있었던 키케로의 《국가에 대하여》의 4분의 1이나 3분의 1을 이루는 것으로 확신했다. 그런데 마이의 일을 도와준 사람이, 몸젠과 마찬가지로 온갖 언어로 키케로를 공격했던 근대 유럽의 로마사 기초자 니부어였던 것은 얄궂은 일이다.

키케로는 《예언에 대하여》(²·¹)에서 이 《국가에 대하여》를 '철학적 논의에 관해서 적확하고 플라톤, 아리스토텔레스, 테오프라스트 그리고 모든 소요학파 학자에 의해서 더없이 꼼꼼하게 논구된 커다란 주제'라고 당당하게 말한다.

《국가에 대하여》의 마지막 권 《스키피오의 꿈》은 한마디로 키케로의 '로마의 플라토니즘'의 표현이라고 할 수 있다. 현세의 명성·영예(gloria)에 크게 발목이 잡히는 로마 정치가에 대한 고매한 호소이다. 소 스키피오(Cornelius Scipio Aemilianus)의 꿈에 양조부(養祖父)인 대 스키피오(Cornelius Scipio Africanus)가 나타나 '대우주에서 보면 지구는 매우 작은 존재이다. 그 테두리 안에서의 명성에 집착해서는 안 된다'고 그리스 철학적, 그리고 플라톤적 전망에서 이야기한다. 로마의 현실주의에 대한 키케로의 근본적인 비판이다. 더구나 '꿈'이라는 서술 방식은 플라톤의 《국가》에서 마지막인 '엘의 신화'를 모델로 하고 있는 것이 확실하다.

키케로는 현실 정치에 좌절해 성공하지 못했기 때문에 현세의 영예를 부정했다는 해석도 없지는 않다. 그러나 이 책을 쓸 때 키케로는 결코 좌절하지 않았고 로마공화정과 자유를 위해 싸우고 있었다고 보는 뷔히너가 정확하다.

그리고 키케로에게 중요한 것은 단순히 혼의 불사성은 아니다. 플라톤도 《파이돈》이 아닌 《파이드로스》 쪽에서는 인간의 혼에 철학자의 혼, 시인의 혼, 상인의 혼, 체육가의 혼 등의 구별이 있음을 말하고 있다. 키케로에게는 국가에 헌신하는 정치가의 덕 있는 삶의 방식이야말로 숨을 거둔 뒤 저세상에서도 축복을 받을 만한 것이다.

레스 푸블리카(res publica)

《국가에 대하여》란 표제를 말하자면 처음엔 그리스어인 폴리티카로 되어 있고 나중에 라틴어인 데레 푸블리카로 되었다. 여기에서 국가에 해당하는 라틴어, 레스 푸블리카의 그 뜻을 찾아보기로 한다.

res publica는 영어의 republic, 독어의 Republik, 불어의 republique의 '원어'인데

이 라틴어는 결코 근대어에서 뜻하는 '공화국'으로 한정된 의미에 그치지 않는다. res publica는 모든 정체, 즉 왕정까지도 포함한다. 키케로는 법치국가라면 로마 이외의 국가도 모두 이 언어로 부른다.

그런데 국가는 키케로에게, '정의(正義)의 동의(同意)'(juris consensus)와 '이익의 공유'(utilitatis communio)로 이루어지는 인민의 집합(coetus multitudinis)이고 고도로 인위적·합의적인 것이다. 여기에서 키케로는 아리스토텔레스의 '인간은 폴리스(국가)를 영위하는 동물이다'라는 파악에서 한 걸음 더 나아간 것이다.

res publica는 공적인 것, 공적인 재산이라는 뜻이고, 사적인 것, 사유 재산을 표시하는 res privata와 대응한다. res publica는 res populi, 즉 인민의 것(populi는 populus 의 소유격)과 같다. 로마라는 국가의 정식 명칭은 populus Romanus(로마 인민), 또는 senatus populusque Romanus(로마의 원로 원과 인민)이었다. 로마의 공식 문서는 위에서 말한 약자 S, P, Q, R이다.

로마인은 그리스인과는 다른 국가 관념을 가지고 있다. 그리스인에게 국가는 시민단이고, 시민단의 질서였다. 폴리스나 국제·국가란 시민과 같은 뜻이다. 로마인은 res publica가 시민·인민·국민과는 다른 것이고 그 자체가 하나의 독립된 생명을 지닌 것으로 이해했다. 국가가 생명체로 파악되므로 로마인은 국가가 손상되면 아픔을 느낀다는 관념도 갖게 되었다.

그리고 로마인에게는 인민의 예지와 덕이 모이는 곳인 원로원이야말로 res publica이고 적어도 그 중심이었다.

애국심으로서의 덕

키케로는 《국가에 대하여》 제1권의 1~13장에서 등장인물이 이야기하는 일 없이 스스로 전체의 머리말이라는 의미를 지닌 문언을 서술하고 있다. 키케로는 공적인 활동에서 물러나 사적 세계를 구축하는 것을 최선의 삶의 방식으로 여기는 에피쿠로스파를 비판하고, 국가의 정치에 적극적으로 참여해야 한다고 역설한다. 단 정치가로서 에피쿠로스파에 가담한 자도 있기는 했다. 한편 에피쿠로스는 '공평을 기하기 위해 정치에 참여하지 않는' 것을 주장한 것으로 전해진다. 그러나 이 파의 대표적인 철학자 필로데모스는 주장과는 달리 정치 참여에 관용적이었다.

덕이란 인간의 위대함인데 덕을 높일 수가 있는 것은 정치에 관여하는 격투

뿐이다. 인간에게는 쾌락과 안일의 유혹을 물리치고 공동의 안녕을 지키려는 덕과 소망이 본래부터 심어져 있다는 것이 키케로의 확고한 신념이다.

키케로의 말을 빌리자면, 공동의 안녕을 위해 모든 것을 던지고 전력을 다 하는 것은 인간의 단순한 주체적 결단 이상의 사태이고 인간을 초월한 자연이 인간으로 하여금 그렇게 하도록 하는 것이다. 자연이란 인간을 인간답게 하는 근원적 힘이고 우주까지도 관통하는 이법(理法)인 것이다.

그런데 덕을 소유하기만 하고 사용하지 않으면 충분하지 않다. 이 덕의 가장 뜻깊은 사용은 국가의 통치이다. 그리고 그것은 철학자들이 은신처(서재)에서 이야기하는 말에 따른 실현이 아니다. 그것은 사실의 축적에 따른 실현이다. 이 주장으로 키케로는 그가 가장 존경하는 플라톤에 대해서도 불만과 비판을 나타내는 것으로 생각된다. 일반적으로 그리스의 철학자는 언어의 설득성, 즉 웅변에 의한 완성에 머물러 있다.

키케로는 덕이 있는 자의 책무란 모국의 영속성, 그리고 영원한 번영을 맡고 건국 정신을 준수하는데 있다고 역설한다. 그리스의 여러 폴리스나 대국 마케도니아는 모두 멸망하고 말았다. 한편 키케로의 조국 로마는 600년 이상, 공화정으로 이행한 뒤에도 450년이나 존속했다. 이렇게 이어지는 국가 체제를 철학자는 철학적 관상(觀想)으로 향하는 그 이상의 열의로 지켜야 한다고 키케로는 역설했다.

정치가가 하는 일의 고귀함

본디 정치가가 하는 일은 다른 어떤 일보다도 신들의 고귀함에 한결 가깝다. 키케로가 펼치는 정치의 자리매김은 그리스적인 것을 뛰어넘은 로마적인 것의 표현을 이룬다.

더구나 국가를 위해 전력을 다한 자의 운명은 국민의 변심과 무자비하고 가혹한 것으로 바뀔 때가 이따금 있음을 지적하는 것도 키케로는 잊지 않는다. 그리스사(史)에서 예를 들자면, 페르시아를 정복한 미르티아데스는 동포의 손에 살해되고 페르시아 전쟁의 영웅 테미스토클레스도 아테네에서 추방되었다. 로마에서도 그랬고, 카미리우스의 추방, 나시카에게 향한 증오, 메텔루스의 도주, G. 마리우스를 덮친 냉혹한 재난, 이러한 배은망덕한 사건은 너무 많아서 일일이 거론조차 할 수 없다.

그러므로 키케로는 국가를 위해 전력을 다하는 자는 이 세상에서의 영예를 기대하는 것에는 마음을 빼앗기지 말고 사후에 기다리는 조촐한 행복에 마음을 돌려야 한다고 말한다. 이것은 키케로의 종교적 신념이고 플라토니즘이다. 정치와 선을 긋는 것이 아니라 진정으로 현실 정치에 관여하는 것에 자리매김한 것이 키케로의 플라토니즘이다. 키케로는 플라톤을 비판하면서도 로마적으로 계승했다. 또한 그에게 로마의 국가 종교는 전혀 심각한 문제가 아니었고, 그것은 단순히 일반 민중의 것으로 파악되었다. 이는 《예언에 대하여》에서 전해진다.

국가는 지구의 극히 일부의 땅이고 작은 것이다. 이곳에 사는 인간, 더구나 하늘이나 신이라는 척도에서 축복이 되는 인간은 국가를 세워 그것을 유지해야 한다는 것이다. 사람이 행복하다는 판단은 어디까지나 현자에 의해서 이루어져야 한다. 국사에 종사하는 것은 보수나 명예를 위해 이루어져서는 안 된다고 키케로는 생각했다.

이렇게 현세의 행복이나 현세에 대한 집착으로부터 초탈한 키케로의 사상은 보이티우스($^{480}_{-524}$)의 《철학의 위안》에 깊은 영향을 주었다.

로마에서의 국가의 분열

《국가에 대하여》는 키케로의 대변인 스키피오를 중심으로 등장인물 사이의 대화 형식을 빌려 국가와 인간에 대해서 키케로의 사상이 드러난다. 라일리우스는 로마의 원로원도 시민도 둘로 갈라지고 있음을 제시한다. 즉 원로원에는 문벌파[*3]과 민중파[*4]의 충돌이 있고 민중도 그 양쪽에게 선동되고 있었다.

여기에서 언급이 되는 국가 양분화(양극화라고까지는 말하지 않더라도)의 원흉은 그라쿠스 형제, 그리고 그들의 개혁을 맡은 호민관 제도라고 라일리우스의 입을 빌려 말한다. 키케로 자신도 호민관 클로디우스에 의해[*5] 《국가에 대하여》의 완성 7년 전인 B.C. 58년에 로마를 탈출해야만 하는 처지로 내몰렸다.

《법률에 대하여》는 키케로와 동생 퀸투스 그리고 키케로의 친구 아티쿠스 세 사람의 대화로 이루어진다. 여기서 키케로는 호민관에게 민중이 선동될 뿐

---

*3 명문 귀족의 기득권을 지키려는 무리.
*4 민중편임을 가장해 원로원의 중심 세력에 대항하는 소수의 원로원 귀족파.
*5 정확하게 말해서 그 흑막인 카이사르에 의해.

만 아니라 민중의 반란과 불만을 달래 수습이 될 때도 있다는 것, 즉 호민관 제도가 공을 세운 면도 인정했다.

국가의 최고 형태

로마공화국의 양분화 현상을 파악해 라일리우스는 스키피오에게 어떤 형태의 국가가 최선인지를 말해주도록 간청한다. 아래에 스키피오, 키케로의 회답을 따르기로 한다.

키케로에게 최선의 국가·국제론은 그리스인 두 역사가, 폴리비오스(B.C. 200년 무렵~B.C. 120년 무렵)와 철학자 파나이티오스(B.C. 185년 무렵~B.C. 109년)의 영향을 확실히 받고 있다. 그러나 키케로는 두 사람에게 완전히 만족하지는 않았다.

페슈르는 '키케로를 통해서 그리스의 국가 사상과 그 영원화를 담당하고 플라톤의 《국가》가 다시 하나의 정치적 현실로 받아들여졌다'고 말한다. 틀림없이 그 뒤의 유럽 정치 철학에서는 두 번 다시 플라톤 부흥은 이루어지지 않았을 것이다.

그런데 근대의 국가 사상을 국가의 존립을 계약이라든가 약자의 연대에서 설명하려고 한다(홉스). 또는 강자의 권모술수적인 인민 지배로 설명하려고 한다(마키아벨리).

키케로는 앞서 말한 바와 같이 국가는 '정의에 대한 합의'와 '이익을 위해 공동적으로 결합한 인민의 유대'에 의해서 존립한다고 역설한다. 확실히 국가란 인민의 것, 인민의 재산인데 인민의 단순한 집단적 발전은 아니다. 우연히 '어떤 방법으로 인간이 모인 것'(coetus quoquo modo congregatus)은 아니다. 정의법에 대한 동의, 즉 법에 대한 일치와 전체적으로 맥을 하나로 할 수 있는 목표를 위한 연대로 성립된 것이다. 사실 이 생각은 키케로의 독창이 아니라 스토아파의 철인 파나이티오스로부터 계승한 것으로 알려져 있다. 키케로는 《의무에 대하여》에서 파나이티오스에게 깊은 공감을 짙게 드러낸다.

키케로는 본래 사람이 국가를 만드는 것은 자연적으로 누구에게나 내재해 있는 '사회성과 같은 것'에 따른다고 말한다. 아리스토텔레스 또한 인간은 자연 본래적으로 국가를 영위하는 동물로 역설했다. 그의 경우에는 키케로가 주장한 '법에 대한 합의와 공통의 이익(선)'이 국가 존립의 중추임이 확실히 주장되지 않고 있다.

철학자로서 국가 관념에 가장 강하게 사색한 사람은 헤겔이다. 헤겔은 국가를 넓은 뜻에서 민족, 좁은 뜻에서 헌법으로 생각했다. 그러나 키케로에게 국가는 민족의 테두리를 넘어선 것이고, 또한 그는 헤겔 이상의 '국제감각'으로 일관해 있었다고 말할 수 있다.

국가의 세 가지 형태

국가는 정부(또는 協議體)의 종류에 따라서 셋으로 나뉜다. 이를 말하기 전에 정부는 국가하고는 다르게 생각된다는 것을 한 마디 해둔다. 그것은 로마에 대해서 말하자면 정부는 정무관의 총체이고, 정무관은 임기제로 교대한다. 한편 국가는 영속한다. 로마인은 정부와 통치와 국가를 확실히 구별했다.

국가는 협의체·정부에 의해서 셋으로 구별되고 국가 전반은 현실로는 존재하지 않는다. 협의체의 움직임이 한 사람에게 집중하느냐, 일정하게 선출된 사람에게 부여되느냐, 국민(잠유입자) 모두에게 인정되느냐에 따라서 이 세 가지 구분이 가능하다. 모든 권력 가운데 최고의 권력이 어느 한 사람에게 돌아갈 경우, 그는 왕으로 불린다. 이런 국가 형태는 왕정이다. 최고 권력이 선정된 사람들에게 맡겨지는 경우에는 귀족의 의향으로 통치된다. 또 인민에게 모든 권력이 있는 경우에는 이 국가는 인민의 국정으로 불리게 된다.

이 세 형태는 결코 완전하지도 않고 최선도 아니다. 저마다 악화의 길을 걷는 것이 역사적 필연이다. 왕정은 참주정으로, 귀족정은 과두정(寡頭政)으로, 민주정(民主政)은 중우정(衆愚政)으로 전락한다. 키케로는 이 가운데 민주정을 가장 열악한 것으로 본다. 플라톤의 《국가》에서는 민주정은 중우정으로 변질하고 거기에서 참주정(僭主政)이 대두하게 된다고 역설했다. 키케로는 민주정은 국가의 대혼란·파멸로 귀착한다고 주장했다. 이것은 키케로가 쏟아낸 그리스의 폴리스, 특히 아테네에 대한 비난과 다름없다.

키케로는 위의 셋 가운데 일단 왕정(王政)의 지배자인 왕이, 왕으로서의 숭고한 역할을 다한다면 최선의 국정으로 인정한다. 본래 온 우주는 복수의 이성이 아닌, 하나의 이성·정신에 따라서 지배되기 때문이다. 이 유추에 따라서 덕이 있는 한 사람에 의한 지배가 진정으로 가능하다면 가장 좋다는 것이다. 그러나 현실에서는 왕은 권력자로서 실추(失墜)를 면할 수 없고 탐욕으로 말미암아 국민을 억압하는 폭군·참주로 변모한다. 또 왕은 자신을 둘러싼 신하에게 이용되거나 그들의 무리한 요구에 이끌려 국정의 방향을 폭정으로 바꾸는 일도 많이 있다.

세 국정의 여러 결함들

왕정에서는 왕 이외의 모든 자들이 공통의 정의나 정책 협의에서 지나치게 소외·배제되고 있다. 그러나 키케로는 왕 이외의 자가 법 앞의 평등이나 정치적 평등에서 제외되고 있다고 말하는 것은 아니다. 단지 왕 이외의 자들은 국가 의지에 참여할 수 없다는 것뿐이다.

귀족정은 현실로는 존재하는 일이 없는 귀족의 완전한 전제 정치를 뜻하고 이는 옳지 못한 것으로 알려져 있다. 귀족정에서는 민중이 국정에 적극적으로 참여할 수 없다는 것, 즉 이런 의미에서 민중에게는 자유가 없다는 것이 지적된다.

민주정은 나쁜 평등의 사회이고 '나쁜 평등은 실로 평등이 아니다'라는 것이 키케로가 계속 끄집어내는 의견이다. 이 국정에서는 국가를 위한 공헌도에 의한 존엄을 전혀 고려하지 않는다. 일찍부터 아리스토텔레스도 동등한 권리가 강조되면 불평등이 되는 것을 그《정치학》에서 역설한다.

또한 역사가 폴리비오스는 독재정에서 참주정, 귀족정, 과두정, 민주정, 중우정 그리고 또 독재정이라는 순환이 국정에 있다고 역설했다. 다만 키케로는 보다 나은 국정과 보다 나쁜 국정만을 문제로 삼고 이와 같은 순환설에는 동의하지 않았다.

플라톤과 아리스토텔레스의 국가(국정)론

키케로의 생각을 언급하기 전에 그리스의 2대 철학자 플라톤과 아리스토텔레스의 국정론(국가의 변질론(變質論))을 이야기하기로 한다. 플라톤은 명예지배정(귀족정)→ 민주정→ 참주정으로, 국가는 하강적으로 악화될 뿐이라고 파악했다. 또《법률》에서는 페르시아형의 지나친 지배(전제정치)와 아테네형의 지나친 자유(우정)가 함께 비판받는다.《법률》은 이 두 제도를 시정한 통합을 제창한다. 그리고 플라톤은 이 책 3·693에서 왕정, 귀족정, 민주정의 일단 혼합을 스파르타와 크레타에서 보고 있다. 플라톤 안에서 키케로가 세운 혼합 정체로의 선구(先驅)를 볼 수도 있다. '혼합 정체와 함께 플라톤은 세계사적으로 의미 있는 길을 열었다.'(유벤베르크)

아리스토텔레스는 어떤가. 그에게는 왕정→ 참주정, 귀족정→ 과두정, 최선의 국정*⁶→ 민주정이라는 나쁜 변질만이 있다. 왕정, 귀족정, 폴리티아는 선한 국정이고, 이런 것들은 공통의 이익을 지향하고 참주정, 과두정, 민주정은 자신들의 이익만을 지향하기 때문이다. 플라톤도 아리스토텔레스도 민중의 다수결 지배가 중우 정치가 되어 버리는 것을 역설한다. 또 플라톤은 《법률》에서 최우수자 지배정이 수수방관하여 의무 수행을 회피하는 대중의 반공동체적 생활을 보여주는 관객지배정(觀客支配政)으로 타락하는 것도 밝혔다.

키케로가 말하는 최선의 국가

키케로는 지도자(들)의 힘과 인민의 자유 균형이야말로 국가의 주권과 안녕을 유지한다는 확신을 지니고 있다. 왕정이 아무리 국정 중 최선의 것이라고 해도 그것은 독재정(獨裁政)으로의 타락을 쉽게 면할 수 없다.

키케로는 최선의 국정과 국가는 왕정과 귀족정과 민주정이 혼합된 형태라고 한다. 왕이 참주가 되지 않고, 귀족 지배가 과두 지향의 소수 지배로 변질하지 않고, 다른 한편 민주정에서는 군중 지배·중우정을 쏟아내지 않는 체제, 이것이야말로 국가 영속의 유일한 비결이라고 키케로는 생각했다. '적절하게 혼합된 상태'로서의 위의 혼합 정체에서는 지도자의 커다란 잘못에도, 민중의 폭주에도 제동이 걸린다. 키케로는 로마의 공화정을 이 혼합 형태 국가의 성립이라고 설명하고 이 제도의 수호를 로마 국민에게 역설했다. 그리고 그 국가 철학에 따라서 로마정을 사수했으나 결국 좌절하고 말았다.

더구나 로마공화국에서는 세습제의 왕을 부정하고 그 새로운 나라의 제도에서는 1년 교대의 2명이, 그리고 재선에는 수년의 간격을 필요로 하는 집정관이 왕의 역할을 수행하는 것이다. 원로원은 정무관 코스의 중직(執政官과 法務官)을 지낸 정치 경험이 풍부하고 양식이 있는 자들이 모이는 곳이다. 그리고 10명의 호민관은 평민 계급의 대표이고 게다가 이 계급 안에서만 뽑힌다. 그들은 원로원의 권고를 거부할 수 있고 원로원에 의안을 제출하는 것도 가능했다.

키케로의 정치 철학은 그가 아무리 플라톤을 신봉했더라도 플라톤적 이데아주의로 기울지 않았음을 확실히 보여준다. 그의 정치 철학은 로마의 '선조의

---

*6 이것은 폴리티아(국정)라고 단적으로 일컬어진다.

대화를 나누며 걸어오는 플라톤(왼쪽)과 아리스토텔레스(오른쪽)

유풍'(mos majorum)에 근본적으로 지지되고 있다. '선조의 유풍'이란 혼합 정체로서 로마공화정이었다. 집정관, 원로원, 호민관이 공동 키잡이가 되는 국가는 왕, 귀족, 평민의 협화에 따른 국가였다. 이것은 역사적 정치 철학이 키케로의 정치 철학이었다고 말하는 것이다.

로마 왕정에 이미 있었던 공화정의 방향

그리스에 있었던 1600개의 폴리스는 마케도니아에게 독립을 빼앗기고, 마케도니아는 로마에 제압되어 그리스 맹주의 지위를 상실했다. 이에 비해 로마는 키케로 시대까지 450년, 왕정 형태의 로마 건국에서는 650년이나 멸망하지 않고 이어져 내려왔다.

키케로가 묘사한 최선의 국정(國)은 왕정, 귀족정, 민주정의 혼합 형태이고 이것이야말로 이른바 공화정인 것이다. 민주정과 공화정은 전혀 다르다는 사실을 오늘의 우리는 명심해야 한다. 아렌트에 따르면 미국의 독립 무렵, 단순한 민주정이 아닌 상원에 커다란 권한을 갖게 한 공화정이 진정한 나라의 제도로서 선택된 것은 로마의 정체에 따른 '지혜'였다.

키케로는 로마 정치의 중심을 원로원에 둔다. 권력은 인민에게 있지만 권위는 원로원에 있다는 것이 키케로의 근본적인 주장이다. 원로원은 로마의 '정치적 경험과 국가 원리의 요체'로 보아야 한다.

키케로는 플라톤처럼 '언론 속에 묘사된 국가', '하늘에 바쳐진 국가'를 최선의 국가로서 국가의 유토피아적 성격을 강조한 것은 아니다. 역사 속에서, 더구나 키케로의 조국인 로마의 역사 속에 실현되고, 역사를 관철하고, 역사를 이끌고, 문화를 꽃피우게 하는 원동력이 되는 것을 최선의 국가로 지목한 것이다. 물론 플라톤은 단순한 유토피아 사상가는 아니다.*7

그러나 로마는 이미 왕정 시대부터 왕에게 권력이 집중되는 것을 완화하고 귀족이나 민중의 권한을 확대하는 길로 나아가고 있었다. 따라서 로마가 왕정에서 공화정으로 탈바꿈한 것은 어떤 의미에서는 혁명이 아닌 이른바 곤충이 껍질을 벗는 것과 비슷한 현상이었다. 로마 왕정은 로마의 정치 훈련, 로마가 진정으로 로마가 되는 과정이자 전제이고 왕정은 타락을 면할 수 없는 이상, 공화정의 발족은 왕정 초기부터 필연이었다고도 말할 수 있다.

키케로의 정치 철학은 역사적 성찰과 강하게 이어지고 있어, 굳이 말한다면 역사 철학으로서의 정치 철학이다. 역사와 손을 잡은 철학은 변론술에 스스로를 담는 철학과 함께 키케로가 길을 열어 확립한 것이고, 역사와 변론과의 밀접한 연관에 입각한 철학이야말로 키케로의 독창이다. 우리는 오늘날 한결 심도있게 키케로의 이 정신에서 배워야 한다. 그 뒤의 이탈리아를 대표하는 두 철학자 비코와 크로체는 키케로의 본보기에 따라서 역사적 철학을 철학 그 자체로 했다.

법의 근거

《법률에 대하여》는 《국가에 대하여》를 어디까지나 보완하는 성격을 지닌다. 그 점에서 플라톤의 《법률》이 시대적으로 선행하는 《국가》의 이데아성을 초월하여 차선의 국가와 법에 지배되는 국가를 그려낸 것과는 다른 관계에서 이 두 작품이 성립한다. 로마에는 기원전 50년 마지막까지 법리론이 존재하지 않았다. 처음부터 법을 이론적 근거로 장려하는 일 따위가 로마에서는 필요하지

---

*7 가이저 《플라톤과 역사》 1961년.

도, 또 바람직한 것으로도 생각되지 않았다.

　로마인에게는 자연법이라는 관념이 없고 12표법(表法)이 천 년이나 영속하는 법전이 된다. 12표법이란 귀족의 법지식 독점을 평민에게 해방하기 위해 B.C. 451~B.C. 450년에 편찬된 법률 집대성, 특히 사법집(私法集)이다. 이른바 귀족과 평민이 합의한 결정이라고 할 수 있다. 그리고 12표법에 더해서 선조 대대의 유풍·관습이라는 불문법이 법이었다. 그들은 '국민이 법을 재가한다'는 관념으로 법을 보았다. 이 점에서 로마인의 법률인 로마법은 타국의 법과 동등한 하나의 특수한 독자법에 지나지 않았다. 로마의 법이 자연법과 일치한다면 로마법은 '세계법'이 된다. 키케로는 《법률에 대하여》 제1권에서 이 방향으로 나아가기 시작했다.

　유럽 세계에 대한 그리스의 공헌은 철학이다. 한편 로마의 공헌은 로마법이다. 로마법은 본디 소국가의 법(의법)에 지나지 않았던 것을 광대한 영토가 된 로마 국가로까지 확대한 것이다. 근대 독일의 사비니, 그리고 몸젠의 로마법 연구의 수준은 오늘날에도 간단히 능가할 수는 없다. 이 두 사람의 빛나는 업적을 우리는 배워야 한다. 키케로의 철학은 언제나 법, 역사, 변론(辯)과 손을 맞잡고 있었다. 우리는 오늘날 법적 사고에 대해서 법철학적으로 마음을 바꿔야 한다. 여기에서도 키케로는 인도해주는 별이다.

　키케로는 법의 근거를 과거의 단순한 권위, 이를테면 법무관에 따른 포고나 12표법에 두지 않고 가장 깊은 철리에서 완전한 형태로 표시하려고 했다. 키케로도 로마의 실정법이 현실의 계급적 이익이나 시대의 이익 집합체를 반영하고 있음을 인식했다. 그러나 키케로는 세계 이성이야말로 세계 질서의 인도자이고 자연법과 동일하다고 주장한다. 자연이 모든 법률이자 모든 이성인 것이다. 온 세계가 법의 기초에서 움직이고 있다. 자연스럽게 부여되고 있는 이성이 법이고, 이 법이 실정법(lex)을 만들 것을 명한다.

　한편 실정법은 인간 안의 이성적 소질과 정의와 부정에 대한 자연적 감정에서 비롯한다. 인간의 이성은 자연 안의 항상적인 올바른 이성으로 나아간다. 실정법은 이성의 이와 같은 진전 안에서 만들어진다. 인간에게 타고난 성질로서 이성을 부여한 신은 이 불완전한 이성을 완전한 이성으로 높이도록 이끈다. '인간은 정의로 태어나고 있다.'(법률에 대하여 1·28) 실정법은 인간의 관념으로 존재하는 것이 아니라 자연에 의해서 존립하는 것이다.

키케로는 스토아파의 법이론에서 확실히 영향을 받고 있는데 로마 법률에 대한 구체적 전망을 지니고 있었다는 것과, 국민의 권리를 귀족에 대해서 확실하게 옹호한다는 점에서 그들과 다르다.

한편 법에는 렉스(lex)와 주스(jus)의 두 용어가 있는데, 주스는 정의·올바름을 뜻한다. 주스는 렉스를 포함하지만 그 반대는 성립되지 않는다.

2 그리스 철학과의 대결

로마인과 철학, 그리고 대 카토에 대해서

키케로의 자상하고 열정이 담긴 그리스 철학 이해의 노력은 그 자체가 로마의 기적이다. 그만큼 로마인의 기질과 본바탕, 그리고 심성은 반(反)철학이었다. 로마인의 눈에는 그리스의 문예나 철학은 화려하고 유약한 것으로 비쳤고, 실질강건한 농민적 삶의 방식을 선호하는 그들의 심성에는 이른바 다른 차원의 것이었다. 아무튼 그랬기 때문에 그리스의 시문, 웅변, 철학은 금지되지도 불태워지지도 않았다.

반면에 철학자의 웅변과 이론성은 로마 정신을 위태롭게 하는 것으로 귀족들에게 받아들여지기도 했다. B.C. 155년에 아카데미파인 카르네아데스 일행이 로마에 사절단으로서 방문을 해 철학 강연을 했다. 이 강연은 예상 밖으로 로마 청년에게 감명을 주었다. 본래 로마는 무예를 숭상하는 나라였다. 그 무렵의 대 정치가[*8]는 그리스 문화에 물든 인심이 연약해지는 것을 무척 두려워해, 그리스의 철인들을 추방한 일은 유명하다. 그러나 이 표면상의 행동이 그의 모든 것은 아니다. 실제로 카토는 그리스 문화 전반을 깊이 배운 인물이었다. 카토는 플루타르코스 등에 의해 그리스를 가장 혐오하는 전형적인 로마인으로 고정화되고 있으나 꼭 그렇지만은 않다. 그는 아들에게 그리스의 문예를 꼼꼼히 이해하도록 권하는 것이다. 다만 로마인으로서의 자신들이 그리스 정신을 맹목적으로 모방하는 것을 경계했다. 로마인의 특질에 합치하는 것을 숙고해서 몸에 익힐 것, 카토는 이것을 역설한 것이다. 《기원론》, 《농업론》 등의

[*8] 대 카토, 마르쿠스 포르키우스 카토 켄소리우스.

대작을 저술한 카토는 섬세한 교양과 문예에 재능이 있는 인물이고, 스키피오(_小_{키피오})의 이른바 정신적 스승이기도 했다.

한편 로마인에게 큰 영향력을 준 것은 스토아파였다. 그러나 본래의 그리스 철학은 스토아파와는 달리 대범하고 풍부한 정신 세계를 만들어 냈으며, 스토아파는 로마인의 기질에 어느 의미에서 가장 알맞게 로마화한 그리스 철학이라고 할 수 있다.

철학자 키케로의 복권

이미 말한 바와 같이 19세기 독일, 유럽 최고의 로마 역사가 몸젠은 철저하게 키케로를 깎아내리고 온갖 욕설로 매도했다. 키케로에 대한 몸젠의 비난은 철학자 헤겔이 행한 키케로 비난과 기본적으로 맥락을 같이한다. 몸젠도 헤겔도 영방 국가군(領邦國家群)에 지나지 않았던 그 무렵의 독일을 한 민족의 통일국가에 가져오는 커다란 힘(국군을 배경
으로 한 힘)을 대망한 것이다. 이렇게 해서 두 사람은 키케로가 아닌 카이사르의 재래(再來)를 기대했고 거기에서 과격한 키케로 혹평이 나왔다. 그 정도로 키케로의 의의와 독창성을 차분하게 바라보는 시대 상황이 그 무렵의 독일에는 없었던 것이 확실하다.

몸젠에게 정치가 키케로는 겁쟁이이며, 자신의 주장이 없고, 기회주의자에다 명예욕덩어리였다. 또한 철학자 키케로는 절충주의, 조술가(祖述家)의 영역에만 있는 자였다. 키케로의 최고 철학 작품, 로마에서 플라토니즘을 세운《국가에 대하여》도 몸젠은 '비철학적이고 비역사적'이라고 매도한다. 한편 카이사르는 입헌공화정 붕괴 뒤의 필연적 독재정을 지향한 것이라면서 이것을 몸젠은 참주정과 다른 '카이사르주의'로 불렀다.

그러나 오늘날 뷔히너, 게르차, 풀만, 하비히트 등의 업적으로 정치가 키케로의 위대함, 로마공화정 사수에 대한 헌신이 찬양받게 되었다. 키케로는 진정한 정치 철학자임과 동시에 정치가로 인식되어 왔다. 키케로를 독일 바이마르 공화국의 모범으로 평가하는 상찬도 나오고 있다. '정치가 키케로는 바이마르 국가와 마찬가지로 정치 영역에서 진정한 인간적 행동과 책임으로 가득찬 확증의 실현이다'(P. 빌데
브란트)라고까지 상찬되기도 한다.

철학자 키케로에 대해서는 앞의 몸젠뿐만 아니라《파울 비소바》의 약호(略號)로 유명한 고전학 백과사전 가운데의《키케로, 철학적인 모든 저작》의 분담 집필자인 필립슨은 '키케로에게서 독자적인 철학 사상을 발견하려는 것은 잘못된 것이다'라고까지 단언하고 있다. 이 '진단'은 오늘날 거의 완전히 극복되고 있다고 할 수 있다. 하지만 레클람 문고의 《로마 문예의 원전과 해설》 제2권(\[1985\]년)을 엮은 A.D. 레만은 여전히 '키케로는 독창적 철학자는 아니었다'고 말한다. 이에 대해서 아리스토텔레스의 논리학이나 형이상학의 연구로 유명한 파치히는 키케로의 시대적 특성이 철학의 독창성 이상으로 포괄적 이해를 돕는 것이었음을 지적하고 덧붙여 '독창성은 일류인 자의 철학 이론 형성의 필요 조건이라 해도, 뜻깊은 철학적 산출의 필요 전제도 충분조건도 아니다'라고 말했는데 매우 마땅한 말일 것이다.

최근에 뷔히너 편의 《새로운 키케로상》(\[1971\]년)이 간행되어 사색자·철학자 키케로가 부각되고 이를 계기로 철학자 키케로의 심오함과 풍부함, 비판 정신이 세상에 알려지게 되었고, 관련 문헌이 이 분야에서 많은 관심을 받고 있다. 이 논집 중의 쿠마니에키(폴란드의 고전 학자)의 《키케로의 웅변술과 지혜》는 특히 시사하는 바가 크다.

오늘날의 고대 철학 학계는 키케로를 '로마 최고의 철학자', '휴머니즘의 확립자', '인간 심성의 성찰자', '그리스 철학의 체계적 계승자', '유럽에 그리스 철학을 가져다 준 사람'으로 재조명하려고 한다. 나는 키케로가 수행한 정치, 변론, 역사를 철학으로 감싼 사색의 노정을 키케로의 세계사적 위대함으로 파악한다. 키케로는 '깊이 생각한 에포케(판단중지)'를 관철했다는 해석(이론)도 있다. 하지만 그는 결코 에포케는 아닌 것이다.

키케로 이전의 로마 지식인

로마는 우티우스에 의해 우선 에피쿠로스파의 철학을 수용했다. B.C. 102년의 집정관 Q.L. 카툴루스는 철학서를 몇 권인가 읽었다. 또 폼페이우스(카이사르의 라이벌인 폼페이우스의 숙부)는 공직에서 은퇴하고 스토아파의 철학이나 기하학, 그리고 법의 연구에 몰두했다. 스키피오 아프리카누스의 조카 Q.A. 투베로는 스토아파의 중진 파나이티오스의 문하로 들어갔다. 동시에 또 앞서 말한 대 카토가 로마인의 주체성을 지키면서 그리스 문화를 상세하게 이해한 것을 빼놓을 수 없다. 어느 의미에서 생각해 본다면, 대 카토는 키케로 이전의 키케로라고도 말할 수 있다. 그 시야의 넓이야말로 로마적인 교양의 분화구였다.

철학의 뜻

키케로는 '철학에 라틴어를 가르치고, 철학에 로마 시민권을 주는 것'(선과 악의 궁극에 대해 서 3·40)을 지향하고, 정치 행동의 소용돌이 속에서 로마공화국에 대한 위기 의식을 안은 채 로마인으로서는 처음으로 포괄적 철학(즉 정치 철학 만이 아니고)을 연구하여 로마 철학을 세웠다. 그 무렵 철학은 그리스어에 정통하지 않은 자에게는 '봉인된 배움'이었다. 라틴어로 된 철학서는 한 권도 없었다. 키케로의 시대까지도 라틴어로 철학을 가르치는 것에는 뿌리 깊은 편견이 있었다. 이를 타파한 사람이 키케로이다.

키케로는 B.C. 88년 18세 때, 아카데미파의 학장인 라리사의 필론의 강의를 로마에서 들었다. 키케로가 19인가 20세 때에 쓴 처녀작 《소재의 발견에 대하여》는 이 필론이 얼마나 크게 키케로에게 영향을 주었는지를 말해준다. 이 《소재의 발견에 대하여》 가운데서 키케로는 필론적 회의(懷疑)에 단순히 동감하는 것만이 아니라, 에포케(판단중지)가 인생을 올바르게 영위하기 위한 의무라고도 언명하고 있다. 앞서도 말했지만 키케로는 21세에 크세노폰의 《가정론(家政論)》을 그리스어에서 라틴어로도 번역했다.

키케로는 필론뿐만이 아니고 B.C. 79~B.C. 77년, 27~29세 때, 술라의 공포 정치에서 벗어나 그리스와 소아시아에 머물렀다. 이때 아테네에서 안티오코스의 강의를 들었다. 그는 필론에 이은 아카데미의 수석 교사이다. 또한 한편으로 안티오코스는 아카데미를 정지시키고 다른 방향의 학원을 만든 것이라는 주장도 있다. 키케로의 철학에 결정적인 것은 라리사의 필론과 그 후계자 안티오코스와의 사이에 벌어진 항쟁이다. 안티오코스는 회의주의가 플라톤의 학통, 다시 말해서 '옛 아카데미'로부터 벗어난다고 해서 스승 필론을 비판한 것이다. '신 아카데미'를 '옛 아카데미'로 되돌리는 것이 안티오코스가 지향하는 것이었다.

키케로의 철학은 이 두 사람, 필론과 안티오코스의 대립을 끝까지 숨기고 있다. 그것은 회의와 정설의 대립으로도 일단 표현된다.

회의주의와 교설주의(정설주의)의 '통합'

하지만 키케로를 단순히 절충적 철학자라든가 자신의 사상에 견고한 체계성을 부여하지 못했던 나약한 인물로 여겨서는 안 된다. 그의 주요 작품군의 내용 개략에서도 언급을 하겠지만, 그는 성실하게 교설(敎)과 도그마티스트와 회의파 스케프티스트에 대결한 것이고 둘의 문제점을 음미하고 절개(切開)해 나갔다. 본디 공적(公的) 세계 즉 로마의 정치 세계에 관여해 로마 국가의 전통 유지를 무엇보다도 중요한 것으로 간주한 키케로에게는 교설주의(진리의 획득에 이르는 것을 떠받드는 입장)가 로마의 역사적 현실성을 순수하게 직시하지 않는 것에 반대하고 교설주의가 국가보다 개인의 위대함에 의거하는 것임을 경계한다.

다른 한편 회의주의*⁹는 너무나도 변동하는 현실, 인간이 지닌 감각이나 지식의 불안정성을 강조하고 그것에 발목이 잡혀 이념적인 것이나 인간 이성의 고매함이나 진리 획득의 힘을 보려고 하지 않는다.

키케로가 비록 회의주의에 가깝다고 해도 그 회의주의는 이른바 음미주의·소크라테스주의로서의 그것이다. 다르게 표현하자면 극단으로 치닫지 않는 온화한 회의주의이다. 키케로는 결코 지식불가능설에 서 있지는 않다. 현실의 주시와 함께 고매한 이념의 준수―그것은 언제나 현실과의 대결 없이는 지향되지 않는다―를 해온 키케로에게 사실 회의주의는 교설주의와 상보적이고 그만이 이 양자의 대화를 타의 추종을 불허하는 평형 감각과 안정으로 수행한 것이다. 키케로의 독자성, 아니 그것에 그치지 않고 그의 진정한 독창성은 위의 두 입장의 상호 배제를 비판하고 저마다 일면성을 보여준 것에 있다. 그의 이른바 절충주의는 결코 혼화(混和)를 만들어내는 것은 아니었다.

《신들의 본성에 대하여》에서 키케로는 논의에 있어서는 권위보다도 논거의 중요성이 요구되어야 한다고 말한다. 회의주의란 파괴나 부정의 허무주의가 결코 아니다. 로마 국가의 공화정에 대한 공인으로서의 적극적인 관여와 역사적 상황 통찰의 두 가지 길에서 회의적 방향은 그에게 맡겨져 있다. 키케로는 그곳에 자리매김해 헬레니즘기의 모든 철학 학파·모든 조류를 가능한 한 공정한 눈으로 음미하고 철학이 진정으로 시대를, 그리고 현실 세계와 이념적 방도를 힘차게 사는 인간의 영위 및 기품 있는 노력으로서 존립하는 것을 실현하려고 했다.

확실히 그의 모든 철학 작품은 회의주의*¹⁰와 교설주의*¹¹의 틈새에서 흔들

---

*9 진리의 탐구에 임한다는 자세.
*10 일체의 불확실함의 강조.
*11 인간이 준거로 해 살아야 할 진리의 확언.

리는 것처럼 보인다. 그곳에서 키케로 철학의 모순을 보는 것이 키케로 연구의 상식으로까지 여겨졌다. 이는 바로 뒤에 언급하려고 한다. 그리고 이 책에서는 이 상식의 오류를 바로잡을 것이다. 키케로는 흔들리지 않는 체계적 의욕으로 일관했다.*12

철학과 변론(웅변)

키케로는 저작 중에서 몇 번이나 플라톤의 《티마이오스》(研)의 말, '철학은 신들로부터 인간에게 부여되어 도래한, 또는 도래할 가장 선한 것이다'를 인용한다. 또한 아마 젊었을 때였으리라 생각되지만, 그는 플라톤의 유일한 이 자연 철학의 책을 라틴어로 옮겼다.

정치가로서 국민을 설득하는 것을 언제나 '임무'로 삼은 키케로는 웅변과 철학을 긴밀하게 연결하려고 했다. 철학이 빠진 변론(辯論)은 내용이 공허하고 단순히 승리를 위한 것이다. 더구나 이 변론은 선이라든가 진정으로 향해야 할 길을 잃은 것이다. 한편 변론(辯論)이 빠진 철학은 인심에 깊은 감명을 주어 설득할 수 없다.

키케로에게는 철학과 웅변이 어떤 사랑의 투쟁(鬪爭)을 하면서 공존해 하나가 된다. 철학이 국가나 정치에서 벗어나지 않는다는 것도 변론과 철학의 밀접함에 의거한다. 그리고 이것은 로마 철학의 성립이 된다.

키케로와 플라톤

앞의 키케로의 뜻에서 플라톤의 《티마이오스》 언어가 인용되고 있거니와 플라톤에 대한 키케로의 외경심은 철학 역사상 그 유례를 찾아볼 수 없었다. 동생인 퀸투스는 키케로를 호모—플라토닉스(플라톤신봉자)라고 불렀다. 이와 달리 아리스토텔레스에 대해서는 통상의 존경하는 마음을 넘지 않았다.*13 키케로에게 플라톤은 가장 큰 스승이었다. 키케로는 플라톤을 '철학의 주도자', '철학자들의 신', '우리의 신'으로까지 부르고 있다. 또 '우리의 플라톤'이라고 친근감을 담아 부르기도 한다.

---

*12 《예언에 대하여》 2·1~4.

*13 그러나 또 아리스토텔레스나 페리파토스파의 분석의 다각성과 시야의 풍부함이 키케로에게 로고스의 전개에 관해서 결정적으로 작용하고 있음을 간과해서는 안 된다.

플라톤 정치 철학의 숭고함은 키케로를 언제나 채찍질하는 정열의 원천이었다. 그러나 그것뿐만이 아니라 플라톤 문체의 신중함과 우아함은 키케로를 사로잡고도 남았다. 그리고 키케로는 '플라톤의 적대자와 함께 진리를 생각하기보다는 플라톤과 함께 길을 방황한다'고 플라톤 신봉을 공언하는 것이다.

그와 동시에 우리는 키케로가 '플라톤의 라이벌'(Platonis aemaulus)로 자부하고 있었음도 알아야 한다.

키케로가 정치를 철학으로 높이려 하고, 철학을 국가나 정치에 연결한 것은 신 아카데미의 필론의 영향이 아니라, 오로지 플라톤에 대한 마음속에서 우러나오는 감격과 동시에 비판적 계승의 의욕에 따른 것이다. 국가를 위해 몸을 바치는 것, 국가가 올바른 길로 나아가도록 계속 호소하는 일은 현세에서의 명예나 지위를 위함은 아니다. 사후 세계에서의 작은 행복, 신들에게 찬양받는 것만을 염두에 둔 활동이다. 키케로는 《국가에 대하여》의 마지막 권과 오늘날 자리매김되어 있는 '스키피오의 꿈'에서 이를 말하고 있다. 플라톤이 《소크라테스의 변명》이나 《파이드로스》, 《파이돈》 가운데서의 혼의 불사에 대해서 기술한 숭고한 말에 스스로를 맡겼다고 말할 수 있다.

키케로의 플라톤 이해를 단순히 그의 플라톤 숙독에 따른 것이라고 한다면 그것은 과장된 이야기이다. 라리사의 필론이란 스승의 플라톤 해석이 크게 작용하는 것으로 보아야 한다.

하지만 키케로의 회의(懷疑) 존중, '회의주의'는 그대로 라리사의 필론이나 신 아카데미파의 관점과 똑같지 않다는 것도 그대로 지나쳐서는 안 된다. 키케로는 결코 신 아카데미의 단순한 일원에 그치지 않았다. 오히려 플라톤의 이데아·최고형태의 국가(圀)로의 길을 관철하기 위해서 신변의 다양한 통념을 음미하려고 했다고 보아야 한다. 신 아카데미의 회의주의를 벗어난 회의주의로서, 이른바 변혁된 회의주의이다.

키케로의 플라톤 비판

키케로를 인도하는 별은 플라톤이었음이 틀림없다. 그러나 다른 면에서 키케로는 플라톤에 대한 불만과 비판을 숨기지 않는다. 그것은 기본적으로 두 가지로 정리된다. 키케로는 《국가에 대하여》에서 플라톤의 이상 국가인 철인왕(哲人王)이 지배하는 국가가 전혀 역사적 현실에 기반을 갖지 않은 관념적인 것임을 확인했다. 그리고 《의무에 대하여》에서는 플라톤이 학문적 정열을 첫 번째 가치로 삼았다는 것, 또한 일반적으로 철학자는 강요되지 않으면 국가 공공을 위해 몸을 바쳐서는 안 된다고 한 점을 비판한다. 즉 철학자의 근본적인 비정치(국가에 관여하지 않음)를 비판한다. 올바른 행위가 성립하려면 자발적으로 그것이 이루어져야 한다는 것이 이유이다. 현실적 정치에서 명확하게 거리를 유지해 정치를 철학적으로 사색한 플라톤에 대해서 키케로는 로마의 방침인 공화정에 몸을 바쳐 학문에 대한 한 마음을 억제하고 정치의 소용돌이 속에 몸을 던진 것이다. 그러나 키케로는 이로서 플라톤 철학을 잘 이해할 수 있었고 로마적으로 바꿀 수 있었다고 말할 수 있다.

음미주의로서의 회의주의

이런 의미에서 키케로의 '회의주의'는 '음미주의'이다. '음미가 없는 인생은 인간으로서 삶의 보람이 없다'고 말하는 플라톤의 《소크라테스의 변명》 속의 소크라테스 자세야말로 소중하게 여겨져 키케로의 회의를 밀어내고 지탱되었다.

키케로는 사실 플라톤 이상으로 소크라테스를 높이 평가했다. 플라톤은 '철학의 주도자'로 일컬어지고, 소크라테스는 '철학의 아버지'로 불린다. 키케로는 소크라테스가 음미하는 정신을 가장 소중하게 여기고 소크라테스에게 형체를 받은 도시의 철학을 계승해 풍요롭게 한 것이다. 도회적인 활발함과 다채로움, 유머, 풍자, 언어의 수사적 세련, 이런 것들을 보여준 소크라테스와 심원한 로고스의 전개와 정치에 대한 날카롭고 고매한 통찰로 풍요롭고 아름다운 자기 작품화(창조)를 수행한 플라톤, 이 두 철인이 있음으로써 키케로는 '로마에서 유일한, 그리스 정신의 계승자'로 불리는 것이다.

키케로의 소크라테스관(觀)과 그 문제점

소크라테스에 대해서 키케로는 다음의 유명한 말을 남기고 있다. '소크라테스는 철학을 하늘에서 내려오게 하여 도시에 정착한 최초의 사람이다.'(투스쿨룸에서의 대화 5:10) 그리고 《아카데미카》(1:4, 15)에서는 '소크라테스는 그때까지 신비의 베일에 가려져 있었던 철학을 일상 생활의 주제로 가져왔다' 말한다. 그리고 일상 생활의 주제란 무엇이 선이고 악인가의 음미이다, 라는 말로 이어지고 있다.

확실히 키케로는 플라톤이나 아리스토텔레스만큼은 우주·천문학이나 수학,

동물학, 식물학 등의 학문에는 크게 흥미가 없었다. 그렇다고 해서 키케로가 철학을 소크라테스적으로 덕의 음미, 인간 행위의 성찰에만 한정했다고 보는 것은 좁은 소견이다. 진정한(^{완전}) 변론가는 자연학이나 수학에도 능통해야 한다. 이것이 키케로의 고매한 주장이기 때문이다.

또 소크라테스는 키케로가 이해한 것과는 달리 인간을, 이 세상을 넘어선 신적 세계·우주에 처음으로 연결해 캐물은 사람이라고도 말하고 있다. 인간이 살아가는 중에 지향해야 할 덕은 현실 사회 속에서 발견해 승인되는 것이 아니고, 우주적 진리와의 공명에 근원을 둔다고 소크라테스는 처음으로 설득성을 가지고 역설한 것이다. 그는 결코 철학을 인간주의로 축소하지 않았다. 소크라테스가 피력한 것은 우주적 휴머니즘이라고 해야 한다. 이 점에서 키케로에게는 오해 또는 선입관이 있었다.

또 키케로는 그리스에서의 철학(^智)과 변론의 대립·알력의 원흉으로서 소크라테스를 비난한다. 소크라테스는 '선하게 사는 것'에만 집중해 화려한 언어로 풍부하게 말하는 것을 등한시한 것으로 인식하기도 한다. 그러나 우리가 플라톤의 초기 대화편(^{이른바 소크라}_{테스적 대화편})을 펼쳐 보면 이 또한 키케로의 곡해로 생각하지 않을 수 없다. 그곳에 얼마나 플라톤의 화려한 손길이 가해져 있다고 해도 말이다.

하지만 키케로 정신의 깊이에는 단순히 로마 정신을 조형한 그 이상의 것이 있다. 키케로에 의해서 로마 정신이 새롭게 표출된 것이다. 플라톤은 자국이나 자민족에 대한 솔직하고도 통렬한 비난을 철학으로 했다. 먼저 이데아·현실을 초월해 현실에 버팀목이 되고 현실을 높이고 있는 힘을 역설한 것은 그리스에서 플라톤뿐이다. 그런 의미에서 그는 예외적인 그리스인이라고도 말할 수 있다. 그리고 키케로 또한 전형적인 로마인이라기보다는 예외적인 로마인이었다. 키케로는 로마적 정신, 그리스에 없는 로마의 고유성을 철학적 표현에 가져온 것만이 아니다. 그는, 그야말로 로마인에게는 아예 결여된 형이상학적 심오함을 로마 정신에 주입했다. 정신적 현실 속에 철학의 이상과 이념을 도입하려고 한 로마인은 오직 키케로뿐이었다. 그의 말을 빌리자면, 로마 국가의 역사가 이상과 이념 실현으로의 길인 것이다. 키케로는 이를 한결 깊게 로고스화했다. 카이사르, 폼페이우스, 그리고 안토니우스라는 정치상 키케로의 라이벌은 누구 한 사람 철학에 지속적인 관심을 두지 않았다. 카이사르는 변론술을 배우고, 폼페이우스는 스토아파의 철인 포세이도니오스와 친구이기는 했지만 키케로의 정치적 활동이 순조로웠다면 그의 철학은 기록되지 않았을 것이다. 키케로의 비극적 운명이 로마의 철학을, 그리고 오늘날에도, 아니 오늘날이야말로 의의 있는 철학을 그에게 형성시킬 기회를 준 것이다. 그러므로 키케로의 비운은 오히려 우리 후세 사람에게는 행복을 주었다.

키케로는 그리스 철학을 유럽에 소개한 사람일 뿐만 아니라 냉정한 평형감각으로 인간이 포용하는 모든 관념을 음미하고 간단하게 하나의 이치를 내놓지 않는다는 철학 본래의 정신을 연 사람이기도 하다. 게다가 그는 진정한 의미에서의 휴머니즘을 구축했다고 할 수 있다.

소크라테스(BC 470~BC 399)

철학적 저작 일람

키케로의 철학 연구·철학 사상은 철학적 저작들만이 아닌 변론술 저작에서도 발견된다. 게다가 방대한 서간에도, 그리고 변론 저작에도 표현되어 있다. 그러나 여기에서는 철학에 집중한 저작명만을 들어두기로 한다.

여기에서 독자의 이해를 돕기 위해, 키케로의 철학 저작을 연대순으로 기술해둔다.

＊ B.C. 54~B.C. 51년 ……《국가에 대하여 *De re publica*》. 전6권(최초의 원고는 9권) 가운데 4분의 1인가 3분의 1이 1820년에 바티칸의 도서관에서 발견된 중복 기록문서

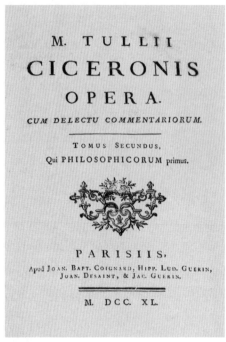

M. TULLII
CICERONIS
OPERA.

CUM DELECTU COMMENTARIORUM.

TOMUS SECUNDUS,
Qui PHILOSOPHICORUM primus.

PARISIIS,
Apud JOAN. BAPT. COIGNARD, HIPP. LUD. GUERIN,
JOAN. DESAINT, & JAC. GUERIN.

M. DCC. XL.

《키케로 전집》 제1권 철학 저작집 1(1940). 파리

가운데서 발견된다.

＊ B.C. 52~B.C. 51년 ……《법률에 대하여 De legibus》 3권(불완전)이 현존. 작품은 다분히 6권이 되어야만 했다. 키케로는 이 작품을 미완성인 채 남겼다. 공식적으로 출간되지는 않았다.

＊ B.C. 46년 ……《스토아파의 패러독스 Paradoxa Stoicorum》. 스토아파의 윤리학(도덕철학)을 둘러싸고 (좁은 뜻의 변론술 저작에도 든다).

＊ B.C. 45년 3월 ……《위안 Consolatio》. 딸의 죽음에 직면해서 키케로 자신을 위해 썼다.

＊ B.C. 45년 3~4월 ……《호르텐시우스 Hortensius》. 산실됨. 그러나 꽤 많은 단편이 후세의 서책에 인용되어 기록되어 있다. 철학을 권하는 대화 형식이다. 키케로 다음에 이어지는 철학 저작에 대한 입문의 역할이 있다.

＊ B.C. 45년 5월 ……《카툴루스 Catulus》. 오늘날 남아 있지 않다. 아카데미파의 지(知)의 회의론을 다루었다.

＊ B.C. 45년 6월 ……《선과 악의 궁극에 대하여 De finibus bonorum et malorum》 전5권. 첫째 권 또는 2권은 《토르콰투스》로 표제가 붙여져 있다. 궁극은 라틴어로 피니스, 이것은 그리스어 테로스의 번역이고 의미로서 선과 악의 '궁극적 단계' 또는 '극단인 경우', 그리고 행동의 '종결' 내지 '목적'의 두 뜻이 있다. 이 표제는 결국 《윤리학의 기초》에 상응할 것이다. 이 저서 가운데서 officium이란 용어는 '의무'라기보다는 '걸맞은 행위'라는 의미이다. 즉 offlicium은 타인에 대한 봉사라는 좁은 틀의 것은 아니다. 의무인 구미어 번역(영 duty, 독 pflicht, 프 devoir)은 뿌리 깊은 오역이기도 하다.

《아카데미카 Academici libri》. 본래의 아카데미카는 2권이고, 카툴루스와 루

《키케로 전집》 전9권 라틴어 원전 전집(1758) 런던

쿨루스가 주된 대화자이다. 이 가운데의 후반이 제2권으로서 남아 있다. 이것
은 '루쿨루스, 아카데미카 전서'로 이름이 붙여져 있다. 키케로는 여기에서의
대화자들이 부적격인 것으로 마음이 기울고 또 바로가 이 책을 자기에게 주도
록 부탁한 적도 있어 계획을 바꾸어 새로운 판을 바로에게 바치기로 하고 4권
으로 다시 배열했다. 그리고 등장하는 대화자를 바로, 아티쿠스, 그리고 키케
로로 고쳤다. 현재의 제1권(파리 사본)은 제2판 (^{아카데미}_{카 후서})의 처음 4분의 1을 이룬
다. 키케로의 유일한 지식 철학의 전개이다.

* B.C. 45년 7~12월……《투스쿨룸에서의 대화 *Tusculanae disputationes*》. 키케
로의 투스쿨룸 별장에서 이루어진 이야기이고 5권으로 이루어진다.

《신들의 본성에 대하여 *De natura deorum*》 전3권. 제3권의 일부 산실.

* B.C. 44년 1~3월……《예언에 대하여 *De divinatione*》 전2권. '라틴어 표현으
로 명확해지지 않는 철학의 영역 따위는 없다.'(2-4)

《대 카토·노년에 대하여 *Cato major de senectuta*》.

* B.C. 44년 4~11월……《숙명에 대하여 *De fato*》. 미완.

《라일리우스·우정에 대하여 *Laelius de amicitia*》.

《영광에 대하여 *De gloria*》. 산실.

✱ B.C. 44년 11월······《의무에 대하여 *De officium*》 전3권. 의무, 영어의 duty로 번역되어 있는 라틴어의 officium은 그리스어의 καθηκον에 해당한다. officium은 이 그리스어의 이른바 임시 변통의 동의어이다. 이 저자의 시야는 의무를 초월한 일체의 올바른, 적절한 행위를 포함한다. 그리고 이 officium은 스토아파의 덕의 엄숙성이 아닌, 사람이 일상적으로 윤리의 지표로 해야 할 것, 보다 실현 가능한 것을 가리킨다. 앞의 《선과 악의 궁극에 대하여》 항목의 '의무'란 번역에 대한 곳을 보기 바란다.

한편 이 윤리학서는 불법으로 독재자가 된 카이사르를 확실하게 지탄하는 의도를 지니고 있다. 영어 번역에서는 appropriate act가 알맞다.

✱ 집필 연도가 불확실한 것······《티마이오스 *Timaius*》. 플라톤의 이 표제 붙는 대화편의 부분 번역.

《프로타고라스》. 플라톤의 대화편 번역. 산실.

《모든 덕에 대하여 *De vitutibus*》. 산실.

키케로의 놀랄 만한 집중력

위의 일람이 보여주듯이 키케로가 초인적 집중력으로 계속해서 철학 저작을 저술한 것은 사랑하는 딸 툴리아가 죽은 B.C. 45년, 61세 때이다. 《슬픔에 대하여》와 《위안》이란 두 권의 수필을 쓰고 곧, 키케로는 본격적인 철학 연구와 철학 저술로 접어든다. 《선과 악의 궁극에 대하여》, 《아카데미카》, 《투스쿨룸에서의 대화》, 《신들의 본성에 대하여》가 잇따라 탈고된다. 키케로 철학의 전당은 이 1년에 착공되어 준공을 맞이한 것이다. 철학사에서 유례가 없는 집중력이라고 해도 좋다.

이듬해 B.C. 44년에는 키케로의 윤리학, 다시 말해서 실천 철학이 연달아 발표된다. 이 해는 카이사르가 암살된 해인데 암살 전에는 《대 카토·노년에 대하여》가, 암살 직후에 《예언에 대하여》와 《라일리우스·우정에 대하여》가, 5월 하순에는 《숙명에 대하여》(⁵⁾⁾, 연말에 걸쳐서는 《의무에 대하여》가 완성되었다.

키케로는 《투스쿨룸에서의 대화》에서 '어찌할 도리가 없는데도 좌절해 슬퍼하고만 있는 것은 가장 어리석은 일이다'라고 쓰고 있다.

즉 이 2년 동안의 많은 활동은 괄목할 만한 바가 있다. 이 세월에 그리스 철학의 소개와 비판과 로마적 통합과 더불어 윤리학적 반성의 마무리도 이루어져 로마에서의 그리스 철학의 이식과 그 뒤의 유럽 정신사에 결정적 공헌을 한 것이다. 더구나 키케로는 이미 《국가에 대하여》와 《법률에 대하여》를 55세까지 쓰고 있다. 이 두 저술은 이미 말한 바와 같이 키케로의 정치(治)·역사·법의 깊은 결부를 보여준 것이다.

그것만이 아니다. 나중에 기술하겠지만 키케로는 변론술(術)의 저작을 몇 편이나 더 집필했다. 변론과 철학(雄辯派哲學)이 하나로 되고 있는 것, 또 하나로 되어야 한다는 주장, 다시 말해서 철학적 변론술의 수립이야말로 철학사에서 키케로의 가장 특색인 독자성이다. 변론술적 저작들도 기본적으로는 철학적 넓이와 깊이와의 연결을 주장하는 것이고, 이런 것들도 철학서의 테두리에 넣어야 할 것이다. 그렇게 보면 키케로 철학의 저작들은 놀랄 수밖에 없는 양에 달한다.

키케로가 지향한 로마 철학 형성은 한마디로 키케로 철학의 수립과 함께 카이사르가 수행한 게르만 민족의 영토 세계의 로마화가 유럽의 통일적 형성을 밀어붙인 결정적 요인이 된다. 만약 키케로의 휴머니즘 수립으로서의 철학이 없었다면 중세 유럽의 보편적 정신의 풍부한 전개는 과연 달성되었을까. 화이트헤드는 유럽 철학은 플라톤의 모든 작품의 각주(脚注)라고 말했다. 또한 플라톤도 키케로 지원 없이는 유럽 정신사의 근원이 될 수 없었을 것이다. 그러므로 철학사를 포함한 정신사의 유럽적 형태는 키케로가 이루었다고 보아야 할 것이다.

철학 학파만 존재했던 키케로의 시대

오늘날 우리의 감각으로는 철학을 하는 자란 자유로운 개인적 생활을 소중하게 여기고 여러 학문의 원리·원본에 관한 지(知), 인생의 진정한 선을 추구하는 주체성을 지닌 사람이라는 성격을 부여한다. 즉 프리랜서라는 특정 입장이나 어느 당파에도 속하지 않는 논객의 이미지가 강하다.

근세의 비코, 데카르트, 스피노자, 흄, 로크, 루소와 그리고 대학 교수이기도 했던 칸트 등을 떠올리면 더욱 쉽게 이해할 수 있다.

그런데 특히 소크라테스 이후의 그리스, 보다 엄밀하게 말해서 헬레니즘시대의 그리스, 그리고 키케로가 청년이었던 시절의 지중해 고대 세계에서 사람은 어느 특정의 학원·학파에 깊게 연관되어 그것에 속하지 않고 자주적으로 개인이 철학을 하는 일은 있을 수 없었다.

키케로 시대에는 개인이 자기 표현으로서의 철학은 존재하지 않고 오직 저마다 철학 학파의 철학, 이를테면 스토아파 철학, 페리파토스파 철학이 존재했다고 말하는 것이 정확하다. 그래서 어느 학파에 참가하지 않으면 그 무렵의 지식인은 철학 활동을 할 수 없었다. 이것은 한곳에 머무는 것을 부정하고 지중해 지방을 돌아다닌 시노페의 디오게네스로 대표되는 키니코스파(犬儒派)도 예외가 될 수 없었다.

키케로의 철학적 업적은 그리스인의 철학을 로마의 현실 생활 속에 뿌리내리게 한 데 있다. 다르게 표현하면 로마인의 현실적 세계에 그리스 철학을 계승하고, 비판하고, 보완해서 철학적 표현으로 가져온 것이다. 그리고 이것은 지금 말한 바와 같이 그 무렵 세력을 펼치던 철학 학파의 방향과 학설에 밀착해 귀를 기울여 면밀한 이해를 통해서 이루어진 것이다. 독선적이고 시야가 좁은 오늘날의 철학자들에게, 성실히 연구하는 키케로는 반드시 중간까지라도 올라가야만 할 최고봉이다.

또한 키케로는 18세 때 법학을 배우는 것과 병행해서 철학을 청강했다. 앞서 말한 바와 같이 아카데미파인 필론에게서 배운 것이다.[*14] 이제 그 무렵의 철학 학파를 살펴보기로 한다.

네 학파

키케로가 살았던 시대에는 아카데미파, 스토아파, 페리파토스파(逍遙學派), 에피쿠로스파가 존재하고 서로 대항하며 세력을 겨루었다. 네 학파 중 스토아파와 에피쿠로스파에 많은 로마인이 모여들고, 다른 두 학파에는 소수의 인원만 참가했을 뿐이었다.

로마는 그리스 변론가들의 일터였다. 일찍이 그리스 폴리스 시대에 소피스트들이 아테네로 운집한 것처럼, 그들은 로마로 모여들었다. 이것은 키케로의 청년 시절에 시작된 현상이다. 또 철학의 학파도 로마에 기반을 마련하기 시작한다. 에피쿠로스파를 제외하고 페리파토스, 아카데미, 스토아의 세 학파는 철학만이 아니고 변론술도 가르쳤다. 이것은 학파 안에 귀족 계급이나 부자가

---

*14 사실 키케로는 에피쿠로스파인 파이드로스를 만난 것을 편지 속에서 고백하고 있다.

많은 기사 계급의 자제들을 끌어들이기 위한 것으로 학파의 재정상 대응책이었다.

또 그 무렵 로마 명문가의 젊은이들은 그리스, 특히 아테네와 로도스 섬으로 유학가서 이들 학파의 중심 인물에게서 직접 철학을 배우는 일이 일반적이었다.

이 네 학파간의 대립·일족·각 학파의 문제점에 대해서 우리는 결국 키케로의 일련의 철학 저작보다 나은 자료가 없다는 사실을 명심해야 한다. 각 학파가 근거로 하는 기본 사상의 명확하고도 주도한 분석과 비판의 선명함은 키케로 사색력의 탁월성을 보여주고도 남는다. 키케로의 철학·윤리학서를 정독하면 각 학파의 이른바 교본이나 문헌을 강하게 근거로 한 서술도 보인다. 그러나 키케로의 독자적인 논평과 정리가 오히려 빛을 발하고 있음을 우리는 간과해서는 안 된다.

아카데미파

키케로가 철학 연구를 아카데미파의 회의주의에서 시작한 것은 이미 말한 대로이다. 그리고 이 아카데미파는 플라톤이 창설한 학원의 계승으로, 제6대 학장 아르케실라오스 때부터 회의주의(懷疑主義)의 방향을 취해왔다.

아르케실라오스는 B.C. 268년(또는 B.C. 264년)부터, B.C. 241년(또는 B.C. 240년)까지 아카데미의 학장이었다. 그가 아카데미를 회의주의로 변혁한 이유는 '강적' 스토아파와 대립하기 위해서였다. 스토아가 가르치는 체계적 교설과 방법적 확고함에 대한 철저한 회의가 아카데미 학통의 근본적인 탈바꿈이 되었다. 여기에서는 감각적 지식에 따른 확실한 인식의 가능성이 논박되고 모두에 대해서 확실한 판단을 내리는 것에 정지(停止)를 내세웠다.

이 회의적 논법의 영광과 함께 B.C. 155년 로마에 온 제11대 학장 카르네아데스는 로마에서 커다란 명성을 얻었다. 그는 정의에 대해서 어느 날은 인정했다가 그 다음 날에는 거부하는 식으로 두 이론을 연속 강의에 전개한 것이다. 이 강의의 반향은 대단했다.

제15대 학장인 라리사의 필론은 아카데미의 회의주의를 가르친 마지막 사람이다. 그 철저함은 그가 자신에게서 비롯되는 회의에서조차 회의적이었던 것에서 볼 수 있다.

키케로와 아카데미파

키케로에게 라리사의 필론은 결정적인 존재이다. 따라서 키케로도 일단은 회의적인 관점을 취한 것으로 말할 수 있다. 그러나 키케로의 회의주의는 앞에서 보았듯이 결코 단순한 것이 아니다. 키케로는 아카데미파의 회의주의 노선에는 순순히 동조하지 않았다. 문제는 키케로에게 구현된 회의주의란 무엇이었느냐 하는 것이다.

키케로는 '우리의 플라톤'이란 말과 함께 '우리의 카르네아데스'라는 말도 한다. 그것은 법정 변호에서 앞의 카르네아데스가 했던 내용에 찬성과 반대를 풀어내는 것은 그에게 큰 매력이었기 때문이다.

하지만 필론과 다음의 제16대 안티오코스 사이에 분쟁이 일어났는데, 키케로에게는 이 충돌이 결정적이었다. 이 충돌로써 키케로의 회의주의는 부풀려지고 충실해져갔다. 안티오코스는 아카데미의 현상, 즉 아르케실라오스로부터 카르네아데스를 거쳐 필론에 이르는 이 180년 동안을 플라톤으로부터의 일탈이라고 비난했다.

키케로가 신 아카데미파의 회의주의인 필론 쪽에 서느냐, 그렇지 않으면 그것을 타파하려는 안티오코스의 방향으로 서느냐에 대해서는 (1) 전자가 옳다는 설과 (2) 키케로는 그 인생의 후반에서는 후자에 섰다는 설이 충돌했다. 그러나 이 둘은 함께 평면적인 인식 방법이다. 또 키케로는 인식론적으로는 회의주의(_{필론}_{노선}), 또 실천 철학·행위론적으로는 교의주의, 즉 일정한 확고한 방침으로 자신의 행위를 확립할 수 있다는 입장(_{안티오코스}_{노선})에 자리매김했다고 해석하는 자도 있는데 이것 역시 불충분하다. 키케로는 본디 행위·실천하는 사람이며 국가정치에 철학 이상으로 정열을 쏟는 사람이기에 단순히 필론에 만족하는 일은 처음부터 없었다고 보아야 한다. 키케로는 단순히 법정에서 변호를 하기만 하는 변론가는 아니다. 키케로는 필론에게 배우면서, 즉 신 아카데미라는 회의주의의 세례를 받으면서도 회의주의만 산 것이 아니다. 그는 이 회의하는 자세를 음미로 일관해 안이하게 시류의 도그마에 승복하지 않는 태도로 결부시켜 신 아카데미를 뛰어넘으려 했다고 보아야 한다. 그러므로 키케로는 아테네에서 안티오코스의 강의에도 참가한 것이다.

키케로의 만년에는 신 아카데미(_{회의}_{주의})도, 옛 아카데미로 복귀한 안티오코스의 학파도 함께 소멸하고 있었다. 적어도 쇠퇴하고 있었다. 그 무렵에 키케로의 아들은 아테네에서 페리파 토스파인 크라티포스에게 사사하고 있었다.

한편 안티오코스는 뒤에 신 플라톤파를 준비한 사람이란 이야기도 있는데, 대부분의 학자는 이를 비판하고 있다(^{중심은}쿠르카). 그리고 안티오코스의 아카데미는 이제는 아카데미라기보다는 그가 독자적인 방침으로 움직이기 시작한 전혀 다른 학원이 된 것으로도 해석되고 있다.

C A R N E A D E S
Apud Cardinalem Farnefium in marmore.

카르네아데스(BC 214~BC 129) 신 아카데미학파

아카데미파의 역사

이하 키케로의 《브루투스》나 다른 철학적 작품으로 엮어져 있는 키케로 시대까지 아카데미의 전개를 도표화해둔다. 매캔드리크의 《키케로의 철학작품》과 게를라의 《후기 아카데미》(^{프라스하르편《헬}레니즘의 철학》)를 참고로 했다.

1. 제1기 아카데미(옛 아카데미)

(1) 플라톤(B.C. 428/427~B.C. 348/347) 학장 임기, 이하 같음

(2) 스페우시포스(B.C. 348/347~B.C. 339/338)

(3) 크세노크라테스(B.C. 339/338~B.C. 315/314)

(4) 포레몬(B.C. 315/314~B.C. 270/269)

(5) 크라테스(B.C. 270/269~B.C. 268/264)

2. 제2기 아카데미(중기 아카데미)

(6) 아르케실라오스(B.C. 268/264~B.C. 241/240)

(7) 키레네의 라키데스(B.C. 241/240~B.C. 224~223)

(8) 테레클레스(B.C. 224/223~B.C. 216/215?)

(9) 에우안드로스(B.C. 216/215?~?)

(10) 페르가몬의 헤게시누스(?~?)

3. 제3기 아카데미(신 아카데미-개연주의(蓋然主義))

(11) 키레네의 카르네아데스(?~B.C. 137/136) : B.C. 155년에 로마에 오다.

(12) 카르네아데스(전자의 친척? B.C. 137/136~B.C. 131/130)

(13) 타르소스의 크라테스(B.C. 131/130?~B.C. 127/126)

(14) 카르타게의 크레이트마코스(B.C. 127/126~B.C. 110/109)

4. 제4기 아카데미(신 아카데미의 재건)

(15) 라리사의 필론(B.C. 110/109~B.C. 88?) : 키케로는 로마에서 그에게 배운다.

5. 제5기 아카데미(제2기 아카데미로 복귀)

(16) 안티오코스(B.C. 68?~B.C. 51 이후) : 키케로의 스승

스토아파

스토아파의 시조는 B.C. 336년에 키프로스 섬 키테이온에서 태어난 제논이다. 그는 B.C. 301년 아테네의 스토아 포이킬레에서 강의를 시작했다.

키케로 시대의 스토아파는 이른바 중기 스토아파의 시대이고, 이 시대를 짊어진 것은 파나이티오스($^{B.C.\ 129\sim B.C.}_{109년의\ 학장}$)와 그 제자 포세이도니오스($^{B.C.\ 135\ 무렵\sim}_{B.C.\ 51년\ 무렵}$)이다.

파나이티오스는 B.C. 141년에 스키피오의 아시아 원정에 친위대의 일원으로서 동행했다. 파나이티오스 밑에서 스토아파는 종전의 논쟁에서의 냉담함을 포기하고 이 학파에서도 플라톤이나 옛 아카데미나 아리스토텔레스가 읽히고 평가받게 되었다. 파나이티오스의 윤리학에서는 이론화로 향하는 초기 스토아파의 엄숙주의가 완화되어 있다. 파나이티오스는 로도스에서 가르쳤다. 또이미 말한 바와 같이 그는 스키피오 아이밀리아누스 아프리카누스와 그 동료들의 친밀한 친구였다.

키케로에게 감화를 준 스토아파의 마지막 철인은 시리아의 아파미아 태생인 포세이도니오스이다. 그는 박식가이고 그의 저술 범위는 역사, 지리, 기상, 수학, 자연학, 의학, 인류학 그리고 오늘날의 사회학에까지 미치고 있다. 고대

사상사에서 아리스토텔레스에 필적하는
것은 이 포세이도니오스뿐이다. 그의 역
사서는 상실되었지만 그것은 하나의 문
화사이고, 또한 그의 철학 체계—인간의
운명을 물은—의 보완물의 성격이 있다.
키케로는 로도스에서 그의 강의를 들었
다. 이 철학자는 폼페이우스의 친구이면
서 지지자이고 폼페이우스의 정책을 강
하게 옹호했다. 즉 포세이도니오스는 로
마의 귀족 계급을 지지했다. 그가 강하
게 강조한 것은 그라쿠스 형제의 정책이
었다.

파나이티오스와 포세이도니오스의 중
기(中期) 스토아철학은 초기 스토아철학
과 달리 현자나 덕이 있는 자가 다다르
기 어려운 이상을 강조하지 않고, 사람
이 현실 생활에서 이룰 수 있는 방향을
제시했다. 이것은 키케로에게 환영받는
유연함이었다.

제논(BC 335~BC 263)　스토아학파

키케로는 그의 여러 저작 가운데서 타협을 모르는 외고집의 스토아파로서
소 카토를 묘사하고 있다. 소 카토는 로마공화정에 목숨을 바친, 카이사르의
관용을 원하지 않고 자살한 것은 앞서 말한 대로이다.

포세이도니오스가 스토파의 오랜 공준(公準)*15인 '자연에 적응해 사는 것'
은, 그것만으로는 인간의 목표 설정으로서 불충분하다고 주장한 것은 키케로
의 현실이나 역사에 기반을 둔 철학에 공감으로 받아들여졌다.

스토아파에 대한 키케로의 태도와 평가는 이면적이다.*16 그는 노년에 접어
들어 가면서 스토아파의 엄격하고 엄숙한 인간 이성의 존경과 오로지 덕을 선

*15 공리(公理)처럼 자명하지는 않으나 이론을 연역(演繹)으로 전개하는 데 기초가 되는 근본
　명제.
*16 이와 같은 키케로의 이면은 에피쿠로스파에 대해서도 축소한 형태로 볼 수 있다.

으로 하는 사상에 깊이 동의하게 된다. 키케로의 정치 철학은 스토아파에 의해 지지된다. 그러나 다른 한편 스토아파(초토아)가 현실을 직시하지 않는 것, 인간의 삶의 방식을 현실적이나 구체적으로 보지 않는 것에 키케로는 비판을 서슴지 않았다. 또한 스토아파에서는 인간의 자유로운 결단이나 선택이 운명으로 대신되고 있음을 키케로는 아무래도 이해할 수 없었다.

스토아파의 특색

철학은 그 무렵 논리학(별종), 자연학, 윤리학의 세 부문으로 이루어지는 것이 자명한 구분이었다. 이 구분은 아카데미 제3대의 학장 크세노크라테스 이래의 것이다. 단, 이 세 구분은 오히려 이 파의 시조 제논에게서 비롯되었다는 설도 있다.

스토아파에게 본디 철학이란 덕의 훈련이다. 논리학은 진리의 기준이 무엇인가를 정하는 것이고, 자연학은 우주의 본성과 우주의 법칙을 역설하는 것이며 윤리학은 인간의 실천 생활을 논하는 것이다.

이 파는 모든 지각이나 지식은 감각을 원천으로 할 것을 주장한다. 그들은 감각→지각→기억→개념→지식으로 상승해 인간의 의식계가 만들어진다고 한다. 스토아파에 따르면 우주는 하나의 생물이고 이 우주는 신이 주재하며, 신은 이성적 영혼이다. 그리고 인간의 혼은 불로서의 호흡이다. 물질과 정신 사이에 엄격한 구별은 없고 일체가 4원소로 환원된다. 덕이야말로 이성적 동물로서의 유일한 목적으로 건강, 미모, 활기, 부(富), 명문가 출신 등은 외적인 선에 불과하고 덕은 그 자체로 선이다. 악과 선만 있을 뿐, 그 사이에 중간항은 없다.

스토아파의 마지막 주장에 키케로는 '모든 악인은 동등하게 악한 것인가, 악은 무엇이건 같은 무게의 것인가'라고 비판한다. 그러나 키케로는 스토아파의 윤리학이 도덕성을 높이 내건 것에 감명받아 《투스쿨룸에서의 대화》에서, '스토아파야말로 유일하게 올바른 철학자가 아닌가'라는 말을 한 적도 있다.

스토아파인 파나이티오스와 키케로

키케로의 마지막 작품 《의무에 대하여》에서는 스토아파인 파나이티오스에게 받은 커다란 영향을 보여준다. 키케로는 이 저서 가운데서 로마 국가와 로마 시민의 고결하고 너그러운 자세를 높이 드러내고 또 상세하게 논했다. 이것은 파나이티오스의 로마 옹호로 지지되고 있다. 파나이티오스는 아카데미파의 학장 카르네아데스가 던진 로마 국가의 비판에 맞서 대결했다. 카르네아데스는 로마의 국가 팽창, 즉 국가제국주의에는 자비나 이타심 따위는 털끝만치도 없고 사리사욕과 가혹함만이 있을 뿐이라고 갈파했다. 이에 스토아학파의 학장 파나이티오스는 로마의 대 정치가 스키피오 서클에 속해 로마의 국책과 그것을 수행한 정치가들에게는, 다른 나라들에서는 전혀 찾아볼 수 없는 관용과 융화

포세이도니오스(BC 135~BC 51) 스토아학파

가 실현되는 것을 지적했다. 키케로에게 이 스토아파 철인의 로마 평가가 크게 위로가 되었다.

에피쿠로스파

창설자는 B.C. 341년 사모스 섬에서 태어난 에피쿠로스이다. 에피쿠로스 철학의 학문성과 그것을 품은 인격의 고결함이 이 학파를 크게 일으켰다. 키케로는 10대에 비로소 이 학파인 파이드로스에게서 정리된 철학 강의를 들었다. 그리고 27~29세 때, 아테네에서 거듭 파이드로스의 강의에 참가했다. 키케로는 그를 '고귀한 철학자'로 부르고 있다. 파이드로스와는 로마에서 만났는데, 이것이 키케로가 철학으로 나아가는 첫걸음이 된다.

이 학파는 공적인 세계·정치로의 참가를 부정하고, 이른바 정적주의에 입각해 기본적으로는 동료 사이의 생활을 주지로 하는 '정원 속의 철학'이었다. 에피쿠로스파는 로마의 전통적인 관념인 '사람은 어떻게 살 것인가'에 대해서 두

가지 대립적인 주장을 취한다. 하나는 '쾌락은 최고의 선이다'이고, 또 하나는 '현자는 정치 밖에 몸을 두어야 한다'고 앞서 말한 입장이다. 그러나 이 파가 최고선으로 하는 쾌락은 이른바 쾌락주의 그 자체, 끝없는 쾌락의 추구는 아니다. 한가로움을 얻어 안정된 생활이나 담론을 즐기고, 아름다운 시를 읊고, 그런 것들로 마음을 들뜨게 하는 삶의 방법이 존중된 것이다. 그리고 '꾸밈없는 사고'가 지향되었다. 허세나 책임이나 고뇌나 고통을 피해 동요 없이 안온한 나날을 보내는 것이야말로 행복이며 선이라고 주장하는 것이다.

이 파는 '현자는 결코 추한 쾌락 따위는 추구하지 않는다'는 관점을 주장한다. 에피쿠로스파의 쾌락 개념에 대해서 키케로 자신도 또 후세 사람들도 매우 오해하고 있다. 방탕·방종과는 다른 쾌락이란 영어로 말하면 pleasure가 아니고 joy이다. 그리고 이 쾌락 개념이 아리스토텔레스의 '부동의 동자(動子)'로서의 신의 삶으로 이어져 있음을 Ph. 메를란은 훌륭하게 인식했다.

이 파의 논리는 보통 사람의 이른바 공통 감각에 자리매김한 것이고 여기에서 진리의 기준을 가리는 것이다. 그들의 자연학은 미신이나 죽음의 공포로부터의 해방을 위한 것이었다. 니체는 이 에피쿠로스파를 눈엣가시로 여긴 것이 그리스도교이고, 그리스도교는 사후 세계를 설정해 인간의 삶을 위협했다고 지탄하고 있다. 니체의 '초인', '영겁 회귀'의 사상은 에피쿠로스파와 연관해 새삼 음미되어야 한다. 이 파는 스토아파와 마찬가지로 모든 지혜는 감각에서 온다고 말하고, 또한 숫자나 천문학과 같은 엄밀한 학문에 경의를 표하지 않았다.

에피쿠로스파는 로마의 공화정 말기에 정치 동란에 싫증이 난 많은 귀족이나 부유자들을 맞아들이게 된다. 그러나 이 학파에 든 로마인 모두가 정치 무대에 오르는 것을 완전히 거부한 것은 아니다. 이윽고 카이사르 암살 주모자의 한 사람인 카시우스도 에피쿠로스파의 일원이었다.

한편 키케로의 둘도 없는 친구이고 이 파의 신봉자 아티쿠스는 전혀 정치에 몸담지 않은 생애를 보냈다. 그는 에피쿠로스파의 '정치에 관여하지 않는 것'을 언제나 자기 변명에 사용했다고 키케로는 전한다. 키케로에게는 그 밖에도 이 파에 몇 사람의 친구가 더 있었다.

에피쿠로스가 보인 국사에 전혀 관여하지 않는다는 근본 신조는 그가 18~

19세 때 부친의 출신지 아테네에서 목격한 정치 투쟁에 기인하고 있다. 그 무렵 마케도니아에 지배당하던 아테네가 반란을 일으켰다. 그러나 철저하게 진압되고 그 결과 아테네의 유력 정치가 대부분이 사형에 처해진 것이다.

키케로와 동시대의 대 시인으로 루크레티우스($^{B.C.\ 94}_{-B.C.\ 55}$)가 있다. 《사물의 본질에 대하여》라는 철학적 시를 쓴 그는 에피쿠로스파의 학생이었다. 키케로가 그의 시를 읽고 있었던 것은 동생에게 보낸 편지의 말로 확실하다.

에피쿠로스(BC 341~BC 270)　에피쿠로스학파

키케로는 정치의 영광스러운 무대에서 내려오지 않을 수 없었던 시기에 이 파에 접근했다. 그러나 그렇다고 해서 그가 에피쿠로스파의 철학을 완전히 찬성했다는 것은 아니다. 고요하고 한가로이 머무는 것을 주지로 하는 에피쿠로스파의 관점은 키케로에게는 도저히 인정할 수 있는 것이 아니었다. 키케로는 에피쿠로스파로 한때 도피했을 뿐이다. 오히려 에피쿠로스파의 쾌활한 담론을 즐기는 일에 한때 몸을 두었을 뿐이라고 보아야 할 것이다. 키케로는 이 파에 대해서 체계적으로 정리된 반대론을 제기하지 않고 있다. 그 이유로서는 키케로의 철학—철학과 정치와 변론(辯)과 역사와의 4가지 밀접한 연관으로 이루어지는—의 본질성에서 이 파는 다른 학파와 다름없다고 키케로가 생각한 것을 말할 수 있다. 그러나 사실 이 파에 대한 공명이 키케로에게는 강하다.

동시에 거의 명확한 사실은 키케로와 동시대의 귀족이나 기사 계급이 에피쿠로스파에 기울어가고 있는 것에 대한 반발과 저지가 키케로의 반에피쿠로스파 감정의 원천이었다는 것이다. 그리고 시인인 루크레티우스—그는 자신이

우선 철학자이고 다음으로 시인이라고 말한다—가 주장하는 혼의 소멸설, 원자론*17 그리고 그의 시문이 지닌 감미로움에 대한 불만과 염려가 키케로를 에피쿠로스파 비판으로 치닫게 했다. 다른 한편 이 파의 나폴리 학원의 주재자 필로데모스에게 키케로는 너그러운 태도를 취했다.

키케로의 에피쿠로스 비판

《선과 악의 궁극에 대하여》에서는 쾌락을 최고의 선으로 하는 에피쿠로스파가 철저하게 비판받는다. 이 파는 쾌락을 동적 쾌락과 정적 쾌락의 둘로 구별한다. 정적 고통이란 무고통이다. 그러나 키케로는 이 두 쾌락은 모순이어서 결코 조정되지 않는다고 말한다.

《의무에 대하여》에서 키케로는 '인간이 자연에 의해서 태어나게 된 것은 놀이나 기분 전환을 위해서가 아니라, 진지함과 더욱 중요하고 커다란 열의를 위해서이다'라고 말한다. 키케로에게는 인간이 동물이나 가축보다 뛰어난 것은 자명한 일이다.

키케로의 아름답고 풍부한 표현은 에피쿠로스파의 문인 취미를 내세우고 있는 것처럼 생각되는데 결코 그런 것이 아닌 정치 철학으로의 길이다.

페리파토스파(아리스토텔레스와 키케로)

키케로는 구체적으로 현실에 입각하는 것을 관철하는 것과 동시에 변론, 다시 말하면 설득술과 철학 사이에 다리를 놓은 철학자이다. 이런 점에서 그에게 수행하는 페리파토스파의 창설자 아리스토텔레스와 그 학통, 학파의 의의는 매우 크다. 키케로 자신이 '플라톤의 적대자들과 함께 진리를 지키기보다는 플라톤과 함께 길을 헤맨다' 할 만큼 플라톤 신봉은 키케로의 뼈대를 이루고 있는데, 키케로에게 있어서 실제의 철학 사색·철학 서술은 아리스토텔레스나 그 학파에 힘입은 바가 있음을 우리는 인정하지 않을 수 없다. 또한 페리파토스파에게 힘을 준 것은 아리스토텔레스의 제자 테오프라테스라는 이야기도 있음을 덧붙여둔다.

키케로가 아리스토텔레스의 《철학의 권고》에 따라서 《호르텐시우스》를 저

---

*17 혼조차 아톰 [가장 매끄럽고 가장 둥근 아톰]이라는 설.

작한 것은 유명한 일이다. 키케로는 아리스토텔레스를 '변론의 금빛 물결을 만들어낸 사람'으로 상찬한다.

그런데 이 키케로가 읽은 것은 오늘날 아리스토텔레스의 저작집으로서 우리들 눈에 띄는 것은 아니었다. 한편 이 저작집은 로도스의 안드로니코스가 스토아파의 철학 분류에 힘을 얻어 키케로가 살해된 B.C. 43년 이후 만들기 시작한 것으로 보아도 좋다(룬).

그것에 대해서 초기에 쓰인 것은 플라톤의 대화편을 모방해 대화 형식으로 된 것이 압도적이다. 앞으로 후세 저작가의 인용으로 간접적이고도 단편적으로 그 내용이 조금이라도 알려진 것은 《에우데모스·영혼에 대하여》와 《철학에 대하여》, 그리고 앞서 낸 《프로토레프티코스(철학의 권고)》 등의 세 편에 지나지 않는다.

키케로가 파악한 아리스토텔레스는 간행된 저작집에서의 아리스토텔레스이고 그것을 초월한 것은 아니다(길). 즉 키케로는 오늘날의 전집 가운데 《형이상학》, 《자연학》, 《니코마코스 윤리학》, 《에우데모스 윤리학》, 《정치학》, 《영혼론》 그리고 《동물발생론》, 《동물부분론》 등과 같은 작품을 전혀 몰랐던 것 같다. 그러나 근년의 연구는 이를 수정하는 방향에 있다는 것도 한 마디 해둔다.

페리파토스파(아리스토텔레스 이후와 키케로)

페리파토스파는 실질적으로는 키케로에게 무척 높은 평가를 받은 듯하다. 키케로에게는 스토아적 엄격함을 페리파토스적인 현실 감각·현실 분석에 결부하는 것이 철학적 사유의 회전축이었다. 그리고 페리파토스파의 학도들은 아카데미파의 학도들과 함께 정치 철학자(politici philosophi)로 키케로에게 불리고 있다(변론가에 대하여 3·109). 키케로는 아리스토텔레스의 작품 일람*18을 보고 철학적 저작 곁에 변론술(수사학)이나 정치학에 대한 것이 나란히 있음을 기뻐한 것이다. 아리스토텔레스의 제자 테오프라스토스는 여러 국가의 법률을 모으고, 디카이아르코스는 아리스토텔레스의 초고를 관리했으며, 디메토리오스는 어느 국가의 중추적 역할을 했다. 정치 변론술과 철학의 긴밀한 결부가 학파의 특색인 페리파토스파는, 현실 정치의 철학적 정화를 꾀하려는 키케로에게는 큰 도움

---

*18 앞서 말한 바와 같이 그것들은 오늘날의 전집에는 들어 있지 않은 것이다.

이 되었다.

또한 페리파토스파에 대한 키케로의 생각은 아테네에서 강의를 들은 아카데미파의 학장 안티오코스가 스승 필론을 비판하고 옛 아카데미, 스토아, 페리파토스의 세 방향을 총람해 아카데미의 학풍을 플라톤의 원점으로 되돌리려고 한 것에 힘을 얻었다고 보아도 좋다.

그리고 사실 키케로는 아리스토텔레스 이후의 페리파토스파에게는 그다지 관심을 보이지 않았으며 아리스토텔레스에게만 페리파토스파의 풍부한 학문 전개를 인정했다.

그렇지만 키케로는 페리파토스파를 무시하는 것은 아니다. 제3대 학장 람프사코스의 스트라톤부터 키케로 시대까지의 30명의 학장 가운데 14명의 이름을 말하고 있다. 폰토스의 헤라클레이데스, 디카이아르코스, 타렌툼의 아리스토크세노스, 파레몬의 디메토리오스, 람프사코스의 스트라톤, 로도스의 히에로니모스, 토로아스의 리콘, 케오스의 아리스톤, 푸세리스의 크리토라오스, 티로스의 디오도로스, 스카리폰, 디노마코스, 나폴리의 스타세아스, 페르가몬의 크라티포스 등이다. 그들을 세밀하게 추고(追考)하는 일은 오늘날에도 그런대로 이루어진다.

키케로는 특히 윤리학 영역에서 '옛 아카데미파들과 페리파토스파 사람들'을 총괄해 이 인물들을 거론한다.

키케로의 사색에 특히 관여한 이 파의 사람들

페리파토스파는 제4대 리콘 무렵부터 세력이 쇠퇴하기 시작했다. 로마로의 침투력도 약했다. 그러나 현실이나 인간의 여러 관념에 냉정한 비교 분석을 행하는 키케로에 대한 영향은 대단했다. 위의 14명 가운데 비철학적 관점에서 이름이 나와 있는 자도 있다. 파레몬의 디메토리오스는 변론술(辯論)·문체론에서 언급이 되어 있고, 폰토스의 헤라클레이데스는 키케로를 감복시킨 대화편의 형태에서 논급이 된다.

키케로는 아리스토텔레스와 테오프라토스의 제자 디카이아르코스를 테오프라토스 후의 페리파토스파 철학자 가운데서는 가장 잘 알고 있었다. 디카이아르코스가 모은 그리스의 수많은 나라들의 제도에 대한 자료는 키케로에게 매우 중요했다. 키케로는 《국가에 대하여》를 쓸 때 되풀이해서 디카이아르코스의 자료로 거슬러 올라가고 있다.

페리파토스파는 또 키케로의 윤리학에서 대화와 대결의 상대가 된다. 키케로는 인생의 목적으로서 '최고의 선은 무엇인가'라는 물음을 《선과 악의 궁극에 대하여》와 《투스쿨룸에서의 대화》 가운데서 논하는데, 그때 페리파토스파 몇 사람의 철학 견해가 나온다. 히에로니모스의 《고통으로부터의 해방》, 스카리폰과 디노마코스의 《쾌(快)를 수반한 덕》, 티로스의 디오도로스가 쓴 《덕을 수반한 고통으로부터의 해방》, 크리토라오스의 《덕을 수반한 외적 신체적 선》》[19] 등의 설(說)이 소개된다.

그러나 키케로는 이와 같은 견해의 개별적 차이에는 거의 관심을 보이지 않았다. 인생의 목적, 따라서 최고선은 극단의 두 가지 가운데 어느 한쪽이 아니고 그 사이에 존재한다는 것이다.

키케로는 이것을, 최고선은 스토아파와 (키케로가 이해한) 에피쿠로스파 사이에 있다고 말을 바꾼다. 에피쿠로스는 단순한 쾌락을, 스토아파는 단순한 덕을 목적으로 삼는다. 키케로는 이 두 극을 배제하고 쾌락과 덕의 균형을 최고선으로 하는 것이다.

또 《법률에 대하여》에서의 자연법 사상도 키케로가 행한 페리파토스파와 연결되는 세밀한 음미에 따라서 하나의 독자성으로 높아졌다고 해석한다. 오늘날에도 자연과 역사는 별개의 것이고 자연법은 단순히 이상적이고 관념적인 것으로 하는 견해가 뿌리 깊다. 그러나 키케로는 로마 국가가 걸어온 길, 국가의 성장이라는 역사 가운데서 자연법이 작용하고 있음을 확신한다. 한편 아리스토텔레스는 자연법이 실정법이라는 법적 질서의 절대적인 견고한 요소임을 어디에도 주장하지 않고 있다.

키케로에게 자연법(jus naturae)은 실정법 중에 개입하는 것으로 되어 있다. 기록된 법이 기록되지 않은 법과 공존하고 있다는 것, 여기에 법(실정법)의 법다운 이유, 그리고 힘과 의의를 키케로는 발견한 것이다.

---

[19] 재산이라든가 아름다움이라든가 건강.

3. 키케로의 철학적형성 회의주의와 교설(정설)주의의 틈새

머리말

이미 언급했던 19세기 최고의 로마 역사가인 몸젠은, 키케로의 철학은 그 무렵 철학 학파가 단조로운 서술로 시종일관하고 아무런 사상의 일관성도 갖지 않은 절충주의라는 소극적인 태도의 소산일 뿐이라고 깎아내렸다. 이것은 역사가 몸젠 한 사람만이 아닌, 19세기부터 20세기에 걸친 고전학계 대부분의 평이었다. 체라, 딜스, 부제나, 폰 아르님 등의, 헬레니즘기에서 로마에 걸친 그리스 철학의 자료를 편찬한 대가들의 키케로에 대한 생각도 이 영역을 벗어나지 않았다.

교설주의(敎說主義)는 일정한 견해를 내거는 관점이고 회의주의는 인지(人知)의 상대성을 강조해 단순히 마땅한 것, 대체로 확실한 것, 개연적 진리만을 인정하는 관점이다. 학파로 말하면 회의주의는 중기 아카데미(제2, 제3, 제4기 아카데미), 교설주의는 제5기 아카데미와 스토아파나 페리파토스파이고, 키케로에게는 특히 스토아파가 교설주의의 중심으로 인식되었다.

키케로가 비난받는 그 '절충주의'란, 이 양극 즉 회의주의와 교설주의의 사이를, 생각 없이 우왕좌왕하는 관점이라는 것이다. 더구나 키케로는 궁극적으로는 회의주의에 가담했으며 그의 뿌리는 회의주의였던 것으로도 지목되어왔다. 그러나 문제는 키케로의 회의주의란 것이 어떤 것이었는지, 아카데미파의 그것과 완전히 같은 것이냐이다. 결론적으로 키케로는 극단적인 회의주의는 아니고 유연한 회의주의의 관점을 취했으며, 더 정확하게 말해서 그것은 음미주의(吟味主義)라고 해야 했던 것이다. 키케로의 저작 중에 있는 철학 각 파의 서술은 결코 단순한 번역 영역에 머물러 있는 것은 아니다. 키케로 자신의 판단으로 논평을 가하면서 곡해하지 않고 대결하는 《선과 악의 궁극에 대하여》(1·6)나 《의무에 대하여》 1·6)이다. 그것은 빈약하고 단순한 소개 따위가 아니다. 당대 각 학파의 주장에 언제나 대결의 자세로 임하고 있다. 단, 에피쿠로스파를 막아내는 데에는 몰이해가 드러난다.

더구나 키케로는 로마공화정을 최선의 국가 제도로 확신하고, 이 제도를 지키는 것을 무엇보다도 중요한 자신의 사명으로 삼아 로마 시민에게도 이 전열에 참가하기를 호소했다. 이념을 잊지 않고, 현실의 압력에 좌절하지 않고 현실 속에서도 이념을 발견해 현실의 왜곡을 극복하고 현실을 이념에 접근시키려고 한 키케로. 그에게는 현세의 명예 따위는 전혀 문제되지 않았고, 사후의 정복만을 지향해 현실타개에 봉사했다. 키케로는 이와 같은 윤리적 삶의 방식으로 일관했기 때문에 교설주의의 존재도 확실하게 간파할 수 있는 것이다.

아래에 '키케로의 회의주의'로 일컬어지는 것의 실상을 보자.

키케로의 회의주의

회의주의가 아카데미파의 기치(旗幟)가 된 것은 아르케실라오스가 학장인 때였다. 그는 스토아파를 독단론으로 자리매김하고 그에 대항해 판단 정지를 제창했다. 이것이 무엇을 지향했는지에 대해서 스위스의 그리스 철학 연구의 제1인자 기곤은, 아르케실라오스의 회의주의는 감성적 지각의 영역에 관해서이고 이 관점은 이데아적 절대적인 것의 거부가 아니라 도리어 이데아 인식으로의 여지를 남겨두는 것이라고 말했다. 그리고 플라톤적 지성의 적극적 건축으로의 지반을 정화하는 것이 판단 정지에서 지향되어 있었다고 해석한다. 그러나 이것은 지나치게 극단적인 해석이다.

한편 키케로의 회의주의에 대해서 키케로는 실천적·윤리적 영역에서는 교설적 발언에 기울고 있으나, 이론적 저작에서는 회의적 태도를 당연시 한다는 사람도 있다.

이 설명은 잘 통하기도 하고 일단 설득력을 지녔지만, 회의주의를 키케로의 저작이나 관심의 한쪽(이론문제)에만 전적인 입장으로서 인식하는 것은 키케로의 전인격과 그 철학 도정을 올바르게 바라본 것이라고 말하기는 어렵다. 사실 인식의 영역과 회의주의 영역에서 키케로가 다른 관점을 취한 것은 아니다. 윤리의 영역에서도 키케로는 교설주의와 회의주의 양쪽을 물리치지 않는다. 그러나 그렇다고 해서 그의 관점이 두 축 위에서 결말지어지지 않고 동요하고 있었다고 단정하는 것은 진실에서 벗어난 것이다.

키케로의 진정한 관점은 회의주의와 교설주의의 양자택일이 아니다. 인간은 고매한 신념, 영구적 노력, 게으르지 않은 확신을 지녀야 함과 동시에 통상의 상식적이고 세속적인 마음의 변동 속에 서 있고, 또 서지 않을 수 없다.

키케로의 《투스쿨룸에서의 대화》 제1권을 펼치면, 한편에서는 혼은 불사임이 주장되고 있는가 하면, 다른 한편에서는 이 견해가 바뀌어 혼이 완전히 없어진다고 해도 죽음은 악이 아니다*[20]라고 쓰여 있다. 그리고 이 대립은 외견상의 대립에 지나지 않는다. 여기에서는 뛰어난 인간이나 현인이 인정할 수 있는 주장과 인간의 일반적인 심정을 반영한 주장들이 나란히 제시되는 것이다.

따라서 키케로가 《선과 악의 궁극에 대하여》의 제4권에서는 스토아파의 윤리학을 비현실적이라고 공격하고, 제5권에서는 스토아파의 윤리학을 존중해야 하는 것으로 제창하는 것도 결코 모순되거나 모호한 것이 아니다. 스토아파는 현인의 관점에서 존중되고 평범한 사람의 처지에서는 지나치게 고매하다고 비판받고 있는 것이다. 인간에게는 현인과 범인(凡人)의 구별이 있고, 또한 똑같은 개인에게 현인성과 범인성이 존재하고 있음을 볼 수 있는 것이다.

그러나 키케로는 자신을 규제해 현세의 욕망이나 명성, 재력에 얽매이지 않는 현자이며 철학자이다. 그를 진정으로 깊게 사로잡은 것은 회의주의이며 회의주의로서의 신 아카데미는 아니다. 오히려 그것은 플라톤의 숭고한 교설의 체계와 풍부한 언어 세계와 스토아파의 자기 제어의 엄격함이었다. 키케로에게는 다른 사람이 바꾸기 힘든 평형 감각과 마음의 넓이가 맥박치고 있었다. 그가 그 무렵의 철학 학파를 그 시조로 거슬러 올라가 역사적 전개로 서술할 수 있었던 것은 놀랄 만한 일이다.

키케로는 또 모든 견해를 찬성과 반대의 양쪽에서 음미했다. 그의 철학 작품이 대화 형식을 취한 것은 이 때문이었다. 어떤 의미에서는 플라톤이 아닌 키케로야말로 대화적 철학의 완성자였다.

키케로는 단순한 번역자인가

이미 앞서 언급했듯이 키케로의 철학 사상에는 아무런 독창적인 것이 없고, 그 모든 것은 빌린 것이라는 평정이 고전학 사전의 결정판 《파울 비소바》에 당당히 실려 있다. 이 집필을 담당한 필립손은 키케로의 어느 편지(친구 아티쿠스에게)를 인용한다. 여기서 키케로는 그 친구에게 대답한다. 아티쿠스가 《아카데미카》의 제1 초고를 접했을 때 아티쿠스가 이 작품을 어떻게 완성했는지를 물은 데 대해서 키케로가 한 대답이다. 그 유명한 말, 그리고 키케로의 독창성을 부정하는 근거가 된 말은 아래와 같다. '그런 것들은 단순한 복사이다. 그다지 수고는 필

---

*20 그것은 지상의 다양한 고통으로부터 해방되기 때문에.

요치 않았다. 단지 언어상의 표현을 부여한 것이 나의 공헌이다.'

위의 글귀를 필립손처럼(글 뿐만은 아니지만) 드러난 그대로 받아들일 필요는 없다. 이렇게 인식하는 것은 키케로의 사람됨을 제대로 보지 않은 때문이다. 《아카데미카》, 《선과 악의 궁극에 대하여》, 《의무에 대하여》를 읽으면 키케로의 분석력과 비판력, 그리고 진리를 확립하려는 건설 의욕이 생생하게 드러난다. 그에게는 일찍부터 '일반적 계획의 건축술적 자각'(隊이 예가)이 있었다. 처음부터 키케로에게는 때때로 자신의 재능을 감추려는 언사가 나오는 것이다.

키케로의 4대 철학 저작

키케로의 철학 작품 중 《국가에 대하여》와 《법률에 대하여》는 이미 논의되었다. 이 두 작품은 별도로 하고 키케로의 철학 작품에서 굳이 네 가지를 뽑는다면 《아카데미카》, 《투스쿨룸에서의 대화》, 《신들의 본성에 대하여》, 《선과 악의 궁극에 대하여》일 것이다. 변론가이기도 한 키케로의 철학사상을 더 알고 싶다면 좁은 뜻의 철학 작품만이 아니라 변론술 관계의 저작이나 그의 실제 변론을 전하는 작품, 또 그 서간집도 섭렵해야 한다. 키케로는 편지글로 자신의 사상을 전달한 달인이기도 하다.

그러나 여기에서는 이른바 철학(이론 철학과 실천 철학)의 테두리에 한정해서 키케로의 철학을 추적하기로 한다.

《아카데미카》

키케로의 수많은 철학서 가운데 키케로가 철학자로서의 명성을 널리 알리게 된 작품이 무엇인가를 묻는다면 주저 없이 《국가에 대하여》와 함께 《아카데미카》라고 말할 것이다. 키케로가 순수한 철학 연구자로서, 얼마나 폭넓은 시야에서 비판적이고도 자유롭게 아카데미파와 상대했는지를 보여준다. 키케로는 플라톤 이후의 아카데미파가 5기·5단계로 전개할 것을 확실하게 파악하고 있었다.

오늘날의 교본에서 그 제1권은 아카데미카 포스테리오리라고 불리며 키케로 작품의 제2판이다. 오늘날 남아 있는 제2권은 루쿨루스라고 불리며 제1판이다.

키케로는 제1판을 집필한 뒤, 만족스럽지 못해 다시 별도로 원고를 썼다. 최초의 초고에서 제1권은 카르네아데스*²¹의 회의주의와 그 개연성의 교설을 등장 인물 카툴루스*²²가 펼치고, 호르텐시우스*²³가 안티오코스*²⁴의 교설주의를 내걸었다. 그리고 키케로가 라리사의 필론*²⁵의 관점에서 필론이 역설하는 개연론이 플라톤주의와 모순이 없는 것임을 기술한 것이다. 제1권에서는 루쿨루스*²⁶에 의해서 회의주의를 공격함으로써 안티오코스의 관점이 옹호되고 이어서 회의주의를 옹호하는 진행으로 되어 있었다. 이 제1권 제2판에서는 키케로와 바로*²⁷가 대화자가 되어, 키케로가 신 아카데미와 함께 중기(中) 아카데미파를 대변했다. 한편 옛 아카데미는 바로에 의해서 소개된다.

오늘날의 교본 제1권은 앞서 말한 바와 같이 제2판이다. 더구나 그 최초의 4분의 1과 나머지 약간의 단편이 전해지고 있을 뿐이다. 제1판의 것은 완전히 분실되었다. 또 오늘날의 제2권은 제1판에 따른 것이다.

《아카데미카》 전체의 소개와 분석은 지면 관계상 상세하게 할 수는 없으므로 제2권에서 루쿨루스가 제기한 회의주의에 대한 공격과 키케로 회의주의 옹호의 한 부분만을 말하기로 한다.

루쿨루스⋯⋯절대적 회의에 의거한 불확실성은 부자연스럽다. 감각을 통해서 어떤 확실성도 획득할 수 없다는 절대적 회의는 혼란을 불러일으킬 뿐이다. 이에 대해서 어느 회의주의자는 말할 것이다. '사실이 그렇기 때문에 어쩔 수 없다'고. 다른 회의주의자는—그리고 그들 쪽이 더 논할 가치가 있지만—절대적으로 불확실한 것과 단순한 것은 인식할 수 없는 것과의 사이를 구별한다. 그리고 그는 개연적인 것(있을 것 같은 일/진리와 같은 것)이 실천이나 이론에서 볼 때 판단의 기초라고 주장한다. 이렇게 해서 그들은 진실과 거짓 사이를 구별한다고 공언하고 있다. 그러나 이자는 진리의 모든 공준(公準)을 파괴하는 과정에서 진실과 거짓을 구별할 확실한 방법이 없다고 인식한다. 이것은 말도 안 된다. 루쿨루

---

*21 제3기 아카데미의 형성자.

*22 B.C. 78년 집정관, 귀족파의 리더.

*23 B.C. 69년 집정관, 벨레스 재판에서 키케로에게 패한 명변론가.

*24 제5기 아카데미의 주도자.

*25 제4기 아카데미의 중축.

*26 B.C. 110~B.C. 57년 무렵, 술라의 지지자.

*27 B.C. 116~B.C. 28년, 로마 최고의 박식소유자, 백과사전적으로 다방면의 영역에서 서책을 저술했다. 카이사르와 폼페이우스 사이의 시민 전쟁에서는 폼페이우스 측에 섰다.

스의 입을 통해서 절대적 회의주의뿐만 아니라 온화한 회의주의까지도 비판받았다.

키케로의 반론……루쿨루스는 에피쿠로스파와 같은 논의를 제시한다. 이 파는 여러 감각에서 추론되는 것은 거짓일 수 있으나 감각 작용 그 자체는 거짓이 아니라고 말한다. 그러나 우리의 감각 내용이 올바르다고 해도 제한되어 있다. 루쿨루스는 자신의 제한에 만족한다고 말하지만 그것은 두더지와 같은 것이다. 두더지는 눈이 멀었으므로 빛을 추구하지 않는다.

키케로가 문제로 삼는 것은 인간 시각의 협소함이 아니고

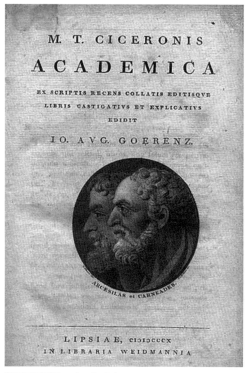

《아카데미카》(1810) 속표지

시각 그 자체로 사람을 기만하는 성격이다. 이를테면 태양은 1피트의 크기로 보이고 또 정지한 것처럼 보인다.

《아카데미카》는 키케로의 철학적 관점—지식론(_{인식}철학)을 경유한 윤리학적 관점—이 매우 명확하게 나와 있다. 그는 해박한 지식을 구사해 교설주의—특히 스토아파 그리고 안티오코스가 개혁한 아카데미—와 회의주의—제2차 아카데미의 아르케실라오스부터 시작해 카르네아데스를 경유해서 필론에 이르는 아카데미—가 서로 통하게 하고, 또 서로 엇갈리게 하고, 그리고 회의주의를 포괄적 개념으로 다루어 비판적이며 유한한 인간 존재에게, 유일하고 성실한 철학적 의미로서 드러냈다.

교설주의의 문제성, 그리고 그 불가능성은 교설을 주장하는 각 학파 사이에 언제나 공격이나 역습의 논쟁이 끊이지 않는 데에서 나타난다. 그것만이 아니다. 같은 학파 내에서도 견해 차이와 대립은 없앨 수 없다. 더구나 학파란 처음

부터 격동하는 현실 사회에 한 선을 그은 내부적 정적함에 따르고 있음을 부인할 수 없다. 현실의 동향이나 위기를 응시하고 또한 인심의 다양성*28에 입각해 구체적이고 문제의식적으로 모두를 파악하는 것은 회의주의로 일관할 수밖에 없다. 그러나 키케로가 수행한 회의주의는 단순히 비판주의는 아니다. 오히려 그는 실용주의 철학자(際)로 일관하고 다른 이보다도 한 걸음 더 나아간 진리를 탐구한 것이다. 이렇게 이 작품에서는 키케로의 키케로성이 가장 확실하게 두드러졌다.

《투스쿨룸에서의 대화》

이 작품은 일반 독자를 염두에 두고 윤리적인 교화를 의도해 쓰인 것인데 전5권으로 이루어진다.

제1권은 죽음의 공포에 대한 주제로 되어 있다. 키케로는 스토아파의 결론을 물리치고 플라톤에 기울어져 혼이 육체에 깃들기 이전의 존재, 그리고 혼의 불사를 믿는 쪽을 택한다. 그와 동시에 앞서 말한 것처럼 혼이 비록 불사가 아니라도 죽음은 선한 것이라고 기술되어 있다.

제2권은 고통에 견디는 것이 논의되고 키레네파*29나 에피쿠로스파, 게다가 스토아파의 견해에도 반대가 표명된다. 키케로는 신 아카데미*30의 관점에 동조한다. 키케로에 따르면 혼은 스토아파가 역설하는 것과는 달리 이성적 부분과 비이성적 부분을 지니고 있다. 이것들이 저마다 세밀하게 규정된다.

제3권은 불안으로부터의 해방이 거론된다. 불안이 가장 최대로 심각한 원인은 죽음이나 사자에 대한 슬픔에서 오는데, 이 슬픔은 위안이 없는 완전히 절망적인 사항은 아니다. 죽음을 슬픔만으로 파악하는 것은 잘못이라고 키케로는 말한다. 사랑하는 딸 툴리아의 죽음에 대한 키케로의 생각이 짙게 드러나 있다.

제4권에서는 혼 안에 있는 비이성적인 정념을 묻고 있다. 키케로는 플라톤의 혼론(魂論)에 따른다. 신 아카데미의 카르네아데스에 대해서 반대하고 스토아파인 크리시포스를 지지한다. 그리고 페리파토스파가 공격을 받는다. 그들

---

*28 인격이 고결한 사람도, 평범하고 무책임하며 욕심이 많은 사람도 있다는 것.
*29 시조 아리스티포스, 순간의 쾌락을 최고의 선으로 한다.
*30 제3, 제4기 아카데미.

은 정념의 근절이 아닌 규정을 소리 높여 외치고 있기 때문이다. 이 4권도 제3권과 마찬가지로 교설주의적 견해를 존중하는데, 그 이유는 실천적 유효성에 비추었을 때의 일이다.

제5권은 덕은 행복에 있어서 충분하다는 것이다. 스토아파, 페리파토스파, 에피쿠로스파의 견해가 여기저기에 인용된다. 그리고 덕이 행복에서 충분하다는 것을 모든 학파의 윤리적 교설과 일치한 진리임을 보이려 하고 있다. 이 권에서 키케로는 스토아파로 강하게 기울고 있다.

《투스쿨룸에서의 대화》(1606) 속표지

《투스쿨룸에서의 대화》의 뛰어난 점

또 키케로의 이 저작에서는 로마에서의 시민 사생활 도덕이나 국가 질서, 그리고 군사 조직에서의 완성을 볼 수 있는데, 로마인은 본디 교양(옐잗)에 대해서는 그리스인에게서 배워야 한다는 것이 역설되며, 그 내용은 시문, 변론 그리고 철학이라는 것이다.

키케로는 소크라테스, 플라톤, 아리스토텔레스의 이른바 그리스 고전기의 철학이 드디어 자신에 의해서 로마에 뿌리내리고 있음을 확언함과 동시에, 이탈리아에도 일찍부터 (구체적으로는 B.C. 5세기부터) 철학이 있었다는 것을 피타고라스 교단의 존재로 주장한다. 그러나 이것은 키케로의 조국애에서 비롯된 억지 주장일 것이다.

그리고 키케로는 진정으로 철학을 로마에 이식하는 것은 '그리스 유래의 철학에 로마시민권을 부여하는 것'으로 알려져 있는데, 이 일을 위해서는 철학이 정치 활동과 한층 긴밀한 관계로 접어드는 것의 필요성이 역설된다. 이를 위해서는 철학과 정치술과의 공존 이상으로 철학이 변론술과 연대하는 것이 오히려 필요한 것이다.

키케로는 철학은 단순히 공민 생활의 근본을 성찰하는 것만이 아니라 모든 철학의 목표는 혼을 위로하는 것, 혼을 죽음의 공포에서 해방하는 것, 그리고 정념에서 해방하는 것으로 본다. 더구나 그는 그 무렵 철학 학파의 종교철학적, 다시 말해서 혼이나 죽음에 대한 사고방식을 분석해 비판했다.

헬레니즘기의 그리스 철학이 키케로에 의해서 단조롭게 비교되어 그 밑바탕을 파헤치지 못하고 있다는 불만이나 비평이 오늘날에도 학문 연구가들로부터 나오고 있다. 그러나 고답적이고 자칫 학파 내에 틀어박혀 일반인을 안중에 두지 않는 그 무렵의 학파적 철학을 키케로는 통상적으로 인간 관점에서 묻고, 그 정도가 지나침을 지적하고 있어 그의 공적은 매우 크다. 더구나 이 일은 키케로만이 할 수 있는 일이었을 것이다.

《신들의 본성에 대하여》

이 저서는 이른바 키케로의 《신학대전》이다. 키케로는 철학적 원리에 따라서 신앙과 이성을 매개하면서 신학의 체계적 전개를 꾀했다. 또 여기에서도 키케로의 역사적 안목이 유감없이 드러난다. 그리스의 자연 철학뿐만 아니라 그리스 신화에 대한 해박한 지식은 예측을 불허한다. 종교 철학으로서도 훌륭한 책이다.

이 저서는 키케로가 총애한, 뒤에 카이사르 암살의 주모자가 되는 브루투스에게 바쳐졌다. 키케로는 지금은 없어진 《호르텐시우스》 가운데서 철학만이 인간이 무엇을 해야 할 것인지를 가르쳐 줄 수 있다고 말하고 있다. 그리고 《신들의 본성에 대하여》의 첫머리에서 키케로는, 로마가 한 인간(즉, 카)의 야심에 의거한 계획과 배려로 인도되고 있는 이 상황에서 국가의 이익을 위해 로마인에게 철학을 제시해야만 한다고 소리높여 선언한다.

그는 3개의 문제, (1) 신들은 존재하는가 (2) 신들은 세계와 인간에게 어떤 관계에 설 수 있는가, (3) 신들과 그들의 자세에 대해서 인간은 어떻게 생각해야 할 것인가를 제시하고 에피쿠로스파, 스토아파 그리고 아카데미파의 견해를 내고 분석한다.

에피쿠로스파(벨레이우스)······이 학파의 신학은 다른 두 학파와 마찬가지로 자연학의 제2 부문이다. 그러나 창시자 에피쿠로스에게 신학은 그의 자연학 보완에 지나지 않았다. 그의 자연학은 데모크리토스의 원자론(결코 그대로)에 따르고 있다.*31 에피쿠로스는 신이 존 재한다고 보았으나 그 신들은 다른 일체의 사물과 마찬가지 로 원자의 우연한 무리에 지 나지 않은 것으로 여겼다. 신 들은 여러 세계(界)사이의 공허 한 공간에서 평화로운 삶을 보 내고 있다. 이 학파는 신들은 인간계에 전혀 개입하지 않는 다고 강조한다. 에피쿠로스파 에서는, 신들은 인간의 고통이 나 고뇌를 생각하면 자신들의 행복을 손상하게 되는 것으로 생각된다. 또한 이 파는 그리 스의 모든 철학이 혼란스러운 신들의 관념에 흔들리고 있다 고 비판한다.

크리시포스(BC 280~BC 206) 스토아학파

스토아파(바르부스가 대변)……이 파는 에피쿠로스파와 달리 우주가 신에게 통제되고 마지막으로 기댈 곳은 신이라고 역설한다. 신적 이성이 세계의 운동에 스스로 를 드러낸다. 그러나 이 파가 주장하는 것은 물질만이 존재한다. 물질만이 움 직이고 움직여진다. 혼은 불이거나 숨이거나 에테르이다.

아카데미파(코타가 말한다)……이 파의 신학에서의 관점은 교설적이 아니고 비판적이 다. 이 파는 에피쿠로스파와 스토아파의 중간에 선다. 즉 코타는 신의 존재는 인정하지만 교조(敎조)를 부정한다. 키케로는 이 파에 완전히 가담하지는 않았다.

키케로는 에피쿠로스파에 단호하게 반대한다. 그리고 아카데미파 이상으로 스토아파에 동조한다. 그러나 그런 한편으로 키케로는 스토아파가 결정론자 (決定론자)이고, 그곳에는 자유의 여지가 없음을 비판한다. 키케로는 아카데미파의 회의주의를 코타에게 대변시키고 있고 결코 키케로 자신이 아카데미파의 주

---

*31 그러나 이 파는 한편으로 데모크리토스에게 비판적이기도 했다.

장을 말하지 않는다. 이 작품에는 시종 침묵 속에 등장할 뿐이다. 그 이유는 스토아파의 우주를 지배하는 신을 완전히 비판하면 전통적 종교가 파괴되기 때문이다. 키케로는 이 작품을 쓰던 시기에 로마의 국가 종교에 대한 복점관을 지내고 있었던 것이다.

키케로는 그리스 초기의 이른바 자연철학자들로부터 신학적 사상을 추구해 그 시대의 학파에 이른다. 타레스, 아나크시만드로스, 아나크시메네스, 아나크사고라스, 아르크마에온, 피타고라스, 크세노파네스, 파르메니데스, 엠페도크레스, 안티스테네스, 스페우시포스, 아리스토텔레스, 크세노크라테스, 헤라클레이데스의 폰티코스, 테오프라토스, 스토아학파, 특히 그 시조인 제논, 제자 크레안테스 등이다.

한편 페리파토스파가 나오지 않는 것은, 페리파토스파와 스토아파는 언어상으로는 서로 다르지만 내용은 서로 같다고 키케로가 생각했기 때문이다.[*32]

특히 키케로가 자주 인용하는 것은 오늘날에는 상실된 아리스토텔레스의 《철학에 대하여》를 들어 신의 관념이 모순된 것임을 지적하는 부분이다.

아리스토텔레스는 그의 《철학에 대하여》 제3권에서 다소 혼란스러운 관념을 드러낸다. 그것은 그의 스승 플라톤이 가르치는 것과 일치하지 않는다. 아리스토텔레스는 어느 때는 신을 지성(知性)으로 하고, 다른 곳에서는 우주 그 자체가 신이라고 말하고 있다. ……(하늘은) 급속한 운동은 신적 의식을 파괴한다. ……지성으로서의 신은 신체가 없을 것이다. 이런 점에서 지혜가 의거하는 감각도 없을 것이다. 어떻게 신체를 갖지 않은 지성이 움직일 수가 있을까. 또는 어떻게 영원한 운동 중에 있는 신이 행복할 수 있을까.

이 작품 가운데서 '종교'의 라틴어 religio가 '다시 읽는'(relego)라는 동사에서 유래하는 것으로 해석되어 있다. 그리고 '신들의 경애에 관한 모든 것을 재음미하고 이른바 다시 읽은 사람들이 경건한(religiosus)으로 불린다'고 한다. 종교의 원뜻은 위의 '다시 읽는' 것 외에 '재결합한다'(religo)를 취하는 설도 있다. 그리스도교에서는 후자가 선호되는 것은 말할 나위도 없다.

[*32] 그러나 이 판단이 올바른지의 여부는 별개이다.

이 작품은 철학·관상적인 신의 개념을, 로마의 전통(auctoritas majorum)과 시민의 감정으로 지지된 신의 개념과 대항적으로 논의하는 것도 빼놓을 수 없다. 키케로의 키케로성이란 이 양방향을 언제나 잊지 않고 모든 것을 이런 넓이와 긴장으로 인식하려는 것이었다.

《선과 악의 궁극에 대하여》

오늘날은 다양한 종교적 파벌이 존재하고 있거니와 우리는 새삼 확실하게 자신의 이성에 따라서 인간의 삶의 방식과, 선이란 무엇인가를 물을 필요가 있다. 우리는 또 사색력을 키우기 위해 우선 키케로의 이 윤리학서를 읽어야 한다. 국가, 사회, 법, 역사, 언어에 의한 자기 교양, 얽매이지 않는 종교 고찰, 이런 것들을 확실하게 철학하려는 자세를 우리는 키케로에게서 먼저 배워야 한다.

키케로는 위의 작품에서 가장 치밀하게 당대의 세 철학 학파 즉 에피쿠로스파, 스토아파, 안티오코스 지도 아래의 아카데미파를 분석해 비판한다. 스토아파의 엄숙주의와 철저주의를 높이 존경하면서도 키케로는 이 책에서 안티오코스와 이 인물에 영향을 준 페리파토스파의 현실주의(절충주의 가미된)와 분석성에 동감을 표시한다.

이 서책은 이제까지 다른 키케로의 작품보다는 잘 읽히지 않았으나 충분히 숙독할 만한 것이다.

《선과 악의 궁극에 대하여》는 3개의 별도 대화편으로 이루어진다. 최초의 대화는 제1권·제2권을 차지한다. 우선 제1권에서는 에피쿠로스파의 윤리학이 전개되고 이것이 제2권에서 스토아파의 관점에서 반박된다. 제2의 대화는 제3권과 제4권에서 이루어져 전권에서는 스토아파의 윤리학이 소개되고, 후권에서는 키케로에 의해 안티오코스의 관점에서 비판된다. 제3의 대화는 제5권으로 안티오코스의 옛 아카데미로의 회귀 입장이 서술되고 계속해서 키케로로부터 스토아파의 관점에 따라서 이 입장이 비판된다.

에피쿠로스파는 마음의 평안과 인간의 의지를 자연 법칙으로부터의 해방에서 찾은 데 비해서, 스토아파의 창시자 제논은 마음의 평안을 오히려 자연에 대한 순종에서 인정했다. 두 학파의 자연 개념에는 커다란 격차가 있다. 이를 키케로는 저마다 비판했다.

키케로는 아리스토텔레스의 윤리학에서 행복이란 덕을 소유하는(몸에 익혀
고 있는) 상태에 있는 것이 아니고 인간의 탁월성(특히
자성)의 활동에 있음을 이해한다. 동시에 그는 덕(德)만이 선 또는 행복의 완성이 아니라 덕에 외적인 선(건강, 부(富), 가
정의 안정 등)이 따라야지만 행복이 완성된다고 주장했다.

또한 이 작품은 키케로의 마지막 작품 《의무에 대하여》와 연계해서 읽어야 한다. 《의무에 대하여》는 키케로의 안토니우스와의 격돌을 기록한 《필리포스 왕 탄핵 연설을 모방하여》와 '상보 작품(相補作品)' 관계에 있다.

4 모럴리스트 키케로 《노년에 대하여》와 《우정에 대하여》

《노년에 대하여》

《노년에 대하여》는 원제 《대 카토》에 붙여진 부제였던 것으로 추정되지만, 오늘날에는 이것이 주된 제목으로 다루어질 때가 많다. 이 대화편은 B.C. 150년, 84세의 카토가 문무에 뛰어난 두 젊은이를 집에 초대하여, 자신이 도달한 경지에서 늙음과 죽음과 삶을 이야기한다는 구상 아래 진행된다. 먼저 이 대화편의 등장 인물을 간단하게 살펴보고자 한다.

마르쿠스 포르키우스 카토는 B.C. 234년, 로마 남동쪽 24km에 있는 투스쿨룸에서 태어났다. 성(姓)은 본디 프리스쿠스*33였지만, catus(날카로운
빈틈없는) 능력 때문에 Cato(칼
토)로 바뀌었다고 한다. B.C. 184년, 감찰관으로서 수행한 기강 단속과 사치 금지 시책의 준열함에서 켄소리우스(감찰
관의)라는 별명을 얻었으나 흔히 대 카토라고 불리게 된 까닭은, 율리우스 카이사르의 정적이었던 증손자 소 카토(우티카의 카토
B.C. 95~B.C. 46년)와 구별하기 위해서이다.

카토는 사비니 지방에 있는 토지에서 농업에 종사하다가, 아버지와 할아버지가 군공을 세운 것을 자랑으로 여기고 17세 때 처음으로 출전했다. 이 책 10절에, 20세 때 카푸아 지방으로 종군했을 때의 지휘관 퀸투스 막시무스에 대한 존경심이 서술되어 있다. 농지와 가까운 곳에 마니우스 쿠리우스 덴타투스

---

*33 '오랜'이라는 의미.

의 별장도 있었다. 정부 고관이 배출되지 않은 집안에서 나온 이른바 '신인'이면서 여러 번 집정관에 선출되고, 개선식을 세 번이나 올린 이 무인을 최고의 로마인으로 우러러본 카토는 그를 자주 찾아가 그 소박한 생활 모습을 배웠다. 사비니 지방의 또 한 사람의 이웃인 루키우스 발레리우스 플라쿠스가 카토의 장래를 바꾸게 된다. 플라쿠스는 로마 정계에서 중요한 위치에 있는 귀족으로 카토의 활약상과 검약한 생활, 그리고 무엇보다도 마을 사람들의 분쟁을 해결하는 인망과 변론의 재능을 높이 사서, 그를 국정의 무대 위로 밀어올린 것이다. 카토는 B.C. 204년에는 재무관이 되어 대 스키피오 아래에서 시칠리아와 아프리카에 출정한다. 그는 행군 중에도 병졸의 힘을 빌리지 않고 스스로 무기를 졌으며, 체력이 많이 떨어지더라도 값싼 포도주와 물밖에 마시지 않았다. 나중에 법무관이 되고 집정관에 오른 뒤에도 노예와 똑같은 음식을 먹은 카토였던만큼, 스키피오가 그리스 문화에 열광하고 병사에게 돈을 뿌리는 방식에 반감을 느꼈고, 그것이 두 사람 사이에 뿌리 깊은 정치적 대립의 원인이 되었다. 또한 카토는 사르데냐 섬에서 군무에 종사하던 엔니우스를 만나 그 문학적 재능을 인정하고 로마로 데리고 갔다고 전해진다. 이는 아프리카에서 귀국했을 때의 일이다.

그 뒤에도 카토는 B.C. 199년에 평민 조영관, B.C. 198년에는 법무관이 되는 등 명예로운 공직의 사다리를 순조롭게 올라가, B.C. 195년에 은인 플라쿠스와 함께 집정관에 선출된다. 임지로 주어진 스페인에서 금은 광산을 확보하고, 400개에 이르는 도시를 함락하여 로마의 지배 영역을 넓혔으나, 개선 장군이 되어 귀국할 때 군마는 그대로 그 땅에 남겨두었다. 국가에 그 수송 비용을 부담시키고 싶지 않아서라는 것이 카토의 논리였지만, 플루타르코스는 수많은 전쟁터에서 함께 동고동락한 말을 그렇게 다루는 것은 인간으로서 너무나 냉혹하다고 비판한다. 동물도 그런데 하물며 인간의 경우, 나이를 먹어 더 이상 일을 못하게 되었다 해서, 오랫동안 봉사한 노예를 팔아치우는 것은 인간미가 없는 행동이라고 전기 작가는 쓰고 있다.

카토의 군공 가운데 가장 두드러진 것은, B.C. 191년 군단 부관으로서 그리스에 출정하여 페르시아 전쟁의 옛 싸움터인 테르모필레에서 셀레우코스 왕조 시리아 왕 안티오코스 3세를 무찌른 일이지만, 카토의 이름을 불후의 것으로 만든 것은 뭐니 뭐니 해도 감찰관 시대의 추상같은 직권 행사였다. B.C.

184년, 정치 생활의 완성이라고도 할 수 있는 감찰관에 플라쿠스와 함께 다시 선출된 카토는 기강 단속과 정적 배제에 나선다. 루키우스 플라미니누스는 집 정관으로서 갈리아에 있었을 때(B.C. 192년), 한 창녀가 사람이 살해되는 장면을 보고 싶다고 조르자, 사형수를 끌어내어 도끼로 목을 쳤다. 이것은 카토가 볼 때는 애욕에 끌린 추행인 동시에 용납할 수 없는 군율 위반이었으나, 루키우스의 형 티투스가 감찰관으로 있는 동안엔 처벌하지 못하고 있었다. 그리하여 카토 는 스스로 감찰관 지위에 오르자마자, 루키우스를 원로원에서 추방해버렸다. 그러나 그것은 도덕의 퇴폐에 대한 징벌 이상으로, 친(親) 그리스 입장을 취하 는 플라미니누스 집안에 대한 정치적 공격이기도 했다.

대 스피키오의 동생 루키우스 코르넬리우스 스키피오는 아시아 전선에서 공을 세우고 '아시아게누스'라는 별명을 얻었으나, 카토가 그를 공금횡령 혐의 로 고발하고 기사의 지위를 박탈한 것 또한 스피키오 집안에 대한 적의에서였 다. 그러나 마닐리우스라는 사람은 대낮에 딸이 보는 앞에서 아내를 껴안았다 는 이유만으로 원로원에서 쫓겨났다고 한다. 가차 없는 숙청, 공공사업 청부인 의 이권을 국가에 되돌리는 시책, 사치품에 대한 중과세 등 증오를 살 만한 이 유는 얼마든지 있었지만, 카토는 자신에게 돌아오는 공격을 뛰어난 변론으로 모두 물리쳤다.

그 뒤에 카토와 스키피오 집안의 반목은 해소된 것으로 짐작된다. 카토는 첫 번째 아내 리키니아와의 사이에 아들을 두었는데, 그 아들을 루키우스 아 이밀리우스 파울루스의 딸 아이밀리아와 결혼시킨다. 아이밀리우스 파울루스 는 매우 이름이 알려진 무인으로 대 스키피오와는 동서지간이고, 게다가 아들 (소피키오)을 스키피오 집안에 양자로 들여보낸 사람이었다. 파울루스 집안과 스 키피오 집안의 결탁은 매우 강력했지만, 카토도 장남의 결혼으로 스키피오 집 안의 친척이 된 셈이다.

그런데 카토는 아들이 결혼한 뒤 자신의 부하로 일하는 보호민의 딸을 두 번째 아내로 맞이했다. 대화편의 화자인 카토는 소포클레스의 일화를 인용하 여 노령이 되어 좋은 점은 더 이상 정욕에 시달리는 일이 없는 거라고 했지만, 여든 살에 차남을 얻은 것을 보면 카토의 육체는 그리 시들지 않았던 것 같다.

카토는 임기 1년 반의 감찰관을 지낸 뒤로는 높은 지위에 오르는 일은 없 었지만 정치적인 영향력은 계속 발휘했다. B.C. 155년, 아테네의 정치 사절 일행이 로마에 찾아왔을 때의 일이다. 아카데미 학파의 카르네아데스, 스토아학파의 디오게네스, 소요학파의 크리토라오스 등이 철학 강의에서 로마의 젊은이들을 매료시켰다. 특히 카르네아데스의, 같은 명제를 긍정도 하고 부정도 해 보이는 변론술은 그들을 열광시켰다. 카토는 이러한 사태를 보고 청년들이 행동과 전쟁보다 변론에 명예심을 돌리는 것을 우려하여, 그리스인들을 한시라도 빨리 쫓아낼 것을 주장했다.

B.C. 153년에는 직접 사절로서 카르타고에 가서, 카르타고가 제2차 포에니 전쟁(B.C. 218~ B.C. 201년)의 패배와 배상금 지불로 피폐해지기는커녕 아직도 로마를 위협하는 데 충분한 재력과 무기를 가지고 있고 사

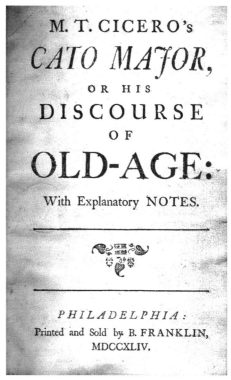

M. T. CICERO's
CATO MAJOR,
OR HIS
DISCOURSE
OF
OLD-AGE:
With Explanatory NOTES.

PHILADELPHIA:
Printed and Sold by B. FRANKLIN,
MDCCXLIV.

《노년에 대하여》(1744) 속표지
원제는 《대 카토》

기도 높은 것을 눈으로 본 뒤로, 원로원에서의 연설을 하며 반드시 '카르타고를 멸망시켜야 한다'는 말로 끝낸 것은 널리 알려진 사실이다. 이 대화편은 신들린 듯이 카르타고의 위협을 이야기하는 카토의 가장 만년인 B.C. 150년으로 설정되어 있다. 제3차 포에니 전쟁이 시작된 것은 이듬해인 B.C. 149년, 카토는 카르타고에 대한 선전 포고를 지켜본 뒤 세상을 떠났다.

카토는 당대 최고의 변론가로, 그의 변론 작품은 백수십 년 뒤인 키케로에게는 150편 남짓 알려졌으나, 현재 남아 있는 것은 80개의 단편뿐이다. 엔니우스가 '라틴 문학의 아버지'라 불리는 것에 비해, 카토는 '라틴 산문학의 시조'로 주목받는 것처럼 매우 다작을 남겼지만 그 작품들은 거의 소실되고 없다. 그는 백과전서적인 지식을 책의 형태로 만들어 아들에게 준 것으로 전해지는데, 그것은 세상 전반에 걸친 교훈과 지침의 모음이었던 것으로 추정된다. 파

비우스 픽토르에게서 시작되는 로마 역사가는 모두 그리스어를 사용했지만, 카토는 처음으로 라틴어로 자국의 역사를 썼다. 로마 건국에서 동시대까지의 역사, 특히 이탈리아 도시들의 기원과 습관을 쓴 《기원》은 죽기 직전까지 계속 써내려간 대작이지만, 오늘날 단편밖에 남아 있지 않다. 완전한 형태로 전해지는 것은 《농업론》뿐으로, 이것은 포도주와 올리브유의 생산으로 성공하기 위한 지식을 중심으로, 중규모 농장의 경영자에 대한 가르침을 복잡하게 글로 엮은 것이다.

카토는 그리스를 줄곧 싫어해서, 그리스에 오래 머무를 때도 그리스어를 할 줄 알면서도 통역을 내세웠다. 로마의 전통적인 진실하고 강건한 기풍을 존중하고 그리스 문화의 유입을 꺼려하는 국수주의자였지만, 실은 다방면으로 그리스 문헌을 자주 읽었음을 그의 작품에서 엿볼 수 있다.

자마 전투에서 한니발을 격파함으로써 제2차 포에니 전쟁을 승리로 이끌고 '아프리카누스'라는 존칭을 얻은 조부가 대 스키피오라 불리고 있는 데에 비해, 제3차 포에니 전쟁에서 카르타고를 철저히 파괴하여 마찬가지로 '아프리카누스'라는 별명을 얻은 양손자는 소 스키피오라고 불린다.

소 스키피오는 이름 높은 무인의 아들로 태어나, 로마에서 손꼽히는 명문에 양자로 들어갔다. 아버지 아이밀리아스 파울루스는 피드나 전투(B.C. 168년)에서 마케도니아 왕 페르세우스를 격파한 무장으로 유명한데, 두 번째 아내에게서 삼남과 사남을 얻은 뒤, 첫 번째 아내한테서 태어난 장남을 파비우스 막시무스 집안에, 차남을 코르넬리우스 스키피오 집안에 양자로 보냈다. 다른 집안으로 간 장남과 차남은 아버지의 지휘 아래 피드나에서 전공을 세우지만, 집에 남은 삼남과 사남은 아버지의 개선식 전후에 열네 살과 열두 살의 어린 나이로 세상을 떠난다. 아이밀리우스 파울루스는 마케도니아 왕조를 멸망시킨 뒤 전리품을 병사들에게 나눠주지 않아서 불평을 샀지만, 획득한 것을 모두 국가에 헌납하고 자신의 이익을 채우는 일은 전혀 없었다. 다만, 그는 그리스 문화에 대한 소양도 갖추고 있어서, 아들의 교육을 위해 페르세우스 왕의 장서만은 가져간 것으로 전해진다.

아이밀리우스 파울루스는 누이를 통해 대 스키피오와 동서지간이 되었으나, 대 스키피오의 장남은 병약하여 공무를 감당할 수 없었기 때문에 아버지의 친구인 파울루스의 아들이며 자신의 사촌이기도 한 사람과 양자 결연을 맺었다. 그가 바로 아이밀리우스 가문에서 코르넬리우스 가문의 스키피오 집안에 들어간 푸블리우스, 즉 소 스키피오이다. 소 스키피오는 B.C. 185년 무렵에 태어나 B.C. 168년에 친아버지 아이밀리우스 파울루스를 따라 그리스에서 싸우고, B.C. 151년에는 군단 부관으로서 스페인 원정에 지원하여 큰 공을 세웠다. 젊은 무인으로서 명성이 높아지던 B.C. 150년에 그가 대 카토의 저택을 방문하여 '노년에 대하여'의 이야기를 듣는 것이 이 책의 설정이다. 명예로운 공직의 사다리를 건너뛰어, 43살의 나이가 되기 전에 집정관에 선출된 것은 그 뒤인 B.C. 147년, 그리고 제3차 포에니 전쟁의 지휘권을 얻어 대 카토의 예언대로 카르타고를 멸망시키는 것은 B.C. 146년이다.

소 스키피오는 군사에 뛰어났을 뿐만 아니라 높은 교양도 지녔다. '스키피오 서클'인 살롱 같은 것이 형성되어 있었다고 하는 것은 후대의 상상에 지나지 않는다 하더라도, 그가 시인이나 철학자들과 즐겨 교제하면서 그들을 보호한 것은 사실이다. 그와 교우 관계가 전해지는 인물로서는, 다음에 이야기할 가이우스 라일리우스, 아프리카 출신의 희극 작가 테렌티우스, 풍자 시인 루킬리우스, 그리스인으로는 스토아학파 철학자 파나이티오스, 정치적 볼모가 되어 로마에서 살면서 스키피오의 스승이기도 했던 역사가 폴리비오스 등이 있다. 키케로가 쓴 《국가에 대하여》의 중심 등장 인물은 이 스키피오로, 6권 9절 이후의 장대한 비전이 '스키피오의 꿈'으로서 알려졌는데, 이 작품에서는 국가와 정치에 대한 스키피오의 고찰이 매우 충실하게 전해지는 것으로 추정된다.

가이우스 라일리우스는 정치가로서도 법무관(B.C. 145년), 집정관(B.C. 140년) 등 명예로운 공직의 사다리를 순조롭게 올라갔지만, 역사상 이름을 남기는 것은 소 스키피오의 막역한 친구로서이다. 두 사람의 사이는 '그들 사이에는 이른바 우정의 규칙 같은 것이 있어서, 전시에는 라일리우스가 스키피오를 그 절대적인 무훈을 내세워 신처럼 떠받들고, 평시에는 반대로 스키피오가 윗사람인 라일리우스를 아버지처럼 존경했'고 묘사되어 있다. 라일리우스는 B.C. 155년, 그리스에서 사절로 찾아온 철학자, 특히 스토아학파의 디오게네스의 논의에 심취했고, 같은 스토아학파인 파나이티오스의 작품을 세상에 널리 알리는 데 힘썼다. 이러한 철학자와의 친교 덕분에 그는 '현인'이라는 별명을 얻었다. 또 소 스키피오와의 우정 덕분에 키케로《우정에 대하여》의 중심 화자로 선택되었다.

대화편의 등장 인물은 아니지만, 키케로가 이《노년에 대하여》를 헌상하고자 한 인물에도 언급해 두고자 한다.

티투스 폼포니우스 아티쿠스는 B.C. 110년, 혈통을 거슬러 올라가면 로마의 2대 왕 누마 폼피리우스에 이르는 기사 집안에서 태어났다. 키케로보다 네 살 위인 죽마고우로, 어릴 때부터 영재로 이름이 알려졌다. B.C. 85년 내란이 일어난 로마에서 그리스의 아테네(^{아티카}_{지방의})로 재산을 옮긴 뒤 약 20년 동안 그곳에서 생활하면서 아티쿠스라는 별명을 얻는다. 그동안 한적한 문인 생활을 보내는 동시에 사업 재능도 발휘하여 대부호가 되어서 아테네의 재정 위기를 이따금 구했을 뿐만 아니라, 멀리 있는 로마의 지기(知己)에게도 자금 원조를 멈추지 않았다. 난세에 살아남는 본능이 뛰어나 로마로 돌아간 뒤에도 어떠한 정치적 입장에도 가담하지 않고도 모든 사람들에게서 사랑을 받았다. 국가의 적으로서 이탈리아에서 쫓겨났던 마르쿠스 안토니우스가 제2차 삼두 정치에서 권력의 자리로 돌아오자, 정적 키케로는 곧 처형되었지만 아티쿠스는 옛날에 베푼 은혜 덕분에 살아남았다. 그 뒤에도 그는 패권을 걸고 싸우는 안토니우스와 옥타비아누스 양쪽으로부터 존경을 받았다고 한다. 아티쿠스의 딸은 옥타비아누스의 심복 마르쿠스 아그리파에게 시집갔고, 손녀는 태어난 해에 옥타비아누스의 양자 티베리우스 클라우디우스 네로(^{훗날의 티베리}_{우스 황제})의 짝으로 정해졌을 정도였다.

아티쿠스와 키케로의 우정은 키케로의 동생 퀸투스와 아티쿠스의 여동생 폼포니아의 결혼에 의해, 또 16권 426통이 전해지는 키케로의《아티쿠스에게 보낸 서한집》을 통해 알 수 있다. 아티쿠스는 많은 필사 노예들을 거느리고 키케로의 작품을 세상에 알리고 후세에 전하는 일에 온 힘을 기울이지만, 키케로의 사형 뒤 10년 남짓을 더 살고 장에 병을 얻는다. 허리의 궤양에서 농이 나오자 치료는 고통을 키울 뿐이라 생각하고, 스스로 식음을 전폐하여 숨을 거두었다.

B.C. 45년은 키케로의 생애에서 가장 괴롭고, 그러면서도 가장 풍요로웠던 해였다. 카이사르가 군대를 이끌고 루비콘 강을 건너 이탈리아를 또다시 내란

에 빠뜨린 것이다. B.C. 49년 1월, 파르살루스 전투에서 폼페이우스를 격파한 것은 B.C. 48년 8월의 일이다. 카이사르의 완강한 적이었던 소 카토가 B.C. 46년 4월에 자살하고, B.C. 45년 3월 문다 전투에서 공화파가 파멸하자, 카이사르의 종신 독재관 취임은 시간문제로 보였다. 망설이면서도 폼페이우스에게 가담한 키케로는 공화정 로마의 회복과 자신의 정치 무대 복귀에 대해 절망하고 있었다. 침거나 다름없는 가정 생활에서도 30년 동안 해로한 아내 테렌티아와 B.C. 46년 초(?)에 이혼하고 사랑하는 동생과도 한때 소원해져졌으며, B.C. 45년 2월에는 사랑해 마지않던 딸 툴리아를 잃고, 재혼한 지 얼마 안 된 푸브릴리아와도 곧 헤어졌다. 키케로가 61세 때의 일이다.

이러한 상황 속에서 키케로는 자신을 위로하고 괴로움을 달래기 위해, 또 그리스 철학을 로마의 동포들에게 소개하기 위해 밤잠도 자지 않고 철학 저술에 몰두한다. 그때의 사정은 《점성술에 대하여》 제2권의 서문에 기술되어 있는데, 그것에 따르면 가능한 한 많은 사람들에게, 즉 국가를 위해 도움이 되는 데는 철학이라는 최고의 학문을 소개하는 것보다 더 좋은 일은 없다고 여기고 순서에 따라 써나갔다고 한다. 먼저 《호르텐시우스》(낱편만)로 철학을 권유하고, 《아카데미카》 4권에서 키케로가 생각하는 철학 대계를 제시했으며, 《선과 악의 궁극에 대하여》 5권에서 궁극선과 궁극악을 정의하고, 《투스쿨룸에서의 대화》 5권에서 행복하게 살기 위해서는 덕성만으로 충분하다는 것을 주장한 뒤 마지막으로 《신들의 본성에 대하여》를 논했다. 그 논의를 음미하고 부연하기 위해 《점성술에 대하여》를 시작한 것이며, 이어서 《운명에 대하여》도 쓸 예정이었다고 한다.

《점성술에 대하여》가 완성된 것은 카이사르가 암살당하기 전으로 보는 설과 이후로 보는 설이 있는데, 어쨌든 약 1년 사이에 그만한 작품이 완성된 것이다. 《점성술에 대하여》 제2권의 서문은 계속해서, 키케로가 국정에 참여하고 있었을 때의 작품 《국가에 대하여》 6권과 사랑하는 딸이 죽은 뒤 쓴 《위로》의 제목을 든 뒤, '그리고 최근에 《노년에 대하여》를 철학적 저작에 보탰다'고 기록한다. 《점성술에 대하여》의 성립 시기와 '최근'이 무엇을 의미하는지 모호하지만, 집필 시기를 추정할 수 있는 단서가 또 하나 있다.

그것은 B.C. 44년 5월 11일자로 된 키케로의 편지이다. 그 속에서 키케로는 카이사르의 암살은 너무나 어린아이 같은 경거망동이며 독재관이 살해되어도 그 뜻을 잇는 자(안토니우스)가 있지 않느냐고 분노한 뒤, 전쟁이 머지않은 것으로 보이는 정세 속에서 노년이 차츰 자신을 화를 잘 내는 노인으로 만드니 '당신에게 헌상한 《대 카토》를 더 자주 읽어야겠다'고 쓰고 있다.

여기서 《대 카토, 노년에 대하여》의 집필은 5월 11일 이전임을 알 수 있지만, 3월 15일 전후가 되는 것으로 추측하는 수밖에 없다. 이 책의 서두에서 키케로는 '오늘날의 정세에 심하게 동요할 때가 있다' 털어놓고 있는데, 만일 그것이 카이사르 암살 뒤의 로마 정세라면 그 일을 한 마디도 언급하지 않은 것은 이상하게 생각된다. 또 《노년에 대하여》에서는 정치적인 영향력도 유지하는 충실한 노년, 농촌 생활의 기쁨, 내세에 대해 안도하는 마음이 그려져 있지만, 자객을 두려워하고 농사일을 하지 않으며, 정계에서도 쫓겨난 그때의 키케로에게는 그러한 것은 가장 거리가 멀었다. 카이사르가 사라지면 키케로도 전 집정관으로서 정계에 복귀할 수 있으므로, 이 책을 쓴 것은 아무래도 키케로가 가장 절망에 빠졌던 시기, 즉 카이사르가 암살되기 전인 B.C. 44년 초라고 보는 것이 맞을 것이다.

늙음에 대한 언급은 그리스 라틴 문학에서 계속 이어져 온다. 호메로스의 《일리아스》에는, 인간 3대를 관찰하고 풍부한 경험을 바탕으로 한 발언으로 인정받는 네스토르가 등장하지만, 《일리아스》에서 노년을 꾸미는 수식어는 '화가 치미는' '괴로운' '누추한'인 경우가 많다. '늙음의 문턱에 서다'라는 표현도 눈길을 끄는데(일리아드 11·60, 24·487), 그 의미는 장년에서 노년으로 가는 문턱인지, 노년에서 저 세상으로 가는 문턱인지, 그 늙음이라는 문턱 즉 늙음 자체인지 해석이 분분하다. 어쨌든 이것은 노인이 젊은이에게 늙음에 대한 이해와 연민을 구할 때 사용된다.

청춘의 아름다움을 찬양하는 시인은 많지만, 늙음의 비애를 한탄하는 시인으로는 밈네르모스(B.C. 7세기 후반)가 대표적이다. 그의 시를 하나 소개한다.

황금의 아프로디테가 없는 곳에 무슨 인생이 있고 무슨 기쁨이 있으랴.
은밀한 사랑, 마음을 설레게 하는 선물, 함께 하는 베개, 그런 것에 더 이상 마음이 들뜨지 않는다면 차라리 죽는 게 낫지.
그것이 바로 남자에게나 여자에게 가슴 뛰는 청춘의 꽃.

불쌍한 노년이 찾아와

보기 싫게 뒤틀린 노인이 되면,

쓸데없는 생각에 마음만 병들 뿐.

태양을 보아도 즐겁지 않고,

아이들에게는 기피당하고 여자에게는 경멸당하누나.

노년의 비참함이 이와 같으니, 신이 하신 일이로다.

《엘레게이아 시집》

전해오는 그리스 비극 33편 가운데 노년을 주제로 한 것은 없지만, 합창대를 노인에게 맡기는 극은 8편이 있다.*³⁴ 여성의 역할이 합창대를 형성하는 극은 더 많은 20편에 이르지만, 탄원하는 여자와 포로로 잡힌 여자들이 스스로 운명을 개척할 수 없는 약자로 등장하듯이, 노인도 사회적 약자로 간주된 것이다.

크세노폰이 전하는 소크라테스는 노년에 대해 놀랄 만큼 상식적인 의견을 보여주고 있다. '국가가 인정하는 신을 믿지 않고 새로운 신을 받아들이고, 젊은이를 타락시키고 있다'는 혐의로 사형을 구형받은 소크라테스는, 제자들이 변명을 준비하라고 권유했다. 그러자 그는 자신이 이제까지 살아온 삶 자체가 가장 좋은 변명이라고 그 권유를 거절하면서 이런 말을 한다.

"만약 내가 더 이상 오래 산다면 무슨 일이 있어도 노년의 대가를 치러야만 할 것이네. 눈과 귀가 멀어지고 생각도 둔해지며 기억력은 점점 감퇴하고 건망증은 심해져서, 전에는 이겼던 사람에게 지게 되겠지. 게다가, 만일 그것을 깨닫지 못한다면 살아가기가 어려워질 것이고, 그것을 깨닫는다면 아무런 즐거움이 없는 더욱 비참한 인생이 될 뿐이라네."(소크라테스의 추억) 4·8·8).

그때까지의 그리스 문학은 노년에 거의 비관적이었다. 아리스토텔레스의 제자 테오프라스토스(B.C. 370년 무렵 출생)와 손제자(孫弟子)인 팔레론의 데메트리오스(B.C. 350년 무렵 출생)에게도 《노년에 대하여》라는 제목의 작품이 있었던 것으로 전해지지만 내용은 불명이다. 아르스톤의 노년론도 소실되었으나, 늙고 오그라들어 목소리만

---

*34 아이스킬로스의 《페르시아 사람들》, 《아가멤논》, 소포클레스의 《안티고네》, 《오이디푸스 왕》, 《크로노스의 오이디푸스》, 에우리피데스의 《알케스티스》, 《헤라클레스의 후예》, 《헤라클레스》).

남은 매미가 되었다는 티토노스를 화자로 하고 있는 점에서 보면, 마찬가지로 노년을 어둡게 그린 것으로 상상된다. 그러고 보면 키케로의 《노년에 대하여》는 적어도 현존하는 그리스 라틴 문헌 중에서는 노년을 찬양한 최초의 책이 되는 셈이다. 그 뒤에는 세네카의 《도덕 서간》과 플루타르코스의 《노인의 정치 참여》가 노년에 대해 키케로와 매우 비슷한 견해를 펼치지만, 이 주제를 철저하게 전개하는 점에서는 키케로의 《노년에 대하여》와는 비교가 되지 않는다.

《노년에 대하여》는 대화 형식을 취하지만, 플라톤의 작품과는 구성이 크게 다르다. 플라톤의 대화편에서는—《법률》을 제외하고—스승인 소크라테스와 그 동시대인이 등장하여 주장하고 음미한 뒤, 다음 단계로 나아가는 식으로 함께 철학적 문답을 만들어가는 데 비해, 키케로의 경우에는 먼 옛날의 위인이 거의 혼자 이야기하는 형식이다. 그런 의미에서 키케로는 플라톤보다는 크세노폰의 영향을 더 많이 받은 건지도 모른다. 크세노폰의 《키루스의 교육》에서는 역사상의 키루스가 이상적인 군주로서 그려지는 가운데 도도하게 교훈을 이야기하는 것이기 때문이다.

그러나 키케로가 플라톤이나 크세노폰과 다른 것은 《노년에 대하여》에서 보여준 단순명쾌한 구성이다. 여기서는 친구 아티쿠스에 대한 헌사($^{1~}_{14절}$)가 끝나면 먼저 '서장'($^{~}_{14절}$)에서 주제가 제시되고, 이어서 '주제의 분류'($^{15}_{절}$)에서 노년이 비참한 것으로 간주되는, 여기에서 네 가지 이유가 열거된다. 마지막으로 그 네 가지 항목을 하나하나 반론하는 형태로 '결론'($^{15~26,~27~38}_{39~65,~66~85절}$)이 펼쳐진다. 이 구성은 키케로가 변론 작품을 구성하는 방법과 똑같다. 키케로는 그리스 철학을 로마에 전하는 데 힘썼는데, 그 뛰어난 사상은 적절한 구상으로써 아름답게 표현해야 한다고 생각하고 철학과 수사학을 통합하고자 했다. 《노년에 대하여》는 바로 그 실천의 하나라고 할 수 있다.

《노년에 대하여》에는 로마의 고사와 그리스 문물에 대한 키케로의 학식이 아낌없이 드러난다. 그것이 조금도 억지스러운 느낌이 없는 까닭은, 키케로의 학식이 로마인의 이상을 보여주는 범례로 모습을 바꾸어 카토의 입에서 담담하게 흘러나오기 때문일 것이다. 카토는 또 그 주장을 이해하기 쉽도록 인간의 목숨을 식물의 삶에 비유하고, 연극의 비유를 많이 사용한다. 인생을 연극에 비유하는 것은 헬레니즘 시대에 성행했는데, 이 책에서도 5, 48, 64, 70, 85절에서 효과적으로 사용되고 있다.

《노년에 대하여》에서는, 사람이 늙는 것은 자연스러운 일이고 익은 과실이 대지에 떨어지는 것과 같은 것이라고 한다. 그리고 노인의 체력 쇠퇴는 노년이 원인이라기보다 젊은 시절에 관리를 소홀히 했거나 난잡한 생활을 했기 때문이라고 말한다. 노년이 비참하게 여겨지는 네 가지 근거가 거론된다. 첫째, 공직을 지낼 기회가 없다. 둘째, 신체가 전보다 약해진다. 셋째, 거의 모든 쾌락을 잃는다. 넷째, 죽음이 임박해 온다. 키케로는 이 네 가지 모두에 반론을 제기하고 노년의 조용한 삶을 찬양한다. 자연에 거스르지 말 것, 자연은 죽음까지도 감싼다는

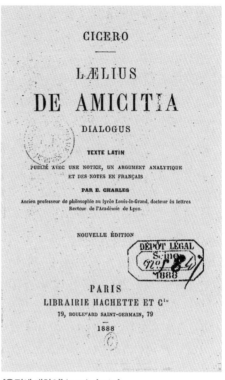

《우정에 대하여》(1888) 속표지

것, 그러나 이것은 젊어서부터 사물을 깊이 생각하지 않으면 몸에 배지 않는다. '청년기에 구축된 기반'이야말로 노년의 달관으로 이어진다. 키케로는 '포도만큼 감미롭고 보기에도 아름다운 것은 없다'고 말하고, '기쁜 것은 열매만이 아니다. 대지 자체의 기능과 본성이다'라고도 했다. 자연은 바로 대지이고, 대지는 모든 것을 품어 기르고 모두를 받아들이는 것이다. 그러므로 늙는 것이야말로 이 대지를 깊이 숭배하는 것이다.

《우정에 대하여》

고결하고 자신을 높이는 의욕에 충만한 자만이 친구를 얻을 수 있다는 것이 키케로의 《우정에 대하여》의 요체이다.

우정으로 번역되는 아미키티아(amicitia)는 개인 사이뿐만 아니라 국가 사이의 신뢰 있는 관계까지도 의미한다. 우정은 인간의 필요나 나약함에서가 아니

라 사랑에서 태어난다는 것을 키케로는 역설한다. 키케로가 소품《우정에 대하여》를 쓴 첫 번째 동기는, 사실 친구 마티우스와의 대립 때문이었다. 이 친구는 카이사르의 지지자였다. 그는 자신과 암살된 카이사르와의 긴밀한 관계를 키케로에 대해서 자신을 변호했다. 그러나 친구의 생명보다도 국가의 자유가 우선되어야 한다는 생각이 키케로의 편지 속에 남겨져 있음을 우리는 주의해야 한다.

《우정에 대하여》는 원제《라일리우스》에 붙여진 부제였던 것으로 추정되지만, 오늘날에는 이것이 주된 제목으로 다뤄지는 경우가 많다. 이 대화편은 B.C. 129년 소 스피키오가 죽은 지 얼마 안 되어, 남겨진 친구 라일리우스가 두 사위를 향해 우정을 이야기한다는 구상 아래 진행된다. 무대를 B.C. 150년으로 설정한《노년에 대하여》에서는 35세 정도의 소 스키피오와 몇 년 연상인 라일리우스가 듣는 역할을 했는데, 이 책에서는 60세 전후의 라일리우스가 둘도 없는 친구를 떠나보낸 슬픔이 아직 가라앉지 않은 가운데 우정을 이야기하는 것이다. 이 주제와 무대 설정과 등장 인물을 선택하는 데에는 말할 것도 없이 키케로에게 용의주도한 배려가 있었던 것으로 추정된다.

가이우스 라일리우스는 정치가로서도 또 법무관(B.C.145년)과 집정관(B.C.140년)으로 명예로운 공직의 사다리를 순조롭게 올라갔다. 그런데 이보다 전인 B.C. 155년, 그리스에서 사절로 찾아온 철학자, 특히 스토아학파의 디오게네스의 논의에 매료되어 같은 스토아학파인 파나이티오스의 저작을 세상에 전하는 데 진력하는 등 철학자에 대한 친교 덕분에 '현자'라는 별명을 얻었다. 그러나 라일리우스가 역사상 이름을 남기게 된 가장 큰 계기는 소 스키피오의 막역한 친구였기 때문이다. "그들 사이에는 이른바 우정의 규칙 같은 것이 있어서, 전시에는 라일리우스가 절대적 무훈을 세운 스키피오를 신처럼 떠받들고, 평시에는 반대로 스키피오가 연장자인 라일리우스를 아버지처럼 존경했다"고 기록되는 것처럼, 두 사람의 친교는 후세에 끊이지 않는 이야깃거리가 되었다. 이것이 라일리우스가 이 책의 화자로 선택된 첫 번째 이유이다.

키케로는 '이런 종류의 대화는 옛날의 혁혁한 인물의 권위를 빌려 이야기하면, 왠지 모르게 훨씬 더 무게가 더해지는 것처럼 보인다'고 말했다. 그러나 라일리우스는 키케로에게 단순한 과거의 현자가 아니라, 함께 수학하던 시절에 가까이에서 세상 이야기를 들을 수 있었던 인물이었기 때문에, 그를 화자(話

者)로 함으로써 《우정에 대하여》의 무대 설정에 진실성을 띠게 할 수 있었다. 교육열이 높은 키케로의 아버지는 마르쿠스와 퀸투스 형제를 로마에 보내 공부시켰는데, 키케로는 17세에 관례를 올린 뒤에도 그즈음에 법학의 제1인자로 주목받던 복점관 스카이볼라의 제자로 들어갔다. 법학 공부라 해도 학교 수업 같은 것이 아니라, 경험이 풍부한 스승이 소송을 처리하고 법률 토론을 하는 것을 가까이에서 보고 배우는 견습 수업이었다. 키케로는 스카이볼라와 함께 기거하는 동안 법학의 전문 지식 말고도 다양하게 귀동냥할 기회가 많았다. 특히 스카이볼라의 장인 라일리우스가 들려준 우정에 대한 대화를 잘 기억했다고 한다.

옛 사람의 학설과 일화를 이야기할 때 키케로는 이따금 전달 경로를 명시하곤 했다. 88절에서는 타렌툼의 아르키타스의 발언이 앞 세대의 노인에게, 거기서 동시대의 노인을 거쳐 다시 라일리우스에게까지 구전된 것으로 설명되어 있다. 여기에는 시간적으로 무리가 있는 점은 주해에 기술했지만, 《우정에 대하여》의 구상, 즉 라일리우스의 이야기를 사위인 스카이볼라가 듣고 기억해 두었다가 만년에 이르러 제자인 키케로에게 이야기했다고 하는 것에는 현실성이 있다. 마치 손자가 할아버지가 했던 이야기를 아버지한테서 듣는 것과 같은 것이다.

이러한 문학적인 아이디어로서는 플라톤의 《향연》을 떠올릴 수 있다. B.C. 416년, 비극시인 아가톤이 경연 대회에서 우승을 거둔 것을 축하하는 향연이 열렸는데, 거기서 소크라테스를 비롯한 몇 명이 에로스(愛)에 대해 논쟁을 벌였다. 15, 6년이나 지나 그라우콘이 그 논쟁의 내용을 알고 싶어서 '그 사람'에게 물었으나, '그 사람'은 연회에 참석한 아리스토텔레스한테서 포이닉스가 들은 이야기를, 다시 포이닉스한테서 들은 것에 지나지 않기 때문에 확실한 것은 아무것도 전해지지 않는다. 그래서 그라우콘은 아폴로도로스에게 같은 질문을 한다. 그러나 아폴로도로스도 그 연회에 참석한 것이 아니라, 연회에 참석한 아리스토데모스한테서 이야기를 들었을 뿐이었다. 그러나 애매모호한 점은 소크라테스 본인에게 직접 물어 확인해 두었기 때문에, 자초지종을 그라우콘에게 전해줄 수 있었다고 한다. 그러한 내용을 아폴로도로스가 다른 친구에게 한 번 더 들려준다는 것이 《향연》의 구상이었다.

학설은 전문(傳聞)에 전문을 거듭하는 동안 사라져버릴 수도 있다. 그러나 열성적인 후계자가 나타나 중요한 논점은 본원으로 거슬러올라가 확인하고 거듭 이야기하면서 반추한다면, 그 학설은 시간이 지날수록 더욱 숙성될 것이다. 키케로의 시대에는 시문이나 학문이 책자가 아닌 입으로 전달되는 구전의 경우가 현대보다 훨씬 많았으리라 생각되지만, 아마 기억력이 뛰어났던 키케로는 학설이 전달된 경로를 보여줌으로써, 구전의 적극적인 의의를 주장하고 싶었던 것은 아닐까?

라일리우스의 대화 시기가 소 스키피오의 사후 얼마 뒤로 설정된 이유에 대해서는 나중에 작품의 의도와 관련하여 생각해 보고자 한다.

이 책에 등장하는 두 사람의 청자의 이력에 대해서는 알려진 것이 그리 많지 않다.

가이우스 판니우스 스트라보는 스카이볼라보다 연상이지만 라일리우스의 둘째딸을 아내로 맞이했다. 젊은 시절에 소 스키피오 밑에서 카르타고 포위전에 참가했고, B.C. 122년에는 집정관을 역임했다. 그는 가이우스 그라쿠스의 개혁을 지지할 것으로 기대되었으나 오히려 반대로 돌아섰다. 파나이티오스에게 스토아학파 철학을 배웠고, 동시대사를 쓴 문인이기도 하며 《국가에 대하여》에도 등장한다.

퀸투스 무키우스 스카이볼라는, 마찬가지로 나중에 키케로의 법학 스승이 된 대제사장 스카이볼라와 이름이 같아서, 구별하기 위해 복점관 스카이볼라라고 불리었다. 그는 판니우스보다 나이가 적지만 라일리우스의 큰사위가 되었다. 법학의 대가로, 17세의 키케로가 제자로 들어왔을 때는 아마 70세 정도였을 것으로 추정된다. 그 또한 《국가에 대하여》에 등장한다.

《우정에 대하여》의 구성은 다음과 같이 생각할 수 있다.

1~5절 헌사(키케로로부터 아티쿠스에게)
6~16절 프롤로그(담론에 대한 촉구, 소 스키피오 찬양)
17~24절 라일리우스의 첫 번째 담론(우정 찬양)
25절 잠시 휴지(담론 계속에 대한 요청)
26~32절 라일리우스의 두 번째 담론(우정의 기원)

32절 잠시 휴지(담론 계속에 대한 요청)

33~104절 라일리우스의 세 번째 담론(여러 가지 논점의 분석, 우정의 정의, 소 스키피오 찬양)

5 역사가로서의 키케로

로마에서 손꼽히는 역사가로서

철학자 키케로는 정치가이자 정치철학자이고, 변론가였다. 변론을 철학과 결부해 철학적 변론을 역사상 처음으로 확립할 수 있었던 것은 이 키케로이다. 그러나 또 그는 국가나 정치를 파악하려고 했을 때 역사(_{역사}_{지식})가 얼마나 중요한가를 로마인 가운데서는, 아니 그리스인과 비교해도 어느 누구보다도 깊게 통찰했다.

《변론가에 대하여》에서 그는 역사가 법학과 함께 변론술에서 중요함을 역설하고 있다. 또 《국가에 대하여》 제2권은 역사에 차분하게 대처해 로마 국정사를 회고해야만 정치 철학(_{국가}_{철학})이 형성된다고 주장한다. 게다가 주의해야 할 것은 역사 기술, 역사의 지식이 변론술에 무늬를 수놓는 일에 지나지 않는 것으로는 보이지 않는 것이다. 즉 역사가 변론에 종속되는 것은 아니다. 역사 기술의 독립·독자성이 키케로에게는 확실하게 인정되고 있었다. 키케로는 《브루투스》에서 그의 청년 시절의 변론가 크라수스와 안토니우스에 의해서 로마의 변론술이 정점에 이르렀다는 것, 그러나 만일 철학, 사법 그리고 역사에 한층 정통한 인물이 새롭게 나타나면 그들은 초월당하고 말았을 것이라고까지 말하고 있다. 그리고 그 인물은 바로 키케로, 자기 자신이라는 자부심도 지니고 있다.

로마인과 역사 기술

여기에서 로마의 역사가를 조금 기술하겠다. 키케로의 《변론가에 대하여》는 그리스인과 마찬가지로 로마인이 역사 기술에 뛰어난 것을 자랑스럽게 전하고 있다. 로마에는 annales maximi로 일컬어지는 최고 제사장이 서술한 연대기가 있었는데, 그것은 해마다 로마 국가에 생긴 사건의 기록이고 이른바 정사(正

史)이다. 그리고 키케로는 자신의 선배인 위대한 역사가로서 Q.F. 픽토르, M.P. 카토, L.C. 피소, 세 명의 이름을 거론한다. 픽토르는 그리스어로 로마사를 처음으로 쓰고 카토는 처음으로 라틴어로 로마사를 썼다. 《법률에 대하여》에는 그 밖에 파니우스와 베노니우스의 이름도 나온다.

이와 관련해서 로마의 3대 역사가로는 리비우스($_{는 B.C.\,64\sim A.D.\,12}^{B.C.\,59\sim A.D.\,17,\,또}$), 살루스티우스 ($_{-B.C.\,35}^{B.C.\,86}$), 타키투스($_{A.D.\,117}^{A.D.\,56\sim}$)가 있다.

키케로의 역사 존중을 전하는 말

키케로가 얼마나 역사를 중요시했는지, 그의 말을 몇 가지 들어보자.

사람은 자신이 태어나기 전에 일어났던 일을 모른다면 언제까지나 어린애인 채로 있게 된다($_{가\, 120}^{변론}$).

역사는 시대의 증인(testis temporum), 진실에 대한 빛(lux veritatis), 기록에 생명을 주는 것(vita memoriae), 인생의 스승(magistra vitae), 옛날부터 도래하는 사자 (nuntia vetustatis)이다. 그것에 불사성을 부가하는 것은 변론가의 목소리뿐이다 ($_{하여)\, 2\cdot 36}^{변론가에\, 대}$).

우리 국가의 본연의 모습은 다른 나라들보다도 다음의 이유로 뛰어나다. 그 것은 다른 나라들은 단 한 사람이 국가 제도를 법률이나 제도로 만들었다는 것이다($_{하여)\, 2\cdot 2}^{국가에\, 대}$).

플라톤은 어느 장소를 스스로 선택해 그곳에 자신의 생각에 따라서 국가를 세웠다. 그것은 틀림없이 그들에게는 뛰어나다고 생각되는 국가이겠지만 인간과 생활과 습관에는 부적격인 것이다($_{여)\, 2\cdot 21\sim 22}^{국가에\, 대하}$).

위에 인용한 마지막 글은 플라톤을 비판하는 글이다. 키케로에게 이데아로서의 국가, 최선의 국가란 역사 속에서 오랜 세월 동안 사멸함이 없이 이어져 온 국가이고, 단적으로 말하면 공화정 로마 국가이다. 물론 공화정 로마가 이데아적인 것이기 때문에 멸망하지 않고 이제까지 존속해왔다고 키케로는 인식하는 것이다.

배워야 할 키케로의 역사적 안목

그리스 문화사에서 빼놓을 수 없는 인물이 크세노폰이다. 그는 플라톤과 함께 소크라테스의 뛰어난 제자이고 《(소크라테스의) 추억》의 저자이다. 한편 키케로는 21세 때 크세노폰의 《가정론》을 라틴어로 번역했다(^{의무에 대}_{하여} 2·87). 또한 그는 그리스에서뿐만 아니라 유럽 정신사에서 전기 문학의 창시자이기도 하다. 역사도 아니고 철학도 아닌 이 분야는 크세노폰에 의해서 개척되었다.

크세노폰(BC 431~BC 355)

키케로는 로마에서 역사란 무엇인가라는 역사론(으로서의 역사 철학)을 처음 본격적으로 생각한 인물이고, 여기에서도 그의 공적은 유난히 빛을 발하고 있다. 역사는 시문도 아니고 과시적 웅변술도 아니다. 역사를 쓴다는 것은 어떤 것이고 무엇이어야 하는가의 숙고는 키케로의 철학 및 변론술 작품의 곳곳에 아로새겨져 있다. 그에게 철학과 변론술은 역사적 사유를 빼고는 이루어질 수 없는 것이었다. 키케로에게 그의 본질을 꿰뚫는 것은 역사적 감성이다.

우리는 그리스의 역사가 헤로도토스나 투키디데스에게만 치우치지 말고 로마 역사가의 사관을 더욱 배워야 한다. 키케로는 중도에 그쳤지만, 역사가로서 빼어난 그의 재능과 방심하지 않는 자세를 지나쳐버려서는 안 된다. 철학과 시문의 재능이 그의 역사 기술의 효모(酵母)였다.

역사가 키케로의 평가와 의의

키케로와 동시대인이며 전기 작가이자 역사가이기도 했던 코르넬리우스 네포스는 지나치게 이른 키케로의 죽음을 다음과 같이 말한다.

키케로야말로 역사를 그것에 걸맞은 말로 기술할 수 있었던 인물이고 또한 기술해야만 했던 인물이다. 물론 그는 시조들로부터 받은 수사나 변론을 세련되지 못한 상태에서 연마해낸 사람이고, 그 이전에는 기교 없는 로마인의 철학을 그의 수사로써 형성한 사람이기도 하다. 그런 점에서 나는 생각하지 않을 수 없다. 그의 너무 이른 죽음을 국가 또는 역사가 다른 누구보다도 슬퍼하는 것이다.*35

해석학과 정신사학을 확립한 철학자 딜타이도 키케로 안에서야말로 그리스인과 비교해 로마인에게 역사적 의식의 한결 높은 단계가 있다는 것을 지적하고 있는 것도 덧붙이고 싶다. 그리스의 역사 탄생만이 강조되고 그리스인의 역사 의식만이 파악되는 현실에서, 로마의 역사가와 역사 의식을 명확하게 그리스에서 '독립'시켜 질문해야 한다.

그리스의 대 역사가 폴리비오스는 스키피오 아프리카누스의 지적 모임에 참가했는데 그는 스키피오의 친구이자 예찬자였다. 키케로는 이 지적 모임을 무대로 설정하고 《국가에 대하여》를 저술한 것은 기술한 대로이다.

키케로는 로마사를 단순히 인간이 짜내는 활동의 총체가 아닌, 역사를 일관하는 정의에서 역사에 의무 부여를 하려고 했다. 이 부분에서 키케로는 폴리비오스와는 다르다. 역사가 키케로는 아리스토텔레스가 이룬 구체적 탐구와 플라톤이 내건 이데아 희구에 지지되면서 역사를 보고 있다고 말해야 할 것이다.

키케로가 역사적으로 국가를 논하고 그 과정 가운데서 최선의 국가를 선명하게 하는 방법은 《그리스인의 서책 어디에도 나오지 않는 논의의 새로운 방법 *ratio nova*》(국가에 대 하여 2·21)이다. 그것은 역사상의 구체적 예시에 바탕을 두고 이상과 이념을 추구하는 것이다.

---

*35 P.K. 마셜편/아울루스 겔리우스 《아티카의 밤 *Noctes Atticae*》의 원문에서.

한편 로마는 수많은 위대한 역사가를 낳았다. 정치가는 정치의 소용돌이 속에서 벗어나 사서를 쓰는 데 힘썼다. 그들은 로마의 사적과 영광을 저술하는 것을 하나의 자랑스러운 공무로 여겼다는 것도 덧붙여둔다.

6 변론과 철학의 결합을 지향하다

지혜로운 변론가

키케로는 처음으로 변론을 철학과 결합한 사람이다. 그러나 이 일의 독창성과 의의가 오늘날에도 충분히 인식되어 있다고는 말하기 어렵다. 키케로가 이 위업을 이룰 수 있었던 것은 변론가를 넘어서는 철학자였기 때문이다. 그리고 고매한 이상가이고 배우는 사람이며, 노력가였기 때문이다. 그만큼 법정이나 정치 무대에서 자기 주장을 펼치는 일에 정신에서부터 울려나오는 깊이와 입 밖에 내는 말 이상의 진리를 결부시키는 것을 지향하고, 또한 그것을 이룰 수 있었던 변론가는 없다. 그리고 키케로에게 웅변이란 어디까지나 불법 행위를 한 자와 부당한 기소로 곤경에 빠져 있는 자를 위한 것이었음을 우리는 명심해야 한다. '자연에 의해서 인간의 안녕과 보호를 위해 주어진 웅변을, 선량한 사람들의 재앙과 파멸을 계획하는 데에 쓰는 것만큼 비인간적인 일이 있을까.*36

그는 변론술이나 법률 이상으로 철학을 깊고 넓게 배웠다. 그 무렵의 4학파인 스토아파, 에피쿠로스파, 아카데미파, 페리파토스파의 철학자를 찾아가 열심히 강의를 들은 것은 이미 앞에서 말했다.

키케로는 '자신이 변론가로서 어느 정도인지는 어떻든 간에 변론가인 나는 변론가의 공방(工房)에서가 아니고 아카데미파의 교육장에서 나타났다'는 것을 《변론가에 대하여》 가운데에서 쓰고 있다. 첫째 변론술(術辭)이 지향하는 '다채로운 연설'은 철학과 결합해 철학의 한 부분을 이루는 것으로 보인다.

또 키케로는 《신들의 본성에 대하여》를 쓰고 있을 때, '나는 지금 새롭게 철학을 향하고 있는 것은 아니다. 나는 젊어서부터 적지 않은 시간과 힘을 철학에 쪼개왔다. 언뜻 보기에 그와 같은 일이 가장 적을 것으로 생각되는 시기에

---

*36 《의무에 대하여》 2·51.

가장 날카롭게 철학을 추구했다. 그 증거는 나의 연설에 충만해 있는 철학적 견해이다' 라고까지 말하고 있다.

키케로에게 있어서 변론술과 철학의 끊으려야 끊을 수 없는 친밀한 사이에 대해서 더욱 명확하게 하기 전에, 변론술이 그리스에서 로마에 이르는 과정을 엿보기로 한다.

그리스인보다도 그리스어에 능통했던 키케로

키케로는 18세 때, 신 아카데미파의 필론 철학과 변론술의 강의를 들었다. 필론이야말로 변론과 철학의 밀접한 연관을 강조하고 또 스스로 실현한 것으로 알려져 있다. 이 해에 변론술의 교사 아폴로니오스 모론도 로마에 왔다. 키케로는 로도스 학파의 이 학장과도 아는 사이가 된다. 그 뒤, B.C. 81년 아폴로니오스는 로도스의 사절로 로마 원로원에서 처음으로 통역 없이 그리스어로 연설했다.

또 아폴로니오스는 키케로가 아테네에서 그리스어로 행한 연설에 놀라 아래와 같이 말한 것으로 전해진다.

키케로여, 나는 그대를 찬양하고 또한 그대에게 놀랐다. 그리고 나는 그리스인의 운명을 슬퍼한다. 우리(그리스)에게 마지막으로 남겨진 아름다운 것, 교육과 언론이 그대의 손에 의해서 로마인에게 옮겨져 버리기 때문이다.*37

그리스에서 건너온 변론술

변론가란 그리스어로는 레투르이다. '변론술의 교사'라는 의미로 사용되는 것은 헬레니즘 이후이고 그때까지 이 직업에 종사하는 사람은 통상 소피스테스로 불리었다. 라틴어로는 orator이고 이 용어는 언제나 '변론술의 교사dicendi magister'의 의미였다.

변론술이라는 그리스어는 레트리케 테크네이고 플라톤의 《고르기아스》 449c에 처음으로 나온다. 플라톤의 말에 따르면 변론술은 단순히 경험·연습에 의거한 것이고 배우는 것이 아니라고 했다. 아리스토텔레스에 이르러 변론

---

*37 플루타르코스 《키케로전》 4.

술은 논리학과 자매가 되었다(정치학의 손자라고도 말한다). 그의 《변론술(^{수사})》은, '변론술은 확실한 지혜는 아니고, 많건 적건 정곡을 찌를 생각은 없지만 다양한 배움에 이용된다'고 규정한다. 변론술이 하나의 배움이라는 위치를 인정한 것은 스토아파였다. 또한 변론을 설득하는 것으로 하고, 설득하는 것을 변론의 정의로 한 것은 B.C. 5세기의 시라쿠사 인(人)인 코라쿠스와 티시아스라고 한다.

그리스에서 변론술(^{수사})의 이론을 형성한 세 사람으로서 아리스토텔레스, 테오프라스토스, 그리고 템노스의 헤르마고라스*38를 말할 수 있다.

로마에 그리스의 변론술이 들어온 것은 B.C. 2세기이다. 이 변론술을 가져온 것은 변론술의 교사보다도 오히려 철학자였다. 한편 그리스에서 변론술의 탄생은 민주 정치와 강한 연관이 있는 상태였다. B.C. 2세기 중엽, 공화정 로마는 포에니 전쟁에서 숙적 카르타고를 격파하고 국토를 넓혀 국가의 경제적 번영이 눈부신 시기였다. 그 무렵에 이 로마를 일터로 삼아 그리스의 철학자와 변론가들이 건너왔다. 로마는 그리스 이상으로 언론을 경쟁하게 해 재판이나 국정을 행하는 나라이기에 그리스의 수사학 교사(^{변론})는 로마의 귀족들에게 차츰 받아들여지고 있었다. 그러나 당초 로마에서는 그리스의 문예·철학 그리고 변론술에 대한 반발이 심했다. 이미 언급한 바와 같이 대 카토는 그리스 지식인이 로마에서 변론술 교육을 시행하지 못하도록 금지했다. 그렇지만 그리스의 심오한 학문이나 문예의 의의를 로마인이 차츰 이해함에 따라서 그리스의 변론술은 로마 사회에 저항감 없이 스며들었다.

키케로가 젊었던 시절에, 라틴어 변론술(^{수사}) 학교가 로마에 생기고 로마의 독자적인 변론술이 만들어졌다. 이 일에 크라수스, 안토니우스, 호르텐시우스가 공헌했다. 그러나 로마 변론술의 진정한 수립자는 키케로였다.

변론술의 교본에 대해서

'잘 말하는 것'을 묻고 그 이치를 보여주는 변론술(수사학)의 교본으로서는 람프사코스의 아낙시메네스의 《변론술》, 아리스토텔레스의 《변론술》, 저자불명의 《헤렌니우스 변론술》, 그리고 키케로의 《발견·발상론》, 《변론술에 대하여》

---

*38 B.C. 2세기 후반의 사람.

의 다섯 가지가 대표적이다. 이 가운데 일찍이 키케로의 저작으로 알려졌던 《헤렌니우스 변론술》의 변론 구성요소를 풀만(고대변론술)에 의해 살펴보기로 한다.

1. 변론가의 임무(officia orationis) : 변론을 만들어낼 때의 과정. 소재의 발견, 소재의 구분, 문장의 완성(문체의 확립).

2. 변론의 종류 (genera causarum) : 민회에서의 연설, 재판변설, 식사(式辭).

3. 변론의 부분(partes orationis) : 도입부. 이야기부, 입증 등.

4. 논쟁 상황(status, 스타투스란 다툼의 당사자가 놓인 입장을 말한다) : 행위자(별인)에 대한 물음, 사정(事情)의 법적 규정, 행위의 합법성에 대한 물음 등.

5. 이야기하는 것의 힘(virtutes dicendi) : 양식의 종류, 어법의 정확도, 명료함, 적절함, 말주변.

6. 양식의 특색(genera elocutionis) : 표현 방법, 가식이 없는 화법, 적절한 화법, 숭고한 화법.

한 변론가의 임무가 변론에 관한 연설 가운데에서 가장 포괄적인 형식을 보여주고 있다.

키케로의 변론술(수사학) 관계 저작

키케로 변론술의 기법과 역사, 그리고 실제의 연습에 관한 저작은 아래와 같다.

① 《발견(발상)에 대하여 De inventione》 B.C. 81~B.C. 80년

② 《변론가에 대하여 De oratore》 B.C. 55년

③ 《브루투스 Brutus》 B.C. 46년

④ 《변론가 Orator》 B.C. 46년

⑤ 《변론가의 최상 종류에 대하여 De optimo genera oratorum》 B.C. 46년

⑥ 《변론가의 구성부 Partitiones oratoriae》 B.C. 54년 이후

⑦ 《토피카》(Topica) B.C. 44년

⑧ 《스토아파의 패러독스》(Paradoxa Stoicorum) B.C. 46년

이 밖에 《헤렌니우스 변론술》이 ①과 같은 시기의 것으로 되어 있었는데 저자가 키케로와 다른 사람이라는 사실이 오늘날 밝혀졌다.

①은 키케로의 《변론가에 대하여》(¹·⁵)의 말 '소년이나 청년 때 쓰인' 것으로 보아 18세 무렵의 작품이다.

그러나 실제는 그가 들은 변론술의 강의노트인 것으로 생각된다. 변론술(修辭學)은 소재의 발견, 배열, 표현, 기억, 구연(誓法)의 다섯 부분으로 이루어지는데, 이 저술은 처음 부분에서 끝나고 있어 미완이다.

키케로 자신은 말한다. '발견이란 믿어야 할 근거를 주는 진실 또는 진실에 가까운 소재의 발굴이다.'(발견에 대하여 1·9)

이 저작의 처음(¹·⁵)에서 키케로는 변론술이 올바르게 사용됨으로써 인간을 사나운 동물과 다르게 뛰어난 것이 되게 하고, 또 이것이 오용·남용되면 개인이나 국가에 엄청난 해악을 가져오지만 잘 사용되면 커다란 이익을 가져오고, 지혜라는 모든 인간에 대한 인도가 수반되어야만 변론이 국가에 커다란 이익을 준다는 것을 말하고 있다.

이 키케로의 처녀작에는 키케로의 생애에 미치는 지적 성실함을 보여주는 말이 있다.

누군가로부터 가르침을 받는다면 나는 순순히 유쾌하게 내 의견을 바꿀 것이다. 불완전하게 알고 있는 것이 아니라, 어리석게도 오랫동안 불완전한 지식을 고집하는 것이야말로 부끄러워해야 할 일이다. 생각하건대 전자는 인간 누구나 공통으로 가진 나약함으로 돌아가지만 후자는 각자의 개인적 잘못으로 돌아가게 되기 때문이다.(발견에 대하여 2·9~ 10).

또한 고대에서의 변론술은 오로지 이야기하는 것에 대한 기술이지 글 쓰는 기술은 아니다. 그리고 이 이야기하는 것이란 거의 법정의 변호를 뜻하고 있었음을 덧붙여둔다.

②는 뒤에 언급하기로 하고 ③을 먼저 말한다. ③은 브루투스와의 서신교환을 계기로 만들어졌다. 이 저작은 우선 아테네 변론술의 개관을 행한다. 페리클레스가 변론술에 영향을 받은 최초의 변론가로 되어 있다. 이어서 로마 변론술의 역사가 키케로의 시대까지 5기로 나누어서 서술된다.

1. 가장 오랜 로마의 변론가들
2. 대 카토와 그 동시대

3. 그라쿠스 형제의 시대

4. 크라수스와 안토니우스의 시대

5. 키케로와 호르텐시우스 및 동시대

④는 변론 앞에 예를 든 다섯 가지 부분이 논의되어 있다. 또 변론술이 지향해야 할 것은 기쁘게 할 것, 알려줄 것, 설득할 것의 세 가지라고 했다. 변론가가 되기 위해서는 재능, 연구, 실천이 필요하다고 했다.

⑦은 키케로의 젊은 친구인 가이우스 트레바티우스의 간청에 의해서 썼다. 이 인물은 키케로와 카이사르 사이를 중재한 것으로 알려진다. 그는 키케로의 별장 서고에서 아리스토텔레스의 《토피카》를 발견하고 그 내용에 대한 해설을 키케로에게 부탁했다. 키케로는 토포스(topos : 장소)를 로쿠스로 번역하고 있다. 로쿠스는 '논거의 소재'이고, 논거란 '의심스러운 것에 믿음을 주는 방법'으로 규정되었다.

②는 키케로의 변론술 여러 서책 가운데서 가장 충실한 내용을 지니고 있다. 이 저술은 ①에서 이미 제기된 철학과 변론술과의 관계에 전면적으로 대답한 것이다. 더구나 이 저작은 키케로의 철학 그 자체의 빛나는 확립을 뜻한다. 왜냐하면 그에게 철학은 변론술로 일관해 비로소 인심에 침투한다는 구체성을 입수하기 때문이다.

대화 형식에서 변론술은 여러 학문(잡학예)·철학을 필요로 한다거나, 최고의 변론가란 어떤 것인가 등이 많은 등장 인물을 배치해 전개된다.

이 작품은 《국가에 대하여》와 함께 키케로 사색력이 표출된 훌륭한 걸작이다. 이 《변론가에 대하여》는 《국가에 대하여》와 《법률에 대하여》와 함께 키케로 철학의 3부작이라고 해도 좋다. 제각기 로마 공민의 최고의 자세, 로마 사회의 최선의 모습, 로마 법전의 탁월성을 제각기 '나누어서' 드러내고 있다. 게다가 로마 현실의 위태로움이나 건국 정신의 망각을 채찍질하면서 서술된다.

다음 소절에서 변론술 서적들 가운데 최고 걸작인 《변론가에 대하여》를 살펴보자.

《변론가에 대하여》

3권으로 구성되어 있는 이 저술은 로마뿐만 아니라 그리스를 포함해서 고대가 남긴, 변론술에 대한 내용이 가장 충실하고 가치 있는 작품이다.

이 저술은 대화 형식을 취하고 있으며 키케로의 대변은 L. 크라수스*39와 M. 안토니우스*40이다. 그 밖에 P. 술피키우스 루푸스*41, C. 아우르디우스 코타*42, Q. 무키우스 스카이볼라*43, Q. 루타티우스 크라우스*44 등이다.

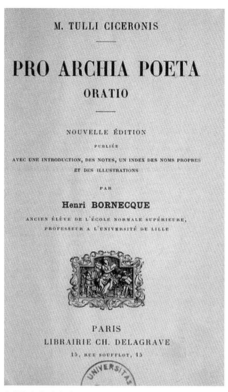

《변론가에 대하여》(1900) 속표지

제1권은 우선 키케로가 동생과 변론술에 대한 의견의 대립을 보고하는 형식을 취한다. 키케로는 진정한 변론에는 포괄적 교양이 반드시 필요한 요소라고 주장한다. 반면에 동생은 무언가의 재능과 무언가의 훈련으로 충분하다고 반론한다. 이 대립이 작품 전체를 일관하는 근본적인 동기가 된다. 그리고 이 1권에서는 완전한 변론가에게 필요한 교양의 의미와 범위가 설명된다. 진정한 변론가는 지도적 정치가와 같다. 이런 의미에서 변론가가 아닌 정치가가 국가를 구축해 유지해나가야 한다는 것이 부정된다. 진정한 변론의 전제가 되는 것은 재능과 배움과 실천이다.

제2, 제3권은 변론술의 근간, 변론가의 임무가 다섯 개 나오고, 제2권은 발상, 배열, 기억을, 제3권은 표현, 행동(話法) 등을 상세하게 서술한다.

＊39 B.C. 95년 집정관.
＊40 위대한 변론가. B.C. 99년 집정관.
＊41 B.C. 88년 33세에 호민관.
＊42 B.C. 75년 집정관.
＊43 저명한 법률가. B.C. 117년 집정관.
＊44 B.C. 102년 집정관. 대 변론가 호르텐시우스의 의부.

변론과 철학

'철학과 변론의 사랑의 투쟁'에 대한 단락이 본 장의 앞에도 있지만, 여기에서는 특히 변론에 철학을 포함하고 싶다. 이미 말한 것처럼 키케로에 의해서 변론술은 철학과 깊게 결부되어야 하는 것이 되었다. 키케로의 위대함은 로마 공화정을 끝까지 지키려 했다는 것과, 철학과 변론의 밀착을 철학에서 처음으로 시도해 실현한 것에 있다. 그것은 국가의 존재가 견고함으로써 비로소 인간은 행복해질 수 있다고 계속 생각한 키케로에게, 국가의 안녕은 변론술만으로도 또는 철학만으로도 불충분하고 양자가 하나가 되어 존재하는 것(단순히 연계된이 아니고)이 반드시 필요하다는 생각에 따른 것이었다. 확실히 그가 행한 변론을 철학적 심원함으로 감싼 노력도, 또 철학을 언어의 다채로운 표현으로 전개한 행위도, 보수적이고 현실적인 로마인과 로마의 군사력과 강력한 연대를 확립하는 것, 그리고 그것으로 인해 전제 정치로 기우는 것을 공화정으로 다시 되돌리는 것은 성공하지 못했다. 세월의 추세에 따르는 것은 이제 어떤 변론으로도 저지할 수 없었던 것이다.

그러나 그럼에도 철학과 변론의 결합은 오늘날 볼 때도 매우 뜻깊은 데가 있다. 인간은 언어를 지닌 동물이고, 언어로 의지를 전하고, 서로의 세계관이나 여러 공적 세계에서의 태도를 싸우게 하는 것을 본질로 한다. 언어는 무뚝뚝하고 고집스러운 태도가 아닌 섬세하고 넓은 풍부한 마음에서만 꽃피는 것이다. 언어는 표현 그리고 마음에 울리는 호소력 있는 표현으로서 존재한다. 인간이 인간으로서 성장하는 것은 언어를 갈고닦는 것과 표리일체의 관계를 말한다. 더구나 인간은 어떻게 살 것인가 하는 문제, 충실하고 진정한 행복을 누리는 방법의 문제에 맞닥뜨리고 있다. 이것이 철학이다. 플라톤, 아리스토텔레스는 인간을 폴리스적 동물, 정치적 공동체 즉 국가를 만드는 동물로 여겼다. 철학은 단순히 개인 혼의 교화와 충실, 내면의 깊이만을 지향하는 것이 아니고 국가를 만들어 국가 운영에 관여하고 국가에 지지되고 있는 인간으로 서는 것이다. 철학은 단적으로 좋은 국가, 최선의 국가를 생각하는 것이다.

철학은 변론의 하인

아리스토텔레스의 인간 규정 두 번째, '인간은 언어를 지닌 동물이고, 국가를 만드는 동물이다'를 진정으로 통합한 것이 키케로였다. 철학은 인간이 말하는 능력의 소산이고, 철학은 변론 없이 도시에 뿌리내릴 수 없다는 것이 키케로의 한결같은 사고이다. 이미 그가 젊었을 때 쓴 《발견(發見)에 대하여》 첫머리에서도 변론 없는 지혜(智慧)는 국가에 그다지 도움이 되지 않는다고 쓰여 있다.

그리고 이런 그의 근본 사상이야말로 로마적인 것이고, 그리스의 사변적 철학·관상적 철학에 대한 비판을 하고 있다. 그의 철학 저작은 그리스 철학과의 대결과 그 극복을 지향한다. 그리스의 초기 철학이 자연·우주에 대해 도움이 안 되는 사변철학 때문에 정체성을 잃고 있다는 것도 지적된다. 키케로가 보기에는 그가 철학의 원점에 두고 있는 플라톤 철학조차 현실의 국가 성찰·철학을 현실에 힘차게 결부시키는 노력에 철저하지 못하다고 비난받는다. 철학은 국가 정치를 바라보고 국민의 구제와 국가의 유지(공화정 로마의 유지)야말로 첫째 과제로 한다.

인간이 말을 할 수 있다는 것은 단순히 말하는 것이 아니라 능숙하게 말해야 하는 것이며, 또한 언어를 연마해야 한다는 것이고 이것은 국가를 잘 이끌기 위한 것이다. 이것이 아리스토텔레스가 말했던 '인간은 언어를 지닌 동물이다'라는 것과 '인간은 정치를 영위하는 동물이다'의 통합이며, 이것이 바로 키케로에 의해서 수행된 로마적 통합이다.

철학이 변론술과 밀착해야 한다는 것은 변론술이 철학의 버팀목이 되어 철학을 돕는 역할을 수행해야 하기 때문인 것으로 생각되는데, 그러나 키케로의 말은 그 반대이다. 변론술이야말로 철학이 어떠해야 하는지, 철학이 일반인들이나 국민과 어떻게 커뮤니케이션해야 할 것인지를 가르치는 것이다. 이런 의미에서 '철학은 변론의 하인'이다. 확실히 변론은 철학의 옷을 걸침으로써 인간의 재주 가운데 최고의 것으로서 나타난다. 그러나 철학은 결코 상아탑으로 도피해 심원한 사변만을, 그리고 자기 마음의 정화만을 지향하는 것은 아니다.

철학과 변론의 사랑의 투쟁

키케로의 독자성은 철학과 변론과의 '사랑의 투쟁'(愛의 鬪爭)을 본격적으로 행한 곳에서 발견할 수 있다. 이 정신의 자기 심화는 오늘날까지 키케로에 의해서만 달성된 것은 아니다. 키케로의 시대는 스토아파와 아카데미파, 즉 교설주의(진리 획득 된 것)와 회의주의(진리는 탐구되는 것)의 대립이 심했다. 이 항쟁은 철학 학파 간의, 따라서 철학의 틀 안에서의 것이었다. 이에 대해서 키케로는 철학과 변론과의 대화를 처음으로 행했다. 그것은 키케로 자신이 변론가로서 로마 최대의 존재였다는 것과 그가 다른 면에서 그 학문적 재능과 평형 감각에서 로마 제1의 철학자였다는 것에 의한다. 이것은 플라톤으로도 이어진다. 플라톤은 변론(아름다움의 토로)과 철학(진실한 업적의 확립)의 틈새에 서 있었다. 플라톤의 내부에서는 시인의 혼과 철학자의 혼이 서로 물어뜯는 격돌 속에 있었던 것이다.

그리고 로마에서도 변론술의 교사와 철학자는 로마의 젊은이를 교육하는 권리를 둘러싸고 서로 다툰 역사적 사실이 있고 이것 또한 그리스의 변론술을 앞세운 소피스트와 학문적으로 깊은 진리를 추구하는 철학자의 대립으로 이어지고 있다. 로마에서는 B.C. 161년과 B.C. 92년의 두 번, 그리스에서 온 변론술 교사들이 추방되기도 했다.

《필리포스 왕 탄핵 연설을 모방하여》 제9권

키케로의 변론은 서양 정신사 중에서 널리 알려져 있다. 그가 행한 법정 변론, 정치 변론(원로원이나 민중 앞에서) 의식 등, 전체적으로 60편 가까이(제목 또는 그 밖) 남아 있다. 이 가운데의 하나 《필리포스 왕 탄핵 연설을 모방하여》 제9권의 일부를 소개한다. 이 변론은 아테네의 변론가 데모스테네스가 마케도니아의 필리포스 2세의 폴리스 점령에 대해서 민중의 궐기를 요구한 것을 따라 키케로가 안토니우스의 독재 지향과 싸운 기록이다.

이 제9권은 세르비우스 술피키우스 루푸스의 공적을 둘러싼 것이다. 이 인물은 원로원이 안토니우스와의 싸움을 회피하기 위해 보낸 사절단 세 사람 가운데 하나로서 무티나의 안토니우스 진영에 병든 몸을 무릅쓰고 떠났다가 도중에 사망한 키케로의 친구이다. 그는 로마의 고명한 법률가이고 고결한 인물이었다.

키케로의 연설은, 루푸스의 죽음은 국가에 대한 헌신으로 그를 찬양하는 조각상을 세워야 한다는 것이었다. 이에 대해서 전집정관인 세르비우스는, 루푸스가 적에게 살해된 것이 아니기 때문에 조각상을 세울 필요가 없다고 과거의 사례까지 들어 이의를 제기했다. 그러나 키케로의 명변론은 이 반대를 막고 그의 제안을 보기 좋게 승인시킨 것이다. 그 일부를 한번 살펴본다.

원로원 의원 여러분! 여러분이 빼앗은 생명을 그에게 돌려주기 바란다. 왜냐하면 사자(死者)들의 생명은 살아 있는 자들의 기억에 의지하기 때문이다. 여러분이 모르고 죽음으로 보내고 말았던 이 사람이 여러분에 의해서 불멸의 존재를 획득할 수 있도록 일을 진행해 주기 바란다. 만일 여러분의 결정으로 연단 위에 그의 조각상을 세운다면, 후세에 그가 사절의 임무를 떠맡은 것을 망각하는 일은 없을 것이다.

세르비우스 술피키우스의 이 일 이외의 삶은 빛나는 여러 증거에 의해서 이미 모든 사람들의 기억에 되살아나고 있다. 모든 사람들의 보고가 그의 위엄, 부동심, 성실, 국가를 수호할 때에 발휘한 타의 추종을 불허하는 배려와 예지를, 언제까지나 칭송할 것이다. 법의 해석과 공정의 확대에서의 그의 놀랄 만한, 믿어지지 않는, 거의 신기에 가까운 지식에 대해서 아무도 말하지 않는 일은 없을 것이다.

이 나라에서 법의 지식을 몸에 익히고 있는 모든 시대의 모든 사람들이 한곳에 모인다 해도 그 누구도 세르비우스 술피키우스와 어깨를 나란히 할 수는 없을 것이다. 그 이유는 그는 법률가일 뿐만 아니라 정의에도 정통했기 때문이다. 그와 같이 그는 법령이나 사법에 기초를 둔 규범에 대해서도 그것들을 언제나 관대한 해석과 공정으로 귀속시키고, 다툼을 시작하는 것이 아니고 다툼을 없애는 것을 택했다.

이런 점에서 그에게 조각상이라는 이 기념물은 아무런 필요가 없다. 그는 달리 더욱 큰 기념비를 가지고 있기 때문이다. 그러나 이 조각상은 그의 고귀한 죽음의 증인이 될 것이고, 다른 것은 명예로운 생애의 기억이 될 것이다. 이렇게 해서 이 기념비는 공적이 있는 자를 위한 것이라기보다도 감사해마지 않는 원로원을 위해 세워지는 것이다.

키케로의 변론은, 아티카풍의 간소·평이한 것에 비해서 아시아(소아시아의 그리스 식민 도시)풍의 다채롭고 농후한 것임을 위의 변론으로 알 수 있다.

그리고 우리는 키케로의 변호는 그에게 적대한 베레스, 카틸리나, 클로디우스, 안토니우스와 같은 자들이 있었기에 긴장했던 것도 인식해야 한다.

변론술(수사학)은 변론을 만들지 않는다

키케로는 앞서 말한 바와 같이 변론(雄)의 기법이나 역사에 대해서 몇 가지 작품을 남기고 있다. 특히 《변론가에 대하여》는 노작(勞作)이며 유럽정신 역사상 변론을 철학적으로 깊이 있게 질문한 것은 처음이다.

그러나 키케로는, 변론은 변론술(修辭) 학교에서 나오는 것이 아님을 확언한다. 변론 탄생의 장은 그리스의 아고라이거나 로마의 포룸이거나 시민이 모이는 장소이다. 변론은 기법이나 연습보다도 민중이 모여 있는 공간에서 그 장의 분위기를 파악해 초고도의 치밀한 준비 없이 논제를 정하고, 전개하고, 부풀리고, 인심에 감동을 주어 동의를 얻는 것이어야 한다. 키케로는 《변론가에 대하여》(1·136)에서 '웅변이 변론술(修辭)에서 나오는 것이 아니라 변론술이 웅변에서 나오는 것이다'라고 까지 단언한다. 여기에서 변론술로 번역한 것은 artificium이고, 이 용어는 기법이라든가 이론을 의미한다.

변론의 주제는 모든 것에 미친다

소피스트 고르기아스는, 변론가(雄辯)는 모든 사항에 대해서 가장 잘 말할 수 있음을 주장했다고 키케로가 말한다. 그리고 '아름답게 말한다는 변론가의 본질과 임무는 어떤 논제가 그에게 제시되어도 그에 따라서 그것이 화려하고 풍부하게 이야기되는 것을 떠맡고 또한 약속하는 것으로 생각된다'고 말을 잇는다(변론가에 대하여 1·21~22).

또 키케로는 그 이전의 로마의 변론가 M. 안토니우스가 남긴 한 서책에서 '나는 유창한 변론가를 수없이 보았지만, (진정으로) 웅변한 자는 본 적이 없다'고 한 말을 인용해, 진정한 웅변가이길 원한다면 모든 사항에 통달해야 한다고 말한다. 키케로의 시대는 아카데미의 제3대 학장 크세노크라테스 이래, 철학은 논리학, 자연학, 윤리학의 세 부문으로 이루어져 있었다. 변론가가 '달변'을 진정으로 수행하기 위해서는 철학 연구가 필요함은 앞에서 말한 대로이다. 그리고 철학은 위에서 말한 것처럼 세 부문으로 이루어진다고 한다면, 변론가는 단순히 인간 행위의 규범을 묻는 윤리학뿐만 아니라 지(知)의 성립과 구조를 묻는 논리학이나 우주와 그 심오한 곳에서 작용하는 신을 묻는 자연학의 지식도 필요하게 된다는 것이다. 키케로에게 M. 안토니우스의 말은, 로마에서 변론가가 철학을 배우는 것이 얼마나 불충분했는지를 말해주고 있는 것으로 받아들여진 것이다. 키케로는 철학이 지나치게 순(純) 이론적·관상적 방향, 즉 자연이나 우주 연구로 기우는 것을 반대했다. 그러나 이미 말한 바와 같이 키케로는 젊었을 때, 플라톤의 자연철학을 전하는 유일한 책 《티마이오스》를 번역하기도 했다.

그렇긴 해도 변론술에서 소크라테스적 방향 전환*45이 중요시되고 인간에 관한 사물과 현상 전체에 대한 지식이 반드시 필요한 것으로 인식되고 있다.

마지막으로 변론이 얼마나 넓은 교양을 자양분으로 하느냐에 대해서 키케로의 말을 인용한다.

우리는 시인을 이해해야 하고, 역사를 배워야 하고, 모든 좋은 학예의 스승인 사람이나 저자를 골라내 숙독해야 한다. 그리고 훈련을 위해 그것들을 상찬하거나, 변호하거나, 바로잡거나, 비난하거나, 부인해야 한다. 모든 사항을 두 가지 측면(찬성과 반·대의 일)에서 생각해야 한다. 제각기 사물에 대해서 진실로 생각되는 것은 무엇이건 그것을 발견하고 논해야 한다. 사법(司法)을 철저하게 배워야 한다. 법 전반을 해석해야 한다. 고대를 모두 파악해야 한다. 또 로마 원로원의 구조, 국가의 근간, 동맹자의 권리, 조약, 협정, 제국의 사정을 인식해야 한다.

그 위에 도회식의 온갖 전아(典雅)한 풍자 가운데서 모든 변론에 마치 소금처럼 뿌려지는 기지가 모아져야 한다(변론가에 대하·여 1·158~159).

키케로가 설명한 것은 지혜로운 변론가·완전한(이상·적인) 변론가가 숙지해야 될 사항이다. 그리고 '좋은 언어'인 변론은 언어를 지닌 동물로서의 끊임없는 자아 형성이고 이것이야말로 '사람이 사람다운' 것과 다름없다.

소크라테스와 변론술

키케로는 소크라테스에 대해, 활기 있는 언어를 감미롭고 우아하게 전개하는 사람으로서 크게 평가한다. 소크라테스는 스스로 무엇을 생각하고 있는지를 겉으로 드러내지 않고 끝까지 감추거나 모르는 척한다. 이렇게 자기를 위장하며 모든 사람들을 초월한 장중한 기지를 보여준다. 이와 같이 소크라테스를

---

*45 단, 키케로의 이에 관한 이해는 반드시 소크라테스의 본의에 와 닿는 것은 아니다.

절찬한 키케로는 다른 한편으로는, 소크라테스가 현명하게 사상을 손에 넣는 학문, 즉 철학과 화려하게 이야기하는 학문(변론술^{辯論術})을 분리한 원흉이라고 비난했다. 키케로는 '이제 나는 가장 진정한 철학이 아닌 변론가와 결부된 철학을 추구한다'(《변론가에 대하여》 60)고 말했다.

변론술이 여는 세계

변론술은 '사람의 마음을 일정한 방향으로 이끄는 것'(플라)인데 그렇다고 해서 일방 통행인 것은 아니다. 화자는 또 들을 수 있는 자이고, 또 듣는 자는 단순히 듣는 자가 아니고 스스로도 이야기할 수 있는 자이다. 듣는 자가 동시에 이야기할 수 있는 자라는 것은, 그가 이야기하는 자에 대해서 부정의 가능성을 지닌 자임을 의미한다. 철학의 로고스는 언제나 디아로고스(對話)이고 나와 그대 사이의 언어이다. 철학은 단순히 대중에게 이야기하는 것, 독자를 위해 쓰는 것이 아니라, 인격의 샘에서(ex homine) 솟아나 상대의 인격(ad hominem)에 작용하는 것이어야 한다. 정치 세계의 연설도 이에 바탕을 두어야 한다. 삶의 고귀함에 뒷받침된 정치 활동, 키케로의 생애는 그 효시(嚆矢)였다.

《카틸리나 탄핵》

예로부터 키케로의 대표작으로 꼽히는 명연설이다.

자격이 주어질 수 있는 최소 연령인 43세로 키케로가 집정관이 된 B.C. 63년이 3개월 정도 남았을 무렵, 뒷날 '카틸리나 음모 사건'이라고 불리게 되는 쿠데타 계획이 대두되었다.

쿠데타의 주모자는 루키우스 세르기우스 카틸리나(B.C. 108년 무렵~B.C. 62년). 그는 귀족 가문 출신으로 키케로와는 달리 문(文)보다는 무(武)에 뛰어난 야심가였다. 사건을 상세히 설명한 역사가 살루스티우스(B.C. 83~B.C. 35)의 《카틸리나 전기(戰記)》에서 살펴본 인물평은 다음과 같다. '정신과 육체의 엄청난 힘을 지녔지만 그릇되고 비뚤어진 감정의 소유자였다. 청년기부터 내전, 살육, 약탈, 시민들 간의 불화를 즐겼으며 그러한 속에서 젊음을 내세워 행동했다. 육체는 믿을 수 없을 만큼 굶주림과 추위, 불면에 잘 견뎌냈다. 마음은 앞뒤를 가리지 않았으며, 교활하고 변덕스러웠으며 무슨 일이건 아는 체하거나 아니면 모르는 체하고, 다른 사람의 물건을 탐내거나 자신의 물건은 낭비하며 끝없이 욕망에 불타 있었다.

변론의 힘은 충분히 갖췄지만 지혜는 거의 없었다. 삭막해진 마음은 늘 절도를 넘어선 것, 상상을 초월한 것, 너무나 높은 곳에 있는 것만을 원하고 있었다.' 그에 대해 심할 정도로 나쁘게 말하고 있는데, 카틸리나를 타락한 로마인의 화신으로 치켜세우려고 한 살루스티우스의 집필 의도도 그렇지만, 음모 사건과 이를 고발·탄핵한 키케로의 변론 때문에 이렇듯 유명한 악한의 이미지가 로마인들 사이에서 뿌리내린 면도 있을 것이다. 그러나 실제로 목적을 위해서는 수단을 가리지 않은 부분도 있어, 독재관 술라에 의한 정적 추방$\binom{\text{B.C. 82~}}{\text{B.C. 81년}}$의 앞잡이가 되어 많은 시민들을 살해했을 때에 자신의 아내의 형제와 자신의 매제까지도 살해했다고 한다.

집정관이라는 로마 정치 권력의 정점에 예사롭지 않은 의욕을 보였지만, 속주(屬州) 총독 시절의 불법 이득으로 소송 당하여 B.C. 66년과 B.C. 65년, 2년 연속으로 선거에 대한 입후보를 저지당했다.*46 모든 준비를 갖추고 임한 B.C. 64년의 선거는 7명이 입후보하여 난전을 이루었는데 키케로와, 안토니우스 히브리다에게 패했다. 이때 키케로는, 전년도 1월 1일에 신임 집정관을 암살하려는 음모가 있었는데 카틸리나도 여기에 가담했다는, 사실 관계가 수상쩍은 소문을 교묘히 이용해서 카틸리나를 중상했던 모양이다. 이듬해인 B.C. 63년의 선거에서도 빈곤층에 호소하는 '빚의 탕감'을 공약으로 내걸고 싸웠지만 선거를 주재하는 집정관 키케로가 카틸리나의 온당치 못한 언동을 이유로 투표를 연기하고, 7월과 8월 초의 투표 당일에는 짐짓 계획한 듯, 옷 아래에 흉갑을 착용하고 투표장에 나타난 일도 있어서 다시금 패배를 맛보았다. 뒷날 두 번의 선거 자금 마련으로 꽤 많은 금액의 빚만 남게 되었다.

일이 이 지경에 이르자 카틸리나는 폭력적 수단으로써 정권 탈취에 온 힘을 기울인다. 그렇지만 대대적인 반란 계획치고는 그 세부적인 연관성이 명료하지 않았고, 키케로 말고는 찾기 힘든 정보들이었다. 그래서 대부분은 키케로의 날조라고 극론을 부르짖는 학자가 있을 정도였다. 키케로의 정보원은 주로 풀비아라는 이름의 귀족 계층의 여성으로, 음모에 가담한 퀸투스 쿠리우스라는 남자*47의 애인이었다. 키케로는 원로원 의회에서 기회가 닿을 때마다 카틸리

---

*46 그중 B.C. 66년에는 당선자 두 명 모두 선거 위반으로 유죄를 선고받아 재선이 이루어졌기 때문에 두 번의 기회가 있었다.

*47 도박을 즐겼으며, B.C. 70년에 원로원에서 추방되었다고 한다.

나의 불온한 움직임에 주의를 돌리려 했지만, 전해 들은 이야기에만 의존했기 때문에 전혀 설득력이 없었다. 여담이지만 음모사건을 심의하던 9월 23일의 의회에서 옥타비아누스라고 하는 원로 의원이 아내의 출산 때문에 늦게 등원하는데, 이 때 태어난 아기가 훗날의 황제 아우구스투스이다. 그러나 마침내 수도 로마의 유력자들을 카틸리나가 대량으로 살육할 계획을 세우고 있다는 것을 밀고하는 편지가 입수되었고, 에트루리아 지방 북부에서는 예전의 술라의 부하인 만리우스가 군대를 거느리고 로마로부터의 지령이 떨어지기를 이제나 저제나 기다리고 있다는 보고가 들어왔다. 이에 덧붙여 키케로는 독자적인 정보라며 만리우스의 결기(決起) 날짜가 10월 27일이고, 로마에서의 중요 인물 살해는 이튿날인 28일로 다가왔다고 경종을 울리자 원로원은 10월 21일에 '두 명의 집정관은 국가가 어떠한 손해를 입지 않도록 처리할 것'이라는 최종 결의(원로원最終決議)를 하고, 집정관에게 비상 대권을 부여했다. 대권을 물려받은 키케로는 수도에 경비대를 배치했다. 그런데 10월 28일이 지나도 아무런 일이 일어나지 않자 키케로는 그의 적대자들에게서 사건을 꾸며냈다는 비난을 받는다. 그 일이 있은 2, 3일 뒤에 원로원에서 어느 의원이 실제로 에트루리아에서 만리우스가 결기한 것을 전하는 편지를 읽고, 또 남부의 카푸아와 아폴리아에서 노예 봉기가 있었다고 보고하자 마침내 원로원은 봉기가 일어난 곳으로 군대를 보냈다. 로마 시외에서 저마다 개선식의 허가를 기다리고 있었던 두 명의 장군들도 억지로 동원되었는데, 그중 한 명은 느닷없이 죽어버렸다. 동시에 노예의 경우에는 자유인의 지위와 10만 세스테르티우스, 자유인일 경우에는 죄의 면제와 20만 세스테르티우스가 밀고의 보상금으로 정해지고, 도시의 검투사 집단의 지방으로의 분산·구금과, 하급 공직자의 감독에 의한 도시 야경(夜警)의 실시가 결정되었다. 반란군에 의한 11월 1일의 프라에네스테 습격 계획이 실패한 것은 자신이 마련해 두었던 방호 조치 덕분이라고 키케로가 말했다.

카틸리나는 폭력에 관련된 플라우티우스 법으로 고소되었음에도 원로원의 유력자의 지지를 노리고 태연하게 로마에 머물며, 자신의 결백을 증명하기 위해 스스로 원로원 의원 사저에서의 연금을 자청하여 마르쿠스 메텔루스에 인도된다. 그러나 11월 6일 밤, 그곳에서 몰래 빠져나와 원로원 의원인 라에카의 집에서 모의하여 키케로를 암살한 뒤에 만리우스와 합류할 것을 결정지었다. 마침내 8일 새벽녘이 되자, 문안 인사를 빙자한 자객 둘이 키케로의 저택을 방문하지만 저택은 문이 굳게 닫혀 있었다. 키케로는 한발 앞서 풀비아에게 암살 계획을 전해 들었고, 누가 올 것인지 여러 유력 원로원 의원에게 예고까지 해 둔 상태였던 것이다. 이렇게 되자 카틸리나도 이제는 로마에 머물 수 없게 되었다. 키케로는 앞으로의 대책을 협의하기 위해, 즉각 파라티움 언덕 산기슭의 유피테르 신전에 삼엄한 경비를 하게 하고 긴급 원로원 회의를 소집했다.

그런데 모두를 놀라게 한 것은 카틸리나도 그곳에 참석했다는 것이다. 카틸리나는 본디 키케로 등과 대립하는 민중파의 원로원 의원들 사이에서도 지지자를 두고 있었고,[*48] 원로원은 이때에 이르러서도 결정적인 증거를 제시하지 않으면 자신을 단죄할 수 없고, 키케로도 효과적으로 손을 쓸 도리가 없으리라고 내다본 것이다.

거기서 키케로는 카틸리나를 표적 삼아 제1 연설을 실시한다. 따라서 이것은 즉석의 연설을 글로 남긴 것인데, '카틸리나여, 도대체 언제까지 우리의 인내를 시험해 볼 생각인가'라는 인상적인 첫 구절은 틀림없이 실제의 발언 그대로일 것이라 생각할 수 있고, 그 뒤의 논의되는 전개도 처음의 연설과 대략 같다고 여겨도 될 것이다. 라에카의 집에서의 비밀 회의나 자신에 대한 습격 미수 등, 음모자들의 동향에 대한 설명을 준비하고 있었을 테니, 그것도 실제의 변론 중에 이미 내포하고 있었을 것이다. 유일한 계산 착오는 당사자의 얼굴을 맞대고 이 도시를 떠나라고 촉구해야 했다는 사실일 것이다. 연설의 취지는 요약하면 '조사는 다 되어 있다. 네 계획대로 만리우스와 합류하라'는 것이다. 카틸리나의 반론은 '그렇다면 원로원에 로마 추방을 제안하라'였다. 그러면서 그는 키케로의 연설 중에 큰소리로 야유를 퍼부었을지도 모른다. 그러나 아무리 키케로가 집정관이고, 또 원로원 최종 결의가 있다고 해도 결코 귀족 신분의 시민을 불충분한 증거만으로 추방할 만한 강권적인 조치를 취할 수는 없었다. 그러나 다행히도 카틸리나를 지지하는 목소리는 나오지 않았다. 고립이 명확해진 카틸리나는 회의장인 신전을 떠나 망명을 위장하는 공작을 한 뒤에 로마를 떠나 그를 따르는 소수의 동료들을 데리고 에트루리아의 만리우스의 진영으로 향했다.

이튿날인 11월 9일, 중앙 광장에서의 시민 집회에서 키케로가 이 일의 자초

[*48] 그 중 11명은 음모에 가담하기까지 했다고 한다.

지종을 설명한 것이 제2 연설이다. 이것은 마침내 카틸리나를 도시에서 쫓아냈다는 고조된 승리 선언으로 시작해 외부의 반란군은 두려울 것이 못되고, 오히려 두려워해야 할 것은 로마에 남아 있는 공모자들, 혹은 잠재적 예비군이라고 계속 이어간다. '뻔뻔스럽게 원로원으로 들어오는 자, 향유(香油)를 번지르르하게 바른 자, 그리고 눈에 띄게 붉은 의상을 걸친 자'(제2연설), '연회석에서 누워 매춘부를 껴안고, 술에 취해 몽롱해지고 음식으로 배를 그득 채우고, 머리에는 꽃을 꽂고 몸에 향유를 덕지덕지 바르고, 주지육림과 방탕삼매에 빠져 트림과 함께 토해내듯이 선량한 사람들을 살해하고 도시를 불태울 이야기를 하고 있는'(제2연설) 일당들. 카틸리나에게 물든(키케로의말) 자들을 규탄하는 매섭고 예리한 설봉(舌鋒)은 매우 날카로웠으며, 마지막에는 '적의 세력'을 여섯 가지 어리석고 부도덕한 인간으로 분류해서 말했다. 그 목적은 일반 시민의 주변 인간에 대한 경계심을 상기시켜, 카틸리나를 지지하는 빈곤층이나 하층민을 봉쇄하든가 혹은 인심을 떠나게 하는 데에 있었다. 그렇게 하지 않으면 설령 반란군이 어딘가에서 '전과'를 올린 경우, 로마 시내에서 반란군의 승리를 호응하는 예상치 못한 사태가 생길 수 있기 때문이다.

11월 중반이 되어 카틸리나가 만리우스로부터 에트루니아의 반란군 지휘권을 넘겨받았다는 정보가 들어오자 원로원은 이 두 사람을 '국가의 적'이라고 선언하고, 두 사람의 부하들에게 투항을 호소하나 반응이 없자 결국 집정관의 한 사람인 안토니우스 히브리다가 군대를 이끌고 토벌에 나섰다. 그러나 수도의 치안은 안정된 듯 보여, 키케로의 친구이며 그 해 집정관 선거에 낙선한 인물이 당선 후보의 한 사람을 선거 위반으로 고소해 로마에 머물고 있는 키케로를 당황하게 했다. 음모 사건이 미해결인 채 새해를 맞이하자 집정관이 한 명뿐이라는 사태는 어떻게든 피해야만 했기 때문에, 키케로는 호르텐시우스 등과 짜고 소추인에 이름을 적은 소(小) 카토마저 쓴웃음 짓게 한 익살스러운 변론으로 피해자의 무죄를 쟁취한다(무레나변론).

같은 무렵, 퀸투스 파비우스 산가라는 원로원 의원으로부터 로마에 머물고 있는 알로브로게스 인(人)*49의 사절에게 카틸리나 측에서 군사 지원 요청이 있었던 것 같다는 정보가 키케로의 귀에 들어왔다. 키케로는 '함정 수사'를 위

---

*49 오늘날의 론 강 왼쪽 기슭에서 레만 호에 걸친 지역에서 살았던 갈리아 속주민.

해 사절에게 교섭을 지속할 것을 지시하고, 사절 일행이 월투르키우스라는 안내인을 따라 카틸리나의 진영으로 향하게 된 것을 알고 12월 3일 새벽, 두 명의 법무관에게 명하여 로마 북쪽 교외의 테베레 강에 놓인 밀비우스 다리(오늘
날의 폰테
몰레)에서 일행을 체포케 한다. 그리고 렌툴루스, 케테구스, 스타틸리우스 등을 발신인으로 하는 3통의 움직일 수 없는 증거를 압류하고, 월투르키우스의 신병도 확보한다. 사태를 접한 많은 원로원 의원들이 키케로의 저택으로 모여들었으나 헛소동으로 끝나면 안 되니까 의회로 가져가기 전에 먼저 편지를 개봉해 먼저 내용을 확인해야 한다는 소리가 나온 것은 키케로가 아직도 신용을 얻지 못했다는 증거일 것이다.

같은 날, 곧 소집된 원로원 의회는 이번에는 카피토리움 언덕 동쪽 기슭에 자리한 콩코르디아 신전을 회의장으로 삼고, 이곳에서 월투르키우스와 사절들을 통한 증언과 문제의 편지를 개봉·낭독하여 렌툴루스 등 세 명에 더하여 사절과의 중개 역할을 담당한 가비니우스 카피토를 포함한 피의자 네 사람의 심문이 이뤄져 이들 모두의 용의가 인정되어 마침내 음모 계획이 세상에 밝혀졌다.

그로써 네 명은 억류되고, 또한 다섯 명에 대한 구속 명령이 떨어졌다. 결국 다섯 명 중 체포된 것은 마르쿠스 케파리우스뿐이었다. 키케로에 대해서는 코타의 제안으로 신들에게 감사를 올리는 행사인 국민 배례제가 결의되고, 카툴루스가 '조국의 아버지'[50]의 칭호를 바치고[51] 겔리우스가 '시민관'[52]의 수여를 제안했다.

그날 저녁 무렵, 중앙 광장의 시민 집회에서 키케로가 이러한 경과를 보고한 것이 제3 연설이다. '로마 시민 여러분, 오늘 국가는 구제되었다'고 자랑스러움과 기쁨에 찬 목소리로 시작하는 이 연설은, 키케로의 연설로서는 드물게 종교적 색채가 강하고 신의(神意)가 자신의 편이라는 것을 의기양양하게 말하는데(18절
22절), 자신을 위해 관례를 깨면서까지 국민 배례제 거행이 결의된(15
절) 것이 그 바탕을 이루었던 것이다. 키케로의 모든 연설 중에서도 이것이야말로 득의의 절정에 이른 것이라고 해도 좋을 것 같다.

＊50 parens patriae 혹은 pater patriae.
＊51 이듬해의 민회에서도 새 호민관 카토의 발안으로 이 칭호가 부여되었다.
＊52 civicacorona.

이튿날, 원로원 의회의 개회 중에 유력자의 사저에서 감금중인 범죄자를 구출하려는 움직임이 포착되어 보고되었다. 다섯 명의 처분을 서둘러 결정지어야만 했다. 키케로는 12월 5일, 이 문제의 협의를 위해 다시 콩코르디아 신전에 원로원 회의를 소집했다. 플루타르코스에 따르면, 키케로의 발안으로 이때 처음으로 원로원에 속기가 도입되었다고 한다(플루(小)카). 규칙에 따라 최초로 의견이 요구된 차기 집정관 시라누스는 아직 구속되지 않은 네 명을 포함한 모두에게 '극형'을 제안했다. 마찬가지로 차기 집정관인 무레나도, 그 뒤에 의견을 낸 14명의 집정관 경험자들도 이에 찬성했다. 그런데 차기 법무관인 카이사르는 로마 시민에게 사형 판결을 내리는 권한이 있는 법정은 민회 결의에 따라서만 설치할 수 있다는 것을 B.C. 123년에 제정된 셈프로니우스 법에 따라 사형을 반대하고, 죄인들을 몇몇 자치 시에 분산해 종신 금고시키는 편이 '엄한 형벌'일 것이라고(키케로의말) 제안했다. 그 뒤 티베리우스 클라우디우스 네로*53라는 자가 카틸리나가 분쇄할 때까지 결정을 뒤로 미룰 것을 제안했는데, 이 제안에 다수가 찬성했기 때문에 키케로는 제4 연설을 해서 한 번 더 설명할 수밖에 없게 되었다. 느긋하게 생각할 겨를이 없다고*54하며 시라누스의 사형 제안과 카이사르의 종신 금고 제안을 저울질했다. 따라서 이것도 제1 연설과 똑같이 즉석의 요소가 다분히 있는 연설이다. 키케로가 이날 실시한 두 개의 연설을 하나로 엮었다는 설도 있다. 그것으로 키케로의 생각이 사형으로 기울어져 있음은 쉽게 알아차릴 수 있다.

그러나 키케로의 뒤탈을 염려한 친구들은 카이사르의 의견에 찬성을 표하고, 시라누스까지도 자신이 '극형'이라고 말한 것은 금고를 뜻하는 것이라고 의견을 손바닥 뒤집듯 간단히 뒤집어 버렸다. 카툴루스 한 사람을 제외한 전원이 카이사르 안건의 지지로 옮겨갔으나 차기 호민관의 자격으로 발언한 소(小) 카토가 시라누스의 급작스러운 태도 변화를 힐책하며 카이사르야말로 이 사건에 대한 연좌를 두려워해야 하는데, 반대로 원로원을 위협하고 범죄자가 치러야 할 죗값을 면죄하려 한다고 논하며 다섯 명의 즉각적인 사형집행을 요구했다. 살루스티우스 《카틸리나 전기》가 이때의 카이사르와 소(小) 카토의 연설을 전하고 있는데, 아마도 작자의 창작이 섞인 것이라 여겨진다. 키케로는 소

*53 제2대 황제 티베리우스의 할아버지?
*54 6절. 다만, 네로의 제안은 키케로의 연설 뒤에 이뤄졌다고도 생각해 볼 수 있다.

(小) 카토의 제안을 표결에 붙이자, 이 안은 승인되었다.

이 승인을 받아 키케로는 따로따로 감금된 다섯 명을 그날 당일 한 사람씩 지하 감옥(튤린 아눔)으로 연행하여 처형했다. 해가 저물고 나서야 겨우 귀갓길에 오른 키케로는 가는 곳마다 박수갈채를 받아, 집집마다 대문 앞에는 크고 작은 횃불로 골목길을 밝히고, 여성들은 지붕에서 등불을 비추어 이 젊은 집정관의 얼굴을 한 번이라도 보려고 했다.

카틸리나가 이끄는 에트루리아 반란군은 이듬해 B.C. 62년 1월, 안토니우스 히브리다 휘하의 부관 페트레이우스 군과의 대규모 전투에서 모두 전사했다. 그러나 그 안토니우스는 B.C. 59년 카틸리나와 내통 혹은 로마 속주 총독 시절의 잘못된 정치를 추궁받아 유죄 판결을 받고, 국외로 망명한다. 한편 카틸리나 사건에서의 강권적 조치에 대해 해가 바뀌기 전부터 비판받던 키케로도, B.C. 58년 법적 절차를 무시하고 로마 시민을 살해한 자를 추방 처분하는 클로디우스 법의 성립에 의해 더불어 로마를 떠날 수밖에 없게 된다.

《아르키아스 변론》

'이 학문(문화)은 청년의 정신을 연마하고 노년을 기쁘게 하며, 순경(順境)을 장식하고 역경에서는 피난처와 위안을 제공하고, 가정에서는 오락이 되고 밖에 있어도 짐이 되지 않으며, 밤을 새울 때나 여행을 할 때에도, 휴가 때에도 동반자가 된다'(16절). 매우 지당한 말이다.

이것은 키케로가 집정관을 역임한 이듬해인 B.C. 62년 쓴 것으로 법정 변론이다.

그러나 소송 당사자에 대해서는 그다지 잘 알고 있다고 말할 수 없다. 우선 소추인 그라티우스는 키케로가 이 변호 중에서 두 번이나 '그라티우스여'라고 이름을 불러준 덕분에 겨우 역사에 이름을 남긴 인물이다. 피고인인 그리스 시인 아르키아스도 출생지인 안티오키아를 떠난 뒤에 즉석에서 시를 읊는 재능으로 젊은 나이에 평판을 얻었다. 그는 B.C. 102년 17세 전후에 로마로 건너온 귀족들의 환대를 받아, 그 무렵 권력자인 마리우스와 후원자가 되어 준 루쿨루스를 위해 각각 전장에서의 공적을 기린 서사시 한 편씩을 읊은(플루타르 코스에 의하면) 화려한 경력의 소유자치고는 신기하게도 본 변론 이외의 부분에서, 특히 키케로 말고는 그를 언급하는 작가가 거의 없다. 작품은《그리스 사화집(詞華集)》에 아르카이아스의 이름으로 30여 편의 단시가 수록되어 있다. 일례를 살펴보자면 박진감 넘치는 묘사로 유명한 그리스인 화가 아펠레스의 '바다에서 솟아오르는 아프로디테'에 붙여, '기름진 바다로부터, 아펠레스는 /키프리스(아프로디테)가 몸소 알몸으로 태어난 것을 보았도다. /그래서 그 모습을 옮겨 그린 것이다. 바다 거품으로 흠뻑 젖은 머리를 /젊고 생기 넘치는 손으로 이제껏 짜내시는 모습을'(16·179)이라는 작품이 있는데 동명이인이 적어도 서너 명 존재하니, 이 시인의 작품인지 아닌지 확실하게 알 수는 없다.

　루쿨루스에게 도움도 받고 해서 아르키아스는 B.C. 93년, 남(南)이탈리아 헤라클레아 시(市)의 시민권을 얻었다. 그 후 2년 뒤에 이탈리아의 동맹시가 로마 시민권을 요구하며 동맹시 전쟁을 일으킨 결과, B.C. 90년에 율리우스 법,*55 B.C. 89년 내지 B.C. 88년의 플라우디우스 파피리우스 법*56과 두 번에 걸쳐서 로마는 시민권을 확대한다. 후자의 법률은 헤라클레아시에서도 적용되었기 때문에, 로마 시민권 취득 조건(을)에 충분한 아르키아스는 친구인 법무관 퀸투스 메텔루스 피우스에게 제출해서 시민권을 획득하고 후원자인 리키니우스 루쿨루스의 씨족 이름을 받아 로마식으로 아울루스 리키니우스 아르키아스라고 세 개의 이름을 지었다. 이로부터 27년 뒤, 아르키아스가 로마 시민권 참칭(僭稱)으로 고발된 것이 바로 이 재판이다.

　고발의 근거가 된 것은 B.C. 65년에 정한 파피우스 법*57으로, 로마 시민권을 사칭하는 자는 추방 처분하도록 정해져 있었다. 이 법 적용을 둘러싸고 벌인 재판은 50년까지의 햇수로 16년 동안 네 건이 알려져 있을 뿐, 그 가운데 유죄는 고작 한 건뿐이다. 이 아르키아스 재판과 B.C. 56년의 바르부스 재판의 두 건에 대해서 키케로가 변론을 담당했는데 두 건 모두 승소, 《바르부스 변론》도 현존한다. 따라서 외국인 배척의 도구로서 흔하게 사용된 것은 아닌 것 같지만 아르키아스와 같은 외국인에게 위협이었던 것은 분명하다. 참고로 키케로는 뒷날 B.C. 44년에 집필한 《의무에 대하여》에서 아르키아스 재판에는 언급하지 않고 이 법률을 다루어 '도시의 은혜를 외국인에게 거절하는 것은 전

＊55 유명한 카이사르의 아버지로, 당시 집정관이었던 루키우스 율리우스 카이사르가 제안.
＊56 마르쿠스 플라우디우스 실바누스와 가이우스 파피리우스 카르보라고 하는 두 명의 호민관이 제안.
＊57 호민관 가이우스 파피우스가 제안.

적으로 인도(人道)에 위배된다'(³·⁴⁷)고 비판하고 있다.

재판의 쟁점은 네 가지. 그라티우스의 고소 이유는 다음과 같은 것이었을 것이다.

1. 피고인 아르키아스가 헤라클레아 시민임을 나타내는 공문서가 없다.

2. 피고인은 B.C. 89년 당시, 이탈리아에 일정한 거주지가 없었다.

3. 피고인이 B.C. 89년에 제출한 법무관에 대한 신고는 신용할 수 없다.

4. 피고인은 어느 호구 조사에서도 로마 시민으로서 기재되어 있지 않았고, 로마 시민이라는 자각도 없었다.

키케로의 반론은,

1. 헤라클레아 시(市)의 공문서는 전쟁의 불길 속에서 소실되었고, 피고인이 시민으로 등록되어 있었다는 것은 증인으로 나온 마르쿠스 루쿨루스와 헤라클레아 시가 증언해 줄 것이다. 참고로 말하자면, 이 시기의 증인 조사는 마지막에 이뤄졌다.

2. 피고인은 로마시민권을 받기 여러 해 전부터 로마에 거주했다.

3. 피고인이 신고를 수리한 메텔루스는 꼼꼼한 사람이므로 신용할 수 있다.

4. 피고인의 이름이 시민 명부에 없는 것은 호구 조사 때 로마 부재 중이라는 어쩔 수 없는 사유에 따른 것이고, 피고인은 유언장을 작성하는 등 로마 시민이 아니면 인정되지 않는 법률 행위를 하고 있다.

그러나 법률 논쟁은 어처구니없을 만큼 간략하게 끝나고, 나머지 대부분의 시간을 문학 예찬으로 채워진 본 변론은 너무도 특이하다. 전 32절 중에서 순수한 법률론은 7절부터 11절까지로, 전체의 약 6분의 1에 해당한다. 이에 비해 문학 예찬은 12절부터 30절까지로 나머지 부분을 다 차지한다. 이런 불균형은 어떻게 생긴 것인가에 대한 의견은 예전부터 분분하여 위작설도 있었지만, 이는 키케로 문장의 운율상 특징을 분석한 것으로 부정되고 있다. 그 밖에 재판을 지휘하는 법무관이 키케로의 친동생인 퀸투스였기 때문에 마음 놓고 문학론에 빠져들 수 있었다는 설, 손쉽게 승소할 수 있는 내용이기 때문이라는 설, 혹은 실제의 법정에서는 이보다 많은 법률론이 전개되었지만 변론 간행 때 (실제) 고쳐 썼다는 설이 있지만, 이 모든 것은 검증이 쉽지 않다. 루쿨루스가 비호하는 시인에 대한 소송이 일어난 배경에는 그 무렵 루쿨루스와 적대하던 폼페이우스의 그림자가 드리워져 있다고 볼 수 있다. 또한 키케로도 책 한 권에 필적하는 장대한 편지를 보내어 집정관으로서의 업적을 과시한 것이 원인으로, 후자와의 관계가 어색해진 시기이기도 하고 본편의 문학 찬가는 폼페이우스의 무공(武功)에 대한 무언의 안티테제(반정립)라고 보는 견해도 있다. 최근에 나온 설로는 앞서 언급한 제3설과는 정반대로 법률 면에서의 논증이 약한 것을 피고인이 가업으로 하는 문학이 얼마나 효용적인가를 역설하여 방증함으로써 보강할 수밖에 없었다고 보는 견해도 있다. 자신의 스승이라고 언급하면서 시인의 경력 소개(원)가 어딘가 '사무적'이고 열의가 담겨 있다고는 말하기 힘든 부분에서 보면, 본디 어떤 이유로 해서 내키지 않았던 변호였음을 전년도의 집정관으로서 자신의 업적을 시로 읊어주었으면 하는 일념에서(원) 맡았을지도 모른다. 그러나 아르키아스는 끝내 이 기대에 부응하지는 않았던 모양으로, 키케로는 B.C. 60년에 서사시 《나의 집정관직에 대하여》(전3권. 후예 산실됨)를 자기가 쓸 수밖에 없었다.

어쨌든 본건의 심리는 오늘날의 형사 사건에 상당하는 소송을 다루는 상설 사문(查問) 법정에서 실시되어 원로원 의원 신분, 기사 신분, 회계관(중기사) 신분 등, 이들 세 신분에서 선출된 50~70명의 심판원이 표결로 판결을 내렸다. 무죄로 판결되었을 것이라고 추정된다.

7 키케로와 유럽 정신사

머리말

유럽 정신사를 지탱해 주는 버팀목이라 하면, 일반적으로 호메로스와 플라톤이라고 알려져 있다. 그러나 키케로도 이 두 사람과 다를 바 없이 유럽의 문화, 정치와 사회 사상, 그리고 논구적(論究的)으로 사물을 다각적으로 묻는 학문 성립의 버팀목이 되어 왔다고 말할 수 있다. 키케로는 본디 철학을 싫어하는 로마인에게 진정한 의미에서 그리스 유래의 철학을 가르쳤다.

B.C. 156/155년, 아테네는 자국에 부과된 벌금을 면하기 위해 로마에 디오게네스(스토아파), 크리토라오스(페리파토스파), 카르네아데스(아카데미파)를 파견했다. 이 세 사람 가운데 카르네아데스는 정의(正義)를 둘러싸고 찬반양론을 이틀간에 걸쳐서 논하고 젊은이의 철학에 대한 관심을 자극했다. 대 카토는 B.C. 154년, 곧바로 이 세

사람의 퇴거를 원로원에 권고하고 원로원은 이를 승인했다. 그러나 이러한 로마적 근본 심성을 타파하고 철학의 중요성을 로마인에게 뿌리내리게 한 사람은 다름 아닌 키케로였다.

보다 적극적으로 말해서 유럽의 각 시대는 키케로와의 만남, 키케로의 발견으로 막이 열릴 수 있었다고 볼 수도 있다. 그리고 각 시대는 저마다 키케로상을 지닌 것이다. 유럽 중세의 그리스도교 전성기, 중세와 근세에 걸친 이탈리아의 르네상스기, 그리고 중세와 결별하려고 했던 18세기 프랑스 계몽주의 등, 이 세 시대는 제각기 키케로를 발견했다.

세 시대와 키케로의 관계에 대해서 러시아의 상트 페테르부르크 대학 교수였던 치린스키는 아래와 같이 정리한다.

1. 그리스도교 중세 ……키케로는 오로지 철학자, 더구나 도덕 철학자로서 인식되었다. 이 시대는 키케로의 철학적 저작만이 의미를 지녔다.

2. 르네상스기 ……키케로는 그 인간성에 의해 알려졌다. 그의 인간성은 그 서간집에 가장 잘 나타나 있으므로 특히 서간집이 중요시되었다. 또 이 시대는 키케로의 철학에서 개인주의를 배웠다.

3. 계몽주의기 ……키케로의 철학적 본질성의 세 번째 측면, 즉 회의적 입장이 발견되었다. 정치가 키케로가 이 시대에 크게 부각되어 연설이나 정치적 대작이 널리 읽혔다.

유럽의 문학, 종교 사상, 무엇보다도 경제·사회·정치 사상에 널리 영향을 끼친 것은 플라톤이 아니다. 그것은 오히려 키케로이다. 진정한 의미에서 유럽에만 아름답게 꽃피운 휴머니즘의 개념과 내실의 창조자는 키케로 그 사람이다. '나는 인간이다. 인간의 그 어떤 것 하나도 나와 무관하지 않다'(homo sum, humani nihil a me alienum puto)라는 말은 로마의 테렌티우스(Terentius, B.C. 190~B.C. 159)가 한 말인데, 이 선인의 시야를 작품 세계에 조형한 것이 키케로이다.

본디 플라톤의 의의를 진실로 파악해 유럽에 전할 수 있었던 것은 키케로이다. 또한 깊게 논의하는 것, 다각적으로 논술을 전개하는 것, 이것은 유럽의 철학이나 사상이 지닌 치밀함이나 주도함과 마찬가지이지만 이 점에서도 키케로가 수행한 역할은 결정적이다. 인간이 짜내는 사고와 의견은 절대적이 아니다. 어느 주장의 음미는 반드시 그것에 맞서는 주장의 음미와 서로 상호보완적이어야 한다. 대립하는 견해를 자기주장에 맞세워서 치밀하게 음미하는 것, 이 힘든 일을 고대에서 키케로 이외에 누가 수행할 수 있었을까. 이것이야말로 키케로의 철학과 변론의 종합으로서 보다 큰 철학을 실현한 것이다.

키케로가 유럽 정신사에서 이룬 최초의 작용은 A.D. 3세기의 그리스도교 교부 암브로시우스에 의한 키케로 《의무에 대하여》와의 대결이다. 키케로는 윤리를 공인을 위한 것으로 말했는데, 그는 내면적 인간을 위한 것이라고 했다.

아우구스티누스와 키케로

여기에서 '그리스도교 교부로서의 키케로'의 일면을 지닌 아우구스티누스의 《신의 나라》를 중심으로 키케로와의 관계를 서술한다. 이 작품에는 키케로에 대한 언급이 130군데가 있다. 그리스도교 신앙에 입각하여 아우구스티누스에게 지상의 나라는 아무리 뛰어난 나라, 도덕적 퇴폐에 빠지지 않은 나라라도 나쁜 나라이다. 지상의 나라는 인간의 욕심에 오염되어 있다는 것이다.

키케로는 '국가는 국민의 것이다'라고 말하고, 더 나아가 '국가는 민중의 단순한 집단이 아니고 법에 대한 동의와 이익의 공유에 의한 민중의 결합이다'라고 정의했다. 이것은 국가는 법과 정의 없이는 존재하지 않는다는 것이다.

이에 대해 아우구스티누스는 그렇다면 로마 국가는 결코 존재하지 않는다고 키케로를 비판한다. '혼이 신에게, 육체가 혼에게, 그리고 혼도 육체도 함께 신을 따른다'(《신의 나라》19·4)는 것이 아니라면 정의는 존재하지 않는다는 것이다. 또 '해적의 범죄 활동과 국가가 일으키는 전쟁은 같은 것이다'라고도 말한다. 아우구스티누스의 말을 빌리면, 로마 국가는 키케로가 역설하듯이 집정관, 원로원, 호민관에 의한 혼합 정체에 따라서 국민의 것이 되어 있는 것은 아니라 귀족의 기득권 유지라는 비정의로 일관되어 있다. 아우구스티누스는 그리스도교를 아직 수용하지 않은 로마 국가, 로마사 전체를 비판했다. 사실 그의 비판에는 선도자가 있었다. 그것은 제3차 아카데미의 학장 카르네아데스이다. 그는 로마의 '제국주의'를 정면으로 비판했다.

그런데 아우구스티누스는 로마인의 경험인 '인간의 제도로서의 국가와 신적 질서체로서의 국가의 일체화'를 전혀 볼 수가 없었다. 키케로 그리고 그의 친구 바로도 로마 국가를 정치와 종교가 결부된 것으로 생각했던 것이다.

하지만 아우구스티누스가 국가를 논하는 것, 또한 논하는 것 그 자체의 치밀한 전개는 키케로에게 결정적으로 영향을 받고 있다. 그는 본디 키케로적 심성을 가진 사람이었다.

토마스 아퀴나스($^{1225}_{-1274}$)에 대해서는 그의 주요 저서인 《신학대전》이 키케로의 충분한 지식을 보여주고 있다는 것만 덧붙여둔다.

르네상스 시대—특히 페트라르카와 마키아벨리

페트라르카($^{1304}_{-1374}$)는 1343년 베로나의 대성당 도서관에서 키케로 서간 교정본의 일부를 발견했다. 정확히는 아티쿠스, 브루투스, 옥타비아누스 앞으로 보낸 편지뿐이었다. 페트라

아우구스티누스(354~430)

르카야말로 그 뒤 키케로가 유럽 정신사에서 절대적인 힘을 발휘하는 계기를 만든 사람이다.

'키케로가 한 말의 감미로움과 기분 좋은 여운'(dulcedo et sonoritas verbo-rum Ciceronis)은 페트라르카를 완전히 사로잡았다. '변론이 문제가 될 때 나는 키케로를 찬미할 뿐만 아니라 키케로를 모방한다'는 말조차 그는 서슴지 않았다.

키케로 변론술서의 정점인 《변론에 대하여》의 완전한 사본이 1421년에 발견되었다. 키케로가 르네상스를 꽃피운 문예에 영향을 끼친 것은 절대적이다. 대화 형식, 교육적·윤리적 논구, 현실 상황에 대한 정위(定位), 이 르네상스 문예의 특질은 키케로의 영향에 따른 것이다. '인문주의적 연구'(studia humanitatis), 그것은 르네상스 3대 시인 단테, 페트라르카, 보카치오에 일관하는 것이고, 키케로와의 만남이 이 시대를 각인시키고 있다.

페트라르카는 키케로와 똑같이 변론술($^{수사}_{학}$)을 통해서 철학에 접근했다. 이 길이야말로 중세 스콜라주의를 극복하는 것이다. 아리스토텔레스는 스콜라철학과 결부되어 있었다. 이에 대해서 인간이 속박되지 않는 자유, 더구나 고귀한 자유를 외치는 플라톤이 키케로를 통해서 르네상스에 울려 퍼지기 시작한 것이다. 페트라르카에 의해서 키케로는 서재에 틀어박혀 있기만 한 사람이 아니라 활동적 인생에서 사교나 정치를 사랑하고 지켰다는 것도 높이 평가되었다. 그는 키케로의 서간집을 읽고 눈물을 참을 수 없었다. 키케로의 인간성, 그것에는 인간의 나약함도 포함되는데, 그 인간성이 페트라르카를 뒤흔든 것이다.

페트라르카의 키케로 발견과 상찬은 C. 사르타티($^{1331〜}_{1406}$)나 P. 브라치올리니($^{1380}_{〜1459}$), 더 나아가 정치사상가 마키아벨리($^{1469}_{〜1527}$)로 이어져간다. 키케로는 바로 르네상스의 귀감이었다.

마키아벨리는 근대 정치학의 아버지로 일컬어지는 사람이고 신학이나 윤리학에서 정치학을 독립·분립시켜 정치학을 확립한 사람이다. 이는 그의 작품($^{특히}_{주론}$(^{군}))을 아리스토텔레스의 정치학과 비교하면 잘 알 수 있다. 마키아벨리가 키케로의 《의무에 대하여》를 숙독한 것은 《군주론》의 파워 폴리티크의 서술에서 엿볼 수 있다. 물론 목적은 수단을 합법화한다는 마키아벨리즘은 키케로에게는 부정적으로 인식되고 있다. 키케로의 주장을 역전시킨 것이 바로 마키아벨리였다. 또 그는 키케로가 《국가에 대하여》에서 로마사를 역사의 본보기로서 이상 국가를 역설한 것에 입각해, 이 작품을 로마 국가사를 가르치는 가장 큰 본보기로 받아들였다.

마키아벨리가 역설하는 좋은 국가를 확립하는 정치적 예지는 전체적으로 키케로의 국가 사상에 부합하고 있다. 그것은 민주적 공화국($^{키케로에서}_{는 혼합 정체}$)의 우월, 민중 동의의 획득, 입법가의 중요성, 국가 존속에서 군사력의 필요, 종교를 이용하는 것이다. 또 문명이 퇴폐와 붕괴를 통해 부흥한다는 역사 인식도 그 둘은 서로 공유하고 있다.

그로티우스

네덜란드가 낳은 국제법의 권위자 휴고 그로티우스($^{1583〜}_{1645}$)는 신동이란 소문이 자자했다. 그는 키케로와 마찬가지로 '교양의 기적'이라고 할 정도로 박식하고,

법률가이고, 정치가이기도 했다. 이미 9세에 라틴어 시를 썼다. 1625년에 출판한 《전쟁과 평화의 법》은 키케로에게서 인용한 보고(寶庫)이기도 하다. 《변론가에 대하여》, 《국가에 대하여》, 《법률에 대하여》, 《브루투스》, 《아카데미카》, 《선과 악의 궁극에 대하여》, 《투스쿨룸에서의 대화》, 《신들의 본성에 대하여》, 《예언에 대하여》, 《토피카》, 그리고 《의무에 대하여》에 대한 언급이 매우 많다. 그도 마키아벨리처럼 키케로가 묘사하는 로마국정사에서 본보기를 수없이 인용하고 있다.

약속이나 조약을 지키는 것은 이른바 귀족의 의무인데 키케로와 함께 그로티우스도 이를 국가에 있어서 가장 중요한 일로 인식했다. 마키아벨리와 그로티우스는 어떤 의미에서 완전히 대립을 이루는 사상가였음에도 모두 키케로에게 힘입은 바가 큰 것은 흥미롭다.

홉스

토마스 홉스($^{1588}_{1679}$)의 《리바이어던》은 키케로의 국가관과 완전히 정반대인 사고 방식을 내세우고 있다. 홉스는 국가의 본성이 고독하고, 빈약하고, 불쾌하고, 단명인 것으로 생각한다. 그는 키케로보다 훨씬 비관적이다. 《리바이어던》의 반 이상은 종교를 다루는데, 그 내용은 모두 키케로의 《예언에 대하여》에서 발견할 수 있다.

홉스의 견해에서 통치자는 절대적이다. 그리고 통치의 권한은 신민과의 계약에 따른 것이 된다. 키케로는 《국가에 대하여》에서 본디 최선인 것은 혼합정체가 아니고 지혜로운 한 사람의 왕에 의한 지배라고 말하는데, 이 부분에 홉스의 사상이 연결되고 있다.

비코

이탈리아 최대의 철학자는 지암바티스타 비코($^{1668}_{1744}$)이다. 그는 나폴리 대학 법학부의 수사학 교수를 지냈다. 진정한 의미에서 역사철학의 원조가 된다. 로마법과 로마사에도 정통하고 이 영역에서 키케로의 저작을 꽤 참조하고 있다.

그의 주요 저서는 《새로운 학문》*58인데 이 가운데서 그는 키케로의 《신들의 본성에 대하여》와 《법률에 대하여》를 인용한다.

---

*58 정확하게 말해서 《여러 국민의 공통인 본성에 관한 새로운 학문의 여러 원리》, 이것은 제3판에서의 표제.

비코는 스토아파나 에피쿠로스파의 철학을 고독한 철학이라고 말한다. 이 두 학파는 국가의 문제를 철학적 과제로 하지 않았기 때문이다.

비코에게 역사는 인간과 신의 협업 과정이다. 그는 키케로가 에피쿠로스주의자인 아티쿠스에게 신의 섭리가 존재하는 것에 동의하지 않는다면 함께 법을 논할 수 없다고 말한 것은 마땅한 것이라고 《새로운 학문》에서 말하고 있다.

또 비코는 개연성이야말로 진정한 진리라고 말하고 역사를 묻는 것, 역사학의 학문성을 자연 과학의 엄밀성에 대항시켰는데, 여기에서도 그는 키케로의 '제자'이다.

몽테스키외

《법의 정신》의 저자 몽테스키외($^{1689}_{-1758}$)와 키케로의 공통적인 사고 방식은 윤리와 정치가 굳게 결부되어야 한다는 신념이다.

몽테스키외의 《법의 정신》은 19세기 사회학의 선구로 평가된다. 이 저술의 혁신적 견지는 이미 키케로 가운데서 발견된다. 자연법 사상, 시민 도덕, 정치의 3형태(왕정, 민주)의 분석, 권력의 분립, 기후가 인간의 성격에 미치는 영향, 종교와 관용 등이다.

볼테르

프랑스 계몽주의의 중심 '볼테르의 시대'와 18세기 중엽을 품위 있게 묘사하는 활동을 펼친 문필가 볼테르($^{1694}_{1778}$~)는 18세기 키케로 최대 칭송자이다. '키케로 없는 볼테르는 생각할 수 없고, 또 볼테르 없는 키케로는 생각할 수 없다'(람박 리튼). 볼테르는 특히 키케로의 작품들 가운데 철학 관련의 책들을 거의 숙독했다. 《신들의 본성에 대하여》에서는 스토아파의 신의 섭리설에 깊은 감명을 받았다. 《투스쿨룸에서의 대화》에서는 영혼이 불사(不死)인가, 불사가 아닌가에 자극받았다. 볼테르는 통상의 해석과 달리 키케로가 혼은 죽어야 하는 것으로 역설한 것으로 인식하고 있다. 《의무에 대하여》는 시대를 초월해 타당한 도덕의 서술로서 그 뒤 어떤 사람도 도달할 수 없는 이론과 학설로 절찬을 받고 있다. 볼테르는 키케로를 미신에 지나지 않는 실정 종교를 거부하는 자유사상가로 간주하고 있다. 또 카틸리나 사건을 둘러싼 키케로의 행동에 대해, 이 프랑스 계몽기에 지나친 일이라고 비난하는 저작이 몇 개 나타났지만, 볼테르는 로마의 구제자로서의 키케로를 옹호했다. 반면에 루소는 그다지 키케로를 찬양하지 않았다.

볼테르는 이신론자(理神論者)인데 이 사상을 그대로 책으로 펴내면 투옥되거나 추방될 위험이 있으므로, 키케로에게 보내는 메니우스의 편지─때마침 바티칸의 도서관에서 러시아의 후작이 발견해 그것을 볼테르가 러시아어에서 프랑스어로 번역했다는 형식─라는 치장하에 이신론을 공개한 것도 알려져 있다. 또한 볼테르를 궁정으로 초청한 독일 프로이센의 국왕 프리드리히 대왕도 대단한 키케로 팬이었다.

프랑스 혁명기(특히 G.B. 마블리)

키케로는 계몽시대 그리고 프랑스 혁명에 이르는 시대인 18세기에 프랑스의 지식인들의 마음을 모두 사로잡았다고 말할 수 있다. 프랑스 혁명의 선구자라는 평가를 받는 마블리나 미라보, 루소, 로베스피에르는 키케로에게서 본연의 국가관·국민상에 대해서 다소의 차이는 있을망정 새로운 지혜를 얻었다. 로베스피에르는 그의 적으로부터는 카틸리나로 불리고, 동료에게는 키케로로 불리었다.

마블리($^{1709}_{1785}$)에 대해서 말하자면 그는 '여러분은 고대사 안에서 모든 것을 발견한다. 어리석음, 대실패, 무례를 발견하기 위해서 현대를 연구할 필요는 없다'는 말을 남겼다. 더 나아가 그는 '다른 자들과 함께 진리를 발견하기보다는 키케로를 따라서 길을 잘못 드는 쪽을 택하고 싶다'고 키케로를 절찬하고 있다.

프랑스 혁명기는 재판 제도 개혁의 시대이기도 했다. 변호 활동으로 로마에서 명성이 높았고 또한 언제나 공화정 지지를 논했던 키케로는 크게 관심의 표적이 되었다.

정치철학자 아렌트가 말한 바와 같이 혁명이란 옛날로 돌아가는 것이고, 키케로의 로마정 사수가 프랑스 혁명을 일으킨 자들을 인도하는 별이기도 했던 것이다.

또한 마블리는 '키케로의 《국가에 대하여》가 우리에게 남겨져 있지 않은 것은 유감이다'라고 말했는데, 그 무렵 이 작품은 바티칸 도서관에 잠든 채로 있었다.

칸트

쾨니히스베르크의 철학자 칸트($^{1724\sim}_{1804}$)는 이른바 독일의 스토아파이다. 김나지움 시절 그는 키케로의 작품을 몇 개 읽었다. 칸트의 장서 중에 가르페가 독일어로 번역한 《의무에 대하여》와 그 주석이 발견된다. 칸트의 《도덕 형이상학 원론》은 이 《의무에 대하여》와의 '대화'로 되었다고 말할 수 있다. 이 《원론》에서는 키케로의 《의무에 대하여》뿐만 아니라 《선과 악의 궁극에 대하여》와의 연계도 곳곳에서 찾을 수 있다. 자연법, 보편적 입법의 자리로서의 이성에 대해서 칸트는 키케로에게서 크게 영향을 받고 있다.

요즈음 '칸트의 인간학'이란 시야를 더욱더 많이 볼 수 있는데, 키케로라는 최대의 인간통이 말한 금언이나 날카로운 표현도 칸트에게 자극을 준 것은 상상하기에 어렵지 않다.

헤겔

독일 관념론의 체계적 확립자 헤겔($^{1770}_{1831}$)은 19세기 독일 최대의 역사가인 로마 역사가 몸젠과 마찬가지로 카이사르 측에 섰기 때문에 키케로에게 높은 점수를 주지 않는다.

하지만 헤겔은 키케로의 회의주의를, 《신들의 본성에 대하여》에서 나타난 신들의 계통이나 복수성에 대해 높이 평가한다. 또한 키케로의 철학이 풍부한 경험에서 나오고 인간적 상황에 대한 지성이 있는 주석을 제공하고 있음을 인정한다.

그러나 키케로에게 국가는 개인의 권리를 옹호하기 위해 있는*59 것으로 인식되는데 헤겔의 국가는 절대 정신(신의 의향)의 실현이다.

공화정 로마를 사수하려고 했던 키케로는 프로이센 중심의 통일 독일 국가 건립을 대망하고 왕정을 최고 통치체로 한 헤겔과는 정치 철학적으로 다른 길을 간 것이 틀림없다.

하지만 키케로는 '로마의 헤겔'이다. 키케로의 조국은 정치적 현실에 헤겔다

---

*59 키케로는 사유 재산의 보호를 국가의 주요 임무로 여겼다.

운 선명함을 보여주기 때문이다.

존 스튜어트 밀

근대 자유주의의 철학을 수립한 밀(¹⁸⁰⁶₁₈₇₃)에게서 키케로의 커다란 영향을 볼 수 있다. 그의 《자유론》은 《대중의 참주제》가 통찰되고 이 서술은 키케로가 로마 정치에서 민중의 불만이나 지나친 요구를 선동해 국가를 뒤흔든 호민관 제도를 비판한 것과 일맥상통한다.

밀은 앞의 《자유론》에서 개인의 생활에 국가는 최소한의 간섭 그 밖에는 해서는 안 된다는 것을 주장하고 있다. 여기에서 개인이란 진리를 아는 것으로의 접근이라는 정신적 개화를 최고의 기쁨으로 여기는 지적 엘리트를 말하며 그것은 키케로가 품고 있는 개인의 관념과 같다고 할 수 있다.

《대의제 통치론》은 키케로의 정치 철학에서 크게 지원을 받아 쓰여 있다. 특히 국가가 진보하기 위해 가장 좋은 보장은 국민 여러 계층의 힘의 균형에 있다는 사고는 키케로의 혼합정체 옹호에 따른다고 말할 수 있다.

밀은 '키케로의 철학 저작은 대단히 즐거운 읽을거리이지만 나는 다른 연설집이나 서간집 쪽이 더 좋다'는 말도 남기고 있다.

그리고 키케로는 플라톤이나 아리스토텔레스의 국가 철학과는 달리 국가의 임무를 국민의 재산 보호에도 요구하고 있다는 것이 밀의 공감을 얻었다.

로마인의 경험으로 눈을 돌리는 것, 즉 로마인이 지닐 수 있었던 현실이나 역사의 시야로 마음을 열게 됨으로써 사회 과학의 싹이 트게 되었다고 해도 좋다. 이 부분은 밀을 넘어 막스 베버(¹⁸⁶⁴₋₁₉₂₀)가 짊어지게 되었다.

반(反)키케로—몸젠과 카르코피노

여기에서 말하고자 하는 두 사람은 키케로 혹평의 양대 산맥이다. 그러나 이 두 사람의 강렬한 반키케로 정신이 있었기 때문에 오늘날 키케로에 대한 재평가가 나왔다고도 말할 수 있다. 그런 의미에서 이 두 사람을 알아보기로 한다. 테오도르 몸젠(^{1817~}₁₉₀₃)은 19세기 독일이 낳은 최대의 로마 역사가이고 《로마사》, 《로마 국법사》의 대 저술은 19세기 역사학의 금자탑이기도 하다. 나중에 노벨문학상으로 빛을 발한 이 석학은 키케로 혹평의 큰 조류를 만들었다. 그의 말에 따르면 키케로는 끝없는 이기주의자, 명확한 정치 사상의 계획도 없는 정치가, 정치적 기회주의자, 사상 없는 변론가, 그 문체에서는 단순한 저널리스트로 매도되고 있다. 이 키케로상(像)은 그의 선배이며 보수주의 역사가인 딸만에게도 일관되어 있다.

19세기 초부터 독일 사학계의 키케로 비판 대합창, 그리고 거기에 철학자도 일부 가담한 독일 정신사에서의 키케로 폄훼를 보고 니체의 《반시대적 고찰》*60의 말을 생각하지 않을 수 없다. 그것은 다음의 글이다. '우리 독일인은 어제 갓 태어났을 뿐이다. 우리는 정말로 세기 동안 힘차게 문화를 키워왔다. 그러나 우리 국민 사이에 세련된 혼과 고양된 문화가 침투해 일반적으로 그들에 대해서, 그들이 야만인이었던 것은 먼 옛날이었다고 말할 수 있으려면 수백 년이 필요할 것이다.'

몸젠의 영향력은 20세기에 이르기까지 미치고 있다. 이것이 얼마나 왜곡된 것인지를 처음으로 역설한 것은 고전학자 하인츠였다. 20세기 중반 프랑스, 이탈리아, 영국, 미국 그리고 폴란드의 키케로 연구자들이 잇따라 몸젠으로부터 키케로를 구해내기 시작했다.

그런데 1947년에 프랑스의 카르코피노는 《키케로 서간의 비밀》 2권에서 앞의 몸젠 이상으로 키케로를 비판하고 있다. 이 저작에서 그는 다음과 같이 키케로상을 말한다. 그는 몸젠과는 달리 키케로 개인으로서의 자세까지 비난을 퍼붓고 있다. '부자가 된 집정관' '욕심이 지나친 남편' '아이에게 관심이 전혀 없는 아버지' '지나치게 영합적인 의부' '주의 주장이 없는 공론가' '병적인 허영심' '허풍쟁이에 겁쟁이' '악의와 음험' 등으로 비난은 계속된다.

그러나 몸젠이나 카르코피노의 키케로 평가는 로마의 그 무렵 상황, 로마의 원로원 의원이나 고위 정무관의 자세를 정확한 눈으로 보지 않은 감정적 발언이라는 것이 오늘날에 이미 확실하게 드러났다. 특히 폴란드의 학자 쿠마니에키의 짧은 논문(《키케로, 인간―정치가―저술가 1958》)은 키케로의 진정한 모습, 그 독창적 위대함, 인간적 관용을 파악한 필독서이다.

그러나 앞서 말한 바와 같이 몸젠 그리고 카르코피노의 잘못된 키케로 평가가 한편에 있음으로써 그 뒤의 키케로 연구가 더욱 전진하고 꽃을 피운 것이다.

---

*60 제1권 《고백자, 저작가, 다비드 슈트라우스》.

마르크스

《경제학 비판》과 《자본론》에서 영국의 근대 경제학을 '타도'한 카를 마르크스($^{1818\sim}_{1893}$)는 로마공화정에도 치밀하게 연구했다. 특히 로마농업사 연구는 똑같이 막스 베버의 로마농업사와 함께 오늘날 우리는 다시 펼쳐보아야 한다.

마르크스는 로마의 사유재산론도 문제로 삼고 있으며 여기에 키케로의 《의무에 대하여》와 연관이 있는 물음이 있다. 마르크스의 로마사에 대한 지식은 남다른 바가 있고, 그와 키케로의 비교 연구도 앞으로 이루어져야 할 것이다.

오르테가 이 가세트

20세기의 철학자로서 키케로를 가장 잘 이해하고 키케로를 자신의 사상 형성에 결부시킨 것은 호세 오르테가 이 가세트($^{1883\sim}_{1955}$)와 한나 아렌트($^{1906\sim}_{1975}$)일 것이다. 키케로에 대한 두 사람의 존경심은 놀라울 정도이다. 여기에서는 오르테가에 대해서만 알아보고자 한다.

오르테가는 스페인 최대의 철학자이다. 그는 《대중의 반란》(1929)에서 금세기의 특질과 위기를 대중 사회의 출현이라고 했다. 대중 사회는 인간의 수평화, 끊임없는 욕망, 기술 혁신의 끝없는 추구, 현실에만 시야가 한정되고 있는 것을 특색으로 하고 문화나 전통의 일관성을 지키려고 하지 않는다. 키케로는 로마가 민중의 '빵과 서커스'의 요구, 그것을 실현시키는 독재자의 회유책으로 말미암아 차츰 공화정체를 위태롭게 한다는 것을 몇 번이나 기술하고 있는데, 여기에 오르테가의 주장이 통하고 있다. 그리고 우리의 현대 사회의 동향은 로마공화정의 마지막을 알리는 종소리가 울려 퍼지는 시대와 놀랄 만큼 비슷하다.

키케로는 사회의 존속은 어느 가치 기준에 따르는 것과 제각기 본분을 다하는 책무에 달렸음을 역설했는데, 오르테가도 이와 같은 맥락이다.

또 오르테가는 유럽인은 로마사에서 더 배워야 함을 권고한다. 그때 그는 역사가 키케로, 역사철학자 키케로에게 상상 이상으로 의지하고 있다는 것도 덧붙여 둔다. '인간이 세련된 혼과 고양된 문화(㉰)를 갖는 것이야말로 경제의 '객관적'인 시대 구조나 계급 투쟁에서 역사를 설명하는 마르크스주의적 고찰에 매달리는 것 이상으로 오늘날 중요하다. 마르크스 이상으로 키케로를 읽어야 한다. '정신이 없는 전문인' '마음이 비어 있는 향락인'(㉭)이 활보하는 현대에서, '몇 번이고 키케로의 이름을!' 외치는 것이다.

유럽 정신사를 진실로 깊게 따져보려면 플라톤, 아리스토텔레스뿐만 아니라, 키케로 저작과의 성실한 대화를 빼놓을 수 없다. 스위스 최대의 그리스 철학·로마 철학 연구자 기곤은 '키케로의 스승이기도 했던 필론이나 안티오코스, 포세이도니오스의 작품이 남아 있다 해도, 만일 키케로의 철학 작품이 산실되었다면 서구의 정신사에 어떤 파국이 생겼을까'라고도 말한다. 나는 더욱 덧붙이고 싶다. 서구 정신사의 원천은 호메로스이고 그것을 다듬은 것은 플라톤일지라도, 역사의 각 시대에 그 시대에 따라 길을 연 힘은 키케로의 것이었다고. 로마 최고의 교양인이자 체계적 철학자인 키케로는 시문, 변론, 역사적 철학 연구를 더할 나위 없이 화려하게 통합한 것이다.

8 우리에게 키케로의 중요성

키케로는 우리의 철학과 정치 두 영역에서 앞으로 더욱 읽히고, 연구되고, 활용되어야 한다. 우리는 키케로와 정면으로 대면해 키케로를 통해서 새삼 철학이란 무엇인가, 무엇이어야만 하는가, 그리고 정치는 어떠해야 하는가를 물어야만 한다. 소크라테스, 플라톤, 아리스토텔레스에게 치우친 그리스 철학 중심의 고대철학 연구에만 치중해서는 안 된다. 키케로, 그리고 헬레니즘의 모든 철학은 21세기의 세계화와 혼미를 타개하는 데 믿음직한 아군이 될 것이다. 오늘날 철학에 대해서는 변론(辯論)과 결부해야 한다는 것, 국가 정치라는 공공 공간에 철학이 적극적으로 시선을 돌리는 것이 키케로를 통해서 주체적 문제가 되어야 한다. 정치에 대해서는 국가란 무엇인가를, 키케로의 시대에는 없는 지구적 세계, 지구적 국제 관계라는 세계적인 전망 가운데서 재고해야 된다. 또한 국민이 정치적 공간·활동으로서의 공간에 참여하는 것이란 어떤 것인가를 키케로에게 몰입하여 생각해 보아야 한다.

플라톤, 아리스토텔레스의 정치철학은 그런대로 우리 나라에서도 저작이나 논문이 나와 있으니 키케로의 정치철학을 다시 생각해봄으로써 플라톤, 아리스토텔레스의 정치철학에 대한 이해나 연구가 한결 깊어지고 구체화해 무게를 더하게 되는 것은 틀림없는 사실이다.

그것과 아울러 우리는 그리스 철학 편중의 학풍을 타파하고 로마 철학, 그리고 헬레니즘기의 네 학파의 연구에 이전보다 더 마음을 담아 열정을 쏟아야 한다.

나는 이것만이 아니라 로마정치사, 로마법제사, 로마농업사 등, 이런 것들을 포함한 정신사적 물음으로 연구해 나갈 생각이다. 다음으로 정치에 대해서이다. 정치는 사회의 개선, 현상 타개를 특히 국가의 경제적 번영과 안정을 축으로 해서 지향하는 것이다. 현실 정치에서는 관료라는 정책입안의 전문가가 기본적이고도 실질적으로 정치 방향의 조종을 장악하고 있다. 정치 공간의 창출이란 서로 겨루는 변론의 표출이고, 나는 아렌트의 《인간의 조건》에 정치 활성화의 열쇠가 있다고 생각하고 있다. 그녀는 또 로마의 정치사, 로마의 국가 제도 그리고 키케로의 철학에 실로 통하고 있다.

현대의 정치에는 대항적·경쟁적 활기가 없다. 진실하고 정치철학적인 논쟁이 없다. 정치가의 연설은 관료·사무적인 작문의 음독(音讀)이거나 그것에 가깝다. 정신이 번쩍 드는 웅변이 오늘날의 국회에는 전혀 존재하지 않는다. '정치가여, 키케로와 함께 웅변에 심혈을 기울여 다시 나오라'고 나는 말하고 싶다. 그와 동시에 키케로가 자신의 변론이 탄생한 곳은 철학이었다고 말하고 있는 것 또한 정치가는 귀담아 들어야 한다. 대 정치가 키케로에게 철학은 가벼운 음악도, 여가 생활의 한 부분도 아니었다. 철학을 하는 것이 정치의 소용돌이 속에 있는 키케로에게는 언제나 버팀목이었다. 오늘날의 정치가에게는 이것이 '그림의 떡'에 지나지 않을 것이다. 그러나 그렇게 되면 곤란하다.

대학의 교양 학부가 사라지고 또한 교양 과목이 계속 줄어들고 있는 오늘날, 이 나라의 문화 교육 정책은 경제계의 바람을 반영하여 그것을 무비판적으로 인정한 것으로밖에 생각되지 않는다. 담당자 자신이 교양의 깊이를 몸에 익히고 있지 않다. 교양 과정의 교수들은 단순한 기술, 지식의 정보적 단편만을 '가르쳐'왔다. 지금이야말로 대학교육에 철학 그리고 웅변이 필요하다.

키케로가 변론을 위해 폭넓은 교양이 반드시 필요하다고 말하는 것, 그리고 변론은 언어를 지니고 그것을 연마할 수 있는 동물인 인간의 생명 그 자체이고 변론이야말로 인간 형성이라고 계속 말하고 있는 것을 우리는 진지하게 생각해야 한다. 정보 언어를 초월해 말하는 것을 문제삼는 것이 인격의 깊이를 구축한다는 것을 우리는 키케로에게서 배워야 한다. 21세기의 우리는 키케로와의 대화에서 국가 정치의 활성화와 철학의 샘을 발견해야 하지 않을까. 우리의 철학은, 변론(辯)과 철학과의 결합, 정치라는 세계, 단순히 경제나 사회와는 다른 영역으로의 참여를 진지하게 지향해야 한다.

키케로는 이제까지 우리에게는 가장 거리가 먼 철학자였다. 이제 둥지를 틀고 있는 편견을 깨부수지 않는 한 우리의 철학은 여전히 사회성이 결여된 채 남아 있을 것이다.

키케로 연보

B.C. 106년   1월 3일, 아르피눔에서 키케로 탄생. 집안은 보수적인 지방 명문으로, 아버지는 로마 기사. 9월 29일, 폼페이우스 탄생.

B.C. 103년(3세) 동생 퀸투스 탄생.

B.C. 100년(6세) 7월, 카이사르 탄생.

B.C. 91년(15세) 동맹시 전쟁 발발(B.C. 87년(세)).

B.C. 90년(16세) 3월 17일, 키케로 관례를 올리다. 복점관 스카이볼라에게 소개되어 법률을 배우다.

B.C. 89년(17세) 키케로, 집정관 폼페이우스 스트라보(이듬해 술라) 밑에서 종군.

B.C. 88년(18세) 폰토스 왕 미트리다테스, 소아시아의 로마인 학살. 술라, 로마에 진군한 뒤 동방으로 향하다. 키케로, 전란이 일어난 아테네를 피해 로마에 온 아카데미학파 지도자 라리사의 필론에게서 온건한 회의주의 철학을 배우다.

B.C. 87년(19세) 마리우스와 킨나, 로마를 점령하고 시민을 학살. 키케로, 대제사장 스카이볼라에게서 법률을 배우다.

B.C. 86년(20세) 1월 13일 마리우스 죽다. 이 무렵, 아라토스의 《하늘의 현상》 번역, 크세노폰의 《가정론》 번역, 《발상론》 집필(추정).

B.C. 82년(24세) 술라, 내란에서 승리하여 12월에 독재관 취임, 이듬해에까지 추방 공고에 의한 대숙청, 원로원 체제 회복.

B.C. 81년(25세) 《퀸크티우스 변호》 집필.

B.C. 80년(26세) 《로스키우스 아메리누스 변호》 집필.

B.C. 79년(27세) 술라 은퇴, 이듬해 3월 죽다. 키케로, 체력 증진과 공부를 위해 친구들과 함께 동방으로 유학. 아테네에서 반년(세) 동안 주로 철학, 아카데미학파의 지도자 아스칼론의 안티오코스에게 배우고, 그 뒤 소아시아와 로도스(아폴로니 오스 아래)에서 수사학 연구. 로도스

에서는 스토아학파 철학자 포세이도니오스 방문.

B.C. 77년(29세) 키케로, 유학에서 귀국. 변호 활동 재개. 테렌티아와 결혼(?).

B.C. 76년(30세) 《희극배우 퀸투스 로스키우스 변호》 집필(?)

B.C. 75년(31세) 키케로, 재무관으로서 서(西)시칠리아 통치.

B.C. 74년(32세) 제3차 미트리다테스 전쟁(B.C. 69년(세)). 키케로, 여름에 로마로 귀환.

B.C. 71년(35세) 《툴리우스 변호》 집필.

B.C. 70년(36세) 집정관 폼페이우스와 크라수스, 호민관 권한 회복. 8월, 키케로, 베레스 탄핵 재판에서 승리, 베레스를 변호하는 호르텐시우스를 능가하여 변론가로서의 명성 확립. 《퀸투스 카이킬리우스를 반박하는 예선 연설》, 《베레스 탄핵》 집필.

B.C. 69년(37세) 키케로, 조영관으로서 3개의 축제 주최. 《폰티우스 변호》, 《카이키나 변호》 집필(?)

B.C. 68년(38세) 현재의 《아티쿠스에게 보내는 서간집》 쓰기 시작(11월말).

B.C. 67년(39세) 연말에 딸 툴리아, 피소 프루기와 약혼.

B.C. 66년(40세) 마닐리우스법, 폼페이우스에게 미트리다테스에 대한 비상 대권 부여. 키케로, 법무관으로서 법정 주최. 최초의 정치 연설에서 마닐리우스법 지지. 폼페이우스를 찬양하며 국민의 지지 획득에 노력. 《클루엔티우스 변호》, 《파우스투스 술라 변호》, 《마닐리우스법 변호》, 《마닐리우스 변호》 집필.

B.C. 65년(41세) 7월, 아들 마르쿠스 탄생. 《가이우스 오르키비우스 변호》, 《퀸투스 갈리우스 변호》, 《코르넬리우스 변호》 집필.

B.C. 64년(42세) 7월, 키케로, 집정관 선거에서 승리. 《푼다니우스 변호》(?), 《집정관 입후보 연설》, 《선거비망록》(퀸투스 작) 집필.

B.C. 63년(43세) 키케로, 집정관으로서 전통적인 원로원 체제 유지에 진력, 농지법 반대와 변호 활동을 통해 카이사르 등의 민중파의 획책을 좌절시키다. 9~12월, 키케로, 집정관 선거에서 재낙선한 뒤 폭동을 획책한 카틸리나의 음모를 저지하고, 12월 5일, 원로원의 권고에 따라 공모한 시민 5명 처형. '조국의 아버지'라는 칭호 등의 명예를 얻다. 구국의 영웅, 원로원과 나라의 지도자를 자임, 동방의 폼페이우스에게 대등한 입장에서 지지를 바라지만

묵살당하다. 《농지법에 대하여》($\frac{1}{3}$), 《반역죄로 몰린 라비리우스 변호($\frac{5/6}{3}$), 《무레나 변호》($\frac{11월}{하순}$), 《카틸리나 탄핵》($\frac{11월 8, 9일}{12월 3, 5일}$) 집필.

B.C. 62년(44세) 1월, 카틸리나 전사. 키케로, 크라수스로부터 팔라티움 언덕의 저택을 구입하여 의혹을 부르다. 폼페이우스, 가을에 이탈리아로 돌아가 군대를 해산하고, 고참병의 입식지와 동방에서의 처치에 대한 승인을 구하지만, 벌족파의 완강한 반대에 부딪치다. 12월, 클로디우스가 남자 금제(禁制)의 보나 데아 축제가 열리는 카이사르의 저택에 여장하여 침입했다가 발각당하다. 《아르키아스 변호》($\frac{봄여}{름}$), 《술라 변호》, 《친척과 지인에게 보내는 서간집》 쓰기 시작.

B.C. 61년(45세) 5월, 키케로, 클로디우스의 재판에서 그의 알리바이를 부정하여 이후 원수가 되다.

B.C. 60년(46세) 7월, 카이사르, 집정관 선거에서 승리. 폼페이우스 동맹($\frac{제1차 삼}{두정치}$) 성립. 키케로, 카이사르한테서 협력을 요청받지만 거부하고, 지나친 자기 찬양 등으로 벌족파로부터 고립되다. 서사시 《나의 집정관직에 대하여》($\frac{3}{3}$) 집필.

B.C. 59년(47세) 카이사르, 벌족파의 강력한 반대를 뿌리치고 농지법을 성립시키다. 폼페이우스의 동방에서의 처치가 승인되다. 바티니우스법, 카이사르에게 갈리아에서의 5년(세) 동안의 집정관격 지휘권 부여. 키케로, 한 변호에서 삼두정을 비판하자, 카이사르는 당일 안에 보복을 가하고, 클로디우스의 호민관 취임을 가능하게 한다. 키케로, 그 뒤에도 카이사르와 폼페이우스의 협력 요청 거부. 《플라쿠스 변호》, 《동생 퀸투스에게 보내는 서간집》 쓰기 시작.

B.C. 58년(48세) 2월, 호민관 클로디우스, 법절차를 무시한 시민 살해자의 추방을 제안, 3월 성립. 키케로, 로마를 떠나 5월에 데살로니카에 도착, 실의의 망명 생활을 보낸다.

B.C. 57년(49세) 키케로 소환의 목소리가 높아지자 5월에 원로원 결의, 7월에 폼페이우스, 키케로 지지 연설. 8월 4일, 키케로 소환 법안 성립. 9월 4일, 키케로, 시민들 환호받으며 로마에 도착. 귀국 뒤 즉시

폼페이우스에게 5개년(세)의 대권을 부여하는 법안 제출. 《귀국 후 원로원 연설》($\frac{9월}{3일}$), 《귀국 후 국민을 향하여》($\frac{9월}{5일}$), 《나의 집에 대하여》($\frac{2월}{30일}$) 집필.

B.C. 56년(50세) 3월, 키케로, 카이사르의 캄파니아 토지에 관한 법을 비판하며 원로원에 상정. 카이사르, 4월 중순에 라벤나에서 크라수스와, 루카에서 폼페이우스와 회담. 삼두정치를 갱신하다. 키케로, 그 이후부터는 카이사르와 폼페이우스의 요구에 응한 변호 활동에만 종사하여 벌족파로부터 변절자라는 비난과 묵살을 당하다($\frac{52년}{(세)까지}$). 《세스티우스 변호》($\frac{3월}{11일}$), 《바티니우스 탄핵》, 《카일리우스 변호》($\frac{4월}{4일}$), 《집정관격 원로원 의원 담당 속주에 대하여》($\frac{6월}{말}$), 《점성술사의 답변에 대하여》($\frac{8}{월}$), 《발부스 변호》($\frac{7/8}{월}$), 서사시 《나의 시대》($\frac{연말}{쯤}$) 집필.

B.C. 55년(51세) 폼페이우스와 크라수스 제2회 집정관, 각각 스페인과 시리아에서의 5개년 명령권 획득, 카이사르의 갈리아에서의 명령권 5년(세) 연장. 《피소 탄핵》($\frac{7}{월}$), 《변론가에 대하여》($\frac{11월}{완성}$) 집필.

B.C. 54년(52세) 9월, 카이사르의 딸이자 폼페이우스의 아내 율리아 죽다. 11월 크라수스, 시리아로 출발. 《플란키우스 변호》($\frac{8}{월}$), 《바티니우스 변호》($\frac{8}{월}$), 《스카우루스 변호》, 《라빌리우스 포스투무스 변호》($\frac{10}{월}$), 《국가에 대하여》 집필 시작($\frac{5}{월}$), 《변론술 분류》($\frac{가}{을}$) 집필.

B.C. 53년(53세) 6월 12일, 크라수스, 칼라이에서 전사. 키케로, 복점관에 취임.

B.C. 52년(54세) 1월 18일, 클로디우스, 밀로가 이끄는 무장 집단과의 충돌로 살해되고 혼란 이어지다. 8월까지 폼페이우스의 단독 집정관. 《밀로 변호》($\frac{4월}{7/8일}$) 집필.

B.C. 51년(55세) 키케로, 총독으로서 킬리키아에 부임. 5월에 로마를 떠나 7월 30일에 도착. 《국가에 대하여》 간행($\frac{봄}{}$), 이보다 전에 《법률에 대하여》 집필.

B.C. 50년(56세) 8월, 딸 툴리아, 돌라벨라와 재혼. 7월 30일, 키케로, 킬리키아를 떠나 그리스 각지를 거쳐 11월에 브룬디시움, 이듬해 1월 로마에 도착, 개선식을 기대하면서 명령권을 유지한 채 시외에 머물다.

B.C. 49년(57세) 1월 12일, 카이사르, 루비콘 강을 건너자 내란 시작. 3월 폼페이우스, 이탈리아를 떠나다. 3월 28일, 키케로, 포르미아이에서 카이사르와 회담 결과, 그를 버리고 폼페이우스에게 가담하기로 결심, 6월에 폼페이우스파 진영에 합류.

B.C. 48년(58세) 8월 9일, 카이사르, 파르살루스 전투에서 폼페이우스파에 승리. 폼페이우스, 이집트에서 피살됨. 10월, 키케로는 이탈리아로 돌아가 브룬디시움에서 1년 동안 머문다.

B.C. 47년(59세) 9월 25일, 카이사르는 동방에서 전투를 지휘한 뒤, 이탈리아로 돌아와서 브룬디시움에 도착, 키케로와 면회하고 그를 용서하다. 키케로, 테렌티아와 이혼(가을 또는 B.C. 46년(세) 초).

B.C. 46년(60세) 4월 6일, 카이사르, 타프수스에서 공화정파 격파. 중순, 소 카토, 우티카에서 자살. 카이사르, 9~10월에 성대한 개선식을 거행한 뒤 스페인으로 출발(12월). 12월, 키케로, 푸브릴리아와 재혼. 《브루투스》(3월), 《스토아학파의 패러독스》(4월), 《카토》, 《변론가》(열름), 《최고의 변론가에 대하여》(열름), 《마르켈루스를 위한 감사연설》(9월), 《리갈리우스 변호》(12월) 집필.

B.C. 45년(61세) 딸 툴리아, 2월 중순에 죽다. 키케로, 아스툴라, 투스쿨룸 등에 머물며 철학 저작에 전념. 푸브릴리아와 이혼. 3월 17일, 카이사르, 문다에서 승리하여 폼페이우스파 토벌 완료, 10월에 개선식. 《호르텐시우스》(3월), 《위로》(3월), 《카툴루스》, 《루쿨루스》(5월: 이 두 작품은 6월에 《아카데미카》를 전 4권으로 개정하고 바로에게 헌정), 《선과 악의 궁극에 대하여》(6월), 《투스쿨룸에서의 대화》(8월), 《신의 본성에 대하여》(8월 말 집필), 플라톤 《티마이오스》 번역, 《데이오타루스 변호》(10월) 집필.

B.C. 44년(62세) 3월 15일, 카이사르 암살. 암살자의 무죄와 카이사르의 처치가 함께 승인되지만, 국장 뒤 브루투스와 카시우스가 로마를 떠나자 카이사르파 집정관 안토니우스가 주도권을 장악, 5월 말에 담당 속주 변경, 데키무스 브루투스에게서 갈리아 키살피나를 빼앗다. 키케로, 4월부터 로마를 떠나 이탈리아 각지 이동, 7월에 그리스로 갈 결심하지만, 8월에 시킬리아에서 정정(政情)의 변화를 알고 로마로 돌아가, 9월 2일, 안토니우스의 법안에 반

대 연설. 19일의 안토니우스의 격렬한 반론에 제2《필리피카》로 맞서고, 두 사람은 결정적인 적대 관계에 들어간다. 10월, 키케로, 로마를 떠나 별장에서 저술(12월말까지). 카이사르의 유산 상속자 옥타비아누스(후의 아우구스투스), 캄파니아에서 고참병을 징집, 안토니우스와 충돌. 11월, 옥타비아누스, 키케로에게 협력 요청, 안토니우스의 2군단 매수. 안토니우스, 데키무스 브루투스 공격 시작. 12월 20일, 키케로, 옥타비아누스와 공동으로 안토니우스와 대결할 것을 주장, 데키무스 브루투스의 월권적인 저항과 옥타비아누스의 위법 행위 합법화.《대 카토·노년(세)에 대하여》(1~3월 무렵),《점성술에 대하여》(3월 15일 이후),《운명에 대하여》(5/6월),《영광에 대하여》(7월),《토피카》(7월),《라일리우스·우정에 대하여》(3~11월 무렵),《의무에 대하여》(11월),《필리피카》(제1: 9월 2일, 제2: 10월 집필, 제3·4: 12월 20일) 집필.

B.C. 43년(63세) 키케로, 일련의 연설(《필리피카》)에 의해 주전론 전개, 집정관과 원로원을 강력하게 주도. 1월, 옥타비아누스에게 법무관격 지휘권 부여. 2월, 안토니우스에게 사절 파견. 키케로, 강화에 철저하게 반대. 브루투스와 카시우스, 각각 아테네와 시리아에서 군사 조직, 동방을 공화정파가 지배. 3월, 키케로, 서방의 총독 레피두스와 플란쿠스를 편지로 설득. 4월 14, 21일, 무티나에서 집정관과 옥타비아누스의 연합군이 승리하지만 집정관 전사, 안토니우스는 갈리아로 달아나 군사 재조직. 4월 26일, 원로원, 안토니우스에게 공적(公敵) 선언. 5월 말, 레피두스, 안토니우스 쪽으로 돌아서다. 6월, 옥타비아누스, 집정관직 요구, 키케로에게 동료가 될 것을 제안. 8월, 옥타비아누스, 점령한 로마에서 집정관에 취임, 카이사르 암살자에 적대하는 동시에 안토니우스가 받은 공적 선언 철회. 10월 말, 보노니아에서 옥타비아누스, 안토니우스, 레피두스 회담, 제2차 삼두정치 성립. 11월 27일, 티티우스법에 의해 국가재건 3인 위원에 취임. 추방 공고. 12월 7일, 키케로, 카이에타에서 피살됨.《필리피카》(제5: 1월 1일~ 제14: 4월 21일) 집필.

김성숙(金聖淑)

연세대학교 영문학과 졸업. 칼비테교육철학연구원. 한국생산성본부 편집인. 지은
책《인생만사 새옹지마(塞翁之馬)》《일한사전》. 옮긴책 존 듀이《민주주의와 교
육》《철학의 개조》, 데이비드 흄《오성·정념·도덕 본성론》제임스 조이스《젊은 예
술가의 초상》《더블린 사람들》《율리시스》아우렐리우스《아우렐리우스 명상록》

세계사상전집90
Marcus Tullius Cicero
LAELIUS DE AMICITIA /CATO MAIOR DE SENECTUTE
IN CATILINAM/PRO ARCHIA POETA
우정에 대하여/노년에 대하여/변론에 대하여
M. 키케로/김성숙 옮김
동서문화창업60주년특별출판
1판 1쇄 발행/2017. 3. 20
발행인 고정일
발행처 동서문화사
창업 1956. 12. 12. 등록 16−3799
서울 중구 다산로 12길 6(신당동 4층)
☎ 546−0331~6 Fax. 545−0331
www.dongsuhbook.com
✻
사업자등록번호 211−87−75330
ISBN 978−89−497−1605−3 04080
ISBN 978−89−497−1514−8 (세트)

월드북(세계문학/세계사상) 목록

분류	NO.	도서명	저자/역자	쪽수	가격
사상	월드북1	소크라테스의 변명/국가/향연	플라톤/왕학수 옮김	840	15,000
사상	월드북2	니코마코스윤리학/시학/정치학	아리스토텔레스/손명현 옮김	621	12,000
사상	월드북3	형이상학	아리스토텔레스/김천운 옮김	578	9,800
사상	월드북4	세네카 인생론	세네카/김천운 옮김	963	15,000
사상	월드북5	고백록	아우구스티누스/김희보·강경애 옮김	566	9,800
사상	월드북6	솔로몬 탈무드	이희영	812	14,000
사상	월드북6-1	바빌론 탈무드	〃	810	14,000
사상	월드북6-2	카발라 탈무드	〃	810	14,000
사상	월드북7	삼국사기	김부식/신호열 역해	914	15,000
사상	월드북8	삼국유사	일연/권상로 역해	528	9,800
사상	월드북9	군주론/정략론	마키아벨리/황문수 옮김	666	12,000
사상	월드북10	인간불평등기원론/사회 계약론	루소/최석기 옮김	560	9,800
사상	월드북11	마키아벨리 로마사이야기	마키아벨리/고산 옮김	674	12,000
사상	월드북12	몽테뉴 수상록	몽테뉴/손우성 옮김	1,330	18,000
사상	월드북13	법의 정신	몽테스키외/하재홍 옮김	720	12,000
사상	월드북14	학문의 진보/베이컨 에세이	베이컨/이종구 옮김	574	9,800
사상	월드북15	방법서설/성찰/철학의원리/정념론	데카르트/소두영 옮김	692	12,000
사상	월드북16	팡세	파스칼/안응렬 옮김	546	9,800
사상	월드북17	반야심경/금강경/법화경/유마경	홍정식 역해	536	9,800
사상	월드북18	바보예찬/잠언과 성찰/인간성격론	에라스무스·라로슈푸코·라브뤼예르/정병희 옮김	520	9,800
사상	월드북19	에밀	루소/정병희 옮김	740	12,000
사상	월드북20	참회록	루소/홍승오 옮김	718	12,000
사상	월드북21	국부론	애덤 스미스/유인호 옮김	1,138	16,000
사상	월드북22	순수이성비판	칸트/정명오 옮김	770	25,000
사상	월드북23	로마제국쇠망사	에드워드 기번/강석승 옮김	528	9,800
사상	월드북24	나의 인생 「시와 진실」	괴테/최은희 옮김	833	15,000
사상	월드북25	헤로도토스 역사	헤로도토스/박현태 옮김	810	15,000
사상	월드북26	역사철학강의	헤겔/권기철 옮김	562	9,800
사상	월드북27	세상을 보는 지혜	쇼펜하우어/권기철 옮김	1,024	15,000
사상	월드북27-1	의지와 표상으로서의 세계	〃	564	9,800
사상	월드북28	괴테와의 대화	에커먼/곽복록 옮김	868	15,000
사상	월드북29	자성록/언행록/성학십도/논사단칠정서	이황/고산 역해	602	12,000
사상	월드북30	성학집요/격몽요결	이이/고산 역해	620	12,000

사상	월드북31	인생이란 무엇인가	똘스또이/채수동 옮김	1,164	16,000
사상	월드북32	자조론 인격론	사무엘 스마일즈/장만기 옮김	796	14,000
사상	월드북33	불안의 개념/죽음에 이르는 병	키에르케고르/강성위 옮김	534	9,800
사상	월드북34	잠 못 이루는 밤을 위하여/행복론	카를 힐티/곽복록 옮김	937	15,000
사상	월드북35	아미엘 일기	앙리 프레데릭 아미엘/이희영 옮김	1,042	15,000
사상	월드북36	나의 참회/인생의 길	똘스또이/김근식 고산 옮김	1,008	15,000
사상	월드북37	인간적인 너무나 인간적인	니체/강두식 옮김	1,044	15,000
사상	월드북38	차라투스트라는 이렇게 말했다	니체/곽복록 옮김	1,030	15,000
사상	월드북39	황금가지	제임스 조지 프레저/신상웅 옮김	1,092	16,000
사상	월드북40	정신분석입문/꿈의 해석	프로이트/김양순 옮김	1,140	16,000
사상	월드북41	인생 연금술	제임스 알렌/박지은 옮김	824	12,000
사상	월드북42	유토피아/자유론/통치론	모어·밀·로크/김현욱 옮김	506	9,800
사상	월드북43	서양의 지혜/철학이란 무엇인가	러셀/정광섭 옮김	994	15,000
사상	월드북44	철학이야기	윌 듀랜트/임헌영 옮김	520	9,800
사상	월드북45	소유냐 삶이냐/사랑한다는 것	프롬/고영복 이철범 옮김	644	12,000
사상	월드북47	행복론/인간론/말의 예지	알랭/방곤 옮김	528	9,800
사상	월드북48	인간의 역사	미하일 일린/동완 옮김	720	12,000
사상	월드북49	카네기 인생철학	D. 카네기/오정환 옮김	546	9,800
사상	월드북50	무사도	니토베 이나조·미야모토 무사시/추영현 옮김	528	9,800
문학	월드북52	그리스비극	아이스킬로스·소포클레스·에우리피데스/곽복록 조우현 옮김	672	12,000
문학	월드북55	이솝우화전집	이솝/고산 옮김	736	12,000
문학	월드북56	데카메론	보카치오/한형곤 옮김	799	14,000
문학	월드북57	돈끼호테	세르반떼스/김현창 옮김	1,288	16,000
문학	월드북58	신곡	단테/허인 옮김	866	15,000
사상	월드북59	상대성이론/나의 인생관	아인슈타인/최규남 옮김	516	9,800
문학	월드북60	파우스트/젊은 베르테르의 슬픔	괴테/곽복록 옮김	900	14,000
문학	월드북61	그리스 로마 신화	토머스 불핀치/손명현 옮김	530	9,800
문학	월드북62	햄릿/오델로/리어왕/맥베드/로미오와 줄리엣	셰익스피어/신상웅 옮김	655	12,000
문학	월드북63	한여름밤의 꿈/베니스의 상인/말괄량이 길들이기	〃	655	12,000
문학	월드북65	카라마조프 형제들	도스토예프스키/채수동 옮김	1,212	16,000
문학	월드북66	죄와 벌	〃	654	9,800
사상	월드북67	대중의 반란/철학이란 무엇인가?	오르테가/김현창 옮김	508	9,800
사상	월드북68	동방견문록	마르코 폴로/채희순 옮김	478	9,800
문학	월드북69	전쟁과 평화I	똘스또이/맹은빈 옮김	834	15,000
문학	월드북70	전쟁과 평화II	〃	864	15,000

사상	월드북71	철학학교/비극론/철학입문/위대한 철학자들	야스퍼스/전양범 옮김	592	9,800
사상	월드북72	리바이어던	홉스/최공웅 최진원 옮김	704	12,000
문학	월드북73	사람은 무엇으로 사는가	톨스또이/김근식 고산 옮김	544	9,800
사상	월드북74	웃음/창조적 진화/도덕과 종교의 두 원천	베르그송/이희영 옮김	760	12,000
문학	월드북76	모비딕	멜빌/이가형 옮김	738	12,000
사상	월드북77	갈리아전기/내전기	카이사르/박석일 옮김	520	9,800
사상	월드북78	에티카/정치론	스피노자/추영현 옮김	542	9,800
사상	월드북79	그리스철학자열전	라에르티오스/전양범 옮김	752	12,000
문학	월드북80	보바리 부인/여자의 일생/나나	플로베르·모파상·졸라/민희식 이춘복 김인환 옮김	1,154	16,000
사상	월드북81	프로테스탄티즘의 윤리와 자본주의 정신/직업으로서의 학문/직업으로서의 정치	막스베버/김현욱 옮김	577	9,800
사상	월드북82	민주주의와 교육/철학의 개조	존 듀이/김성숙 이귀학 옮김	624	12,000
문학	월드북83	레 미제라블 I	빅토르 위고/송면 옮김	1,104	16,000
문학	월드북84	레 미제라블 II	〃	1,032	16,000
사상	월드북85	인간이란 무엇인가 오성/정념/도덕	데이비드 흄/김성숙 옮김	808	15,000
문학	월드북86	대지	펄벅/홍사중 옮김	1,051	15,000
사상	월드북87	종의 기원	다윈/송철용 옮김	656	12,000
사상	월드북88	존재와 무	사르트르/정소성 옮김	1,130	16,000
문학	월드북89	롤리타/위대한 개츠비	나보코프 피츠제럴드/박순녀 옮김	524	9,800
문학	월드북90	마지막 잎새/원유회	O. 헨리 맨스필드/오정환 옮김	572	9,800
문학	월드북91	아Q정전/아침 꽃을 저녁에 줍다	루쉰/이가원 옮김	538	9,800
사상	월드북92	논리철학논고/철학탐구/반철학적 단장	비트겐슈타인/김양순 옮김	730	12,000
문학	월드북93	마의 산	토마스 만/곽복록 옮김	940	15,000
문학	월드북94	채털리부인의 연인	D. H. 로렌스/유영 옮김	550	9,800
문학	월드북95	백년의 고독/호밀밭의 파수꾼	마르케스·샐린저/이가형 옮김	624	12,000
문학	월드북96	고요한 돈강 I	숄로호프/맹은빈 옮김	916	15,000
문학	월드북97	고요한 돈강 II	〃	1,056	15,000
사상	월드북98	경제학·철학초고/자본론/공산당선언/철학의 빈곤	마르크스/김문운 옮김	760	12,000
사상	월드북99	간디자서전	간디/박석일 옮김	606	12,000
사상	월드북100	존재와 시간	하이데거/전양범 옮김	686	12,000
사상	월드북101	영웅숭배론/의상철학	토마스 칼라일/박지은 옮김	500	9,800
사상	월드북102	월든/침묵의 봄/센스 오브 원더	소로·카슨/오정환 옮김	681	12,000
문학	월드북103	성/심판/변신	카프카/김정진·박종서 옮김	624	12,000
사상	월드북104	전쟁론	클라우제비츠/허문순 옮김	980	15,000
문학	월드북105	폭풍의 언덕	E. 브론테/박순녀 옮김	550	9,800

문학	월드북106	제인 에어	C. 브론테/박순녀 옮김	646	12,000
문학	월드북107	악령	도스또옙스끼/채수동 옮김	869	15,000
문학	월드북108	제2의 성	시몬느 드 보부아르/이희영 옮김	1,056	15,000
문학	월드북109	처녀시절/여자 한창때	보부아르/이혜윤 옮김	1,055	16,000
문학	월드북110	백치	도스또옙스끼/채수동 옮김	788	14,000
사상	월드북111	프랑스혁명 성찰/독일 국민에게 고함	버크·피히테/박희철 옮김	586	9,800
문학	월드북112	적과 흑	스탕달/서정철 옮김	672	12,000
문학	월드북113	양철북	귄터 그라스/최은희 옮김	644	12,000
사상	월드북114	비극의 탄생/즐거운 지식	니체/곽복록 옮김	576	9,800
사상	월드북115	아우렐리우스 명상록/키케로 인생론	아우렐리우스·키케로/김성숙 옮김	543	9,800
사상	월드북116	선의 연구/퇴계 경철학	니시다 기타로·다카하시 스스무/최박광 옮김	644	12,000
사상	월드북117	제자백가	김영수 역해	604	12,000
문학	월드북118	1984년/동물농장/복수는 괴로워라	조지 오웰/박지은 옮김	436	9,800
문학	월드북119	티보네 사람들 I	로제 마르탱 뒤 가르/민희식 옮김	928	16,000
문학	월드북120	티보네 사람들 II	〃	1,152	18,000
문학	월드북121	안나까레니나	똘스또이/맹은빈 옮김	1,056	16,000
사상	월드북122	그리스도인의 자유/루터 생명의 말	마틴 루터/추인해 옮김	864	15,000
사상	월드북123	국화와 칼/사쿠라 마음	베네딕트·라프카디오 헌/추영현 옮김	410	9,800
문학	월드북124	예언자/눈물과 미소	칼릴 지브란/김유경 옮김	440	9,800
문학	월드북125	댈러웨이 부인/등대로	버지니아 울프/박지은 옮김	504	9,800
사상	월드북126	열하일기	박지원/고산 옮김	1,038	18,000
사상	월드북127	위인이란 무엇인가/자기신념의 철학	에머슨/정광섭 옮김	406	9,800
문학	월드북128	바람과 함께 사라지다 I	미첼/장왕록 옮김	644	12,000
문학	월드북129	바람과 함께 사라지다 II	〃	688	12,000
사상	월드북130	고독한 군중	데이비드 리스먼/류근일 옮김	422	9,800
문학	월드북131	파르마 수도원	스탕달/이혜윤 옮김	558	9,800
문학	월드북132	오만과 편견	제인 오스틴/김유경 옮김	422	9,800
문학	월드북133	아라비안나이트 I	리처드 버턴/고산고정일	1,120	16,000
문학	월드북134	아라비안나이트 II	〃	1,056	16,000
문학	월드북135	아라비안나이트 III	〃	1,024	16,000
문학	월드북136	아라비안나이트 IV	〃	1,112	16,000
문학	월드북137	아라비안나이트 V	〃	1,024	16,000
문학	월드북138	데이비드 코퍼필드	찰스 디킨스/신상웅 옮김	1,120	16,000
문학	월드북139	음향과 분노/8월의 빛	윌리엄 포크너/오정환 옮김	816	15,000
문학	월드북140	잃어버린 시간을 찾아서 I	마르셀 프루스트/민희식 옮김	1,048	18,000

문학	월드북141	잃어버린 시간을 찾아서II	〃	1,152	18,000
문학	월드북142	잃어버린 시간을 찾아서III	〃	1,168	18,000
사상	월드북143	법화경	홍정식 역해	728	14,000
사상	월드북144	중세의 가을	요한 하위징아/이희승맑시아 옮김	582	12,000
사상	월드북145 146	율리시스 I II	제임스 조이스/김성숙 옮김	704/632	각12,000
문학	월드북147	데미안/지와 사랑/싯다르타	헤르만 헤세/송영택 옮김	546	12,000
문학	월드북148 149	장 크리스토프 I II	로맹 롤랑/손석린 옮김	890/864	각15,000
문학	월드북150	인간의 굴레	서머싯 몸/조용만 옮김	822	15,000
사상	월드북151	그리스인 조르바	니코스 카잔차키스/박석일 옮김	425	9,800
사상	월드북152	여론/환상의 대중	월터 리프먼/오정환 옮김	408	9,800
문학	월드북153	허클베리 핀의 모험/인간이란 무엇인가	마크 트웨인/양병탁 조성출 옮김	704	12,000
문학	월드북154	이방인/페스트/시지프 신화	알베르 카뮈/이혜윤 옮김	522	12,000
문학	월드북155	좁은 문/전원교향악/지상의 양식	앙드레 지드/이휘영 이춘복 옮김	459	9,800
문학	월드북156 157	몬테크리스토 백작 I II	알렉상드르 뒤마/이희승맑시아 옮김	785/832	각16,000
문학	월드북158	죽음의 집의 기록/가난한 사람들/백야	도스토옙스키/채수동 옮김	602	12,000
문학	월드북159	북회귀선/남회귀선	헨리 밀러/오정환 옮김	690	12,000
사상	월드북160	인간지성론	존 로크/추영현 옮김	1,016	18,000
사상	월드북161	중력과 은총/철학강의/신을 기다리며	시몬 베유/이희영 옮김	666	18,000
사상	월드북162	정신현상학	G. W. F. 헤겔/김양순 옮김	572	15,000
사상	월드북163	인구론	맬서스/이서행 옮김	570	18,000
문학	월드북164	허영의 시장	W.M.새커리/최홍규 옮김	925	18,000
사상	월드북165	목민심서	정약용 지음/최박광 역해	986	18,000
문학	월드북166	분노의 포도/생쥐와 인간	스타인벡/노희엽 옮김	712	18,000
문학	월드북167	젊은 예술가의 초상/더블린 사람들	제임스 조이스/김성숙 옮김	656	18,000
문학	월드북168	테스	하디/박순녀 옮김	478	12,000
문학	월드북169	부활	톨스토이/이동현 옮김	562	14,000
문학	월드북170	악덕의 번영	마르키 드 사드/김문운 옮김	602	18,000
문학	월드북171	죽은 혼/외투/코/광인일기	고골/김학수 옮김	509	14,000
사상	월드북172	이탈리아 르네상스 이야기	부르크하르트/지봉도 옮김	565	18,000
문학	월드북173	노인과 바다/무기여 잘 있거라	헤밍웨이/양병탁 옮김	685	14,000
문학	월드북174	구토/말	사르트르/이희영 옮김	500	15,000
사상	월드북175	미학이란 무엇인가	하르트만/ 옮김	590	18,000
사상	월드북176	과학과 방법/생명이란 무엇인가?/사람몸의 지혜	푸앵카레·슈뢰딩거·캐넌/조진남 옮김	538	16,000
사상	월드북177	춘추전국열전	김영수 역해	592	18,000
문학	월드북178	톰 존스의 모험	헨리 필딩/최홍규 옮김	912	18,000

문학	월드북179	난중일기	이순신/고산고정일 역해	540	12,000
문학	월드북180	프랭클린 자서전	벤저민 프랭클린/주영일 옮김	502	12,000
문학	월드북181	즉흥시인	한스 크리스티안 안데르센/박지은 옮김	476	12,000
문학	월드북182	고리오 영감/절대의 탐구	발자크/조홍식 옮김	562	12,000
문학	월드북183	도리언 그레이 초상/살로메/즐거운 인생	오스카 와일드/한명남 옮김	466	12,000
문학	월드북184	달과 6펜스/과자와 맥주	서머싯 몸/이철범 옮김	450	12,000
문학	월드북185	마음은 외로운 사냥꾼/슬픈카페의 노래	카슨 맥컬러스/강혜숙 옮김	442	12,000
문학	월드북186	걸리버 여행기/통 이야기	조나단 스위프트/유영 옮김	492	12,000
사상	월드북187	조선상고사/한국통사	신채호/박은식/윤재영 역해	576	15,000
문학	월드북188	인간의 조건/왕의 길	앙드레 말로/윤옥일 옮김	494	12,000
사상	월드북189	예술의 역사	반 룬/이철범 옮김	674	18,000
문학	월드북190	퀴리부인	에브 퀴리/안응렬 옮김	442	12,000
문학	월드북191	귀여운 여인/약혼녀/골짜기	체호프/동완 옮김	450	12,000
문학	월드북192	갈매기/세 자매/바냐 아저씨/벚꽃 동산	체호프/동완 옮김	412	12,000
문학	월드북193	로빈슨 크루소	다니엘 디포/유영 옮김	600	15,000
문학	월드북194	위대한 유산	찰스 디킨스/한명남 옮김	560	15,000
사상	월드북195	우파니샤드	김세현 역해	570	15,000
사상	월드북196	천로역정/예수의 생애	버니언/르낭/강경애 옮김	560	14,000
문학	월드북197	악의꽃/파리의 우울	보들레르/박철화 옮김	480	12,000
문학	월드북198	노트르담 드 파리	빅토르 위고/송면 옮김	614	15,000
문학	월드북199	위험한 관계	피에르 쇼데를로 드 라클로/윤옥일 옮김	428	12,000
문학	월드북200	주홍글자/큰바위 얼굴	N.호손/김병철 옮김	524	12,000
사상	월드북201	소돔의 120일	마르키 드 사드/김문운 옮김	426	16,000
문학	월드북202	사냥꾼의 수기/첫사랑/산문시	이반 투르게네프/김학수	590	15,000
문학	월드북203	인형의 집/유령/민중의 적/들오리	헨리크 입센/소두영 옮김	480	12,000
사상	월드북204	인간과 상징	카를 융 외/김양순 옮김	634	18,000
문학	월드북205	철가면	부아고베/김문운 옮김	755	18,000
문학	월드북206	실낙원	밀턴/이창배 옮김	538	15,000
문학	월드북207	데이지 밀러/나사의 회전	헨리 제임스/강서진 옮김	556	14,000
문학	월드북208	말테의 수기/두이노의 비가	릴케/백정승 옮김	480	14,000
문학	월드북209	캉디드/철학 콩트	볼테르/고원 옮김	470	12,000
문학	월드북211	카르멘/콜롱바	메리메/박철화 옮김	475	12,000
문학	월드북212	오네긴/대위의 딸/스페이드 여왕	알렉산드르 푸시킨/이동현 옮김	412	12,000
문학	월드북213	춘희/마농 레스코	뒤마 피스/아베 프레보/민희식 옮김	448	12,000
문학	월드북214	야성의 부르짖음/하얀 엄니	런던/박상은 옮김	434	12,000

문학	월드북215	**지킬박사와 하이드/데이비드 모험**	로버트 루이스 스티븐슨/강혜숙 옮김	526	14,000
문학	월드북216	**홍당무/박물지/르나르 일기**	쥘 르나르/이가림 윤옥일 옮김	432	12,000
문학	월드북217	**멋진 신세계/연애대위법**	올더스 헉슬리/이경직 옮김	560	14,000
문학	월드북218	**인간의 대지/야간비행/어린왕자/남방우편기**	생텍쥐페리/안응렬 옮김	448	12,000
문학	월드북219	**학대받은 사람들**	도스토옙스키/채수동 옮김	436	12,000
문학	월드북220	**켄터베리 이야기**	초서/김진만 옮김	640	18,000
문학	월드북221	**육체의 악마/도루젤 백작 무도회/클레브 공작 부인**	레몽 라디게/라파예트/윤옥일 옮김	402	12,000
문학	월드북222	**고도를 기다리며/몰로이/첫사랑**	사무엘 베게트/김문해 옮김	500	14,000
문학	월드북223	**어린시절/세상속으로/나의 대학**	막심 고리키/최홍근 옮김	800	18,000
문학	월드북224	**어머니/밑바닥/첼카쉬**	막심 고리키/최홍근 옮김	824	18,000
문학	월드북225	**사랑의 요정/양치기 처녀/마의 늪**	조르주 상드/김문해 옮김	602	15,000
문학	월드북226	**친화력/헤르만과 도로테아**	괴테/곽복록 옮김	433	14,000
문학	월드북227	**황폐한 집**	찰스 디킨스/정태륭 옮김	1,012	18,000
문학	월드북228	**하워즈 엔드**	에드워드 포스터/우진주 옮김	422	12,000
문학	월드북229	**빌헬름 마이스터 수업시대/편력시대**	괴테/곽복록 옮김	1,128	20,000
문학	월드북230	**두 도시 이야기**	찰스 디킨스/정태륭 옮김	444	14,000
문학	월드북231	**서푼짜리 오페라/살아남은 자의 슬픔**	베르톨트 브레히트/백정승 옮김	468	14,000
문학	월드북232	**작은 아씨들**	루이자 메이 올컷/우진주 옮김	1,140	20,000
문학	월드북233	**오블로모프**	곤차로프/노현우 옮김	754	18,000
문학	월드북234	**거장과 마르가리타/개의 심장**	미하일 불가코프/노현우 옮김	626	14,000
문학	월드북235	**성 프란치스코**	니코스 카잔차키스/박석일 옮김	476	12,000
사상	월드북236	**나의 투쟁**	아돌프 히틀러/황성모 옮김	1,152	20,000
문학	월드북237 238	**겐지이야기 ⅠⅡ**	무라사키 시키부/유정 옮김	744/720	각18,000
문학	월드북239	**플라테로와 나**	후안 라몬 히메네스/김현창 옮김	402	12,000
문학	월드북240	**마리 앙투아네트/모르는 여인의 편지**	슈테판 츠바이크/양원석 옮김	540	14,000
사상	월드북241	**성호사설**	이익/고산고정일 옮김	1,070	20,000
사상	월드북242	**오륜행실도**	단원 김홍도 그림/고산고정일 옮김	568	18,000
문학	월드북243~245	**플루타르코스 영웅전 ⅠⅡⅢ**	플루타르코스/박현태 옮김	각672	각15,000
문학	월드북246 247	**안데르센동화전집 ⅠⅡ**	안데르센/곽복록 옮김	각800	각18,000
문학	월드북248 249	**그림동화전집 ⅠⅡ**	그림형제/금은숲 옮김	각672	각16,000
사상	월드북250 251	**신국론 ⅠⅡ**	아우구스티누스/추인해 추적현 옮김	688/736	각18,000
문학	월드북252	**일리아스**	호메로스/이상훈 옮김	560	14,800
문학	월드북253	**오디세이아**	호메로스/이상훈 옮김	506	14,800
사상	월드북254 255	**역사의 연구 ⅠⅡ**	토인비/홍사중 옮김	650/520	각18,000
문학	월드북256	**이탈리아 기행**	요한 볼프강 폰 괴테/곽복록 옮김	794	19,800
문학	월드북257	**닥터지바고**	보리스 파스테르나크/이동현 옮김	680	18,000

월드북시리즈 목록은 계속 추가됩니다.